Dia a dia com
SPURGEON

MANHÃ *E* NOITE

Publicações
Pão Diário

Dia a dia com SPURGEON

MANHÃ E NOITE

Charles Haddon
SPURGEON

MORNING AND EVENING:
Daily Readings by Charles Haddon Spurgeon

COORDENAÇÃO EDITORIAL: Dayse Fontoura
TRADUÇÃO: Elisa Tisserant de Castro, Sandra Pina
REVISÃO: Irene Giglio
EDIÇÃO: Dayse Fontoura, Thaís Soler, Lozane Winter
PROJETO GRÁFICO: Audrey Novac Ribeiro
CAPA: Audrey Novac Ribeiro
DIAGRAMAÇÃO: Rebeka Werner

Dados Internacionais de Catalogação na Publicação (CIP)

Spurgeon, Charles Haddon, 1834–92.
Dia a dia com Spurgeon — manhã e noite: meditações diárias, Charles Haddon Spurgeon.
Tradução: Elisa Tisserant de Castro, Sandra Pina – Curitiba/PR, Publicações Pão Diário.
Título original: *Morning and Evening: Daily Readings*
1. Teologia prática 2. Religião prática
3. Vida cristã 4. Meditação e devoção

Exceto quando indicado o contrário, os trechos bíblicos mencionados são da edição Revista e Atualizada de João F. de Almeida © 2009 Sociedade Bíblica do Brasil.

Publicações Pão Diário
Caixa Postal 4190, 82501-970
Curitiba/PR, Brasil
publicacoes@paodiario.org
www.publicacoespaodiario.com.br
(41) 3257-4028

Código: DN750
ISBN: 978-1-68043-390-6

1.ª impressão: 2017

Impresso na China

Prefácio

Imagine a cena:

É outubro, outono na bela Londres. As árvores exibem um belíssimo matiz de cores, antes que suas folhas caiam completamente, anunciando a iminência do inverno. A pequena sala está iluminada pelos raios solares, que entram pela janela à frente da escrivaninha. O jovem pastor que observava o horizonte em seus tons alaranjados e avermelhados do crepúsculo, volta sua atenção ao movimento das ruas: do outro lado da calçada um sapateiro esmera-se em desenvolver seu mais novo modelo de calçado. Alguns casais passeiam de mãos dadas e as crianças que brincam alegremente param, vez ou outra, para tomar água nos bebedouros de rua. De repente, uma senhora demonstrando desespero dirige-se rapidamente aos telégrafos para enviar uma mensagem urgente, enquanto cavalos puxam uma carroça que traz a madeira cortada pelo hábil lenhador que a dirige.

Esse cenário enche a mente de Spurgeon que, subitamente, toma sua pena, a imerge no tinteiro e começa a registrar aquilo que o Espírito Santo o inspira a escrever. São as primeiras palavras de um dos devocionais mais amados da história da Igreja...

O texto que você tem em mãos é produto das experiências deste grande homem de Deus, que viveu no século 19. Sua caminhada com o Senhor foi marcada pelo grande sucesso ministerial, e também pela luta contra doenças graves desde a juventude, bem como contra a forte oposição que enfrentou dentro da igreja e também no mundo. Todos esses fatores atestam a autoridade desses escritos como inspiradores.

Ao decidirmos fazer uma versão desta obra clássica da literatura cristã em português tivemos que tomar algumas decisões para que sua mensagem tivesse o mesmo efeito em nosso leitor, do que o que tem exercido sobre os leitores da língua inglesa por mais de cem anos. Assim, escolhemos usar linguagem mais moderna, porém buscando manter todas as características históricas do texto original. Você lerá sobre cavalos, colchões de pena, iluminação por velas, lampiões e candeeiros, e estações do ano em épocas diferentes das nossas.

Outra decisão importante foi a de incluirmos notas explicativas no corpo do texto para facilitar a compreensão contextual cada vez que Spurgeon fez referência a livros cristãos e a pessoas que ajudaram a construir a história eclesiástica. Você verá como é interessantíssimo que, apesar de escritas há tanto tempo, essas meditações ainda continuam tão verdadeiras e contemporâneas para o cristão do século 21.

A forma vívida e, muitas vezes poética, como o autor fala sobre pecado, redenção, vida cristã e a segunda vinda de Jesus provoca contrição, um senso profundo de adoração e desejo de maior consagração.

Em cada uma das 732 meditações deste volume, você encontrará palavras de encorajamento, exortação, consolo e esperança. Invista os primeiros momentos do seu dia se inspirando para dedicar-se mais a Deus — lendo a meditação da manhã — e, antes de render-se ao cansaço de suas atividades diárias, separe um tempo para ouvir, uma vez mais, o que o Senhor ainda tem a dizer ao seu coração, na leitura da noite.

Veja o que lhe diz Spurgeon na meditação noturna de 1.º de abril:

> *"Aqui neste quarto silencioso... falo com você da melhor forma que posso, por meio do papel e da tinta, e do mais profundo de minha alma; como servo de Deus entrego-lhe este alerta: 'É tempo de buscar ao SENHOR.'"*

Inspire-se!

—dos editores

Charles Haddon SPURGEON

O príncipe dos pregadores

SEM SOMBRA DE DÚVIDAS, Charles H. Spurgeon, conhecido como "príncipe dos pregadores", foi um dos maiores evangelistas do século 19. Após mais de 100 anos de sua morte, seu exemplo de fé e prática do evangelho ainda continua inspirando milhares de cristãos ao redor do mundo. Seu entendimento e amor pelas Escrituras, manifesto por meio de suas obras e de sua vida, tem sido referência no contexto dos cursos teológicos de nossa época.

Primogênito entre 16 irmãos, Spurgeon nasceu em 19 de junho de 1834, em Kelvedon, Inglaterra. Devido a dificuldades financeiras de seus pais, passou parte de sua infância com seus avós paternos que o iniciaram na fé cristã. Posteriormente, voltou a morar com os pais em Colchester. Era precocemente notável, leu muitos livros, entre eles *O Peregrino* (Publicações Pão Diário, 2014), de John Bunyan, obra que marcou profundamente sua vida. Ainda na infância ouviu uma palavra que foi confirmada, posteriormente, durante seus anos de ministério: "Este menino pregará o evangelho a grandes multidões."

Spurgeon buscava um relacionamento genuíno com Cristo. Por isso, dos 14 aos 16 anos, passou por uma crise a respeito de sua salvação. A convicção de pecado perturbava sua alma. Por seis meses ele visitou igrejas, orou e lutou contra a condenação que sentia. Certo dia, devido a uma nevasca, deteve-se em uma congregação, onde ouviu um simples sapateiro levantar-se e ler: "Olhai para mim e sede salvos..." (Isaías 45:22). O pregador repetia a passagem e dizia: "Olhai para mim, e não para vocês mesmos. Olhai para mim, pendurado na cruz, olhai para mim, morto e sepultado." Em seguida, fixando os olhos em Spurgeon, disse: "Moço, olhe para Jesus! Olhe agora"! Spurgeon olhou para Jesus com fé e arrependimento e foi salvo. Por toda a sua vida jamais deixou de olhar para seu Senhor e Salvador.

Após sua conversão, foi batizado e começou a distribuir panfletos e a ensinar crianças na escola dominical em Newmarket. Aos 16 anos pregou seu primeiro sermão em Teversham, e, aos 18, recebeu a incumbência de pastorear uma pequena congregação na cidade de Waterbeach. Aos 20 anos já havia pregado mais de 600 mensagens e fora convidado a pastorear a igreja de New Park Street, na região metropolitana de Londres. Convicto de que era a vontade de Deus para sua vida, aceitou o desafio e passou a liderar um suntuoso templo de 1.200 lugares que contava com pouco mais de 100 pessoas frequentando os cultos.

Entretanto, a popularidade de Spurgeon imediatamente tornou necessária a ampliação do prédio para acomodar os fiéis que ali se reuniam. Mesmo após uma reforma, poucos meses depois, o espaço tornou-se insuficiente, pois multidões ajuntavam-se para ouvi-lo, ao ponto de muitos não conseguirem entrar no templo. Assim, ousadamente, Spurgeon decidiu mudar a igreja para um lugar com acomodação para 12 mil pessoas. No culto de inauguração do grande Tabernáculo Metropolitano, em 18 de março de 1861, houve participação de 10 mil pessoas.

Spurgeon causou muita agitação em Londres. Sua pregação brotou como um manancial no deserto espiritual em que viviam a Inglaterra e outros lugares da Europa naquele tempo. Muitos foram os que beberam dessa fonte aberta por meio da Palavra da verdade e isso causou desconforto a outros religiosos. Alguns o criticavam pelo seu estilo de pregação, enquanto outros o elogiavam. Alguns chegaram a publicar em jornais que duvidavam da conversão de Spurgeon. Porém, mesmo com toda a oposição, o fluxo de pessoas para ouvi-lo era tanto que, em certos periódicos chegou-se a citar que "desde os tempos de George Whitefield e John Wesley, Londres não era tão agitada por um avivalista".

Em pouco tempo ele se tornou uma figura célebre ao redor do mundo e foi reconhecido como uma das mentes mais brilhantes de sua época. Era convidado para ensinar em vários países, pregando uma média de 8 a 12 mensagens por semana.O maior auditório no qual pregou, foi no Crystal Palace, Londres, em 7 de outubro de 1857. Aproximadamente 23.650 pessoas se reuniram naquela noite para ouvi-lo. Certa vez, por causa das grandes multidões que se ajuntavam para vê-lo pregar, teve que rogar àqueles que tivessem ouvido a Palavra nos últimos três meses, que não comparecessem mais, a fim de dar oportunidade a irmãos que ainda não o tivessem ouvido.

Uma das características que chama atenção na vida de Spurgeon é sua disponibilidade em servir ao Senhor de todo o coração, mesmo em meio a adversidade, uma vez que a dor e o sofrimento foram companheiros inseparáveis de sua vida e ministério. Ele foi um pregador excepcional e em todas as coisas provou ser um homem dirigido pelo Espírito Santo. Tinha a capacidade de expor as Escrituras de maneira simples, clara e compreensível. Estudava a Palavra e, em seguida, a comunicava com fluência e eficácia. A oração também foi uma prática contínua ao longo de sua vida. Spurgeon disse, certa vez, à sua congregação: "Que Deus me ajude se deixarem de orar por mim! Que me avisem, pois naquele dia terei de parar de pregar. Deixem-me saber quando se propuserem a cessar suas orações a meu favor, pois então exclamarei: 'Deus, dá-me o túmulo neste dia, e durma eu no pó.'"

Outro aspecto, em seu ministério, era sua força espiritual, o que nos momentos difíceis lhe permitiu seguir em frente e cumprir a obra que Deus lhe confiara. Uma das maiores dificuldades foi a perseguição que sofreu por causa de sua pregação, fidelidade, força, clareza e rigidez quanto à doutrina bíblica, o que resultou em sua pouca aceitação no ambiente religioso de 1856. Contudo, Spurgeon não estava preocupado com seus adversários, sua maior preocupação estava em instruir a igreja com doutrina bíblica forte e eficaz.

Ainda jovem, desenvolveu gota e reumatismo, e quanto mais a idade avançava, mais essas enfermidades o debilitavam. A delicada condição de saúde de sua esposa também era outro fator agravante. Por diversas vezes, Spurgeon teve que se ausentar de seu púlpito por recomendação médica. Nos anos de 1880, foi diagnosticado com *bright*, uma doença degenerativa e crônica, sem cura. Ao final de seu ministério Spurgeon enfrentou muita oposição, o que desgastou ainda mais sua debilitada saúde. Em 1891, sua condição agravou-se, forçando-o a convidar um pastor dos Estados Unidos para assumir temporariamente a função principal de sua igreja. E em 1892, os sermões de Spurgeon já eram traduzidos para cerca de nove línguas diferentes.

Aos 50 anos de idade, Spurgeon havia sido responsável pela fundação e supervisão de cerca de 66 instituições, incluindo igrejas, escolas, seminários, orfanatos, escolas de pastores, revistas mensais e editoras. Pastoreava uma igreja de milhares de pessoas, respondia uma média de 500 cartas semanalmente, lia seis livros teológicos por semana, e isso, dizia ele, representava apenas metade de suas tarefas. Dentre seus dons estava a capacidade de escrever. Comunicava sua mensagem escrita tão bem quanto a pregava. Publicou 3.561 sermões e 135 livros. Spurgeon ainda deixou a aclamada série de comentários em *O tesouro de Davi* — comentários aos Salmos (obra que levou mais de 20 anos para ser concluída — ainda não disponível em português). Até o último dia de pastorado, havia batizado em torno de 14.692 pessoas e preparado centenas de jovens para o ministério. Foi casado com Susanah Thompson, seu amor e inspiração, e teve dois filhos, os gêmeos não-idênticos Thomas e Charles.

Em 7 de junho de 1891 ensinou pela última vez. Suas últimas palavras, no leito de morte, foram dirigidas à sua esposa: "Ó, querida, tenho desfrutado de um tempo muito glorioso com meu Senhor!" Ela, então, exclamou: "Ó, bendito Senhor Jesus, eu te agradeço pelo tesouro que me emprestaste no decurso desses anos." Spurgeon "adormeceu" em Menton, França, em 31 de janeiro de 1892, aos 57 anos. Seu corpo foi transportado para a Inglaterra. Na ocasião de seu funeral — 11 de fevereiro de 1892 — muitos cortejos e cultos foram organizados em Londres. Seis mil pessoas assistiram ao culto memorial. Em seu caixão, uma bíblia estava aberta no texto de sua conversão: "Olhai para mim e sede salvos..." (Isaías 45:22). Em seu simples túmulo, estão gravadas as palavras: "Aqui jaz o corpo de CHARLES HADDON SPURGEON, esperando o aparecimento do seu Senhor e Salvador JESUS CRISTO."

"...naquele ano, comeram das novidades da terra de Canaã".
JOSUÉ 5:12

Os cansados andarilhos de Israel estavam espalhados e finalmente chegara o descanso prometido. Nada mais de tendas, serpentes venenosas, amalequitas raivosos e uivos selvagens: haviam chegado à terra onde manava leite e mel e comeram do seu trigo. Talvez este ano, amado leitor, esse seja o seu caso ou o meu. A perspectiva é de alegria e, se a fé for exercitada ativamente, será um ano de puro prazer. Estar com Jesus no descanso reservado ao povo de Deus é, na verdade, uma esperança animadora e, esperarmos esta glória tão cedo, é felicidade dupla. Estremecem os incrédulos no rio Jordão, — que ainda se coloca entre nós e a boa terra, mas temos a certeza de que já vivenciamos mais males do que o pior que a morte pode nos causar. Vamos banir qualquer pensamento temeroso e nos regozijar com enorme alegria na perspectiva de que este ano começaremos a estar "para sempre com o Senhor".

Uma parte das hordas celestiais passará pela terra este ano, para fazer o serviço do seu Senhor. Se isto ocorrer também conosco, não há motivo para este texto de Ano Novo não ser verdadeiro. "Nós, porém, que cremos, entramos no descanso." O Espírito Santo é o penhor de nossa herança; Ele nos concede a antecipação da glória. No céu, os anjos estão em segurança, e também estamos nós, preservados em Cristo Jesus; lá eles triunfam sobre seus inimigos, e nós triunfamos também. Os espíritos celestes desfrutam a comunhão com o seu Senhor e isso não nos é negado; eles descansam em Seu amor e nós temos perfeita paz nele; eles cantam louvores e também é nosso privilégio louvá-lo. Este ano vamos recolher frutos celestiais em solo terreno, onde a fé e a esperança transformaram o deserto em jardim do Senhor. O homem comeu o alimento dos anjos no passado; e por que não agora? Ah, que graça é se alimentar de Jesus e então comer o fruto da terra de Canaã este ano!

C. H. Spurgeon

"*...Em ti nos regozijaremos e nos alegraremos...*"
CÂNTICO DOS CÂNTICOS 1:4

Em ti nos regozijaremos e nos alegraremos. Não abriremos os portões do ano para as dolorosas notas da cítara, mas para a doce melodia da harpa e aos altos sons dos címbalos de alegria. "Vinde, cantemos ao Senhor, com júbilo, celebremos o Rochedo da nossa salvação." Nós, os chamados fiéis e escolhidos, vamos afastar nossas dores e levantar nossas bandeiras de confiança em nome de Deus. Deixe que outros lamentem por seus problemas, nós, que temos o cajado para adoçar as águas amargas de Mara, com alegria louvaremos ao Senhor. Espírito Eterno, nosso Consolador eficaz, nós que somos os templos onde habitas, nunca cessaremos de adorar e bendizer o nome de Jesus. Nós vamos, estamos decididos, Jesus deve ter a coroa da alegria do nosso coração; não desonraremos o Noivo chorando em Sua presença. Nosso destino é sermos os menestréis dos céus, então, devemos ensaiar o hino eterno antes de cantá-lo nos corredores da Nova Jerusalém. Regozijaremos e nos alegraremos: duas palavras com um sentido, alegria dupla, bem-aventurança sobre bem-aventurança. E, mesmo agora, é preciso haver algum limite para nossa alegria no Senhor? Os homens da graça não buscam hoje o Senhor para ser hena e nardo, cálamo e canela? E que perfume melhor terão no próprio céu? Em ti nos regozijaremos e nos alegraremos. A segunda palavra é o prato principal, o miolo da castanha, a alma do texto. Que paraíso está reservado em Jesus! Que rios de infinita felicidade têm a sua nascente e cada gota de sua plenitude nele! "Ó amado Senhor Jesus, tu és a porção disponível para o Teu povo, dá-nos este ano com tal sentido de preciosidade que, do primeiro até o último dia, possamos nos alegrar e regozijar em ti. Que janeiro comece com alegria no Senhor, e dezembro termine com júbilo em Jesus."

C.H. Spurgeon

"Perseverai na oração..."
COLOSSENSES 4:2

É interessante observar como é grande a parte das Escrituras Sagradas que fala da oração, seja fornecendo exemplos, reforçando preceitos ou anunciando promessas. Mal abrimos a Bíblia, lemos: "daí se começou a invocar o nome do Senhor", e quando estamos prestes a fechar o livro, o "amém" de uma fervorosa súplica chega aos nossos ouvidos. Os casos são abundantes. Aqui encontramos um Jacó em conflito, ali um Daniel que orava três vezes ao dia, e um Davi que, do fundo do seu coração, clamava por seu Deus. Na montanha vemos Elias; na masmorra, Paulo e Silas. Temos uma multidão de mandamentos e uma infinidade de promessas. O que isto nos ensina além da sagrada importância e necessidade da oração? Podemos ter certeza de que tudo o que Deus fez se destacar em Sua Palavra, Ele pretende que seja visível em nossa vida. Se o Senhor falou tanto sobre a oração, é porque sabe o quanto precisamos dela. Nossa necessidade é tão profunda que, até chegarmos ao céu, não devemos parar de orar. Você não quer nada? Então, temo que não tenha consciência de sua pobreza. Não há alguma misericórdia a pedir a Deus? Então, que a misericórdia do Senhor mostre a você a sua miséria! Uma alma sem oração é uma alma sem Cristo. A oração é o balbuciar do bebê, o grito do lutador, o réquiem do santo morrendo em Jesus. É a respiração, a palavra de ordem, o conforto, a força e a honra do cristão. Se você é um filho de Deus, irá procurar a face do Pai e viver em Seu amor. Ore para que este ano você seja santo, humilde, zeloso e paciente; tenha uma comunhão íntima e direta com Cristo e que participe com mais frequência do banquete de Seu amor. Ore para ser um exemplo e uma bênção aos outros, e para que possa viver mais para a glória de seu Mestre. O lema para este ano deve ser: "Perseverai na oração."

"...e os povos renovem as suas forças..."
ISAÍAS 41:1

Todas as coisas sobre a terra precisam ser renovadas. Nada que foi criado segue sozinho. "E, assim, renovas a face da terra" foi a expressão do salmista. Mesmo as árvores, que não se vestem com cuidado, nem encurtam sua vida com o trabalho, precisam beber a chuva do céu e sugar os tesouros escondidos do solo. Os cedros do Líbano, plantados por Deus, vivem apenas porque diariamente se enchem da fresca seiva da terra. Da mesma forma, a vida do homem não se sustenta sem a renovação divina. Assim como é necessário reparar o desgaste do corpo com refeições frequentes, devemos renovar o desgaste da alma alimentando-a com o Livro de Deus, com a Palavra pregada, ou pela mesa farta da comunhão. Como nossas graças são depreciadas quando suas fontes são negligenciadas! Como são famintos alguns pobres cristãos que vivem sem o uso diligente da Palavra de Deus e da oração secreta! Se a nossa devoção pode viver sem Deus, não é divina; não passa de um sonho; se assim fosse, seria esperar por Ele como as flores esperam pelo orvalho. Sem renovação constante, não estamos prontos para os insistentes ataques do maligno, ou para as sérias aflições do céu, ou até mesmo para as lutas interiores. Quando o vendaval chegar, ai da árvore que não tiver sugado a seiva fresca e se prendido à rocha com muitas raízes entrelaçadas. Quando surgem as tempestades, ai do marinheiro que não tiver reforçado o mastro, lançado a âncora nem procurado refúgio. Se a bondade cresce fraca, o maligno certamente reunirá forças e lutará desesperadamente para obter o controle sobre nós; e então, talvez, uma sofrida desolação ou uma desgraça lamentável aconteça. Aproximemo-nos aos pés da misericórdia divina, em humilde súplica, e perceberemos o cumprimento da promessa: "Os que esperam no SENHOR renovam as suas forças."

C.H. Spurgeon

"...guardar-te-ei e te farei mediador da aliança do povo..."
ISAÍAS 49:8

O próprio Jesus Cristo é a soma e a essência da aliança, e uma de suas dádivas. Ele pertence a todos os que creem nele. Cristão, você consegue imaginar o que recebe em Cristo? "Porquanto, nele, habita, corporalmente, toda a plenitude da divindade." Considere a palavra "Deus" e sua infinitude, e em seguida, medite sobre o "homem perfeito" e toda a sua beleza; tudo o que Cristo, como Deus e homem, teve ou pode ter, é seu — totalmente de graça, passando a ser sua propriedade para sempre. Nosso bendito Jesus, como Deus, é onisciente, onipresente, onipotente. Não o consola saber que todos esses atributos grandes e gloriosos são seus? Ele tem poder? Esse poder é seu para apoiar e fortalecê-lo, para vencer seus inimigos e para preservá-lo até o final. Ele tem amor? Bem, não existe uma gota de amor em Seu coração que não seja sua; você pode mergulhar no oceano imenso de Seu amor e ainda dizer: "É meu". Porventura Ele é justo? Pode parecer um atributo austero, mas até isso é seu, pois Ele, em Sua justiça, garantirá que tudo o que foi prometido a você no pacto da graça, esteja assegurado. E tudo isso que Ele tem como homem perfeito é seu. Como um homem perfeito, a alegria do Pai estava sobre Ele. Foi aceito pelo Altíssimo. Ah, cristão, a aceitação de Cristo por Deus é a sua aceitação; você não sabe que o amor do Pai revelado no Cristo perfeito, está agora em você? Pois tudo o que Cristo fez é seu. Essa justiça perfeita operada por Jesus quando, em Sua vida irrepreensível, guardou a lei e a honrou, é sua e a você é imputada. Cristo está na aliança.

Meu Deus, sou Teu — que conforto divino!
Que bênção saber que o Salvador é meu!
No Cordeiro celestial sou feliz triplamente
E meu coração dança ao som de Teu nome.

C.H. Spurgeon

"...Voz do que clama no deserto: Preparai o caminho do Senhor, endireitai as suas veredas". LUCAS 3:4

A voz clamando no deserto ordena um caminho para o Senhor, um caminho preparado, e um caminho preparado no deserto. Eu gostaria de estar atento à proclamação do Mestre e dar a Ele uma estrada para o meu coração, pelo deserto da minha natureza, criada por operação da graça. As quatro instruções no texto devem receber seriamente minha atenção.

Todo vale será aterrado. Pensamentos sombrios e ruins sobre Deus devem ser descartados; dúvidas e desespero devem ser removidos; e egoísmo e prazeres carnais devem ser abandonados. Através desses vales profundos, uma calçada gloriosa de graça deve ser construída.

E nivelados todos os montes e outeiros. O orgulho e a prepotência precisam ser nivelados para fazer uma estrada para o Rei dos reis. A comunhão divina nunca é concedida a pecadores arrogantes e soberbos. O Senhor se relaciona com os humildes e visita os contritos de coração, mas o altivo é uma abominação para Ele. Minh'alma, rogo ao Espírito Santo para corrigi-la a respeito disso.

Os caminhos tortuosos serão retificados. O coração oscilante precisa ter um caminho reto de decisão por Deus e marcado pela santidade. Homens instáveis são estranhos ao Deus da verdade. Minh'alma, tome cuidado para ser sempre honesta e verdadeira, por estar na presença do Deus que sonda os corações.

E os escabrosos, aplanados. Os obstáculos do pecado devem ser removidos, e os espinheiros e arbustos da rebelião devem ser extirpados. Um visitante tão ilustre não pode encontrar caminhos lamacentos e lugares pedregosos quando vem honrar Seus favoritos com Sua companhia. Ah, que nesta noite o Senhor possa encontrar em meu coração uma estrada pronta por Sua graça, que Ele possa fazer uma entrada triunfal no mais profundo da minha alma, desde o início deste ano até o final dele.

C.H. Spurgeon

"Antes, crescei na graça e no conhecimento de nosso Senhor e Salvador Jesus Cristo." 2 PEDRO 3:18

Crescei na graça" — não numa graça apenas, mas em toda graça. Cresça naquela graça-raiz, a fé. Creia nas promessas com mais força do que nunca. Permita que a fé cresça em plenitude, constância e simplicidade. Cresça também em amor. Peça que o seu amor possa se tornar maior, mais intenso, mais prático, influenciando cada pensamento, palavra e ação. Da mesma forma, cresça em humildade. Busque ser menor e saber mais sobre sua própria insignificância. À medida que decresce em humildade, busque também crescer para o alto — aproximando-se mais de Deus em oração e tendo um relacionamento mais íntimo com Jesus. Que Deus, o Espírito Santo, o capacite a "crescer no conhecimento de nosso Senhor e Salvador". Aquele que não cresce no conhecimento de Jesus, recusa-se a ser abençoado. Conhecê-lo é "vida eterna" e crescer no conhecimento dele é crescer em felicidade. Aquele que não se empenha em conhecer mais de Cristo, ainda não sabe nada sobre Ele. Quem bebeu desse vinho terá sede por mais, pois embora Cristo satisfaça, ainda assim a satisfação é tamanha, que o apetite é aguçado. Se você conhece o amor de Jesus — assim como o cervo anseia pela água corrente, você também irá almejar o mais profundo de Seu amor. Se não desejar conhecê-lo melhor, então você não o ama, porque o amor sempre grita: "Mais perto, mais perto". A ausência de Cristo é o inferno; mas a presença de Jesus é o céu. Então, não se contente sem um maior conhecimento de Jesus. Busque saber mais sobre Ele em Sua natureza divina, em Seu relacionamento humano, em Seu trabalho consumado, em Sua morte, em Sua ressurreição, em Sua gloriosa intercessão atual e em Seu advento real futuro. Permaneça bem próximo à cruz e descubra o mistério de Suas feridas. Um aumento de amor por Jesus e uma maior compreensão de Seu amor por nós é um dos melhores testes de crescimento na graça.

C.H. Spurgeon

"José reconheceu os irmãos; porém eles não o reconheceram."

GÊNESIS 42:8

Esta manhã, nossos desejos foram em direção ao crescimento de nosso conhecimento do Senhor Jesus; talvez seja bom, esta noite, considerar um tema afim, ou seja, o conhecimento que nosso José celestial tem de nós. Essa foi a bênção mais perfeita, muito antes que tivéssemos um mínimo de conhecimento sobre Ele. "Os Teus olhos me viram a substância ainda informe, e no Teu livro foram escritos todos os meus dias, cada um deles escrito e determinado, quando nem um deles havia ainda." Antes que fôssemos um ser no mundo, éramos um ser em Seu coração. Quando éramos Seus inimigos, Ele nos conhecia, nosso sofrimento, nossa loucura e nossa maldade. Quando chorávamos amargamente em desesperado arrependimento e o víamos apenas como um juiz e um soberano, Ele nos via como Seus irmãos amados, e Suas entranhas ansiavam por nós. Ele nunca confundiu Seus escolhidos, mas sempre os contemplou como objetos de Sua infinita afeição. "O Senhor conhece os que lhe pertencem" é tão verdadeiro para os filhos pródigos que estão alimentando porcos, como para os filhos que se sentam à mesa.

Mas, ai de mim! Nós não conhecemos nosso Irmão real, e dessa ignorância resultou uma série de pecados. Fechamos nosso coração a Ele e não lhe permitimos o nosso amor. Desconfiamos dele e não demos crédito às Suas palavras. Nós nos rebelamos contra Ele e não lhe rendemos homenagens amorosas. O Sol da Justiça brilhou e não pudemos vê-lo. O céu veio à terra e a terra não percebeu. Que Deus seja louvado, esses dias acabaram; no entanto, mesmo agora, é muito pouco o que sabemos sobre Jesus, comparado ao que Ele sabe sobre nós. Apenas começamos a estudá-lo, mas Ele nos conhece totalmente. É uma circunstância abençoada que a ignorância não esteja ao Seu lado, pois não teríamos esperança. Ele não nos dirá: "Nunca o conheci", mas confessará os nossos nomes no dia de Sua volta, e enquanto isso, se manifestará para nós, como não o faz para o mundo.

C. H. Spurgeon

"E viu Deus que a luz era boa;
e fez separação entre a luz e as trevas." GÊNESIS 1:4

A luz pode ser boa, sendo que surgiu daquela declaração de bondade: "Haja luz". Nós, que desfrutamos dela, deveríamos ser mais gratos do que somos, e vermos mais de Deus nela e por ela. A luz física, segundo Salomão, é doce, mas a luz do evangelho é infinitamente mais preciosa porque revela coisas eternas e ministra à nossa natureza imortal. Quando o Espírito Santo nos dá luz espiritual e abre os nossos olhos para contemplar a glória de Deus na face de Jesus Cristo, contemplamos o pecado em suas cores verdadeiras, e a nós mesmos em nossa verdadeira posição; vemos o Santíssimo Deus como Ele se revela, o plano de misericórdia como Ele o propôs e o mundo por vir, como a Palavra descreve. A luz espiritual tem muitos raios e cores prismáticas, mas sejam elas conhecimento, alegria, santidade ou vida, todas são divinamente boas. Se a luz recebida é tão boa assim, como deve ser a luz essencial, e como deve ser glorioso o lugar onde Ele se revela. Ó Senhor, como a luz é tão boa, dê-nos mais dela, e mais de si mesmo, a verdadeira luz.

E tão logo haja uma boa coisa no mundo, uma divisão é necessária. Luz e escuridão não se comunicam; Deus as dividiu, não as confundamos. Filhos da luz não devem ter comunhão com obras, doutrinas ou falsidades das trevas. Os filhos do dia devem ser sóbrios, honestos e corajosos no trabalho de seu Senhor, deixando as obras das trevas para aqueles que devem lidar com elas para sempre. Nossas igrejas devem, por disciplina, separar a luz das trevas, e nós devemos, por nossa distinta separação do mundo, fazer o mesmo. Ao julgar, ao agir, ao ouvir, ao ensinar, ao nos associar, devemos discernir entre o precioso e o vil, e manter a grande distinção que o Senhor fez sobre a terra no primeiro dia. Ó, Senhor Jesus, seja a nossa luz ao longo de todo este dia, pois Tua luz é a luz dos homens.

C.H. Spurgeon

"E viu Deus que a luz era boa."
GÊNESIS 1:4

Esta manhã percebemos a bondade da luz e que o Senhor a separou das trevas. Agora observe o olhar especial que o Senhor teve para a luz. "E viu Deus que a luz era boa" — Ele a olhou com complacência, a observou com prazer, viu que "era boa". Se o Senhor lhe deu a luz, querido leitor, Ele olha para essa luz com interesse peculiar; não apenas porque é especial para Ele por ser a Sua obra, mas porque ela é como o próprio Senhor, pois "Ele é luz". Agradável é ao cristão saber que o olhar de Deus é, portanto, observador terno dessa obra de graça que Ele começou. O Senhor nunca perde de vista o tesouro que Ele mesmo colocou em nossos vasos terrenos. Às vezes não podemos ver a luz, mas Deus sempre a vê e isso é muito melhor do que nós a vermos. É melhor que o juiz veja a minha inocência do que eu achar que a vejo. Para mim, é muito confortável saber que pertenço ao povo de Deus — mas independente de eu saber disso ou não, se o Senhor o sabe, ainda estou seguro. Este é o fundamento: "O Senhor conhece os que lhe pertencem." Você pode estar suspirando e gemendo por causa do pecado inato, e lamentando por suas trevas, no entanto, o Senhor vê "luz" em seu coração, porque Ele a colocou ali, e toda a nebulosidade e melancolia de sua alma não podem esconder sua luz de Seu gracioso olhar. Você pode estar em profundo desânimo, ou mesmo em desespero; mas se sua alma tiver algum anseio por Cristo, e se você estiver buscando descansar em Sua obra consumada, Deus vê a "luz". Ele não apenas a vê, mas também a preserva em você. "Eu, o SENHOR, a vigio...". Este pensamento é precioso para aqueles que, após ansiosamente cuidar e guardar a si mesmos, sentem sua própria impotência para fazê-lo. Dessa maneira, a luz, preservada por Sua graça, Ele um dia a desenvolverá em esplendor do meio-dia e na plenitude da glória. A luz interior é o alvorecer do dia eterno.

"Lançando sobre ele toda a vossa ansiedade,
porque ele tem cuidado de vós." 1 PEDRO 5:7

É um jeito alegre de acalmar a tristeza, quando sinto que "Ele cuida de mim". Cristão! Não desonre a religião mantendo uma testa franzida de preocupação; venha, entregue seu fardo ao seu Senhor. Você está cambaleando com um peso que seu Pai não sentiria. O que lhe parece um fardo pesado, será para Ele apenas um pouco de pó na balança. Nada é tão doce quanto

Descansar nas mãos de Deus,
E saber apenas a Sua vontade.

Ó, filho do sofrimento, seja paciente; Deus não lhe negou a Sua providência. Ele, que alimenta os pardais, também lhe dará o que você precisa. Não se entregue ao desespero; tenha esperança, espere sempre. Levante os braços da fé contra o mar de problemas e sua postura deve pôr fim à angústia. Existe Aquele que cuida de você. Seus olhos estão fixos em você, Seu coração bate piedosamente pelo seu infortúnio e Sua mão onipotente trará a ajuda de que precisa. As nuvens mais sombrias devem se dissipar em chuvas de misericórdia. A tristeza mais profunda dará lugar à manhã. Ele, se você fizer parte de Sua família, irá fechar as feridas e curar seu coração partido. Não duvide de Sua graça por causa de sua tribulação, mas acredite que Ele o ama tanto nas temporadas de problemas, como nas horas de alegria. Que vida serena e tranquila você levará se deixar a provisão nas mãos do Deus da providência! Com um pouco de azeite na botija e um punhado de farinha na panela, Elias sobreviveu à fome, e você fará o mesmo. Se Deus tem cuidado de você, por que precisa se preocupar também? É capaz de confiar a Ele sua alma, mas não seu corpo? O Senhor nunca se recusou a aliviar o seu fardo, Ele nunca desabou com o seu peso. Então, venha alma! Não fique inquieta e deixe todas as suas preocupações nas mãos do Deus da graça.

C.H. Spurgeon

"Ora, a mão do Senhor estivera sobre mim pela tarde..."
EZEQUIEL 33:22

Se for um caso de julgamento, e este pode ser o caso, seja eu a considerar a razão de tal visitação, e suportar a vara e o que Ele apontou. Não sou o único que é castigado durante a noite; que eu me apresente à aflição com alegria e cuidadosamente me esforce para beneficiar-me com ela. Mas a mão de Deus também pode ser sentida de outra maneira, fortalecendo a alma e elevando o espírito em direção aos bens eternos. Ah, que eu possa nesse sentido sentir o Senhor lidando comigo! Um sentido de presença e morada divina leva a alma em direção ao céu, como se pelas asas de águias. Nesses momentos, transbordamos de alegria espiritual e, esquecemos as preocupações e tristezas da Terra; o invisível está perto, e o visível perde seu poder sobre nós; o corpo servil aguarda aos pés da montanha e o espírito adora no cume, na presença do Senhor. Ó, que momento sagrado de comunhão divina pode me ser concedido esta noite! O Senhor sabe que eu preciso muito disso. Minhas virtudes definham, minha raiva corrompe, minha fé está fraca, minha devoção está fria; por todas essas razões, Sua mão curativa deve ser posta sobre mim. A mão dele pode esfriar o calor da minha testa quente e acalmar o tumulto do meu coração palpitante. Aquela gloriosa mão direita que moldou o mundo pode recriar minha mente; a mão segura que mantém os enormes pilares da terra pode sustentar meu espírito; a mão de amor que cerca todos os santos, pode me acalentar; e a mão poderosa que quebra em pedaços o inimigo, pode subjugar meus pecados. Por que eu não deveria sentir aquela mão me tocando esta noite? Venha, minha alma, dirija-se a Deus em forte apelo, pois as mãos de Jesus foram perfuradas por sua redenção, e certamente sentirá sobre si aquela mesma mão que um dia tocou Ezequiel e o colocou de joelhos para que tivesse as visões de Deus.

C.H. Spurgeon

"Porquanto, para mim, o viver é Cristo..."
FILIPENSES 1:21

O cristão nem sempre vive para Cristo. Ele começa a fazê-lo quando o Espírito Santo de Deus o convence de seu pecado e quando, pela graça, é levado a ver a morte do Salvador como remissão de sua culpa. A partir do instante de seu novo nascimento celestial, o homem começa a viver para Cristo. Para os cristãos, Jesus é a pérola de enorme valor com quem estamos dispostos a compartilhar tudo o que temos. O Mestre ganhou nosso amor de tal forma, que nosso coração pulsa apenas por Ele; por Sua glória viveríamos, e morreríamos em defesa do evangelho; Ele é o padrão de nossa vida e o modelo a partir do qual devemos esculpir nosso caráter. As palavras de Paulo significam mais do que muitos homens pensam; elas indicam que o objetivo e a finalidade de sua vida era Cristo — ou melhor, que a vida de Paulo era Jesus. Nas palavras de um santo da antiguidade, ele comia, bebia e dormia a vida eterna. Jesus era sua respiração, a alma de sua alma, o coração de seu coração, a vida de sua vida. Como um cristão professo, você pode dizer que vive dessa maneira? Pode falar honestamente que para você o viver é Cristo? Seus negócios: você os está realizando por Cristo? Não são feitos por engrandecimento pessoal e por vantagem familiar? Você pergunta: "Esta é a razão principal?" Para um cristão, é. Ele professa viver para Cristo; como pode viver por outro objetivo sem cometer adultério espiritual? Há muitos que vivenciam esse princípio de alguma maneira; mas quem pode ousar dizer que viveu totalmente para Cristo como o apóstolo fez? No entanto, isso, por si só, é a verdadeira vida de um cristão — sua origem, seu sustento, seu jeito de ser, seu fim, tudo reunido em um nome — Cristo Jesus. "Senhor, aceita-me; aqui me apresento, orando por viver apenas em ti e para ti. Deixa-me ser como o novilho que se coloca entre o arado e o altar, para trabalhar ou para ser sacrificado; e permita que meu lema seja: 'Pronto para qualquer um deles.'"

C. H. Spurgeon

"...minha irmã, noiva minha..."
CÂNTICO DOS CÂNTICOS 4:12

Observe os doces títulos com os quais Salomão, com intenso afeto, leva sua noiva para a igreja. "Minha irmã", aquela ligada a mim por laços da natureza, que compartilha as mesmas simpatias. Minha esposa, mais próxima e mais querida, unida a mim pelos ternos laços do amor; minha doce companheira, parte do meu próprio ser. Minha irmã, por minha encarnação, que me faz ossos dos seus ossos, e carne da sua carne; minha esposa, por noivado celeste, no qual a desposei para mim em justiça. Minha irmã, que eu conheci há muito, e a quem observei desde a primeira infância; minha esposa, tirada de entre as filhas, abraçada pelos braços do amor e prometida a mim para sempre. Veja como é verdade que nosso Parente real não se envergonha de nós, pois Ele discorre com manifesto deleite sobre essa relação de dois lados. Em nossa versão temos a palavra "minha" duas vezes; como se Cristo, na posse de Sua igreja, habitasse arrebatadoramente nela. "Regozijando-me no seu mundo habitável [...] com os filhos dos homens", porque esses filhos dos homens eram os Seus escolhidos. Ele, o Pastor, foi procurar as ovelhas, porque elas eram as Suas ovelhas; Ele "veio buscar e salvar o perdido", porque o que estava perdido era Seu bem, antes de se perder ou de Ele o perder. A Igreja é a parte exclusiva de seu Senhor; ninguém pode reclamar qualquer parceria ou fingir compartilhar seu amor. "Jesus, a Tua Igreja se alegra em ti! Que cada alma cristã possa beber de Tua fonte." Alma! Cristo está próximo de você por laços de relacionamento; Cristo é querido para você como nos laços de união matrimonial, e você lhe é preciosa; eis que Ele segura suas mãos dizendo "minha irmã, noiva minha". Observe os dois laços sagrados pelos quais o Senhor a recebe, e que Ele não pode, nem nunca a deixará ir. Não seja, ó amada, lenta para retornar à chama sagrada de Seu amor.

C.H. Spurgeon

"...a iniquidade concernente às coisas santas..."

ÊXODO 28:38

Que véu é levantado por estas palavras, e que declaração é feita! Será humilhante e proveitoso para nós fazermos uma pausa e observar esta triste visão. As iniquidades da nossa adoração pública, hipocrisia, formalidade, indiferença, irreverência, o coração vagando e o esquecimento de Deus, que medida completa temos aí! Nosso trabalho para o Senhor, concorrência, egoísmo, descuido, negligência, incredulidade, que massa de profanação está aí! Nossas devoções individuais, prostração, frieza, negligência, sonolência e vaidade, que montanha de terra árida! Se olharmos com mais cuidado, devemos descobrir que essa iniquidade é muito maior do que aparenta à primeira vista. O Dr. Payson [N.E.: Pregador norte-americano do século 18], escrevendo ao seu irmão, diz: "Minha paróquia, assim como meu coração, muito se assemelha ao jardim do preguiçoso; e o que é pior, acho que muito dos meus desejos de melhorar ambos vêm, do orgulho, da vaidade ou da indolência. Eu olho para as ervas daninhas que se espalham pelo meu jardim e expiro um desejo sincero de que sejam erradicadas. Mas por quê? O que move esse desejo? Talvez eu queira poder sair e dizer a mim mesmo: 'Como meu jardim está bem cuidado!' Isso é orgulho. Ou, talvez sejam meus vizinhos que possam olhar pelo muro e dizer: 'Como o seu jardim floresce!' Isso é vaidade. Ou eu talvez queira a destruição das ervas daninhas porque estou cansado de tirá-las. Isso é indolência." Então, até mesmo nossos desejos por santidade podem ser poluídos por motivos vis. Os vermes se escondem sob os gramados mais verdes; não precisamos procurar muito para descobri-los. Como é animadora a ideia de que, quando o Sumo Sacerdote suportou a iniquidade das coisas santas, Ele usou em Sua testa as palavras: "Santidade ao Senhor", e mesmo enquanto Jesus carrega o nosso pecado, Ele apresenta diante de Seu Pai, não a nossa profanação, mas Sua própria santidade. Ó, que graça é ver nosso grande Sumo Sacerdote pelos olhos da fé!

C.H. Spurgeon

"...melhor é o teu amor do que o vinho."
CÂNTICO DOS CÂNTICOS 1:2

Nada dá tanta alegria ao cristão quanto a comunhão com Cristo. Ele se alegra, assim como os outros, nas misericórdias comuns da vida, pode ficar contente com as dádivas e com a obra de Deus; mas em cada uma delas, separadamente, sim, e nem em todas somadas, ele não encontra um prazer tão substancial como na pessoa incomparável do Senhor Jesus. Ele tem o vinho que vinhedo algum da terra jamais produziu; Ele tem o pão que nem todos os campos de milho do Egito foram capazes de fazer. Onde se pode encontrar doçura igual à provada em comunhão com o nosso Amado? Para nós, as alegrias terrenas são um pouco melhores do que cascas para os porcos, se comparadas com Jesus, nosso maná celestial. Preferimos ter um punhado do amor de Cristo e uma gota de Sua comunhão, a um mundo inteiro de prazeres carnais. O que é a palha para o trigo? O que é uma pasta reluzente para o diamante verdadeiro? O que é um sonho, perto da gloriosa realidade? O que é a alegria momentânea em seu auge, comparada ao nosso Senhor Jesus, em Seu estado mais singelo? Se você conhece alguma coisa sobre a vida interior, irá reconhecer que nossas maiores alegrias, as mais puras e mais duradouras são fruto da árvore da vida que se encontra no centro do paraíso de Deus. De fonte alguma brota uma água tão doce quanto daquela que Deus cavou com a lança do soldado. Toda alegria terrena é da terra, mas o conforto da presença de Cristo é como Ele, celestial. Podemos avaliar nossa comunhão com Jesus e não encontraremos o vazio de arrependimentos; não há borra nesse vinho, nenhuma mosca morta nesse unguento. A alegria do Senhor é sólida e duradoura. Nela não há vaidade, mas a discrição e a prudência testemunham que ela permanece com os anos e na eternidade, digna de ser chamada de "único prazer verdadeiro". Para alimento, consolação, alegria e refrigério, nenhum vinho rivaliza com o amor de Jesus. Vamos beber dele ao máximo esta noite.

C.H. Spurgeon

"...eu serei o seu Deus..."

JEREMIAS 31:33

Cristão! eis tudo o que você pode precisar. Para ser feliz, você quer algo que o satisfaça: e isso não é suficiente? Se você puder derramar essa promessa em seu copo, porventura não dirá como Davi: "Meu cálice transborda", eu tenho mais do que o coração pode desejar? Quando isso acontecer, "eu serei o seu Deus" você não possuirá todas as coisas? O desejo é insaciável como a morte, mas aquele que cumpre tudo em todos, pode preenchê-lo. Quem pode medir a capacidade de nossos desejos? A riqueza incomensurável de Deus pode mais do que transbordá-la. Então lhe pergunto, você não está completo com Deus? Quer alguma coisa além de Deus? Ele não é suficiente o bastante para satisfazê-lo, se tudo mais falhar? Mas você quer mais do que satisfação tranquila, quer prazer arrebatador. Venha, alma, eis a música do céu para você, porque Deus é o Criador do céu. Nem toda música que brota de instrumentos de sopro ou de corda, pode produzir uma melodia tão doce quanto essa promessa: "Eu serei o seu Deus." Eis um mar profundo de alegria, um oceano ilimitado de prazer; vem, banhe seu espírito nele; nade sem parar e não encontrará margem; mergulhe por toda a eternidade, e não achará o fundo. "Eu serei o seu Deus." Se isso não provocar um brilho em seus olhos nem seu coração bater mais forte de felicidade, então certamente sua alma não está saudável. Mas você quer mais do que os prazeres atuais; almeja algo sobre o qual possa exercitar a esperança; e o que mais pode esperar do que o cumprimento dessa grande promessa, "Eu serei o seu Deus?" Essa é a obra-prima de todas as promessas; sua alegria cria um céu aqui e fará um céu lá em cima. Habite na luz do seu Senhor e deixe sua alma ser arrebatada por Seu amor. Saia dessa banha e gordura que o seguram. Viva de acordo com os privilégios e regozije-se com uma alegria indescritível.

C.H. Spurgeon

"Servi ao SENHOR *com alegria..."*
SALMO 100:2

Deleite no serviço divino é um sinal de aceitação. Aqueles que servem a Deus com o semblante triste porque não estão fazendo o que os agrada, não servem ao Senhor; o fazem como uma homenagem, mas não há vida. Nosso Deus não precisa de escravos para enfeitar Seu trono; Ele é o Senhor do império do amor e deveria ter Seus servos vestidos de alegria. Os anjos servem a Deus com cânticos, não com rugidos; um murmúrio ou um suspiro seria um motim em suas hordas. Obediência que não é voluntária é desobediência, porque o Senhor vê o coração e se Ele vê que o servimos à força e não por amor, rejeitará a nossa oferta. Trabalhar com alegria é servir com o coração e, portanto, verdadeiro. Retire a disposição alegre de um cristão e terá removido a prova de sua sinceridade. Se um homem é levado à batalha, não é um patriota; mas aquele que marcha para a batalha com os olhos brilhando e a expressão radiante, cantando, "é doce morrer pela pátria", prova seu patriotismo sincero. A alegria é o sustento da nossa força; na alegria do Senhor somos fortes. Ela funciona como o removedor de dificuldades. É para o nosso trabalho, como o óleo que lubrifica as rodas de um trem. Sem óleo, o eixo logo aquece e os acidentes acontecem; e se não há uma alegria santa para lubrificar nossas rodas, nosso espírito será obstruído pela fadiga. O homem que se alegra no serviço de Deus, prova sua obediência e pode cantar.

Guia-me pela vereda dos Teus mandamentos,
Essa é uma estrada de deleite.

Leitor, analisemos esta questão: você serve ao Senhor com alegria? Vamos mostrar ao mundo, que acha que a nossa religião é escravidão que, para nós, ela é deleite e alegria! Que nosso contentamento declare que servimos a um bom Mestre.

C.H. Spurgeon

"Já agora a coroa da justiça me está guardada..."

2 TIMÓTEO 4:8

Você duvida e diz com frequência: "Tenho medo de nunca entrar no céu." Não tenha medo! Todos os filhos de Deus entrarão lá. Gosto muito da história de um moribundo que exclamou: "Não tenho medo de voltar para casa; mandei todos antes de mim; o dedo de Deus está no trinco da minha porta e estou pronto para deixá-lo entrar." "Mas", disse alguém: "Não está com medo de ter perdido sua herança?" "Não", ele respondeu, "há uma coroa no céu, que o anjo Gabriel não pode usar, e ela só caberá em minha cabeça. Há um trono no céu, onde o apóstolo Paulo não pode se sentar, ele foi feito para mim e vou usá-lo." Ah, cristão, que pensamento alegre! Sua porção está reservada; "lá está o descanso". "Mas eu não posso perder isso?" Não, é inalienável. Se sou filho de Deus, não perderei. É tão certo que será meu, como se eu já estivesse lá. Venha comigo, cristão, vamos nos sentar no topo do Nebo e olhar a terra fértil, até Canaã. Vê aquele pequeno rio de morte brilhando à luz do sol, e além dele, vê os pináculos da cidade eterna? Percebe o país agradável e todos os seus alegres habitantes? Saiba, então, que se pudesse voar até lá, veria escrito sobre uma de suas muitas mansões, "está reservado para tal pessoa; apenas para ela. Ela deve ser trazida para habitar eternamente com Deus". Pobre duvidoso, veja a herança, é sua. Se você crê no Senhor Jesus, se está arrependido do pecado, se o seu coração foi renovado, se é um dos filhos do Senhor, então há um lugar reservado para você, uma coroa guardada para você, uma harpa especialmente feita para você. Ninguém receberá o que é seu, está reservado para você no céu. E terá tudo isso em breve, porque não haverá tronos vazios na glória quando todos os escolhidos estiverem reunidos.

C.H. Spurgeon

"...em minha carne verei a Deus."

JÓ 19:26

Observe o objetivo da expectativa dedicada de Jó: "Verei a Deus". Ele não diz, "verei os santos" — embora, sem dúvida, será uma felicidade indescritível — mas, "verei a Deus". Não é "verei os portões de pérola do céu, vou admirar as muralhas de jaspe, vou contemplar as coroas de ouro", mas "verei a Deus". Essa é a essência do céu, essa é a alegre esperança de todos os cristãos. É seu prazer ver a Deus na prática da fé. Eles amam admirá-lo na comunhão e na oração, mas lá no céu terão uma visão clara e poderão vê-lo "como Ele é", serem como Ele é. Semelhança de Deus — o que mais podemos querer? E uma visão de Deus — o que de melhor podemos desejar? Alguns leram a passagem, "em minha carne verei a Deus", e encontraram aqui uma alusão a Cristo, pois o "Verbo se fez carne", e que gloriosa contemplação daquele que será o esplendor dos últimos dias. Seja assim ou não, é certo que Cristo será o alvo de nossa visão eterna; nem estaremos buscando sempre outra alegria, além de admirá-lo. Não pense que isso será um limite pequeno para a mente habitar. É apenas uma fonte de prazer, mas essa fonte é infinita. Todos os Seus atributos sejam alvos de contemplação, e como Ele é infinito em todos os aspectos, não há temor de exaustão. Suas obras, Seus dons, Seu amor por nós, e Sua glória em todo o Seu propósito e todas as Suas ações, isso será um tema sempre novo. O patriarca ansiava por essa visão de Deus como uma satisfação pessoal. "Os meus olhos o verão, e não outros." Perceba pontos de vista das bem-aventuranças do Céu; pense no que Ele será para você. "Os teus olhos verão o rei na sua formosura." Todo o brilho terreno esmaece e escurece quando ficamos olhando para Ele, mas eis aqui um brilho que jamais se apagará, uma glória que nunca esmaecerá — "verei a Deus".

C.H. Spurgeon

"...estes não têm raiz..."
LUCAS 8:13

Minh'alma, examine-se esta manhã à luz desse texto. Você recebeu a palavra com alegria; ela mexeu com sua emoção e causou uma impressão vívida; mas lembre-se: receber a palavra com os ouvidos é uma coisa, e receber Jesus em sua alma é bem outra; emoções superficiais normalmente estão associadas ao endurecimento de coração, e uma impressão vívida da Palavra nem sempre é duradoura. Na parábola, uma das sementes cai sobre um chão de pedras coberto por uma fina camada de terra; quando a semente começou a criar raiz, ela esbarrou na pedra dura, e então, esta passou a colocar toda a sua força em empurrar o broto verde o mais alto possível, mas não tendo umidade interior vinda do alimento da raiz, a planta secou. É esse o meu caso? Tenho demonstrado uma aparência piedosa sem ter uma vida interior correspondente? O bom crescimento acontece para cima e para baixo ao mesmo tempo. Estou enraizado em sincera fidelidade e amor a Jesus? Se meu coração permanece endurecido e não fertilizado pela graça, a boa semente pode germinar durante uma estação, mas, por fim, secará, pois não pode florescer num coração endurecido, intacto, não santificado. Conceda-me temer uma santidade tão rápida no crescimento, quanto carente em resistência, semelhante à planta de Jonas; conceda-me falar do preço de ser um seguidor de Jesus, acima de tudo, conceda-me sentir a força de Seu Santo Espírito, e então terei uma semente duradoura e resistente em minha alma. Se minha mente permanece tão inflexível quanto era por natureza, o sol do julgamento vai queimar, e meu duro coração ajudará a aumentar terrivelmente o calor sobre a semente mal coberta, e minha religião logo morrerá, e meu desespero será terrível. "Entretanto, ó Semeador celeste, que eu seja arado primeiro, e então, lançada a verdade sobre mim, e me permita render uma colheita abundante."

C.H. Spurgeon

"Eu, porém, roguei por ti..."
LUCAS 22:32

Quão alentadora é a ideia de que o Redentor nunca cessa de interceder por nós. Quando oramos, Ele intercede por nós, e quando não estamos orando, Ele está advogando nossa causa, e por Suas súplicas, nos protegendo de perigos invisíveis. Note a palavra de conforto endereçada a Pedro — "Simão, Simão, eis que Satanás vos reclamou para vos peneirar como trigo!" — o quê? "Mas vá e ore por si mesmo." Esse seria um bom conselho, mas não é assim que está escrito. Nem Ele diz: "Mas vou mantê-lo atento para que seja preservado." Isso seria uma grande bênção. Contudo, o que Ele diz é: "Eu, porém, roguei por ti, para que a tua fé não desfaleça." Pouco sabemos sobre o que devemos às orações de nosso Salvador. Quando chegarmos ao Céu e olharmos para trás, para todo o caminho por onde o Senhor, nosso Deus, nos guiou, como devemos louvá-lo, pois, diante do trono eterno, desfez o mal que Satanás estava realizando no mundo. Como devemos agradecê-lo por nunca ter se calado, mas mostrado as feridas em Suas mãos dia e noite, e levado nossos nomes em Seu peito! Mesmo antes de Satanás ter começado a tentar, Jesus havia se antecipado a ele e entrado com uma súplica no Céu. A misericórdia supera a malícia. Note, Ele não diz, "Satanás desejou tê-lo." Ele verifica os desejos de Satanás e corta o mal pela raiz. Ele não diz, "mas eu desejei orar por você". Não, mas "Eu orei por você; Eu já orei; Eu fui à corte e fiz uma apelação antes mesmo da acusação ser feita." "Ó Jesus, que conforto é saber que defendeste nossa causa contra nossos inimigos invisíveis; desarmaste as minas deles e revelaste suas emboscadas." Eis um motivo de alegria, gratidão, esperança e confiança.

C.H. Spurgeon

"...e vós, de Cristo..."

1 CORÍNTIOS 3:23

E vós de Cristo." Você é dele por doação, porque o Pai o deu ao Filho; comprado por sangue, porque Ele pagou o preço por sua redenção; é dele por dedicação, porque você consagrou sua vida a Ele; por parentesco, porque recebeu o Seu nome e foi feito um de Seus irmãos e coerdeiros. Trabalhe praticamente para mostrar ao mundo que você é o servo, o amigo, a noiva de Jesus. Quando tentado a pecar, responda: "Não posso fazer tamanha maldade, porque sou de Cristo." Princípios imortais proíbem o amigo de Cristo de pecar. Quando a riqueza estiver diante de você para ser conquistada de forma pecaminosa, diga que é de Cristo e não a toque. Está exposto a dificuldades e perigos? Permaneça firme no dia ruim, lembrando que é de Cristo. Foi colocado entre outros que ficam de braços cruzados, sem fazer nada? Levante-se para trabalhar com todas as suas forças; e quando o suor escorrer em seu rosto e for tentado a esmorecer, grite: "Não, não posso parar, porque sou de Cristo. Se não tivesse sido comprado por sangue, talvez eu fosse como Issacar, agachado entre dois fardos, mas sou de Cristo e não posso parar." Quando o canto de prazer da sereia tentar tirar você do caminho certo, responda: "Sua música não pode me enfeitiçar; eu sou de Cristo." Quando a causa de Deus o chamar, entregue seus bens e a si mesmo, porque você é de Cristo. Nunca esconda o que professa. Seja sempre um daqueles cujo comportamento é cristão, cujo discurso é como o do Nazareno, cuja conduta e conversa é tão impregnada do céu, que todos os que o virem saberão que é do Salvador, reconhecendo em você Suas feições de amor e Seu semblante de santidade. "Eu sou um romano!" era um motivo de integridade; muito mais, então, que seja o seu argumento de santidade: "Eu sou de Cristo!".

C.H. Spurgeon

"...ainda tenho argumentos a favor de Deus."
JÓ 36:2

Não devemos buscar publicidade para nossas virtudes ou notoriedade pelo nosso zelo, mas, ao mesmo tempo, é um pecado estar sempre procurando esconder aquilo que Deus nos concedeu para o bem de outros. Um cristão não deve ser uma aldeia num vale, mas "uma cidade no alto da montanha", não deve ser uma vela dentro de um balde, mas uma vela num castiçal, iluminando a todos. Um retiro pode ser adorável em seu tempo, e ocultar a si mesmo é, sem dúvida, modesto, mas esconder Cristo em nós nunca é justificável, e reter a verdade, que é preciosa para nós, é um pecado contra os outros e uma ofensa contra Deus. Se você tem um temperamento nervoso e uma propensão a se esconder, cuidado para não alimentar demais essa propensão ao tremor, ou então você será inútil para a igreja. Procure, em nome daquele que não se envergonhou de você, ir contra esse sentimento e conte aos outros o que Cristo lhe falou. Se não consegue falar com voz de trombeta, use sua voz suave. Se o púlpito não é a sua tribuna, se a imprensa não pode dar asas às suas palavras, diga como Pedro e João: "Não possuo nem prata nem ouro, mas o que tenho, isso te dou". Perto do poço de Sicar, fale com a mulher samaritana, se não pode subir à montanha para pregar um sermão; cante louvores a Jesus em casa, se não no templo; no campo, se não para o estrangeiro; no meio de sua própria casa, se não pode cantar no meio da grande família composta por seus semelhantes. Deixe fluir riachos de testemunhos a partir das nascentes ocultas, dando de beber a cada transeunte. Não esconda seu talento; negocie-o e traga bons frutos para o seu Senhor e Mestre. Falar em nome de Deus será revigorante para nós mesmos, animador para os santos, útil para os pecadores e glorificante para o Salvador. Filhos mudos são uma aflição para seus pais. Senhor, solta a língua de todos os Seus filhos.

C.H. Spurgeon

"Fez Josafá navios de Társis, para irem a Ofir em busca de ouro; porém não foram, porque os navios se quebraram em Eziom-Geber." 1 REIS 22:49

Os navios de Salomão voltaram em segurança, mas os barcos de Josafá nunca chegaram à terra do ouro. A providência prospera um e frustra o desejo do outro na mesma questão e no mesmo lugar, contudo o Grande Soberano é tão bom e sábio em um tempo como no outro. Hoje, ao nos lembrarmos deste texto, que possamos ter a graça de bendizer ao Senhor pelos barcos quebrados em Eziom-Geber, assim como pelos navios fretados com bênçãos temporais; que não invejemos os que têm mais sucesso, nem choremos por nossas perdas como se estivéssemos sendo especialmente testados. Como Josafá, sejamos especiais aos olhos do Senhor, embora nossos planos acabem em desapontamento.

O motivo secreto da perda de Josafá também é digno de atenção, uma vez que é o caminho de boa parte do sofrimento do povo do Senhor; foi sua aliança com uma família pecadora, sua amizade com pecadores. Em 2 Crônicas, a Bíblia relata que o Senhor enviou um profeta para declarar: "Porquanto te aliaste com Acazias, o SENHOR destruiu as tuas obras" (20:37). Foi um castigo paterno que, aparentemente, se tornou uma bênção para ele, já que no versículo seguinte de nossa leitura, o encontramos recusando-se a permitir que seus servos navegassem nos mesmos barcos com aqueles do rei malvado. Deus queria que a experiência de Josafá fosse um alerta para o restante do povo do Senhor, para que evitassem o jugo desigual com os incrédulos! Uma vida infeliz é normalmente o que acontece àqueles que se unem em matrimônio, ou em qualquer outra forma que escolham, com homens do mundo. Ó, por amor a Jesus, que sejamos santos, inocentes, imaculados e separados dos pecadores; pois se assim não for conosco, podemos esperar escutar muitas vezes, "o SENHOR destruiu as tuas obras".

"...e fez flutuar o ferro".
2 REIS 6:6

A cabeça do machado parecia estar irremediavelmente perdida e, como era emprestado, a honra do grupo de profetas poderia ser questionada e, por conseguinte, o nome de seu Deus ficaria comprometido. Contrariando todas as expectativas, o ferro subiu do fundo do rio e flutuou; pois o que é impossível ao homem, é possível a Deus. Conheci um cristão alguns anos atrás que foi convocado para assumir um trabalho que em muito excedia suas forças. Parecia tão difícil envolver-se na absurda ideia de tentar. No entanto, ele havia sido chamado e sua fé fortaleceu-se na ocasião; Deus o honrou, uma ajuda inesperada foi enviada e o ferro flutuou. Outra família do Senhor estava com graves problemas financeiros, poderiam pagar todas as dívidas e muito mais, se pudessem ter vendido uma certa parte de sua propriedade, mas eles foram atingidos por um mal súbito. Em vão recorreram a amigos, mas a fé os levou a buscarem o Socorro infalível e, vejam, o problema foi evitado, seus passos foram corrigidos e o ferro realmente flutuou. Um terceiro precisou lidar com um triste caso de depravação. Ele ensinou, reprovou, alertou, convidou e intercedeu, mas tudo foi em vão. O velho Adão — a velha natureza adâmica — era forte demais para o jovem Melâncton [N.E.: Reformador alemão, colaborador de Lutero], o espírito teimoso não cederia. Então veio a agonia da oração, e logo uma resposta abençoada foi enviada dos céus. O coração endurecido foi quebrantado, o ferro flutuou.

Amado leitor, qual é o seu caso desesperador? Que problema pesado está em suas mãos esta noite? Traga-o para cá. O Deus dos profetas vive e vive para ajudar os santos. Ele não permitirá que lhe falte qualquer boa dádiva. Creia no Senhor dos Exércitos! Aproxime-se dele, implorando em nome de Jesus, e o ferro deverá flutuar; e também verá o dedo de Deus operando maravilhas pelo Seu povo. Viva de acordo com sua fé, e mais uma vez, o ferro deverá flutuar.

C.H. Spurgeon

"...poderoso para salvar."
ISAÍAS 63:1

Entendemos as palavras "para salvar" como toda a grande obra da salvação, desde o primeiro desejo santo até a santificação completa. As palavras são *multum in parro*: na verdade, aqui está toda a misericórdia em palavras. Cristo não apenas é "poderoso para salvar" aqueles que se arrependem, mas também é capaz de fazer os homens se arrependerem. Ele levará os que creem para o céu; mas Ele é, além disso, poderoso para dar um novo coração aos homens, e operar a fé neles. Ele é poderoso para fazer o homem que detesta a santidade, amá-la, e compelir aquele que despreza o Seu nome, a ajoelhar-se diante dele. Não, esse não é todo o sentido, pois o poder divino é igualmente visto no após. A vida de um cristão é uma série de milagres forjados pelo "Deus Poderoso". O arbusto queima, mas não se consome. Ele é poderoso para manter Seu povo santo e para preservá-lo em Seu temor e amor até consumar sua existência espiritual no céu. O poder de Cristo não está em converter um cristão e, então, deixá-lo para que se transforme sozinho; mas aquele que começa a boa obra, a leva adiante; Ele, que concede o primeiro germe de vida numa alma morta, prolonga a existência divina e a fortalece até que rompa todo e qualquer vínculo com o pecado, e a alma deixe a Terra, aperfeiçoada em glória. Cristão, isso é encorajamento. Você está orando por algum amado? Ah, não desista de suas orações, pois Cristo é "poderoso para salvar". Você é incapaz de recuperar o rebelde, mas seu Senhor é Todo-Poderoso. Segure esse braço poderoso e o levante para levar adiante a Sua força. Sua própria situação o incomoda? Não tema, pois Sua força é suficiente para você. Seja para começar com outros ou para levar adiante a obra em você, Jesus é "poderoso para salvar", a melhor prova disso está no fato de Ele ter salvado você. Que maravilhoso descobrir que Ele não é poderoso apenas para destruir!

C.H. Spurgeon

"...começando a submergir, gritou: Salva-me, Senhor!"
MATEUS 14:30

Tempos de naufrágio são tempos de oração para os servos do Senhor. Pedro negligenciou a oração em seu caminho arriscado, mas quando começou a afundar, o perigo o fez suplicar, e seu grito, embora tardio, não foi emitido tarde demais. Em nossos momentos de dor e angústia, somos levados naturalmente à oração, como os destroços são levados pelas ondas até a praia. A raposa corre para sua toca para se proteger; o pássaro voa para a floresta em busca de abrigo; e da mesma forma, o cristão em provação corre para o altar em busca de segurança. O grande porto de refúgio do Céu é Todo-oração; milhares de embarcações castigadas pelo tempo encontram abrigo lá e, quando a tempestade chega, é sábio que façamos isso com todas as velas.

Orações curtas são longas o suficiente. Foram apenas três palavras no apelo de Pedro, mas eram o suficiente para o seu propósito. O desejável não é o tamanho da oração, é a força. Um sentimento de necessidade é um poderoso professor de concisão. Se nossas orações tivessem menos caudas de pavões de orgulho e mais asas, seriam bem melhores. A verborragia é para a devoção, como a palha é para o trigo. Coisas preciosas ficam em pequenas embalagens e tudo o que é verdadeiro numa oração tão longa, poderia ter sido dito numa súplica tão curta quanto a de Pedro.

Nossos extremos são as oportunidades do Senhor. Imediatamente um forte senso de perigo nos faz gritar ansiosamente ao ouvido de Jesus, e Seu ouvido e coração andam juntos, e a mão não demora a se estender. No último instante apelamos ao nosso Mestre, mas Sua ágil mão compensa o nosso atraso numa ação imediata e efetiva. Estamos quase tragados pelas turbulentas águas da aflição? Levantemos então nossa alma ao nosso Salvador, e podemos estar certos de que Ele não nos deixará perecer. Quando não podemos fazer nada, Jesus pode fazer tudo; vamos buscar Sua poderosa ajuda e tudo ficará bem.

"...faze como falaste."
2 SAMUEL 7:25

As promessas de Deus não devem ser postas de lado como papel velho; são destinadas ao uso. O ouro de Deus não é dinheiro do avarento, mas cunhado para ser negociado. Nada agrada mais ao nosso Senhor do que ver Suas promessas em circulação; Ele ama ver Seus filhos trazendo-as e dizendo: "Senhor, faze como falaste." Glorificamos a Deus quando rogamos por Suas promessas. Você acha que Deus ficará mais pobre por dar-lhe as riquezas que prometeu? Sonha que Ele será menos santo ao dar-lhe santidade? Imagina que Ele será menos puro lavando você de seus pecados? Ele disse: "Vinde, pois, e arrazoemos, diz o SENHOR; ainda que os vossos pecados sejam como a escarlata, eles se tornarão brancos como a neve; ainda que sejam vermelhos como o carmesim, se tornarão como a lã." A fé se apega à promessa de perdão e não protela dizendo: "Esta é uma promessa preciosa, será que é verdadeira?", mas vai direto ao trono com ela e clama: "Senhor, eis a promessa, 'faze como falaste'". Nosso Senhor responde: "Seja feito como você deseja." Quando um cristão agarra uma promessa, se não levá-la a Deus, ele o desonra; quando ele corre para o trono da graça e grita: "Senhor, não tenho nada a meu favor além disso, 'faze como falaste'", então seu pedido deve ser atendido. Nosso Banqueiro celeste se alegra em descontar Seus próprios cheques. Nunca deixe uma promessa enferrujar. Tire a palavra de promessa de sua bainha e use-a com veemência santa. Não pense que Deus será perturbado por você, inoportunamente, ficar lembrando-o de Suas promessas. Ele ama ouvir os gritos das almas necessitadas. Ele tem prazer em conceder favores. Ele está mais pronto para ouvir, do que você para pedir. O sol não se cansa de brilhar, nem a fonte de jorrar. É da natureza de Deus cumprir Suas promessas; então vá de uma vez ao trono com "faze como falaste".

"...eu, porém, oro."
SALMO 109:4

As línguas mentirosas estavam ocupadas manchando a reputação de Davi, mas ele não se defendeu, levou o caso para uma corte mais alta e rogou ao grande Rei. A oração é o método mais seguro de responder às palavras de ódio. O salmista não orou de forma fria, ele se colocou inteiro — jogou toda a sua alma e coração na oração — esticando cada músculo e tendão, como fez Jacó quando lutou com o anjo. Assim, e só assim qualquer um de nós deve correr para o trono da graça. Como uma sombra não tem poder porque nela não há substância, da mesma forma, a súplica na qual o ser do homem não está totalmente presente em fervor agonizante e veemente desejo, é totalmente ineficaz, pois falta nela aquilo que lhe daria força. "A oração fervorosa", diz um antigo ditado, "é como um canhão plantado diante dos portões do céu: faz com que se abram". A falha mais comum da maioria de nós é nossa prontidão para ceder às distrações. Nossos pensamentos vagueiam para lá e para cá, e fazemos poucos progressos em direção ao nosso objetivo. Como o mercúrio, nossa mente não se mantém focada, mas rola de um lado para o outro. Que grande mal é esse! Ele nos fere e, o que é pior, insulta o nosso Deus. O que devemos pensar de um requerente que, durante uma audiência com um príncipe, ficasse brincando com uma pena ou tentando pegar uma mosca?

Continuidade e perseverança são qualidades almejadas na expressão de nosso texto. Davi não gritou uma vez e então recaiu no silêncio; seu santo clamor foi contínuo até se transformar em bênção. A oração não deve ser nosso trabalho ocasional, mas nosso emprego diário, nosso hábito e vocação. Assim como os artistas se entregam aos seus modelos e os poetas às suas buscas clássicas, precisamos nos viciar na oração. Devemos estar imersos na oração como em nosso contexto, e então orar sem cessar. Senhor, ensina-nos a orar para que possamos, cada vez mais, prevalecer na súplica.

C.H. Spurgeon

"...eu te ajudo, diz o SENHOR*..."*
ISAÍAS 41:14

Esta manhã, vamos ouvir o Senhor Jesus dizer a cada um de nós: "Eu o ajudo". "É algo simplesmente pequeno para mim, seu Deus, ajudá-lo. Pense no que Eu já fiz. O quê! não o ajudei? Pois o comprei com o meu sangue. O quê! não o ajudei? Eu morri por você e, se fiz o maior, não faria o menor? Ajudar você! É o mínimo que farei; Eu fiz mais, e farei mais. Antes do início do mundo, o escolhi. Fiz o pacto por você. Deixei minha glória de lado e me tornei homem por você; abri mão da minha vida por você; e se fiz isso tudo, certamente o ajudarei agora. Ao ajudá-lo, estarei lhe dando o que Eu já comprei para você. Se precisar de ajuda mil vezes, Eu darei; você pede pouco comparado ao que estou pronto para dar. Esse muito que você precisa não é nada para Eu lhe dar. 'Eu o ajudo?' Não tema! Se houvesse uma formiga à porta do seu celeiro pedindo ajuda, não o arruinaria lhe dar um punhado do seu trigo; e você não é nada além de um pequeno inseto à porta da minha plena suficiência. 'Eu o ajudo.'"

Ó minha alma, isso não é suficiente? Você precisa de mais força do que a onipotência da Santa Trindade? Quer mais sabedoria do que existe no Pai, mais amor do que se mostra no Filho, ou mais poder do que é manifesto na influência do Espírito? Traga o seu jarro vazio! Certamente esse poço o encherá. Venha depressa, reúna seus desejos e traga-os para cá — seu vazio, seus problemas, suas necessidades. Eis que esse rio de Deus está cheio para abastecer você; o que mais poderá desejar? Vá em frente, minha alma, nessa sua força. O Deus Eterno é o seu socorro!

Não temas, eu sou contigo; ah, não te assombres!
Eu, eu sou teu Deus; eu ainda te darei ajuda.

C.H. Spurgeon

"...será morto o Ungido e já não estará..."
DANIEL 9:26

Bendito seja o Seu nome, não havia causa de morte nele. Nem o pecado original nem o real o havia contaminado e, portanto, a morte não tinha qualquer direito sobre Ele. Homem algum poderia ter tirado Sua vida justamente, pois Ele não fez nada de errado, e nenhum homem poderia tê-lo forçado, a menos que Ele tivesse o prazer de se entregar à morte. Mas eis que um peca e outro sofre. A justiça foi transgredida por nós, mas encontrou sua satisfação nele. Rios de lágrimas, montanhas de ofertas, mares de sangue de novilhos e colinas de incenso não serviriam para a remoção de nosso pecado; mas Jesus foi morto por nós, e o motivo da ira foi eliminado de imediato, pois o pecado foi afastado para sempre. Nisso há sabedoria, segundo a qual a substituição, o caminho da expiação rápida e segura, foi elaborado! Nisso há complacência, que levou o Messias, o Príncipe, a usar uma coroa de espinhos e morrer na cruz! Nisso há amor, que levou o Redentor a dar Sua vida por Seus inimigos!

Não é suficiente, entretanto, admirar o espetáculo do sangramento de um inocente morrendo pelo culpado, devemos ter certeza de nossa participação ali. O objetivo especial da morte do Messias foi a salvação de Sua Igreja; temos um papel entre aqueles por quem Ele entregou Sua vida em resgate? Será que o Senhor Jesus é nosso representante? Será que estamos curados por Suas feridas? Será uma coisa terrível, na verdade, se nos faltar uma porção em Seu sacrifício; seria melhor que nunca tivéssemos nascido. Tão séria quanto a pergunta, é a situação alegre daquele que pode responder claramente e sem erro. Para todos os que creem nele, o Senhor Jesus é o Salvador, e o sangue da reconciliação foi aspergido neles. Que todos os que acreditam no mérito da morte do Messias se alegrem a cada lembrança dele, e que sua santa gratidão os leve a total consagração à Sua causa.

C.H. Spurgeon

"Olhei, e eis o Cordeiro em pé sobre o monte Sião..."
APOCALIPSE 14:1

O apóstolo João teve o privilégio de olhar através dos portões do céu e, ao descrever o que viu, começou dizendo: "Olhei, e eis o Cordeiro!" Isso nos ensina que o objeto principal de contemplação no estado celeste é "o Cordeiro de Deus, que tira o pecado do mundo". Nada atraiu tanto a atenção do apóstolo quanto a pessoa daquele Ser Divino, que nos redimiu com Seu sangue. Ele é o tema dos cânticos de todos os espíritos glorificados e dos santos anjos. Cristão, eis a sua alegria; você olhou e viu o Cordeiro. Por entre as suas lágrimas, seus olhos viram o Cordeiro de Deus tirando os seus pecados. Regozije-se então. Mais um pouco, quando seus olhos estiverem secos das lágrimas, verá o mesmo Cordeiro exaltado em Seu trono. Essa é a alegria de seu coração ao manter comunhão diária com Jesus; você terá a mesma alegria num grau mais elevado no céu, pois desfrutará da visão constante de Sua presença; você irá morar com Ele para sempre. "Olhei, e eis o Cordeiro!" Ora, aquele Cordeiro é o próprio céu, como disse o bom Rutherford [N.E.: Teólogo presbiteriano escocês (1600–61)]: "O Céu e Cristo são a mesma coisa"; estar com Cristo é estar no céu, e estar no céu é estar com Cristo. Aquele prisioneiro do Senhor escreve muito docemente em um de seus brilhantes textos — "Ó meu Senhor Jesus Cristo, se eu pudesse estar no céu sem ti, seria um inferno; e se eu estivesse no inferno e ainda tivesse a ti, seria um céu para mim, pois és todo o céu que eu quero." É verdade, não é, cristão? A sua alma não diz o mesmo?

Nem todas as harpas acima
Podem fazer um lugar celestial
Se Deus retirar Sua residência
Ou esconder a Sua face.

Tudo o que você precisa para ser abençoado, supremamente abençoado, é "estar com Cristo."

C.H. Spurgeon

"Uma tarde, levantou-se Davi do seu leito e andava passeando no terraço da casa real..." 2 SAMUEL 11:2

Naquela hora, Davi viu Bate-Seba. Nunca estamos fora do alcance da tentação. Tanto em casa, como fora, estamos sujeitos a nos deparar com as tentações do mal; a manhã começa com perigo e as sombras da noite ainda nos encontram ameaçados. Estão preservados os que são mantidos por Deus, mas ai daqueles que saem para o mundo, ou mesmo ousam andar em sua própria casa, desarmados. Aqueles que pensam que estão seguros, estão mais expostos ao perigo do que qualquer outro. O escudeiro do pecado é a autoconfiança.

Davi deveria estar comprometido em lutar as batalhas do Senhor, em vez disso, ele ficou em Jerusalém e se entregou ao repouso luxuoso, então levantou de sua cama ao anoitecer. Ociosidade e luxo são chacais do diabo e encontram para ele muitas presas. Em águas estagnadas, nadam criaturas nocivas, e em solo negligenciado, logo cresce um denso emaranhado de ervas daninhas e espinheiros. Ó, que o profundo amor de Jesus nos mantenha ativos e úteis! Quando vejo o rei de Israel lentamente deixando seu leito ao fim do dia e caindo em tentação, faço um alerta e armo santa vigilância para guardar a porta.

É possível que o rei tenha ido para o seu terraço para descanso e devoção? Se assim for, que cuidado temos para que nenhum lugar, mesmo secreto, seja um santuário do pecado! Enquanto nossos corações forem como um isqueiro, com faíscas tão abundantes, precisamos usar toda a nossa diligência em todos os lugares para evitar um incêndio. Satanás pode subir em terraços e entrar em armários e, mesmo se pudéssemos evitar esse demônio vil, nossas próprias corrupções são suficientes para nos arruinar, a menos que a graça evite. Leitor, cuidado com as tentações da noite. Não esteja seguro. O sol se põe, mas o pecado está alerta. Precisamos de um vigia durante a noite assim como um guardião durante o dia. "Ó, Espírito abençoado, afasta-nos do mal esta noite. Amém."

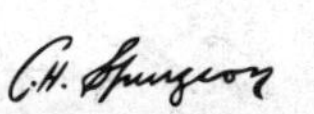

"Portanto, resta um repouso para o povo de Deus."
HEBREUS 4:9

Como será diferente do que é aqui, o estado do cristão no céu! Aqui ele nasce para trabalhar e se cansar, mas na terra do imortal, a fadiga não é conhecida. Ansioso para servir seu Mestre, o cristão descobre que sua força é desigual ao seu zelo: seu grito constante é, "ajuda-me a servir-te, ó meu Deus". Se ele for bem ativo, terá muito trabalho; não demais para sua vontade, porém mais do que suficiente para o seu poder, então ele gritará: "Não estou cansado do trabalho, mas estou cansado nele". Ah, cristãos, o dia quente de cansaço não dura para sempre, o sol está quase no horizonte; ele deverá nascer de novo com um dia mais claro do que vocês jamais viram na terra onde servem a Deus dia e noite, e ainda descansarão de seus trabalhos. Aqui, o descanso é parcial, lá, é perfeito. Aqui, o cristão está sempre perturbado, sente que ainda não alcançou o objetivo. Lá, tudo é descanso; alcançaram o topo da montanha; ascenderam ao seio de seu Deus. Não poderão ir mais alto. Ah, trabalhador desgastado, pense apenas em quando terá descanso para sempre! Não consegue conceber isso? É um descanso eterno; um descanso que "repousa". Aqui, minhas melhores alegrias trazem escrito em sua fronte "mortal"; minhas flores murcham; meus copos delicados desgastam; meus pássaros mais doces caem perante as flechas da morte; meus dias mais prazerosos são ofuscados em noites; e as marés da minha felicidade desaparecem em fluxos de tristeza; mas lá tudo é imortal; a harpa permanece sem ferrugem, a coroa de louros não seca, o olho não esmaece, a voz continua firme, o coração não se abala e o ser imortal é totalmente absorvido no prazer infinito. Que dia feliz!

Feliz, quando a mortalidade for engolida pela vida e o Sábado Eterno começar.

C.H. Spurgeon

"...expunha-lhes o que a seu respeito constava em todas as Escrituras." LUCAS 24:27

Os dois discípulos, na estrada para Emaús, tiveram uma jornada proveitosa. Seu companheiro e professor era o melhor dos tutores; o maior dos intérpretes, em quem estão escondidos todos os tesouros da sabedoria e do conhecimento. O Senhor Jesus fez a concessão de se tornar um pregador do evangelho e não tinha vergonha de exercer Seu chamado ante uma audiência de duas pessoas; nem hoje Ele se recusa a se tornar professor de apenas um. Vamos aproveitar a companhia de Instrutor tão excelente, pois até Ele se transformar em sabedoria para nós, jamais seremos sábios para a salvação.

Este tutor incomparável usou como livro didático o melhor dos livros. Embora capaz de revelar a verdade, Ele preferiu expor o antigo. Ele sabia, por Sua onisciência, qual a maneira mais instrutiva de ensinar, e começando por Moisés e os profetas, mostrou-nos que a estrada mais certeira para a sabedoria não é a especulação, o raciocínio ou a leitura de livros humanos, mas a meditação na Palavra de Deus. A forma mais imediata para ser rico espiritualmente no conhecimento celeste é mergulhar nessa mina de diamantes, coletar as pérolas desse oceano celeste. Quando o próprio Jesus procurou enriquecer outros, Ele garimpou na pedreira das Escrituras Sagradas.

A dupla favorecida foi levada a considerar o melhor dos temas, Jesus falando de Jesus, e expondo coisas sobre si mesmo. Aqui o diamante corta o diamante, e o que poderia ser mais admirável? O Mestre da Casa destranca Suas próprias portas, conduz os convidados à Sua mesa e coloca Suas próprias iguarias sobre ela. Ele, que escondeu o tesouro em seu próprio campo, guiou os pesquisadores até ele. Nosso Senhor discorreria naturalmente sobre o mais doce dos tópicos, e não encontraria nada mais doce do que a Sua pessoa e obra: com o olho nisso, deveríamos sempre perscrutar a Palavra. Ó, pela graça estudar a Bíblia com Jesus sendo nosso professor e nossa lição!

C.H. Spurgeon

"...busquei-o e não o achei."
CÂNTICO DOS CÂNTICOS 3:1

Diga-me onde você perdeu a companhia de Cristo, e eu lhe direi o lugar mais provável de encontrá-lo. Você perdeu Cristo no quarto, orando menos? Então é onde você deve procurar e se reencontrar com Ele. Você perdeu Cristo ao pecar? Não encontrará Cristo de outra forma que não seja se afastando do pecado e buscando o Espírito Santo para dominar o membro no qual a luxúria habita. Você perdeu Cristo negligenciando as Escrituras? Encontrará Cristo nas Escrituras. Este é um ditado verdadeiro: "Procure por algo onde você o deixou, e estará lá." Então, procure por Cristo onde o perdeu, pois Ele não foi embora. Mas é um trabalho árduo voltar para Cristo. O autor John Bunyan descreve sobre um peregrino que achou que uma parte da estrada de volta para o Desfiladeiro Dificuldade, onde ele perdeu seu pergaminho, fora a mais difícil por onde já havia viajado. Seguir 30 quilômetros à frente é mais fácil do que voltar dois quilômetros para buscar um objeto perdido.

Cuidado, então, quando encontrar o seu Mestre, agarre-se a Ele. Mas como você o perdeu? Alguém poderia pensar que você jamais se afastaria de um amigo tão precioso, cuja presença é tão doce, cujas palavras são tão reconfortantes, e cuja companhia lhe é tão preciosa! Como pode não olhar para Ele a todo instante com medo de perdê-lo de vista? Ainda assim, mesmo que o tenha deixado ir, que bênção que você o esteja buscando, ainda que gemendo tristemente, "ó, que eu saiba onde posso encontrá-lo!" Continue procurando, porque é perigoso ficar sem o seu Senhor. Sem Cristo você é como uma ovelha sem o pastor; como uma árvore sem água para as raízes; como uma folha solta na tempestade, que não está ligada à árvore da vida. Com todo o seu coração, busque-o, e você o encontrará; apenas entregue-se completamente à busca e, na verdade, você o descobrirá para sua alegria e júbilo.

C.H. Spurgeon

"Então, lhes abriu o entendimento para compreenderem as Escrituras." LUCAS 24:45

Ele, que nós vimos na noite passada abrindo as Escrituras, percebemos aqui abrindo o entendimento. No primeiro caso, Ele teve muitos companheiros de trabalho, mas neste segundo, está só; muitos podem trazer as Escrituras à mente, mas apenas o Senhor pode preparar a mente para receber as Escrituras. Nosso Senhor Jesus difere de todos os outros professores; eles alcançam o ouvido, mas Jesus instrui o coração; eles lidam com a letra exterior, mas o Senhor dá um gosto interno à verdade, na qual percebemos seu sabor e espírito. O mais inculto dos homens se torna um estudioso maduro na escola da graça, quando o Senhor Jesus, por intermédio de Seu Santo Espírito, desvenda os mistérios do reino para ele e concede a unção divina pela qual se torna capaz de contemplar o invisível. Felizes somos se tivermos nosso entendimento aclarado e reforçado pelo Mestre! Quantos homens de estudo profundo são ignorantes nas coisas eternas! Eles conhecem a palavra morta da revelação, mas não podem discernir seu espírito; eles têm um véu sobre seus corações que os olhos da razão carnal não podem penetrar. Esse era o nosso caso há pouco tempo; nós, que agora vemos, um dia fomos completamente cegos; a verdade era para nós como a beleza na escuridão, uma coisa despercebida e negligenciada. Se não fosse pelo amor de Jesus, continuaríamos até hoje na ignorância, pois sem Sua graciosa abertura de nosso entendimento, nossa capacidade de alcançar um conhecimento espiritual, seria como a de um bebê ao escalar as Pirâmides, ou a de uma ostra voar até as estrelas. A Universidade de Jesus é a única onde a verdade de Deus pode ser realmente aprendida; outras escolas podem nos ensinar o que existe para ser crido, mas apenas Cristo pode nos mostrar como crer. Sentemo-nos aos pés de Jesus, e em oração fervorosa, peçamos Sua ajuda abençoadora para que nossa inteligência tola possa crescer mais brilhante, e nosso fraco entendimento, possa receber dádivas celestiais.

C.H. Spurgeon

"...Abel foi pastor de ovelhas..."
GÊNESIS 4:2

Como pastor, Abel santificou seu trabalho para a glória de Deus e ofereceu um sacrifício de sangue em seu altar, e o Senhor respeitou Abel e sua oferta. Este símbolo inicial de nosso Senhor é extremamente claro e distinto. Como o primeiro raio de luz que tinge o leste ao nascer do sol, que não revela tudo, mas manifesta claramente o fato de que o sol está chegando. Quando vemos Abel, um pastor e também um sacerdote, oferecendo um sacrifício doce a Deus, discernimos nosso Senhor, que traz perante Seu Pai um sacrifício o qual Jeová sempre respeitou. Abel foi odiado por seu irmão — odiado sem motivo; e da mesma forma foi o Salvador: o homem natural e carnal odiou o Homem aceito, em quem o Espírito da graça estava, e não descansou enquanto Seu sangue não foi derramado. Abel caiu e salpicou seu altar e sacrifício com o próprio sangue, e aí está a demonstração do Senhor Jesus morto pela inimizade do homem, enquanto servia como sacerdote do Senhor. "O bom pastor dá a vida pelas ovelhas." Choremos por Ele ao o vermos morto pelo ódio da humanidade, manchando as bordas de Seu altar com Seu próprio sangue. O sangue de Abel fala. "E disse Deus: [...] 'A voz do sangue de teu irmão clama da terra a mim'". O sangue de Jesus tem voz poderosa e o clamor de Seu grito não é de vingança, mas de misericórdia. É mais precioso do que toda a riqueza, estar no altar de nosso bom Pastor! Nós o vemos ali sangrando como o sacerdote massacrado, e então ouvimos Seu sangue falando de paz para todo o Seu rebanho, paz em nossa consciência, paz entre os judeus e os gentios, paz entre o homem e seu Criador ofendido, paz por toda a eternidade aos homens lavados em sangue. Abel é o primeiro pastor em ordem cronológica, mas nosso coração deve sempre colocar Jesus em primeiro lugar, em ordem de importância. "Grande Pastor de ovelhas, nós, o povo de Teu rebanho, te bendizemos com todo o nosso coração, quando vemos que morreste por nós."

C. H. Spurgeon

"Desvia os meus olhos, para que não vejam a vaidade, e vivifica-me no teu caminho." SALMO 119:37

Há diversos tipos de vaidade. A capa e os sinos dos tolos, a alegria do mundo, a dança, a lira, e o copo do devasso, todos esses são conhecidos como vaidades; eles usam em sua testa seus próprios nomes e títulos. Muito mais traiçoeiras são aquelas coisas igualmente inúteis: os cuidados deste mundo e a sedução da riqueza. Um homem pode seguir a vaidade tanto no escritório, quanto no teatro. Se ele estiver gastando sua vida acumulando riquezas, passa seus dias num *show* inútil. A menos que sigamos a Cristo e façamos de nosso Deus o grande objetivo da vida, diferimos dos mais frívolos apenas na aparência. Está claro que há muita necessidade da primeira oração de nosso texto. "Vivifica-me no teu caminho." O salmista confessa que é tolo, pesado, irregular, tudo, menos morto. Talvez, querido leitor, você sinta o mesmo. Somos tão lentos que os melhores motivos não podem nos apressar, apenas o próprio Senhor. O quê? Não será o inferno a me acelerar? Estarei pensando nos pecadores perecendo e mesmo assim não ser acordado? Não será o céu a me vivificar? Posso pensar no prêmio que espera o justo e ainda assim estar frio? Não vai a morte me apressar? Não será o amor de Cristo a me constranger? Posso pensar em Suas feridas, posso me sentar aos pés de Sua cruz e não ser mexido pelo fervor e zelo? É o que parece! Nenhuma mera consideração pode nos acordar para o zelo, mas o próprio Deus deve fazê-lo quando clamamos: "Vivifica-me". O salmista sopra toda a sua alma em súplicas veementes: seu corpo e sua alma se unem em oração. "Desvia os meus olhos", diz o corpo; "vivifica-me", clama a alma. Esta é uma oração para todos os dias. "Ó, Senhor, que a ouças de mim esta noite."

C.H. Spurgeon

"E, assim, todo o Israel será salvo..."
ROMANOS 11:26

Então Moisés cantou diante do mar Vermelho; foi uma alegria saber que todo Israel estava a salvo. Nenhuma gota vazou da sólida parede até que o último abençoado israelita tivesse posto seu pé em segurança do outro lado do mar. Isso feito, imediatamente as muralhas de água se dissolveram voltando para seu lugar, mas não antes. Parte daquela canção era: "Com a tua beneficência guiaste o povo que salvaste". Na última vez, quando os eleitos cantarem o cântico de Moisés, dos servos de Deus e do Cordeiro, deverá ser para a glória de Jesus, "não perdi nenhum dos que me deste". No céu não deverá haver um trono vago.

Pois todo o povo escolhido
Se encontrará ao redor do trono
Bendirá a Sua graça,
E tornará Sua glória conhecida.

Os muitos que Deus escolheu, os muitos que Cristo redimiu, os muitos chamados pelo Espírito, os muitos que creem em Jesus, devem atravessar o mar dividido com segurança. Ainda não estamos todos em terra firme:

Parte do grupo atravessou a correnteza,
E parte está atravessando agora.

A linha de frente do exército já alcançou a costa. Estamos marchando através das profundezas; hoje estamos seguindo nosso Líder no coração do oceano. Tenhamos bom ânimo; em breve a retaguarda estará onde já está a linha de frente; o último dos escolhidos logo deverá ter cruzado o oceano, e então será ouvido o cântico de triunfo, quando todos estiverem em segurança. Mas, ó! se um estiver ausente — ah! se um de Sua família escolhida for deixado para trás — haverá uma dissonância duradoura no cântico dos redimidos, e as cordas das harpas do paraíso serão cortadas, pois essa música jamais poderia sair delas.

C. H. Spurgeon

"Sentindo grande sede, clamou ao Senhor e disse: Por intermédio do teu servo deste esta grande salvação; morrerei eu, agora, de sede...?" JUÍZES 15:18

Sansão estava com sede e pronto para morrer. Era uma dificuldade totalmente diferente de qualquer outra que o herói havia enfrentado antes. Simplesmente ter sua sede amenizada não era um problema tão grande quanto se livrar de mil filisteus! Mas quando a sede veio, Sansão sentiu mais peso naquela pequena dificuldade, do que nas passadas, das quais fora liberto de forma tão especial. É muito comum no povo de Deus, quando desfrutam uma grande libertação, achar que um pequeno problema é grande demais. Sansão mata mil filisteus, os empilha, e então desmaia por um pouco de água! Jacó luta com Deus em Peniel, e supera a própria Onipotência, e então "manquejava de uma coxa"! É estranho haver uma contração de tendão sempre que ganhamos o dia. Como se o Senhor precisasse nos ensinar a nossa pequenez, nossa insignificância, para nos manter dentro dos limites. Sansão se gabou em altos gritos quando disse: "Feri mil homens." Sua atrevida garganta logo ficou com mais sede e ele recorreu à oração. Deus tem muitas formas de fazer Seu povo ficar mais humilde. Querido filho de Deus, se após uma grande misericórdia você for colocado bem para baixo, seu caso não é incomum. Quando Davi subiu ao trono de Israel, ele disse: "No presente, sou fraco, embora ungido rei." Você deve esperar sentir fraqueza quando está desfrutando seu grande triunfo. Se Deus lhe deu grandes livramentos no passado, seu problema atual é apenas como a sede de Sansão, e o Senhor não o deixará desmaiar, nem que a filha do incircunciso triunfe sobre você. A estrada da aflição é a estrada para o Céu, mas há poços de água fresca ao longo de todo o caminho. Então, irmão em provação, anime seu coração com as palavras de Sansão, e descanse seguro de que Deus irá livrá-lo em breve.

C. H. Spurgeon

"Filho do homem, por que mais é o sarmento de videira que qualquer outro, o sarmento que está entre as árvores do bosque?"

EZEQUIEL 15:2

Estas palavras são para o povo humilde de Deus; eles são chamados de vinha de Deus, mas o que são eles, por natureza, mais do que os outros? Eles, pela bondade de Deus, se tornaram fecundos, tendo sido plantados em um bom solo; o Senhor os treinou dentro das paredes do santuário e eles frutificaram para Sua glória; mas o que são sem seu Deus? O que são sem a influência contínua do Espírito gerando fecundidade neles? Ah, cristão, aprenda a rejeitar o orgulho vendo que você não tem motivo para isso. Seja o que você for, não há nada para deixá-lo orgulhoso. Quanto mais você tem, mais está em débito com Deus; e não deveria ter orgulho do que lhe faz um devedor. Considere sua origem; olhe para o que era. Considere o que seria sem a divina graça. Olhe para si como você é agora. Sua consciência não o reprova? Suas mil andanças não se colocam à sua frente, dizendo que não é digno de ser chamado Seu filho? E se Ele fez de você alguma coisa, não ensinou que é a graça que o faz diferente? Grande cristão, você seria um grande pecador se Deus não o tivesse feito diferente. Ah, você que é valioso para a verdade, seria tão valioso para o erro se a graça não se derramasse sobre seu ser. Portanto, não seja orgulhoso, pois embora tenha uma grande propriedade, um largo domínio de graça, não possui uma única coisa a chamar de sua, exceto seu pecado e tormento. Ah! estranha presunção a sua, que tem tudo emprestado, pensar em gabar-se, um pobre pensionista dependente da bondade de seu Salvador, que tem uma vida que morreria sem os frescos riachos de vida de Jesus, e ainda assim se orgulha! Que vergonha, ó, tolo coração!

C.H. Spurgeon

"...Porventura, Jó debalde teme a Deus?"
JÓ 1:9

Esta foi uma pergunta maldosa de Satanás, sobre aquele justo homem na antiguidade, mas nos dias de hoje, há muitos sobre os quais a pergunta poderia ser feita com justiça, pois amam a Deus, porque está na moda, porque Ele os prospera, mas se as circunstâncias não lhe fossem boas, desistiriam de alardear sua fé nele. Se puderem ver claramente que desde a sua suposta conversão o mundo seguiu prosperando com eles, amarão a Deus de sua pobre maneira carnal; mas se enfrentarem a adversidade, se rebelarão contra o Senhor. Seu amor é pela mesa, não pelo anfitrião; um amor ao guarda-louça, não ao dono da casa. Quanto ao verdadeiro cristão, ele espera ter sua recompensa na próxima vida e enfrentar dificuldade nesta. A promessa da antiga aliança é adversidade. Lembre-se das palavras de Cristo — "Todo ramo que, estando em mim, não der fruto" — O quê? "Ele o corta; e todo o que dá fruto limpa, para que produza." Se você dá frutos, deverá enfrentar aflição. "Ai de mim!" você diz, "isso é uma perspectiva terrível". Mas esta aflição traz resultados tão preciosos, que o cristão que é o centro dela deve aprender a alegrar-se nas tribulações, porque tão abundantes quanto são suas tribulações, são as consolações de Cristo Jesus. Descanse tranquilo, se você é um filho de Deus não será um estranho para a videira. Cedo ou tarde, toda barra de ouro deve passar pelo fogo. Não tema, mas em vez disso, alegre-se de que tempos de fecundidade estão guardados para você, pois neles você será desmamado da Terra e será digno do Céu; será liberto do apego ao presente e estará pronto para ansiar pelas as coisas eternas que bem logo lhe serão reveladas. Quando sentir que em relação ao presente está servindo a Deus sem esperar recompensa, você se alegrará com a recompensa eterna do futuro.

C.H. Spurgeon

"...do meio do povo, exaltei um escolhido."

SALMO 89:19

Por que Cristo foi o escolhido dentre o povo? Fale, meu coração — porque os pensamentos provenientes do coração são os melhores. Não seria por que Ele era capaz de ser nosso irmão, num abençoado vínculo de família de sangue? Ah, que parentesco existe entre Cristo e o cristão! O cristão pode dizer: "Eu tenho um Irmão no céu; posso ser pobre, mas tenho um Irmão que é rico, e é um Rei, e Ele vai querer me ver sofrer enquanto está em Seu trono? Ah, não! Ele me ama; Ele é meu Irmão". Cristão, aproprie-se desta ideia abençoada como um colar de diamantes no pescoço de sua memória; coloque-a como um anel de ouro no dedo da lembrança, e utilize-a como o próprio selo do Rei, selando as petições de sua fé com certeza de sucesso. Ele é um irmão nascido para a adversidade, trate-o assim.

Cristo também foi escolhido dentre o povo para que pudesse conhecer nossos desejos e nos compreender. "Foi ele tentado em todas as coisas, à nossa semelhança, mas sem pecado." Em todas as nossas tristezas, temos Sua compaixão. Tentação, dor, desapontamento, fraqueza, cansaço, pobreza — Ele os conhece todos, porque os sentiu. Lembre-se disso, cristão, e deixe que o conforte. Por mais difícil e doloroso que seja o seu caminho, é marcado pelas pegadas do seu Salvador; e mesmo quando chegar ao vale da sombra da morte, e nas águas profundas do grande Jordão, você encontrará Suas pegadas lá. Em todos os lugares por onde quer que passemos, Ele foi nosso precursor; cada fardo que temos que carregar, um dia foi colocado sobre os ombros do Emanuel.

O Seu caminho foi muito mais difícil e sombrio do que o meu
Cristo, meu Senhor, sofreu, devo eu reclamar?

Tenha coragem! Os pés reais deixaram um rastro de sangue na estrada, e consagraram o espinhoso caminho para sempre.

C.H. Spurgeon

"...do teu amor nos lembraremos, mais do que do vinho..."
CÂNTICO DOS CÂNTICOS 1:4

Jesus não deixará que o Seu povo esqueça o Seu amor. Se todo o amor que desfrutaram for esquecido, Ele os visitará com amor renovado. "Você esquece a minha cruz?", Ele diz, "vou fazer você se lembrar dela; pois em minha mesa me manifestarei a você novamente. Você se esquece do que Eu fiz por você no concílio da eternidade? Vou lembrá-lo disso, pois você vai precisar de um advogado de defesa e me encontrará pronto ao seu chamado". As mães não deixam que seus filhos as esqueçam. Se um garoto vai para a Austrália e não escreve para casa, a mãe escreve — "João, esqueceu a sua mãe?". Então recebe uma carta amorosa de volta, que prova que o gentil lembrete não foi em vão. É assim com Jesus, Ele nos diz: "lembrem-se de mim" e nossa resposta é: "nós nos lembraremos de Seu amor." Nós nos lembraremos do Seu amor e de Sua incomparável história. É tão antiga quanto a glória onde estava com o Pai, antes do mundo. "Lembramos, ó Jesus, do Teu eterno amor quando te tornaste o nosso Fiador e nos tomaste como Tua noiva. Lembramo-nos do amor que te levou ao sacrifício de ti mesmo, o amor que, até a plenitude do tempo, refletiu sobre esse sacrifício, e ansiamos pela hora descrita em Teu Livro, em que dizes a Teu respeito: 'Eis-me aqui.' Lembramos o Teu amor, ó Jesus, como foi manifesto a nós em Tua santa vida, desde a manjedoura em Belém, até o jardim do Getsêmani. Nós te acompanhamos desde o berço até a sepultura — cada palavra e ação Tua era amor — e nos alegramos nesse amor, que a morte não esgotou; Teu amor que brilhou resplandecente em Tua ressurreição. Lembramos aquele fogo de amor que nunca te deixará em paz até que os Teus escolhidos estejam a salvo em casa, até Sião ser glorificada, e Jerusalém estabelecida em suas fundações eternas de luz e amor no Céu."

C.H. Spurgeon

"Pois ele te livrará do laço do passarinheiro..."
SALMO 91:3

Deus liberta Seu povo do laço do passarinheiro em dois sentidos: Os livra dele e os tira dele. Primeiro, Ele os liberta do laço — não os permite que entrem nele; e, em segundo lugar, se forem pegos ali, Ele os tira dele. A primeira promessa é a mais preciosa para alguns; a segunda é a melhor para outros.

"Ele te livrará do laço." Como? Um problema é, muitas vezes, o meio que Deus nos liberta. Ele sabe que nosso desvio logo resultará em nossa destruição e, em Sua misericórdia, nos envia a vara. Dizemos: "Senhor, por que isso?", sem saber que o problema foi o meio de nos libertar de um mal muito pior. Muitos têm sido salvos da ruína por suas tristezas e cruzes; estes afastaram os pássaros das redes. Em outros momentos, Deus mantém Seu povo fora do laço do passarinheiro, dando-lhes grande força espiritual, de modo que, quando são tentados a fazer o mal, dizem: "Como posso fazer essa grande maldade e pecar contra Deus?" Mas que bênção será se o cristão, numa hora ruim, for capturado na rede e, ainda assim, Deus o tirar dela! Ó desviado, você pode ser abatido, mas não se desespere. Embora você tenha andado errante, ouça seu Redentor dizer: "Volte, filho desviado; terei misericórdia de você." Mas você diz que não pode voltar, pois é um prisioneiro. Então escute a promessa: "Pois ele te livrará do laço do passarinheiro." Você já foi liberto de todo o mal em que caiu, e embora nunca deixe de se arrepender de seus caminhos, aquele que o amou nunca o rejeitará; Ele o receberá e lhe dará júbilo e alegria, que seus ossos quebrados possam regozijar-se. Nenhum pássaro do paraíso deve morrer na rede do passarinheiro.

C.H. Spurgeon

"Marta agitava-se de um lado para outro, ocupada em muitos serviços." LUCAS 10:40

O erro dela não era o fato de servir: a condição de servir será de todo cristão. "Eu sirvo", deveria ser o lema de todos os príncipes da família real celeste. Seu erro também não foi ter "muitos serviços". Não podemos fazer demais. Façamos tudo o que nos é possível; que nossa mente, coração e mãos estejam engajados no serviço do Mestre. Não foi seu erro estar ocupada preparando um banquete para o Mestre. Feliz foi Marta por ter a oportunidade de receber um convidado tão abençoado, e também por ter o desejo tão caloroso de lançar toda a sua alma no compromisso de servir. Seu erro foi estar "ocupada em muitos serviços", de modo que se esqueceu dele, e só se lembrou do trabalho. Ela permitiu que o serviço se sobrepusesse à comunhão, e então apresentou uma obrigação manchada com o sangue de outro. Devemos ser Marta e Maria ao mesmo tempo: devemos fazer muitos serviços e ter muita comunhão ao mesmo tempo. Para isso, precisamos de grande graça. É mais fácil servir do que estar em comunhão. Josué nunca se cansou de lutar contra os amalequitas; mas Moisés, em oração no topo da montanha, precisou de dois ajudantes para segurar suas mãos. Quanto mais espiritual o exercício, mais cedo ficamos cansados com ele. Os frutos mais seletos são os mais difíceis de gerar: virtudes mais celestiais são as mais difíceis de cultivar. Amado, enquanto não negligenciamos as coisas externas, que são boas o suficiente em si, devemos também ter o cuidado de desfrutar uma comunhão viva e pessoal com Jesus. Cuidar para não negligenciar o estar sentado aos pés do Salvador, mesmo se for sob o pretexto especial de estar fazendo o Seu serviço. O mais importante para a saúde de nossa alma, para Sua glória e para o nosso próprio bem, é nos mantermos em comunhão perpétua com o Senhor Jesus, e cuidar para que a vital espiritualidade de nossa religião seja mantida acima de qualquer outra coisa no mundo.

C.H. Spurgeon

"Celebrarei as benignidades do SENHOR *e os seus atos gloriosos, segundo tudo o que o* SENHOR *nos concedeu..."* ISAÍAS 63:7

E você não pode fazer isso? Será que não existem benignidades que não tenha experimentado? O que o deixa triste agora? Esqueceu-se daquela hora abençoada quando Jesus o encontrou e disse: "Venha comigo"? Consegue não se lembrar daquele momento em que Ele quebrou as suas algemas, atirou as correntes na terra e disse: "Eu vim para quebrar seus grilhões e libertá-lo?" Ou, se o amor de noivos foi esquecido, certamente deve haver algum momento precioso ao longo da estrada da vida que não ficou recoberto de musgo, onde você pode ler um feliz memorial de Sua misericórdia em sua vida? Ou você nunca esteve doente como agora e Ele o recuperou? Ou nunca esteve pobre antes e Ele supriu suas necessidades? Ou nunca esteve em apuros antes e Ele o livrou? Levante-se, vá ao rio da sua experiência, pegue alguns juncos e construa uma arca, e nela sua fé infantil pode navegar em segurança pela corrente dos rios. Não esqueça o que o seu Deus fez por você; abra o livro da sua memória e considere os dias antigos. Não se lembra do outeiro de Mizar? O Senhor nunca se encontrou com você no monte Hermom? Você nunca escalou as Montanhas das Delícias? [N.E.: Referente ao livro *O Peregrino* de John Bunyan (Publicações Pão Diário, 2014)]. Nunca recebeu ajuda em tempos de necessidade? Não, eu sei que já. Retorne, então, um pouco mais para as misericórdias do ontem e, em meio ao sombrio agora, acenda as luzes do passado, elas o iluminarão em meio à escuridão, e você deve confiar no Senhor até o dia raiar e as sombras se dissiparem. "Lembra-te, SENHOR, das tuas misericórdias e das tuas bondades, que são desde a eternidade."

C.H. Spurgeon

"Anulamos, pois, a lei pela fé? Não, de maneira nenhuma! Antes, confirmamos a lei." ROMANOS 3:31

Quando um cristão é adotado na família do Senhor, sua relação com o velho Adão e a lei cessa de imediato; mas, a partir de então, ele está sob uma nova regra e uma nova aliança. Cristão, você é filho de Deus; e seu dever principal é obedecer ao seu Pai celeste. Um espírito servil não tem nada a ver com você: não é um escravo, é um filho; e agora, por mais que seja um filho amado, é obrigado a obedecer ao menor desejo de seu Pai, o mínimo indício de Sua vontade. Ele lhe propõe cumprir Sua sagrada ordenança? O perigo é negligenciá-la, pois estará desobedecendo ao seu Pai. Ele não lhe ordena a imitar Jesus? Não é sua alegria fazê-lo? Jesus não lhe disse: "Seja perfeito, como seu Pai, que está no céu, é perfeito?" Então, não por causa dos mandamentos da lei, mas porque seu Salvador ordena, você trabalhará para ser perfeito em santidade. Ele propõe que Seus santos amem-se uns aos outros? Faça isso, não porque a lei diz "ame seu próximo", mas porque Jesus diz "que vos ameis uns aos outros". Foi-lhe dito para distribuir aos pobres? Faça-o, não porque a caridade é um fardo do qual você não se atreve a fugir, mas porque Jesus ensina "dá a quem te pede". A Palavra não diz: "Amarás o Senhor, teu Deus, de todo o teu coração"? Veja o mandamento e responda: "Ah, mandamento, Cristo já o cumpriu — portanto, não preciso cumpri-lo, mas me alegro em obedecer-lhe, porque Deus é meu Pai agora e Ele tem direito sobre mim, ao qual eu não contestaria." Que o Espírito Santo torne o seu coração obediente ao poder do amor de Cristo, que sua oração possa ser: "Faça-me seguir o caminho dos Teus mandamentos, pois nele tenho prazer." A graça é a mãe e a ama da santidade, e não a defensora do pecado.

C.H. Spurgeon

"...vosso Pai celeste..."

MATEUS 6:26

O povo de Deus é duplamente filho de Deus: são Seus descendentes pela criação e filhos por adoção em Cristo. Portanto, eles têm o privilégio de chamá-lo "Pai nosso, que estás no céu." Pai! Ah, que palavra preciosa esta! Aqui está a autoridade: "Se sou pai, onde está a minha honra?" Se você é filho, onde está a sua obediência? Aqui há carinho misturado com autoridade; uma autoridade que não provoca rebeliões; uma obediência exigida que é alegremente honrada — e que não seria negada, mesmo se pudesse. A obediência que os filhos de Deus devem a Ele deve ser uma obediência em amor. Não vão ao serviço de Deus como escravos ao seu feitor, mas correm no caminho de Suas ordens, porque é o caminho do seu Pai. Entregam seus corpos como instrumentos de justiça, porque justiça é a vontade de seu Pai, e a Sua vontade deve ser o desejo de Seus filhos. Pai! — Aqui está um atributo real tão docemente velado em amor, que a coroa do Rei é esquecida e Seu cetro se transforma, não numa vara de ferro, mas num cetro de prata de misericórdia — o cetro, na verdade, parece ter sido esquecido na mão suave daquele que exerce o poder. Pai! — Aqui está honra e amor. Como é bom o amor de um Pai por Seus filhos! O que a amizade não pode fazer e a mera benevolência não conseguiria, o coração e a mão de um Pai devem fazer por Seus filhos. Eles são Sua criação, Ele deve abençoá-los; eles são Seus filhos, Ele deve se mostrar forte em sua defesa. Se um pai terreno olha por seus filhos com amor e cuidado incessantes, quanto mais o nosso Pai celeste? Aba, Pai! Ele, que pode dizer isso, proferiu música melhor que querubins ou serafins podem alcançar. Há céu na profundidade daquela palavra — Pai! Há tudo o que podemos pedir; tudo que as minhas necessidades podem precisar; tudo que meus desejos podem desejar. Tenho tudo em tudo para toda a eternidade, quando posso dizer: "Pai".

C.H. Spurgeon

"Todos os que ouviram se admiraram das coisas..."
LUCAS 2:18

Não podemos deixar de admirar as grandes maravilhas do nosso Deus. Seria muito difícil desenhar uma linha entre a maravilha sagrada e a adoração verdadeira; pois quando a alma está completamente dominada pela majestade da glória de Deus, embora ela possa não se expressar numa canção, ou mesmo soltar a voz com a cabeça baixa numa humilde oração, ela o adora silenciosamente. Nosso Deus encarnado deve ser adorado como "o Maravilhoso". Aquele Deus que considerou Sua criatura decaída, o homem, e, em vez de varrê-lo com a vassoura da destruição, se comprometeu a ser seu Redentor e a pagar o preço de seu resgate, é maravilhoso mesmo! Mas para cada cristão, a redenção é mais maravilhosa quando ele a vê em relação a si mesmo. É, na verdade, um milagre da graça que Jesus tenha deixado o trono e a realeza de cima para sofrer desonra aqui em baixo por você. Deixe sua alma se perder maravilhada, pois maravilha dessa forma é uma emoção muito prática. A maravilha santa o levará à adoração e à gratidão sincera. Ela causará em você divina vigilância; você terá medo de pecar contra um amor como esse. Sentindo a presença do poderoso Deus na dádiva de Seu querido Filho, você tirará os sapatos dos seus pés, porque o lugar onde está é solo sagrado. Você será tocado ao mesmo tempo pela esperança gloriosa. Se Jesus fez coisas tão maravilhosas em seu lugar, você sentirá que o próprio céu não é tão grande para a sua expectativa. Quem pode ficar maravilhado com qualquer coisa, quando já ficou maravilhado com a manjedoura e a cruz? Que maravilha restou após ter visto o Salvador? Querido leitor, pode ser que a partir da quietude e solidão de sua vida, dificilmente você seja capaz de imitar os pastores de Belém, que contaram o que viram e ouviram, mas você pode, pelo menos, preencher o círculo de adoradores diante do trono, admirando o que Deus fez.

C.H. Spurgeon

"Porque todos nós temos recebido da sua plenitude..."

JOÃO 1:16

Estas palavras nos dizem que existe uma plenitude em Cristo. Há uma plenitude de deidade essencial, pois "nele, habita, corporalmente, toda a plenitude da Divindade". Há uma plenitude de perfeita humanidade, pois nele, corporalmente, Deus foi revelado. Há uma plenitude de eficiente expiação em Seu sangue, pois "o sangue de Jesus, seu Filho, nos purifica de todo pecado". Há uma plenitude de retidão justificada em Sua vida, pois "já nenhuma condenação há para os que estão em Cristo Jesus". Há uma plenitude de prevalência divina em Seu pleito, pois "pode salvar totalmente os que por ele se chegam a Deus, vivendo sempre para interceder por eles". Há uma plenitude de vitória em Sua morte, pois por Sua morte Ele destruiu aquele que tinha o poder da morte, ou seja, o diabo. Há uma plenitude de eficácia em Sua ressurreição da morte, pois por ela "nos regenerou para uma viva esperança". Há uma plenitude de triunfo em Sua ascensão, pois "quando ele subiu às alturas, levou cativo o cativeiro e concedeu dons aos homens". Há uma plenitude de bênçãos de todos os tipos e formas; uma plenitude de graça para perdoar, de graça para regenerar, de graça para santificar, de graça para preservar, e de graça para aperfeiçoar. Há uma plenitude o tempo todo; uma plenitude de conforto na aflição; uma plenitude de orientação na prosperidade. Uma plenitude em todos os atributos divinos, de sabedoria, de poder, de amor, uma plenitude impossível de enumerar, muito menos, explorar. "Porque aprouve a Deus que, nele, residisse toda a plenitude." Ah, que plenitude tem que ser essa que recebe tudo! Plenitude, na verdade, deve haver quando o rio está sempre fluindo, e assim a fonte brota tão livre, rica e abundante como nunca. Venha, cristão, e pegue todo o suprimento que precisar; peça bastante, e deverá receber em abundância, pois essa "plenitude" é inesgotável, e é guardada onde todos os necessitados podem alcançar, em Jesus, Emanuel — Deus conosco.

C. H. Spurgeon

"Maria, porém, guardava todas estas palavras, meditando-as no coração." LUCAS 2:19

Era um exercício, por parte dessa mulher abençoada, dos três poderes de seu ser: sua memória — ela guardava todas essas palavras; suas afeições — as guardava em seu coração; seu intelecto — meditava sobre elas; então aquela memória, afeição e compreensão, todas eram exercitadas sobre as coisas que ela ouvira. Amado, lembre-se do que ouviu do seu Senhor Jesus, e do que Ele fez por você; faça do seu coração o pote de ouro do maná para preservar o pão celestial do qual se alimentou no passado. Permita sua memória guardar tudo sobre Cristo que você sentiu, soube ou acreditou, e deixe sua afeição segurá-lo para sempre. Ame a pessoa de seu Senhor! Traga o vaso de alabastro do seu coração, mesmo se estiver quebrado, e deixe que todo o unguento precioso de sua afeição seja derramado aos Seus pés perfurados. Deixe seu intelecto se exercitar sobre o Senhor Jesus. Medite sobre o que leu: não se detenha na superfície; mergulhe nas profundezas. Não seja como a andorinha que toca o riacho com sua asa, mas como o peixe, que penetra a onda mais profunda. Fique com seu Senhor: não deixe que Ele seja para você como o andarilho que apenas pernoita, mas constranja-o, dizendo: "Fica conosco, porque é tarde, e o dia já declina." Segure-o e não o deixe ir embora. A palavra "ponderar" significa pesar. Prepare-se para o saldo do julgamento. Ah, mas onde estão as balanças que podem pesar Cristo? "As ilhas são como pó fino que se levanta." — quem o levantará? "Pesou os montes em romana e os outeiros em balança." — em que balança deveremos pesá-lo? Que assim seja, se seu entendimento não consegue compreender, deixe sua afeição apreender; e se seu espírito não pode rodear o Senhor Jesus sob o domínio do entendimento, deixe que o abrace nos braços da afeição.

C.H. Spurgeon

"*...perfeito em Cristo.*"
COLOSSENSES 1:28

Não sente em sua alma que a perfeição não está em você? Cada dia não lhe ensina isso? Cada lágrima que brota de seu olho chora "imperfeição"; cada palavra dura que sai de seus lábios murmura "imperfeição". Com muita frequência você tem uma visão de seu próprio coração sonhando com um momento de qualquer perfeição em si mesmo. Mas em meio a essa triste consciência de imperfeição, eis um conforto — você é "perfeito em Cristo Jesus". Na visão de Deus, você é "completo nele"; mesmo agora é "aceito no Amado". Mas ainda há uma segunda perfeição a ser percebida, que é certa a toda a descendência. Não é maravilhoso ansiar pelo tempo em que toda e qualquer mancha de pecado será removida do cristão e ele será apresentado irrepreensível perante o trono, sem mácula ou vinco, ou nada disso? A Igreja de Cristo então será tão pura, que nem mesmo o olho do Onisciente verá uma mancha ou defeito nela; tão santa e tão gloriosa, que Hart [N.E.: Pastor e compositor de hinos inglês 1712–68] não foi além da verdade quando disse:

Com as vestes do meu Salvador, Santo como o Santo.

Então saberemos, provaremos e sentiremos a alegria desta vasta, porém curta declaração: "Completo em Cristo." Só então poderemos compreender as alturas e profundezas da salvação de Jesus. Seu coração não pula de alegria ao pensar nisso? Trevas como você é, um dia será luz; imundo como é, ficará limpo. Ah, essa é uma salvação maravilhosa! Cristo pega um verme e o transforma num anjo; Cristo pega algo escuro e deformado e o deixa claro e incomparável em Sua glória, inigualável em Sua beleza e pronto para ser o companheiro dos serafins. Ah, minha alma, levante-se e admire essa verdade abençoada da perfeição em Cristo.

C.H. Spurgeon

"Voltaram, então, os pastores glorificando e louvando a Deus por tudo o que tinham ouvido e visto, como lhes fora anunciado."

LUCAS 2:20

Qual foi o motivo do louvor deles? Eles louvaram a Deus por tudo o que tinham ouvido — pelas boas notícias de grande alegria de que um Salvador havia nascido entre eles. Vamos copiá-los; vamos elevar um cântico de graças porque ouvimos sobre Jesus e Sua salvação. Eles também louvaram a Deus por tudo o que tinham visto. Aí está a música mais doce — o que vivenciamos, o que sentimos, o que fazemos — "ao Rei consagro o que compus". Não é suficiente ouvir sobre Jesus: simplesmente ouvir pode afinar a harpa, mas os dedos da fé viva devem criar a música. Se você viu Jesus com os olhos da fé, dados por Deus, não deixe criar teias de aranha entre as cordas da harpa, mas louve a graça soberana em voz alta, acorde seu alaúde e harpa. Um motivo pelo qual eles louvaram a Deus foi a harmonia entre o que tinham ouvido e o que tinham visto. Observe a última parte da frase — "como lhes fora anunciado". Você não descobriu ser o evangelho para você do jeito que a Bíblia disse que seria? Jesus falou que lhe daria descanso — não desfrutou a mais doce paz nele? Ele disse que você teria alegria, e conforto, e vida por meio da fé nele — você não recebeu isso tudo? Seus caminhos, não são caminhos de delícias, e Seus percursos, não são percursos de paz? Certamente você pode dizer como a rainha de Sabá: "Eis que não me contaram a metade." Descobri que Cristo é mais doce do que Seus servos disseram-me que era. Olhei para Sua imagem como eles a pintaram, mas ela era um mero rascunho comparado ao que Ele é; pois o Rei em Sua beleza ofusca toda a beleza imaginável. Certamente o que nós "vimos" acompanha, ou melhor, é muito superior ao que "ouvimos". Vamos então glorificar e louvar a Deus por um Salvador tão precioso e tão gratificante.

C. H. Spurgeon

"...nas coisas... que se não veem..."
2 CORÍNTIOS 4:18

Em nossa peregrinação cristã é bom, na maior parte do tempo, olhar para frente. Lá na frente está a coroa e adiante está o objetivo. Seja por esperança, alegria, consolação ou pela inspiração do nosso amor, o futuro deve ser, afinal, o grande objetivo do olhar da fé. Olhando para o futuro, vemos o pecado ser extirpado, o corpo de pecado e morte destruído, a alma se tornando perfeita e apta a participar da herança dos santos em luz. Olhando para frente ainda, os olhos iluminados dos cristãos podem ver que o rio da morte passou, o córrego sombrio foi atravessado e alcançadas as colinas de luz, onde se ergue a cidade celestial; ele se vê entrando pelos portões do céu saudado como mais que um vencedor, coroado pela mão de Cristo, abraçado pelos braços de Jesus, glorificado com Ele e assentado com Ele em Seu trono, assim como Ele venceu e está sentado com o Pai em Seu trono. Pensar nesse futuro pode também aliviar a escuridão do passado e a tristeza do presente. As alegrias do céu certamente compensarão as aflições da Terra. Calem-se, calem-se minhas dúvidas! A morte é apenas um riacho estreito, e logo você o terá atravessado. Tempo, como é curto — eternidade, como é longa! Morte, como é rápida — imortalidade, como é infinita! Parece, mesmo agora, que estou comendo os cachos de Escol e bebendo do poço que está perto do portão. A estrada é tão, tão curta! Logo deverei estar lá.

Quando o mundo está cortando meu coração
Com a sua mais pesada tempestade,
Meus alegres pensamentos para o céu ascendem,
Encontram um refúgio para o desespero.
Visão brilhante da fé deve me sustentar
Até a peregrinação da vida passar;
Medos podem maltratar e problemas me doerem,
Vou chegar a minha casa, finalmente.

C.H. Spurgeon

"À tarde, ela [a pomba] voltou a ele; trazia no bico uma folha nova de oliveira..." GÊNESIS 8:11

Louvado seja o Senhor por mais um dia de misericórdia, mesmo que agora esteja eu fatigado por suas labutas. Ao Protetor dos homens, eu levanto meu cântico de gratidão. A pomba não encontrou descanso fora da arca e então retornou; e a minha alma, este dia, aprendeu mais claramente do que nunca, que não há satisfação a ser encontrada nas coisas terrenas — apenas Deus pode dar descanso ao meu espírito. Quanto ao meu trabalho, meus bens, minha família, minhas realizações, tudo isso está indo bem em minha vida, mas não podem preencher os desejos de minha natureza imortal. "Volta, minh'alma, ao seu sossego, pois o SENHOR tem sido generoso para com você." Foi na hora tranquila, quando os portões do dia estavam fechando, que com as asas cansadas, a pomba voltou para o mestre: "Ó, Senhor, permita-me esta noite voltar para Jesus." Ela não podia aguentar passar uma noite voando sobre os resíduos inquietos, nem eu posso suportar ficar nem mais uma hora longe de Jesus, o sossego do meu coração, o lar do meu espírito. Ela não pousou simplesmente no telhado da arca, ela "voltou para ele". Ainda assim meu espírito desejaria olhar para o segredo do Senhor, compreender o interior da verdade, celebrar o que está dentro do véu, e deveras alcançar o meu Amado. Até Jesus eu preciso ir: longe da relação mais próxima e querida com Ele, meu espírito ofegante não pode ficar. "Bendito Senhor Jesus, fica comigo, revela-te e permanece comigo a noite toda, para que, quanto eu acordar, possa ainda estar contigo." Percebi que a pomba trouxe em seu bico um galho de oliveira, o memorial do dia passado e uma profecia do futuro. Não tenho eu algum registro agradável para trazer para casa? Nenhum penhor e caução de benignidade ainda por vir? "Sim, meu Senhor, eu te apresento meus gratos reconhecimentos de ternas misericórdias que têm sido renovadas a cada manhã e a cada noite; e agora: Oro a ti, coloca a Tua mão e guarda a Tua pomba em Teu seio."

"...ouvindo tu um estrondo de marcha pelas copas das amoreiras, então, te apressarás..." 2 SAMUEL 5:24

Os membros da Igreja de Cristo deveriam se manter em oração, sempre buscando a unção do Espírito Santo para seus corações, desejando que o reino de Cristo possa vir, e ansiando que seja "assim na terra como no céu"; porém há momentos em que Deus parece estar favorecendo especialmente a Sião. E esses momentos para eles soam como "um estrondo de marcha pelas copas das amoreiras". Devemos então orar em dobro, ser duplamente fervorosos, lutar mais próximos ao trono do que normalmente fazemos. A ação deve ser rápida e vigorosa. A onda está vindo — então vamos corajosamente para a costa. Ah, os derramamentos e trabalhos pentecostais. Cristão, em você há momentos de "um estrondo de marcha pelas copas das amoreiras". Você tem um poder peculiar na oração; o Espírito de Deus lhe dá alegria e satisfação; as Escrituras estão abertas para você; as promessas são postas em prática; você anda na luz da face de Deus; você tem peculiar independência e liberdade em devoção, e mais comunhão com Cristo do que era seu costume. Agora, em tais períodos de alegria, quando escutar o "estrondo de marcha pelas copas das amoreiras", é hora de apressar-se; agora é o momento de se livrar de qualquer hábito ruim, enquanto o Espírito de Deus o auxilia em suas fraquezas. Arme a sua vela; mas lembre-se do que você algumas vezes canta.

Eu só posso armar a vela, Tu, Senhor, deves soprar o vendaval.

Apenas assegure-se de estar com a vela armada. Não perca o vento por falta de preparação. Busque ajuda de Deus para que possa ser mais sincero no serviço quando estiver mais forte na fé; que possa ser mais constante na oração quando tiver mais liberdade diante do trono; que possa ser mais santo em sua conversa ao viver mais próximo de Cristo.

C. H. Spurgeon

"...no qual fomos também feitos herança..."
EFÉSIOS 1:11

Quando Jesus se entregou por nós, Ele nos concedeu todos os Seus direitos e privilégios que estavam com Ele. Então, embora como Deus eterno, Ele tenha o direito essencial, do qual nenhuma outra criatura possa se aventurar a aspirar, Jesus, como o Mediador — a cabeça principal da aliança da graça — não tem outra herança além de nós. Todas as gloriosas consequências de Sua obediência, frente à morte, são as riquezas de todos nós que somos dele, e em lugar de quem Ele realizou a vontade divina. Veja, Ele entra em glória, mas não apenas por si mesmo, como está escrito, "onde Jesus, como precursor, entrou por nós" (Hebreus 6:20). Será que Ele se coloca na presença de Deus — "para comparecer, agora, por nós, diante de Deus"? (Hebreus 9:24). Considere isso, cristão. Você não tem direito algum no céu por si mesmo: seu direito reside em Cristo. Se você foi perdoado, foi por Seu sangue; se foi justificado, foi por Sua justiça; se você foi santificado, foi porque Ele é feito de Deus por sua santificação; se sua queda será evitada, será porque você é preservado em Cristo Jesus; e se você for aperfeiçoado no fim, será porque é completo nele. Assim, Jesus é exaltado — pois tudo é dele e por meio dele; assim a herança nos é garantida — pois é obtida nele; pois cada bênção é a mais doce e cada céu o mais brilhante, porque é Jesus, nosso Amado, "em quem" obtemos tudo. Onde está o homem que deve estimar a nossa porção divina? Pese as riquezas de Cristo e Seu tesouro em balanças, e então, pense em contar os tesouros que pertencem aos santos. Chegue ao fundo do mar da alegria de Cristo, e então espere compreender a felicidade que Deus preparou para aqueles que o amam. Ultrapasse as fronteiras das posses de Cristo e então sonhe com um limite para a justa herança dos eleitos. "Tudo é vosso, e vós sois de Cristo, e Cristo é de Deus."

C. H. Spurgeon

"...*Senhor, Justiça Nossa.*"

JEREMIAS 23:6

Sempre dará ao cristão a maior calma, tranquilidade, conforto e paz, pensar na justiça perfeita de Cristo. Quantas vezes os santos de Deus estão abatidos e tristes! Não acho que deveriam ficar. Não acho que ficariam se pudessem sempre ver sua perfeição em Cristo. Há alguns que estão sempre falando sobre corrupção, depravação do coração e maldade inata da alma. Isso é verdade, mas por que não ir um pouco além, e lembrar-se de que nós somos "perfeitos em Cristo Jesus"? Não é de espantar que aqueles que estão vivendo de sua própria corrupção devam sustentar olhares tão abatidos; mas certamente se nos lembrarmos que "Cristo se tornou para nós justiça", teremos bom ânimo. Apesar das angústias que me afligem, apesar dos ataques de Satanás e embora possa haver muitas coisas a serem vivenciadas antes de eu chegar ao céu, todas essas coisas são feitas para mim e estão incluídas na aliança da divina graça; não há nenhuma falta de provisão em meu Senhor, Cristo fez tudo. Na cruz Ele disse "está consumado" e se está consumado, então estou completo nele, e posso me regozijar com alegria indescritível e cheia de glória. "Não tendo justiça própria, que procede de lei, senão a que é mediante a fé em Cristo, a justiça que procede de Deus, baseada na fé." Você não encontrará nesse céu pessoas mais santas do que aquelas que receberam em seus corações a doutrina da justiça de Cristo. Quando o cristão diz: "Vivo só em Cristo; descanso nele apenas pela salvação, e creio que, apesar de não merecer, ainda sou salvo em Jesus", então esse pensamento se eleva como motivo de gratidão: "Não deverei viver para Cristo? Não deverei amar e servi-lo, vendo que sou salvo por Seus méritos?" "O amor de Cristo nos constrange" "para que os que vivem não vivam mais para si mesmos, mas para aquele que por eles morreu e ressuscitou". Se salvos pela justiça imputada, devemos valorizar muito a justiça transmitida.

C.H. Spurgeon

"...Aimaás correu pelo caminho da planície e passou o etíope".

2 SAMUEL 18:23

Correr não é tudo, há muito no caminho que escolhemos; um pé veloz sobre montanhas e vales não vai manter o ritmo com outro pé mais lento viajando em terreno nivelado. Como é isso na minha jornada espiritual? Estou trabalhando acima dos montes de minhas próprias obras, e abaixo, nas ravinas de minhas próprias humilhações e resoluções, ou correndo pelo caminho plano do "creia e viva"? Como é abençoado esperar no Senhor pela fé! A alma corre sem cansaço e anda sem desmaiar no caminho da fé. Cristo Jesus é o caminho da vida, e Ele é um caminho plano, um caminho agradável, um caminho adequado para os pés vacilantes e joelhos fracos dos pecadores trêmulos; sou encontrado nesse caminho ou estou procurando outra trilha como a que o sacerdócio ou a metafísica podem me prometer? Eu li sobre o caminho da santidade que o viajante, embora um tolo, não deve errar aí: tenho sido liberto da razão orgulhosa e sido trazido, como uma criança pequena, ao descanso no amor e sangue de Jesus? Se sim, pela graça de Deus, deverei ultrapassar o corredor mais forte que escolhe o outro caminho. Devo me lembrar dessa verdade em meu ganho, em meus cuidados e necessidades diárias. Será minha atitude mais sensata, se for direto ao meu Deus e não vagar de forma indireta a um ou outro amigo. Ele, a quem devo me dirigir no apelo direto da oração e no completo argumento da promessa, conhece minhas necessidades e pode satisfazê-las. "O melhor corredor segue reto." Não falarei com os servos, mas corro direto ao mestre deles.

Ao ler esta passagem, pareceu-me que, se os homens competem entre si em questões comuns, e um supera o outro, eu deveria estar em fervor solene, e em seguida correr para poder obter algo. "Senhor, ajuda-me a cingir os lombos da minha mente e poder seguir adiante, em direção ao prêmio do meu chamado de Deus, em Cristo Jesus."

C.H. Spurgeon

"...e cantarão os caminhos do Senhor*..."*
SALMO 138:5

O tempo em que os cristãos começaram a cantar os caminhos do Senhor foi quando livraram-se de seu fardo aos pés da cruz. Nem mesmo os cânticos dos anjos pareciam tão doces como o primeiro cântico de arrebatamento que brota do íntimo da alma do filho de Deus perdoado. Você sabe como John Bunyan descreve isso. Ele diz que quando o pobre Peregrino livra-se de seu fardo na cruz, ele dá três grandes pulos e segue seu caminho cantando:

Bendita cruz! Bendita tumba!
Bendito Aquele que minh'alma veio salvar!

Cristão, você lembra o dia em que seus grilhões caíram? Lembra-se do lugar onde Jesus o encontrou e disse: "Eu o amei com um amor infinito; desfiz a grossa nuvem de suas transgressões e pecados; para sempre, elas não deverão mais ser mencionadas contra você." Ah! Que doce momento é quando Jesus leva embora a dor do pecado. A primeira vez que o Senhor perdoou o meu pecado, fiquei tão alegre que mal me contive em dançar. No caminho da casa onde eu havia sido liberto até a minha, pensei que deveria contar para as pedras da rua a história da minha libertação. Minha alma estava tão repleta de alegria, que eu queria contar a cada floco de neve que caía do céu sobre o maravilhoso amor de Jesus, que havia apagado os pecados de um dos principais dos rebeldes. Mas não é apenas no começo da caminhada com Cristo que os cristãos têm motivos para cantar; enquanto vivem, descobrem razões para cantar nos caminhos do Senhor, e a experiência de Sua benignidade constante, os leva a dizer, "Bendirei o Senhor em todo o tempo, o seu louvor estará continuamente em meus lábios." Certifique-se irmão, de engrandecer o Senhor neste dia.

Desde que pisamos esta terra deserta,
Novas misericórdias demandarão novas músicas.

C. H. Spurgeon

"Excepcional era o teu amor."
2 SAMUEL 1:26

Venham, queridos leitores, que cada um de nós fale por si mesmo do amor excepcional, não de Jônatas, mas de Jesus. Não vamos relatar o que nos disseram, mas coisas que provamos e vivenciamos do amor de Cristo. "Teu amor por mim, ó Jesus, foi excepcional quando eu era um estrangeiro vagueando tão longe de ti, realizando os desejos da carne e da mente. Teu amor evitou que eu cometesse o pecado que me levaria à morte, e deteve a minha autodestruição. Teu amor afastou o machado quando a Justiça disse: 'Corte! por que isso ainda ocupa a terra?' Teu amor me conduziu para o deserto, me desnudou lá e me fez sentir a culpa do meu pecado e o fardo da minha iniquidade. Teu amor falou comigo confortavelmente quando eu estava dolorosamente desanimado — 'Vinde a mim e eu vos aliviarei.' Ah, como Teu amor é incomparável quando, num momento, lavaste meus pecados e fizeste a minha alma poluída, que era escarlate do meu nascimento e escura como breu da sujeira das minhas transgressões, ficar mais alva que a neve e mais pura que a mais fina lã. Como elogiar o Teu amor quando sussurras ao meu ouvido, 'Eu sou teu, e tu és meu.' Amável foi Tua voz quando disseste: 'O próprio Pai vos ama.' E doces momentos, mais que doces, quando declaraste a mim 'o amor do Espírito.' Minha alma jamais esquecerá aqueles lugares de comunhão onde te revelaste para mim. Tinha Moisés sua fenda na rocha, onde viu a glória, as costas de seu Deus? Nós também, temos nossas fendas na rocha, por onde temos visto todo o esplendor da divindade na pessoa de Cristo. Davi lembrava das trilhas das cabras montanhesas, da terra do Jordão e do monte Hermon? Nós também, podemos lembrar momentos à memória querida, equivalentes a esses em bem-aventuranças. Precioso Senhor Jesus, dá-nos um gole fresco do Teu maravilhoso amor com o qual comecemos o mês. Amém."

C.H. Spurgeon

"Sem derramamento de sangue, não há remissão."
HEBREUS 9:22

Essa é a voz da verdade inalterável. Em nenhuma das cerimônias judaicas os pecados eram removidos, mesmo tipicamente, sem derramamento de sangue. Em nenhum caso, por motivo algum, o pecado pode ser perdoado sem expiação. É claro então, que não há esperança para mim sem Cristo; pois não há nenhum outro derramamento de sangue que valha tanto como a expiação pelo pecado. Estou eu, então, crendo nele? O sangue de Sua expiação realmente se aplica à minha alma? Todos os homens estão no mesmo patamar naquilo que se refere à sua necessidade por Ele. Se jamais fomos tão morais, generosos, amigáveis ou patrióticos, a regra não seria alterada para nos abrir uma exceção. O pecado só se renderá a nada menos do que o poderoso sangue daquele que Deus entregou como propiciação. Que bênção existir apenas um caminho de perdão! Por que deveríamos buscar outro?

Pessoas de mera religião formal não podem compreender como podemos nos regozijar por todos os nossos pecados serem perdoados em nome de Cristo. Seus trabalhos, suas orações, suas cerimônias lhes dão bem pouco conforto; e isso pode ser bem desconfortável, pois estão negligenciando a única grande salvação, e se esforçando para obter remissão sem sangue. Minh'alma, sente-se e contemple a justiça de Deus que é obrigada a punir o pecado; veja toda aquela punição ser executada sobre seu Senhor Jesus, e caia em humilde alegria, e beije os queridos pés daquele cujo sangue foi expiação para você. É inútil que a consciência desperte e lance mão de sentimentos e evidências para encontrar conforto; esse é um hábito que aprendemos no Egito de nossa escravidão. A única restauração para uma consciência culpada é a visão de Jesus sofrendo na cruz. "A vida de toda carne é o seu sangue", diz a lei levítica, e tenhamos certeza de que é também a vida de fé, alegria e qualquer outra santa graça.

Ó! Como é doce ver o fluir
Do sangue precioso do meu Salvador;
Sabendo com certeza divina
Que Ele me restaurou com Deus.

C.H. Spurgeon

"...Estes registros são antigos".
1 CRÔNICAS 4:22

No entanto não tão antigos quanto aqueles tesouros preciosos que são o deleite de nossa alma. Vamos, por um instante, recontá-los, enumerando-os como os avarentos contam o seu ouro. *A escolha soberana* do Pai, pela qual nos elegeu para a vida eterna, antes mesmo que surgisse a Terra, é uma questão de vasta antiguidade, já que nenhuma data pode ser concebida pela mente do homem. Fomos escolhidos desde antes da fundação do mundo. O *amor eterno* foi com a escolha, pois não foi um simples ato da vontade divina, pelo qual somos separados, mas pela afeição divina que estava envolvida. O Pai nos amou desde o começo. Eis um tema para a contemplação diária. *O propósito eterno* de nos redimir de nossa prevista ruína, de nos limpar e santificar, e finalmente nos glorificar, foi de infinita antiguidade, e segue lado a lado com amor imutável e soberania absoluta. *A aliança* é sempre descrita como eterna, e Jesus, a outra parte dela, tem Suas origens lá atrás; Ele feriu as mãos em sagrado aval muito antes das primeiras estrelas começarem a brilhar; e foi nele que os eleitos foram ordenados para a vida eterna. Então, no propósito divino, uma aliança muito abençoada foi estabelecida entre o Filho de Deus e Seu povo eleito, que permanecerá como o fundamento da segurança deles quando não houver mais o tempo. Não é bom estar familiarizado com essas coisas antigas? Não é vergonhoso que sejam tão negligenciadas e mesmo rejeitadas pela maior parte dos acadêmicos? Se eles soubessem mais sobre seus próprios pecados, não estariam mais prontos para adorar a graça diferenciada? Admiremos e adoremos nesta noite, enquanto cantamos...

Um monumento de graça
Um pecador salvo por sangue;
Os rios de amor eu sigo
Até a Fonte, Deus;
E em seu sagrado seio vejo
Pensamentos eternos de Amor por mim.

C.H. Spurgeon

"Assim, pois, irmãos, somos devedores."
ROMANOS 8:12

Como criaturas de Deus, todos somos devedores: devemos obedecê-lo com todo o nosso corpo, alma e força. Ao desobedecer Seus mandamentos, como todos nós fizemos, tornamo-nos devedores de Sua justiça e lhe devemos tanto que não somos capazes de pagar. Mas do *cristão* pode-se dizer que não deve nada à *justiça* de Deus, pois Cristo pagou a dívida de Seu povo; por isso o cristão ainda deve o *amor*. Eu sou um devedor da graça de Deus e de Sua misericórdia indulgente; mas não sou um devedor de Sua justiça, porque Ele nunca me acusará de um débito que já foi pago. Cristo disse: "está consumado!" e com isso, Ele quis dizer que tudo o que Seu povo devia, tinha sido apagado para sempre do livro da memória. Cristo satisfez a justiça divina até o fim; a dívida está paga; a letra está pregada na cruz; o recibo foi dado e não somos mais devedores da justiça de Deus. Mas então, por não sermos mais devedores de nosso Senhor nesse sentido, ficamos dez vezes mais em débito com Deus do que antes. Cristão, pare e pense por um momento. Como você é devedor à *soberania* divina! Quanto deve ao Seu amor desinteressado, pois Ele deu Seu próprio Filho para morrer por você. Considere o quanto deve por Sua *graça* indulgente, pois após dez mil afrontas, Ele o ama tão infinitamente como sempre. Considere o que deve ao Seu *poder*; como Ele o resgatou de sua morte no pecado; como Ele preservou sua vida espiritual; como Ele evitou que você caísse; e como, apesar de mil inimigos cruzarem seu caminho, você é capaz de manter o rumo. Considere o que deve a Sua *imutabilidade*. Embora você tenha mudado mil vezes, Ele não mudou nem uma única vez. Você está tão profundamente em débito quanto possível com cada um dos atributos de Deus. A Ele deve sua vida e tudo o que tem — entregue-se em sacrifício vivo, contudo isso é apenas o seu culto racional.

C.H. Spurgeon

"Dize-me onde apascentas o teu rebanho, onde o fazes repousar pelo meio-dia." CÂNTICO DOS CÂNTICOS 1:7

Estas palavras expressam o desejo do cristão por Jesus, e seu verdadeiro anseio de comunhão com Ele. "Onde apascentas o Teu rebanho? Em *Tua casa*? Eu irei, se puder achá-lo ali. Em *oração* particular? Então vou orar sem cessar. Na *Palavra*? Então irei lê-la diligentemente. Em Tuas *ordenanças*? Então vou segui-las com todo o meu coração. Diz-me onde apascentas, porque onde fores como Pastor, lá estarei como ovelha; porque ninguém além de ti pode suprir minha necessidade. Não posso estar satisfeito longe de ti. Minha alma está faminta e sedenta pelo refrigério da Tua presença. 'Onde o fazes repousar [o Teu rebanho] pelo meio-dia?' Porque seja ao amanhecer ou ao meio-dia, meu único repouso deve ser onde tu e Teu amado rebanho estiverem. O descanso de minha alma deve ser um descanso de graça, e isso só pode ser encontrado em ti. Onde estás? À sombra daquela rocha? Por que eu não devo repousar sob ela? Por que eu deveria ser como o que vaga 'junto ao rebanho dos Teus companheiros?' Tens companheiros — por que eu não deveria ser um deles? Satanás me diz que não mereço; mas eu sempre fui indigno, e ainda assim me amaste; e portanto, a minha indignidade não pode ser uma barreira para minha comunhão contigo agora. É verdade que sou fraco na fé e propenso a cair, mas minha fraqueza é a razão de eu dever sempre estar onde apascentas o Teu rebanho, para que eu possa ser fortalecido e preservado em segurança junto às águas tranquilas." Por que eu deveria me desviar? Não há motivo para isso, mas há mil razões para não fazê-lo, porque Jesus me chama para me achegar. Se Ele se retira um pouco, é para que eu valorize mais Sua presença. Agora que estou aflito e angustiado por estar distante dele, Ele me levará para esse recanto abrigado, onde os cordeiros de Seu rebanho ficam protegidos do sol ardente.

C. H. Spurgeon

"*...o* SENHOR *ama...*"
OSEIAS 3:1

Cristão, *olhe para trás* para toda a sua experiência e pense na forma como o Senhor seu Deus o guiou pelo deserto, e como Ele o alimentou e vestiu todos os dias — como Ele suporta o seu mau comportamento — como Ele tolera todos os seus murmúrios e anseios pelas panelas de carne do Egito — como Ele tem aberto a rocha para suprir e alimentá-lo com o maná que vem do céu. Pense em Sua graça que é suficiente em todos os seus problemas — como Seu sangue tem sido o perdão para todos os seus pecados — como a Sua vara e Seu cajado o consolam. Quando assim, você olhar para trás, para o amor do Senhor, então permita que a fé examine o Seu amor no *futuro*, pois lembre-se de que a aliança e o sangue de Cristo contêm mais em si do que o *passado*. Aquele, que o amou e perdoou, nunca deixará de amar e perdoar. Ele é o Alfa e também será o Ômega: Ele é o primeiro e será o *último*. Portanto, lembre-se de que, quando passar pelo vale da sombra da morte, não precisa temer mal algum, pois Ele está com você. Quando você enfrentar as águas frias do Jordão, não precisa temer, pois a morte não poderá separá-lo do Seu amor; e quando chegarem os mistérios da eternidade, você não precisa tremer, "Porque eu estou bem certo de que nem a morte, nem a vida, nem os anjos, nem os principados, nem as coisas do presente, nem do porvir, nem os poderes, nem a altura, nem a profundidade, nem qualquer outra criatura poderá separar-nos do **amor de Deus**, que está em Cristo Jesus, nosso Senhor." Sendo assim, alma, o seu amor não está renovado? Isso não a faz amar Jesus? Um voo pelas planícies ilimitadas do éter do amor não inflama o seu coração e a compele a se deleitar no Senhor seu Deus? Certamente, enquanto meditamos **no amor do Senhor**, nossos corações ardem dentro de nós e ansiamos amá-lo ainda mais.

C.H. Spurgeon

"...para que vos sirvam de refúgio contra o vingador do sangue."
JOSUÉ 20:3

Diz-se que, na terra de Canaã, as cidades de refúgio foram construídas de forma que qualquer homem pudesse alcançar uma delas, no máximo, em meio dia. Da mesma forma, a palavra de salvação está próxima a nós; Jesus é um Salvador presente e o caminho até Ele é curto; basta apenas uma simples renúncia de nosso próprio mérito e o apossar-se de Jesus para que Ele seja nosso em tudo. Com relação às estradas para a cidade de refúgio, diz-se que eram estritamente preservadas, cada rio tinha uma ponte e cada obstrução era removida, então o homem fugitivo poderia encontrar um caminho fácil até à cidade. Uma vez por ano os anciãos seguiam pelas estradas e viam se estavam em ordem para que nada pudesse impedir a fuga de qualquer um, de modo que não pudesse ser capturado ou morto por causa de atrasos. Como as promessas do evangelho removem graciosamente os obstáculos do caminho! Onde quer que haja estradas secundárias e voltas, há postes com a inscrição: "Para a cidade de refúgio"! Esta é uma imagem da estrada para Cristo Jesus. Não é como uma rotatória da lei; não é obedecendo isto, isso ou aquilo; é uma estrada reta: "Creia e viva". É uma estrada tão difícil, que nenhum homem hipócrita poderá jamais percorrê-la, mas é tão fácil, que cada pecador, que se reconhece como pecador, pode encontrar nela o caminho para o céu. Tão logo o homicida alcançava os arredores da cidade, estava a salvo; não era necessário que atravessasse os muros, mas os arredores já lhe davam proteção suficiente. Aprenda então que, se você apenas tocar a barra das vestes de Cristo, estará salvo; se tão somente apegar-se a Ele com a "fé como um grão de mostarda", estará salvo.

Um pouco de graça genuína garante
A morte de todos os nossos pecados.

Só não perca mais tempo, não se demore pelo caminho, pois o vingador de sangue é ligeiro e ele pode estar nos seus calcanhares nesta hora tranquila do entardecer.

C.H. Spurgeon

"...o Pai enviou o seu Filho como Salvador do mundo."

1 JOÃO 4:14

É um doce pensamento saber que Jesus Cristo não veio sem a permissão, autoridade, consentimento e assistência de Seu Pai. Ele foi enviado do Pai para que pudesse ser o Salvador dos homens. Somos muito propensos a esquecer que, embora haja distinções entre as *pessoas* da Trindade, não há distinções de *honra*. Frequentemente atribuímos a honra de nossa salvação ou, pelo menos, a profundidade de sua benevolência, mais a Jesus Cristo do que ao Pai. Este é um erro muito grande. Se Jesus veio? Não foi Seu Pai quem o enviou? Se Ele falou maravilhosamente, não foi Seu Pai que derramou graça em Seus lábios para que pudesse ser um ministro capaz da nova aliança? Aquele que conhece o Pai, o Filho e o Espírito Santo como deve, nunca coloca um antes do outro em seu amor; ele os vê em Belém, no Getsêmani e no Calvário, todos igualmente envolvidos na obra da salvação. Ah, cristão, você colocou sua confiança no Homem Cristo Jesus? Porventura colocou sua dependência unicamente nele? E você está unido a Ele? Então creia que é unido ao Deus do céu. Como o Homem Cristo Jesus é seu irmão e com você mantém uma comunhão íntima, então está ligado ao Deus Eterno, e "o Ancião dos Dias" é seu Pai e amigo. Alguma vez já considerou a profundidade do amor no coração de Jeová, quando Deus o Pai preparou Seu Filho para o grande empreendimento da misericórdia? Se não, que essa seja a sua meditação do dia. O *Pai* o enviou! Contemple esse assunto. Pense como Jesus opera as vontades do *Pai*. Nas feridas do Salvador morrendo, veja o amor do grande Eu Sou. Deixe que cada pensamento sobre Jesus esteja também ligado com o Eterno, sempre bendito Deus, pois "ao SENHOR agradou moê-lo, fazendo-o enfermar".

C.H. Spurgeon

"Por aquele tempo, exclamou Jesus."
MATEUS 11:25

Esta é uma forma singular de começar um versículo — "Por aquele tempo, exclamou Jesus." Se você olhar o contexto, perceberá que ninguém lhe perguntou coisa alguma, e que nem estava conversando com um ser humano. Mesmo assim, está escrito: "Exclamou Jesus: Graças te dou, ó Pai." Quando um homem responde, ele responde a uma pessoa que esteja falando com ele. Quem, então, estava falando com Cristo? Seu Pai. Ainda assim, não há registro desse fato; e isto deveria nos ensinar que Jesus tinha uma comunhão constante com Seu Pai, e que Deus falava ao Seu coração com tanta frequência, tão continuamente, que essa não era uma circunstância singular o bastante para ser registrada. Era o hábito e a vida de Jesus, falar com Deus. Assim como foi Jesus neste mundo, nós somos; vamos então aprender a lição que esta simples declaração sobre Ele nos ensina. Que semelhantemente possamos nós também ter uma comunhão silenciosa com o Pai, de modo que possamos responder a Ele com frequência e, embora o mundo não saiba com quem estejamos falando, que possamos responder àquela voz secreta, inaudível a qualquer ouvido, mas que nosso ouvido, aberto pelo Espírito de Deus, a reconhece com alegria. Deus tem falado conosco, falemos com Deus — seja para confirmar que Ele é verdadeiro e fiel à Sua promessa, seja para confessar o pecado, do qual fomos convencidos pelo Espírito de Deus, ou para reconhecer a misericórdia que a providência divina nos concedeu, ou para expressar concordância com as grandes verdades que Deus, o Espírito Santo, abriu ao nosso entendimento. Que privilégio é a íntima comunhão com o Pai de nosso espírito! É um segredo escondido do mundo, uma alegria na qual nem o amigo mais próximo pode se interpor. Se quisermos escutar os sussurros do amor de Deus, nossos ouvidos precisam estar purificados e preparados para ouvir Sua voz. Que nesta noite nossos corações estejam em tal estado, que quando Deus falar conosco, nós, como Jesus, possamos estar preparados para responder prontamente.

C.H. Spurgeon

"...orando em todo tempo..."

EFÉSIOS 6:18

Que multidão de orações temos feito desde o primeiro instante em que aprendemos a orar. Nossa primeira oração foi por nós mesmos; pedimos a Deus que tivesse misericórdia e que apagasse o nosso pecado. Ele nos ouviu. Mas quando Ele apagou nossos pecados como uma nuvem, fizemos mais orações por nós mesmos. Tivemos que orar por graça santificadora, por graça contrita e restrita; fomos levados a ansiar por uma renovada garantia de fé, pela aplicação confortável da promessa, por libertação na hora da tentação, por ajuda em momentos de dever e por auxílio no dia do juízo. Fomos compelidos a buscar a Deus por nossas almas, como mendigos constantes que pedem de tudo. Perceba, filho de Deus, que você nunca adquiriu algo para sua alma em qualquer outro lugar. Todo o pão que nossa alma tem comido cai do céu, e toda a água que ela tem bebido, flui da rocha viva — Cristo Jesus, o Senhor. Nossa alma nunca enriqueceu por si mesma; ela tem sido sempre pensionista da magnanimidade diária de Deus; e portanto, suas orações ascenderam ao céu por uma série de misericórdias espirituais infinitas. Seus desejos foram inumeráveis e, consequentemente, os suprimentos têm sido infinitamente grandes, e suas orações tão variadas quanto as incontáveis misericórdias. Então você não se compele a dizer: "Eu amo o Senhor porque Ele tem escutado a voz da minha súplica?". Tantas quantas são as suas orações, também têm sido as respostas de Deus a elas. Ele lhe escutou no dia do problema, fortaleceu e ajudou, mesmo quando você o desonrou tremendo e duvidando do trono da misericórdia. Lembre-se disto e permita que seu coração se encha de gratidão a Deus, que tem graciosamente escutado suas pobres e fracas orações. "Bendize, ó minha alma, ao SENHOR, e não te esqueças de nem um só de seus benefícios."

"...orai uns pelos outros."
TIAGO 5:16

Como uma motivação para oferecer oração intercessora, lembre-se de que *tal oração é a mais doce aos ouvidos de Deus*, pois a oração de Cristo tem esse caráter. Em todo o incenso que nosso Grande Sumo Sacerdote coloca agora no incensário, não há um único grão por si próprio. Sua intercessão deve ser a mais aceitável de todas as súplicas — e quanto mais nossa oração for parecida com a de Cristo, mais doce ela será; assim, enquanto serão aceitas petições por nós mesmos, nossas súplicas por outros, tendo neles mais do fruto do Espírito, mais amor, mais fé, mais bondade fraternal, serão, por meio do precioso mérito de Jesus, a mais doce oferta que podemos dar a Deus, a própria gordura do nosso sacrifício. Lembre-se, mais uma vez, que *oração intercessória é a que mais prevalece*. Que maravilhas ela tem feito! A Palavra de Deus está recheada com seus feitos maravilhosos. Cristão, você tem uma ferramenta poderosa nas mãos: use-a bem, use-a constantemente, use-a com fé e certamente será um benfeitor para seus irmãos. Quando estiver aos ouvidos do Rei, fale com Ele sobre o sofrimento dos membros de Seu corpo. Quando você for chamado para perto de Seu trono e o Rei disser: "Peça, que eu darei o que quiser", que suas petições sejam, não apenas por si mesmo, mas pelos muitos que precisam de Sua ajuda. Se você tiver alguma graça e não for um intercessor, essa graça deve ser tão pequena quanto um grão de mostarda; você tem graça suficiente para deixar sua alma flutuar na areia movediça; mas você não tem esse fluir profundo da graça, caso contrário levaria em si mesmo a carga pesada dos desejos dos outros, e voltaria para eles com ricas bênçãos do seu Senhor; bênçãos que talvez não tivessem obtido se não fosse por seu intermédio: —

Ah, que minhas mãos esqueçam sua função,
Minha língua fique fria, silenciosa e parada,
Este coração limitado esqueça de bater,
Se eu esquecer o trono da misericórdia!

C.H. Spurgeon

"Levantai-vos e ide-vos embora."
MIQUEIAS 2:10

Está se aproximando a hora em que a mensagem chegará a nós, como chega a todos: "Levante e saia da casa onde tem habitado, da cidade onde fez seus negócios, da sua família, de seus amigos. Levante e faça sua última viagem." E o que sabemos nós da viagem? E o que sabemos nós do país ao qual estamos destinados? Um pouco do que lemos aqui, e algo do que nos foi revelado pelo Espírito; mas como sabemos pouco sobre o reino do futuro! Sabemos que há um rio negro e tempestuoso chamado "morte". Deus nos convida a atravessá-lo, prometendo estar conosco. Mas, após a morte, o que acontece? Que mundo maravilhoso se abrirá frente à nossa visão atônita? Que cenário de glória nos será revelado? Nenhum viajante voltou para contar. Mas sabemos o suficiente sobre a terra celeste para nos fazer acolher nossa intimação para lá com alegria e júbilo. A jornada da morte pode ser sombria, mas devemos seguir sem medo, sabendo que Deus está conosco enquanto atravessamos o vale sombrio, e por isso não precisamos temer o mal. Deveremos deixar para trás todos os que conhecemos e amamos aqui, mas estaremos indo para a casa de nosso Pai — para o lar de nosso Pai, onde Jesus está — para aquela verdadeira "cidade que tem fundamentos, da qual Deus é o arquiteto e edificador." Essa será a nossa última mudança, para habitar para sempre com aquele que amamos, em meio ao Seu povo, na presença de Deus. Cristão, medite muito sobre o céu, isso o ajudará a prosseguir e a esquecer a labuta do caminho. Este vale de lágrimas é apenas uma estrada para um país melhor: este mundo de aflição é apenas um degrau para um mundo de bem-aventurança.

Prepara-nos, Senhor, pela divina graça,
Para Teus brilhantes átrios do céu;
Então leva nossos espíritos a subir e juntarem-se
Ao coro celestial.

C.H. Spurgeon

"...ouviram grande voz vinda do céu, dizendo-lhes: Subi para aqui". APOCALIPSE 11:12

Sem considerar essas palavras em sua conexão profética, vamos lê-las como um convite de nosso grande Precursor ao Seu povo santificado. No devido tempo, todo cristão deverá ouvir uma "grande voz vinda do céu" dizendo: "Subi para aqui." Isto, para os santos, deveria ser *um assunto de alegre expectativa.* Ao invés de temer a hora em que deveremos deixar este mundo para ir para junto do Pai, deveríamos estar ansiosos pelo momento de nossa emancipação. Nosso cântico deveria ser:

Meu coração está com Ele em Seu trono,
E mal posso esperar
Cada momento ouvindo a voz
"Levanta-te e vem".

Não somos chamados para o túmulo, mas para os céus. Nossos espíritos celestes deveriam desejar seu ar nativo. No entanto, a convocação celeste deve ser *motivo de paciente espera.* Nosso Deus sabe muito bem quando nos chamar: "subi para aqui." Não devemos querer antecipar a hora de nossa partida. Sei que esse imenso amor nos fará clamar:

Ó Senhor dos Exércitos, as ondas se dividem,
E leva-nos todos para o céu.

Mas a paciência deve fazer seu trabalho perfeito. Deus ordena com sabedoria acurada o tempo mais adequado para os remidos permanecerem aqui. Certamente, se fosse possível haver arrependimentos no céu, os santos poderiam lamentar não viver mais tempo para fazer mais coisas boas. Ah, mais feixes para o celeiro do meu Senhor! Mais joias em Sua coroa! Mas como, a menos que haja mais trabalho? Verdade, há um outro lado pois, vivendo tão pouco, temos menos pecados; mas ó! Quando servimos totalmente a Deus, e Ele nos permite espalhar a preciosa semente e colher cem vezes mais, deveríamos até dizer que é bom vivermos onde estamos. Não importa se o nosso Mestre disser: "vá" ou "fique", sejamos igualmente felizes, desde que Ele nos satisfaça com a Sua presença.

C.H. Spurgeon

"...lhe porás o nome de Jesus".

MATEUS 1:21

Quando uma pessoa é querida, tudo que se relaciona a ela se torna querido por sua causa. Desse modo, tão preciosa é a pessoa do Senhor Jesus na estima de todos os verdadeiros cristãos, que eles consideram inestimável acima de tudo, qualquer coisa sobre Ele. "Todas as tuas vestes recendem a mirra, aloés e cássia", disse Davi, como se as vestimentas do Salvador fossem tão aromatizadas por Sua pessoa, que ele não podia fazer outra coisa senão amá-las. Certamente é, pois não há um lugar onde aquele pé santificado tenha pisado — não há uma palavra que tenha saído daqueles lábios abençoados — nem um pensamento revelado por Sua amorosa Palavra — que não seja precioso acima de tudo para nós. E isto é verdade sobre os *nomes* de Cristo — são todos doces aos ouvidos do cristão. Seja Ele chamado de Marido da Igreja, seu Noivo, seu Amigo; seja Ele denominado o Cordeiro sacrificado desde a fundação do mundo — o Rei, o Profeta ou o Sacerdote — cada título de nosso Mestre — Siló, Emanuel, Maravilhoso, Grande Conselheiro — cada nome é como o favo pingando mel, e deliciosas são as gotas que destilam dele. Mas se há um nome mais doce do que outro aos ouvidos do cristão, é o nome de *Jesus*. Jesus! É o nome que faz as harpas do céu tocarem. Jesus! A vida de todas as nossas alegrias. Se há um nome mais encantador, mais precioso que outros, é este nome. É tecido na própria trama de nossa salmodia. Muitos de nossos hinos começam com ele, e raramente algum termina sem ele. É a soma de todas as delícias. É a música com a qual tocam os sinos do céu; um cântico em uma palavra; um oceano para compreensão, em uma gota de brevidade; um oratório inigualável em duas sílabas; uma reunião de aleluias da eternidade em cinco letras.

Jesus, eu amo Seu nome encantador,
É música aos meus ouvidos.

"...ele salvará o seu povo dos pecados deles."
MATEUS 1:21

Se forem questionadas sobre o que entendem por salvação, muitas pessoas responderão: "Ser salvo do inferno e levado para o céu." Esta é uma consequência da salvação, mas não é um décimo do que está contido nessa bênção. É verdade que nosso Senhor Jesus Cristo redime todo o Seu povo da ira vindoura; Ele o salva da condenação temerária ocasionada por seus pecados; mas Seu triunfo é muito mais completo. Ele salva Seu povo de "seus próprios pecados." Ah! Doce libertação de nossos piores inimigos. Onde Cristo opera uma obra de salvação, Ele expulsa Satanás de seu trono e não deixará que ele seja o mestre por mais tempo. Nenhum homem é um verdadeiro cristão se o pecado reina em seu corpo mortal. O pecado estará em nós — ele jamais será expelido completamente até que o espírito entre em glória; mas ele não terá mais *domínio*. Haverá uma luta pelo domínio — a lascívia contra a nova lei e o novo espírito que Deus implantou — mas o pecado nunca será superior de modo a ser o monarca absoluto de nossa natureza. Cristo será o Mestre do coração e o pecado deverá ser mortificado. O Leão da tribo de Judá prevalecerá e o dragão será expulso. Professo, o pecado o domina? Se sua *vida* não é santa, e se seu *coração* não está mudado, você não é uma pessoa salva. Se o Salvador não o santificou, não o renovou, não lhe deu uma aversão ao pecado e um amor pela santidade, Ele não fez nada de caráter salvador em você. A graça que não faz um homem ser melhor que os outros é uma falsificação sem valor. Cristo salva Seu povo, não em seus pecados, mas *dos* seus pecados. "A santificação, sem a qual ninguém verá o Senhor." "Aparte-se da injustiça todo aquele que professa o nome do Senhor." Se não somos salvos do pecado, como esperaremos estar entre o Seu povo? "Senhor, salva-me agora de todo o mal, e permita-me honrar meu Salvador."

C.H. Spurgeon

"Davi consultou ao Senhor."
2 SAMUEL 5:23

Quando Davi fez esta consulta, tinha acabado de lutar contra os filisteus e recebido um sinal de vitória. Os filisteus chegaram com grandes exércitos, mas, com a ajuda de Deus, Davi os tinha afugentado facilmente. Observe, entretanto que, quando eles vieram pela segunda vez, Davi não foi lutar sem consultar o Senhor. Como havia vencido anteriormente, poderia ter dito, como muitos o fizeram em outras ocasiões: "Serei vitorioso novamente; posso ficar bem tranquilo pois se consegui uma vez, triunfarei de novo. Portanto, devo tardar a procurar as mãos do Senhor?" Não Davi. Ele tinha vencido uma batalha pela força do Senhor; não se aventuraria em outra até estar seguro. Consultou: "Devo me levantar contra eles?" Ele esperou até que o sinal de Deus fosse dado. Aprenda com Davi a não dar nenhum passo sem Deus. Cristão, se quiser conhecer o caminho do dever, tome Deus como bússola; se quiser navegar seu barco por ondas sombrias, coloque o leme nas mãos do Todo-Poderoso. Escaparemos de muitas pedras se deixarmos nosso Pai assumir a direção; muitos cardumes e areias movediças poderão ser evitados se deixarmos Sua soberana vontade escolher e comandar. O Puritano disse: "Certo é que sempre que um cristão esculpir a si mesmo, cortará os próprios dedos," esta é uma grande verdade. Outro antigo ditado diz: "Aquele que segue antes da nuvem da providência divina, segue numa missão de tolo," e é isso mesmo. Precisamos deixar a providência de Deus nos conduzir; e se a providência tardar, espere até ela chegar. Aquele que caminha sob a providência, ficará feliz em voltar a correr. "Instruir-te-ei e te ensinarei o caminho que deves seguir," é a promessa de Deus ao Seu povo. Levemos, então, todas as nossas perplexidades para Ele e digamos: "Senhor, o que queres que eu faça?" Não saia de seu quarto esta manhã sem consultar o Senhor.

C.H. Spurgeon

"...e não nos deixes cair em tentação..."

LUCAS 11:4

O que somos ensinados a buscar ou a evitar em oração, deveríamos igualmente buscar ou evitar em ação. Por isso, com muita sinceridade devemos evitar a tentação, buscando andar muito cuidadosamente no caminho da obediência, e nunca devemos provocar o diabo a nos tentar. Não devemos entrar na mata à procura do leão. Poderíamos pagar caro por tal presunção. Este leão pode cruzar nosso caminho ou sair da mata, saltando em cima de nós, mas isso nada tem a ver com ir caçá-lo. Aquele que se encontra com o leão, mesmo que vença o dia, terá uma dura luta. Que o cristão ore para poder ser poupado do encontro. Nosso Salvador, que experimentou o significado da tentação, advertiu sinceramente Seus discípulos — "Orai, para que não entreis em tentação."

Mas façamos o que for, seremos tentados; por isso a oração "livra-nos do mal." Deus teve um Filho sem pecado; mas não tem filho algum sem tentação. O homem natural nasce para a tribulação como as faíscas sobem no ar, e o cristão nasce para a tentação da mesma forma. Precisamos estar sempre vigiando contra Satanás, porque, como um ladrão, ele não avisa de sua chegada. Cristãos que experimentaram os caminhos de Satanás sabem que há determinadas épocas mais suscetíveis aos seus ataques, assim como em certos períodos podem ser esperados ventos desoladores; portanto o cristão deve vigiar duplamente com medo do perigo, e o perigo é evitado com a preparação para o encontro. A prevenção é melhor do que a cura; é melhor estar tão bem armado que o diabo não atacará, do que enfrentar os perigos da luta, mesmo que saia vencedor. Esta noite primeiro ore para não ser tentado, e em seguida, se a tentação for permitida, para que você possa ser liberto do mal.

C.H. Spurgeon

"...tenho experiência... de abundância..."

FILIPENSES 4:12

Há muitos que sabem "como ser humilhados", que não aprenderam "como ter abundância." Quando estão no topo, suas cabeças tonteiam e estão prontas a cair. Com muito mais frequência o cristão envergonha sua fé na prosperidade do que na adversidade. Ser próspero é algo perigoso. O crisol da adversidade é um teste menos severo para o cristão do que o refinado pote da prosperidade. Ah, que magreza da alma e negligência das coisas espirituais foram trazidas pelas misericórdias e graças de Deus! No entanto, não é necessariamente assim, pois o apóstolo nos diz que ele sabia como ter abundância. Quando teve muito, soube como usar. A graça abundante lhe permitiu suportar a prosperidade abundante. Quando ele teve a vela cheia, estava carregado de muito lastro, então navegou em segurança. É preciso mais que habilidade humana para levar o cálice transbordante de alegrias mortais com mão firme, e Paulo aprendeu essa habilidade, como declara: "De tudo e em todas as circunstâncias, já tenho experiência, tanto de fartura como de fome." É uma lição divina saber como ter fartura, pois os israelitas tiveram abundância, mas enquanto a carne estava em sua boca, a ira de Deus recaiu sobre eles. Muitos pedem por bênçãos que podem satisfazer a concupiscência de seu próprio coração. Abundância de pão muitas vezes leva à abundância de sangue, e isso leva à devassidão do espírito. Quando temos muito das misericordiosas provisões divinas, com frequência, temos pouco da graça de Deus e pouca gratidão pelas bênçãos recebidas. Estamos fartos e esquecemos Deus: satisfeitos com a Terra, nos contentamos em ficar sem o céu. Certifique-se de que é mais difícil saber como ter abundância do que saber como ter fome — tão desesperada é a tendência da natureza humana ao orgulho e esquecimento de Deus. Tenha cuidado ao pedir, em suas orações, para que Deus o ensine a "ter abundância".

Que os presentes do Teu amor
Não afastem nossos corações de ti.

C.H. Spurgeon

"Desfaço as tuas transgressões como a névoa e os teus pecados, como a nuvem; torna-te para mim, porque eu te remi."
ISAÍAS 44:22

Observe a similaridade instrutiva: nossos pecados são como uma *nuvem*. Assim como as nuvens têm muitos formatos e sombras, assim são nossas transgressões. Como as nuvens turvam a luz do sol e escurecem a paisagem abaixo, da mesma maneira nossos pecados escondem de nós a luz da face de Jeová e nos fazem sentar à sombra da morte. Eles pertencem à realidade terrena e surgem dos lugares lamacentos de nossa natureza; e quando assim recolhidos com a medida cheia, nos ameaçam com tempestades e vendavais. Ai de nós! Porque, diferente das nuvens, nossos pecados não derramam sobre nós chuvas fecundantes, mas ameaçam nos deglutir com uma feroz correnteza de destruição. Ah, nuvens negras do pecado, como pode ficar bom o tempo em nossas almas enquanto elas estiverem por aqui?

Que nosso olhar alegre habite no notável ato da divina misericórdia — "desfazendo". O próprio Deus aparece na cena e, em divina benignidade, em vez de manifestar Sua ira, revela Sua graça: de uma vez e para sempre Ele remove eficazmente o dano, não soprando a nuvem para longe, mas desfazendo-a da existência de uma vez por todas. Contra o homem justificado, nenhum pecado permanece, a grande consumação da cruz removeu suas transgressões eternamente. No cume do Calvário o grande feito, pelo qual o pecado de todos os escolhidos foi removido para sempre, foi realizado completa e eficazmente.

Na prática, devemos obedecer a ordem graciosa: "*Torna-te para mim*". Por que pecadores perdoados deveriam viver longe de seu Deus? Se temos sido perdoados de todos os nossos pecados, não permitamos que qualquer medo legítimo nos afaste do acesso mais ousado ao nosso Senhor. Lamentemos os retrocessos, mas não perseveremos neles. Que possamos retornar para a maior proximidade possível da comunhão com o Senhor, no poder do Espírito Santo, esforce-se com ânimo para retornar. "Ó Senhor, restaura-nos esta noite!"

C.H. Spurgeon

"*...admiraram-se; e reconheceram que haviam eles estado com Jesus.*" ATOS 4:13

Um cristão deve ter uma semelhança impressionante com Jesus Cristo. Você leu sobre a vida de Cristo, bela e eloquentemente escrita, mas a melhor vida de Cristo é Sua biografia viva, escrita nas palavras e ações de Seu povo. Se nós fôssemos o que professamos ser, e o que deveríamos ser, deveríamos ser retratos de Cristo; de fato, de tal semelhança a Ele, que o mundo não precisaria nos congelar no tempo como numa foto e dizer: "Bem, tem alguma semelhança"; mas exclamariam, quando estivessem conosco: "Eles estiveram com Jesus; Ele os ensinou; são como Ele; captaram a essência do santo Homem de Nazaré, e Ele age em suas vidas e em suas ações diárias." Um cristão deveria ser como Cristo em Sua *ousadia*. Nunca ter vergonha de sua própria religião; sua confissão de fé nunca o desonrará; cuidar para jamais desgraçá-la. Ser como Jesus, muito valioso para o seu Deus. Imitá-lo em seu espírito *amoroso*; pensar com bondade, falar bondosamente e fazer o bem, de modo que os homens digam sobre você: "Ele esteve com Jesus." Imitar Jesus em Sua *santidade*. Ele era zeloso por Seu Mestre? Seja também; sempre fazendo o bem. Não desperdice tempo: o bem é muito precioso. Ele foi abnegado, nunca buscando seu próprio interesse? Seja igual. Ele foi piedoso? Seja fervoroso em suas orações. Ele teve consideração pela vontade de Seu Pai? Então submeta-se a Ele. Ele foi paciente? Então aprenda a suportar. E, melhor de tudo, como um grande retrato de Jesus, tente perdoar seus inimigos, como Ele o fez; e permita que essas palavras sublimes de seu Mestre: "Pai, perdoa-lhes, porque não sabem o que fazem", ecoem sempre em seus ouvidos. Perdoe, como espera ser perdoado. Amontoe brasas sobre a cabeça de seus inimigos ao demonstrar bondade com eles. Bem pelo mal, lembre-se, é divino. Seja divino então; e de todas as maneiras e formas, viva de modo que todos digam sobre você: "Ele esteve com Jesus."

C.H. Spurgeon

"...abandonaste o teu primeiro amor."
APOCALIPSE 2:4

O momento melhor e mais brilhante a ser lembrado para sempre é aquele em que conhecemos o Senhor, perdemos o nosso fardo, recebemos o rolo da promessa, nos alegramos com a plena salvação e seguimos nosso caminho em paz. Era primavera na alma; o inverno tinha passado; as lamentações dos trovões do Sinai foram silenciadas; os lampejos de seus relâmpagos já não eram mais percebidos; Deus era visto com os reconciliados; a lei não ameaçava vingança, a justiça não exigia punição. Nessa ocasião, as flores surgiram em nosso coração; esperança, amor, paz e paciência brotaram do solo; o jacinto do arrependimento, o floco de neve da pura santidade, o açafrão dourado da fé, o narciso do primeiro amor, todos decorando o jardim da alma. O tempo do canto dos pássaros chegou, e regozijamos com gratidão; exaltamos o santo nome do nosso Deus perdoador, e nossa resolução foi: "Senhor, eu sou teu, totalmente teu; tudo o que eu sou, tudo o que eu tenho, vou dedicar a ti. Compraste-me com o Teu sangue — permita-me que eu me dedique e me consuma em Teu serviço. Na vida e na morte, permita-me consagrar-me a ti." *De que maneira mantivemos esta resolução*? Nosso amor profundo queimou com a chama santa de dedicação a Jesus — é o mesmo *agora*? Não poderia Jesus nos dizer: "Tenho, porém, contra ti que abandonaste o teu primeiro amor"? Ai de nós! Que fizemos muito pouco pela glória do Mestre. Nosso inverno durou muito tempo. Somos frios como o gelo quando deveríamos sentir o verão brilhar e florescer com flores sagradas. Damos a Deus centavos, quando Ele merece milhões, não, merece que o sangue de nosso coração seja cunhado no serviço de Sua igreja e Sua verdade. Mas vamos continuar assim? "Ó, Senhor, depois que tão ricamente nos abençoaste, seremos ingratos e nos tornaremos indiferentes à Tua boa causa e trabalho? Ah, acorda-nos para que possamos retornar ao nosso primeiro amor e primeiras obras! Envia-nos uma primavera revigorante, ó Sol da Justiça."

C. H. Spurgeon

"Porque, assim como os sofrimentos de Cristo se manifestam em grande medida a nosso favor, assim também a nossa consolação transborda por meio de Cristo." 2 CORÍNTIOS 1:5

Há uma proporção abençoada. O Soberano da Providência tem uma balança — neste lado Ele coloca as provações de Seu povo, e naquele, coloca suas consolações. Quando a balança da provação estiver quase vazia, você descobrirá sempre que a balança da consolação estará quase na mesma condição; e quando o prato da provação estiver cheio, o da consolação estará tão pesado quanto ele. Quando as nuvens negras mais se juntam, a luz revelada a nós é mais brilhante. Quando a noite cai e a tempestade está próxima, o Capitão Celestial sempre está mais próximo à Sua tripulação. É abençoador que quanto mais formos humilhados, mais seremos exaltados pelas consolações do Espírito. Uma das razões é que *provações dão mais espaço para a consolação*. Grandes corações só podem ser forjados por grandes tribulações. A pá dos problemas cava o reservatório do conforto ainda mais profundamente, e abre mais espaço para a consolação. Deus entra em nosso coração — o encontra cheio — e começa a romper a nossa acomodação para deixá-lo vazio; então há mais espaço para a graça. Quanto mais humilde for o homem, mais conforto sempre terá, porque estará mais preparado para recebê-lo. Outra razão pela qual nos alegramos em meio aos nossos problemas, é o fato de — *nesses momentos fazermos os acordos mais íntimos com Deus*. Quando o celeiro está cheio, o homem pode viver sem Deus: quando a bolsa está estourando com ouro, tentamos viver sem muita oração. Mas uma vez que nossas *cumbucas* nos são tiradas, queremos o nosso *Deus*; uma vez retirados os ídolos da casa, somos compelidos a honrar Jeová. "Das profundezas clamo a ti, SENHOR." Não há clamor tão sincero quanto o que vem do pé das montanhas; nenhuma oração é tão calorosa quanto aquela que vem das profundezas da alma por grandes provações e aflições. Portanto, elas nos trazem a Deus, e ficamos mais felizes; pois a proximidade de Deus é felicidade. Venha, cristão aflito, não se preocupe com seus pesados fardos, pois eles são arautos de grandes misericórdias.

C.H. Spurgeon

"Ele vos dará outro Consolador, a fim de que esteja para sempre convosco." JOÃO 14:16

Na antiguidade, o Grande Pai se revelou aos que criam antes da vinda de Seu Filho, e era conhecido por Abraão, Isaque e Jacó como o Deus Todo-Poderoso. Mas então Jesus veio, e o Filho bendito em pessoa foi o deleite aos olhos de Seu povo. Na época da ascensão do Redentor, o Espírito Santo se tornou o cabeça da atual dispensação e Seu poder foi gloriosamente manifestado durante e após o Pentecostes. Ele permanece até o momento como o presente Emanuel — Deus conosco, habitando entre e com o Seu povo, motivando, guiando e governando em seu meio. Sua presença é reconhecida como deveria ser? Não podemos controlar Sua obra; Ele é o mais soberano em todas as Suas ações, mas nós estamos ansiosos o suficiente para obter Seu socorro, ou atentos o bastante para não provocá-lo a retirar Sua ajuda? Sem Ele nada podemos fazer, mas por Sua poderosa força, os resultados mais extraordinários podem ser alcançados: tudo depende de Sua manifestação ou poder conciliador. Sempre o honramos com a nossa vida interior e culto exterior com a respeitosa dependência que lhe é devida? Não nos antecipamos frequentemente ao Seu chamado e agimos independente de Sua ajuda? Humilhemo-nos esta noite pelas negligências passadas, e supliquemos que o orvalho celestial caia sobre nós; que sejamos ungidos pelo óleo sagrado; que a chama celestial queime em nosso interior. O Santo Espírito não é um presente temporário, Ele habita com os santos. Devemos apenas buscá-lo com retidão e nós o encontraremos. Ele é ciumento, mas compassivo; se parte em ira, Ele volta em misericórdia. Condescendente e carinhoso, Ele não se cansa de nós, mas espera tranquilo para ser compassivo.

O pecado está martelando meu coração,
Em dureza, vazio de amor,
Que o gotejar do suprimento da graça, que vem do alto
Atravesse o seu ser.

"Vede que grande amor nos tem concedido o Pai, a ponto de sermos chamados filhos de Deus. Por essa razão, o mundo não nos conhece, porquanto não o conheceu a ele mesmo. Amados, agora, somos filhos de Deus." 1 JOÃO 3:1,2

Vede que grande amor nos tem concedido o Pai." Considere quem éramos e o que sentimos ser mesmo agora, quando a corrupção é poderosa em nós, e você ficará maravilhado com a nossa adoção. Ainda assim somos chamados *filhos de Deus*. Que relacionamento importante é o de um filho, e que privilégios ele traz! Que cuidado e carinho o filho espera de seu pai, e que amor o pai sente pelo filho! Mas tudo *isso*, e mais do que isso, temos agora por intermédio de Cristo. Como pelo sofrimento temporário do irmão mais velho, aceitamos como uma honra: "Por essa razão, o mundo não nos conhece, porquanto não o conheceu a ele mesmo." Satisfazemo-nos em ser desconhecidos com Ele em Sua humilhação, pois seremos exaltados com Ele. "Amados, agora, somos filhos de Deus." Isso é fácil de ler, mas não é fácil sentir. Como está seu coração esta manhã? Está nas profundezas da tristeza? A corrupção se levanta em seu espírito e a graça parece como uma pequena centelha presa debaixo de seu pé? Sua fé está quase falhando? Não tema, não é por seu mérito, nem por seus sentimentos que você deve viver: precisa viver simplesmente pela fé em Cristo. Com todas as adversidades contra nós, hoje — nas profundezas de nossa tristeza, onde quer que estejamos — *agora*, tanto no vale, quanto na montanha, "Amados, *agora*, somos filhos de Deus." "Ah, mas," você diz: "Veja como estou trajado! Minhas virtudes não têm brilho; minha justiça não brilha com glória aparente." Mas leia o que vem depois: "E ainda não se manifestou o que haveremos de ser. Sabemos que, quando Ele se manifestar, seremos semelhantes a Ele." O Espírito Santo deverá purificar nossas mentes, e o poder divino deverá refinar nossos corpos, e então o veremos como Ele é.

C.H. Spurgeon

"Agora, pois, já nenhuma condenação há..."
ROMANOS 8:1

Venha, minh'alma, pense sobre isto. Crendo em Jesus, você foi real e efetivamente limpa da culpa; foi retirada da sua prisão. Não está mais em grilhões, como uma escrava; agora está livre da escravidão da lei; foi liberta do pecado e pode andar como um homem livre, o sangue do seu Salvador comprou seu completo livramento. Agora tem o direito de se aproximar do trono do seu Pai. Nenhuma chama de vingança existe para assustar você; nenhuma espada inflamada; a justiça não pode ferir o inocente. Suas deficiências foram levadas embora; você, que um dia foi incapaz de ver a face de seu Pai, pode vê-la agora. Você não podia falar com Ele: porém, agora com ousadia ganhou acesso. Antes havia sobre você medo do inferno; mas agora não o teme mais, pois pode haver punição para o inocente? Aquele que crê não é condenado e não pode ser punido. E mais do que tudo, os privilégios que poderia ter desfrutado se jamais tivesse pecado, são seus agora que é justificada. Todas as bênçãos que teria tido se houvesse guardado a lei e muitas mais, são suas agora, porque Cristo as guardou para você. Todo o amor e toda a aceitação que a obediência perfeita teria obtido de Deus, pertencem a você, porque Cristo foi perfeitamente obediente em seu nome e imputou todos os Seus méritos em sua conta, de modo que pudesse ser excessivamente rico por meio dele, que por sua causa, se tornou excessivamente pobre. Ah! Como é grande o débito de amor e gratidão que você tem com seu Salvador!

Um devedor apenas à misericórdia,
Sobre o pacto de misericórdia eu canto;
Nem o medo da Tua justiça adiante,
Minha pessoa e ofertas eu trago:
Os terrores da lei e de Deus,
Não me podem atingir;
Obediência e sangue de meu Salvador
Ocultam as minhas transgressões.

C.H. Spurgeon

"E da parte do rei lhe foi dada subsistência vitalícia, uma pensão diária, durante os dias da sua vida." 2 REIS 25:30

Joaquim não foi expulso do palácio do rei com um suprimento para durar alguns meses, mas suas provisões lhes eram dadas como pensão diária. Aqui ele retrata a alegre posição de todo o povo do Senhor. Uma porção diária é *tudo o que um homem realmente quer*. Não precisamos dos suprimentos de amanhã; esse dia ainda não nasceu e suas necessidades ainda não existem. A sede que podemos ter no mês de junho não precisa ser saciada em fevereiro, pois ainda não a sentimos; se temos o suficiente para cada dia, conforme os próximos dias chegarem, nunca conheceremos o querer. O suficiente para o dia é *tudo o que podemos desejar*. Não podemos comer, beber ou vestir mais do que o suprimento de comida, bebida e vestuário do dia; o excedente nos dá o cuidado de guardar e a ansiedade de vigiar contra o ladrão. Um cajado ajuda o viajante, mas um feixe de cajados é um fardo pesado. O suficiente não é apenas tão bom quanto um banquete, mas é tudo o que o maior glutão pode realmente apreciar. Isso é *tudo o que deveríamos esperar*; um desejo por mais do que isso, é ingratidão. Quando nosso Pai não nos dá mais, deveríamos nos contentar com Sua dose diária. O caso de Joaquim é o nosso, temos uma porção certa, uma porção que *nos é dada pelo Rei*, uma porção *graciosa*, e uma *porção perpétua*. Aqui está um solo fértil para gratidão.

Amado leitor cristão, na questão da graça *você precisa de um suprimento diário*. Não há um estoque de força. Dia a dia deve buscar ajuda do alto. É uma segurança muito doce saber que *uma porção diária é fornecida a você*. Na Palavra, por meio do sacerdócio, por meditação, na oração e na espera em Deus, você receberá força renovada. Em Jesus tudo o que é necessário foi designado para você. Então *desfrute sua porção contínua*. Nunca tenha fome enquanto o pão diário da graça está na mesa da misericórdia.

C.H. Spurgeon

"...imediatamente fora curada".

LUCAS 8:47

Um dos mais tocantes e instrutivos milagres do Salvador está diante de nós esta noite. A mulher era muito ignorante. Ela imaginou que a virtude emanava de Cristo por uma lei da necessidade, sem Seu conhecimento ou vontade direta. Além disso, ela era uma estranha à generosidade da pessoa de Jesus, ou não teria ido por trás para roubar a cura que Ele estava tão pronto a ofertar. O sofrimento deveria sempre se colocar de frente para a misericórdia. Se ela conhecesse o amor do coração de Jesus, teria dito: "Tenho que me colocar onde Ele possa me ver — Sua onisciência lhe mostrará o meu caso, e Seu amor me curará imediatamente." Admiramos a sua fé, mas nos maravilhamos com sua ignorância. Após obter a cura, ela exultou com tremor, feliz que estava pela virtude divina ter operado uma maravilha; mas temia que Cristo retirasse a bênção e negasse a concessão de Sua graça: pouco ela compreendia da plenitude de Seu amor! Não temos uma visão tão clara dele como desejaríamos ter; não conhecemos a altura e profundidade de Seu amor; mas afiançamos que Ele é bom demais para retirar de uma alma trêmula, a dádiva que ela foi capaz de receber. Mas há algo maravilhoso nisso: pequena como o seu conhecimento, sua fé, por ser verdadeira, a salvou; e a salvou imediatamente. Não houve nenhum atraso tedioso — o milagre da fé foi instantâneo. Se tivermos fé como um grão de semente de mostarda, a salvação é nossa herança atual e eterna. Se na lista dos filhos de Deus formos registrados como os mais fracos da família, ainda assim, sendo herdeiros pela fé, nenhum poder, humano ou diabólico, pode nos tirar a salvação. Se não ousamos inclinar nossas cabeças sobre Seu peito com João, mas se podemos nos aventurar atrás dele e tocar a ponta de Suas vestes, nos tornamos justificados. Coragem, tímido! Sua fé o salvou; vá em paz. "*Justificados*, pois, mediante a fé, *temos* paz com Deus."

C.H. Spurgeon

"A Ele seja a glória, tanto agora como no dia eterno."

2 PEDRO 3:18

O céu será repleto de louvores incessantes a Jesus. Eternidade! Seus anos inumeráveis terão a velocidade de Seu curso duradouro, mas para sempre e sempre, "a Ele seja a glória." Não é Ele um "Sacerdote para sempre, segundo a ordem de Melquisedeque?" "A Ele seja a glória." Não é Ele o Rei para sempre? — Rei dos reis e Senhor dos senhores, o Pai *eterno*? "A Ele seja a glória, tanto agora como no dia eterno." Os louvores a Ele nunca cessarão. Aquilo que foi comprado com sangue merece durar enquanto perdura a imortalidade. A glória da cruz nunca deve ser eclipsada; o brilho do túmulo e da ressurreição jamais deve ser diminuído. "Ah, Jesus! Deves ser louvado para sempre. Tanto quanto vive o espírito imortal — assim perdura o trono do Pai — para sempre, para sempre, sobre ti será a glória." Cristão, você está esperando a hora em que deverá se juntar aos santos lá em cima atribuindo toda a glória a Jesus; mas você está glorificando-o *agora*? As palavras do apóstolo são: 'A Ele seja a glória, tanto agora como no dia eterno.' Você não fará hoje esta oração? "Senhor, ajuda-me a glorificar-te; sou pobre, ajuda-me a glorificar-te com satisfação; sou doente, me ajuda a honrar-te na paciência; tenho talentos, me ajuda a enaltecer-te usando meus talentos para ti; tenho tempo, Senhor, ajuda-me a remi-lo para poder servir-te; tenho um coração para sentir, Senhor, permita que esse coração sinta apenas amor por ti e brilhe apenas com a chama da afeição por ti; tenho uma cabeça para pensar, Senhor, me ajuda a pensar *em* ti e *por* ti; me colocaste neste mundo para algum propósito, Senhor, mostra-me qual é e me ajuda a descobri-lo em minha vida: eu não posso fazer muito, mas como a viúva colocou suas duas moedas, que era tudo o que tinha para viver, da mesma forma, Senhor, coloco meu tempo e eternidade em Teu tesouro; sou todo Teu; toma-me e me capacita para glorificar-te *agora*, em tudo o que eu falo, em tudo o que eu faço e em tudo o que eu tenho."

C.H. Spurgeon

"...que te alegram".
SALMO 45:8

E quem tem o privilégio de alegrar o Salvador? Sua igreja — Seu povo. Mas é possível? Ele *nos* alegra, mas como podemos *nós alegrá-lo*? Por nosso amor. Ah! Achamos que esse amor é tão frio, tão fraco; e então, na verdade, devemos tristemente confessar que o é, mas é muito doce para Cristo. Ouça Seu elogio desse amor no Cântico de ouro: "Que belo é o teu amor, ó minha irmã, noiva minha! Quanto melhor é o teu amor do que o vinho!" Veja, coração amado, como Ele se regozija em você. Quando você reclina sua cabeça sobre Seu peito, não apenas recebe, mas dá a Ele alegria; quando olha com amor para Sua face gloriosa, não apenas obtém conforto, mas oferece deleite. Nosso *louvor*, também, traz alegria ao Senhor — não apenas a música dos lábios, mas a melodia da profunda gratidão do coração. Nossos *talentos* também lhe são muito agradáveis; Ele ama nos ver colocar nosso tempo, nossos talentos, nossa substância em Seu altar, não pelo valor do que oferecemos, mas pelo motivo pelo qual a dádiva floresce. Para Ele, as menores ofertas de Seus santos são mais aceitáveis do que milhares de ouro e prata. *Santidade* é como incenso e mirra para Ele. Perdoe seu inimigo e satisfaça Cristo; distribua seus bens aos pobres, e Ele se regozija; seja o instrumento para a salvação de almas e dê a Ele o fruto do trabalho de Sua alma; proclame o Seu evangelho e seja um sabor doce para Ele; caminhe entre os ignorantes e mostre-lhes a cruz, e o Mestre terá sido honrado. Está em seu poder, mesmo agora, quebrar o vaso de alabastro e derramar o óleo precioso da alegria sobre Sua cabeça, como fez a mulher da antiguidade, cuja memória é até hoje propagada onde o evangelho é pregado. Você está atrasado? Não perfumará seu amado Senhor com mirra, aloés e cássia do louvor do seu coração? Sim, nos palácios de marfim ouvireis as canções dos santos!

C.H. Spurgeon

"...aprendi a viver contente em toda e qualquer situação".

FILIPENSES 4:11

Estas palavras nos demonstram que o contentamento não é uma propensão natural do homem. "Ervas daninhas crescem rapidamente." A cobiça, o descontentamento e a murmuração são tão naturais ao homem como os espinhos são para o solo. Não precisamos semear cardos e silvas; eles nascem naturalmente e em abundância, porque são nativos da terra: da mesma forma, não precisamos ensinar os homens a reclamar; eles reclamam rápido o bastante sem nenhum aprendizado. Porém, as coisas mais preciosas da terra devem ser cultivadas. Se quisermos ter trigo, precisamos arar e semear; se quisermos flores, devemos ter um jardim e todo o cuidado com ele. Então, contentamento é uma das flores do céu, e se o quisermos, ele deve ser cultivado; não crescerá em nós naturalmente; apenas a nova natureza pode produzi-lo e, mesmo assim, devemos ser especialmente cuidadosos e alertas para manter e cultivar a graça que Deus semeou em nós. Paulo diz: "*Aprendi* a viver contente"; isto equivale a dizer que houve um tempo em que ele não soube como. Custou a ele algumas dores para alcançar o mistério daquela grande verdade. Sem dúvida, algumas vezes, ele achou que havia aprendido, e então caiu. E quando finalmente conseguiu, pôde dizer: "aprendi a viver contente em toda e qualquer situação," ele como um homem idoso e grisalho às portas do túmulo — um pobre prisioneiro acorrentado na masmorra de Nero, em Roma. Podemos bem estar dispostos a suportar as debilidades de Paulo e compartilhar a fria masmorra com ele, se também, por qualquer meio, estivermos dispostos a alcançar seu equilíbrio, sua boa medida. Não pense que você pode aprender a viver contente com lições teóricas, ou aprender sem disciplina. Não é um poder que possa ser exercitado naturalmente, mas uma ciência a ser adquirida aos poucos. Sabemos isso por experiência. Irmão, cale aquele lamento, natural que seja, e continue a ser um aluno aplicado na Faculdade do Contentamento.

C.H. Spurgeon

"...teu bom Espírito".

NEEMIAS 9:20

É comum, muito comum o pecado de esquecer o Espírito Santo. Isso é loucura e ingratidão. Ele merece o melhor de nossas mãos, pois é bom, supremamente bom. Como Deus, Ele é essencialmente bom. Ele compartilha na tríplice atribuição de "Santo, santo, santo", que ascende ao Jeová Triúno. Perfeita pureza, verdade e graça. Ele é *boa benevolência*, lidando ternamente com nossa obstinação, lutando com nossas vontades rebeldes; vivificando-nos de nossa morte em pecado, e então nos treinando para os céus como uma ama amorosa cuida de sua criança. Como é generoso, indulgente e amoroso este paciente Espírito de Deus. Ele é *funcionalmente bom*. Todas as Suas obras são boas no grau mais eminente; Ele sugere bons pensamentos, solicita boas ações, revela boas verdades, aplica boas promessas, ajuda a alcançar boas realizações e conduz a bons resultados. Não há bem espiritual em todo o mundo do qual Ele não seja o autor e o sustentador, e o próprio céu deverá o caráter perfeito de seus habitantes redimidos à Sua obra. Ele é *oficialmente bom*; seja como Consolador, Instrutor, Guia, Santificador, Vivificador ou Intercessor, Ele realiza perfeitamente Sua obra, e cada ação é repleta com os bens mais elevados para a Igreja do Senhor. Aqueles que se entregam às Suas influências se tornam bons, aqueles que obedecem Seus impulsos, fazem o bem, aqueles que vivem sob Seu poder, recebem o bem. Ajamos, então, como pessoas tão boas, de acordo com os ditames da gratidão. Reverenciemos Sua pessoa, e o adoremos como Deus acima de tudo, bendito para sempre; apropriemo-nos do Seu poder e de nossa necessidade dele, esperando nele em todos os nossos santos empreendimentos; busquemos Sua ajuda a todo instante, e nunca o entristeçamos; e falemos em Seu louvor sempre que aparecer uma oportunidade. A igreja jamais prosperará até que creia mais reverentemente no Santo Espírito. Ele é tão bom e amoroso, que é de fato triste que Ele fique pesaroso por ofensas e negligências.

C.H. Spurgeon

"Isaque habitava junto a Beer-Laai-Roi."

GÊNESIS 25:11

Uma vez Agar encontrou salvação ali e Ismael bebeu da água tão graciosamente revelada por Deus, que vivia e via os filhos dos homens; mas esta foi meramente uma visita casual, como as que os mundanos fazem ao Senhor em tempos de necessidade quando lhes bem serve. Eles clamam por Deus na aflição, mas o esquecem na prosperidade. Isaque ali *habitava* e fez do poço do Deus que vive e tudo vê, sua constante fonte de suprimento. O propósito da vida de um homem, o *embate* de sua alma é o verdadeiro teste do seu ser. Talvez a providencial visita experimentada por Agar tenha vindo à mente de Isaque e o tenha levado a reverenciar o lugar; seu nome mítico o encantou; suas reflexões frequentes à sua fronteira ao anoitecer o fizeram familiarizado com o poço; seu encontro com Rebeca ali fez seu espírito sentir-se em casa perto do lugar; porém melhor do que tudo, o fato de que ali ele desfrutava comunhão com o Deus vivo, o fez escolher aquele solo sagrado para sua habitação. Aprendamos a viver na presença do Deus vivo; oremos ao Espírito Santo para que neste dia, e em todos os outros dias, possamos sentir, "Tu és Deus que vê." Que o Senhor Jeová seja como um poço para nós, agradável, confortante, infalível, brotando vida eterna. O vaso do ser se quebra e seca, mas o poço do Criador nunca falha; feliz é aquele que habita junto ao poço e por isso tem suprimentos abundantes e constantes à mão. O Senhor tem sido um auxílio certo para outros: Seu nome é *Shaddai*, Deus Todo-suficiente; nossos corações com frequência têm adorável relacionamento com Ele; por meio dele, nossa alma encontrou seu Esposo glorioso, o Senhor Jesus; e nele vivemos, nos movemos e somos hoje; habitemos, então, em comunhão mais próxima com Ele. "Glorioso Senhor, constrange-nos para que nunca nos afastemos de ti, mas vivamos junto ao poço do Deus vivo."

C.H. Spurgeon

"...ainda que o Senhor *se achava ali".*

EZEQUIEL 35:10

Os príncipes de Edom viram que todo o país ficara desolado e contaram com uma conquista fácil; mas havia uma grande dificuldade em seu caminho — um tanto desconhecida para eles — "o Senhor se achava ali"; e em Sua presença está a segurança especial da terra escolhida. Sejam quais forem as maquinações e equipamentos dos inimigos do povo de Deus, há ainda a mesma barreira eficaz para frustrar seu plano. Os santos são a herança de Deus, e Ele está no meio deles e protegerá os Seus. Que conforto esta certeza nos dá em nossas aflições e conflitos espirituais! Somos constantemente hostilizados, e ainda assim, perpetuamente preservados! Com que frequência Satanás atira suas flechas contra nossa fé, mas nossa fé desafia o poder dos dardos inflamados do inferno; eles não apenas são desviados, como são extintos por Seu escudo, porque "o Senhor" se acha ali. *Nossas boas obras* são alvos dos ataques de Satanás. Um santo nunca teve uma virtude ou graça que não tenha sido alvo dos projéteis infernais: seja a esperança alva e brilhante, ou o amor caloroso e fervoroso, ou a paciência persistente, ou o zelo ardendo como carvão em brasa, o velho inimigo de tudo o que é bom já tentou destruir. A única razão porque algo virtuoso ou amoroso sobrevive em nós é esta: "o Senhor" se acha ali.

Se o Senhor estiver conosco por toda a vida, não precisamos temer de que perderemos a confiança; pois *quando morrermos*, descobriremos que "o Senhor" está *ali*; onde as vagas estiverem mais tempestuosas e a água for mais fria, sentiremos o fundo, sabemos que isto é bom: nossos pés pisarão sobre a Rocha Eterna quando o tempo passar. Amado, desde o início até o fim da vida de um cristão, a única razão dele não perecer é porque "o Senhor" está ali. Quando o Deus do amor eterno mudar e deixar Seu eleito perecer, então a Igreja do Senhor será destruída, mas não até lá, porque está escrito: Jeová *Shammah*, "O Senhor está lá".

C.H. Spurgeon

"...faze-me saber por que contendes comigo".

JÓ 10:2

Talvez, ó alma tribulada, o Senhor esteja fazendo isto para desenvolver suas virtudes. Há algumas de suas virtudes que nunca seriam *descobertas* se não fosse pelas tribulações. Não sabe que sua fé nunca parece tão grande no clima do verão, como é no inverno? O amor é, com frequência, como um pirilampo, mostrando apenas uma pequena luz, quando está no meio da escuridão. Por outro lado, a esperança é como uma estrela — não para ser vista à luz do sol da prosperidade, e apenas para ser descoberta na noite da adversidade. Aflições são, muitas vezes, as folhas negras nas quais Deus coloca as joias das virtudes de Seus filhos, para que brilhem melhor. Não faz muito tempo você estava de joelhos dizendo: "Senhor, eu temo não ter fé: permita-me reconhecer minha fé." Não era isso na verdade, embora talvez inconscientemente, sua oração por provações? — ou então, como você pode saber que tem fé até que sua fé seja exercitada? Dependa disso, Deus com frequência nos envia provações para que nossas virtudes sejam descobertas, e assim possamos estar certos de sua existência. Além disso, não é uma mera descoberta, o *verdadeiro crescimento* na graça é o resultado de provações santificadoras. Muitas vezes, Deus nos tira o nosso conforto e privilégios para fazer de nós cristãos melhores. Ele treina Seus soldados, não em barracas de facilidade e do luxo, mas os transforma e os usa para forçar marchas e para o serviço pesado. Ele os faz atravessar córregos rasos, nadar através de rios, escalar montanhas e andar longas distâncias com mochilas pesadas de tristeza nas costas. Bem, cristão, será que isto não pode ser o motivo dos problemas que você está passando? Não é o Senhor revelando suas virtudes e fazendo-as crescer? Não é essa a razão pela qual Ele está contendendo com você?

Provações fazem doce a promessa;
Provações dão nova vida à oração;
Provações me colocam aos pés do Senhor,
Dobram-me, e me mantêm lá.

C.H. Spurgeon

"Pai, pequei."

LUCAS 15:18

É certo que aqueles que foram lavados pelo precioso sangue de Cristo, não precisam fazer uma confissão de pecado como culpados ou criminosos, perante Deus, o Juiz, pois Cristo já levou todos os seus pecados num sentido legal, para que não estejam mais na posição de condenados, mas de uma vez por todas, sejam aceitos no Amado. Porém, tendo se tornado filhos, e transgressores como filhos, não deveriam eles ir perante seu Pai celeste todos os dias, confessar seus pecados e reconhecer sua iniquidade neste sentido? A natureza ensina que é dever dos filhos errantes confessarem ao pai terreno, e a graça de Deus no coração nos ensina que nós, como cristãos, temos a mesma obrigação com nosso Pai celestial. Pecamos diariamente e não devemos descansar sem o perdão diário. Pois, supondo que minhas transgressões contra meu Pai não fossem levadas de uma vez a Ele para serem lavadas pelo poder purificador do Senhor Jesus, qual seria a consequência? Se eu não buscar perdão e for lavado destes pecados contra meu Pai, me sentirei distante dele; duvidarei de Seu amor por mim; tremerei perante Ele; terei medo de orar: serei como o filho pródigo que, embora ainda filho, se afastou de seu pai. Mas se, com a tristeza de um filho por pecar contra um Pai tão gracioso e amoroso, eu for até Ele e contar tudo, e não descansar até entender que fui perdoado, então sentirei o santo amor de meu Pai e seguirei minha carreira cristã não apenas como salvo, mas como alguém que desfruta a paz em Deus, por meio de Jesus Cristo, meu Senhor. Há uma enorme distinção entre confessar o pecado como *um culpado*, e confessar o pecado como *um filho*. O seio do Pai é o lugar para confissões penitentes. Fomos limpos de uma vez por todas, mas nossos pés ainda precisam ser lavados da mácula de nossa caminhada diária como filhos de Deus.

C.H. Spurgeon

"Assim diz o Senhor Deus: Ainda nisto permitirei que seja eu solicitado pela casa de Israel." EZEQUIEL 36:37

A oração é a antecessora da misericórdia. Consulte a história sagrada e descobrirá que raramente uma grande misericórdia veio a este mundo sem ser antecipada pela súplica. Você descobriu esta verdade em sua própria experiência. Deus tem lhe concedido muitas dádivas não solicitadas, mas ainda grandes orações tem sido o prelúdio de grandes misericórdias para você. Quando encontrou a paz por meio do sangue da cruz, orou muito e sinceramente, intercedendo com Deus para que Ele removesse suas dúvidas e o libertasse de suas angústias. Sua segurança foi o resultado da oração. Quando, a qualquer tempo, teve altas e arrebatadoras alegrias, foi obrigado a olhá-las como respostas às suas orações. Quando teve grandes libertações de dolorosos problemas e ajudas poderosas em grandes perigos, pôde dizer: "Eu busquei ao Senhor e Ele me ouviu, e me libertou de todos os meus temores." A oração é sempre o prefácio de bênçãos. Ela vem antes da bênção, *como se fosse a sua sombra*. Quando a luz das misericórdias de Deus se ergue sobre nossas necessidades, ela lança a sombra da oração por toda a planície. Ou, para usar outra ilustração, quando Deus empilha uma montanha de misericórdias, Ele mesmo brilha por trás delas e lança em nossos espíritos a sombra da oração, para que tenhamos a certeza de que se oramos muito, nossas súplicas são as sombras da misericórdia. A oração está assim conectada com a bênção *para nos mostrar seu valor*. Se recebêssemos as dádivas sem pedir por elas, pensaríamos nelas como coisas comuns; mas a oração torna as misericórdias recebidas mais preciosas do que os diamantes. As coisas que pedimos são preciosas, mas não percebemos sua preciosidade até buscarmos por elas fervorosamente.

A oração faz a nuvem escura desaparecer;
A oração sobre a escada que Jó viu;
Exercita a fé e o amor;
E traz a bênção lá do alto.

C.H. Spurgeon

"Ele achou primeiro o seu próprio irmão, Simão."

JOÃO 1:41

Este é um excelente padrão de todos os casos onde a vida espiritual é vigorosa. *Logo que um homem encontra Cristo, ele começa a alcançar outros homens.* Não vou acreditar que provou o mel do evangelho se você puder comer tudo sozinho. A graça verdadeira coloca um ponto final em todo monopólio espiritual. André primeiro achou seu próprio irmão, Simão, e então outros. *Relacionamentos têm uma demanda muito forte sobre nossos primeiros esforços individuais.* André, você fez bem em começar com Simão. Pergunto-me se não há alguns cristãos distribuindo folhetos na casa dos outros, que fariam melhor se entregassem folhetos a si mesmos — se não há alguns empenhados em trabalhos proveitosos no estrangeiro, que estejam negligenciando seu contexto familiar. Você pode ou não ser chamado a evangelizar pessoas em qualquer localidade em particular, mas certamente é chamado a olhar aos seus próprios servos, seus próprios parentes e conhecidos. Que sua religião comece em casa. Muitos comerciantes exportam seus melhores produtos — o cristão não deveria fazê-lo. Ele deveria ter o melhor sabor em todas as suas conversas em qualquer lugar; mas que tenha o cuidado de oferecer a fruta mais doce da vida espiritual e testemunho em sua própria família. Quando André foi procurar seu irmão, ele não podia imaginar quão importante Simão se tornaria. *Simão Pedro valia dez Andrés* é o que aprendemos na história sagrada, e ainda assim, André foi o instrumento para trazê-lo a Jesus. Você pode ser muito deficiente em talentos, mas pode ser o instrumento para levar alguém a Cristo, que se destaque em graça e serviço. Ah! Querido amigo, você pouco sabe das possibilidades que há em você. Pode apenas dizer uma palavra a uma criança e, nela pode estar adormecido um coração nobre que agitará a igreja cristã nos anos vindouros. André tem apenas dois talentos, mas ele encontra Pedro. Vá e faça o mesmo.

C.H. Spurgeon

"Deus, que conforta os abatidos."
2 CORÍNTIOS 7:6

E quem conforta como Ele? Vá até algum pobre, melancólico, aflito filho de Deus; fale a ele sobre as doces promessas e sussurre ao seu ouvido palavras escolhidas de conforto; ele é como a víbora surda, que não ouve a voz do encantador, que nunca a encanta tão sabiamente. Ele está bebendo veneno e fel, conforte-o o quanto quiser, e obterá dele apenas uma nota ou duas de resignação triste; não ouvirá salmos de louvor, aleluias ou sonetos de júbilo. Mas deixe *Deus* chegar a Seu filho, deixe que Ele eleve seu semblante e os olhos do enlutado brilhem com esperança. Você não o ouve cantar —

Este é o paraíso, se estás aqui;
Se vais embora, isto é o inferno?

Você pode não tê-lo alegrado: mas o Senhor o fez; Ele é o "Deus de toda consolação." Não há bálsamo em Gileade, mas há bálsamo em Deus. Não há médico entre as criaturas, mas o Criador é Jeová-*Raphá*, que o cura. É maravilhoso como uma doce palavra de Deus comporá canções inteiras para os cristãos. Uma palavra do Senhor é como um pedaço de ouro, e o cristão é o batedor do ouro e pode martelar aquela promessa por semanas inteiras. Então, pobre cristão, você não precisa sentar-se em desespero. Vá até o Consolador e peça a Ele que lhe dê consolo. Você é um pobre poço seco. Já foi dito que, quando uma bomba d'água está seca, é preciso derramar primeiro água sobre ela, para que se volte a obter água. Cristão, quando estiver seco, vá até Deus, peça que lance Sua alegria em seu coração, e seu júbilo será completo. Não vá a companheiros terrenos, pois encontrará neles os consoladores de Jó; mas vá primeiro e principalmente ao seu "Deus, que conforta os abatidos", e logo dirá: "Na multidão dos meus pensamentos, as Tuas consolações recreiam a minha alma."

"A seguir, foi Jesus levado pelo Espírito ao deserto, para ser tentado pelo diabo." MATEUS 4:1

Um caráter santo não impede a tentação — Jesus foi tentado. Quando Satanás nos tenta, suas fagulhas caem sobre estopa; mas no caso de Cristo, foram como faíscas impressionantes na água; mesmo assim o inimigo continuou seu trabalho diabólico. Agora, se o diabo continua atacando quando não há resultados, quanto mais ele fará por conhecer o material inflamável do qual é feito nosso coração. Embora grandemente santificado pelo Espírito Santo, saiba que o grande cão do inferno irá ainda latir para você. No covil dos homens, esperamos ser tentados, mas nem mesmo a reclusão irá nos proteger da mesma provação. Jesus Cristo foi tirado da sociedade humana, levado para o deserto e tentado pelo diabo. A solidão tem seus encantos e benefícios, e pode ser útil no controle da cobiça do olho e no orgulho da vida; mas o diabo irá nos seguir até aos mais adoráveis retiros. Não suponha que é apenas a mente mundana que tem pensamentos terríveis e tentações blasfemas, pois mesmo pessoas com mentes espirituais enfrentam tal coisa; e na posição mais santa podemos sofrer a tentação mais sombria. A maior consagração do espírito não irá protegê-lo contra a tentação satânica. Cristo era consagrado por completo. A Sua fome e sede era fazer a vontade do Pai que o enviou: e ainda assim Ele foi tentado! O seu coração pode brilhar com uma chama seráfica de amor por Jesus, e mesmo assim o diabo tentará trazê-lo para a mornidão de Laodiceia. Se você me disser em que situações Deus permite que um cristão deixe de lado sua armadura, eu lhe direi quando Satanás deixou de lado a tentação. Como os antigos cavaleiros em tempos de guerra, precisamos dormir com capacete e armadura, pois o arqui-inimigo aproveitará nossa primeira hora de descuido para nos tornar sua presa. O Senhor nos mantém vigiando o tempo todo, e nos dá uma fuga final da mandíbula do leão e da pata do urso.

C. H. Spurgeon

"Ele tem dito..."
HEBREUS 13:5

Se pudermos apenas agarrar estas palavras pela fé, temos uma arma poderosa em nossas mãos. Que dúvida não será escravizada por essa espada de dois gumes? Que medo não será ferido mortalmente diante desta flecha do arco da aliança de Deus? As angústias da vida e as dores da morte; as corrupções interiores e as armadilhas; as provações do alto e as tentações de baixo, tudo isso não parecem leves aflições quando podemos nos esconder sob a fortaleza de "Ele tem dito?" Sim; seja por júbilo em nossa quietude ou por força em nossos conflitos, "Ele tem dito" deve ser nosso refúgio diário. E isto pode nos ensinar o extremo valor de *buscar* as Escrituras. Talvez haja uma promessa na Palavra que se encaixa exatamente em seu caso, mas você nem a conheça, e portanto perde seu consolo. Você é como um prisioneiro numa masmorra, e pode haver uma chave no molho que destrancaria a porta e o deixaria livre; mas se não procurar por ela, poderá permanecer prisioneiro embora a liberdade esteja tão perto de sua mão. Talvez haja um remédio potente na farmacopeia das Escrituras, e você possa continuar doente a não ser que examine e busque as Escrituras para descobrir o que "Ele tem dito." Você não deveria, além de ler a Bíblia, armazenar ricamente a sua memórias com as promessas de Deus? Você pode relembrar as citações de grandes homens; pode guardar os versos de poetas renomados; não deveria então ser um profundo conhecedor das palavras de Deus, de modo a ser capaz de citá-las prontamente ao solucionar uma dificuldade ou demolir uma dúvida? Como "Ele tem dito" é a raiz de toda a sabedoria e a fonte de todo o conforto, permita que isso habite ricamente em você, como "uma fonte a jorrar para a vida eterna". E você deverá crescer saudável, forte e feliz na vida divina.

C.H. Spurgeon

"Compreendes o que vens lendo?"
ATOS 8:30

Deveremos ser melhores professores dos outros, e menos passíveis de sermos levados por qualquer vento de doutrina, se buscarmos ter uma compreensão mais inteligente da Palavra de Deus. Como o Espírito Santo, o Autor das Escrituras, é o único que pode nos iluminar corretamente para compreendê-las, deveríamos pedir constantemente Seu ensino e Sua orientação em toda verdade. Quando o profeta Daniel foi interpretar o sonho de Nabucodonosor, o que ele fez? Colocou-se em fervorosa oração para que Deus abrisse sua visão. O apóstolo João, em sua visão em Patmos, viu um livro selado com sete selos que ninguém fora achado digno de abrir, nem mesmo de olhar para ele. Depois o livro foi aberto pelo Leão da tribo de Judá, que venceu para abri-lo; mas primeiro está escrito — "e eu chorava muito." As lágrimas de João, que eram suas orações líquidas, foram, até onde lhe dizia respeito, as chaves sagradas pelas quais o livro foi aberto. Portanto, se para o seu próprio proveito ou dos outros, desejar ser transbordado "de pleno conhecimento da sua vontade, em toda a sabedoria e entendimento espiritual", lembre-se de que a oração é o seu melhor instrumento de estudo: como Daniel, você entenderá o sonho e sua interpretação depois de buscar a Deus; e como João, verá os sete selos da preciosa verdade desatados após chorar muito. Pedras não são quebradas a não ser pelo uso cuidadoso do martelo; e o quebrador de pedras deve ficar de joelhos. Use o martelo da diligência e exercite a oração de joelhos, e não haverá doutrina pedregosa na revelação que seja útil para que você entenda, que não se despedace sob o exercício da oração e da fé. Você pode forçar seu caminho através de qualquer coisa com o impulso da oração. Pensamentos e raciocínios são como as cunhas de aço que se colocam sobre a verdade; mas a oração é a alavanca, a barra que abre o baú de ferro do mistério sagrado, para que possamos obter o tesouro escondido em seu interior.

C. H. Spurgeon

"O seu arco, porém, permanece firme, e os seus braços são feitos ativos pelas mãos do Poderoso de Jacó."

GÊNESIS 49:24

Aquela força que Deus dá aos Seus Josés é *verdadeira* força; não é um valor para ser motivo de orgulho, uma ficção, algo sobre o qual os homens falam, mas que acaba em fumaça; é real — *força divina.* Por que José se levanta contra a tentação? Porque Deus lhe dá ajuda. Não há nada que possamos fazer sem o poder de Deus. Toda a verdadeira força vem "do Poderoso de Jacó." Perceba de que *maneira abençoadamente familiar* Deus dá esta força a José — "Os seus braços são feitos ativos pelas mãos do Poderoso de Jacó." Portanto, Deus é representado como se estivesse colocando Suas mãos nas mãos de José, colocando Seus braços nos braços de José. Como um pai que ensina seus filhos, assim o Senhor os ensina a temerem-no. Ele coloca Seus braços sobre eles. Maravilhosa condescendência! Deus Todo-Poderoso, Eterno, Onipotente, levanta-se de Seu trono e coloca Suas mãos sobre as mãos de uma criança, esticando Seu braço sobre o braço de José, para que ele seja fortalecido! Esta força também era força da aliança, pois é descrita como "do *Poderoso de Jacó*". Agora, onde você ler o Deus de Jacó na Bíblia, deve lembrar-se da aliança com Jacó. Os cristãos gostam de pensar sobre a aliança de Deus. Todo o poder, toda a graça, todas as bênçãos, todas as misericórdias, todas as consolações, todas as coisas que temos, chegam a nós pela fonte divina, por meio da aliança. Se não houvesse aliança, deveríamos de fato falhar; pois toda graça provém dela, como a luz e o calor vêm do sol. Anjos não desciam e subiam, salvo naquela escada que Jacó viu, no topo da qual estava o Deus da aliança. Cristão, pode ser que os arqueiros o tenham entristecido dolorosamente, atirado em você e o ferido, mas ainda assim seu arco permanece firme; assegure-se de atribuir toda a glória ao Deus de Jacó.

C.H. Spurgeon

"O Senhor é tardio em irar-se, mas grande em poder."
NAUM 1:3

Jeová "é tardio em irar-se". Quando a misericórdia chegou ao mundo, veio em corcéis alados; os eixos das rodas de sua carruagem avermelhavam-se pela velocidade; mas quando a ira se adiantava, labutava com passos lentos, pois Deus não se agrada na morte do pecador. O cajado de misericórdia de Deus está sempre estendido em Suas mãos; Sua espada da justiça está embainhada, baixada por aquela mão de amor, ferida, que sangrou pelos pecados dos homens. "O Senhor é tardio em irar-se," porque é grande em poder. Ele é realmente grande em poder, pois tem poder sobre si mesmo. Quando o poder de Deus o restringe, então verdadeiramente é poder: o poder que vincula onipotência, é onipotência ainda maior. Um homem que tem uma mente forte pode suportar ser insultado por muito tempo, e só se ressente do mal quando um senso de justiça demanda sua ação. A mente fraca se irrita com pouco: a mente forte suporta como uma rocha que não se move, apesar de milhares de rebentações virem sobre ela lançando suas deploráveis malícias como *spray* sobre sua superfície. Deus marca Seus inimigos e ainda assim Ele não age, mas segura a Sua ira. Se Ele fosse menos divino do que é, há muito tempo teria enviado Seus trovões e esvaziado os reservatórios do céu; Ele há muito tempo teria explodido a Terra com os fogos assombrosos de suas regiões mais baixas e o homem teria sido sumariamente destruído; mas a grandiosidade de Seu poder nos traz misericórdia. Querido leitor, qual a sua situação esta noite? Você pode olhar para Jesus humildemente pela fé e dizer: "Meu substituto, és a minha rocha, minha confiança"? Então, amado, não tenha medo do poder de Deus, pois pela fé você já correu para Cristo em busca de refúgio. O poder de Deus não precisa mais aterrorizá-lo, como o escudo e a espada do guerreiro não precisam aterrorizar aqueles a quem ele ama. Ao invés disso, alegre-se porque aquele que é "grande em poder" é seu Pai e Amigo.

C.H. Spurgeon

"...nunca jamais te abandonarei".
HEBREUS 13:5

Nenhuma promessa tem uma interpretação pessoal. Qualquer coisa que Deus disse para um santo, Ele disse a todos. Quando Ele abre o poço para um, é para todos poderem beber. Quando Ele abre a porta do celeiro para dar alimento, pode haver um homem faminto que seja o motivo dela se abrir, mas todos os santos com fome podem vir e se alimentar também. Tenha Ele dado a palavra a Abraão ou a Moisés, não importa, ó cristão, Ele a deu a você como uma das sementes da aliança. Não há uma bênção maior, nobre demais para você, nem uma misericórdia ampla demais. Eleve agora seus olhos para o norte e para o sul, para o leste e para o oeste, tudo isso é seu. Suba ao cimo de Pisga e veja o extremo limite da promessa divina, pois a terra é toda sua. Não há um riacho de Água Viva do qual você não possa beber. Se da terra emana leite e mel, coma o mel e beba o leite, pois ambos são seus. Seja corajoso em acreditar, pois Ele disse: "De maneira alguma te *deixarei*, nunca jamais te *abandonarei*." Nesta promessa, Deus dá tudo ao Seu povo. Eu "jamais te abandonarei." Portanto, nenhum atributo de Deus pode deixar de ser colocado para nós. Ele é poderoso? Se mostrará forte em favor daqueles que creem nele. Ele é amor? Então com benignidade terá misericórdia de nós. Sejam quais forem os atributos que possam compor o caráter da Deidade, cada um deles, em toda a sua extensão, estará ao nosso lado. Para resumir, não há nada que você possa querer, não há nada que você possa pedir, não há nada que possa precisar agora ou na eternidade, nada vivo, nada morto, nada neste mundo, nada no próximo, nada agora, nada na manhã da ressurreição, nada na eternidade, que não esteja contido nestas palavras — "De maneira alguma te deixarei, nunca jamais te abandonarei".

C.H. Spurgeon

"...tome a sua cruz e siga-me".
MATEUS 16:24

Você não tem os componentes de sua própria cruz, embora a incredulidade seja um mestre-carpinteiro em fazer cruzes; nem a você é permitido escolher sua própria cruz, embora a vontade própria seria de bom grado senhora e mestra; mas sua cruz é preparada e designada a você pelo amor divino, e você a aceita com alegria; deve tomar a sua cruz como seu emblema e fardo, sem zombaria. Esta noite Jesus o convida a submeter seus ombros ao Seu jugo suave. Não seja petulante, nem se vanglorie, ou se desespere, ou fuja dele com medo, mas aceite-o como um verdadeiro seguidor de Jesus. O Senhor Jesus carregou a cruz; Ele lidera o caminho na estrada da tristeza. Certamente você não poderia desejar um guia melhor! E se Ele levou uma cruz, que fardo mais nobre você poderia desejar? A *Via Crucis* é o caminho da segurança; não tenha medo de trilhar seus caminhos espinhosos.

Amado, a cruz não é feita de penas ou coberta com veludo, ela é pesada e humilhante para ombros desobedientes; mas não é uma cruz de ferro, como seus medos a pintaram com cores de ferro, é uma cruz de madeira e um homem pode levá-la, pois o Homem de dores experimentou a carga. Tome sua cruz e, pelo poder do Espírito de Deus, logo estará tão apaixonado por ela que, como Moisés, não trocará a vergonha de Cristo por todos os tesouros do Egito. Lembre-se de que Jesus a levou, e o aroma será mais doce; lembre-se de que ela logo será seguida pela coroa, e o pensamento do peso da glória que virá, deixará mais leve o atual peso dos problemas. O Senhor o ajuda a inclinar seu espírito em submissão à vontade divina quando cair no sono esta noite, e quando acordar com o sol de amanhã, poderá suportar a cruz do dia com um espírito santificado e submisso, o qual se torna um seguidor do Crucificado.

C.H. Spurgeon

"...farei descer a chuva a seu tempo, serão chuvas de bênçãos".

EZEQUIEL 34:26

Eis uma *soberana misericórdia* — "Farei descer a chuva a seu tempo". Isso não é uma misericórdia soberana, *divina*? — pois quem pode dizer: "Farei descer a chuva", senão Deus? Há apenas uma voz que pode falar com as nuvens e mandar que venham as chuvas. "Quem envia a chuva sobre a terra? Quem espalha as gotas sobre a erva verde? Não sou Eu, o Senhor?" Portanto, a graça é o presente de Deus, e não deve ser criada pelo homem. É também uma graça *necessária*. O que seria do solo sem as chuvas? Você pode quebrar os torrões de terra, pode lançar as sementes, mas o que pode fazer sem a chuva? Tão absolutamente necessária é a bênção divina. Em vão você trabalha, até que Deus conceda chuva em abundância e envie a salvação. Então é *graça abundante*. "Farei descer a chuva." Ele não diz: "Farei descer gotas", mas "chuva". O mesmo acontece com a Sua graça. Se Deus concede uma bênção, normalmente a dá em tal medida a ponto de não haver espaço suficiente para recebê-la. Graça abundante! Ah! Queremos graça abundante para nos manter humildes, nos fazer orantes, nos fazer santos; graça abundante para nos tornar zelosos, nos preservar nesta vida e, finalmente, nos levar para o céu. Nada podemos fazer sem saturantes chuvas de graça. Novamente, é uma *graça a seu tempo*. "Farei descer a chuva *a seu tempo*." Qual o seu tempo esta manhã? É o tempo de seca? Então esse é o tempo para as chuvas. É a estação de grande sofrimento e nuvens escuras? Então esse é o tempo para as chuvas. "Como os teus dias, durará a tua paz." E eis uma bênção *diversificada*. "Serão *chuvas* de bênçãos." A palavra está no plural. Deus enviará todo tipo de bênçãos. Todas as bênçãos de Deus virão juntas, como elos de uma corrente de ouro. Se Ele dá a graça da conversão, também dá a graça do conforto. Ele enviará "chuvas de bênçãos". Olhe para cima hoje, ó planta ressecada, e abra suas folhas e flores para uma chuva celestial.

C. H. Spurgeon

"Ó Senhor dos Exércitos, até quando não terás compaixão de Jerusalém? Responde o Senhor com palavras boas, palavras consoladoras, ao anjo que falava comigo." ZACARIAS 1:12,13

Que resposta doce a uma pergunta ansiosa! Esta noite, vamos nos regozijar nela. Ó Sião, há boas coisas reservadas para você; seu tempo de angústia logo estará acabado; seus filhos serão levados; sua prisão terminará. Suporte a disciplina do Senhor pacientemente por um tempo e, sob a escuridão, ainda confie em Deus, pois Seu amor queima por você. Deus ama a igreja com um amor profundo demais para a imaginação humana; Ele a ama com todo o Seu coração infinito. Portanto, que Seus filhos tenham bom ânimo; não pode estar longe de ser próspero a quem Deus fala "palavras boas, palavras consoladoras." O significado destas palavras consoladoras nos é dado pelo profeta: "Com grande empenho, estou zelando por Jerusalém e por Sião." O Senhor ama tanto Sua igreja que não pode suportar que ela seja desviada a outros; e quando ela o faz, Ele não suporta que ela sofra muito ou tanto tempo. Ele não permitirá Seus inimigos a afligirem; Ele está irritado com eles porque aumentaram as dores dela. Quando mais parece que Deus deixou Sua igreja, Seu coração está aquecido por ela. A história demonstra que sempre que Deus usa um cajado para castigar Seus servos, em seguida, Ele o quebra, como se abominasse o instrumento que causou dores aos Seus filhos. "Como um pai se compadece de seus filhos, assim o Senhor se compadece dos que o temem." Deus não nos esqueceu porque nos castigou — Seus golpes não são evidências de falta de amor. Se isso é verdade para Sua igreja *coletivamente*, necessariamente é verdade para *cada membro individual*. Você pode ter medo de que Deus tenha se esquecido de você, mas não é isso: não há perigo que Ele, que conta as estrelas e as chama pelo nome, esqueça Seus filhos. Ele conhece sua situação como se você fosse a única criatura que criou, ou o único santo que Ele já amou. Aproxime-se dele e fique em paz.

C.H. Spurgeon

"*...ira vindoura*".
MATEUS 3:7

É agradável andar pelo campo após uma tempestade, sentir o frescor das ervas depois que a chuva passou, e perceber as gotas brilhando como os diamantes mais puros sob a luz do sol. Essa é a posição de um cristão. Ele está passando por uma terra onde caiu a tempestade sobre a cabeça de seu Salvador e, se há algumas gotas de dor caindo, elas destilam de nuvens de misericórdia e Jesus o anima, assegurando-lhe de que não são para sua destruição. Mas como é terrível ser testemunha da aproximação de uma tempestade; perceber os avisos da tormenta; observar os pássaros no céu fechando suas asas; ver o gado aterrorizado baixando suas cabeças em terror; vislumbrar a face do céu escurecendo, olhar para o sol que não está brilhando, e para os céus zangados! Como é terrível esperar o avanço ameaçador de um furacão — como ocorre algumas vezes nos trópicos — e aguardar em terrível apreensão até que o vento passe furioso, arrancando as árvores de suas raízes, tirando as rochas de seus pedestais e destruindo todos os lugares de habitação do homem! E ainda assim, pecador, esta é sua posição atual. Nenhuma gota quente ainda caiu, mas a chuva de fogo está vindo. Nenhum vento terrível uivou ao seu redor, mas a tempestade de Deus está reunindo sua artilharia ameaçadora. Os fluxos de água ainda estão represados pela misericórdia, mas as comportas logo serão abertas: os raios de Deus estão ainda em Seu armazém, contudo, eis que a tempestade se apressa e quão terrível será aquele momento em que Deus, revestido de vingança, marchará em fúria! Onde, onde, onde, ó pecador, você esconderá sua face, ou para onde fugirá? Ah, que a mão da misericórdia possa agora guiá-lo a Cristo! Ele se coloca diante de você no evangelho: Suas chagas são a rocha do abrigo. Reconheça que precisa dele; acredite nele, entregue-se a Ele e então a fúria se desviará de você para sempre.

C. H. Spurgeon

"Jonas se dispôs, mas para fugir da presença do SENHOR, *para Társis; e, tendo descido a Jope..."* JONAS 1:3

Em vez de ir para Nínive pregar a Palavra, como Deus havia ordenado, Jonas não gostou do trabalho e desceu para Jope a fim de fugir dele. Há ocasiões em que os servos de Deus se esquivam do dever. Mas qual é a consequência? O que Jonas perdeu com sua conduta? *Ele perdeu a presença e a alegria reconfortante do amor de Deus.* Quando servimos ao nosso Senhor Jesus, como cristãos devem fazer, nosso Deus está conosco; e embora tenhamos o mundo todo contra nós, se Deus está ao nosso lado, o que importa? Mas no momento em que recusamos e buscamos nossas próprias invenções, passamos a estar no mar sem capitão. Então podemos lamentar e chorar amargamente: "Ah meu Deus, para onde foste? Como eu pude ser tão tolo a ponto de evitar o Teu trabalho e, neste caminho, perder todo o brilho da Tua face? Este é um preço alto demais. Faze-me retornar a minha fidelidade a ti para que possa me alegrar em Tua presença." No momento seguinte, Jonas *perdeu toda a paz de espírito.* O pecado logo destrói o consolo do cristão. É a árvore venenosa cujas folhas destilam gotas mortais que destroem a vida de alegria e paz. Jonas perdeu *tudo o que poderia ter para confortá-lo em qualquer outra situação.* Ele não podia reivindicar a promessa da divina proteção, pois não estava nos caminhos de Deus; ele não podia dizer: "Senhor, me deparei com essas dificuldades no exercício de meu dever, então ajuda-me a superá-las." Ele estava colhendo seus próprios frutos; estava repleto de seus próprios caminhos. Cristão, não imite Jonas, a menos que queira ter todas as ondas arrebentando sobre sua cabeça. Você descobrirá na longa jornada que é muito mais difícil fugir do trabalho e da vontade de Deus do que se dispor logo a fazê-la. *Jonas perdeu seu tempo,* porque finalmente teve que ir para Nínive. É difícil contender com Deus; entreguemo-nos de uma vez.

"Ao Senhor pertence a salvação!"
JONAS 2:9

Salvação é obra de Deus. É apenas Ele quem desperta a alma morta em "delitos e pecados," e também é somente Ele quem mantém a alma em sua vida espiritual. Ele é o "Alfa e Ômega". "Ao Senhor pertence a salvação." Se sou orante, Deus me faz orar; se tenho virtudes, elas são presentes de Deus para mim; se mantenho uma vida consistente, é porque Ele me ampara com Sua mão. Eu não faço nada por minha própria preservação, exceto o que o próprio Deus faz primeiro em mim. Tudo o que tenho, toda a minha benevolência é apenas de Deus. Quando eu peco, é por minha conta; mas quando ajo corretamente, isso é Deus, plena e completamente. Se rejeito um inimigo espiritual, a força do Senhor moveu o meu braço. Vivo perante os homens uma vida consagrada? Não sou eu, mas Cristo que vive em mim. Sou santificado? Eu não me purifiquei: o Santo Espírito de Deus me santifica. Sou separado do mundo? Sou separado pela disciplina santificadora de *Deus*, para o meu bem. Cresço em conhecimento? O grande Instrutor me ensina. Todas as minhas joias foram desenhadas pela arte celestial. Encontro em Deus tudo o que desejo; mas em mim mesmo, encontro apenas pecado e miséria. "Só ele é a minha rocha, e a minha salvação." Alimento-me na Palavra? Essa Palavra não será alimento para mim a menos que o Senhor faça dela comida para minha alma e me ajude a me alimentar dela. Vivo do maná que cai do céu? O que é aquele maná senão o próprio Jesus Cristo encarnado, cujo corpo e sangue eu como e bebo? Continuamente estou recebendo renovação de forças? Onde obtenho o meu poder? Minha ajuda vem das colinas do céu: sem Jesus nada posso fazer. Como um galho não pode dar fruto a menos que esteja preso à vinha, nada posso eu, a menos que esteja nele. O que Jonas aprendeu nas profundezas, que eu possa aprender em meu momento devocional desta manhã: "Ao Senhor pertence a salvação."

C.H. Spurgeon

"Se a lepra cobriu toda a sua carne, declarará limpo o que tem a mancha." LEVÍTICO 13:13

Essa regra podia parecer bem estranha, mas havia sabedoria nela, pois expulsar a doença provava que a constituição física ainda era saudável. Esta noite talvez seja edificante para nós vermos o ensinamento típico de regra tão singular. Nós, também, somos leprosos, e podemos ler a lei da lepra aplicável a nós mesmos. Quando um homem vê a si mesmo completamente perdido e arruinado, coberto com a contaminação do pecado e nenhuma parte sua está livre da poluição; quando ele nega toda justiça a si mesmo e declara culpa perante o Senhor, então ele é limpo pelo sangue de Jesus e pela graça de Deus. A iniquidade oculta, não sentida, não confessada é a verdadeira lepra; mas quando o pecado é visto e sentido, ele recebe o golpe mortal e o Senhor olha com olhos de misericórdia sobre a alma aflita. Nada é mais mortal do que a autojustificação ou mais esperançoso do que a contrição. Devemos confessar que somos "nada além de pecado", pois nenhuma rápida confissão de tal condição será a verdade completa; e se o Espírito Santo agir em nós, nos convencendo do pecado, não haverá dificuldade em fazer tal reconhecimento — ele fluirá espontaneamente de nossos lábios. Que conforto o texto traz aos pecadores realmente despertados: a própria circunstância que tão gravemente os desencorajou, aqui é transformada em um sinal e sintoma de um estado de esperança! Desnudar vem antes de vestir; cavar as fundações é a primeira parte da construção — e uma minuciosa percepção do pecado é uma das primeiras obras da graça no coração! Ah, pobre leproso pecador, totalmente destituído de um ponto sadio, encoraje-se por este texto e venha como está para Jesus —

Deixe nossas dívidas serem o que são, grandes ou pequenas,
Quando nada tivermos a pagar, nosso Senhor nos perdoa a todos.
Apenas esta perfeita pobreza que define a alma como um todo:
Enquanto pudermos chamar uma migalha de nossa, não temos quitação completa.

C. H. Spurgeon

"Pois dissestes: O S*ENHOR é o meu refúgio. Fizeste do Altíssimo a tua morada."* SALMO 91:9

No deserto os israelitas *estavam continuamente expostos à mudança.* Sempre que a coluna de fogo pairava, as tendas eram armadas; mas no dia seguinte, quando o sol da manhã chegava, a trombeta soava, a arca era colocada em movimento, a coluna de nuvem e de fogo guiava o caminho através de estreitos desfiladeiros de montanhas, ao lado da colina ou pelo árido deserto. Eles mal tinham tempo de descansar um pouco antes de ouvir o som de "Vamos! este não é o seu refúgio; vocês ainda precisam seguir viagem para Canaã!" Eles nunca ficavam muito tempo em um lugar. Nem mesmo poços e palmeiras podiam detê-los. No entanto, eles tinham um lar em seu Deus, a coluna de nuvem era seu teto e Sua chama à noite, seu fogo doméstico. Eles precisavam seguir de lugar em lugar, mudando continuamente, nunca tendo tempo para se fixar e dizer: "Agora estamos seguros; neste lugar devemos habitar." "Ainda, assim" diz Moisés, "embora estejamos sempre mudando, 'Senhor, tu tens sido o nosso refúgio, de geração em geração.'" O cristão não conhece mudanças em relação a Deus. Ele pode ser rico hoje e pobre amanhã; ele pode estar doente hoje e bem amanhã; ele pode estar alegre hoje e amanhã pode estar aflito — mas não há mudança em seu relacionamento com Deus. Se Ele me amou ontem, Ele me ama hoje. Minha mansão perene de descanso é meu abençoado Senhor. Que as perspectivas sejam frustradas; que as esperanças sejam destruídas; que a alegria seque; que o mofo destrua tudo; não perdi nada do que tenho em Deus. Senhor: "Sê tu para mim uma rocha habitável em que sempre me acolha." Sou um peregrino no mundo, mas estou em casa em meu Deus. Na Terra eu vago, mas em Deus eu habito num lar tranquilo.

C.H. Spurgeon

"...*cujas origens são desde os tempos antigos, desde os dias da eternidade*". MIQUEIAS 5:2

A origem do Senhor Jesus para o Seu povo, *como seu representante perante o trono, foi muito antes de aparecerem sobre o palco do tempo.* Foi "desde os dias da eternidade" que Ele assinou o pacto com Seu Pai, em que iria pagar sangue por sangue, sofrimento por sofrimento, agonia por agonia, e morte por morte, em favor de Seu povo; foi "desde os dias da eternidade" que Ele se entregou sem uma palavra de lamento. Da coroa de Sua cabeça até a sola de Seus pés, Ele suou grandes gotas de sangue, Ele foi cuspido, perfurado, zombado, fendido e esmagado sob as dores da morte. Suas origens como nosso Fiador vêm desde a eternidade. Faça uma pausa, minh'alma, e maravilhe-se! Você tem origem na pessoa de Jesus "desde os dias da eternidade". Cristo não a amou apenas quando você nasceu no mundo, pois Seu prazer estava com os filhos dos homens antes que houvesse filhos dos homens. Ele pensava neles com frequência: desde os dias da eternidade Ele colocou Sua afeição sobre eles. O quê!? Minh'alma, se Ele tem sido há tanto tempo sua salvação, não a completaria? Desde os dias da eternidade, Ele está se preparando para me salvar e me perderá agora? O quê!? Ele me levou em Sua mão como Sua joia preciosa, e agora me deixaria escapar entre Seus dedos? Ele me escolheu antes da origem das montanhas ou que os canais das profundezas fossem cavados, e me rejeitaria agora? Impossível! Estou certo de que Ele não me amaria por tanto tempo se não fosse esse um Amor imutável. Se Ele pudesse se cansar de mim, teria se cansado muito antes de agora. Se não tivesse me amado com um amor tão profundo quanto o inferno, e tão forte como a morte, Ele teria se afastado de mim há muito tempo. Ah, alegria maior que todas saber que sou Sua herança eterna e inalienável, dada a Ele por Seu Pai quando ainda não havia Terra! Amor eterno deverá ser o travesseiro de minha cabeça esta noite.

C.H. Spurgeon

"...dele vem a minha esperança".

SALMO 62:5

É privilégio do cristão usar esta linguagem. Se ele está procurando algo no mundo, é uma "esperança" pobre realmente. Mas se olha para Deus para suprir o que quer, sejam bênçãos temporais ou espirituais, sua "esperança" não será vã. Ele pode se dirigir constantemente ao banco da fé e obter seu suprimento necessário nas ricas graças de Deus. Isso eu sei: prefiro ter Deus como meu banqueiro do que todos os Rothschilds [N.E.: Família que fundou uma dinastia bancária na Europa]. Meu Senhor nunca falha em honrar Suas promessas; e quando as trazemos ao Seu trono, Ele nunca as devolve sem respostas. Portanto, esperarei apenas à Sua porta, pois Ele sempre a abre com a mão da graça magnânima. A esta hora vou tentar novamente. Contudo, temos "esperanças" para além desta vida. Logo morreremos; e então "dele vem a minha esperança". Não esperamos que, quando estivermos sobre o leito de enfermidade, Ele envie anjos para nos levar ao Seu seio? Cremos que quando o pulso falhar e o coração arfar pesadamente, algum mensageiro angelical chegará com olhar amoroso ao nosso lado e sussurrará: "Espírito irmão, venha!" Ao nos aproximarmos do portão celestial, esperamos ouvir um convite de acolhida: "Venha, bendito de meu Pai, herde o reino preparado para você desde a fundação do mundo." Esperamos harpas de ouro e coroas de glória; esperamos logo estar entre a multidão de seres brilhantes perante o trono; estamos ansiosos e desejando a hora em que seremos como nosso glorioso Senhor — pois "haveremos de vê-lo como Ele é". Então, se essas forem as suas "esperanças", ó minha alma, viva por Deus; viva com o desejo e a resolução de glorificá-lo, de quem vem todo o seu suprimento, e em cuja graça da sua escolha, redenção e chamado, você tem toda "esperança" da glória vindoura.

"Da panela a farinha não se acabou, e da botija o azeite não faltou, segundo a palavra do Senhor, *por intermédio de Elias."*

1 REIS 17:16

Veja a fidelidade do amor divino. Observe que esta mulher tinha necessidades diárias. Ela precisava alimentar-se e ao filho em tempos de escassez; e agora, além disso, o profeta Elias também precisava ter comida. Porém, embora a necessidade fosse tripla, a provisão de comida não acabou, pois ela tinha um *suprimento constante*. A cada dia ela tirava da panela, mas a cada dia a panela permanecia do mesmo jeito. Você, querido leitor, tem necessidades diárias, e como elas são constantes, pode temer que um dia a panela de comida fique vazia, e que a botija de azeite lhe falte. Tenha certeza de que, de acordo com a Palavra de Deus, esse não será o caso. Embora cada dia traga seus problemas, ele também traz o socorro; e mesmo que você vivesse mais anos que Matusalém, e portanto suas necessidades seriam tantas quanto os grãos de areia na praia, ainda assim as graças e misericórdias de Deus durariam sobre todas as suas necessidades e você nunca conheceria uma falta verdadeira. Por três longos anos, na época dessa viúva, os céus não viram uma nuvem e as estrelas não choraram uma lágrima de orvalho santo sobre a terra dos ímpios: fome, desolação e morte fizeram da terra um imenso deserto, mas essa mulher nunca teve fome, mas sempre alegria em abundância. Assim será com você. Verá a esperança do pecador perecer, pois ele confia em sua própria força; verá a confiança do orgulhoso fariseu vacilar, pois ele constrói sua esperança na areia; verá até mesmo seus próprios esquemas destruídos e secos, mas você descobrirá que seu lugar de defesa deverá ser a proteção das rochas: "O seu pão lhe será dado, as suas águas serão certas." Melhor ter Deus como seu guardião, do que ser dono de um banco. Você pode gastar toda a riqueza de outros povos, mas as riquezas infinitas de Deus jamais se exaurem.

"...com benignidade te atraí".
JEREMIAS 31:3

Os trovões da lei e os terrores do julgamento são usados para nos trazer para Cristo; mas a vitória final é levada a efeito pela graça. O filho pródigo voltou para a casa paternal por necessidade; mas o pai o viu à distância e correu para encontrá-lo; de modo que nos últimos passos que deu em direção à casa do pai, ainda tinha o rosto quente pelo seu beijo, e a acolhida ainda soava como música aos seus ouvidos.

Lei e terror apenas endurecem
Tudo enquanto trabalham sozinhos;
Mas o sentimento do perdão comprado com sangue
Dissolverá um coração de pedra.

O Mestre veio uma noite à porta, bateu com a mão de ferro da lei; a porta balançou e tremeu sob suas dobradiças; mas o homem empilhou contra a porta cada peça de mobília que encontrou e disse: "Não deixarei o homem entrar." O Mestre foi embora, mas pouco a pouco Ele voltou e, com Sua própria mão macia, usando aquela parte onde o prego penetrou, Ele bateu novamente — ah, tão suave e amorosamente. Desta vez, a porta não balançou, mas, estranho dizer, ela abriu, e lá, de joelhos, o hospedeiro antes relutante, se encontrava regozijando por receber seu hóspede. "Entre, entre; bateste de tal maneira que minhas entranhas foram tocadas por ti. Não pude pensar em Tua mão cravada deixando Tua marca de sangue em minha porta, e em ires embora sem pouso, 'Tua cabeça está cheia de orvalho, os teus cabelos, das gotas da noite.' Eu me rendo, eu me rendo, Teu amor conquistou meu coração." Assim em cada caso: benignidade ganha o dia. O que Moisés com as tábuas de pedra jamais poderia fazer, Cristo faz com Sua mão ferida. Tal é a doutrina do chamado eficaz. Compreendo isso experimentalmente? Posso dizer: "Ele me chamou e eu o segui, feliz em confessar a voz divina"? Se sim, que Ele possa continuar a me chamar, até finalmente eu me sentar no jantar das bodas do Cordeiro.

"Ora, nós não temos recebido o espírito do mundo, e sim o Espírito que vem de Deus, para que conheçamos o que por Deus nos foi dado gratuitamente." 1 CORÍNTIOS 2:12

Caro leitor, você recebeu o espírito que provém de Deus, forjado pelo Espírito Santo em sua alma? A necessidade da obra do Espírito Santo no coração pode ser claramente vista neste fato, que *tudo o que foi feito por Deus, o Pai, e por Deus, o Filho, deve ser ineficaz em nós, a menos que o Espírito revele essas coisas a nossa alma.* Que efeito a doutrina da eleição tem sobre qualquer homem até que o Espírito de Deus entre nele? A eleição é uma letra morta em minha consciência até que o Espírito de Deus me tire da escuridão e me leve para a maravilhosa luz. *Então*, por meio do meu chamado, vejo que sou eleito, e sabendo que sou chamado por Deus, me reconheço como sendo escolhido no propósito eterno. Uma aliança foi feita com o Senhor Jesus Cristo, por Seu Pai; mas o que avaliza essa aliança para nós até que o Santo Espírito nos traga Suas bênçãos e abra nosso coração para recebê-las? Lá estão penduradas as bênçãos no prego — Cristo Jesus; mas por uma questão de estatura, não podemos alcançá-las; o Espírito de Deus as desce e coloca em nossas mãos, e então realmente se tornam nossas. Bênçãos da aliança por si só são como o maná do céu, bem longe do alcance dos mortais, mas o Espírito de Deus abre as janelas dos céus e espalha o pão vivo pelo campo do Israel espiritual. A obra consumada de Cristo é como o vinho armazenado no lagar; por incredulidade não podemos nem tirar, nem beber. O Espírito Santo mergulha nosso cálice nesse vinho precioso, e então bebemos; mas sem o Espírito estamos tão verdadeiramente mortos no pecado, como se o Pai nunca nos tivesse escolhido, e como se o Filho nunca tivesse nos comprado com Seu sangue. O Espírito Santo é absolutamente necessário ao nosso bem-estar. Andemos com amor em Sua direção e tremamos à ideia de entristecê-lo.

C.H. Spurgeon

"Levanta-te, vento norte, e vem tu, vento sul; assopra no meu jardim, para que se derramem os seus aromas..."
CÂNTICO DOS CÂNTICOS 4:16

Qualquer coisa é melhor do que a calmaria da indiferença. Nossas almas sabiamente desejam o vento norte da tribulação apenas se puderem ser santificadas e exalar o perfume de nossas virtudes. Tanto quanto não se pode dizer: "O Senhor não estava no vento", não vamos recuar frente a maior explosão invernal que já soprou sobre as plantas da graça. A esposa nesse versículo não se submete humildemente às repreensões de seu Amado? Não pede apenas que envie Sua graça de alguma forma, sem estipular uma maneira específica como esta deveria vir? Como nós, será que ela não se torna tão profundamente cansada da apatia e calma profana, que suspira por qualquer visita que a prepare para agir? Ainda assim, ela também deseja o vento quente do sul da consolação, os sorrisos do amor divino, a alegria da presença do Redentor; esses normalmente são eficazmente poderosos para erguer nossa vida morosa. Ela deseja ou um ou outro, ou ambos para que possa ser capaz de encantar seu Amado com as especiarias de seu jardim. Nem ela nem nós conseguimos suportar ser inúteis. Como é animadora a ideia de que Jesus possa encontrar conforto em nossas pobres e frágeis virtudes. Pode ser? Parece bom demais para ser verdade. Bem podemos enfrentar a corte do julgamento ou mesmo a própria morte se assim pudermos ajudar a deixar o coração de Emanuel feliz. Ah, que nosso coração seja dividido em átomos se por tal ferida nosso doce Senhor Jesus puder ser glorificado. Virtudes não exercidas são como doces perfumes adormecidos dentro das flores; a sabedoria do grande Noivo sobrepõe causas diversas e opostas para produzir o resultado desejado, e faz que tanto a aflição como a consolação atraiam os gratos aromas da fé, amor, paciência, esperança, resignação, alegria e outras belas flores do jardim. Que possamos saber, pela doce experiência, o que isso significa.

C.H. Spurgeon

"...é a preciosidade..."
1 PEDRO 2:7

Como todos os rios correm para o mar, da mesma forma todas as alegrias estão centradas em nosso Amado. O brilho de Seus olhos ofusca o sol; a beleza de Sua face é mais linda que as flores mais raras; nenhuma fragrância é como o hálito de Sua boca. Gemas da mina e pérolas do mar são sem valor quando comparadas à Sua preciosidade. Pedro nos diz que Jesus é precioso, mas Ele não diz, nem poderia dizer o *quão* precioso é, nem qualquer um de nós poderia computar o valor do presente indescritível de Deus. Palavras não podem descrever a preciosidade do Senhor Jesus para Seu povo, nem expressar totalmente o quanto Ele é essencial para sua satisfação e alegria. Cristão, você não se sente em meio a uma escassez muito dolorosa se seu Senhor estiver ausente? O sol estava brilhando, mas Cristo havia se escondido e todo o mundo era escuro para você; ou era noite e, como a estrela brilhante da manhã havia ido embora, nenhuma outra estrela poderia produzir para você mais do que um breve raio de luz. Que deserto árido é este mundo sem nosso Senhor! Se uma vez Ele se esconder de nós, secas ficariam as flores de nosso jardim, nossas frutas saborosas apodreceriam, os pássaros suspenderiam seu canto e uma tempestade reviraria nossas esperanças. Toda a luz do mundo não poderia iluminar se o Sol da Justiça fosse eclipsado. Ele é a alma de nossa alma, a luz de nossa luz, a vida de nossa vida. Querido leitor, o que você faria neste mundo sem Ele, quando acordasse e vislumbrasse a batalha do dia? O que faria à noite, quando voltasse cansado para casa, se não houvesse porta alguma da comunhão entre você e Cristo? Bendito seja Seu nome, Ele não permitirá que soframos provações sem Ele, pois Jesus nunca abandona os Seus. Ainda assim, deixe que a ideia de *como a vida seria sem Ele* realce Sua preciosidade.

C.H. Spurgeon

"Pelo que todo o Israel tinha de descer aos filisteus para amolar a relha do seu arado, e a sua enxada, e o seu machado, e a sua foice." 1 SAMUEL 13:20

Estamos envolvidos numa grande guerra contra os filisteus do mal. *Cada arma ao nosso alcance deve ser usada.* Pregar, ensinar, orar, dar, tudo precisa ser colocado em ação, e talentos que puderem ser usados no serviço devem ser empregados agora. Enxadas, machados e foices podem ser úteis para matar filisteus; ferramentas ásperas podem ser usadas em golpes duros e a matança não precisa ser feita elegantemente, desde que seja feita com eficácia. Cada momento, dentro ou fora da temporada; cada fragmento de habilidade, treinada ou não; cada oportunidade, favorável ou não, precisa ser usada, pois os inimigos são muitos e nossa força é escassa.

A maior parte de nossas ferramentas precisa ser afiada; precisamos rapidez de percepção, tato, força, prontidão. Em resumo: adaptação completa ao trabalho do Senhor. Senso prático é algo muito escasso entre os dirigentes das empresas cristãs. Precisamos aprender com nossos inimigos, se possível, e então *fazer os filisteus afiarem nossas armas*. Esta manhã, vamos observar o suficiente para aprimorar nosso zelo durante o dia, pela ajuda do Espírito Santo. Você vê o vigor dos religiosos, como eles vagam mar e terra para fazer um convertido, devem eles monopolizar todo fervor? Note os devotos pagãos, que torturas suportam ao serviço de seus ídolos! Só eles podem exibir paciência e autossacrifício? Observe o príncipe das trevas, como é perseverante em seus esforços, como é ousado em suas tentativas, como é corajoso em seus planos, como se esmera em seus enredos, quanta energia em tudo! Os demônios são unidos como um homem em sua rebelião infame, enquanto nós crentes em Jesus estamos divididos em nosso serviço a Deus e raramente trabalhamos em união. Que na mesma medida em que Satanás se empenha para enredar suas vítimas, aprendamos a ir como bons samaritanos, ao encontro de alguém a quem possamos abençoar!

C.H. Spurgeon

"A mim, o menor de todos os santos, me foi dada esta graça de pregar aos gentios o evangelho das insondáveis riquezas de Cristo."
EFÉSIOS 3:8

O apóstolo Paulo considerava um grande privilégio poder pregar o evangelho. Ele não encarou seu chamado como um trabalho penoso, mas o recebeu com prazer intenso. Mesmo que Paulo fosse agradecido por seu ofício, o sucesso em seu desempenho o deixou bastante humilde. Quanto mais cheio um barco fica, mas profundamente ele afunda na água. Ociosos podem valorizar demais suas habilidades porque elas não foram testadas; mas o trabalhador fervoroso logo aprende suas próprias fraquezas. Se você busca humildade, *experimente trabalhar duro*; se reconhece sua insignificância, tente fazer algo grandioso para Jesus. Se sente o quão impotente você é longe do Deus vivo, tente especialmente o grande trabalho de proclamar as insondáveis riquezas de Cristo e perceberá, como nunca antes, o quanto você é fraco e inútil. Embora o apóstolo soubesse e confessasse sua fraqueza, nunca ficou confuso sobre o *assunto* de seu ministério. Desde seu primeiro sermão até o último, Paulo pregou sobre Cristo e nada além de Cristo. Ele erguia a cruz e exaltava o Filho de Deus que nela sangrou. Siga seu exemplo em todos os seus esforços pessoais de espalhar as boas-novas da salvação, e deixe que "Cristo e este crucificado" seja seu tema recorrente. O cristão deveria ser como aquelas adoráveis flores da primavera que, quando o sol está brilhando, abrem suas copas douradas como se dissessem: "Encha-nos com seus raios!", mas quando o sol se esconde atrás de uma nuvem, elas se fecham e inclinam suas cabeças. Da mesma forma, o cristão deve sentir a doce influência de Jesus; Ele deve ser seu sol e o cristão deve ser a flor que se abre ao Sol da Justiça. Ah! falar apenas de Cristo, esse é o assunto que "dá semente ao semeador, e pão ao que come". Essa é a brasa viva para os lábios do que fala, e a chave-mestra para o coração do que ouve.

C.H. Spurgeon

"...provei-te na fornalha da aflição."
ISAÍAS 48:10

Console-se, cristão em provação, com este pensamento: Deus disse: "provei-te na fornalha da aflição." Estas palavras não chegam como uma chuva suave para acalmar a fúria das chamas? Sim, não é uma armadura de amianto contra a qual o calor não tem poder? Deixe vir a aflição — Deus me provou. Pobreza, pode bater à minha porta, mas Deus já está dentro da casa e Ele me provou. Doença, pode chegar, mas tenho o bálsamo pronto. O que quer que recair sobre mim nesse vale de lágrimas, sei que Ele me "provou". Cristão, se você ainda precisar de um consolo maior, lembre-se de *que o Filho do Homem está com você na fornalha.* Naquele seu aposento silencioso, está sentado ao seu lado Aquele que não pode ser visto, mas a quem você ama; e, muitas vezes, quando você não sabe, Ele faz toda a sua cama na aflição e afofa o seu travesseiro. Embora você esteja na pobreza, o Senhor da vida e da glória é um visitante frequente em sua graciosa casa. Ele ama entrar nesses lugares desolados, então poderá visitá-lo. Seu amigo está próximo. Você não pode vê-lo, mas pode sentir o toque de Suas mãos. Não escuta Sua voz? Mesmo no vale da sombra da morte Ele diz: "Não temas, porque Eu sou contigo; não te assombres, porque Eu sou o teu Deus." Lembre-se daquele nobre discurso de Júlio César: "Não temas, levas César e toda a sua fortuna." Não tema, cristão; Jesus está com você. Em todas as suas terríveis provações, Sua presença é consolo e segurança. Ele nunca deixará aqueles que escolheu para si. "Não temas, porque Eu sou contigo", é Sua palavra certa de promessa aos Seus escolhidos na "fornalha da aflição". Porventura você não se apegará a Cristo e dirá:

Através das águas e chamas, se Jesus guiar,
Vou segui-lo aonde Ele for?

C.H. Spurgeon

"...viu o Espírito de Deus descendo como pomba..."
MATEUS 3:16

Quando o Espírito de Deus desce sobre o Senhor Jesus, o Cabeça do corpo, alusivamente, desce sobre os membros de Seu corpo místico. Sua descida é para nós, da mesma forma como sobreveio ao nosso Senhor. Sempre há uma singular *rapidez* nesta ação; estamos conscientes de ser impelidos a avançar em direção ao céu, além de toda expectativa. No entanto, não existe o senso de urgência terreno, pois as asas da pomba são tão suaves quanto ligeiras. A *quietude* parece essencial a muitas atuações na esfera espiritual: o Senhor está na voz tranquila e, como o orvalho, Sua graça é destilada em silêncio. A pomba sempre foi o símbolo de *pureza*, e o Espírito Santo é a própria santidade. Onde Ele chega, abunda tudo que é puro, amável e de boa fama; e o pecado e a impureza vão embora. A *paz* reina também onde a Pomba Santa chega com poder; Ela carrega o galho de oliveira que mostra que as águas da ira divina baixaram. A *gentileza* é um resultado indubitável do poder transformador do Espírito de Deus: corações tocados por Sua benigna influência são mansos e humildes agora e para sempre. Ser *inofensivo* se torna algo natural; águias e corvos podem caçar suas presas — a pomba pode aguentar a injustiça, mas não pode infligi-la. Devemos ser tão inofensivos quanto essas aves. A pomba é uma imagem adequada do *amor*, sua voz está cheia de afeto; e então, a alma visitada pelo Espírito bendito, abunda no amor a Deus, em amor aos irmãos e em amor aos pecadores; e acima de tudo, em amor por Jesus. O pairar do Espírito de Deus sobre a face do abismo, inicialmente produziu *ordem e vida*, e em nossos corações, provoca e promove nova vida e luz. "Bendito Espírito, como pousaste sobre nosso querido Redentor, pousa em nós a partir de agora e para sempre."

C.H. Spurgeon

"...A minha graça te basta..."
2 CORÍNTIOS 12:9

Se nenhum dos santos de Deus ficasse pobre e em provação, não conheceríamos tão bem nem metade das consolações da graça divina. Quando encontramos o andarilho que não tem onde reclinar sua cabeça e que ainda pode dizer: "Eu ainda confio no Senhor"; quando vemos o pobre faminto de pão e água que ainda glorifica a Jesus; quando vemos a viúva enlutada dominada pela aflição e ainda tendo fé em Cristo, ah! que honra isso reflete para o evangelho. A graça de Deus é ilustrada e enaltecida na pobreza e nas provações dos cristãos. Os santos suportam cada desalento acreditando que todas as coisas cooperam para o seu bem, e que apesar dos males aparentes, uma bênção verdadeira irá brotar — que seu Deus irá enviar uma libertação imediata, ou mais certamente os apoiará nos problemas enquanto o agradar mantê-los nessa situação. Essa paciência dos santos prova o poder da divina graça. Há um farol no meio do mar: é uma noite tranquila — eu não posso afirmar se o edifício é firme; a tempestade deve castigá-lo, e então poderei saber se ele aguentará de pé. É assim com a obra do Espírito: se não houvesse tantas ocasiões cercadas de águas turbulentas, não poderíamos saber que Ele é forte e verdadeiro; se os ventos não soprassem sobre Ele, não saberíamos como Ele é seguro e firme. As obras-primas de Deus são aqueles homens que se erguem em meio às dificuldades e se mantêm firmes e inabaláveis, —

Calma em meio a gritos atordoantes,
Confiança na vitória.

Aquele que quer glorificar a Deus deve estar ciente de enfrentar muitas provações. Nenhum homem pode ser bendito perante o Senhor a menos que sejam muitos os seus conflitos. Se então, o seu caminho for de muitas provações, regozije-se nele, porque terá uma demonstração melhor da suficiente graça de Deus. Quanto a Ele falhar com você, nunca sonhe com isso — abomine este pensamento. Devemos confiar até o fim no Deus que tem sido suficiente até agora.

C.H. Spurgeon

"Fartam-se da abundância da tua casa..."

SALMO 36:8

A rainha de Sabá ficou maravilhada com a suntuosidade da mesa de Salomão. Ela ficou fora de si quando viu as provisões de um único dia; e igualmente encantada na companhia dos servos que banqueteavam na mesa real. Mas, o que é isso comparado às hospitalidades do Deus da graça? Milhares e milhares de Seu povo são alimentados diariamente; com fome e sede, eles vêm com grande apetite para o banquete, mas ninguém retorna insatisfeito; há o suficiente para cada um, suficiente para todos, suficiente para mais ainda. Embora os convidados que se alimentam à mesa de Jeová sejam incontáveis como as estrelas do céu, cada um tem sua porção de carne. Pense por quantas graças um santo suplica, tantas que ninguém além do Eterno poderia supri-lo por um dia; e ainda assim o Senhor põe Sua mesa, não para um, mas para muitos santos; não por um dia, mas por muitos anos; não apenas por muitos anos, mas de geração em geração. Observe o banquete de que fala o texto; os convidados do banquete da misericórdia estão satisfeitos. Na realidade, eles "fartam-se da abundância"; e essa não é uma refeição normal, mas com fartura, com a fartura peculiar da própria casa de Deus. Essa fartura é garantida por uma promessa fiel a todos os filhos dos homens que colocam sua confiança sob a sombra das asas de Jeová. Houve um tempo em que achei que se pudesse pegar os restos de carne nas portas dos fundos da graça do Senhor, eu ficaria satisfeito como a mulher que disse: "Os cachorrinhos comem das migalhas que caem da mesa dos seus donos;" mas nenhum filho de Deus jamais deve ser servido com migalhas e sobras; como Mefibosete, todos comem da mesa do rei. Em questão de graça, todos nós ficamos confusos como Benjamim — temos dez vezes mais do que poderíamos esperar, e embora nossas necessidades sejam grandes, normalmente ficamos surpresos com a maravilhosa plenitude de graça que Deus nos dá.

C. H. Spurgeon

"*...não durmamos como os demais...*"

1 TESSALONICENSES 5:6

Há muitas formas de promover a vigília cristã. Entre outras coisas, aconselho os cristãos a conversarem vivamente sobre os caminhos do Senhor. "Cristão e Esperançoso" [N.E.: Referente ao livro *O Peregrino* de John Bunyan (Publicações Pão Diário, 2014)], em sua jornada para a "Cidade Celestial", disseram entre si: "Agora, para não adormecermos neste lugar, tenhamos um bom debate." "Cristão" perguntou: "Por onde começamos?" E Esperançoso respondeu: "Iniciemos por onde Deus começou conosco." Então "Cristão" cantou este cântico —

Aproximem-se, santos adormecidos,
Ouçamos a conversa desses dois peregrinos;
Aprendamos com seus sábios conselhos,
Mantenham seus olhos abertos.
Bendita comunhão entre irmãos,
Que os mantém acordados, apesar do inferno.

Cristãos que se isolam e seguem sozinhos estão muito sujeitos à sonolência. Siga em companhia de cristãos e com eles você se manterá acordado, será renovado e encorajado a progredir mais rapidamente na estrada para o céu. Mas quando tomar o "doce conselho" dos outros nos caminhos de Deus, tenha o cuidado para que o tema de sua conversa seja o Senhor Jesus. Que os olhos da fé estejam constantemente voltados para Ele; que seu coração esteja repleto dele; que seus lábios falem de Seu valor. Amigo, viva próximo à cruz e você não dormirá. *Trabalhe para impressionar a si mesmo com um profundo sentido do valor do lugar para onde está indo.* Se você se lembrar de que está indo para o céu, não dormirá no caminho. Se pensar que o inferno está atrás de você e que o diabo o está perseguindo, não andará lentamente. Será que o culpado dorme com o vingador de sangue em seu encalço e a cidade de refúgio à sua frente? Cristão, você dormirá enquanto os portões de ouro estão abertos — os cânticos dos anjos estão esperando que se junte a eles — uma coroa de ouro está pronta para a sua cabeça? Ah! não; continue a vigiar e orar em comunhão santa para não cair em tentação.

C.H. Spurgeon

"...dize à minha alma: Eu sou a tua salvação."
SALMO 35:3

O que essa doce oração me ensina? Deve ser minha súplica da noite; mas primeiro permita que ela produza uma meditação instrutiva. O texto me informa, antes de tudo, que *Davi tinha suas dúvidas*; se não, por que ele deveria orar: "Dize à minha alma: Eu sou a tua salvação", caso não experimentasse dúvidas e medos? Deixe-me então ter bom ânimo, pois não sou o único santo que se lamentou da fraqueza da fé. Se este rei duvidou, não preciso concluir que não sou cristão porque tenho dúvidas. O texto me lembra de que *Davi não estava feliz enquanto tinha dúvidas e medos*, mas que seguia logo para o oratório para pedir por certeza, pois a valorizava como ouro fino. Eu também devo trabalhar por um sentido permanente da minha aceitação no Amado, e não devo ter nenhuma alegria enquanto Seu amor não for derramado sobre a minha alma. Quando meu Noivo se for sem mim, minha alma precisa e vai jejuar. Aprendi também que *Davi sabia onde obter total segurança*. Ele ia ao seu Deus em oração, clamando: "Dize à minha alma: Eu sou a tua salvação." Preciso investir muito tempo a sós com Deus se quiser ter uma percepção clara do amor de Jesus. Se minhas orações cessarem, meus olhos da fé ficarão mais turvos. Muito oração, muito de céu; se eu for lento para orar, serei lento em progredir. Percebi que *Davi não ficaria satisfeito a menos que sua segurança tivesse uma fonte divina*. "Dize à minha alma." Senhor, diz isso! Nada menos que um testemunho divino na alma contentará o verdadeiro cristão. Além disso, Davi não poderia descansar a menos que sua segurança tivesse *uma personalidade vívida*. "Dize à *minha* alma: Eu sou a *tua* salvação." "Senhor ainda que tu digas isto a todos os santos, se eu não o ouvir, será nada para mim. Senhor, eu pequei; não mereço o Teu sorriso; mal ouso pedi-lo; mas ah! dize à *minha* alma: 'Eu sou a *tua* salvação'. Permita-me ter uma compreensão presente, pessoal, infalível e indiscutível de que sou Teu, e que tu és meu."

C.H. Spurgeon

"...importa-vos nascer de novo."

JOÃO 3:7

Regeneração é um assunto presente em todos os alicerces da salvação e devemos estar bem atentos em nos certificar de que somos "nascidos de novo", pois há muitos que afirmam isso, sem ter tido esta experiência. Tenha certeza de que o rótulo de cristão não significa ser cristão; e que nascer num país cristão e ser reconhecido como um professo da religião não tem valor a menos que algo mais seja acrescido a isso — o ser "nascido de novo" é uma questão tão *misteriosa*, que palavras humanas não podem descrevê-la. "O vento sopra onde quer, ouves a sua voz, mas não sabes donde vem, nem para onde vai; assim é todo o que é nascido do Espírito." No entanto, é uma mudança que é *conhecida e sentida*: conhecida pelas obras da santidade, e sentida por uma experiência da graça. Essa grande obra é *sobrenatural*. Não é uma operação que um homem faz por si mesmo: um novo princípio é infundido, que age no coração, renova a alma e afeta o homem por inteiro. Não é uma mudança do meu nome, mas uma renovação de minha natureza, para que eu não seja o homem que era, mas um novo homem em Cristo Jesus. Lavar e vestir um corpo morto é algo muito diferente de torná-lo vivo: o homem pode fazer o primeiro, mas apenas Deus pode fazer o segundo. Se, então, você tiver "nascido de novo", seu agradecimento será: "Ó Senhor Jesus, Pai eterno, és meu Pai espiritual; se o Teu Espírito não tivesse soprado em mim o sopro de uma vida nova, santa e espiritual, eu estaria até hoje 'morto em delitos e pecados'. Minha vida celeste é totalmente vinda de ti, a ti eu a atribuo. Minha vida 'está oculta juntamente com Cristo, em Deus'. Não sou mais eu quem vive, mas Cristo vive em mim." Que o Senhor nos permita estar seguros dessa questão vital, pois ser não-regenerado é estar sem salvação, sem perdão; sem Deus e sem esperança.

C.H. Spurgeon

"Antes da ruína, gaba-se o coração do homem..."
PROVÉRBIOS 18:12

Há um antigo ditado inglês que diz: "Acontecimentos vindouros lançam suas sombras diante de si." O homem sábio nos ensina que um coração altivo é um prelúdio profético do mal. O orgulho é um sinal tão seguro de destruição como a mudança do mercúrio no termômetro é sinal de chuva; e ainda mais infalível que isso. Quando os homens cavalgaram altivos os seus cavalos, a destruição sempre recaiu sobre eles. Que o coração dolorido de Davi mostre que há um eclipse da glória do homem quando ele adora sua própria grandeza (2 Samuel 24:10). Veja Nabucodonosor, o poderoso construtor da Babilônia, rastejando pela terra, devorando grama como gado, até que suas unhas crescessem como garras de pássaros e seus cabelos como penas de águias (Daniel 4:33). O orgulho transformou o prepotente em um animal, como outrora tornou um anjo em um demônio. Deus odeia olhares altivos e nunca falha em abaixá-los. Todas as setas de Deus estão voltadas para corações orgulhosos. Ah cristão, seu coração está altivo esta noite? Pois o orgulho pode entrar no coração do cristão da mesma forma que entra no do pecador; pode iludi-lo a sonhar que é "rico e abastado e não precisa de coisa alguma." Você está se vangloriando de suas virtudes ou talentos? Ou orgulhoso de si mesmo, de ter uma aparência de santidade e experiências doces? Fique alerta, leitor, também há uma destruição aproximando-se de você. Suas papoulas ostentadas de vaidade serão puxadas pela raiz, seus cogumelos de graça secarão no calor incandescente, e sua autossuficiência se tornará como palha para estrume. Se nos esquecermos de viver aos pés da cruz em profunda contrição do espírito, Deus não se esquecerá de nos alertar com Seu cajado. Uma destruição virá a você, cristão indevidamente exaltado: a destruição de suas alegrias e de seus confortos, uma vez que sua alma não pode ser destruída. Por isso, "Aquele, porém, que se gloria, glorie-se no Senhor".

C.H. Spurgeon

"... Tende fé em Deus."
MARCOS 11:22

A fé serve como pés para a alma, com o qual ela pode andar pela estrada dos mandamentos. O amor pode fazer os pés se moverem mais rapidamente; mas a fé é o sustentáculo da alma. A fé é o óleo que permite que as rodas da santa devoção e da piedade fervorosa possam se mover bem; e sem ela as rodas seriam retiradas da carruagem e nos arrastaríamos pesadamente. Com a fé posso fazer todas as coisas; sem ela, não terei nem vontade nem poder para fazer qualquer coisa a serviço de Deus. Se você quiser encontrar os melhores homens que servem a Deus, deverá procurar os que tiverem mais fé. Uma pequena fé salvará um homem, mas não poderá fazer grandes coisas para Deus. Infeliz de "Pouca-Fé" [N.E.: Referente ao livro *O Peregrino* de John Bunyan (Publicações Pão Diário, 2014)], não pôde lutar com "Apolião," foi preciso que "Cristão" fizesse isso. "Pouca-Fé" não pôde matar o "Gigante Desespero", foi necessário o braço de "Grande-Graça" para abater esse monstro. "Pouca-Fé" quase certamente irá para o céu, mas com frequência se esconderá numa concha e perderá tudo menos as suas joias. "Pouca-Fé" talvez dissesse: "É uma estrada difícil, repleta de espinheiros afiados e cheia de perigos; tenho medo de prosseguir;" mas a "Grande-Graça" lhe lembraria da promessa: "O ferro e o metal será o teu calçado; e a tua força será como os teus dias"; e então "Pouca-Fé" se arriscaria corajosamente. "Pouca-Fé" desanima, misturando suas lágrimas à correnteza, mas "Grande--Graça" canta: "Quando passares pelas águas, eu serei contigo; quando, pelos rios, eles não te submergirão"; e imediatamente "Pouca-Fé" enfrenta as correntes. Você se sentiria confortável e feliz? Você se alegraria na religião? Teria uma religião de alegria e não de tristeza? Então "tende fé em Deus". Se você gosta de escuridão e está satisfeito em habitar na tristeza e na angústia, então se contente com uma pequena fé; mas se ama a luz do sol e quer cantar cânticos de júbilo, procure com zelo esse grande dom, a "grande fé".

C.H. Spurgeon

"Melhor é buscar refúgio no Senhor *do que confiar no homem."*

SALMO 118:8

Sem dúvida, o leitor tem sido provado pela tentação de confiar nas coisas que são vistas em vez de descansar apenas no Deus invisível. Cristãos com frequência procuram um homem para pedir ajuda e conselhos, e mancham a nobre simplicidade de sua confiança em seu Deus. Se esta meditação noturna encontrar um filho de Deus ansioso por coisas temporais, então poderemos argumentar um pouco com ele. Você confia em Jesus, e apenas em Jesus, para a sua salvação, então por que está aflito? *"Por causa da minha grande preocupação."* Não está escrito: "Confia os teus cuidados ao Senhor"? "Não andeis ansiosos de coisa alguma; em tudo, porém, sejam conhecidas, diante de Deus, as vossas petições, pela oração e pela súplica." Você não consegue confiar em Deus para as coisas materiais? *"Ah, queria poder."* Se você não pode confiar em Deus naquilo que é temporal, como ousa confiar nele nas coisas espirituais? Como pode confiar nele para redenção de sua alma, e não se apoiar nele para algumas dádivas menores? Não é Deus suficiente para suas necessidades, ou Sua toda-suficiência é estreita demais para seus desejos? Você quer outro olho além daquele que vê cada segredo? É Seu coração fraco? Está Seu braço cansado? Se sim, busque outro deus; mas se Ele é infinito, onipotente, fiel, verdadeiro e sábio, por que buscar outra fonte de confiança? Por que você remexe a terra para encontrar outra fundação, quando essa é forte o suficiente para suportar todo o peso que puder colocar sobre ela? Cristão, não misture seu vinho com água, também não permita que o ouro da sua fé seja adulterado com as impurezas da confiança humana. Espere apenas em Deus e deixe que sua expectativa seja dele. Não cobice a aboboreira de Jonas, mas descanse no Deus dele. Permita que as fundações arenosas da confiança terrena sejam a escolha dos tolos, mas faça como aquele que prevê a tempestade, construa para si uma habitação sobre a Rocha Eterna.

C.H. Spurgeon

"*...através de muitas tribulações, nos importa entrar no reino de Deus.*" ATOS 14:22

O povo de Deus tem suas provações. Nunca foi planejado pelo Senhor, quando escolheu Seu povo, que deveriam ser isentos de dificuldades. Foram escolhidos na fornalha da aflição; não foram escolhidos para a paz e a alegria terrenas. Nunca lhes foi prometido libertação da doença e das dores da mortalidade; mas quando o seu Senhor elaborou a carta de privilégios, incluiu punições entre as coisas que deverão inevitavelmente herdar. Provações são parte da nossa porção; nos foram predestinadas no último legado de Cristo. Assim, tão certo como as estrelas são formadas por Sua mão e suas órbitas são determinadas por Ele, nossas provações são, certamente, destinadas a nós: Ele ordenou o tempo e o lugar delas, também a intensidade e efeitos que deverão ter sobre nós. Homens bons nunca devem esperar fugir dos problemas; se o fizerem, ficarão desapontados, pois nenhum de seus predecessores viveu sem eles. Observe a paciência de Jó; lembre-se de Abraão, pois ele teve suas provações, e por colocar sua fé diante delas se tornou o "Pai da fé". Note bem as biografias de todos os patriarcas, profetas, apóstolos e mártires, e descobrirá que nenhum daqueles de quem Deus fez vasos de misericórdia, foi desviado do fogo da aflição. Foi ordenado desde a antiguidade que a cruz dos problemas fosse gravada em cada vaso de misericórdia, assim como a marca real é colocada para distinguir os vasos de honra do Rei. Porém, embora a tribulação esteja no caminho dos filhos de Deus, eles têm o conforto de saber que seu Mestre a atravessou antes deles; têm a Sua presença e compaixão para os animar, Sua graça para apoiá-los, e Seu exemplo para ensinar como devem suportá-la. Ao alcançarem "o reino", as "muitas tribulações" pelas quais tiveram que passar para entrar ali serão mais do que compensadoras.

C.H. Spurgeon

"Ao sair-lhe a alma (porque morreu), deu-lhe o nome de Benoni; mas seu pai lhe chamou Benjamim." GÊNESIS 35:18

Para cada questão existe um aspecto claro e um sombrio. Raquel foi dominada pela tristeza de seu trabalho de parto e morreu; Jacó, embora chorando a perda da esposa, pôde ver a bênção do nascimento do filho. É desejável que, enquanto a carne lamenta sobre as provações, nossa fé triunfe na fidelidade divina. O leão de Sansão resultou em mel, e assim serão nossas adversidades se consideradas corretamente. O mar revolto alimenta multidões com seus peixes; o bosque inexplorado floresce com belos botões; o vento da tempestade varre a peste e a geada afofa o solo. Nuvens negras destilam gotas brilhantes, e na terra preta crescem flores alegres. Um veio de bem é achado em cada mina do mal. Corações tristes possuem uma habilidade especial para descobrir o ponto de vista mais desvantajoso de cada situação quando olham para a tribulação; se houvesse apenas um lamaçal no mundo, logo estariam afogados nele até o pescoço, e se houvesse apenas um leão no deserto, eles iriam ouvi-lo rugir. Em todos nós há um toque dessa infeliz loucura e estamos aptos, às vezes, a chorar como Jacó: "Todas estas coisas me sobrevêm." A fé caminha quando coloca toda a preocupação sobre o Senhor e, então, vislumbra bons resultados nas piores calamidades. Como os soldados de Gideão, ela não se preocupa com o jarro quebrado, mas se alegra que a luz brilhe mais adiante. Da dura concha de dificuldades da ostra, ela extrai a pérola rara da honra, e das profundas cavernas do oceano da aflição, ela ergue corais inestimáveis de experiência. Quando a onda da prosperidade refluxa, ela descobre tesouros escondidos na areia; e quando seu sol de prazer se põe, ela vira seu telescópio de esperança para as promessas estelares do céu. Quando a própria morte chega, a fé aponta para a luz da ressurreição além do túmulo, assim fazendo que o nosso Benoni (filho da dor) morra e o nosso Benjamim (filho da felicidade) viva.

"...sim, ele é totalmente desejável..."
CÂNTICO DOS CÂNTICOS 5:16

A beleza superlativa de Jesus é totalmente desejável; não é tanto para ser admirada como para ser amada. Ele é mais que agradável e justo, Ele é desejável. Certamente o povo de Deus pode justificar completamente o uso dessa palavra preciosa, pois Ele é o objeto de seu amor mais afetuoso, um amor baseado na excelência inerente de Sua pessoa, na completa perfeição de Seus encantos. Olhem, discípulos de Jesus, para os lábios de seu Mestre e respondam: "Não são eles os mais doces?" Suas palavras não fazem seus corações queimarem por dentro, enquanto Ele fala com vocês pelo caminho? Sim, adoradores de Emanuel, olhem para Sua cabeça de ouro puro e me digam: Seus pensamentos não são preciosos para vocês? Sua adoração não é adoçada com carinho quando humildemente nos inclinamos perante aquele semblante, que é como o Líbano, esplêndido como os cedros? Não há encanto em Sua imagem e não é Sua pessoa inteira perfumada com tal aroma de Seus bons unguentos, que faz as virgens o amarem? Há alguma parte de Seu corpo glorioso que não seja atraente? — uma porção de Sua pessoa que não seja um imã novo para nossas almas? — uma obra que não seja uma forte corda que amarre seu coração? Nosso amor não é apenas como um selo colocado sobre Seu coração amoroso; é também preso sobre Seu braço de poder; nem há uma única parte dele sobre a qual não se fixa. Ungimos toda a Sua pessoa com o doce nardo de nosso amor fervoroso. Iremos imitar toda a Sua vida; todo o Seu caráter queremos reproduzir. Em todos os outros seres vemos alguma falha, nele tudo é perfeição. O melhor de Seus santos favoritos tem manchas em suas vestes e rugas em sua testa; Ele é totalmente belo. Todos os sóis terrenos têm seus pontos de escuridão: o belo mundo tem desertos; as dádivas mais desejáveis apresentam imperfeições, logo não conseguimos amá-las integralmente; mas Cristo Jesus é ouro sem mistura — luz sem escuridão — glória sem nuvem — "Sim, ele é *totalmente* desejável."

C.H. Spurgeon

"Permanecei em mim..."
JOÃO 15:4

A comunhão com Cristo é a cura certa para qualquer mal. Seja a amargura da aflição, ou o enjoativo excesso de prazer terreno, um relacionamento próximo com o Senhor Jesus tirará a amargura de um e o enjoo do outro. Viva perto de Jesus, cristão, e será uma questão de importância secundária, se você vive na montanha da honra ou no vale da humilhação. Vivendo perto de Jesus, estará coberto pelas asas de Deus, e sob você estarão os braços eternos. Não permita que nada o afaste dessa santificada relação, que é a escolha privilegiada de uma alma ligada ao bem-amado. Não fique contente com um encontro ocasional, mas busque sempre estar em Sua companhia, pois apenas Sua presença lhe dará conforto e segurança. Jesus não deve estar entre nós como um amigo que nos chama de vez em quando, mas como alguém com quem andamos cada vez mais. Você tem uma estrada difícil à sua frente: veja, viajante para o céu, que não deve ir sem o seu Guia. Você terá que passar pela fornalha ardente; não entre nela a menos que, como Sadraque, Mesaque e Abede-Nego, tenha o Filho de Deus como seu companheiro. Terá que invadir a Jericó de suas próprias corrupções: não tente ir à guerra até que, como Josué, tenha visto o Capitão dos exércitos do Senhor com Sua espada empunhada. Você terá que encontrar o Esaú de suas tentações: não o encontre até que no ribeiro de Jaboque você tenha segurado o anjo, e prevalecido. Em cada caso, em cada condição, precisará de Jesus; mas acima de tudo, quando os portões de ferro da morte se abrirem para você. Fique perto do Esposo de sua alma, incline sua cabeça sobre Seu peito, peça para ser renovado com o vinho especial de Sua romãzeira, e finalmente será encontrado por Ele, sem mácula, ou ruga, ou coisa parecida. Pelo fato de você ter vivido com Ele e por Ele aqui, habitará com Ele para sempre.

C.H. Spurgeon

"Quanto a mim, dizia eu na minha prosperidade: jamais serei abalado." SALMO 30:6

D*espreocupado esteve Moabe desde a sua mocidade e não foi mudado de vasilha para vasilha.* Dê riqueza a um homem; deixe que seus navios tragam continuamente para casa cargas valiosas; deixe que os ventos e ondas pareçam ser seus servos suportando o peso de suas embarcações sobre as poderosas profundezas; deixe que suas terras produzam abundantemente; deixe que o clima seja propício às suas plantações; deixe que o sucesso ininterrupto recaia sobre ele; deixe que permaneça como um mercador de sucesso entre os homens; que desfrute saúde continuada; permita-lhe tranquilidade e olhar brilhante para andar pelo mundo e viver alegremente; dê a ele o espírito dinâmico; deixe que tenha perpetuamente música em seus lábios; que seus olhos estejam sempre brilhando de alegria — e a consequência natural de tal estado de facilidade para qualquer homem, mesmo que seja o melhor cristão que já respirou, será a *presunção*. Até mesmo Davi disse: "Jamais serei abalado", e não somos melhores que Davi, nem a metade tão bons quanto ele. Irmão, cuidado com os lugares macios do caminho; se você os está pisando, ou se o caminho é duro, agradeça a Deus por isso. Se Deus sempre nos balançasse no berço da prosperidade; se fôssemos sempre embalados nos joelhos da fortuna; se não tivéssemos alguma mancha na coluna de alabastro; se não houvesse algumas nuvens no céu; se não tivesse algumas gotas amargas no vinho desta vida, poderíamos ficar intoxicados com prazer, e sonharíamos "estar de pé", e estaríamos de pé, mas seria em cima de um pináculo. Como o homem sonolento sobre o mastro, estaríamos em perigo a cada momento.

Então, vamos bendizer a Deus por nossas aflições; agradecer-lhe por nossas mudanças; exaltar Seu nome pela perda de uma propriedade; porque sentimos que se Ele não nos tivesse castigado, poderíamos nos sentir seguros demais. A prosperidade mundana contínua é uma prova de fogo.

Aflições, embora pareçam severas,
Na misericórdia são enviadas.

C.H. Spurgeon

"O homem... vive breve tempo, cheio de inquietação."

JÓ 14:1

Pode ser de grande utilidade para nós antes de adormecermos, lembrar desse fato pesaroso, pois ele pode nos levar a relaxar a respeito das coisas terrenas. Não há nada muito agradável na lembrança de que não estamos acima dos veios da adversidade, mas isso pode nos deixar mais humildes e prevenir nossa vanglória como a do salmista da leitura da manhã. "Dizia eu na minha prosperidade: jamais serei abalado." Isso pode nos ajudar a não criar raízes muito profundas neste solo de onde logo seremos transplantados para o jardim celestial. Vamos lembrar a frágil posse sobre a qual mantemos nossas *misericórdias temporais*. Se lembrássemos que todas as árvores da Terra são marcadas pelo machado do lenhador, não estaríamos tão prontos a construir nossos ninhos nelas. Devemos amar, mas devemos amar com o amor que visualiza a morte e que leva em conta as separações. Nossos relacionamentos queridos não passam de empréstimos, e a hora em que precisaremos devolvê-los para as mãos do seu Dono pode estar batendo à porta. O mesmo é certamente verdade com nossos *bens terrenos*. Os ricos também não tomam para si asas e partem? Nossa *saúde* é igualmente precária. Não podemos contar que flores frágeis do campo floresçam para sempre. Há um momento determinado para a fraqueza e doença, quando devemos glorificar a Deus pelo sofrimento e não pela atividade fervorosa. Não há um único ponto no qual podemos esperar escapar das afiadas setas da aflição; entre os nossos dias não há um que tenha a garantia de não ter tristeza. A vida do homem é um barril cheio de vinho amargo; aquele que busca alegria nela é melhor procurar mel num oceano de lágrimas. Amado leitor, não coloque sua afeição em coisas terrenas: mas busque aquelas que são do alto, pois *aqui* a traça devora e o ladrão invade, mas *lá* todas as alegrias são perpétuas e eternas. A estrada de problemas é o caminho para casa. "Senhor, faz desse pensamento um travesseiro para minha cabeça cansada!"

C.H. Spurgeon

"...o pecado... sobremaneira maligno..."
ROMANOS 7:13

Cuidado com os leves pensamentos de pecado. Na hora da conversão, a consciência está tão sensível que temos medo do menor pecado. Recém-convertidos têm uma timidez santa, um divino temor de ofender a Deus. Mas ai de mim! Logo a fina flor sobre esses primeiros frutos colhidos é removida pela dura manipulação do mundo ao redor: a planta sensível da jovem devoção se transforma num salgueiro no pós-vida, flexível demais, inclinando-se com muita facilidade. Infelizmente, é verdade que mesmo um cristão pode ficar insensível de tal maneira que o pecado, que uma vez o apavorava, nem mesmo o assuste. Aos poucos os homens se familiarizam com o pecado. O ouvido perto do qual o canhão estourou, não perceberá sons leves. No início, um pecadinho nos assusta; mas logo dizemos: "Isso não é pequeno?" Então vem outro maior, e outro, até que, aos poucos, começamos a olhar o pecado como um mal pequeno; e então segue-se uma presunção profana: "Não caímos em grande pecado. Na verdade, tropeçamos no pouco, mas nos mantivemos de pé no principal. Podemos ter dito uma palavra profana, mas na maior parte de nossa conversa, temos sido consistentes." Então, aliviamos o pecado; jogamos uma capa sobre ele; o chamamos por nomes delicados. Cristão, cuidado para não amenizar o pecado. Tenha cautela para não cair pouco a pouco. O pecado é algo *pequeno*? Não é um veneno? Quem conhece seus limites? Pecado, uma coisa pequena? As pequenas raposas não estragam as uvas? Um minúsculo coral não pode construir uma rocha com restos de um navio? Pequenos golpes não fazem cair carvalhos imponentes? Gotejamentos contínuos não desgastam pedras? O pecado, é algo insignificante? Ele feriu a cabeça do Redentor com espinhos e perfurou Seu coração! Ele o fez sofrer angústia, amargura e aflição. Se você pudesse pesar o menor dos pecados na balança da eternidade, fugiria dele como de uma serpente, e abominaria a mínima aparência do mal. Olhe para todo pecado como aquele que crucificou o Salvador, e verá que é "sobremaneira maligno".

C.H. Spurgeon

"...serás chamada Procurada..."

ISAÍAS 62:12

A graça insuperável de Deus é vista claramente em não apenas sermos solicitados, mas procurados. Homens *procuram* por algo perdido no chão de casa, mas nesse caso, só há uma procura, não uma busca. A perda é mais perplexa e a procura mais intensa quando algo é *buscado*. Nós nos misturamos com a lama: estávamos como quando alguém deixa cair no esgoto uma preciosa peça de ouro e os homens se juntam para inspecionar a massa de imundície nojenta, e continuam a remexer e procurar na pilha até que o tesouro seja encontrado. Ou, para usar outra imagem, estamos perdidos num labirinto; vagamos de um lado para o outro, e quando a misericórdia vem até nós com o evangelho, não nos encontra imediatamente, ela tem que procurar e buscar por nós; pois como ovelhas perdidas, estamos desesperadamente desnorteados e vagamos num país tão estranho que não parece ser possível nem ao Bom Pastor rastrear nosso andar tortuoso. Glória seja dada à graça invencível: fomos procurados! Nenhuma penumbra pode nos ocultar, nenhuma impureza nos esconder, fomos encontrados e trazidos para casa. Glória seja dada ao amor infinito, Deus, o Espírito Santo, nos resgatou!

A vida de algumas pessoas do povo de Deus, se pudesse ser escrita, nos encheria de santa admiração. Estranhos e maravilhosos são os caminhos que Deus usou nesse caso para encontrar aqueles que são Seus. Bendito seja Seu nome, Ele nunca desiste da busca até que os escolhidos tenham sido eficientemente procurados. Não são pessoas a serem procuradas hoje e descartadas amanhã. A onipotência e a sabedoria combinadas não falharão, eles serão chamados: "*Procurados*!" Que qualquer um deva ser procurado, é graça incomparável, mas o fato de nós sermos buscados, é graça além do imaginável! Não conseguimos encontrar razão para isso, além do amor soberano de Deus, e podemos apenas elevar nosso coração para admirar e louvar ao Senhor por sermos designados esta noite por "*Procurados*".

C.H. Spurgeon

"...Amarás o teu próximo..."
MATEUS 5:43

Amarás o teu próximo. Talvez ele nade em riquezas e você seja pobre e, vivendo em sua casinha humilde ao lado da mansão imponente dele, veja todos os dias suas posses, seu linho fino e seus suntuosos banquetes. Deus concedeu a ele esses presentes, não cobice sua riqueza e não tenha pensamentos ruins sobre ele. Fique satisfeito com sua porção; se não puder ter mais e melhor, não olhe para o seu próximo desejando que ele seja como você. Ame-o, e então, não o invejará.

Talvez, por outro lado, você seja rico e perto de você morem os pobres. Não se abstenha de chamá-los próximos. Você deve amá-los. O mundo os chama de inferiores. São inferiores em quê? São muito mais parecidos a você do que imagina, pois Deus "de um só fez toda a raça humana para habitar sobre toda a face da terra." Seu casaco é melhor do que o deles, mas isso não significa que você seja melhor. São homens e o que você é mais do que isso? Esteja atento em amar seu próximo, mesmo que ele esteja coberto de trapos ou mergulhado em profunda pobreza.

Mas, talvez você diga: "Não posso amar meu próximo porque, apesar de tudo o que faço, ele retribui com ingratidão e menosprezo." Então há mais espaço para o heroísmo do amor. Você seria capaz de ser um guerreiro em cama de penas em vez de suportar a dura batalha do amor? Aquele que ousar mais, deverá ganhar mais; e se o seu caminho de amor é difícil, trilhe-o ousadamente, ainda assim, ame a seu próximo no bem e no mal. Acumule brasas vivas sobre sua cabeça e, se ele for difícil de ser agradado, procure não agradá-*lo*, mas agradar o *seu Mestre*. Lembre-se de que se *ele* desprezar o seu amor, o seu Mestre não o desprezará, e sua obra será tão aceitável a Ele como se tivesse sido aceita por seu próximo. Ame seu próximo, pois ao fazer isso, estará seguindo as pegadas de Cristo.

C.H. Spurgeon

"...De quem és tu?..."
1 SAMUEL 30:13

Não pode existir neutralidade na religião. Ou estamos sob a bandeira do Príncipe Emanuel, para servir e lutar Suas batalhas, ou somos vassalos do príncipe das trevas, Satanás. "De quem és tu?"

Leitor, permita-me ajudar em sua resposta. Você "*nasceu de novo*"? Se nasceu, pertence a Cristo, mas sem o novo nascimento, não pode ser dele. *Em quem você confia*? Pois aqueles que creem em Jesus são filhos de Deus. *Está trabalhando para quem*? Você deve servir a seu Mestre, pois aquele a quem serve é o seu senhor. *Com qual companhia você anda*? Se pertence a Jesus, confraternizará com aqueles que usam o uniforme da cruz. "Aves do mesmo bando voam juntas." *Qual é o assunto de suas conversas*? É celestial ou mundano? *O que você tem aprendido com seu Mestre*? — pois os servos aprendem muito com os mestres de quem são aprendizes. Se você serviu a Jesus, será dito de você, como foi dito de Pedro e João: "Admiraram-se; e reconheceram que haviam eles estado com Jesus."

Reforçamos a pergunta, "De quem és tu?" Responda honestamente antes de descansar seus olhos. Se você não é de Cristo, está numa situação difícil — *Fuja de seu mestre cruel*! Entre no serviço do Senhor de Amor, e desfrutará uma vida de bênçãos. Se você é de Cristo, permita-me aconselhá-lo a fazer quatro coisas. Você pertence a Jesus — *obedeça-lhe*; permita que Sua palavra seja sua lei e o Seu desejo seja a sua vontade. Você pertence ao Amado, então *ame-o*; deixe seu coração abraçá-lo; que toda a sua alma seja repleta dele. Você pertence ao Filho de Deus, então *confie nele*: descanse apenas nele. Você pertence ao Rei dos reis, então *seja decidido por Ele*. Pois, sem ter sido marcado por Cristo em sua testa, todos saberão a quem você pertence.

C. H. Spurgeon

"...Para que estaremos nós aqui sentados até morrermos?"
2 REIS 7:3

Querido leitor, este livro foi pensado principalmente para a edificação dos cristãos, mas se você não é salvo, nosso coração anseia por você, e de bom grado diremos uma palavra que possa abençoá-lo. Abra sua Bíblia e leia a história dos leprosos e observe a posição deles, que era muito parecida com a sua. Se você permanecer onde está, certamente perecerá; se for para Jesus, pode apenas morrer fisicamente. "Quem não arrisca, não petisca", diz o velho ditado, e no seu caso, o risco não é grande. Se ficar sentado quieto, em um desespero carrancudo, ninguém poderá ter pena de você quando chegar sua ruína; mas se você morrer buscando misericórdia, se tal coisa for possível, será o alvo de compaixão universal. Ninguém que se recusa a olhar para Jesus pode escapar, mas você sabe disso de alguma forma, pois os que creem nele são salvos, e alguns de seus conhecidos receberam essa misericórdia: então, por que não você? Os ninivitas disseram: "Quem sabe?" Aja com a mesma esperança e experimente a misericórdia do Senhor. Perecer é tão terrível, que se apenas houvesse uma palha para se apegar, o instinto de autopreservação o levaria a esticar sua mão. Estamos lhe falando em seus próprios termos não-cristãos, e agora queremos assegurá-lo, da parte do Senhor, que se você buscá-lo, o encontrará. Jesus não lança fora alguém que venha a Ele. Você não perecerá se confiar nele, ao contrário, encontrará um tesouro muito mais valioso do que os pobres leprosos encontraram no arraial dos sírios. Que o Espírito Santo o encoraje a ir a Ele de uma vez, e você não crerá em vão. Quando for salvo, espalhe as boas-novas aos outros. Não guarde sua paz para si; anuncie primeiro na casa do Rei, e se reúna com eles em comunhão; deixe que o porteiro da cidade, o ministro, sejam informados de sua descoberta, e, então, proclame as boas-novas em todos os lugares. Que o Senhor o salve antes que o sol se ponha hoje.

C.H. Spurgeon

"...estendendo a mão, tomou-a e a recolheu consigo na arca."
GÊNESIS 8:9

Cansada de seu voo, a pomba, por fim, retorna à arca, seu único lugar de descanso. Como voa pesadamente — cairá — nunca chegará até a arca! Mas ela luta. Noé esteve procurando por sua pomba o dia todo, e está pronto a recebê-la. Ela teve forças apenas para alcançar a borda da arca, mal pôde sobrevoá-la e estava prestes a cair quando Noé estendeu sua mão e a recolheu para junto de si. Perceba que: "*recolheu consigo*". Ela não foi até ele sozinha, pois tinha muito medo ou estava cansada demais. Ela voou até onde pôde, então ele esticou sua mão e a recolheu consigo. Esse ato de misericórdia foi mostrado à pomba errante, e ela não reclamou por ter vagueado. Do jeito que estava, foi levada para a arca. Assim como você, pecador errante, com todos os seus pecados, será recebido. "Apenas volte" — são as duas palavras graciosas de Deus — "apenas volte". O quê? Só isso? Sim, "apenas volte." Ela não tinha nenhum galho de oliveira no bico dessa vez, nada além dela e suas perambulações; mas ela "apenas voltou" e, ao voltar, Noé a recolheu. Voe, andarilho; voe cansado, pomba como é, embora pense estar negro como o corvo com a lama do pecado, volte, volte para o seu Salvador. Cada momento que você espera, apenas aumenta o seu sofrimento; suas tentativas de limpar-se sozinho e tentar arrumar-se para Jesus são apenas vaidade. Venha a Ele como está. "Volta, ó pérfida Israel." Ele não diz: "Volta, ó *arrependida* Israel" (sem dúvida eis um belo convite), mas "ó pérfida", como a um desviado com todas as suas infidelidades. Volta, volta, volta! Jesus está esperando por você! Ele vai estender Sua mão e "recolhê-lo" — o recolherá nele, o verdadeiro lar do seu coração.

C.H. Spurgeon

"Aquele, pois, que pensa estar em pé veja que não caia."
1 CORÍNTIOS 10:12

É curioso que haja algo como ter orgulho da graça. Um homem diz: "Tenho grande fé, não cairei; uma fé pequena poderia tombar, mas eu jamais." "Tenho amor fervoroso", diz outro: "Posso suportar, não há perigo que me desvie." Aquele que se vangloria da graça, tem pouca graça para se orgulhar. Alguns que o fazem, acham que suas virtudes podem mantê-los, não sabendo que o fluxo deve brotar constantemente da fonte, ou, de outra forma, o poço logo secará. Se um fluxo contínuo de óleo não chega ao lampião, ele brilhará hoje, mas soltará fumaça amanhã, e seu aroma será nocivo. Tome cuidado para não se vangloriar de suas virtudes, mas deixar que todo o seu louvor e confiança estejam em Cristo e em Sua força, pois apenas isso evitará sua queda. Ore mais. Invista mais tempo em santa adoração. Leia as Escrituras com mais fervor e constância. Tenha mais cuidado com sua vida. Viva mais perto de Deus. Escolha os melhores exemplos para seu comportamento. Deixe que sua conversa tenha o aroma do céu. Deixe que seu coração seja perfumado com afeição pelas almas dos homens. Então viva para que eles saibam que você está com Jesus, que aprendeu com Ele; e quando aquele feliz dia chegar, quando aquele que você ama disser: "Suba para cá", que você possa ter a felicidade de ouvi-lo dizer: "Combateste o bom combate, completaste a carreira, e agora eis a coroa da justiça que não desaparecerá." Siga em frente, cristão, com cuidado e atenção! Siga, com temor e tremor santo! Siga, com fé e confiança apenas em Jesus, e que sua constante súplica seja: "Ampara-me, segundo a Tua promessa." Ele, e somente Ele é capaz de "vos guardar de tropeços e para vos apresentar com exultação, imaculados diante da sua glória."

C.H. Spurgeon

"...guardarei os meus caminhos..."

SALMO 39:1

Amigo peregrino, não diga em seu coração: "irei para lá e para cá, e não pecarei", pois nada o coloca tanto em perigo de pecar quanto se vangloriar da certeza. A estrada é muito lamacenta, será difícil seguir o caminho sem sujar suas roupas. Este é um mundo de breu; você precisará vigiar sempre se, ao lidar com ele, tiver que manter suas mãos limpas. Há um ladrão em cada curva da estrada para roubar suas joias; há uma tentação em cada dádiva; há uma armadilha em cada alegria; e se você um dia chegar ao céu, será um milagre da graça divina a ser creditado inteiramente ao poder de seu Pai. Fique atento. Quando um homem leva uma bomba em suas mãos, ele deve se preocupar em não chegar perto de uma vela; e você também deve tomar cuidado para não cair em tentação. Mesmo suas ações normais são ferramentas afiadas; é preciso saber como lidar com elas. Não há nada neste mundo que promova a devoção de um cristão, mas tudo coopera para destruí-la. Como você deveria estar ansioso para olhar para Deus, para *Ele* sustentá-lo! Sua oração deveria ser: "Sustenta-me, e serei salvo." Tendo orado, você deve também vigiar; cuidando de cada pensamento, palavra e ação com zelo santo. Não se exponha desnecessariamente, mas se for chamado a se expor, se for enviado para onde os dardos estão voando, nunca se aventure sem seu escudo; pois uma vez que o diabo o encontre sem sua armadura, ele se deleitará com a chegada da sua hora de triunfo, e logo fará você cair ferido por suas flechas. Você não pode ser morto, mas pode ser ferido. "Sede sóbrios e vigilantes, o perigo pode vir numa hora em que tudo pareça estar seguro." Por isso, guarde os seus caminhos e vigie em oração. Nenhum homem jamais caiu no erro estando tão alerta. Que o Espírito Santo nos guie em todos os nossos caminhos, para que todos eles sempre agradem ao Senhor.

"...fortifica-te na graça que está em Cristo Jesus."

2 TIMÓTEO 2:1

Cristo tem em si graça sem medida, mas Ele não a guarda para si mesmo. Como um reservatório se esvazia nos canos, Cristo flui Sua graça para Seu povo. "Porque todos nós temos recebido da Sua plenitude e graça sobre graça." Parece que Ele a tem apenas para dispensá-la sobre nós. Jesus é como a fonte, sempre fluindo, mas apenas para suprir os vasos vazios e os lábios sedentos dos que se aproximam. Como uma árvore, Ele dá frutos doces, não para ficarem pendurados nos galhos, mas para serem colhidos por quem necessita. Graça, seja ela para perdoar, limpar, preservar, fortalecer, iluminar, animar ou restaurar, sempre deve vir dele livremente e sem custo; não há uma obra da graça que Ele não tenha concedido ao Seu povo. Assim como o sangue que flui do coração para todo o corpo pertence igualmente a cada um dos membros, assim as influências da graça são heranças de cada santo unido ao Cordeiro; e nelas há uma doce comunhão entre Cristo e Sua Igreja, na medida em que ambos recebem a mesma graça. Cristo é a cabeça sobre a qual o óleo foi derramado primeiro; mas o mesmo óleo escorre para as orlas de Suas vestes, então até o menor dos santos tem uma unção do mesmo unguento que cai sobre a cabeça. A comunhão verdadeira é quando a seiva da graça flui do tronco para o galho, e quando é percebido que o próprio tronco é sustentado pelo mesmo nutriente que alimenta o galho. Quando recebemos a graça de Jesus diariamente, e reconhecemos com mais constância que ela vem dele, deveremos nos agarrar a Ele e desfrutar a felicidade da comunhão com Ele. Façamos uso diário de nossas riquezas e sempre voltemos a Ele como nosso Senhor na aliança, buscando nele o suprimento para todas as nossas necessidades com o mesmo arrojo com que os homens tiram dinheiro de suas carteiras.

C.H. Spurgeon

"...de todo o coração o fez e prosperou."
2 CRÔNICAS 31:21

Essa não é uma ocorrência incomum; é a regra geral do universo moral: Aqueles homens prósperos fazem seu trabalho com todo o coração, enquanto aqueles que vão trabalhar deixando o coração para trás quase certamente falham. Deus não dá colheitas a homens ociosos, exceto colheitas de espinhos, nem se agrada em mandar riqueza àqueles que não cavam o campo para encontrar seu tesouro escondido. É de conhecimento universal que se um homem quiser prosperar, precisa ser diligente nos negócios. O mesmo acontece na religião, bem como em outras áreas. Se você quiser prosperar em sua obra para Jesus, deixe o *coração* trabalhar, e que seja feito com *todo* o seu coração. Coloque mais força, energia, sinceridade e fervor na religião do que jamais colocou nos negócios, pois ela merece muito mais. O Espírito Santo ajuda nas nossas fraquezas, mas Ele não encoraja nossa ociosidade; Ele ama cristãos ativos. Quem são os homens mais úteis na igreja cristã? Os homens que fazem o que se comprometeram a fazer para Deus *com todo o coração*. Quem são os mais bem-sucedidos professores da Escola Dominical? Os mais talentosos? Não; os mais zelosos, os homens cujos corações estão ardendo; os homens que veem o seu Senhor seguindo à frente prosperamente na majestade de sua salvação. A inteireza de coração se demonstra na *perseverança*; ela pode falhar no início, mas o trabalhador zeloso dirá: "É o trabalho do Senhor, e precisa ser feito; meu Senhor me designou para fazer isso e em Sua força vou realizá-lo." Cristão, está você "como todo o seu coração" servindo ao seu Mestre? Lembre-se do zelo de Jesus! Pense em como Seu trabalho era de coração! Ele poderia dizer: "*o zelo da tua casa me consumiu.*" Quando Suas doces gotas de sangue caíram, não foi um fardo leve que aqueles ombros abençoados tiveram que carregar; e quando Ele derramou Seu coração, não era um fraco esforço que Ele estava fazendo pela salvação de Seu povo. Jesus foi fervoroso, seremos nós mornos?

"...sou forasteiro à tua presença..."
SALMO 39:12

Sim, Senhor, à *Tua* presença, mas não *a* ti. Toda a minha alienação natural a ti, Tua graça removeu eficazmente; e agora, em comunhão contigo, caminho por este mundo pecaminoso como um peregrino num país estrangeiro. És um estrangeiro em Teu próprio mundo. O homem se esquece de ti, te desonra, estabelece novas leis e costumes estranhos, e não te conhece. Quando o Teu Filho veio para os Seus, eles não o receberam. Ele estava no mundo, e o mundo foi feito por Ele, e o mundo não o conheceu. Nunca um estrangeiro foi tão humilhado entre os habitantes da Terra, como o Teu Filho amado entre Seus irmãos. Não é nenhuma maravilha então se eu, que vivo a vida de Jesus, for um desconhecido e um estrangeiro aqui embaixo. Senhor, eu não gostaria de ser um cidadão onde Jesus foi um estrangeiro. Sua mão perfurada afrouxou a corda que uma vez ligou minha alma à Terra, e agora me vejo estrangeiro aqui. Meu discurso parece ser para esses babilônicos, uma língua estranha, meu comportamento é diferente e minhas ações são esquisitas. Um homem tártaro [N.E.: Habitante da Tartária. Agricultores e caçadores] se sentiria mais à vontade num centro comercial, do que eu na morada dos pecadores. Mas eis a doçura da minha porção: sou um estrangeiro *contigo*. Tu és meu companheiro sofredor, meu companheiro peregrino. Ah, que alegria andar em companhia tão abençoada! Meu coração queima dentro de mim quando falas, e embora eu seja um forasteiro, sou muito mais abençoado do que aqueles que sentam em seus tronos, e estou muito mais em casa do que os que habitam em suas construções vedadas.

Para mim não há lugar ou tempo;
Meu país está em qualquer lugar;
Posso ser calmo e livre de cuidado
Em qualquer porto, desde que Deus esteja lá.
E quando buscamos ou evitamos lugares,
A alma não encontra alegria em nenhum;
Mas com Deus para guiar nosso caminho,
Alegria igual é ir ou ficar.

C.H. Spurgeon

“Também da soberba guarda o teu servo...”
SALMO 19:13

Tal era a *oração do “homem segundo o coração Deus”*. O santo Davi precisava orar assim? Então, quão necessária é a oração para nós, bebês na graça! É como se ele dissesse: “Segure-me ou vou correr em direção ao precipício do pecado.” Nossa natureza má, como um cavalo selvagem, está pronta para fugir. Que a graça de Deus coloque uma rédea sobre ela e a segure para que não corra em direção ao maligno. O que a melhor pessoa dentre nós não faria se não fossem as restrições que o Senhor coloca sobre nós por Sua providência e graça? A oração do salmista é sobre a pior forma de pecado — aquele que é feito com deliberação e obstinação. Mesmo o mais santo precisa ser “guardado” das transgressões mais vis. Não é a toa que o apóstolo Paulo alerta os santos contra os pecados mais repugnantes. “Fazei, pois, morrer a vossa natureza terrena: prostituição, impureza, paixão lasciva, desejo maligno e a avareza, que é idolatria.” O quê?! Os santos precisam de alertas contra pecados como esses? Sim, precisam. As vestes mais brancas serão contaminadas pelos pontos mais escuros, a menos que sua pureza seja preservada pela graça divina. Cristão experiente, não se gabe de sua experiência; você ainda cairá se desviar o olhar daquele que é capaz de evitar que caia. Aquele cujo amor é fervoroso, cuja fé é constante, cujas esperanças são límpidas, não diz: “Nunca pecaremos”, mas, ao contrário, clama: “Não nos deixe cair em tentação.” Há bastante material inflamável no coração dos melhores homens para acender um fogo que queimará no mais profundo inferno, a menos que Deus apague as faíscas enquanto caem. Quem poderia sonhar que o justo Ló pudesse ser encontrado bêbado e cometendo imundícies? Hazael disse: “Pois que é teu servo, este cão, para fazer tão grandes coisas?”, e nós estamos bem sujeitos a colocar a mesma questão hipócrita. Que a sabedoria infinita nos cure da loucura da autoconfiança.

C.H. Spurgeon

"...que nos lembrássemos dos pobres..."
GÁLATAS 2:10

Por que Deus permite que tantos dos Seus filhos sejam pobres? Ele poderia fazer que todos fossem ricos, se quisesse; Ele poderia deixar sacos de ouro em suas portas; poderia enviar a eles uma grande receita anual; ou poderia espalhar em volta de suas casas provisões em abundância, como um dia Ele fez aparecer codornizes, aos montes, ao redor do acampamento de Israel e fez chover pão do céu para alimentá-los. Não há necessidade de serem pobres, a menos que Ele veja isso como o melhor. São dele "todos os animais do bosque e as alimárias aos milhares sobre as montanhas" — Ele poderia supri-los; Ele poderia fazê-los os mais ricos, os maiores e os mais poderosos, colocando Seu poder e riquezas aos pés de Seus filhos, pois os corações de todos os homens estão sob Seu controle. Mas Ele não faz isso; Ele permite que passem necessidades, permite que sofram penúrias e obscuridade. Por quê? Há muitas razões, uma delas é *dar aos que são favorecidos, uma oportunidade de demonstrar amor por Jesus*. Demonstramos nosso amor a Cristo quando cantamos sobre Ele e quando oramos a Ele; mas se não houvesse filhos da necessidade no mundo, perderíamos o doce privilégio de evidenciar nosso amor ministrando doações aos Seus irmãos mais pobres. Ele ordenou que provássemos o nosso amor não apenas em palavras, mas também em obras e em verdade. Se realmente amamos a Cristo, cuidaremos daqueles que são amados por Ele. Aqueles que lhe são queridos, serão queridos por nós. Vamos então olhar para isso não como uma obrigação, mas como um privilégio de socorrer aos pobres do rebanho do Senhor — lembrando das palavras do Senhor Jesus: "Em verdade vos afirmo que, sempre que o fizestes a um destes meus pequeninos irmãos, a mim o fizestes." Certamente isso é bom o bastante, e esse é um motivo suficientemente forte para nos levar a ajudar os outros com mãos dispostas e coração amoroso — lembrando de que tudo o que fazemos para Seu povo é graciosamente aceito por Cristo como se feito para Ele próprio.

C.H. Spurgeon

"Bem-aventurados os pacificadores, porque serão chamados filhos de Deus." MATEUS 5:9

Essa é a sétima das bem-aventuranças — e sete era o número da perfeição entre os hebreus. Deve ter sido por isso que o Salvador colocou o pacificador em sétimo lugar na lista, porque é o que mais se aproxima do homem perfeito em Cristo Jesus. Aquele que quiser ser perfeitamente bem-aventurado, até onde for possível na Terra, deve alcançar essa sétima bem-aventurança e se tornar um pacificador. Há também uma significância na posição do texto. O versículo que o precede fala que bem-aventurados são "os limpos de coração, porque verão a Deus." É certo entender que devemos ser "primeiro puros, e então pacificadores." Nosso pacifismo nunca deverá compactuar com o pecado ou com a tolerância do mal. Precisamos endurecer nossas faces como pedras contra tudo o que é contrário a Deus e Sua santidade — quando a pureza for um assunto resolvido em nossas almas, poderemos ser pacificadores. O versículo seguinte não é menos importante, e foi colocado lá de propósito. Embora possamos ser pacificadores neste mundo, ainda assim seremos considerados inadequados e incompreendidos: e não é de admirar, pois até mesmo o Príncipe da Paz, com sua tranquilidade, trouxe fogo sobre a Terra. Ele mesmo, embora amasse a humanidade e não tivesse feito o mal, foi "desprezado e o mais rejeitado entre os homens; homem de dores e que sabe o que é padecer." Para que, portanto, o pacífico de coração não fosse surpreendido ao encontrar seus inimigos, foi acrescentado o versículo seguinte: "Bem-aventurados os perseguidos por causa da justiça, porque deles é o reino dos céus." Então, os pacificadores não são apenas marcados para serem abençoados, como também estão rodeados de bênçãos. "Senhor, dá-nos a graça de chegar a esta sétima bem-aventurança! Purifica nossas mentes para que possamos ser 'primeiro puros, então pacíficos', e fortifica nossas almas, para que nossa pacificação não nos leve à covardia e ao desespero quando, por Sua causa, formos perseguidos".

C.H. Spurgeon

"Pois todos vós sois filhos de Deus mediante a fé em Cristo Jesus."
GÁLATAS 3:26

A *paternidade de Deus é comum a todos os Seus filhos.* Ah! "Pouca-Fé", [N.E.: Referência ao livro *O Peregrino* de John Bunyan (Publicações Pão Diário, 2014)] você tem dito com frequência, "Ah se eu tivesse a coragem de "Grande-Graça", se eu conseguisse levantar sua espada e ser tão valente como ele! Mas, ai de mim, eu tropeço até em palha e qualquer sombra me amedronta." Ouça a si mesmo, "Pouca-Fé". "Grande-Graça" é filho de Deus, e você também o é; e "Grande--Graça" não é mais filho de Deus do que você. Pedro e Paulo, os apóstolos amados, eram da família do Altíssimo; e você também o é; e um cristão fraco é tão filho de Deus quanto um cristão forte.

Esta aliança continua firme,
Embora os velhos pilares da Terra se inclinem,
O forte, o débil e o fraco,
São um em Jesus agora.

Todos os nomes estão registrados na mesma família. Um pode ter mais graças que outro, mas Deus, nosso Pai celeste, tem o mesmo carinho por todos. Um pode realizar obras maiores e trazer mais glória ao seu Pai, mas aquele cujo nome é o último no reino do céu é tão filho de Deus quanto aquele que desponta entre os homens mais poderosos do Rei. Que isso nos anime e conforte quando nos aproximarmos de Deus e dissermos: "Pai nosso".

Ainda assim, enquanto somos confortados por saber disso, não descansaremos satisfeitos com uma fé pequena, mas, como os apóstolos, vamos pedir para que ela cresça. Embora nossa fé possa ser fraca, se ela for verdadeira em Cristo, poderemos chegar finalmente ao céu, mas não honraremos muito nosso Mestre durante nossa peregrinação, nem teremos alegria e paz abundantes. Então, se quiser viver para a glória de Cristo e ser feliz em Seu serviço, busque estar cheio cada vez mais do espírito da adoção, até o perfeito amor levar embora o medo.

"Como o Pai me amou, também eu vos amei..."
JOÃO 15:9

Como o Pai ama o Filho, da mesma forma Jesus ama Seu povo. Qual é esse método divino? Ele o amou *sem começo*, e assim Jesus ama Seus membros. "*Com amor eterno eu te amei.*" É possível rastrear o início da afeição humana; você pode facilmente saber o início de seu amor por Cristo, mas o amor dele por nós é um rio cuja fonte está escondida na eternidade. Deus, o Pai, ama Jesus *sem mudanças*. Cristão, conforte-se com o fato de que não há mudanças no amor de Jesus Cristo para com aqueles que descansam nele. Ontem você estava no cume do monte Tabor e dizia: "Ele me ama"; hoje você está no vale da humilhação, mas Ele ainda o ama da mesma forma. No outeiro de Mizar e em meio ao Hermon, você ouve Sua voz, que fala tão docemente com as notas suaves do amor; e agora no oceano, ou mesmo no mar, quando todas as ondas estouram em você, Seu coração é fiel a Sua escolha atemporal. O Pai ama o Filho *infinitamente*, e assim o Filho ama Seu povo. Santo, não é preciso ter medo do romper "do fio de prata" [N.E.: Eclesiastes 12:1-7], pois o amor dele por você jamais acabará. Descanse confiante de que mesmo dentro do túmulo, Cristo estará com você, e que de lá, Ele o guiará para as montanhas celestiais. Mais ainda, o Pai ama o Filho *sem qualquer medida*, e o mesmo amor imensurável o Filho tem por Seus escolhidos. Todo o coração de Cristo é dedicado ao Seu povo. Ele "nos amou e se entregou a si mesmo por nós". O Seu amor excede todo o conhecimento. Ah! realmente temos um Salvador imutável, um Salvador precioso, um que ama sem medida, sem mudanças, sem começo e sem fim, assim como o Pai o ama! Há aqui muito alimento para aqueles que sabem como digeri-lo. Que o Espírito Santo nos conduza nessa essência e riqueza!

C.H. Spurgeon

"...pela fé, se fortaleceu..."
ROMANOS 4:20

Cristão, cuide bem de sua fé; pois lembre-se de que *fé é a única forma pela qual você pode obter bênçãos.* Se você quiser bênçãos de Deus, nada além da fé, poderá trazê-las. A oração não pode trazer respostas do trono de Deus, a menos que seja a oração fervorosa do homem que crê. A fé é o mensageiro angelical entre a alma e o Senhor Jesus na glória. Se permitirmos que esse anjo caia, não poderemos nem enviar orações nem receber respostas. Fé é o cabo telegráfico que liga a Terra e o céu — pelo qual as mensagens de amor de Deus passam tão rapidamente que antes de chamarmos, Ele responde e, enquanto ainda estamos falando, Ele nos ouve. Mas se aquele cabo telegráfico da fé for rompido, como receberemos a promessa? Estou com problemas? — posso obter ajuda pela fé. Estou sendo atacado pelo inimigo? — a minha alma, em seu querido Refúgio, se inclina pela fé. Mas se a fé for retirada — em vão clamarei a Deus. Não existe estrada entre minha alma e o céu. No inverno mais rigoroso, a fé é o caminho pelo qual os cavalos da oração podem viajar — sim, isso é o melhor no frio cortante. Mas se essa estrada for bloqueada, como poderemos nos comunicar com o Grande Rei? A fé me liga com a divindade, me reveste com o poder de Deus, coloca ao meu lado a onipotência de Jeová, garante cada atributo de Deus em minha defesa e me ajuda a derrotar as hordas do inferno, pois me faz marchar triunfante sobre as cabeças de meus inimigos. Mas sem fé, como posso receber algo do Senhor? Que aquele que duvida — que é como uma onda no mar — não espere receber alguma coisa de Deus! Ah, então, cristão, cuide bem de sua fé, pois com ela, embora pobre como é, você pode ganhar todas as coisas, mas sem ela, nada terá. "Se podes! Tudo é possível ao que crê."

C.H. Spurgeon

"...ela comeu e se fartou, e ainda lhe sobejou."
RUTE 2:14

Sempre que temos o privilégio de comer do pão que Jesus dá, ficamos como Rute, satisfeitos com a refeição completa e saborosa. Quando Jesus é o anfitrião, nenhum convidado sai da mesa faminto. Nossa *mente* se farta com a preciosa verdade que Cristo revela; nosso *coração* se contenta com Jesus, como o completo objeto amado de nossa afeição; nossa *esperança* se satisfaz, pois quem temos nós no céu além de Jesus? E nosso *desejo* é saciado, pois o que podemos querer mais do que "conhecer Cristo e ser achado nele"? Jesus preenche nossa *consciência* até que ela fique em perfeita paz; nosso *julgamento* com a persuasão da certeza de Seus ensinamentos; nossa *memória* com lembranças do que Ele fez, e nossa *imaginação* com a perspectiva do que Ele ainda vai fazer. Como Rute "se fartou, e ainda *lhe sobejou*", assim também acontece conosco. Temos grandes projetos; pensamos que poderíamos obter tudo de Cristo; mas ao fazermos o nosso melhor, precisamos deixar uma enorme sobra. Sentamos à mesa do amor do Senhor e dizemos: "Nada além do infinito irá me satisfazer; sou tão grande pecador que precisa haver mérito infinito para lavar meus pecados", mas nós tivemos nosso pecado removido e descobrimos que há mérito de sobra; tivemos nossa fome saciada no banquete do amor sagrado e descobrimos que há uma abundância de carne espiritual sobrando. Há determinadas coisas na Palavra de Deus das quais ainda não desfrutamos e que somos obrigados a deixar por um tempo, pois somos como os discípulos para quem Jesus disse: "Tenho ainda muito que vos dizer, mas vós não o podeis suportar agora." Sim, existem graças que ainda não alcançamos; lugares de encontro mais próximos a Cristo que ainda não atingimos; e alturas de comunhão que nossos pés ainda não subiram. A cada banquete de amor há mais cestas de sobras. Vamos engrandecer a liberalidade de nosso glorioso Boaz.

"...meu amado..."
CÂNTICO DOS CÂNTICOS 2:8

Esse era um nome de ouro pelo qual a igreja antiga, em seus momentos mais alegres, costumava chamar o Ungido do Senhor. Quando o tempo do canto dos pássaros chegou, e a voz da rola foi ouvida em sua terra, sua canção de amor foi a mais doce entre todas enquanto cantava: "O *meu amado é meu*, e eu sou dele; ele apascenta o seu rebanho entre os lírios." Sempre em seus louvores ela o chama por esse nome encantador: "Meu Amado!" Mesmo no longo inverno, quando a idolatria seca o jardim de Deus, seus profetas encontram espaço para colocar o fardo do Senhor um pouco de lado e dizer, como Isaías: "Agora, cantarei ao meu amado o cântico do meu amado a respeito da sua vinha." Embora os santos nunca tivessem visto Sua face, embora Ele ainda não tivesse se feito carne nem habitado entre nós, nem o homem tivesse vislumbrado a Sua glória, Ele sempre foi a consolação de Israel, a esperança e a alegria de todos os escolhidos, o "Amado" de todos os que se punham diante do Altíssimo. Nós, nesses dias de verão da igreja, também estamos acostumados a falar de Cristo como o mais Amado de nossa alma, e a sentir que Ele é muito precioso, o "primeiro entre dez mil, e totalmente adorável". Tão verdadeiro é que a igreja ama a Jesus e declara que Ele é o seu Amado, que o apóstolo ousa desafiar todo o universo a separá-la do amor de Cristo, e declara que nem perseguição, nem angústia, aflição, perigo ou espada são capazes de fazê-lo, pois, ele alegremente se orgulha: "Em todas estas coisas, porém, somos mais que vencedores, por meio daquele que nos amou."

Ah, que conheçamos mais de ti, pois és o sempre precioso!
Minha única posse é o Teu amor;
Abaixo na Terra, ou acima no céu,
Eu não tenho nenhum outro lugar;
E, embora com terno fervor eu ore,
E te importune dia a dia,
Não te peço nada mais.

C.H. Spurgeon

"Maridos, amai vossa mulher, como também Cristo amou a igreja..." EFÉSIOS 5:25

Que exemplo de ouro Cristo dá aos Seus discípulos! Poucos mestres poderiam se aventurar a dizer: "Se quiser praticar meus ensinamentos, imite a minha vida", mas como a vida de Jesus é a transcrição exata da virtude perfeita, Ele pode indicar a si mesmo como o paradigma da santidade, assim como o mestre que a ensina. O cristão não deveria tomar nenhum outro modelo além de Cristo. Sob nenhuma circunstância deveríamos nos contentar, a menos que reflitamos a graça que estava nele. Como um marido, o cristão deve olhar para a imagem de Cristo Jesus, e copiá-la. O verdadeiro cristão deve ser um marido como Cristo é de Sua Igreja. O amor do marido é *especial.* O Senhor Jesus cultiva por Sua Igreja uma afeição peculiar, que a coloca acima do resto da humanidade: "É por eles que eu rogo; não rogo pelo mundo." Sua Igreja é a favorita do céu, o tesouro de Cristo, a coroa de Sua cabeça, o bracelete de Seu punho, o escudo de Seu coração, o centro e núcleo de Seu amor. O marido deve amar sua esposa com um amor *constante*, pois assim Jesus ama Sua Igreja. Ele não varia em Sua afeição, mas pode mudar a forma como a demonstra, porém ela continua a mesma. O marido deve amar sua esposa com um amor *duradouro*, pois nada "poderá separar-nos do amor de Deus, que está em Cristo Jesus, nosso Senhor." O marido verdadeiro ama sua esposa com amor *sincero*, fervoroso e intenso. Não é uma mera declaração insincera. Ah! amado, o que mais Cristo poderia ter feito para provar Seu amor, do que o que Ele fez? Jesus teve um *amor encantador* por Sua esposa: Ele preza a sua afeição e se deleita com sua doce confiança. Cristão, você pensa sobre o amor de Jesus, o admira — e o *imita*? "*Como também Cristo amou a igreja*" — é esta a regra e medida de seu amor em seus relacionamentos domésticos?

C.H. Spurgeon

"...em que sereis dispersos, cada um para sua casa, e me deixareis só..." JOÃO 16:32

Poucos tiveram comunhão com os sofrimentos do Getsêmani. A maioria dos discípulos não estava suficientemente adiantada em graça para ser admitido a contemplar os mistérios da "agonia". Ocupados com a festa da Páscoa em suas casas, eles representam os muitos que vivem sob a letra, mas são meros bebês em relação ao espírito do evangelho. Para doze, não, para onze foi concedido o privilégio de entrar no Getsêmani e ver "essa grande maravilha". Dos onze, oito foram deixados à distância; eles tinham comunhão, mas não aquele tipo de intimidade admitida àqueles homens mais amados. Apenas três, os privilegiados, puderam se aproximar do véu da misteriosa agonia do nosso Senhor: e por aquele véu, nem mesmo eles podiam passar; uma distância precisava ser mantida entre eles. Ele deveria pisar no lagar *sozinho*, e de todas as pessoas ali, nenhuma poderia estar com Ele. Pedro e os dois filhos de Zebedeu representam os poucos santos eminentes e experientes, que poderiam ser considerados como "pais"; estes que tinham tirado seu sustento das grandes águas, podiam, até certo ponto, medir as imensas ondas do Atlântico da paixão de seu Redentor. Para alguns espíritos seletos foi permitido — por amor aos outros, e para fortalecê-los para um conflito futuro, que seria especial e tremendo — entrar no círculo íntimo e ouvir as súplicas de sofrimento do Sumo Sacerdote; eles tiveram comunhão com Ele em Seu sofrimento e foram confortados em Sua morte. Ainda assim, nem mesmo esses puderam adentrar nos lugares secretos da aflição do Salvador. "Teus sofrimentos desconhecidos" é a expressão notável da liturgia grega: havia um aposento interno no sofrimento de nosso Mestre, fechado para o conhecimento e comunhão humanos. Lá, Jesus é "*deixado sozinho*". Aqui, Jesus foi mais do que nunca um "presente Indescritível!" Isaac Watts [N.E.: Teólogo, pregador e compositor inglês, 1674–1748] está certo quando canta —

E todas as alegrias imensuráveis que Ele dá,
Foram trazidas com agonias desconhecidas.

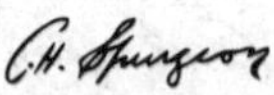

"Ou poderás tu atar as cadeias do Sete-estrelo ou soltar os laços do Órion?" JÓ 38:31

Se temos a inclinação de nos vangloriar de nossas habilidades, a grandeza da natureza pode logo nos mostrar como somos insignificantes. Não podemos movimentar a menor das estrelas cintilantes, ou brilhar tanto quando um dos raios da manhã. Falamos de poder, mas os céus riem de nós com desprezo. Quando o Sete-estrelo brilha na primavera com alegria vernal, não podemos restringir suas influências, e quando o Órion reina no alto e o ano está preso aos grilhões do inverno, não podemos afrouxar seu gélido cinturão. As estações acontecem de acordo com a determinação divina, nem toda a raça humana poderia alterá-las. "Senhor, o que é o homem?"

No mundo espiritual, assim como no natural, o poder do homem é limitado. Quando o Espírito Santo derrama Suas maravilhas na alma, ninguém pode perturbá-la; toda a astúcia e malícia dos homens são ineficazes para deter o poder genial da motivação do Consolador. Quando Ele se digna a visitar uma igreja e reavivá-la, os inimigos mais inveterados não podem resistir à boa obra; eles podem ridicularizá-la, mas não podem detê-la, da mesma forma que não podem retroceder a primavera quando o Sete-estrelo se impõe. É a vontade de Deus e, então, assim deve ser. Por outro lado, se o Senhor, em soberania ou justiça, cobrir um homem de modo que sua alma fique presa, quem poderá libertá-lo? Apenas Ele pode remover o inverno da morte espiritual de um indivíduo ou de um povo. Ninguém, além dele, solta os laços do Órion. Que bênção Ele fazer isso! Ó, que Ele faça a maravilha esta noite. "Senhor, põe termo ao meu inverno e permite que minha primavera comece. Eu não posso, com todo o meu desejo, tirar a minha alma da morte e aridez, mas todas as coisas são possíveis para ti. Preciso de influência celestial, do brilho claro do Teu amor, dos raios da Tua graça, da luz da Tua fronte, isso é o Sete-estrelo para mim. Sofro muito com o pecado e a tentação, esses são meus sinais invernais, meu terrível Órion. Senhor, faz maravilhas em mim e por mim. Amém."

C.H. Spurgeon

"Adiantando-se um pouco, prostrou-se sobre o seu rosto, orando..."
MATEUS 26:39

Há muitas características didáticas na oração do nosso Salvador, na hora de Sua provação. Foi uma *oração solitária*. Ele se afastou até de Seus três discípulos favorecidos. Cristão, faça uma oração solitária, especialmente em momentos de provação. Orar em família, em momentos sociais, na igreja, não será suficiente; são momentos preciosos, mas o melhor aroma de seu incenso subirá em suas devoções particulares, quando nenhum ouvido além do de Deus, estiver escutando.

Foi uma *oração humilde*. Lucas declara que Ele se ajoelhou, mas outro evangelista diz que Ele "prostrou-se sobre o seu rosto". Onde, então, deve ser o seu lugar como humilde servo do grande Mestre? Que poeiras e cinzas devem cobrir a *sua* cabeça! A humildade nos dá uma boa postura de oração. Não há esperança de predominância com Deus, a menos que nos humilhemos para que Ele possa nos exaltar no devido tempo.

Foi uma *oração filial*. "Aba, Pai." Você descobrirá que pleitear sua adoção é uma fortaleza no dia do juízo. Você não tem direito como pessoa, ele lhe foi confiscado por sua traição; mas nada pode tirar o direito do filho à proteção do pai. Não tenha medo de dizer: "Meu Pai, ouça o meu clamor."

Observe que foi uma *oração perseverante*. Ele orou três vezes. Não cesse até prevalecer. Seja como a viúva inoportuna, cuja vinda contínua lhe valeu o que a primeira súplica não conseguiu. Continue a orar, e faça o mesmo ao agradecer.

Por último, foi uma *oração de resignação*. "Todavia, não seja como eu quero, e sim como tu queres." Renda-se, e Deus se revelará. Que seja feita a vontade de Deus, e Deus determinará o que é melhor. Então, alegre-se por deixar sua oração em Suas mãos; Ele sabe quando dar, como dar, o que dar, e o que negar. Assim, suplicando sincera e inoportunamente, mas com humildade e resignação, você, com certeza, prevalecerá.

C.H. Spurgeon

"Pai, a minha vontade é que onde eu estou, estejam também comigo os que me deste..." JOÃO 17:24

Ó morte! por que você toca a árvore onde, sob seus galhos, descansa a fadiga? Por que arrebata o melhor da terra em quem está todo o nosso deleite? Se precisa usar seu machado, use-o nas árvores que não dão frutos; e fique então agradecida. Mas por que você derruba os belos cedros do Líbano? Guarde o seu machado e poupe os justos. Mas não, não pode ser; a morte fere os nossos melhores amigos; os mais generosos, os que mais oram, os mais santos, os mais devotos devem morrer. E por quê? É por meio da oração de Jesus — "Pai, a minha vontade é que onde eu estou, estejam também comigo os que me deste." É *isso* que os leva em asas de águia para o céu. Cada vez que um cristão vai desta Terra para o paraíso, é uma resposta à oração de Cristo. Um antigo e bom teólogo protestante alerta: "Muitas vezes Jesus e Seu povo travam um embate em oração. Você dobra os joelhos e diz: 'Pai, quero que Teus santos fiquem comigo onde *eu* estiver'; e Cristo diz: 'Pai, eu também quero que eles, que Tu me deste, estejam onde *Eu* estiver.'" Assim, o discípulo se opõe à vontade de seu Senhor. A alma não pode estar em dois lugares: a pessoa amada não pode estar com Cristo e com você ao mesmo tempo. Sendo assim, qual súplica prevalecerá? Se você tivesse escolha; se o Rei levantasse de Seu trono e dissesse: "Eis dois suplicantes orando em oposição um ao outro, qual deverá ser respondido?" Ah! Tenho certeza, que embora em aflição, você se levantaria e diria: "Jesus, não a minha vontade, mas a Tua que deve ser feita." Você abriria mão da sua oração pela vida do seu amado, se pudesse perceber que a oração de Cristo está na direção oposta — "Pai, a minha vontade é que onde eu estou, estejam também comigo os que me deste" — você lhe responderia: "Senhor, deves tê-los. Pela fé, os deixarei ir."

C.H. Spurgeon

"...*E aconteceu que o seu suor se tornou como gotas de sangue caindo sobre a terra.*" LUCAS 22:44

A pressão mental que surgia da luta de nosso Senhor contra a tentação forçou tanto a Sua fronte a um anseio anormal, que Seus poros suaram grandes gotas de sangue que caíram no chão. Isso prova *quão tremendo deve ter sido o peso do pecado* quando ele conseguiu atingir o Salvador, de modo que Ele destilou grandes gotas de sangue! Isto demonstra o *grande poder de Seu amor*. É uma bela observação de Isaac Ambrose [N.E.: Teólogo inglês puritano do século 17], que a seiva que exala da árvore que não foi cortada é sempre a melhor. Essa árvore preciosa rendeu doces perfumes quando foi ferida por chicotes nodosos e quando foi perfurada pelos pregos na cruz; mas veja, ela exala melhores perfumes quando não há chicote, ou prego, ou ferida. Isso demonstra *a voluntariedade dos sofrimentos de Cristo*, pois, sem que tivesse sido ferido por uma lança, Seu sangue fluiu livremente. Sem necessidade de sanguessugas ou de faca; ele brota espontaneamente. Sem necessidade de governantes gritarem: "Brote, ó poço"; de si fluem torrentes escarlates. Se os homens sofrem grande dor de cabeça, aparentemente o sangue corre para o coração. As bochechas empalidecem; um desmaio vem; o sangue vai para o centro como se para nutrir o homem interior enquanto ele passa por sua provação. Mas veja o nosso Salvador em Sua agonia; Ele estava tão completamente alheio a si mesmo, que em vez de Sua agonia levar Seu sangue ao coração para nutri-lo, ela o levou para fora, para orvalhar a terra. A agonia de Cristo, na medida em que derramava Seu sangue no chão, mostra a plenitude da oferta que Ele fez aos homens.

Não perceberemos quão intensa deve ter sido a luta pela qual Ele passou e não ouviremos Sua voz nos dizendo: "*Na vossa luta contra o pecado, ainda não tendes resistido até ao sangue*"? Contemplem o grande Apóstolo e Sumo Sacerdote da nossa fé, e suem até sangue ao invés de cederem ao grande tentador de suas almas.

C.H. Spurgeon

"...Asseguro-vos que, se eles se calarem, as próprias pedras clamarão." LUCAS 19:40

Mas as pedras poderiam clamar? Seguramente poderiam se Aquele que abre a boca do jumento mandasse que elas levantassem suas vozes. Certamente, se falassem, teriam muito a testemunhar em louvor àquele que as criou pela palavra de Seu poder; elas poderiam exaltar a sabedoria e o poder de seu *Criador*, que as chamou à existência. Portanto, não vamos *nós* falar daquele que nos fez de novo, e que das pedras ergueu os filhos de Abraão? As pedras da antiguidade podiam falar do caos e da ordem, e do trabalho de Deus nos estágios sucessivos do drama da criação; e não podemos nós falar dos decretos de Deus, da Sua grande obra nos tempos da antiguidade, de tudo o que Ele fez outrora por Sua Igreja? Se as pedras fossem falar, elas contariam de seu *pedreiro*, como ele as tirou da pedreira e as cortou para encaixar no templo, e não iremos nós falar de nosso glorioso Pedreiro, que quebrou nossos corações com o martelo de Sua palavra, para que pudesse nos edificar como Seu templo? Se as pedras pudessem clamar, elas glorificariam seu *construtor*, que as poliu e as moldou no formato necessário para construir um palácio; e não falaremos nós do nosso Arquiteto e Construtor, que nos colocou em nosso lugar no templo do Deus vivo? Se as pedras clamassem, elas teriam uma longa, longa história para contar por meio de monumentos, pois muitas vezes uma grande pedra foi rolada como memorial perante o Senhor. Nós também podemos testemunhar do Ebenézer — pedra de ajuda — pilar de lembrança. As tábuas quebradas da lei clamam contra nós, mas o próprio Cristo, que tirou a pedra da porta do sepulcro, fala por nós. Pedras podem clamar, mas não as deixaremos fazê-lo: vamos abafar seu barulho com o nosso; entoaremos a canção sagrada e bendiremos a majestade do Altíssimo todos os nossos dias, glorificando Aquele que é chamado por Jacó de Pastor e Pedra de Israel.

C.H. Spurgeon

"...tendo sido ouvido por causa da sua piedade..."

HEBREUS 5:7

Será que esse medo surge da sugestão infernal de que *ele teria sito completamente abandonado*? Deve haver provação maior que essa, mas certamente é horrível *ser completamente abandonado*. "Veja," diz Satanás, "você não tem nenhum amigo! Seu Pai fechou as entranhas de Sua compaixão por você. Nenhum anjo em Seus átrios irá estender a mão para ajudá-lo. Todo o céu está afastado de você; foi deixado sozinho. Veja os companheiros com quem andou, o que eles valem? Filho de Maria, veja Seu irmão Tiago, veja Seu amado discípulo João, e Seu ousado apóstolo Pedro, como os covardes dormem enquanto sofre! Olhe! Não lhe restou nenhum amigo no céu ou na Terra. Todo o inferno é contra você. Despertei meu covil infernal. Enviei meus mensageiros por todas as regiões convocando cada príncipe das trevas a se levantar contra você esta noite, e não pouparemos flechas, usaremos nosso poder infernal para destruí-lo: e o que fará, solitário?" Pode ser que esta tenha sido a tentação; pensamos que foi, por causa da aparição de um anjo sobre Jesus, fortalecendo-o para remover aquele temor. Ele foi ouvido em Seu temor; não estava mais só, mas o céu estava com Ele. Talvez, seja esta a razão dele vir três vezes aos Seus discípulos. Como coloca Joseph Hart [N.E.: Pregador e compositor inglês 1712-68] —

Para trás e para frente, três vezes Ele correu,
Como se buscasse ajuda do homem.

Ele veria por si mesmo se era realmente verdade que todos os homens o tinham abandonado; encontrou-os adormecidos; mas, talvez, a ideia de estarem dormindo — não por serem traidores, mas por estarem tristes — tenha lhe dado algum conforto. O espírito realmente estava disposto, mas a carne era fraca. De qualquer forma, Ele foi ouvido em seus temores. Jesus foi ouvido em Sua angústia mais profunda. Minh'alma, você também será ouvida.

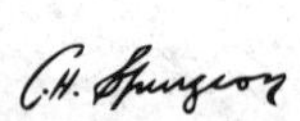

"Naquela hora, exultou Jesus no Espírito Santo..."
LUCAS 10:21

O Salvador era "um homem de dores", mas cada mente pensante descobriu que lá no fundo de Sua alma, Ele levava um tesouro inesgotável de alegria refinada e celeste. Em toda a raça humana, nunca houve um homem que tivesse paz mais profunda, pura e constante do que o nosso Senhor Jesus Cristo. Ele foi ungido "com o óleo de alegria como a nenhum dos teus companheiros". Sua vasta benevolência deve, a partir da própria natureza das coisas, ter-lhe concedido o prazer mais profundo possível, pois benevolência é alegria. Houve alguns poucos momentos notáveis em que essa alegria foi manifestada. "Naquela hora, exultou Jesus no Espírito Santo e exclamou: Graças te dou, ó Pai, Senhor do céu e da terra." Cristo tinha Suas canções, embora fosse noite em Seu interior; embora Seu rosto estivesse desfigurado e tivesse perdido o brilho da alegria terrena, ainda assim, algumas vezes se iluminava com um esplendor inigualável de incomparável satisfação, ao pensar no galardão e em meio à congregação cantava Seu louvor a Deus. Nisso, o Senhor Jesus é uma abençoada ilustração de Sua Igreja na Terra. Nesta hora a igreja espera andar em solidariedade com seu Senhor ao longo da estrada espinhosa; por meio de muita tribulação ela vai forçando seu caminho até a coroa. Suportar a cruz é sua missão, e ser desprezada e considerada uma estranha por seus filhos é sua porção; e, ainda assim, a Igreja tem um profundo poço de alegria, do qual apenas seus filhos podem beber. Há reservas de vinho, óleo e milho escondidas em meio à nossa Jerusalém, pelos quais os santos de Deus são sustentados e nutridos; e algumas vezes, como no caso do nosso Salvador, temos nossos momentos de intenso prazer, pois: "Há um rio, cujas correntes alegram a cidade de Deus." Exilados que somos, nos alegramos em nosso Rei; sim, nele temos extrema alegria, enquanto em Seu nome levantarmos nossas bandeiras.

C.H. Spurgeon

"...com um beijo trais o Filho do Homem?"

LUCAS 22:48

Os beijos de um inimigo são enganosos." Que eu fique de guarda quando o mundo colocar à minha frente um rosto amoroso, pois ele poderá, talvez, me trair com um beijo, como fez com meu Mestre. Sempre que um homem está prestes a esfaquear a religião, normalmente professa uma grande reverência por ela. Que eu esteja ciente da lustrosa face da hipocrisia, que é um escudeiro da heresia e da infidelidade. Conhecendo o engano da injustiça, que eu seja prudente como uma serpente para detectar e evitar os modelos do inimigo. O homem jovem, sem entendimento, foi desviado pelo beijo da mulher estranha: que minha alma seja tão graciosamente instruída durante todo este dia, que as "muitas palavras" do mundo não tenham efeito sobre mim. "Santo Espírito, não deixe o pobre frágil filho do homem, ser traído com um beijo!"

Mas, e se eu fosse culpado do mesmo pecado maldito de Judas, aquele filho da perdição? Fui batizado em nome do Senhor Jesus; sou membro de Sua igreja visível; sento-me à mesa da comunhão: todos esses são beijos dos meus lábios. Sou eu sincero neles? Se não, sou um traidor básico. Vivo no mundo com tanto descuido quanto os outros, e ainda assim professo ser um seguidor de Jesus? Então estou expondo a religião ao ridículo, e levando os homens a falar mal do santo nome pelo qual sou chamado. Certamente, se ajo tão inconsistentemente, sou um Judas, e seria melhor para mim, nunca ter nascido. Atrevo-me a esperar estar limpo nessa questão? "Ó Senhor, mantém-me assim. Faz-me sincero e verdadeiro. Preserva-me de qualquer caminho falso. Nunca me deixes trair meu Salvador. Eu te amo, Jesus, e ainda que muitas vezes te faça sofrer, desejo permanecer fiel a ti até a morte. Ó Deus, não permitas que eu seja um adepto altivo e, no final, venha a cair no lago de fogo, por ter traído meu Mestre com um beijo."

"...o Filho do Homem."

JOÃO 3:13

Com constância, o nosso Mestre usou o título de "Filho do Homem". Se Ele quisesse, poderia sempre ter falado de si como o Filho de Deus, o Pai Eterno, o Maravilhoso, o Conselheiro, o Príncipe da Paz; mas contemple a humildade de Jesus! Ele prefere chamar a si de Filho do Homem. Aprendamos uma lição de humildade com nosso Salvador; nunca cortejemos os grandes e orgulhosos títulos. Há aqui, entretanto, um pensamento muito mais doce. Jesus amava tanto a raça humana, que se agradava em honrá-la, a ponto de chamar a si mesmo de Filho do Homem — uma grande honra, na verdade, a maior da humanidade. Ele se habituara a expor esse nome, como se estivesse pendurando estrelas reais sobre o peito da humanidade, e assim demonstrando o amor de Deus pela semente de Abraão. *Filho do homem* — sempre que usou essa expressão, o Senhor colocou uma auréola sobre a cabeça dos filhos de Adão. No entanto, talvez haja aí um pensamento ainda mais precioso. Jesus Cristo chamava a si mesmo de Filho do homem para expressar Sua unidade e solidariedade para com Seu povo. Assim, nos lembra de que podemos nos aproximar dele sem medo. Por Sua humanidade, podemos levar a Ele todas as nossas tristezas e problemas, pois Ele os conhece por experiência. Naquilo que sofreu como "Filho do Homem," é capaz de nos socorrer e confortar. "Salve Jesus bendito! Visto que usaste sempre o doce nome pelo qual te reconhecemos como irmão e parente próximo, isso é para nós um querido símbolo da Tua graça, Tua humildade e Teu amor."

Ah, vê como Jesus entrega a si mesmo
Ao nosso amor infantil,
Como se por Seu livre acesso conosco
Nosso fervor a provar!
Seu nome sagrado uma palavra comum
Na Terra Ele ama ouvir;
Não há majestade nele
Que o amor não possa alcançar.

C.H. Spurgeon

"Então, lhes disse Jesus: Já vos declarei que sou eu; se é a mim, pois, que buscais, deixai ir estes." JOÃO 18:8

Note, minh'alma, o cuidado que Jesus manifestou pelas ovelhas de Seu rebanho, mesmo na hora de Seu julgamento! A paixão dominante é forte na morte. Ele se entrega ao inimigo, mas interpõe uma palavra de poder para livrar Seus discípulos. Quanto a si mesmo, como uma ovelha perante seus tosquiadores, Ele emudece e não abre a boca, mas pelo bem de Seus discípulos, fala com grande vigor. Aqui há amor, constante, misericordioso e fiel. Mas não há muito mais aqui do que o que é visto na superfície? Não temos nós a alma e o espírito da expiação nessas palavras? O Bom Pastor dá Sua vida pelas ovelhas e defende que elas devam ser libertadas. O Fiador se apresenta e a justiça determina que aqueles por quem Ele se apresenta como substituto, devem ser libertados. Em meio ao cativeiro do Egito, aquela voz soa como uma palavra de poder: "*Deixai ir estes.*" O redimido deve sair da escravidão do pecado e de Satanás. Em cada cela da masmorra de "Desespero" [N.E.: Referência ao livro *O Peregrino* de John Bunyan (Publicações Pão Diário, 2014)], o som ecoa, "Deixai ir estes," e para cá vêm "Desconfiança" e "Temeroso". Satanás ouve a voz bem conhecida e levanta seu pé do pescoço dos caídos; a morte a escuta, e o túmulo abre seus portões para deixar os mortos se levantarem. Seu caminho é progresso, santidade, triunfo e glória, e ninguém ousará atrasá-los. Nenhum leão se colocará em seu caminho, nenhum outro animal feroz subirá. "A corça da manhã" atraiu os caçadores cruéis para si, e agora as mais tímidas gazelas e corças do campo podem pastar em perfeita paz entre os lírios de Seu amor. O trovão rugiu sobre a Cruz no Calvário, e os peregrinos de Sião nunca mais serão feridos pelos pregos da vingança. Meu coração, alegre-se na imunidade assegurada pelo seu Redentor, e bendiga Seu nome durante o dia todo, e todos os dias.

C.H. Spurgeon

"...*Quando vier na glória de seu Pai com os santos anjos.*"
MARCOS 8:38

Se formos cúmplices de Jesus em Sua vergonha, compartilharemos com Ele o brilho que o cercará quando aparecer novamente em glória. Está você, amado, com Cristo Jesus? Uma união vital o liga ao seu Senhor? Então, se está hoje com Ele em Sua vergonha; se leva a Sua cruz, e sai com Ele levando a Sua reprovação; sem dúvida estará com Ele quando a cruz for trocada pela coroa. Mas julgue-se a si mesmo esta noite; pois se você não estiver com Cristo na regeneração, não estará quando Ele voltar em glória. Se você se afastar deste lado sombrio da comunhão, não compreenderá seu brilho, seu momento feliz, quando o Rei voltar e Seus *santos anjos com Ele*. O quê?! Há *anjos com Ele*? E ainda assim Ele não escolheu os anjos — Ele adotou a semente de Abraão. Os santos anjos estão com Ele? Minh'alma, se é realmente Sua amada, não pode ficar longe dele. Se seus amigos e vizinhos são chamados a ver a Sua glória, o que pensa você que é casada com Ele? Deverá ficar distante? Embora seja um dia de julgamento, não pode ficar longe daquele coração que, tendo admitido anjos em Sua intimidade, admitiu você em união. Ele não lhe disse, ó minh'alma: "Desposar-te-ei comigo em justiça, e em juízo, e em benignidade, e em misericórdias?" Seus próprios lábios não disseram: "Casei-me contigo, e minha alegria está em ti?" Se os anjos, que são apenas amigos e próximos, deverão estar com Ele, é certo que Sua própria amada Hefzibá [N.E.: Em Isaías 62:4. Este nome quer dizer: "meu prazer está nela"], em quem está toda a Sua alegria, estará perto dele, e sentada a Sua mão direita. Eis uma estrela da manhã de esperança para você, de tamanho brilho, que pode iluminar a experiência mais sombria e desoladora.

C. H. Spurgeon

"...Então, os discípulos todos, deixando-o, fugiram."
MATEUS 26:56

Ele nunca os abandonou, mas eles, temendo covardemente por suas vidas, fugiram dele no exato momento do início de Seus sofrimentos. Este é apenas um exemplo didático da fragilidade de todos os cristãos, se forem deixados por conta própria; eles são, no máximo, como ovelhas que fogem quando o lobo aparece. Todos haviam sido alertados do perigo e tinham prometido morrer, ao invés de deixar seu Mestre; e, ainda assim, foram tomados por um pânico súbito e saíram correndo. Pode ser que eu, ao iniciar este dia, tenha preparado minha mente para suportar uma provação em nome do Senhor, e me imagino estar certo de demonstrar perfeita fidelidade; mas deixe-me desconfiar de mim mesmo, para que, por ter o mesmo coração perverso de incredulidade, eu não abandone meu Senhor como fizeram os apóstolos. Uma coisa é prometer, e outra bem diferente é cumprir. Teria sido sua honra eterna estar ao lado de Jesus corajosamente; eles fugiram da honra; que eu não os imite! Onde mais eles poderiam estar tão seguros quanto perto de seu Mestre, que poderia chamar doze legiões de anjos na mesma hora? Eles fugiram de sua verdadeira segurança. "Ó, Deus, que eu também não faça papel de tolo." A graça divina pode fazer de um covarde, um bravo. O pavio fumegante pode explodir como fogo no altar, quando o Senhor deseja. Esses mesmos apóstolos que foram tímidos como lebres, se tornaram audazes como leões depois que o Espírito desceu sobre eles, e, da mesma forma, o Espírito Santo pode fazer do meu espírito covarde um espírito corajoso para confessar meu Senhor e testemunhar Sua verdade.

Que angústia deve ter envolvido o Salvador quando viu Seus amigos tão infiéis! Esse foi um ingrediente amargo em Sua taça; mas aquela taça está seca; que eu não coloque outra gota nela. Se eu abandonar o meu Senhor, vou crucificá-lo outra vez e envergonhá-lo abertamente. "Ó Espírito bendito, guarda-me de um fim tão vergonhoso."

C.H. Spurgeon

"Ela, contudo, replicou: Sim, Senhor, porém os cachorrinhos comem das migalhas que caem da mesa dos seus donos."
MATEUS 15:27

Essa mulher recebeu consolo em sua tristeza ao pensar nos grandes ensinamentos de Cristo. O Mestre havia falado sobre o pão dos filhos: "Então", ela argumentou, "como és o Mestre da mesa da graça, sei que és um dono de casa generoso e certamente haverá abundância de pão em tua mesa e tamanha abundância para os filhos, que terá até migalhas para jogar ao chão para os cachorros, e os filhos não terão fome só porque os cães estão sendo alimentados." A mulher achava que Jesus seria o tipo de homem capaz de prover uma mesa muito bem, e ela tinha necessidade apenas de migalhas. Ainda assim lembre-se do que pedia: que o demônio fosse expulso de sua filha. Foi uma grande atitude a dela, pois tinha tão alta estima por Cristo, que disse: "Isto é nada para Ele, é apenas uma migalha para Cristo." Essa é a estrada real da consolação. Grandes pensamentos apenas sobre seu pecado o levarão ao desespero; mas grandes pensamentos sobre Cristo o conduzirão ao céu de paz. "Meus pecados são muitos, mas ó! não é difícil para Jesus levá-los todos embora. O peso da minha culpa me coloca para baixo como o pé de um gigante esmaga um inseto, mas não é mais que um grão de poeira para Ele, porque meu Senhor já carregou Sua maldição em Seu próprio corpo na cruz. Será apenas um pequeno ato para Ele dar a mim total remissão, embora, de minha parte, será uma bênção infinita recebê-la." A mulher abre bem a boca de sua alma, esperando grandes coisas de Jesus, e Ele a enche com amor. Caro leitor, faça o mesmo. Ela concordou com o que Cristo lhe disse, mas o segurou rapidamente, e levantou argumentos apesar de Suas duras palavras. Por crer nas grandes obras dele, ela o convenceu. Ela obteve vitória por crer nele. Esse caso é um exemplo de fé que prevalece; e se quisermos vencer como essa mulher, precisamos usar suas táticas.

C.H. Spurgeon

"...o amor de Cristo, que excede todo entendimento..."

EFÉSIOS 3:19

O amor de Cristo em sua doçura, plenitude, grandeza e fidelidade, excede todo o entendimento humano. Onde poderá ser encontrado um idioma que possa descrever esse amor inigualável e incomparável pelos filhos dos homens? É tão vasto e ilimitado que, como a andorinha que apenas passa levemente sobre a água e não mergulha em suas profundezas, todas as palavras descritivas não tocam mais que a superfície, enquanto que as profundezes incomensuráveis permanecem intocadas. Bem diz o poeta:

Ó amor, teu abismo insondável!

Pois esse amor de Cristo é realmente imensurável e insondável; ninguém pode alcançá-lo. Antes que possamos ter alguma ideia do amor de Jesus, precisamos compreender a glória que tinha na sublime majestade, e Sua encarnação na Terra em toda a sua profundeza de vergonha. Mas quem pode nos falar sobre a majestade de Cristo? Quando estava entronizado nos mais altos céus, Ele era o próprio Deus; os céus e todas as suas hostes foram criados para Ele. Seu poderoso braço manteve os domínios; os louvores dos querubins e serafins o cercavam perpetuamente; todo o coro de aleluias do universo fluía incessantemente aos pés de Seu trono: Ele reinava supremo acima de todas as Suas criaturas, Deus acima de tudo, bendito para sempre. Quem pode falar então do tamanho da Sua glória? E quem, por outro lado, pode dizer o quanto Ele desceu? Ser um homem é considerável, ser um homem de dores é muito mais; sangrar, morrer e sofrer, isso foi demais para Ele que era o Filho de Deus; mas sofrer tão incomparável agonia — enfrentar a morte vergonhosa e o abandono de Seu Pai, isso é uma profundidade de amor condescendente que a mente mais inspirada não conseguiria imaginar. Isso sim é amor verdadeiro! — e que "excede todo entendimento". Ah, que esse amor preencha nossos corações com gratidão em adoração e nos leve a manifestações práticas de seu poder.

C.H. Spurgeon

"Agradar-me-ei de vós como de aroma suave..."
EZEQUIEL 20:41

Os méritos do nosso grande Redentor são como aromas suaves para o Altíssimo. Quer se esteja falando da justiça ativa ou passiva de Cristo, a fragrância é a mesma. Havia um aroma suave em Sua vida ativa, pela qual Ele honrou a lei de Deus e fez todos os preceitos brilharem como joias preciosas na pureza de Sua própria pessoa. Tal também foi Sua obediência passiva, quando enfrentou com submissão silenciosa a fome e a sede, o frio e a nudez, e as grandes gotas de suor no Getsêmani, dando Suas costas aos açoitadores e Seu rosto àqueles que lhe puxaram os cabelos; e foi preso à madeira cruel, para que sofresse a ira de Deus em nosso lugar. Essas duas coisas são doces perante o Altíssimo; e por causa do que Ele fez, de Sua morte, Seu sofrimento em substituição a nós e Sua obediência vicária, o Senhor nosso Deus nos aceita. Que preciosidade deve haver nele que se sobrepõe ao nosso desejo de preciosidade! Que aroma suave que afasta nosso cheiro fétido! Que poder de limpeza em Seu sangue para levar embora pecados como os nossos! E que glória em Sua justiça para fazer criaturas tão inaceitáveis serem aceitas no Amado! Observe, cristão, como nossa aceitação deve ser tão certa e imutável, pois ela está *nele*! Tenha cuidado para nunca duvidar de que em Jesus você é aceito, visto que isso não aconteceria sem Ele; pois quando recebe Seu mérito, você não pode ser rejeitado. Contudo, os olhos de Jeová nunca mais olharão nossas dúvidas, medos e pecados com ira; porque, embora veja o pecado, ainda assim Ele vê você através de Cristo e não considera seu pecado. Você sempre é aceito em Cristo, é sempre abençoado e querido ao coração do Pai. Portanto, entoe um cântico e, enquanto vê a fumaça do incenso do mérito do Salvador subindo ao trono de safira, esta noite, permita que o incenso de seu louvor suba também.

C. H. Spurgeon

"Embora sendo Filho, aprendeu a obediência pelas coisas que sofreu." HEBREUS 5:8

Aprendemos que o Capitão de nossa salvação foi aperfeiçoado por meio do sofrimento, portanto nós, que somos pecadores e estamos longe de ser perfeitos, não devemos nos admirar por sermos chamados a passar também por sofrimentos. Porventura, a cabeça deve ser coroada com espinhos e os outros membros do corpo embalados no colo delicado da tranquilidade? Deve Cristo passar pelos mares de Seu próprio sangue para ganhar a coroa, e nós andarmos para o céu com os pés secos em sandálias de prata? Não, a experiência de nosso Mestre nos ensina que o sofrimento é necessário, e que o verdadeiro filho de Deus não irá e não deveria, escapar dele mesmo que pudesse. Mas há uma ideia muito reconfortante no fato de Cristo ter sido "aperfeiçoado, por meio de sofrimentos" — que Ele pode ter completa compaixão por nós. "Porque não temos sumo sacerdote que não possa compadecer-se das nossas fraquezas." Nessa compaixão de Cristo encontramos um poder de sustentação. Um dos primeiros mártires disse: "Eu posso suportar tudo, pois Jesus sofreu e Ele sofre em mim agora; Ele tem compaixão de mim e isto me fortalece." Cristão, agarre-se a esse pensamento em todas as horas de aflição. Que o pensamento de Jesus o fortaleça enquanto você segue Seus passos. Encontre um doce apoio em Sua compaixão e lembre-se de que sofrer é honroso — sofrer por Cristo é a glória. Os apóstolos se alegraram por terem sido considerados dignos de passar por isto. Na mesma medida em que o Senhor nos dá a graça de sofrer *por* Cristo e *com* Cristo, Ele nos honrará. As joias de um cristão são suas aflições. As insígnias de reis a quem Deus ungiu são seus problemas, suas tristezas, suas angústias. Não vamos, portanto, evitar ser honrados, nem deixar de lado o sermos exaltados. Aflições nos exaltam e problemas nos elevam. "Se perseveramos, também com ele reinaremos."

C.H. Spurgeon

"...Chamei-o, e não me respondeu".
CÂNTICO DOS CÂNTICOS 5:6

A oração às vezes tarda, como uma pedinte ao portão, até que o Rei chegue para encher seu peito com as bênçãos que ela está buscando. Quando o Senhor concede grande fé, Ele também é conhecido por testá-la com longas demoras. Ele suporta o eco da voz de Seus servos em seus ouvidos como se o céu fosse de bronze. Eles bateram ao portão de ouro, mas ele continuou imóvel, como se estivesse com as dobradiças enferrujadas. Como Jeremias, eles choram: "De nuvens te encobriste para que não passe a nossa oração." Assim, os verdadeiros santos continuam a esperar pacientemente sem resposta, não porque suas orações não são veementes, nem porque não são aceitas, mas porque isso é agradável a Ele que é Soberano e que dá conforme Sua própria vontade. Se agrada a Ele exercitar a nossa paciência, por que Ele não deveria fazer conforme Sua própria vontade? Pedintes não devem escolher nem a hora, nem o lugar, nem a forma. Mas precisamos ter cuidado para não entender demoras como negativas: as antigas contas de Deus serão honradas pontualmente; não podemos deixar que Satanás abale nossa confiança no Deus da verdade, pontuando nossas orações como não respondidas. Súplicas não respondidas não são súplicas não ouvidas. Deus mantém um arquivo de nossas orações — elas não são levadas pelo vento, são tesouros nos arquivos do Rei. Há um registro na corte do céu onde cada oração é gravada. Cristão em provação, seu Senhor tem uma garrafa de lágrimas onde as custosas gotas de lamento sagrado são postas de lado, e um livro onde seus santos gemidos são enumerados. Aos poucos seus pedidos prevalecerão. Não pode se contentar em esperar um pouco? O tempo de seu Senhor não será melhor que o seu? Aos poucos, Ele aparecerá confortadoramente para a alegria de sua alma, e colocará de lado o saco e as cinzas da longa espera, e vestirá o linho fino escarlate da plena realização.

C.H. Spurgeon

"...Foi contado com os transgressores..."
ISAÍAS 53:12

Por que Jesus se dispôs a ser listado entre os pecadores? Esta maravilhosa condescendência foi justificada por muitas razões poderosas. *Em tal posição, Ele estaria em melhor condição de ser o advogado deles.* Em alguns julgamentos há uma identificação tal entre o advogado e o cliente, que aos olhos da lei eles não podem ser vistos separadamente. Então, quando o pecador é levado a juízo, o próprio Jesus aparece ali. *Ele* se levanta para responder à acusação. Ele aponta para o Seu lado, Suas mãos, Seus pés e desafia a Justiça a trazer qualquer coisa contra o pecador que Ele representa; Ele invoca Seu sangue, e o invoca tão triunfantemente, sendo listado com eles e tendo parte com eles, que o Juiz proclama: "Deixe-os seguir seu caminho; que sejam libertados de descer para a cova, pois Ele pagou o resgate." Nosso Senhor Jesus foi contado entre os transgressores para que *seus corações pudessem ser atraídos a Ele.* Quem pode ter medo daquele que está arrolado na mesma lista que nós? Certamente podemos ir corajosamente a Ele e confessar nossa culpa. Ele, que foi contado entre os culpados, transfere para Seu nome essa negra acusação, e os nossos nomes são retirados do rol de condenação e escritos no rol da aceitação, pois há uma transferência completa entre Jesus e Seu povo. Cristo tomou todo o nosso estado de miséria e pecado; e Sua plenitude é transferida para nós — Sua justiça, Seu sangue e tudo o que Ele nos dá como dote. Regozije-se, cristão, em sua união com Aquele que foi contado entre os transgressores; e prove que você é verdadeiramente salvo ao ser manifestadamente contado com aqueles que são novas criaturas em Cristo.

C.H. Spurgeon

"Esquadrinhemos os nossos caminhos, provemo-los e voltemos para o Senhor." LAMENTAÇÕES 3:40

A esposa que ama profundamente seu marido ausente anseia por seu retorno; uma separação prolongada de seu amor é uma quase morte para seu espírito: e assim é com as almas que amam muito o Salvador, *precisam* ver Sua face, não suportam que Ele tenha ido para os montes de Beter [N.E.: Cântico dos Cânticos 2:17] e não tenha mais comunicação com elas. Um olhar de reprovação, um dedo erguido será doloroso para filhos amorosos que temem ofender seu carinhoso pai, e que apenas estão alegres com o seu sorriso. Amado, foi assim com você uma vez. Um texto das Escrituras, um alerta, um toque da vara da aflição e você corria aos pés de seu Pai chorando: "Mostra-me por que estás me castigando?" É o que está acontecendo agora? Você está contente em seguir Jesus de longe? Pode contemplar sua comunhão com Cristo interrompida sem se alarmar? Pode suportar ter seu Amado andando em sentido contrário ao seu, porque você está andando em sentido contrário a Ele? Seus pecados criaram uma separação entre você e seu Deus, e seu coração está tranquilo? Permita-me amorosamente alertá-lo, pois é uma tristeza quando podemos viver contentes sem a presença alegre da face do Salvador. *Vamos nos empenhar para descobrir que coisa maligna é essa* — pouco amor por nosso próprio Salvador que morreu; pouca alegria em nosso precioso Jesus, pouca comunhão com o Amado! Faça um verdadeiro jejum em sua alma, enquanto chora pela dureza de seu coração. Não permita que a tristeza o detenha! Lembre-se de onde você recebeu a salvação. *Vá até a cruz.* Lá, e apenas lá, você poderá ter seu espírito reavivado. Não importa quão duro, quão insensível, quão morto você tenha se tornado, vamos voltar aos farrapos e à pobreza, e a impureza de nossa condição natural. Vamos abraçar aquela cruz, vamos olhar dentro daqueles olhos lânguidos, vamos nos banhar naquela fonte cheia de sangue — isso vai nos trazer de volta ao nosso primeiro amor; isso irá restaurar a simplicidade da nossa fé e sensibilidade do nosso coração.

C.H. Spurgeon

"...pelas suas pisaduras fomos sarados."
ISAÍAS 53:5

Pilatos entregou nosso Senhor aos oficiais de Roma para ser açoitado. O açoite romano era um dos instrumentos de tortura mais terríveis. Era feito com tendões de bois e ossos afiados trançados entre as tiras, então a cada vez que o açoite brandia, esses pedaços de ossos rasgavam a pele e deixavam os ossos da vítima expostos. O Salvador foi, sem dúvida, amarrado à coluna e então açoitado. Ele já havia apanhado antes, mas o açoite dos oficiais romanos foi, provavelmente, Seu flagelo mais severo. Minh'alma, levante-se e chore sobre Seu pobre corpo ferido!

Crente em Jesus, você consegue encará-lo sem lágrimas, enquanto Ele espelha o amor agonizante? Ele é ao mesmo tempo, justo como o lírio da inocência e vermelho como a rosa de Seu próprio sangue. Ao sentirmos a cura certa e abençoada que Suas pisaduras têm operado em nós, nosso coração não se derrete de amor e lamento? Se alguma vez amamos nosso Senhor Jesus, certamente sentiremos essa afeição arder agora em nosso peito.

Veja como o paciente Jesus se levanta,
Insultado em seu lugar mais baixo!
Pecadores ataram as mãos do Altíssimo,
E cuspiram no rosto de seu Criador.
Com espinhos em Suas têmporas cortadas e ensanguentadas
Mandando rios de sangue para todos os lados;
Suas costas com açoites foram laceradas.
Mas açoites mais afiados rasgam Seu coração.

Gostaríamos de ir para o quarto chorar, mas como nossos negócios nos chamam a sair, oraremos primeiro para que nosso Amado imprima a imagem de Seu corpo ensanguentado nas tábuas do nosso coração o dia todo, e quando a noite vier, retornaremos para nos reunir com Ele e lamentar que nosso pecado lhe custasse tanto.

C.H. Spurgeon

"Então, Rispa, filha de Aiá, tomou um pano de saco e o estendeu para si sobre uma penha, desde o princípio da ceifa até que sobre eles caiu água do céu; e não deixou que as aves do céu se aproximassem deles de dia, nem os animais do campo, de noite."

2 SAMUEL 21:10

Se o amor de uma mulher por seus filhos mortos pôde fazê-la prolongar sua vigília enlutada por tanto tempo, devemos nós cansar de pensar nos sofrimentos de nosso bendito Senhor? Ela afugentou os pássaros predadores, e não devemos afastar de nossa meditação aqueles pensamentos mundanos e pecaminosos que contaminam nossa mente e os temas sagrados sobre os quais nos ocupamos? Fora, pássaros de asas malignas! Deixem em paz o sacrifício! Ela suportou o calor do verão, o orvalho da noite e as chuvas, desabrigada e sozinha! O sono foi afastado de seus olhos molhados — seu coração estava cheio demais para dormir. Veja como ela amava seus filhos! Rispa deveria suportar isso, e devemos nós desistir à primeira pequena inconveniência ou provação? Somos tão covardes assim que não aguentamos sofrer com nosso Senhor? Ela espantou até mesmo os animais selvagens, com coragem pouco comum a uma mulher, e não estaremos nós prontos a encarar cada inimigo em nome de Jesus? Os filhos dela foram assassinados por outras mãos, e ainda assim ela chorou e vigiou: o que devemos fazer por nós cujos pecados crucificaram nosso Senhor? Nossas obrigações são ilimitadas, nosso amor deveria ser fervoroso e profundo o nosso arrependimento. Vigiar com Jesus deveria ser o nosso trabalho; proteger Sua honra, a nossa ocupação; respeitar a Sua cruz, o nosso consolo. Aqueles cadáveres horríveis devem ter assustado Rispa, especialmente à noite, mas em nosso Senhor, crucificado diante de nós, não há nada horrível, mas tudo é atraente. Nunca uma beleza viva foi tão encantadora quanto nosso Salvador morrendo. "Jesus, vamos observar-te ainda por um tempo, e que tu, graciosamente, te reveles a nós; então não sentaremos cobertos por panos de saco, mas em um pavilhão real."

C.H. Spurgeon

"Beija-me com os beijos de tua boca..."
CÂNTICO DOS CÂNTICOS 1:2

Durante diversos dias estivemos discorrendo sobre a paixão do Salvador, e logo mais à frente voltaremos a este assunto. No início de um novo mês, busquemos os mesmos desejos por nosso Senhor que aqueles que brilham no coração da esposa eleita. Veja como ela se volta imediatamente para *Ele*: não há palavras introdutórias; ela nem mesmo diz seu nome; seu coração está totalmente voltado para ele, pois fala *daquele* que era o único no mundo para ela. Como é corajoso o seu amor! Foi uma grande condescendência que permitiu à chorosa penitente ungir os pés de Cristo com nardo — foi rico o amor que permitiu a Maria sentar-se aos Seus pés e aprender com Ele — mas aqui, o amor, o forte e fervoroso amor, aspira a símbolos mais elevados de respeito e sinais mais próximos de comunhão. Ester tremeu na presença de Assuero, mas a esposa, na alegre liberdade do amor perfeito, não conhece o medo. Se recebermos o mesmo espírito livre, também poderemos pedir da mesma forma. Por beijos, supomos ser aquelas variadas manifestações de afeição das quais o cristão deve desfrutar no amor de Jesus. O beijo da *reconciliação* desfrutamos em nossa conversão, e foi tão doce como o mel escorrendo do favo. O beijo da *aceitação* ainda está quente em nossa testa, quando soubemos que Ele nos aceitou e a nossos atos por meio de Sua rica graça. O beijo da *comunhão* diária e presente é aquele pelo qual suspiramos, mesmo sendo repetido diariamente até ser trocado pelo beijo da *recepção*, que elevará a alma da Terra; e o beijo da *consumação* que se enche com a alegria do céu. Fé é o nosso andar, mas comunhão sensível é o nosso descanso. Fé é a estrada, mas comunhão com Jesus é a fonte da qual os peregrinos bebem. "Ah, Amado de nossa alma, não sejas um estranho para nós; que os lábios da Tua bênção encontrem os lábios de nossas súplicas; que os lábios de Tua plenitude toquem os lábios de nossa necessidade, e o beijo acontecerá imediatamente."

C.H. Spurgeon

"...*é tempo de buscar ao* S*ENHOR*..."

OSEIAS 10:12

Diz-se que o nome do mês de abril é derivado do verbo *aperio*, em latim, que significa *abrir*, porque no hemisfério norte todos os botões de flores se abrem e chegam aos portões da estação mais florida do ano. Leitor, se você ainda não é salvo, talvez seu coração, assim como o despertar universal da natureza, esteja aberto para receber ao Senhor. Cada flor que desabrocha alerta de que *é tempo de buscar ao Senhor*; não fique fora de sintonia com a natureza, mas deixe seu coração florir e desabrochar com desejos santos. Você me diz que o sangue quente da juventude corre em suas veias? Então, eu rogo, dê seu vigor ao Senhor. Minha felicidade foi indescritível ao ser chamado na juventude e poder louvar ao Senhor todos os dias por isso. A salvação é inestimável, permita que ela venha quando puder, mas uma salvação quando jovem tem um valor dobrado. Rapazes e moças, como vocês podem perecer antes de chegar à idade adulta, "*é tempo de buscar ao* S*ENHOR*". Vocês que sentem os primeiros sinais da velhice, apertem o passo: aquela tosse seca, aquele rubor febril, são alertas de que não devem adiar sua decisão; pois *realmente é tempo de buscar ao Senhor.* Percebe um pouco de branco misturado aos seus, antes luxuosos, penteados? Os anos estão roubando rapidamente o seu vigor e a morte está chegando perto a passos largos, permita que cada nova primavera o desperte para deixar sua casa em ordem. Caro leitor, se agora você está em idade avançada, permita-me rogar e implorar a você que não espere mais. Há um dia de graça para você agora — seja grato por isso, mas é uma estação limitada e vai ficando mais curta com o correr do relógio. Aqui neste quarto silencioso, nesta primeira noite de outro mês, falo com você da melhor forma que posso, por meio do papel e da tinta, e do mais profundo de minha alma; como servo de Deus entrego-lhe este alerta: "*É tempo de buscar ao* S*ENHOR*." Não despreze essa salvação, pode ser sua última chance contra a destruição, a sílaba final dos lábios da graça.

C.H. Spurgeon

"Jesus não respondeu nem uma palavra..."
MATEUS 27:14

Ele nunca se calou quando era para abençoar os filhos dos homens, mas não disse uma única palavra a favor de si mesmo. "Jamais alguém falou como este homem" e nunca um homem silenciou como Ele. Esse silêncio singular foi o *indício de Seu perfeito autossacrifício*? Isso mostrou que Ele não pronunciaria uma palavra para evitar o massacre de Sua pessoa sagrada; que Ele havia se dedicado como uma oferta por nós? Teria Ele se rendido tão inteiramente que não interferiria por si próprio, nem no mínimo grau, deixando-se ser preso e morto como uma vítima resignada e sem resistência? Esse silêncio foi *um tipo de vulnerabilidade do pecado*? Nada pode ser dito como paliativo ou pretexto da culpa humana; e, portanto, aquele que suportou todo o seu peso, se manteve em silêncio perante Seu juiz. O silêncio paciente não é a melhor resposta *a um mundo contraditório*? A tolerância calma responde perguntas mais conclusivamente, do que a eloquência mais arrogante. Os melhores apologistas do cristianismo nos primeiros séculos foram seus mártires. A bigorna quebra muitos martelos aguentando tranquilamente seus golpes. O Cordeiro de Deus silencioso não nos forneceu *um grande exemplo de sabedoria*? Onde cada palavra era motivo para uma nova blasfêmia, era uma questão de dever não fornecer mais combustível para a chama do pecado. O ambíguo e o falso, o indigno e o maldoso, dentro em breve derrubarão e confrontarão a si mesmos e, portanto, a verdade pode se dar ao luxo de silenciar e descobrir que o silêncio pode ser sua sabedoria. Evidentemente, nosso Senhor, com Seu silêncio, proporcionou *um notável cumprimento da profecia*. Uma longa defesa de si mesmo teria sido contrária à previsão de Isaías: "Como cordeiro foi levado ao matadouro; e, como ovelha muda perante os seus tosquiadores, ele não abriu a boca." Com Seu silêncio Ele provou conclusivamente ser o verdadeiro Cordeiro de Deus. Dessa forma o saudamos esta manhã. "Sê conosco, Jesus, e no silêncio de nosso coração, permite-nos ouvir a voz de Teu amor."

C. H. Spurgeon

"...verá a sua posteridade e prolongará os seus dias; e a vontade do SENHOR *prosperará nas suas mãos."* ISAÍAS 53:10

Pleiteemos o rápido cumprimento desta promessa, todos nós que amamos ao Senhor. É fácil orar quando estamos firmados e fundamentados, quanto aos nossos desejos, sobre a promessa do próprio Deus. Como Ele, que deu Sua palavra, pode se recusar a mantê-la? A veracidade imutável não pode se rebaixar por uma mentira, e a fidelidade eterna não pode ser degradada pela negligência. Deus deve abençoar Seu Filho, Sua aliança o obriga a ela. Aquilo que o Espírito nos leva a pedir a Jesus, é o que Deus decreta dar a Ele. Sempre que estiver orando pelo reino de Cristo, que seus olhos contemplem o amanhecer do dia abençoado que está próximo, quando o Crucificado receberá Sua coroação no lugar onde os homens o rejeitaram. Coragem, você que, em espírito de oração, trabalha por Cristo com pouco sucesso, não será sempre assim; tempos melhores estão diante de você. Seus olhos não podem ver o bem-aventurado futuro: pegue o telescópio da fé emprestado; seque o vapor de suas dúvidas que está na lente; olhe através dele e contemple a glória que virá. Leitor, permita-me perguntar: você faz dessa a sua oração constante? Lembre-se de que o mesmo Cristo que nos ensina dizer: "O pão nosso de cada dia dá-nos hoje", primeiro nos orienta a clamar: "Santificado seja o Teu nome; venha o Teu reino; faça-se a Tua vontade, assim na terra como no céu." Não permita que suas orações sejam todas sobre seus próprios pecados, seus próprios desejos, suas imperfeições, suas provações, mas que elas subam a escada estrelada e cheguem ao próprio Cristo, e, então, próximo ao altar aspergido pelo sangue, ofereça continuamente esta oração: "Senhor, estende o reino de Teu Filho amado." Tal súplica, apresentada com fervor, elevará o espírito de todas as suas devoções. Tenha o cuidado de provar a sinceridade de sua oração, trabalhando para promover a glória do Senhor.

C.H. Spurgeon

"Então, Pilatos o entregou para ser crucificado."
JOÃO 19:16

Ele passou toda a noite em agonia; tinha passado a manhã na casa de Caifás, fora levado de Caifás a Pilatos, de Pilatos a Herodes, e de Herodes, de volta a Pilatos; restava-lhe, portanto, pouca força, e ainda assim não lhe foi permitido nenhum repouso ou descanso. Eles estavam ansiosos por Seu sangue, e por isso, levaram-no para morrer, carregando a cruz. Ah, dolorosa procissão! Bem podem as filhas de Jerusalém chorar. Minh'alma, chore também.

O que aprendemos aqui, ao ver nosso bendito Senhor ser levado? Será que não percebemos essa verdade estabelecida no simbolismo do *bode expiatório*? O sumo sacerdote não trouxe o bode expiatório e colocou as mãos sobre sua cabeça, confessando os pecados do povo, para que aqueles pecados pudessem recair sobre o bode e não fosse imputado às pessoas? Então, o bode era levado embora para o deserto por um homem justo, carregando os pecados do povo, de modo que se fossem procurados, não poderiam ser encontrados. Agora, vemos Jesus ser levado perante os sacerdotes e governantes, que o julgaram culpado; o próprio Deus imputa nossos pecados a *Ele*: "o SENHOR fez cair sobre ele a iniquidade de nós todos"; "Ele o fez pecado por nós;" e, como o substituto de nossa culpa, suportando nosso pecado sobre Seus ombros, representado pela cruz vemos o grande Bode Expiatório ser levado pelos nomeados oficiais de justiça. Amado, você se sente seguro de que Ele levou *seus* pecados? Quando olha para a cruz nos ombros de Cristo, ela representa os pecados que você comete? Há uma forma de dizer se Ele levou ou não os seus pecados. Você colocou sua mão sobre a cabeça dele, confessou seu pecado e se entregou a Ele? Então, seu pecado não está mais sobre você; foi totalmente transferido pela bendita imputação a Cristo, e Ele o suporta sobre Seus ombros como uma carga mais pesada do que a cruz.

Não permita que esta imagem desapareça até que você tenha se alegrado em sua própria libertação e adorado o amoroso Redentor, sobre quem suas iniquidades foram lançadas.

C.H. Spurgeon

"Todos nós andávamos desgarrados como ovelhas; cada um se desviava pelo caminho, mas o Senhor *fez cair sobre ele a iniquidade de nós todos."* ISAÍAS 53:6

Eis uma confissão de pecado *comum* a todo o povo eleito de Deus. Todos caíram e, portanto, num grande coro dizem, desde o primeiro que entrou no céu, até o último que lá chegará: "Todos nós andávamos desgarrados como ovelhas." A confissão, embora unânime, é também *especial* e individual: "Cada um se desviava pelo caminho." Há uma pecaminosidade peculiar sobre cada um dos indivíduos; todos são pecaminosos, mas cada qual tem algum agravamento especial não encontrado em seu companheiro. É a marca do arrependimento genuíno que, enquanto se associa naturalmente com outros penitentes, também assume uma posição solitária. "Cada um se desviava pelo caminho", é uma confissão de que cada homem pecou contra a luz de uma forma particular, ou pecou com um agravamento que não conseguiu perceber em outros. Esta confissão é *sem reservas*; não há uma palavra que deprecie sua força, nem uma sílaba que a desculpe. A confissão é *um abrir mão de todos os apelos à justiça própria*. É uma declaração dos homens que têm consciência culpada — culpa com agravantes, culpa sem desculpa: eles se erguem com suas armas de rebelião aos pedaços e clamam: "Todos nós andávamos desgarrados como ovelhas; cada um se desviava pelo caminho." No entanto, não ouvimos gemidos dolorosos respondendo a essa confissão de pecado; pois a sua continuação faz dela quase uma canção. "O Senhor fez cair sobre ele a iniquidade de nós todos." É a parte mais dolorosa do versículo, mas transborda de consolo. É estranho como, onde a angústia está concentrada, a misericórdia reina; onde a tristeza alcançou seu ápice, almas cansadas encontram descanso. O Salvador ferido é a cura dos corações feridos. Veja como o mais humilde arrependimento dá lugar à confiança segura por meio da simples contemplação de Cristo na cruz!

C.H. Spurgeon

"Aquele que não conheceu pecado, ele o fez pecado por nós; para que, nele, fôssemos feitos justiça de Deus." 2 CORÍNTIOS 5:21

Cristão de luto, por que chora? Está de luto por suas próprias corrupções? Olhe para o seu perfeito Senhor e lembre-se de que você é completo nele; aos olhos de Deus você é tão perfeito como se nunca tivesse pecado; não, mais do que isso, o Senhor da nossa justiça colocou um manto divino sobre você, assim não está mais sob a justiça do homem — tem a justiça de Deus. Ah, você que está de luto por causa do pecado inato e da depravação, lembre-se de que nenhum dos seus pecados pode condená-lo. Você aprendeu a odiar o pecado, mas aprendeu também que esse pecado não é seu — foi colocado sobre a cabeça de Cristo. Sua posição não é sua — está em Cristo; sua aceitação não é sua, mas do seu Senhor; você é tão aceito por Deus hoje, com todos os seus pecados, quanto será quando estiver perante Seu trono, livre de toda corrupção. Ah, rogo a você, agarre-se a esse pensamento precioso, *perfeição em Cristo*! Pois você é "completo nele". Usando as roupas do seu Salvador, você será tão santo quando o Santo. "Quem os condenará? Foi Cristo Jesus quem morreu ou, antes, quem ressuscitou, o qual está à direita de Deus e também intercede por nós." Cristão, que seu coração se alegre, pois você foi "aceito no Amado" — o que tem a temer? Que sua face exiba um sorriso; viva perto de seu Mestre; viva nas moradas da cidade celestial; pois logo, quando sua hora chegar, será levado para onde Jesus está sentado, e reinará à Sua mão direita; e tudo isso porque "aquele que não conheceu pecado, ele o fez pecado por nós; para que, nele, fôssemos feitos justiça de Deus."

C.H. Spurgeon

"... Vinde, e subamos ao monte do S*ENHOR...*"

ISAÍAS 2:3

É extremamente benéfico para nossa alma subir deste mundo maligno para algo mais nobre e melhor. Os cuidados deste mundo e a sedução das riquezas estão prontas a sufocar tudo de bom que há em nós; e nos tornamos inquietos, desanimados, talvez orgulhosos e carnais. É bom cortarmos esses espinhos e abrolhos, pois a semente celeste crescendo entre eles não dará uma boa colheita; e onde encontraremos uma foice melhor para cortá-los do que na comunhão com Deus e entre as coisas do reino? Nos vales da Suíça [N.E.: No século 19], muitos dos habitantes eram deformados e tinham uma aparência doentia, pois acreditava-se que a atmosfera fechada e estagnada era carregada com miasma [N.E.: Vapor venenoso]; mas, ao subir as montanhas, você encontraria uma raça mais forte, por respirar o ar fresco que exalava das neves virgens dos cumes alpinos. Seria bom se os habitantes do vale pudessem, com frequência, deixar suas casas entre os pântanos e as brumas febris, e inspirar o elemento tonificante no alto dos montes. É para explorar uma escalada que eu o convido esta noite. Que o Espírito de Deus nos ajude a abandonar as brumas do medo e as febres da ansiedade, e todas as doenças que se juntam neste vale da Terra, e nos ajude a subir às montanhas de esperadas alegrias e bem-aventuranças. Que Deus, o Espírito Santo, corte as cordas que nos mantêm aqui embaixo e nos ajude a escalar! Com muita frequência nos sentamos como águias acorrentadas à rocha, só que ao contrário da águia, começamos a amar nossas correntes e, talvez, se a provação realmente vier, ficaremos relutantes em quebrá-las. Que Deus agora nos garanta graça; se não podemos escapar das correntes por nossa carne, ainda assim façamos isso por nosso espírito; e deixando o corpo como um servo aos pés da montanha, que nossa alma possa, como Abraão, alcançar o topo do monte para entrar em comunhão com o Altíssimo.

C. H. Spurgeon

"...puseram-lhe a cruz sobre os ombros, para que a levasse após Jesus." LUCAS 23:26

Vemos em Simão carregando a cruz uma imagem do trabalho da igreja por todas as gerações: ela é a carregadora da cruz depois de Jesus. Note então, cristão, Jesus não sofreu aquilo para excluir seu sofrimento. Ele suporta a cruz, não para que você possa escapar dela, mas para que você possa aguentá-la. Cristo o exime do pecado, mas não do sofrimento. Lembre-se disso e espere sofrer.

Porém, vamos nos consolar com o pensamento que, em nosso caso, como no de Simão, *não é a nossa cruz, mas a de Cristo, que carregamos.* Quando você for assediado por sua devoção; quando sua religião lhe trouxer a provação de zombarias cruéis, lembre-se de que não é a *sua* cruz, mas a de Cristo; e como é maravilhoso levar a cruz de nosso Senhor Jesus!

Você leva a cruz depois dele. Você tem companhia abençoada; seu caminho é marcado pelas pegadas do seu Senhor. A marca de Seu ombro vermelho de sangue está naquele fardo pesado. Esta é a *cruz dele*, e Ele vai à sua frente como um pastor vai à frente de suas ovelhas. Pegue a sua cruz diariamente e o siga.

Não esqueça também *que você tem companhia para levar essa cruz.* Alguns dizem que Simão levou apenas uma ponta da cruz, não ela inteira. É bem possível; Cristo deve ter carregado a parte mais pesada, na viga transversal, e Simão deve ter segurado a ponta mais leve. Certamente também é assim com você: leva apenas a ponta mais leve da cruz, Cristo suporta a mais pesada.

E lembre-se de que *embora Simão tenha levado a cruz apenas por pouco tempo, isso lhe deu honra eterna.* Da mesma forma, a cruz que nós levamos é apenas por um tempo, e então receberemos a coroa, a glória. Certamente deveríamos amar a cruz e, em vez de fugirmos dela, *tê-la como muito querida*, pois ela "produz para nós eterno peso de glória, acima de toda comparação."

C.H. Spurgeon

"...*a humildade precede a honra.*"
PROVÉRBIOS 15:33

A humilhação da alma sempre *traz consigo uma bênção positiva.* Se esvaziarmos nossos corações do eu interior, Deus os encherá com Seu amor. Aquele que deseja comunhão íntima com Cristo deve lembrar a palavra do Senhor: "mas o homem para quem olharei é este: o aflito e abatido de espírito e que treme da minha palavra." Incline-se, se quiser subir para o céu. Não dizemos sempre sobre Jesus que "Ele desceu para que pudesse ascender"? O mesmo deve ser feito por você. Precisa se abaixar para que possa ascender; pois a mais doce comunhão com o céu deve ser das almas humildes, e apenas delas. Deus não negará nenhuma bênção ao espírito totalmente humilde. "Bem-aventurados os humildes de espírito, porque deles é o reino dos céus" com todas as suas riquezas e tesouros. Todo o tesouro de Deus deverá ser dado em doação à alma que é humilde o suficiente para ser capaz de receber sem se tornar orgulhosa por causa disso. Deus abençoa a todos nós até a completa medida e limite do que Ele acha seguro. Se você não recebe uma bênção, é porque não é seguro que você a obtenha. Se nosso Pai celeste fosse deixar seu espírito presunçoso vencer uma batalha em Sua santa guerra, você furtaria a coroa para si e, encarando um inimigo renovado, cairia como uma vítima; por isso você é mantido curvado para o seu próprio bem. Quando um homem é sinceramente humilde e nunca se aventura a tocar nem um grão de orgulho, raramente há algum limite na vontade de Deus para ele. A humildade nos deixa prontos para sermos abençoados pelo Deus de toda a graça, e nos prepara para lidar eficientemente com os outros homens. A humildade verdadeira é uma flor que adorna qualquer jardim. É um tempero que pode ser usado em qualquer refeição da vida, e você descobrirá que fica bom em cada caso. Seja na oração ou no louvor, seja no trabalho ou no sofrimento, o sal genuíno da humildade nunca será demais.

C.H. Spurgeon

"Saiamos, pois, a ele, fora do arraial..."
HEBREUS 13:13

Jesus, levando a Sua cruz, foi sofrer fora dos portões da cidade. O motivo de o cristão sair do campo do pecado e da religião do mundo, não é gostar de ser diferente, mas pelo fato de ter *Jesus feito isso*; e o discípulo deve seguir seu Mestre. Cristo "não era do mundo": Sua vida e Seu testemunho eram um protesto constante contra a conformidade com o mundo. Nunca houve tão transbordante carinho pelos homens como o encontrado nele; mas ainda assim, Ele foi separado dos pecadores. De maneira semelhante, o povo de Cristo deve "sair a Ele". Precisam assumir sua posição "fora do arraial", como testemunhas da verdade. Devem estar preparados para trilhar o caminho estreito e apertado. Devem ser corajosos, inabaláveis, com corações de leão, amando primeiro a Cristo e à Sua verdade, e Cristo e Sua verdade acima do mundo todo. Jesus levará Seu povo "para fora do arraial" *para a sua própria santificação*. Você não pode crescer em graça enquanto estiver conformado com o mundo. A vida de separação pode ser um caminho de sofrimento, mas é a estrada para a segurança; e mesmo que a vida separada possa custar a você muitos tormentos e fazer de cada dia uma batalha, é uma vida feliz apesar de tudo. Nenhuma alegria pode exceder aquela do soldado de Cristo: Jesus se revela tão graciosamente e dá reavivamento tão doce, que o guerreiro sente mais calma e paz em sua luta diária do que os outros em suas horas de descanso. O caminho da santidade é a estrada da comunhão. Então, devemos esperar *ganhar a coroa* se formos capacitados, fielmente, pela divina graça a seguir Cristo para "fora do arraial". A coroa de glória seguirá a cruz da separação. Uma vergonha momentânea será bem recompensada pela honra eterna; sustentar o testemunho por um pouco parecerá nada quando estivermos "para sempre com o Senhor".

C.H. Spurgeon

"...em nome do Senhor *as destruí."*
SALMO 118:12

Nosso Senhor Jesus, por Sua morte, não comprou apenas o direito a uma parte de nós, mas ao homem inteiro. Ele contemplou em Sua paixão nossa santificação integral: espírito, alma e corpo; para que nesse reino triplo Ele possa reinar supremo, sem um rival. É a função da natureza recém-nascida que Deus deu aos regenerados, fazer valer os direitos do Senhor Jesus Cristo. Minh'alma, na medida em que é um filho de Deus, tudo em você que ainda permanece ímpio deve ser vencido; você deve submeter todos os seus poderes e paixões ao cetro de prata do reino gracioso de Jesus e não deve estar satisfeita até que aquele que é Rei, pela compra, se torne também Rei pela graciosa coroação e reine soberano em você. Vendo então, que o pecado não tem qualquer direito à parte alguma de nós, vamos para uma boa e justa batalha, em nome de Deus, quando buscarmos eliminá-lo de dentro de nós. Meu corpo é um membro de Cristo: devo tolerar sua sujeição ao príncipe das trevas? Minh'alma, Cristo sofreu por seus pecados e a redimiu com Seu precioso sangue: devo suportar que sua memória se torne um celeiro do mal ou que suas paixões sejam brasas de iniquidade? Devo permitir que meu julgamento seja pervertido pelo erro ou que minha vontade seja conduzida aos grilhões da iniquidade? Não, minh'alma, você é de Cristo e o pecado não tem direito sobre você.

Seja corajoso quanto a isso, cristão! Não fique abatido, pois seus inimigos espirituais jamais poderão destruí-lo. Você é capaz de vencê-los — não por sua própria força — o mais fraco deles seria demais para você suportar sozinho, mas você pode e deve vencê-los pelo sangue do Cordeiro. Não pergunte: "Como vou me livrar deles, pois são maiores e mais poderosos que eu?", mas se fortaleça e espere humildemente no Senhor, e o poderoso Deus de Jacó certamente virá para resgatá-lo e você cantará a vitória por meio de Sua graça.

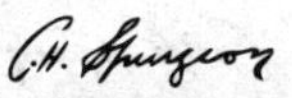

"Ó homens, até quando tornareis a minha glória em vexame?..."
SALMO 4:2

Um didático escritor fez uma lista fúnebre das honras que o cego povo de Israel atribuiu ao seu Rei muito esperado.

1. Eles lhe deram *um cortejo de honra*, do qual legionários romanos, sacerdotes judeus, homens e mulheres participaram: Ele mesmo carregando Sua cruz. Este é o triunfo com o qual o mundo premia Aquele que vem para vencer os piores inimigos do homem. Gritos de escárnio são as únicas aclamações que Ele recebe, e provocações cruéis, o único hino de louvor que lhe entoam.

2. Eles o presentearam com o *vinho da honra*. Em vez de uma taça de ouro de bom vinho, ofereceram-lhe um estonteante projeto de morte criminosa, o qual Ele recusou porque iria preservar um incólume gosto da morte; e mais tarde, quando Ele gritou: "Tenho sede", deram-lhe vinagre misturado com fel, passado em Sua boca com uma esponja. Que hospitalidade miserável e detestável para o Filho do Rei!

3. Ele recebeu *uma guarda de honra*, que demonstrou sua estima apostando sobre Suas vestes, que haviam tomado como espólio. Assim eram os guarda-costas do Adorado do céu: um grupo de jogadores brutais.

4. *Um trono de honra* foi feito para Ele sobre a árvore ensanguentada; homens rebelados não teriam lugar mais fácil para ceder ao seu Senhor. A cruz era, de fato, a completa expressão do sentimento do mundo a Seu respeito: "Ei," pareciam dizer, "Filho de Deus, essa é a forma pela qual o próprio Deus deveria ser tratado se pudéssemos alcançá-lo".

5. *O título de honra* foi nominalmente: "Rei dos Judeus", mas a nação cega distintamente o repudiou e, na verdade, o chamou de "Rei dos ladrões", preferindo Barrabás e colocando Jesus no lugar da mais alta vergonha, entre dois ladrões. Sua glória foi, em tudo, transformada em vergonha pelos filhos dos homens, mas ainda deve alegrar os olhos dos santos e dos anjos da eternidade.

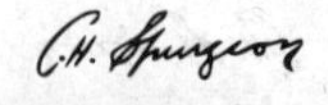

"Livra-me dos crimes de sangue, ó Deus, Deus da minha salvação, e a minha língua exaltará a tua justiça." SALMO 51:14

Nessa confissão solene é prazeroso observar que Davi nomeia plenamente o seu pecado. Ele não o chama de mortandade, nem fala dele como uma imprudência por causa da qual um acidente infeliz aconteceu a um homem valoroso, mas ele o chama pelo verdadeiro nome: crimes de sangue. Ele não matou exatamente o marido de Bate-Seba; mas Davi planejou em seu coração que Urias deveria ser assassinado e, perante o Senhor, foi o assassino. Aprenda a ser honesto com Deus na confissão. Não dê nomes paliativos a pecados terríveis; dar-lhes nomes mais leves não os farão ter um aroma melhor. Que você se esforce para fazer que eles sejam exatamente como Deus os vê; e com o coração totalmente aberto, reconheça seu caráter real. Observe que Davi estava evidentemente oprimido pela atrocidade de seu pecado. É fácil usar palavras, mas é difícil sentir seu significado. O Salmo 51 é a fotografia de um espírito contrito. Vamos buscar o quebrantamento do coração, pois, por melhores que sejam nossas palavras, se nosso coração não estiver consciente de que nosso pecado merece o inferno, não poderemos esperar receber perdão.

Nosso texto tem em si uma oração fervorosa — é dirigida ao Deus da *salvação*. É Sua prerrogativa perdoar; é Seu nome e função salvar aqueles que buscam Sua face. Melhor ainda, o texto o chama de Deus da *minha* salvação. Sim, bendito seja Seu nome; quando me chego a Ele pelo sangue de Jesus, posso me regozijar no Deus da *minha* salvação.

O salmista termina com um voto louvável: se Deus o livrar, ele cantará — não, mais do que isso, ele "*exaltará*". Quem pode louvar de outra maneira perante uma misericórdia dessas? Mas note o objeto da exaltação — "Tua justiça". Precisamos exaltar a obra do Salvador precioso; e aquele que melhor conhece o amor que perdoa, cantará mais alto.

C.H. Spurgeon

"Porque, se em lenho verde fazem isto, que será no lenho seco?"
LUCAS 23:31

Entre outras interpretações desta sugestiva pergunta, a seguinte é cheia de ensinamentos: "Se o inocente substituto dos pecadores sofre assim, o que será feito quando um pecador — o lenho seco — cair nas mãos de um Deus irado?" Quando Deus viu Jesus no lugar do pecador, Ele não o poupou; e quando encontrar o não regenerado sem Cristo, não o poupará. Pecador, Jesus foi levado por Seus inimigos: então você deverá ser arrastado pelos demônios ao lugar que lhe foi destinado. Jesus foi abandonado por Deus; e se Ele, que era o único sem pecado, foi abandonado, o que será de você? "*Eli, Eli, lamá sabactâni*?", que grito terrível! Mas qual será o seu grito quando disser: "Ó Deus! Ó Deus! por que me desamparaste?" e a resposta vier: "Porque você desprezou todos os Meus conselhos e não aceitou nenhuma das Minhas reprovações: também vou rir da sua calamidade; vou zombar quando sobrevier sobre você o terror." Se Deus não poupou Seu próprio Filho, muito menos poupará você! Que chicotes de fios queimados o atingirão quando a consciência o ferir com todos os seus terrores! Vocês mais ricos, mais alegres, são a maioria dos pecadores hipócritas — quem se levantará em seu lugar quando Deus disser: "Desperta, ó espada, contra o homem que me rejeitou; fere-o e deixa que sinta para sempre o sofrimento"? Jesus foi cuspido: pecador, que vergonha será a sua! Não podemos reunir numa palavra toda a massa de sofrimentos que pesou sobre a cabeça de Cristo, que morreu por nós; então é impossível dizermos a você que rios, que oceanos de dor passarão por cima do seu espírito se você morrer como está agora. Você pode morrer depois, você pode morrer agora. Pelas agonias de Cristo, por Suas feridas e por Seu sangue, não atraia para si a ira que está por vir! Confie no Filho de Deus e você nunca morrerá.

C.H. Spurgeon

"...não temerei mal nenhum, porque tu estás comigo..."
SALMO 23:4

Veja como, independente de circunstâncias externas, o Espírito Santo pode moldar o cristão! Que luz radiante pode brilhar dentro de nós quando tudo está escuro! Quão seguros, felizes, calmos, tranquilos podemos ser quando o mundo treme e os pilares da Terra são removidos! Mesmo a própria morte, com todas as suas terríveis influências, não tem poder para suspender a música do coração do cristão, mas, ao contrário, a faz mais doce, clara, celestial, até que o último ato de bondade que a morte pode trazer, é deixar que a tensão terrena se derreta no coro celestial e a alegria temporal se transforme em bênção eternal! Confiemos, então, no poder do Espírito bendito para nos consolar. Querido leitor, está encarando a pobreza? Não tema; o Espírito divino pode lhe dar, na sua necessidade, uma plenitude maior do que o rico tem em sua abundância. Você não sabe que alegrias podem ser armazenadas no chalé, em volta do qual a graça plantará as rosas de contentamento. Você está consciente do crescente fracasso do poder de seu corpo? Espera passar longas noites de abatimento e dias de dor? Ah, não fique triste! Aquela cama pode se tornar o seu trono. Pouco você sabe como cada pontada que atinge seu corpo pode ser um fogo purificador para consumir a sua impureza — um raio de glória para iluminar as partes secretas de sua alma. Seus olhos estão apagando? Jesus será sua luz. Seus ouvidos estão falhando? O nome de Jesus será a melhor música de sua alma, e Sua pessoa, seu maior prazer. Sócrates costumava dizer: "Filósofos podem ser felizes sem música" e cristãos podem ser mais felizes do que filósofos quando todas as causas externas de alegria forem retiradas. "Em ti, meu Deus, meu coração triunfará, não importa os males que vierem. Pelo Teu poder, ó Espírito bendito, meu coração será extremamente feliz, apesar de todas as coisas que me falharem aqui na Terra."

C.H. Spurgeon

"Seguia-o numerosa multidão de povo, e também mulheres que batiam no peito e o lamentavam." LUCAS 23:27

Em meio ao tumulto da multidão que seguiu o Redentor até Sua desgraça, havia algumas almas graciosas cuja angústia amarga buscou espaço em murmúrios e lamentações — música adequada a acompanhar aquela marcha de sofrimento. Quando a minha alma consegue ver o Salvador levando Sua cruz para o Calvário, ela se junta às mulheres devotas e chora com elas; pois, na verdade, há uma causa real para lamentar — causa mais profunda do que aquelas mulheres enlutadas pensavam. Elas choravam pela inocência maltratada, pela bondade perseguida, pelo amor sangrando, a mansidão prestes a morrer; mas meu coração tem uma causa mais profunda e mais amarga para lamentar. Meus pecados foram os açoites que laceraram aqueles ombros abençoados, e coroaram com espinhos aquela fronte ensanguentada. Meus pecados gritaram: "Crucifica-o! Crucifica-o!" e colocaram a cruz sobre Seus ombros graciosos. Ele ser levado para morrer, é sofrimento bastante para uma eternidade: mas eu ter sido o Seu assassino, é mais, infinitamente mais sofrimento do que uma pobre fonte de lágrimas possa expressar.

A razão daquelas mulheres o amarem e chorarem por Ele não é difícil de imaginar: mas elas não poderiam ter razões maiores para amá-lo e chorar por Ele do que tem meu coração. A viúva de Naim viu seu filho ressuscitado — mas eu fui erguido para uma nova vida. A sogra de Pedro foi curada da febre — mas eu, da grande praga do pecado. Foram sete os demônios expulsos de Madalena — mas uma legião inteira saiu de mim. Maria e Marta foram favorecidas com visitas — mas Ele habita em mim. Sua mãe deu à luz ao Seu corpo — mas Ele é formado em mim, a esperança da glória. Em nada devo mais que as santas mulheres, que eu não fique devendo mais que elas em gratidão ou sofrimento.

Amor e dor dividem meu coração
Com minhas lágrimas Seus pés eu lavo;
Meu coração em quietude incessante
Chora por Aquele que morreu para salvar.

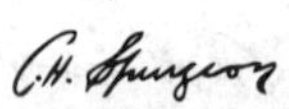

"...a tua clemência me engrandeceu."
SALMO 18:35

É possível traduzir essas palavras como: "Tua bondade me engrandece." Davi atribuiu, agradecido, toda a sua grandeza, não à sua própria bondade, mas à clemência de Deus. "Teu *cuidado* me fez prosperar", diz outra tradução; e cuidado não é nada mais que a bondade em ação. A bondade é o botão cujo cuidado é a flor, ou é a semente da qual a cuidado é colhido. Alguns interpretam como "Teu *auxílio*", o que não passa de outra palavra para cuidado, é o aliado dos santos, ajudando-os no serviço de seu Senhor. Ou novamente, "Tua *humildade* me engrandeceu." "Tua *condescendência*" talvez possa servir como uma leitura mais compreensiva, combinando as ideias mencionadas, incluindo a *humildade*. É por Deus se fazer pequeno que somos engrandecidos. Somos tão pequenos, que se Deus tivesse que manifestar Sua grandiosidade sem condescendência, deveríamos ser pisados sob Seus pés; mas Deus, que precisa se inclinar para ver os céus e o que os anjos fazem, abaixa ainda mais o Seu olhar e olha para os humildes e contritos, e os engrandece. Há ainda outras traduções, como por exemplo, a Septuaginta que diz, "Tua disciplina" — Tua correção paterna — "me engrandeceu;" enquanto que a paráfrase Caldéia afirma: "Tua palavra me aumentou." A ideia ainda é a mesma. Davi atribui toda a sua grandeza à condescendente bondade de seu Pai celeste. Que esse sentimento ecoe em nossos corações esta noite enquanto colocamos nossas coroas aos pés de Jesus e clamamos: "Tua clemência me engrandeceu." Quão maravilhosa tem sido nossa experiência da clemência de Deus! Como são gentis Suas correções! Quão mansa Sua paciência! Quão amáveis Seus ensinamentos! Quão suaves Seus planos! Medite sobre isso, cristão. Permita que a gratidão seja despertada; que a humildade seja mais profunda; que o amor seja renovado quando você dormir esta noite.

C.H. Spurgeon

"...ao lugar chamado Calvário..."

LUCAS 23:33

O monte do consolo é o monte do Calvário; a casa de consolação é construída com a madeira da cruz; o templo de bênçãos celestes é fundado sobre a rocha fendida — fendida pela lança que perfurou seu lado. Nenhuma cena da história sagrada jamais alegrará tanto a alma como a tragédia do Calvário.

Não é estranho, que a hora mais sombria
Que ocorreu na Terra pecaminosa,
Deveria tocar o coração com poder mais suave,
Para consolar, do que o júbilo de um anjo?
Que os olhos do pranteador deveriam se voltar
Antes para a cruz do que para o brilho da estrela de Belém?

A luz brota do meio-dia à meia-noite do Gólgota, e cada erva do campo floresce docemente à sombra de uma árvore que um dia foi amaldiçoada. Naquele lugar de sede, a graça cavou uma fonte que sempre jorra com águas tão puras quanto o cristal, cada gota é capaz de aliviar as aflições da humanidade. Você que teve seus momentos de conflito, confessará que não foi no monte das Oliveiras que sempre encontrou conforto, nem no monte Sinai, nem no Tabor; mas que o Getsêmani, Gabatá e Gólgota têm sido um meio de consolo para você. As ervas amargas do Getsêmani têm afastado, com frequência, os amargores de sua vida; o flagelo de Gabatá [N.E.: Tribuna onde Jesus se assentou quando foi julgado por Pilatos] tem açoitado suas preocupações e os murmúrios do Calvário nos proporcionam raro e rico consolo. Jamais conheceríamos o amor de Cristo em toda a sua altura e profundidade, se Ele não tivesse morrido; nem poderíamos saber da profunda afeição do Pai, se Ele não tivesse dado Seu Filho para morrer. As misericórdias comuns que desfrutamos, todas cantam sobre o amor, assim como a concha, quando colocada ao ouvido, sussurra o mar profundo de onde vem; mas se desejamos escutar o próprio oceano, precisamos não olhar para as bênçãos do dia a dia, mas para a crucificação. Aquele que quiser conhecer o amor, que se retire para o Calvário e veja o Homem de dores morrer.

C. H. Spurgeon

"Porque, esta mesma noite, um anjo de Deus, de quem eu sou e a quem sirvo, esteve comigo." ATOS 27:23

A tempestade e a longa escuridão, juntamente com o risco iminente de o barco afundar, trouxeram para a tripulação uma situação triste; apenas um homem entre eles se mantinha perfeitamente calmo, e por sua palavra os demais foram tranquilizados. Paulo era o único que tinha coragem suficiente para dizer: "Senhores, tende bom ânimo." Havia veteranos legionários romanos a bordo, e velhos marinheiros corajosos, e ainda assim, seu pobre prisioneiro judeu teve mais coragem que todos eles. Ele tinha um Amigo secreto que mantinha a sua bravura. O Senhor Jesus enviara um mensageiro celestial para sussurrar palavras de consolo ao ouvido de seu servo fiel, por isso ele tinha uma expressão iluminada e falou como um homem tranquilo.

Se temermos ao Senhor, talvez possamos procurar por intervenções oportunas quando estivermos numa situação grave. Anjos não são afastados de nós por tempestades ou escondidos pela escuridão. Serafins não acham humilhante visitar os mais pobres da família celestial. Se as visitas dos anjos são poucas e distantes em tempos normais, elas deverão ser frequentes em nossas noites de tempestades e perturbações. Amigos podem se afastar de nós quando estamos sob pressão, mas nossa relação com os habitantes do mundo angelical deverá ser mais abundante; e na força das palavras de amor, vindas a nós do trono, pela escada de Jacó, seremos fortes para atos de heroísmo. Querido leitor, essa é uma hora de angústia para você? Então peça por ajuda especial. Jesus é o anjo da aliança, e se a Sua presença for buscada agora fervorosamente, não será negada. Que alegria aquela presença traz ao coração daqueles que lembram que, como Paulo, esteve um anjo de Deus ao seu lado numa noite de tempestade, quando a âncora não mais segurava e as rochas estavam próximas.

Ó anjo do meu Deus, fique perto,
Em meio à escuridão, acalme meu temor;
Alto rosna o mar tempestuoso,
Tua presença, Senhor, me consolará.

C.H. Spurgeon

"Derramei-me como água, e todos os meus ossos se desconjuntaram..." SALMO 22:14

Será que a Terra ou o céu alguma vez viu espetáculo de sofrimento tão triste? Na alma e no corpo, nosso Senhor sentiu-se fraco como a água derramada no chão. A colocação da cruz em sua base o abalou com tamanha violência que estirou todos os Seus ligamentos, fez doer cada nervo e, de alguma forma, deslocou todos os Seus ossos. Por causa de Seu próprio peso, o augusto sofredor sentiu a tensão crescer a cada momento durante aquelas longas seis horas. Sua sensação de fraqueza e desmaio foi avassaladora; ao mesmo tempo que Sua própria consciência se tornou nada mais do que uma massa de dor e desfalecimento. Quando Daniel teve a grande visão, assim descreveu suas sensações: "E não restou força em mim; o meu rosto mudou de cor e se desfigurou, e não retive força alguma." Que grande fraqueza deve ter sentido nosso maior Profeta quando teve a visão ameaçadora da ira de Deus, e a sentiu em Sua própria alma! O que o nosso Senhor aguentou teria sido insuportável para nós, e um tipo de inconsciência teria vindo em nosso socorro; mas em Seu caso, Ele estava ferido e sentiu a espada; Ele esgotou o cálice e sorveu cada gota.

Ó, Rei do Sofrimento! (título estranho, mas verdadeiro
Atribuído somente a ti, entre todos os reis)
Ó, Rei das Feridas! Como devo sofrer por ti,
Que por causa de todo o Teu sofrimento, me poupaste do meu!

Ao nos ajoelharmos perante o trono de nosso Salvador que ascendeu, lembremo-nos bem do caminho pelo qual Ele preparou o trono da graça para nós; em espírito, bebamos de Sua taça, para que possamos ser fortalecidos em nossa hora de opressão, quando ela vier. Em Seu corpo natural cada membro sofreu, e assim deve ser no espiritual; mas apesar de todos os Seus sofrimentos e feridas, Seu corpo subiu sem máculas para a glória e o poder. Da mesma forma Seu corpo místico sairá da fornalha, com nada além do que o cheiro de fumaça.

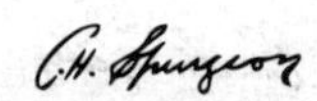

"Considera as minhas aflições e o meu sofrimento e perdoa todos os meus pecados." SALMO 25:18

É bom para nós quando as orações sobre nossas aflições estão ligadas às súplicas relacionadas aos nossos pecados — quando, estando sob a mão de Deus, não somos totalmente tomados por nossa dor, mas lembrados de nossas ofensas contra o Senhor. Também é bom levar tanto o sofrimento quanto o pecado ao mesmo lugar. Foi a Deus que Davi levou sua aflição: foi a Deus que Davi confessou seu pecado. Observe, então, *que devemos levar nossas aflições ao Senhor*. Mesmo as que forem pequenas devem ser levadas a Deus, pois Ele conhece os cabelos de sua cabeça; e você deve entregar ao Senhor as grandes aflições, pois Ele tem o oceano na palma de Sua mão. Vá a Ele, seja qual for seu problema atual, e você o encontrará disposto e desejoso de aliviá-lo. *Mas precisamos levar nossos pecados a Deus também*. Devemos levá-los até a cruz, para que o sangue caia sobre eles para remover sua culpa e destruir seu poder de corrupção.

A lição especial do texto é esta: que *devemos ir ao Senhor com nossas aflições e pecados, com a disposição correta*. Note que tudo o que Davi pede sobre suas aflições é: "*Considera* as minhas aflições e o meu sofrimento", mas a súplica seguinte é muito mais expressiva, definitiva, decidida e plena — "*Perdoa* todos os meus pecados". Muitos sofredores teriam colocado assim: "Remova minhas aflições e sofrimento, e considera os meus pecados." Mas Davi não fala isso; ele clama: "Senhor, quanto às minhas aflições e sofrimentos, não vou determinar a Tua sabedoria. Senhor, considera-os, vou deixá-los para ti. Eu ficaria feliz em ter meu sofrimento removido, mas faz segundo a Tua vontade; porém, quanto aos meus pecados, Senhor, sei o que quero; preciso que sejam perdoados; não posso suportar cair nem mais um momento por causa da maldição deles." Numa balança, um cristão considera a aflição mais leve do que o pecado; ele pode suportar que seus problemas continuem, mas não pode aguentar o fardo de suas transgressões.

C. H. Spurgeon

"...meu coração fez-se como cera, derreteu-se dentro de mim."
SALMO 22:14

Nosso bendito Senhor experimentou um terrível abatimento e quebrantamento da alma. "O espírito firme sustenta o homem na sua doença, mas o espírito abatido, quem o pode suportar?" A profunda depressão do espírito é a mais dolorosa de todas as provações; qualquer coisa perto disso é nada. Assim, também o Salvador em sofrimento clamou ao Seu Deus: "Não te distancies de mim", pois mais do que em todos os outros momentos, o homem precisa de seu Deus quando o coração está consumido em seu interior por causa do peso. Cristão, venha para perto da cruz esta manhã, e humildemente adore o Rei da glória, que foi trazido aqui para baixo, em sofrimento mental e angústia interior, do que qualquer outro entre nós; e note Sua aptidão para se tornar um Sumo Sacerdote fiel, que pode ser tocado com o sentimento de nossas fraquezas. Especialmente aqueles de nós cuja tristeza brota diretamente de um afastamento do sentido de presença do amor de nosso Pai, entrem em comunhão íntima com Jesus. Não vamos nos entregar ao desespero, já que o Mestre passou por esse lugar sombrio antes de nós. Algumas vezes nossa alma pode desejar, fraquejar e até ter sede angustiante de manter a luz da face do Senhor: em horas como essas, permaneçamos no doce fato da solidariedade do nosso Sumo Sacerdote. Nossas gotas de aflição poderiam bem ser esquecidas no oceano dos Seus sofrimentos; mas quão alto nosso amor deveria subir! Venha, ó amor forte e profundo de Jesus, como as ondas da maré alta, cubra todos os meus poderes, afogue todos os meus pecados, lave todas as minhas preocupações, levante a minha alma ligada à Terra, e leve-a aos pés do meu Senhor, e lá me deixa ficar, uma pobre concha quebrada, lavada por Seu amor, sem ter virtude ou valor; e apenas me aventurando a sussurrar, se Ele oferecer seu ouvido a mim. Ele escutará o meu fraco coração ecoando as vastas ondas de Seu próprio amor que me trouxe para onde tenho prazer em estar, mesmo aos Seus pés, para sempre.

C.H. Spurgeon

"...ao jardim do rei..."
NEEMIAS 3:15

A menção do jardim do rei, por Neemias, traz à mente o *paraíso* que o Rei dos reis preparou para Adão. O pecado arruinou totalmente aquela bela morada de todas as delícias e levou os filhos dos homens a lavrar a terra onde crescem também espinhos e abrolhos. Minh'alma, lembre-se de que a queda, foi a *sua* queda. Chore muito porque o Senhor de amor foi maltratado tão vergonhosamente pelo pai da raça humana, da qual você é um membro tão indigno quanto qualquer outro. Veja como dragões e demônios habitam neste mundo que um dia foi um jardim de delícias.

Veja adiante outro jardim do Rei que é regado por Ele com o suor de Seu sangue — *Getsêmani*, cujas ervas amargas são muito mais doces para a alma renovada, do que as suculentas frutas do Éden. Lá, o dano da serpente do primeiro jardim foi desfeito: lá a maldição foi retirada da Terra e germinada a semente prometida da mulher. Minh'alma, reconsidere a muita agonia e paixão; recorra ao jardim das azeitonas prensadas (Getsêmani) e veja seu grande Redentor resgatando-a de seu estado de perdição. Esse é o verdadeiro jardim dos jardins, é aqui que a alma pode ver a culpa do pecado e o poder do amor, duas visões que superam todas as outras.

Não há outro jardim do Rei? Sim, *meu coração*, você é, ou deveria ser assim. Como brotam as flores? Há escolha na aparição dos frutos? O Rei passeia nele e descansa sob os caramanchões do meu espírito? Deixe-me ver se as plantas estão podadas e regadas, e se as raposas malignas foram descobertas. "Vem, Senhor, e deixa que o vento celestial sopre à Tua chegada, para que as especiarias de Teu jardim possam fluir. Nem eu devo esquecer o jardim da *igreja* do Rei. Ó, Senhor, envia prosperidade a ela. Reconstrói seus muros, nutre suas plantas, colhe seus frutos e, do enorme deserto, reverte sua esterilidade e faça ali 'um jardim do Rei'."

C.H. Spurgeon

"O meu amado é para mim um saquitel de mirra..."
CÂNTICO DOS CÂNTICOS 1:13

A mirra pode muito bem ser escolhida como uma alegoria de Jesus, por causa de *sua preciosidade, perfume, amenidade, por suas qualidades terapêuticas, preservação e desinfecção, e por sua conexão com sacrifício*. Mas por que Ele é comparado a "um saquitel de mirra"? Primeiramente, pela *abundância*. Ele não é uma gota, é uma caixa cheia. Ele não é um raminho ou uma flor, é um buquê inteiro. Há o suficiente em Cristo para todas as minhas necessidades; que eu não seja lento em me beneficiar. Nosso bem-Amado é comparado novamente a um "saquitel", por causa da *variedade*: porque há em Cristo não apenas algo que seja necessário, mas "nele, habita, corporalmente, toda a plenitude da divindade", tudo o que é necessário está nele. Observe Jesus em Seus diferentes papéis e você verá uma variedade maravilhosa — Profeta, Sacerdote, Rei, Marido, Amigo, Pastor. Considere Sua vida, morte, ressurreição, ascensão, segunda vinda; veja Sua virtude, gentileza, coragem, autonegação, amor, fidelidade, verdade, justiça — em tudo Ele é um buquê de preciosidade. Ele é um "saquitel de mirra" para *preservação* — não deixe a mirra cair no chão e ser pisada, mas amarre-a bem, a mirra deve ser guardada numa caixa. Devemos valorizá-lo como nosso maior tesouro; precisamos dar muito valor às Suas palavras e decretos; e devemos manter nossos pensamentos e conhecimento sobre Ele como que trancados a chave, a fim de que o diabo nada roube de nós. Além disso, Jesus é um "saquitel de mirra" para *especialidade*. O símbolo sugere a ideia de graça distinta e discriminada. Antes da fundação do mundo, Ele foi separado para Seu povo; e espalha Seu perfume apenas sobre aqueles que entendem como entrar em comunhão com Ele e como ter um relacionamento íntimo com Ele. Ah! Povo bendito que o Senhor admitiu em Sua intimidade e para quem se separou. Ah! Felizardos que podem dizer: "Um saquitel de mirra é meu bem-Amado para mim."

C.H. Spurgeon

"E porá a mão sobre a cabeça do holocausto, para que seja aceito a favor dele, para a sua expiação." LEVÍTICO 1:4

Nosso Senhor feito "pecado por nós" é representado aqui pela significativa transferência do pecado para o novilho, que era feita pelos anciãos do povo. A imposição de mão não era um mero toque, pois em outras passagens das Escrituras a palavra original tem o significado de se curvar pesadamente, como na expressão: "Sobre mim pesa a tua ira" (Salmo 88:7). Certamente essa é a essência e a natureza da fé, que não apenas nos coloca em contato com o grande Substituto, mas nos ensina a nos curvar sobre Ele com todo o fardo de nossa culpa. Jeová juntou sobre a cabeça do Substituto todas as ofensas do povo da aliança. Porém, cada um dos escolhidos é trazido pessoalmente para ratificar seu ato solene da aliança, quando, pela graça, é capacitado pela fé a colocar sua mão sobre a cabeça do "Cordeiro que foi morto desde a fundação do mundo". Cristão, você se lembra daquele dia arrebatador quando primeiro entendeu o perdão por meio de Jesus, aquele que suportou os pecados? Você pode fazer uma confissão feliz e se juntar ao escritor dizendo: Minh'alma lembra com prazer seu dia de libertação. Carregado de culpa e cheio de medos, vi meu Salvador como meu Substituto, e coloquei minha mão sobre ele; ó! Quanta timidez no princípio, mas a coragem cresceu e a confiança foi confirmada até eu curvar totalmente a minha alma sobre Ele. Agora minha alegria é incessante ao saber que meus pecados não são mais imputados a mim, mas estão sobre Ele; e como as dívidas do viajante ferido são pagas, Jesus, como o bom Samaritano, de todos os meus pecados futuros, disse: "Estão na Minha conta." Descoberta abençoada! Consolo eterno de um coração agradecido!

Meus inúmeros pecados transferidos para Ele,
Nunca mais serão achados,
Perdidos na corrente expiatória de Seu sangue,
Onde cada crime foi afogado!

C.H. Spurgeon

"Todos os que me veem zombam de mim; afrouxam os lábios e meneiam a cabeça." SALMO 22:7

A zombaria foi um ingrediente constante na aflição do nosso Senhor. Judas zombou dele no jardim; o chefe dos sacerdotes e os escribas riram dele com escárnio; Herodes desdenhou dele; os servos e os soldados zombaram dele e o insultaram brutalmente; Pilatos e seus guardas ridicularizaram Sua realeza; e na cruz todos os tipos de piadas horríveis e provocações hediondas foram dirigidas a Ele. A ridicularização é sempre difícil de suportar, mas quando estamos em dor intensa, é tão fria, tão cruel, que nos fere até o âmago. Imagine o Salvador crucificado, atormentado por uma angústia muito além da compreensão mortal, e então visualize aquela multidão heterogênea, todos meneando a cabeça ou mostrando nos lábios um amargo desprezo pela pobre vítima sofredora! Certamente havia algo mais no Crucificado do que podiam ver, ou então a multidão tão grande e diversificada não teria unanimemente desprezado o Senhor. No momento de aparente triunfo, a confissão maligna podia fazer algo além de zombar daquela bondade vitoriosa que estava reinando na cruz? "Ó, Jesus, 'desprezado e o mais rejeitado entre os homens', como pudeste morrer por homens que te trataram tão mal? Eis aqui amor incrível, amor divino, sim, amor além da compreensão. Nós também te desprezamos enquanto erámos degenerados, e mesmo desde o nosso novo nascimento, nós colocamos o mundo em alta conta em nossos corações, e ainda assim, sangraste para curar nossas feridas, e morreste para nos dar vida. Ó, que possamos te colocar num trono glorioso nos corações de todos os homens! Que entoemos louvores a ti na terra e no mar, até que os homens universalmente te adorem da mesma forma que, um dia, eles unanimemente te rejeitaram."

Tuas criaturas te ofendem, ó soberano Bem!
Não és amado, porque não és compreendido:
Isso muito me entristece, que a vaidade seduza
Homens ingratos, apesar do Teu sorriso.

C.H. Spurgeon

"Dizei aos justos que bem lhes irá..."
ISAÍAS 3:10

O*s justos estarão sempre bem.* Se tivesse sido dito: "Dizei aos justos que bem irá em sua prosperidade", deveríamos estar agradecidos por tão grande graça, pois a prosperidade é uma hora de perigo, e é um presente do céu ser protegido de suas armadilhas. Ou se estivesse escrito: "Bem lhe irá quando estiver sob perseguição", devíamos ser agradecidos por uma garantia tão segura, pois a perseguição é difícil de suportar; mas quando nada em especial é mencionado, é porque tudo está incluído. Os "futuros" de Deus devem sempre ser compreendidos em seu sentido mais amplo. Desde o início do ano até o final, desde as primeiras sombras da noite até que a estrela da manhã brilhe, em todas as condições e sob todas as circunstâncias, o justo estará bem. Ficará tão bem, que não podemos imaginar estar melhor, pois ele é *bem nutrido*, afinal se alimenta da carne e do sangue de Jesus; ele está *bem vestido*, pois usa a justiça imputada de Cristo; *mora bem*, pois habita em Deus; é *bem casado*, sua alma está unida em laços de matrimônio com Cristo; é *bem guarnecido*, pois o Senhor é seu Pastor; é *bem abençoado*, pois o céu é sua herança. O justo estará bem — *bem mediante a autoridade divina*; a boca de Deus declara a certeza consoladora. Ó, amado, se Deus declara que tudo está bem, dez mil demônios podem dizer que isso é mal, mas rimos deles todos em desprezo. Bendito seja Deus por uma fé que nos capacita a crer nele quando as criaturas o contradizem. Tudo está bem com você — justo — o tempo todo, diz a Palavra. Então, amado, se não consegue ver isso, deixe a Palavra de Deus firmá-lo, em vez de guiar-se pelo que vê; sim, creia mais confiantemente na autoridade divina do que seus olhos e sentimentos lhe dizem. A quem Deus abençoa, é verdadeiramente abençoado, e o que Seus lábios declaram, é a mais certa e segura verdade.

C.H. Spurgeon

"*...Deus meu, Deus meu, por que me desamparaste?...*"
SALMO 22:1

Nós, aqui, contemplamos o Salvador na profundeza de Suas dores. Nenhum outro lugar mostra tão bem os sofrimentos de Cristo como o Calvário; e nenhum outro momento no Calvário é tão cheio de agonia do que aquele em que Seu grito rasga o ar — "Deus meu, Deus meu, por que me desamparaste?" Neste momento, a fraqueza física se uniu à aguda tortura mental da vergonha e da infâmia pelas quais Ele tinha que passar; e para fazer Seu sofrimento culminar com ênfase, Ele sofreu uma agonia espiritual que supera qualquer expressão, resultado da separação da presença de Seu Pai. Isso foi a hora mais escura de Seu horror; foi então que Ele desceu ao abismo do sofrimento. Nenhum homem pode conceber o total significado dessas palavras. Alguns de nós pensamos, às vezes, que podemos gritar: "Deus meu, Deus meu, por que me desamparaste?" Há momentos em que a luz do sorriso de nosso Pai é eclipsada por nuvens e escuridão; mas lembremos de que Deus nunca nos desampara de verdade. Conosco é apenas um aparente desamparo, mas no caso de Cristo, foi real. Sofremos ao menor afastamento do amor de nosso Pai; mas Deus virou o rosto de verdade para Seu Filho; quem poderia calcular quão profunda a agonia que isso lhe causou?

Em nosso caso, o grito normalmente é determinado pela descrença: no caso dele, foi a expressão de um fato terrível, pois Deus realmente havia virado as costas para Ele por um momento. Ó alma pobre e aflita, que um dia viveu no brilho da face de Deus, mas agora está na escuridão, lembre-se de que Ele não a desamparou de verdade. Deus, em meio às nuvens, é tão Deus como nos momentos em que Ele brilha à nossa frente, em toda a Sua fulgurante graça; mas como até a *ideia* de que Ele nos tenha desamparado nos agoniza, que sofrimento não terá sido o do Salvador quando exclamou: "Deus meu, Deus meu, por que me desamparaste?"

C.H. Spurgeon

"...exalta-o para sempre."
SALMO 28:9

O *povo de Deus precisa ser levantado*. Ele é, por natureza, muito pesado. Não tem asas, ou, se tivesse, seria como uma pomba da antiguidade, pousada entre utensílios de barro; e ele precisa da divina graça para que suba nas asas cobertas de prata com penas de ouro. Naturalmente as fagulhas sobem, mas a alma pecadora do homem cai. "Ó, Senhor, 'exalta-o para sempre'!" O próprio Davi disse: "A ti, Senhor, elevo a minha alma", e aqui sente necessidade que as almas de outros homens devam ser elevadas, assim como a sua. Quando você pedir essa bênção para si mesmo, não se esqueça de buscá-la para outros também. Há três formas pelas quais o povo de Deus pede para ser elevado. *Eles pedem para ser elevados em caráter.* "Eleva-os, ó Senhor; não deixe que Teu povo seja como o povo do mundo! O mundo jaz no maligno; mantém Teu povo acima deste domínio! O povo do mundo está procurando por prata e ouro, buscando seus próprios prazeres e a gratificação de suas luxúrias; mas, Senhor, eleva Teu povo acima de tudo isso; evita que ele seja 'avarento', como John Bunyan chama aqueles que estão sempre brigando por ouro! Ajusta seus corações ao seu Senhor ressuscitado e à herança celestial!" Além disso, *os cristãos precisam ser prósperos quando em conflito*. Na batalha, se parecem cair: "ó Senhor, agrada-te em dar-lhes a vitória. Se o pé do inimigo estiver sobre seus pescoços por um momento, ajuda-os a empunhar a espada do Espírito e, finalmente, vencer a batalha. Senhor, eleva o espírito dos Teus filhos no dia do conflito; não deixes que sentem na poeira, lamentando eternamente. Que o adversário não os confunda nem os irrite; mas se forem, como Ana, perseguidos, deixa que cantem a misericórdia do Deus do livramento."

Podemos também pedir ao nosso Senhor que os eleve finalmente! "Eleva-os, levando-os para casa, levanta seus corpos da tumba e suas almas para o reino eterno em glória."

"...pelo precioso sangue... de Cristo."

1 PEDRO 1:19

Aos pés da cruz vemos as mãos, os pés e o lado de Jesus, todos destilando fluxos vermelhos de sangue precioso. Seu sangue é "precioso" por causa de sua *eficácia redentora e expiatória.* Por ele, os pecados do povo de Cristo são expiados; são redimidos da lei; são reconciliados com Deus, feitos um com Ele. O sangue de Cristo também é "precioso" em seu *poder purificador*; ele "purifica de todo o pecado". "Ainda que os vossos pecados sejam como a escarlata, eles se tornarão brancos como a neve." Por meio do sangue de Jesus, nenhuma mancha é deixada no cristão, nenhuma ruga ou coisa parecida permanece. Ó, sangue precioso que nos purifica, removendo as manchas da iniquidade abundante, e nos permite ser aceitos no Amado, a despeito das muitas formas em que nos rebelamos contra nosso Deus! O sangue de Cristo é também "precioso" em seu *poder de preservação.* Sob o sangue aspergido, estamos salvos do anjo destruidor. Lembre-se de que a verdadeira razão de sermos poupados é o fato de Deus ver o sangue. Eis aqui consolo para nós quando nosso olho da fé está fraco, pois o olhar de Deus permanece o mesmo. O sangue de Cristo é "precioso" também em sua *influência santificadora.* O mesmo sangue que justifica, afastando o pecado, completa a obra, vivificando a nova natureza, levando-a a subjugar o pecado e a seguir os mandamentos de Deus. Não há causa para tão grande santidade como aquela que flui das veias de Jesus. E "precioso", inexplicavelmente precioso, é esse sangue, porque ele tem um *poder de superação.* Está escrito: "Venceram por causa do sangue do Cordeiro." Como poderiam fazer de outra forma? Aquele que luta possuindo o precioso sangue de Jesus, luta com uma arma que não pode conhecer derrota. O sangue de Jesus! O pecado morre em sua presença, a morte deixa de ser morte: os portões do céu se abrem. O sangue de Jesus! Devemos seguir marchando, conquistando e para conquistar, enquanto confiamos em seu poder!

C. H. Spurgeon

"...assim lhe ficaram as mãos firmes até ao pôr do sol."
ÊXODO 17:12

Tão poderosa era a oração de Moisés que tudo dependia dela. As súplicas de Moisés derrotavam o inimigo mais do que as lutas de Josué. Ainda assim, ambas eram necessárias. No conflito da alma, força e fervor, decisão e devoção, valor e veemência, precisam juntar forças e tudo sairá bem. Você precisa combater seu pecado, mas a maior parte do combate deve ser feita a sós com Deus. Uma oração como a de Moisés ergue o símbolo da aliança perante o Senhor. O cajado era o emblema de Deus trabalhando com Moisés, o símbolo do governo de Deus sobre Israel. Aprenda, ó santo suplicante, a erguer a promessa e o juramento de Deus perante Ele. O Senhor não pode negar Suas próprias declarações. Erga o cajado da promessa e tenha o que deseja.

Moisés ficou cansado e, então, seus amigos o ajudaram. Quando, a qualquer tempo, sua oração esmorecer, deixe a fé segurar uma de suas mãos, e a esperança santa erguer a outra, e a oração sentado sobre a pedra de Israel, a Rocha de nossa salvação, irá perseverar e prevalecer. Cuidado com a fraqueza na devoção; se Moisés a sentiu, quem poderá escapar? É muito mais fácil lutar com o pecado em público do que orar contra ele em particular. Diz-se que Josué nunca ficou cansado de lutar, mas Moisés ficou cansado durante a oração; quanto mais espiritual é um exercício, mais difícil é para a carne e o sangue mantê-lo. Vamos clamar, então, por força especial, e que o Espírito de Deus, que nos ajuda em nossas fraquezas, como ajudou Moisés, nos capacite como ele a continuar com nossas mãos firmes "*até ao pôr do sol*"; até que a noite da vida acabe; até que chegue o nascer de um sol melhor na terra onde a oração é consumida em louvor.

C.H. Spurgeon

"...ao sangue da aspersão que fala coisas superiores ao que fala o próprio Abel." HEBREUS 12:24

Leitor, você chegou ao sangue da aspersão? A pergunta não é se você chegou ao conhecimento da doutrina, ou a uma observância de cerimônias, ou a certa forma de experiência, mas *você chegou ao sangue de Jesus*? O sangue de Jesus é a vida de toda a santidade. Se você realmente chegou a Cristo, sabemos como veio — o Santo Espírito o trouxe com doçura. Você chegou ao sangue da aspersão, não por seus méritos. Culpado, perdido e desamparado, você chegou para apropriar-se daquele sangue, e só dele, como sua esperança eterna. Você chegou à Cruz de Cristo com um coração trêmulo e dolorido; e que som precioso foi para você ouvir a voz do sangue de Jesus! O gotejar de Seu sangue é como música do céu para os penitentes filhos na Terra. Somos cheios de pecado, mas o Salvador nos convida a elevar os olhos para Ele e, ao olharmos Suas feridas abertas, cada gota de sangue, ao cair, clama: "Está consumado; eu dei fim ao pecado; eu trouxe a justiça eterna." Ó, doce linguagem do sangue precioso de Jesus! Se você chegou àquele sangue uma vez, voltará constantemente a ele. Sua vida será "olhando para Jesus". Toda a sua conduta será sintetizada nisso — "chegando-vos para ele". Não a quem eu *cheguei*, mas a quem eu *sempre chego*. Se você já veio ao sangue da aspersão, sentirá que precisa vir a ele *todos os dias*. Aquele que não deseja se lavar nele todos os dias, jamais se lavou. O cristão sempre sente que é sua alegria e privilégio ainda haver uma fonte aberta. Experiências passadas são comida duvidosa para os cristãos; apenas uma vinda constante a Cristo pode nos dar alegria e conforto. Esta manhã, vamos aspergir com sangue os batentes de nossas portas, e então nos banquetear no Cordeiro, seguros de que o anjo da destruição passará ao longe.

"...queremos ver Jesus."
JOÃO 12:21

Cada vez mais o clamor do não salvo é: "Quem nos mostrará o bem?" Ele busca satisfação em confortos, prazeres e riquezas terrenas. Mas o pecador vivificado conhece apenas um bem. "Ah! Se eu soubesse onde o poderia achar!" Quando ele é realmente despertado para sentir sua culpa, se você pudesse derramar o ouro da Índia aos seus pés, ele diria: "Leve-o embora, quero encontrar Jesus." É uma bênção para um homem, quando coloca seus desejos em foco e assim concentra tudo em um objetivo. Quando tem 50 desejos diferentes, seu coração lembra da água estagnada, espalhada em um pântano, exalando miasma e pestilência; mas quando todos os desejos são trazidos para o mesmo canal, seu coração se torna como um rio de águas límpidas, correndo suavemente para fertilizar os campos. Feliz é aquele que tem um desejo, se esse desejo único for centrado em Cristo, embora ainda possa não ter sido realizado. Se Jesus é o desejo da alma, é um sinal abençoado da obra divina nela. Tal homem nunca estará contente com coisas comuns. Ele dirá: "Eu quero Cristo; eu *preciso* tê-lo — coisas comuns não têm utilidade para mim; eu o quero; não me ofereça essas coisas; estou morrendo de sede e você me oferece o cântaro vazio; dê-me água, ou eu morro. Jesus é o desejo da minha alma. Quero vê-lo!"

É essa a sua condição neste momento, leitor? Você tem apenas um desejo, e ele é por Cristo? Então você não está longe do reino dos céus. Há apenas uma vontade em seu coração, e essa única vontade é a de que você seja lavado de todos os seus pecados no sangue de Jesus? Você pode realmente dizer: "Eu daria tudo o que tenho para ser cristão; eu desistiria de tudo que tenho e desejo, se me sentisse atraído por Cristo?" Então, apesar de todos os seus medos, tenha bom ânimo, o Senhor o ama, e você deverá vir logo para a luz e regozijar-se na liberdade com a qual Cristo liberta o homem.

C.H. Spurgeon

"...e ela atou o cordão de escarlata à janela."

JOSUÉ 2:21

A preservação de Raabe dependia da promessa dos espiões que ela via como representantes do Deus de Israel. Sua fé era simples e firme, mas muito obediente. Atar o cordão escarlate à janela era um ato muito trivial em si, mas ela não ousou correr o risco de não fazê-lo. Venha, minh'alma, não há uma lição aqui? Você tem observado toda a vontade do Senhor, mesmo aquelas ordens que parecem não ser essenciais? Porventura tem considerado as duas ordenanças para os cristãos, o batismo e a Ceia do Senhor, da forma como Deus deseja? Negligenciar isso indica muita desobediência sem amor em seu coração. A partir de agora, seja fiel em tudo, mesmo que seja atar um cordão, se isso for uma ordem.

Esse ato de Raabe apresenta uma lição ainda mais solene. Eu confio implicitamente no precioso sangue de Jesus? Atei o cordão escarlate com um nó Górdio [N.E.: Relativo ou pertencente a Górdio, rei lendário da Frígia, atual Turquia (Houaiss, 2009). Este nó era difícil de desatar], à minha janela, de modo que minha confiança jamais possa ser removida? Ou posso olhar para o mar Morto dos meus pecados, ou para a Jerusalém das minhas esperanças, sem ver o sangue, ou vendo todas as coisas em conexão com seu poder bendito? O transeunte pode ver uma corda de cor tão evidente se ela estiver pendurada numa janela: será bom para mim se minha vida tornar a eficácia da expiação evidente para todos os expectadores. O que há para se envergonhar? Deixe que os homens ou demônios olhem se quiserem, o sangue é meu orgulho e minha canção. Minh'alma, há Um que verá aquele cordão escarlate, mesmo quando você não conseguir vê-lo por causa da fraqueza de fé; Jeová, o Vingador, o verá e a poupará. As muralhas de Jericó caíram: a casa de Raabe estava sobre a muralha, e ainda assim permaneceu intocada; minha natureza é construída na muralha da humanidade, e, ainda assim, quando a destruição atingir a raça humana, estarei seguro. Minh'alma, amarre o cordão escarlate à janela e fique em paz.

C. H. Spurgeon

"E disseste: Certamente eu te farei bem..."
GÊNESIS 32:12

Quando Jacó estava do outro lado do vau de Jaboque, e Esaú estava vindo com homens armados, ele buscou fervorosamente a proteção de Deus, e com firmeza, suplicou: "E disseste: Certamente eu te farei bem." Ah, a força dessa súplica! Ele estava cobrando de Deus a Sua palavra: "E disseste." O atributo da fidelidade de Deus é um porta-voz esplêndido a ser colocado no altar; mas a promessa que tem em si o atributo e algo mais, é um laço ainda mais poderoso — "E disseste: Certamente eu te farei bem." Se *Ele* disse, não o cumprirá? "Seja Deus verdadeiro, e mentiroso, todo homem." Não deverá *Ele* ser verdadeiro? Não manterá *Ele* Sua palavra? Não deverá cada palavra que sair de Seus lábios, ser mantida e cumprida? Salomão, na inauguração do templo, usou essa mesma súplica poderosa. Ele clamou a Deus que se lembrasse do que havia dito ao seu pai Davi, e que abençoasse aquele lugar. Quando um homem dá uma nota promissória, sua honra está empenhada; ele a assina e ela deverá ser descontada quando chegar o devido tempo, ou então perde o crédito. Jamais deve ser dito que Deus desonra Suas notas. O crédito do Altíssimo nunca foi contestado e nunca será. Ele é pontual: nunca está adiantado, mas também nunca atrasado. Pesquise a Palavra de Deus, e compare-a com a experiência do povo de Deus e descobrirá os dois registros de promessa. Anciãos disseram como Josué: "Nem uma só promessa caiu de todas as boas palavras que falou de vós o SENHOR, vosso Deus; todas vos sobrevieram, nem uma delas falhou." Se você tem uma promessa divina, não precisa suplicar com um "se", você deve insistir com certeza. O Senhor pretende cumprir a promessa, ou então não a teria feito. Deus não dá Sua palavra apenas para nos aquietar e nos manter esperançosos com a intenção de nos deixar de lado no final; mas quando Ele fala, é porque tem a intenção de cumprir o que falou.

C.H. Spurgeon

"Eis que o véu do santuário se rasgou em duas partes de alto a baixo..." MATEUS 27:51

O rasgar de um véu tão forte e espesso não foi um milagre ruim; a intenção não era uma simples demonstração de poder — há muitas lições aqui para nós. *A antiga lei das ordenanças foi posta de lado* como uma roupa desgastada, rasgada e descartada. Quando Jesus morreu, acabaram todos os sacrifícios, porque todos foram cumpridos nele e, assim sendo, o lugar onde eram apresentados ficou marcado como um símbolo evidente de ruína. O rasgo também *revelou todas as coisas escondidas do antigo decreto*: o altar agora podia ser visto e a glória de Deus brilhava sobre ele. Pela morte de nosso Senhor Jesus temos uma clara revelação de Deus, pois Ele não é "como Moisés, que punha véu sobre a face". A vida e a imortalidade agora foram trazidas à luz, e coisas que estavam escondidas desde a fundação do mundo são manifestadas nele. *A cerimônia anual da expiação estava agora abolida. O sangue da expiação,* que a cada ano era aspergido no véu, foi oferecido definitivamente pelo grande Sumo Sacerdote e, portanto, o lugar do ritual simbólico foi quebrado. Já não é necessário o sangue de novilhos ou cordeiros, pois Jesus entrou no véu com Seu próprio sangue. Por isso, *o acesso a Deus é agora permitido*, e é privilégio de cada crente em Cristo Jesus. Não foi aberto um pequeno buraco por onde possamos espiar o altar, pois o rasgo foi de alto a baixo. Podemos nos achegar com ousadia ao trono da graça celeste. Erraremos ao dizer que aquela abertura do Santo dos Santos, dessa forma maravilhosa, pelo grito de morte de nosso Senhor, foi *a abertura dos portões do paraíso* para todos os santos, por força da Paixão? Nosso ensanguentado Senhor tem a chave do céu; Ele o abriu e ninguém o fechará; vamos entrar com Ele nos lugares celestiais e lá nos assentar com Ele, até que nossos inimigos comuns estejam sob Seus pés.

C. H. Spurgeon

"...o Amém..."
APOCALIPSE 3:14

A palavra "amém" confirma solenemente aquilo que aconteceu antes; e Jesus é o grande Confirmador; imutável e eterno, Ele é "o Amém" em todas as *Suas promessas. Pecador*, gostaria de confortar você com esta reflexão. Jesus Cristo disse: "Vinde a mim, todos os que estais cansados e sobrecarregados, e eu vos aliviarei." Se você vier, Ele dirá "amém" à sua alma; Sua promessa será verdadeira *para você*. Ele disse: "Não esmagará a cana quebrada." Ó, coração pobre, quebrado e esmagado, se for a Jesus, Ele lhe dirá "amém", e isso será verdadeiro em *sua* alma, como em centenas de casos em épocas remotas. *Cristão*, não é muito reconfortante também para você que não haja uma palavra saída dos lábios do Salvador que Ele tenha retirado alguma vez? As palavras de Jesus permanecerão quando o céu e a Terra passarem. Se receber um bocado de promessas pela metade, deve procurar a verdadeira. Cuidado com aquele que é chamado de "Redutor da promessa," [N.E.: No inglês *Clip-promisse*, personagem de um sermão de Jonh Bunyan] que destruirá muito do consolo da Palavra de Deus.

Jesus é o "sim" e o "amém" em todas as *Suas funções*. Ele outrora foi Sacerdote do perdão e da purificação, Ele ainda é o "amém", como Sacerdote. Ele foi um Rei para governar e reinar sobre Seu povo e para defendê-lo com Seu poderoso braço, Ele é um Rei Amém, continua sempre o mesmo. Ele foi um Profeta da antiguidade para prever boas coisas por vir, Seus lábios são os mais doces de onde ainda flui mel — Ele é um Profeta Amém. Ele é o "amém" quanto ao mérito de Seu sangue; Ele é o "amém" quanto à Sua justiça. Ele é o "amém" em cada título que ostenta; é seu marido, nunca buscando um divórcio; seu amigo, que se mantém mais perto que um irmão; seu pastor, presente com você no vale escuro da morte; sua ajuda e seu libertador, seu castelo e sua torre; o chifre [N.E.: Referente aos chifres que ficavam nos cantos do altar do holocausto no tabernáculo, simbolizando força] da sua força, sua confiança, sua alegria, seu tudo em todos, e seu Sim e Amém em tudo.

C.H. Spurgeon

"...Por Sua morte, destruísse aquele que tem o poder da morte..."
HEBREUS 2:14

Ó filho de Deus, a morte perdeu seu ferrão, porque o poder do diabo sobre ela está destruído. Então, pare de ter medo de morrer. Peça graça de Deus ao Espírito Santo, para que por um conhecimento íntimo e fé firme na morte do seu Redentor, você possa ser fortalecido naquela hora temerosa. Vivendo perto da cruz do Calvário, você pode pensar na morte com prazer, e recebê-la bem e com deleite intenso quando o momento chegar. É doce morrer no Senhor: é um pacto abençoado dormir em Jesus. A morte não é mais um banimento, é uma volta do exílio, um retorno para o lar de muitas mansões onde os amados já habitam. A distância entre os espíritos glorificados no céu e os santos militantes na Terra parece enorme; mas não é tão grande. Não estamos longe de casa — um momento nos levará para lá. A vela do barco está esticada pelo vento; a alma é lançada sobre o abismo. Quão longa será sua viagem? Quantos ventos cansativos devem bater sobre a vela até que ela chegue ao porto da paz? Quanto tempo aquela alma deve ser lançada sobre as ondas, antes que chegue ao mar que não conhece tempestades? Ouça a resposta: "Deixar o corpo e habitar com o Senhor." Aquele barco acabou de partir, mas já está no céu. Ele apenas esticou sua vela e chegou lá. Como aquele barco da antiguidade, sobre o mar da Galileia, uma tempestade o afundaria, mas Jesus disse: "Acalma-te, emudece!" e *imediatamente* ele chegou à terra. Não pense que um longo período se interpõe entre o instante da morte e a eternidade de glória. Quando os olhos se fecham na Terra, eles se abrem no céu. Os cavalos de fogo não ficam um instante na estrada. Então, ó filho de Deus, por que você teme morrer, vendo que por meio da morte de seu Senhor, a maldição e o ferrão da morte foram destruídos? E agora não é mais que a escada de Jacó, cuja base está na cova escura, mas o topo alcança a glória eterna.

C. H. Spurgeon

"...Guerreia as guerras do SENHOR*..."*
1 SAMUEL 18:17

A multidão sacramental dos eleitos de Deus ainda está guerreando na Terra. Jesus Cristo é o Capitão de sua salvação. Ele disse: "E eis que estou convosco todos os dias até à consumação do século." Ouça os gritos de guerra! Então, que o povo de Deus se mantenha firme nas fileiras e não deixe que o coração de nenhum homem falhe com Ele. É verdade que agora, no mundo, a batalha se voltou contra nós, e a menos que o Senhor Jesus levante Sua espada, não sabemos o que acontecerá com a Igreja do Senhor neste mundo; mas vamos ter coragem, sejamos íntegros. Nunca houve um dia em que o Protestantismo pareceu tremer mais do que agora, que um esforço feroz está sendo feito para restaurar o anticristo ao seu antigo assento. Desejamos muito uma voz corajosa e uma mão forte para pregar e propagar o antigo evangelho pelo qual mártires sangraram e professos morreram. O Salvador está, por Seu Espírito, ainda na Terra; que isso nos avive. Ele está sempre no meio da luta e, portanto, a batalha não é questionável. E conforme o conflito se alastra, que doce satisfação é saber que o Senhor Jesus, em Seu ofício como nosso grande Intercessor, está constantemente suplicando por Seu povo! Ó contemplador ansioso, não olhe tanto para a batalha abaixo, pois você ficará envolto pela fumaça e assustado com os mantos cobertos de sangue; mas eleve seus olhos para onde o Salvador vive e suplica, pois enquanto Ele intercede, a causa de Deus está a salvo. Vamos lutar como se tudo dependesse de nós, mas vamos olhar para cima e saber que tudo depende dele.

Agora, pelos lírios da pureza do cristão e pelas rosas da expiação do Salvador, pelas gazelas e cervos do campo, convocamos você que ama Jesus, a lutar valentemente a Guerra Santa, pela verdade e justiça, pelo reino e pelas joias da coroa de seu Mestre. Avante! "Pois a peleja não é vossa, mas de Deus."

C.H. Spurgeon

"Porque eu sei que o meu Redentor vive..."
JÓ 19:25

A essência do consolo de Jó reside naquela pequena palavra "meu" — "meu Redentor", e no fato de que o Redentor vive. Ah, apegar-se ao Cristo vivo! Precisamos nos apropriar dele antes de desfrutarmos dele. De que me adianta o ouro na mina? Homens são mendigos no Peru e imploram seu pão na Califórnia. É o ouro em minha bolsa que irá satisfazer minhas necessidades quando compro o pão de que preciso. Que utilidade teria um Redentor que não redime a *mim*, um vingador que nunca reivindica o *meu* sangue? Não se contente até que, pela fé, possa dizer: "Sim, eu me entrego ao meu Senhor vivo, e Ele é meu." Talvez você o segure com a mão enfraquecida, pois pensa ser presunçoso dizer: "Ele vive como *meu* Redentor", ainda assim, lembre-se de que se você tiver a fé do tamanho de um grão de mostarda, essa pequena fé lhe *permitirá* dizer isso. Mas há outra expressão aqui que demonstra a forte confiança de Jó: "*Eu sei.*" Dizer: "Eu espero, eu confio" é confortável; e há milhares no rebanho de Jesus que nunca vão chegar tão longe. Contudo, para alcançar a essência da consolação, você deve dizer: "Eu sei." *Ses, poréns e talvez* são os assassinos seguros da paz e do conforto. Dúvidas são brumas sombrias em momentos de tristeza. Como vespas elas ferroam a alma! Se eu tenho qualquer suspeita de que Cristo não é meu, então há vinagre misturado com o fel da morte; mas, se eu sei que Jesus vive por mim, então a escuridão não é escura: mesmo a noite é luz para mim. Certamente se Jó, naqueles tempos antes da vinda e do advento de Cristo, pôde dizer: "Eu sei", *nós* não devemos falar com menos segurança. Deus proíbe nossa positividade se torne presunção. Vejamos se nossas evidências estão certas, para não construir sobre elas uma esperança infundada; e então não vamos nos satisfazer com a mera fundação, pois é dos cômodos de cima que temos uma visão mais ampla. Um Redentor vivo, verdadeiramente meu, é uma alegria indescritível.

C.H. Spurgeon

"...o qual está à direita de Deus..."
ROMANOS 8:34

Aquele que um dia foi desprezado e rejeitado pelos homens, ocupa agora a honrosa posição de Filho amado e honrado. A mão direita de Deus é o *lugar de majestade e favor*. Nosso Senhor Jesus é o representante de Seu povo. Quando Ele morreu em seu lugar, eles tiveram descanso; quando ressuscitou por eles, tiveram liberdade; quando se sentou à direita de Seu Pai, eles tiveram favor, honra e dignidade. A ascensão de Cristo é a elevação, a aceitação, a consagração e a glorificação de todo o Seu povo, pois Ele é sua cabeça e seu representante. Sentar-se à direita de Deus, então, é para ser visto como a aceitação da pessoa do Fiador, a recepção do Representante e, portanto, a aceitação de *nossa* alma. Ó, santo, veja nisso a sua libertação certa da condenação. "Quem os condenará?" Quem poderá condenar os homens que estão em Jesus, à direita de Deus?

A mão direita é o *lugar de poder*. Cristo, à direita de Deus, tem todo o poder no céu e na Terra. Quem lutará contra o povo que tem tal poder investido em seu Capitão? Ah, minh'alma, o que pode destruí-la se o Onipotente for o seu socorro? Se está coberta pelo escudo do Todo-Poderoso, que espada poderá feri-la? Descanse em segurança. Se Jesus é seu Rei decisivo e colocou seus inimigos debaixo de Seus pés, se Ele venceu o pecado, a morte e o inferno e você está representada nele, não há qualquer possibilidade de ser destruída.

Jesus, nome tremendo
Afugenta todos os nossos inimigos;
Jesus, o manso, o Cordeiro irado,
Um leão está na luta.
Toda a horda do inferno resistiu
Nós derrubamos a horda do inferno;
E vencendo-os pelo sangue de Jesus
Ainda vamos seguir conquistando.

C.H. Spurgeon

"Deus, porém, com a sua destra, o exaltou..."
ATOS 5:31

Jesus, nosso Senhor, foi crucificado, morto e sepultado, e agora está sentado no trono da glória. O lugar mais alto do céu é dele por direito indiscutível. É doce lembrar que a exaltação de Cristo no céu é uma *exaltação representativa*. Ele é exaltado à destra do Pai, e ainda, como Jeová, Ele tem glórias infinitas, que não podem ser compartilhadas pelas criaturas finitas; mas como Mediador, a honra de Jesus no céu é a herança de todos os santos. É prazeroso refletir sobre quão íntima é a união de Cristo com Seu povo. Somos um com Ele realmente; somos membros de Seu corpo; e Sua exaltação é nossa exaltação. Ele nos dará assento em Seu trono, assim como Ele venceu e está sentado com Seu Pai em Seu trono; Ele tem uma coroa e nos dará coroas também; Ele tem um trono, mas não está contente em ter o trono só para si, em Sua mão direita deve estar Sua rainha vestida com o "ouro de Ofir". Ele não pode ser glorificado sem Sua noiva. Olhe para cima, cristão, para Jesus agora; deixe que o olho de sua fé o veja com muitas coroas em Sua cabeça; e lembre-se de que um dia será como Ele, quando o vir como Ele é. Você não será tão grande como Ele, não será divino, mas ainda assim, em certa medida, compartilhará as mesmas honras, e desfrutará da mesma alegria e da mesma dignidade que Ele possui. Contente-se em viver desconhecido por um tempo e a trilhar seu caminho cansado pelos campos da pobreza ou pelos montes da aflição; pois aos poucos você reinará com Cristo, pois Ele "nos constituiu reino, sacerdotes para o Seu Deus e Pai, a Ele a glória e o domínio pelos séculos dos séculos". Ó, que maravilhoso pensamento para os filhos de Deus! Temos Cristo como nosso glorioso representante nas cortes do céu agora, e logo Ele virá e nos receberá para si, para estarmos lá com Ele, para contemplarmos Sua glória e compartilhar Sua alegria.

C.H. Spurgeon

"Não te assustarás do terror noturno..."
SALMO 91:5

Que terror é este? Pode ser o grito do fogo, ou o barulho dos ladrões, ou as aparições imaginárias, ou o sibilar de uma súbita doença ou morte. Vivemos num mundo de morte e tristezas, podemos, portanto, procurar por males tanto nas vigílias da noite, como sob os escaldantes raios do sol. Nem isso deveria nos alarmar, pois seja qual for o terror, a promessa é que o cristão não temerá. Por que deveria? Vamos nos aproximar mais, por que nós deveríamos? Deus, nosso Pai, está aqui, e estará aqui durante todas as horas solitárias; Ele é um Vigia poderoso, um Guardião que não dorme, um Amigo fiel. Nada pode acontecer sem Sua permissão, pois até o próprio inferno está sob Seu controle. A escuridão não é escura para Ele. Ele prometeu ser uma muralha de fogo em torno de Seu povo — e quem poderá invadir uma barreira dessas? Não salvos podem muito bem ter medo, pois têm a ira de Deus sobre eles, uma consciência culpada com eles, e um inferno bocejando sob si; mas nós, que descansamos em Jesus, somos salvos de tudo isso por intermédio da rica misericórdia. Se nos entregarmos ao medo tolo, desonraremos nossa profissão de fé e levaremos outros a duvidar da realidade divina. Devemos recear ter medo, para não entristecermos o Espírito Santo com descrença tola. Renuncie, então, a seus pressentimentos sombrios e apreensões infundadas; Deus não se esqueceu de ser gracioso, nem calou Suas ternas misericórdias; pode ser noite na alma, mas não há necessidade de terror, pois o Deus de amor não muda. Filhos da luz podem andar na escuridão, mas não são lançados fora, ou melhor, estão agora habilitados a provar sua adoção, confiando em seu Pai celestial, de uma forma que os hipócritas não podem fazer.

Apesar da noite ser escura e triste,
A escuridão não pode me esconder de ti;
Tu és aquele que nunca se cansa
De olhar Teu povo onde quer que ele esteja.

C.H. Spurgeon

"Em todas estas coisas, porém, somos mais que vencedores, por meio daquele que nos amou." ROMANOS 8:37

Vamos a Cristo por perdão, e então, com muita frequência, olhamos para a lei buscando poder para lutar contra nossos pecados. Paulo nos repreende: "Ó gálatas insensatos! Quem vos fascinou a vós outros, ante cujos olhos foi Jesus Cristo exposto como crucificado? Quero apenas saber isto de vós: recebestes o Espírito pelas obras da lei ou pela pregação da fé? Sois assim insensatos que, tendo começado no Espírito, estejais, agora, vos aperfeiçoando na carne?" Leve seus pecados para a Cruz de Cristo, pois o velho homem só pode ser crucificado lá: somos crucificados *com Ele*. A única arma para lutar contra o pecado é a lança que perfurou o lado de Jesus. Para ilustrar — você quer vencer um temperamento raivoso, como vai trabalhar isso? É bem possível que nunca tenha tentado o caminho certo: submetê-lo a Jesus. Como fui salvo? Eu vim até Jesus como estava e confiei nele para me salvar. Preciso matar meu temperamento raivoso da mesma forma? É a única maneira de fazê-lo. Preciso ir até a cruz com ele e dizer a Jesus: "Senhor, confio em ti para me libertar disso." Esse é o único caminho para desferir um golpe mortal. Você é ambicioso? Sente que o mundo o enreda? Você pode lutar contra esse mal o quanto quiser, mas se o seu pecado for constante, nunca se libertará dele de forma alguma a não ser pelo sangue de Jesus. Leve-o a Cristo. Diga a Ele: "Senhor, eu creio em ti, e Teu nome é Jesus, pois salvaste o Teu povo de seus pecados; Senhor, este é um dos meus pecados; salva-me dele!" As ordenanças não são nada sem Cristo como um meio de mortificação. Suas orações, seus arrependimentos e suas lágrimas — todos juntos — valem nada longe dele. "Ninguém, além de Jesus, pode tornar pecadores desamparados em boas pessoas"; ou mesmo santos desamparados. Você precisa ser vencedor por meio daquele que o amou; ser vencedor em tudo. Nossos galardões devem crescer entre Suas oliveiras no Getsêmani.

C.H. Spurgeon

"Então, vi, no meio do trono... de pé, um Cordeiro como tendo sido morto..." APOCALIPSE 5:6

Por que nosso exaltado Senhor deveria aparecer com Suas feridas em glória? As feridas de Jesus são Suas glórias, Suas joias, Seus ornamentos sagrados. Aos olhos do cristão, Jesus transmite justiça porque é "alvo e rubro"; alvo pela inocência e rubro por Seu próprio sangue. Nós o vemos como o lírio de pureza incomparável, e como a rosa avermelhada com Seu próprio sangue. Cristo é lindo sobre o monte das Oliveiras e sobre o monte Tabor, e sobre o mar, mas nunca foi tão incomparável quanto no dia em que esteve pendurado na cruz. Lá, contemplamos toda a Sua beleza em perfeição, todos os Seus atributos manifestados, todo o Seu amor derramado, todo o Seu caráter expresso. Amado, as feridas de Jesus são muito mais justas aos nossos olhos do que todo o esplendor e pompa de reis. A coroa de espinhos é mais do que um diadema imperial. É verdade que agora Ele não usa o caniço como cetro, mas havia mais glória naquele cetro do que jamais houve em cetros de ouro. Jesus usa a aparência de um Cordeiro morto como a indumentária da corte com a qual Ele conquistou nossa alma e a redimiu por Sua completa expiação. Estes não são apenas ornamentos de Cristo: eles são os *troféus* de Seu amor e de Sua vitória. Ele dividiu o espólio com o forte. Ele redimiu para si uma grande multidão que nenhum homem pode enumerar, e essas cicatrizes são as lembranças da batalha. Ah! Se Cristo ama a ponto de manter o propósito de sofrer por Seu povo, "quão preciosas devem ser Suas feridas para nós"!

Contemple como cada ferida dele
Destila um precioso bálsamo
Que cura as cicatrizes que o pecado fez,
E cura todos os males mortais.
Aquelas feridas são bocas que pregam Sua graça;
As insígnias de Seu amor;
Os selos de nossa bênção esperada
No paraíso lá em cima.

C. H. Spurgeon

"Por causa de tudo isso, estabelecemos aliança fiel..."
NEEMIAS 9:38

Há muitas ocasiões em nossa existência em que podemos, de forma correta e benéfica, renovar nossa aliança com Deus. Após a *recuperação de uma doença*, quando, como Ezequias, tivermos alguns anos acrescidos a nossa vida, poderemos adequadamente fazer esta renovação. Após qualquer *libertação de problemas*, quando nossas alegrias brotarem mais uma vez, vamos novamente visitar os pés da cruz e renovar nossa consagração. Em especial, façamos isso depois de qualquer *pecado que entristeceu o Espírito Santo*, ou trouxe desonra à causa de Deus; vamos, então, olhar para aquele sangue que nos fez mais alvos que a neve, e novamente oferecer nossa vida ao Senhor. Não devemos apenas deixar que nossos problemas confirmem nossa dedicação a Deus, mas *nossa prosperidade* deve fazer o mesmo. Se alguma vez nos depararmos com ocasiões que mereçam ser chamadas de "misericórdias coroadoras"; então, se Ele nos coroou, devemos coroar nosso Deus; vamos trazer de novo todas as joias da regalia divina que foram guardadas no armário de nosso coração, e vamos deixar que o nosso Deus se assente no trono de nosso amor, vestido em trajes reais. Se quisermos aprender a lucrar com nossa prosperidade, não deveríamos precisar de tanta adversidade. Se queremos, a partir de um beijo, reunir todo o bem que ele pode conferir a nós, não devemos estar com tanta frequência sob a vara. Recebemos nós ultimamente alguma bênção que não esperávamos? Colocou o Senhor os nossos pés numa sala grande? Podemos cantar misericórdias multiplicadas? Então este é o dia de colocar nossas mãos sobre as pontas do altar e dizer: "Prenda-me aqui, meu Deus; amarra-me com cordas para sempre aqui." Visto que precisamos do cumprimento de novas promessas de Deus, vamos oferecer orações renovadas para que nossos primeiros votos não sejam desonrados. Esta manhã, vamos estabelecer com Ele uma aliança fiel, por causa das dores de Jesus, que no último mês estivemos considerando com grande gratidão.

C.H. Spurgeon

"Aparecem as flores na terra, chegou o tempo de cantarem as aves, e a voz da rola ouve-se em nossa terra."

CÂNTICO DOS CÂNTICOS 2:12

Doce é a estação da primavera: o longo e melancólico inverno nos ajuda a apreciar seu calor genial e a expectativa do verão aumenta seu encanto. Após períodos de depressão do espírito, é encantador vislumbrar novamente a luz do Sol da justiça; então nossa boa vontade adormecida se ergue da letargia, como o açafrão e o narciso de suas camas na terra; então nosso coração se alegra com deliciosas notas de gratidão, muito mais melodiosas do que o canto dos pássaros — e a reconfortante garantia de paz, infinitamente mais prazerosa do que o canto da pomba, é ouvida dentro da alma. Agora é hora da alma buscar comunhão com seu Amado; agora ela precisa se levantar de sua sordidez nativa e se afastar de suas antigas companhias. Se não içarmos a vela quando a brisa está favorável, seremos condenáveis; tempos de refrigério não passarão sobre nós enquanto não estivermos regenerados. Quando o próprio Jesus nos visita em ternura e nos roga emergir, podemos ser tão vis para recusar Seu pedido? Ele mesmo emergiu para nos levar com Ele: agora, por Seu Santo Espírito, nos reviveu para que possamos, em novidade de vida, ascender aos céus e manter comunhão com Ele. Que o nosso estado de inverno nos baste para a frieza e a indiferença; quando o Senhor criar uma primavera interior, permitamos que nossa seiva flua com vigor e que nosso galho floresça com uma decisão firme. "Ó Senhor, se não for tempo de primavera em meu frio coração, oro para que o faças, pois estou profundamente cansado de viver longe de ti. Quando tu, ó Deus, porás termo ao meu longo e melancólico inverno? Vem, Santo Espírito, e renova minha alma! Vivifica-me, restaura-me e tem misericórdia de mim!" Esta noite implorarei fervorosamente ao Senhor que tenha pena desse servo e que me envie uma alegre renovação de vida espiritual!

C.H. Spurgeon

"...*Levanta-te, querida minha, formosa minha, e vem.*"
CÂNTICO DOS CÂNTICOS 2:10

Eis que eu ouço a voz do meu Amado! Ele fala *comigo*! O clima favorável está sorrindo sobre a face da Terra e ele não deverá me encontrar dormindo espiritualmente enquanto, em volta, a natureza está despertando de seu descanso invernal. Ele me ordena: "Levanta-te," e Ele bem pode, pois estive repousando muito tempo entre as cercas do mundanismo. Ele ressurgiu, eu ressurjo nele, por que deveria então me apegar à poeira? Dos amores, desejos, buscas e aspirações mais ínfimos, eu me levantarei em Sua direção. Ele me chama pelo doce título de "meu amor," e me considera justo; esse é um bom argumento para levantar-me. Se Ele me tem assim exaltado e me considera formoso, como posso permanecer nas tendas de Quedar e encontrar companheiros agradáveis entre os filhos dos homens? Ele me chama: "Vem." Para bem longe de tudo o que é egoísta, rastejante, mundano, pecaminoso, Ele me chama; sim, do mundo externo da religião, que não o conhece, e que não tem empatia pelo mistério da vida elevada, Ele me chama. Seu chamado não soa rude ao meu ouvido, pois o que há para me segurar nesse deserto de vaidade e pecado? "Ó meu Senhor, gostaria de ir, mas estou preso entre os espinhos e não posso escapar deles quando quero. Gostaria de, se possível, não ter olhos, ouvidos nem coração para o pecado. Tu me chamaste para ti dizendo: "Vem", e esse é um chamado verdadeiramente melodioso. Ir a ti é sair do exílio e voltar para casa, é ir para uma terra longe da tempestade estrondosa, ir para descansar após um longo trabalho, ir para a meta dos meus anseios e ao topo dos meus desejos. Mas, Senhor, como uma pedra pode se levantar e como pode um pedaço de barro sair do horrível charco? Ó, levanta-me, puxa-me. Tua graça pode fazer isso. Envia Teu Espírito Santo para acender chamas sagradas de amor em meu coração, e continuarei a levantar, até deixar a vida e o tempo para trás, e realmente ir."

C.H. Spurgeon

"Se alguém ouvir a minha voz e abrir a porta, entrarei em sua casa..." APOCALIPSE 3:20

Qual é o seu desejo esta noite? É por maravilhas celestes? Você anseia desfrutar as elevadas doutrinas do amor eterno? Deseja liberdade em íntima comunhão com Deus? Aspira conhecer a altura, a profundidade, o comprimento e a largura deste amor? Então você precisa se aproximar de Jesus; precisa ter uma visão clara dele em Sua preciosidade e plenitude: você precisa vê-lo em Seu agir, Seu ofício, Sua pessoa. Aquele que compreende Cristo recebe uma unção do Santo, pois Ele sabe todas as coisas. Cristo é a grande chave-mestra de todos os aposentos de Deus: não há nenhuma caixa-forte de Deus que não se abrirá e renderá seu tesouro à alma que vive perto de Jesus. Você está dizendo: "Habitaria Ele em meu peito? Será que Ele faria do meu coração Seu lugar de habitação para sempre?" Abra a porta, amado, e Ele entrará em sua alma. Ele está batendo há muito tempo com esse objetivo: que possa cear com você, e você com Ele. *Ele ceia com você* porque você abre a casa ou o coração, e *você com Ele*, porque Ele traz as provisões. Ele não poderia cear com você em outro lugar que não fosse seu coração e sem que você lhe concedesse este espaço; nem você poderia cear com Ele, pois sua despensa estaria vazia se Ele não trouxesse as provisões consigo. Escancare, então, as portas de sua alma. Ele virá com aquele amor que você anseia sentir; Ele virá com aquela alegria sem a qual você não pode trabalhar seu pobre espírito deprimido; trará a paz que você não tem agora; Ele virá com Suas jarras de vinho e doces maçãs de amor, e o animará até que não sinta nada além daquele "amor avassalador, amor divino". Apenas abra a porta para Ele, mande embora Seus inimigos, dê-lhe as chaves de seu coração, e Ele habitará ali para sempre. Ó, amor maravilhoso que traz tal convidado a habitar em um coração como esse!

"...fazei isto em memória de mim."
1 CORÍNTIOS 11:24

Parece que cristãos podem esquecer de Cristo! Não deveria haver necessidade dessa exortação amorosa se não houvesse uma temerosa suposição de que nossas memórias possam se revelar traiçoeiras. Nem essa é uma suposição vazia: ela é, ai de mim, também confirmada em nossa experiência, não como uma possibilidade, mas como um fato lamentável. Parece quase impossível que aqueles que foram redimidos pelo sangue do Cordeiro morto, e amados com um amor perpétuo pelo eterno Filho de Deus, possam esquecer o gracioso Salvador; mas, se isso é alarmante ao ouvido, é, ai de mim, também aparente aos olhos para nos permitir negar tal crime. Esquecer daquele que nunca se esquece de nós! Esquecer que derramou Seu sangue por nossos pecados! Esquecer que nos amou até a morte! Isso é possível? Sim, não apenas é possível, como a consciência confessa que é um erro muito triste de todos nós, que o tratamos como se Ele fosse um andarilho que se detém por apenas por uma noite. Aquele a quem deveríamos tornar um inquilino permanente de nossas memórias é apenas um visitante lá. A cruz, onde a memória deve permanecer, e o esquecimento seria um intruso desconhecido, é profanada pelos pés do esquecimento. Sua consciência não diz que isso é verdade? Você não se flagra se esquecendo de Jesus? Alguma criatura rouba seu coração e você se descuida daquele em quem sua afeição deveria estar. Algum negócio terreno concentra sua atenção quando você deveria fixar seu olhar firmemente na cruz. Na incessante agitação deste mundo, a atração constante de coisas terrenas afasta a alma de Cristo. Se a memória preservar muito bem uma erva venenosa, ela fará a rosa de Sarom secar. Vamos cobrar de nós mesmos um vínculo de não esquecimento de Jesus, nosso Amado, em nossos corações e que deixemos todo o resto, e nos mantenhamos firmes nele.

C.H. Spurgeon

"...Bem-aventurado aquele que vigia..."
APOCALIPSE 16:15

Dia após dia, morro, disse o apóstolo. Essa era a vida dos primeiros cristãos; eles iam a todos os lugares com a vida nas mãos. Hoje em dia não somos chamados a passar pelas mesmas perseguições temerosas: se fôssemos, o Senhor nos daria a graça de suportar o teste. Mas as provações da vida cristã no momento atual, embora longe de serem tão terríveis, são ainda mais capazes de nos derrotar do que aquelas da época de fogo. Temos que suportar o desprezo do mundo — isso é pouco; suas carícias, suas palavras meigas, seus discursos escorregadios, sua bajulação, sua hipocrisia, são muito piores. Nosso risco é de enriquecermos, nos tornarmos orgulhosos e acabarmos nos entregando aos costumes do atual mundo maligno, e perdermos nossa fé. Ou, se a riqueza não for a provação, o cuidado mundano é quase tão pernicioso quanto ela. Se não pudermos ser despedaçados pelo leão feroz, poderemos ser abraçados até a morte pelo urso. O diabo não se importa com a forma, desde que destrua o nosso amor por Cristo e nossa confiança nele. Temo que a igreja esteja mais propensa a perder sua integridade nestes dias suaves e sedosos, do que naqueles tempos mais complicados. Precisamos estar despertos agora, pois atravessamos o terreno encantado e estamos mais propensos a adormecer em nossa própria ruína, a menos que nossa fé em Jesus seja uma realidade e nosso amor por Jesus, uma chama veemente. Muitos, nestes dias de fácil profissão de fé, estão inclinados a provar o joio, e não o trigo; hipócritas com máscaras de justos em seus rostos, mas não são os filhos nascidos verdadeiramente do Deus vivo. Cristão, não pense que estes são tempos nos quais você pode dispensar a vigilância ou o santo ardor; você precisa destas coisas mais do que nunca, e que Deus, o Espírito eterno, demonstre Sua onipotência em você. Que você possa dizer, em meio a todas essas situações tranquilas, assim como nas mais difíceis: "Somos mais que vencedores, por meio daquele que nos amou."

C.H. Spurgeon

"...Deus, o nosso Deus..."

SALMO 67:6

É estranho que desfrutemos pouco das bênçãos espirituais que Deus nos dá, mas é ainda mais estranho que desfrutemos pouco do próprio Deus. Embora Ele seja "o nosso Deus", nos dedicamos pouco a Ele e pedimos pouco dele. Quão raramente pedimos conselhos às mãos do Senhor! Quão frequentemente fazemos nossos negócios sem buscar Sua orientação! Em nossos problemas, quão constantemente nos esforçamos para suportar nossos fardos sozinhos, em vez de lançá-los sobre o Senhor, para que Ele possa nos suster! Isso não é porque não podemos, pois o Senhor parece dizer: "Eu sou Teu, alma, venha e usufrua de mim; você é livre para vir à minha loja e quanto mais vier, mais será bem-vindo." O erro é nosso se não usarmos livremente as riquezas de nosso Deus. Então, já que você tem esse amigo e Ele o convida, obtenha dele aquilo que precisa diariamente. Nunca passe necessidade enquanto tem um Deus a quem se achegar; jamais tema ou fraqueje enquanto tem o Senhor para ajudá-lo; vá ao Seu tesouro e pegue o que precisar — lá há tudo que você necessita. Aprenda a habilidade de fazer de Deus tudo para você. Ele pode supri-lo em tudo ou, melhor ainda, Ele pode ser tudo para você. Deixe-me apressá-lo então a usufruir de seu Deus. Desfrute dele *em oração*. Vá a Ele com frequência, porque Ele é o *seu* Deus. Você deixará de usar tão grande privilégio? Corra para Ele, diga-lhe todas as suas necessidades. Deleite-se constantemente nele, *pela fé*, em todas as ocasiões. Se alguma situação sombria lhe trouxer nuvens, faça de Deus o seu "sol;" se algum inimigo forte o assaltar, encontre em Jeová um "escudo", pois Ele é sol e escudo para o Seu povo. Se perder seu caminho nos labirintos da vida, faça dele o seu "guia", pois Ele lhe dará a direção. O que fizer e onde estiver, lembre-se de que Deus é exatamente *o que* você precisa, e o *lugar que* você precisa, e que Ele pode fazer *tudo* o que você necessita.

C.H. Spurgeon

"O Senhor é rei eterno..."
SALMO 10:16

Jesus Cristo não é um déspota requerente do *direito divino*, mas é verdadeiramente o ungido do Senhor! "Porque aprouve a Deus que, nele, residisse toda a plenitude." Deus deu a Ele todo o poder e toda autoridade. Como Filho do homem, Ele agora é a cabeça sobre todas as coisas de Sua Igreja, e reina no céu, e na Terra, e no inferno, com as chaves da vida e da morte em Seu cinturão. Certos príncipes tiveram prazer em chamar a si mesmos de reis pela *vontade popular*, e certamente nosso Senhor Jesus é assim em Sua Igreja. Se fosse colocado em votação se Ele deveria ser o Rei da igreja, todo coração cristão o coroaria. Ó, que possamos coroá-lo mais gloriosamente do que o fazemos! Não consideraríamos nenhuma despesa como desperdício se isso fosse glorificar a Cristo. Sofrer seria um prazer, e a perda seria um ganho, se assim pudéssemos cercar Sua fronte com coroas mais brilhantes e fazer dele mais glorioso aos olhos dos homens e anjos. Sim, Ele reinará. "Vida longa ao Rei! Toda glória a ti, Rei Jesus!" Vão em frente, almas virgens que amam seu Senhor, inclinem-se aos Seus pés, cubram Seu caminho com os lírios de seu amor e as rosas de sua gratidão. "Tragam o diadema real e o coroem Senhor de todos." Além disso, nosso Senhor Jesus é Rei em Sião por *direito de conquista*: Ele tomou e levou de assalto os corações de Seu povo, e matou os inimigos que os mantinham em cruel cativeiro. No mar Vermelho de Seu próprio sangue, nosso Redentor afogou o Faraó de nossos pecados: não deve ser Ele o Rei em Israel? Ele nos libertou do jugo de ferro e da pesada maldição da lei: o Libertador não deve ser coroado? Somos Sua porção, aquela que Ele tirou das mãos dos amoritas com Sua espada e com Seu arco: quem poderá roubar a conquista de Suas mãos? Toda glória, ao Rei Jesus! "Alegremente recebemos Teu suave aceno! Governa em nosso coração para sempre, querido Príncipe da Paz."

C.H. Spurgeon

"Lembra-te da promessa que fizeste ao teu servo, na qual me tens feito esperar." SALMO 119:49

Seja qual for sua necessidade, você pode encontrar prontamente alguma promessa na Bíblia que se aplique a ela. Você está fraco porque seu caminho é difícil e cansativo? Eis a promessa — "Faz forte ao cansado". Quando você ler tal promessa, leve-a de volta ao Prometedor e peça a Ele que cumpra Sua própria palavra. Está buscando a Cristo, sedento de uma comunhão mais íntima com Ele? Esta promessa brilha como uma estrela sobre você: "Bem-aventurados os que têm fome e sede de justiça, porque serão fartos." Leve essa promessa continuamente ao trono; não pleiteie nada mais, porém vá a Deus todo o tempo com isto — "Senhor, Tu disseste isso, faze-o como disseste". Está angustiado por causa do pecado e carregado com o fardo pesado de suas iniquidades? Ouça estas palavras: "Eu, eu mesmo, sou o que apago as tuas transgressões por amor de mim e dos teus pecados não me lembro." Você não tem mérito próprio para alegar que Ele deveria perdoá-lo, mas pleiteie Seus compromissos escritos e Ele os cumprirá. Você tem medo de não ser capaz de aguentar até o fim; de, após ter pensado ser um filho de Deus, provar ser um rejeitado? Se esse é o seu estado, leve esta palavra ao trono e pleiteie: "Porque os montes se retirarão, e os outeiros serão removidos; mas a minha misericórdia não se apartará de ti." Se você perdeu o doce sentido da presença do Salvador, e o está buscando com um coração entristecido, lembre-se da promessa: "Tornai-vos para mim, e eu me tornarei para vós outros"; "por breve momento te deixei, mas com grandes misericórdias torno a acolher-te". Banqueteie sua fé na palavra do próprio Deus, e sejam quais forem os seus medos ou necessidades, volte ao Banco da Fé com uma nota de seu Pai nas mãos, dizendo: "Lembra-te da promessa que fizeste ao teu servo, na qual me tens feito esperar."

C.H. Spurgeon

"*...pois toda a casa de Israel é de fronte obstinada e dura de coração.*" EZEQUIEL 3:7

Não há exceções? Não, nenhuma. Mesmo a raça favorecida é descrita assim. São os melhores tão ruins? — Então, como deve ser o pior? Venha, meu coração, considere qual o tamanho da sua parte nessa acusação universal, e enquanto está considerando, esteja pronto a assumir a vergonha daquilo que você é culpado. A primeira acusação é *insolência*, ou dureza de mente, uma falta de vergonha santa, uma audácia ímpia no mal. Antes de minha conversão, eu podia pecar e não sentir remorso, escutar a minha culpa e ainda continuar insolente, e até confessar minha iniquidade e não manifestar qualquer humilhação interior por causa dela. Para um pecador, ir à casa de Deus e fingir orar a Ele e louvá-lo, sustenta um descaramento da pior espécie! Ai de mim! Desde o dia do meu novo nascimento, eu duvidei do meu Senhor na Sua face e murmurei despudoradamente em Sua presença; adorei-o de forma desleixada e pequei sem lamentar por isso. Se minha fronte não fosse como um diamante, mais dura que a pedra, eu deveria ter muito mais temor santo e uma contrição de espírito muito mais profunda. Ai de mim, sou um dos imprudentes da casa de Israel. A segunda acusação é *dureza de coração*, e eu não posso me aventurar a declarar inocência aqui. Um dia tive apenas um coração de pedra, e embora por meio da graça eu tenha agora um novo coração de carne, muita da minha teimosia anterior, continua. Não sou afetado pela morte de Jesus como deveria ser; nem sou tocado pela ruína dos meus companheiros, pela perversidade dos tempos, pelo castigo do meu Pai celeste, nem por meus próprios erros como deveria ser. Ó, meu coração deveria derreter no recital dos sofrimentos e da morte do meu Salvador. Quisera Deus que eu estivesse livre dessa terrível pedra de moinho dentro de mim, desse odioso corpo de morte. Bendito seja o nome do Senhor, a doença não é incurável, o precioso sangue do Salvador é o solvente universal, e minha resistência será reduzida eficazmente, até que meu coração derreta como cera perto do fogo.

C.H. Spurgeon

"*...Meu refúgio és tu no dia do mal.*"
JEREMIAS 17:17

O caminho do cristão nem sempre é iluminado com a luz do sol; ele tem suas temporadas de escuridão e de tempestade. Certamente está escrito na Palavra de Deus: "Os seus caminhos são caminhos deliciosos, e todas as suas veredas, paz"; e é uma grande verdade que a religião é pensada para dar ao homem alegria aqui embaixo, assim como bem-aventurança lá em cima. Porém, a experiência nos diz que se o caminho do justo é "como a luz da aurora, que vai brilhando mais e mais até ser dia perfeito", ainda assim, algumas vezes *essa* luz é eclipsada. Em certos períodos, nuvens encobrem o sol do cristão, e ele anda na escuridão sem ver a luz. Há muitos que se regozijaram na presença de Deus por uma temporada; eles se deleitaram com a luz do sol nos estágios iniciais de sua carreira cristã; andaram pelos "pastos verdejantes" ao lado das "águas tranquilas", mas, de repente, descobriram que o céu glorioso estava nublado; em vez da terra de Gósen, eles tiveram que trilhar pelo deserto arenoso; no lugar de águas doces, encontraram rios turbulentos, amargos ao seu gosto, e disseram: "Certamente, se eu fosse um filho de Deus, isso não aconteceria." Ó! Não diga isso, você que está andando na escuridão. O melhor dos santos de Deus precisa beber o absinto; o mais querido de Seus filhos precisa suportar a cruz. Nenhum cristão desfrutou prosperidade perpétua; nenhum cristão pode manter sempre sua harpa longe dos salgueiros. Talvez o Senhor o tenha colocado primeiro num caminho suave e sem nuvens, porque você era fraco e tímido. Ele ajustou o vento ao cordeiro tosquiado, mas agora que você está mais forte na vida espiritual, precisa entrar nas experiências mais ásperas e difíceis dos filhos mais velhos de Deus. Precisamos de ventos e tempestades para exercitar nossa fé, para arrancar o galho podre da autodependência, e para nos enraizar mais firmemente em Cristo. O dia do mal nos revela o valor da nossa gloriosa esperança.

C.H. Spurgeon

"...o SENHOR *se agrada do seu povo..."*
SALMO 149:4

Quão abrangente é o amor de Jesus! Não há parte dos interesses de Seu povo que Ele não considere, e não há algo relativo ao seu bem-estar que não seja importante para Ele. Ele não pensa em você, cristão, meramente como um ser imortal, mas como um ser mortal também. Não negue nem duvide disso: "Até os cabelos todos da cabeça estão contados." "O SENHOR firma os passos do homem bom e no seu caminho se compraz." Seria triste para nós se esse manto de amor não cobrisse todas as nossas preocupações, pois que mal poderia ser operado em nós naquela área de nossa vida que não estivesse sob a inspeção de nosso gracioso Senhor! Cristão, descanse seguro de que o coração de Jesus se preocupa com suas menores questões. A amplitude de Seu terno amor é tamanha que você pode descansar nele em todos os assuntos; pois em todas as suas aflições, Ele se aflige e, como um pai se compadece de seus filhos, da mesma forma Ele se compadece de você. Os interesses mais vis de todos os Seus santos, são suportados sobre o peito do Filho de Deus. Ó, que coração é o dele, que não compreende apenas as pessoas de Seu povo, mas compreende também as diversas e inumeráveis preocupações de todas as pessoas! Você não acha, ó cristão, que não pode medir o amor de Cristo? Pense no que o Seu amor trouxe para você — justificação, adoção, santificação, vida eterna! As riquezas de Sua bondade são insondáveis; você nunca será capaz de enumerá-las ou mesmo de concebê-las. Ó, o sopro do amor de Cristo! Será que um amor como esse tem metade de nosso coração? Terá Ele como retribuição um amor frio? Deverá a benignidade maravilhosa de Jesus e Seu terno cuidado, encontrar apenas uma resposta fraca e um reconhecimento tardio? Ó, minh'alma, afine a harpa em uma alegre canção de gratidão! Vá para o seu descanso de regozijo, pois você não é mais um andarilho desolado, mas um filho amado, vigiado, cuidado, suprido e defendido pelo seu Senhor.

C.H. Spurgeon

"Todos os filhos de Israel murmuraram..."

NÚMEROS 14:2

Há murmúrios entre cristãos hoje, como havia no acampamento de Israel na antiguidade. Há aqueles que, quando a vara desce, clamam contra a dispensação aflitiva. Eles perguntam: "Por que sou afligido assim? O que eu fiz para ser castigado desta maneira?" Uma palavra para você, ó murmurador! Por que deveria murmurar contra as dispensações de seu Pai celeste? Ele pode tratá-lo com mais rigor do que você merece? Considere que você um dia foi rebelde, mas Ele o perdoou! Certamente se Ele, em Sua sabedoria, vir que deve castigá-lo agora, você não deveria reclamar. Afinal, você está sendo atingido tanto quanto seus pecados merecem? Considere a corrupção que há em seu peito, e então você acha que precisa de tanta vara para atingi-la? Pese a si mesmo e perceba quanto lixo está misturado com seu ouro; e ainda acha que o fogo é quente demais para limpar tanto lixo que está aí? O seu orgulhoso espírito rebelde não provou que seu coração não é completamente santificado? Não são essas palavras de murmúrio contrárias à santa natureza submissa dos filhos de Deus? A correção não é necessária? Mas se você *vai* murmurar contra a disciplina, tome cuidado, pois ela será mais rígida com os murmuradores. Deus sempre castiga Seus filhos duas vezes se eles não suportarem o primeiro golpe pacientemente. Mas saiba de uma coisa — Ele "não aflige, nem entristece de bom grado os filhos dos homens". Todas as Suas correções são enviadas em amor, para purificá-lo e levá-lo para mais perto dele. Certamente o ajudará a suportar o castigo com resignação, se você for capaz de reconhecer a mão de seu *Pai*. Pois "o Senhor corrige a quem ama e açoita a todo filho a quem recebe. [...] Mas, se estais sem correção, de que todos se têm tornado participantes, logo, sois bastardos e não filhos." "Nem murmureis, como alguns deles murmuraram e foram destruídos pelo exterminador."

C.H. Spurgeon

"Que preciosos para mim, ó Deus, são os teus pensamentos!"

SALMO 139:17

A onisciência divina não oferece consolo algum à mente do ímpio, mas aos filhos de Deus, ela transborda de consolação. Deus sempre está pensando em nós, nunca desvia Sua mente de nós, pois estamos sempre sob Seu olhar; e isso é precisamente o que necessitamos, pois seria terrível existir, por um momento, fora da observação de nosso Pai celeste. Seus pensamentos são sempre ternos, amorosos, sábios, prudentes, vastos e nos trazem incontáveis benefícios: portanto é uma deliciosa escolha nos lembrarmos deles. O Senhor sempre pensou em Seu povo: daí sua escolha e a aliança de graça pela qual sua salvação está assegurada; Ele sempre pensará neles: por isso, a perseverança final pela qual deverão ser levados em segurança para seu descanso eterno. Em todas as nossas andanças, o olhar vigilante do Observador Eterno está sempre fixo em nós — nunca pastamos longe do olhar do Pastor. Em nossas aflições, Ele nos observa incessantemente, e nem uma dor lhe escapa; em nossas labutas, Ele marca todo o nosso cansaço e escreve em Seu livro todas as batalhas de Seus fiéis. Esses pensamentos do Senhor nos abrangem em todos os nossos caminhos e penetram na região mais profunda de nosso ser. Nem um nervo ou tecido, válvula ou vaso de nosso corpo deixa de receber cuidado; todas as pequenas coisas de nosso pequeno mundo são pensadas pelo grande Deus.

Querido leitor, isso é precioso para você? Então, segure-se nisso. Nunca seja levado por aqueles tolos filósofos que pregam um Deus impessoal e falam de autoexistência, autogovernança. O Senhor vive e pensa em nós, esta é uma verdade que nos é preciosa demais para ser levianamente roubada. A atenção de um nobre é tão altamente valorizada, que aquele que a tem, conta-a em sua fortuna; imagine então o que é estar no pensamento do Rei dos reis! Se o Senhor pensa em nós, tudo está bem e podemos nos regozijar para sempre.

"As suas faces são como um canteiro de bálsamo, como colinas de ervas aromáticas..." CÂNTICO DOS CÂNTICOS 5:13

Eis que chegou o mês florido! Os ventos de março e as chuvas de abril fizeram seu trabalho, e a Terra está toda ornada de beleza. Venha, minh'alma, coloque sua roupa de feriado e saia para reunir buquês de pensamentos celestiais. Você sabe para onde ir, pois o "canteiro de bálsamo" lhe é bem conhecido. Você tem sentido com frequência o perfume "de ervas aromáticas" e quer ir logo ao seu bem-Amado e encontrar toda a beleza e toda a alegria nele. Aquele rosto tão rudemente ferido com uma vara, frequentemente orvalhado com lágrimas de compaixão e, então, profanado com cuspes — aquele rosto, quando sorri com misericórdia, é como fragrância aromática para o meu coração. "Tu não escondeste Tua face da vergonha e da cuspida, ó Senhor Jesus, e por isso será meu maior prazer louvar-te. Aquele rosto foi sulcado pelo arado da dor e ruborizado com linhas do sangue da Tua cabeça coroada com espinhos; tais marcas de amor ilimitado encantam minha alma muito mais que 'colunas de perfume.'" Se eu não puder ver todo o Seu semblante, que eu veja um lado de Sua face, pois o menor vislumbre dele é extremamente refrescante para meu sentido espiritual e proporciona uma variedade de prazeres. Em Jesus encontro não apenas fragrância, mas um canteiro de bálsamo; não uma flor, mas todos os tipos de doces flores. Para mim, Ele é minha rosa e meu lírio, a vontade do meu coração e meu cacho de hena. Quando Ele está comigo, é maio o ano inteiro e minha alma segue em frente para lavar seu rosto alegre no orvalho matinal de Sua graça, e para se consolar com o canto dos pássaros de Suas promessas. "Precioso Senhor Jesus, faz-me conhecer a bem-aventurança que habita na comunhão permanente e ininterrupta contigo. Sou um pobre e inútil, cujo rosto Tu te dignaste a beijar! Ó, permita-me devolver-te o beijo com os meus lábios."

C.H. Spurgeon

"Eu sou a rosa de Sarom..."
CÂNTICO DOS CÂNTICOS 2:1

O que quer que possa existir de beleza no mundo material, Jesus Cristo possui no mundo espiritual num grau dez vezes maior. Entre as flores, a rosa é considerada a mais doce, mas Jesus é infinitamente mais belo no jardim da alma do que a rosa pode ser nos jardins da Terra. Ele assume o primeiro lugar como o mais belo entre dez mil. Ele é o sol, e todos os outros são as estrelas; os céus e o dia são escuros em comparação com Ele, *pois o Rei em Sua beleza transcende a tudo.* "Eu sou a rosa de Sarom." Esta era a mais bonita e a mais rara das rosas. Jesus não é apenas "a rosa", Ele é "a rosa de Sarom", assim como Ele chama Sua justiça de "ouro" e então acrescenta, "o ouro de Ofir" — o melhor entre os melhores. Ele é positivamente encantador e superlativamente o mais encantador. *Há diversidade em Seus encantos.* A rosa é prazerosa aos olhos, e seu perfume é agradável e refrescante; da mesma forma, cada um dos sentidos da alma, seja o paladar ou o tato, a audição, a visão ou o olfato espiritual, encontram satisfação plena em Jesus. *Até mesmo a lembrança de Seu amor é doce.* Pegue a rosa de Sarom, retire cada uma de suas pétalas e coloque-as no vaso da memória, e descobrirá que cada pétala continua perfumada por muito tempo, enchendo a casa com seu aroma. Cristo *satisfaz o paladar mais apurado* do mais exigente espírito, por completo. Aquele que mais ama perfumes fica totalmente satisfeito com a rosa; e quando a alma chegar ao seu paladar mais apurado, continuará feliz com Cristo, ou melhor, ela será ainda mais capaz de apreciá-lo. O próprio céu não possui nada que exceda a rosa de Sarom. Que símbolo pode definir completamente Sua beleza? O discurso humano e as coisas terrenas falham ao descrevê-la. Os mais seletos encantos da Terra misturados entre si refletem debilmente Sua preciosidade abundante. "Rosa abençoada, floresce para sempre em meu coração!"

C.H. Spurgeon

"Não peço que os tires do mundo..."

JOÃO 17:15

A volta para casa, para estar com Jesus, é um evento doce e abençoado que ocorrerá com todos os cristãos no tempo de Deus. Em mais alguns anos os soldados do Senhor, que estão agora lutando "o bom combate da fé" terão terminado o conflito e entrado no júbilo do seu Senhor. Contudo, embora Cristo ore para que Seu povo possa um dia estar com Ele, não pede que sejamos retirados logo deste mundo e levados para o céu. Ele deseja que fiquemos aqui. Ainda assim, frequentemente, o peregrino cansado faz essa oração: "Ó, que eu tivesse asas como uma pomba! Pois então poderia voar para longe e descansar". Mas Cristo não ora assim, Ele nos deixa nas mãos de Seu Pai até que, como fardos de milho totalmente maduro, cada um de nós seja recolhido ao celeiro do Mestre. Jesus não pleiteia nossa remoção imediata pela morte, pois é necessário permanecer na carne por causa dos outros, mesmo que não seja proveitoso para nós. Ele pede que sejamos livres do mal, mas nunca pede que sejamos admitidos na herança em glória antes de atingirmos a idade certa. Cristãos, com frequência, querem morrer quando têm algum problema. Pergunte-lhes o porquê, e eles lhe dirão: "Porque estaríamos com o Senhor." Nós tememos que não seja tanto porque estão ansiosos para estar com o Senhor, mas porque desejam se livrar de seus problemas; de outra forma, sentiriam o mesmo desejo de morrer em outros momentos, quando não estão sob a pressão da provação. Eles querem voltar para casa, não tanto pela companhia do Salvador, mas para ter descanso. Entretanto, é perfeitamente correto desejar partir se pudermos fazê-lo no mesmo espírito de Paulo, porque estar com Cristo é muito melhor. O desejo de escapar dos problemas é egoísmo. Ao contrário, que sua preocupação e desejo sejam glorificar a Deus com sua vida pelo tempo que Ele desejar. Mesmo que seja em meio à labuta, ao conflito e ao sofrimento, que seja Ele quem diga quando for "o bastante".

C.H. Spurgeon

"Todos estes morreram na fé..."
HEBREUS 11:13

Contemple o epitáfio de todos aqueles santos abençoados que adormeceram antes da volta de nosso Senhor! Não importa de que forma morreram; se foi de velhice ou por meios violentos; todos eles concordariam que este é o ponto que mais vale a pena registrar: "Todos estes morreram na fé." Eles viveram na fé — ela foi seu consolo, seu guia, sua razão e seu sustento; e na mesma graça espiritual morreram, terminando a música de sua vida no doce acorde que por tanto tempo mantiveram. Eles não morreram descansando na carne ou em suas próprias realizações; não se desviaram do caminho desde sua aceitação por Deus, mas permaneceram na estrada da fé até o final. A fé é tão preciosa na morte quanto é na vida.

Morrer na fé faz uma referência distinta ao *passado*. Eles acreditaram nas promessas feitas anteriormente e estavam seguros de que seus pecados foram apagados pela misericórdia de Deus. Morrer na fé tem a ver com o *presente*. Estes santos tinham confiança em sua aceitação por Deus, eles desfrutaram os raios de Seu amor e descansaram em Sua fidelidade. Morrer na fé olha para o *futuro*. Eles adormeceram afirmando que o Messias certamente voltaria e, quando, nos últimos dias, Ele aparecesse sobre a Terra, se levantariam de seus túmulos para contemplá-lo. Para eles, as dores da morte não passaram de dores de nascimento num lugar melhor. Tenha coragem, minh'alma, quando ler este epitáfio. Seu curso, pela graça, é o da fé, a vista raramente lhe trará alegria; este também foi o caminho do mais brilhante e melhor. A fé foi a órbita onde estas estrelas de primeira magnitude se moveram durante todo o tempo em que brilharam aqui; e você é bem-aventurado por compartilhar dessa órbita. Olhe de novo para Jesus esta noite, o autor e consumador da sua fé, e agradeça a Ele por lhe dar uma fé igualmente preciosa como a daquelas almas agora na glória.

C.H. Spurgeon

"...No mundo, passais por aflições..."

JOÃO 16:33

Cristão, você está se perguntando a razão disto? Levante os olhos para seu Pai celeste e o contemple puro e santo. Não sabe que um dia será como Ele? Deseja ser, facilmente, moldado à Sua imagem? Não será preciso muito refinamento na fornalha da aflição para purificá-lo? Será fácil livrá-lo de suas corrupções e torná-lo perfeito assim como seu Pai que está no céu é perfeito? A seguir, cristão, volte seus olhos para *baixo*. Você sabe que há inimigos debaixo de seus pés? Um dia você foi um servo de Satanás, e nenhum rei perde seus súditos de boa vontade. Você pensa que Satanás o deixará tranquilo? Não, ele estará sempre ao seu redor, pois ele é "como leão que ruge procurando alguém para devorar". Portanto, haverá problemas, cristão, quando olhar para baixo. Então, olhe *em volta*. Onde você está? Está num país do inimigo, como um estrangeiro e um peregrino. O mundo não é seu amigo. Se for, então você não é amigo de Deus, pois aquele que é amigo do mundo é inimigo de Deus. Tenha certeza de que encontrará inimigos em todos os lugares. Quando dormir, pense que está descansando no campo de batalha; quando acordar, suspeite de uma emboscada em cada esquina. Como é costume dizer: os mosquitos picam mais os estrangeiros do que os nativos, assim as provações da Terra serão mais agudas para você. Finalmente, olhe *para seu interior*, para o seu próprio coração e observe o que há lá. O *pecado* e o *ego* ainda estão lá dentro. Ah! Se não tivesse nenhum demônio para tentá-lo, nenhum inimigo contra quem lutar, e nenhum mundo para seduzi-lo, você ainda encontraria dentro de si mal suficiente para ser um doloroso problema, pois "enganoso é o coração, mais do que todas as coisas, e desesperadamente corrupto". Então saiba que os problemas virão, mas não se desespere por causa disso, pois Deus está com você para ajudá-lo e fortalecê-lo. Ele disse: "invoca-me no dia da angústia; eu te livrarei, e tu me glorificarás."

C.H. Spurgeon

"...socorro bem presente..."
SALMO 46:1

As bênçãos da aliança não são feitas apenas para serem admiradas, mas para que nos apossemos delas. Até o Senhor Jesus foi dado a nós para nosso benefício. Cristão, você não está desfrutando de Cristo como deveria. Quando está com problemas, por que não conta a Ele todo o seu sofrimento? Ele não tem um coração solidário para o consolar e aliviar? Ao contrário, você vai a todos os seus amigos, mas poupa seu melhor Amigo; conta sua história em todos os lugares, exceto no colo do seu Senhor. Está sobrecarregado com os pecados do dia de hoje? Aqui está uma fonte repleta de sangue: use-a, santo, use-a. Há um sentimento de culpa voltado contra você? A graça perdoadora de Jesus pode ser experimentada repetidas vezes. Venha logo a Ele para receber purificação. Você lamenta a sua fraqueza? Ele é sua força: por que não se apoia nele? Sente-se nu? Venha para mais perto, alma; vista o manto da justiça de Jesus. Não fique apenas olhando para ele, mas vista-o. Dispa-se de sua própria justiça e também de seus próprios medos: vista o legítimo linho branco, pois ele foi feito para ser *usado*. Sente-se doente? Toque o sino da oração e chame o Amado Médico! Ele lhe dará o medicamento que o fará reviver. Está pobre, mas tem um "parente [...], senhor de muitos bens." O quê?! Não irá até Ele pedir que lhe dê de Sua abundância, quando Ele lhe deu a promessa de que você seria coerdeiro com Ele, e que tudo o que Ele é e tem deve ser seu? Não há nada que desagrade mais a Cristo do que o fato de Seu povo exibi-lo e não se beneficiar dele. Ele ama estar ocupado conosco. Quanto mais fardos lançarmos sobre Seus ombros, mais precioso Ele será para nós.

Sejamos simples com Ele, então,
Não negligentes, duros ou frios,
Como se nossa Belém pudesse ser
O que o Sinai foi na antiguidade.

"Acaso, fará o homem para si deuses que, de fato, não são deuses?"
JEREMIAS 16:20

O grande e constante pecado da idolatria acompanhou o antigo Israel, e o Israel espiritual é atormentado por uma tendência à mesma loucura. A estrela de Renfã não brilha mais, e as mulheres não choram mais por Tamuz, mas Mamom ainda impõe seu bezerro de ouro, e os santuários do orgulho não são abandonados. O ego, de várias maneiras, luta para sujeitar os escolhidos ao seu domínio, e a carne prepara seus altares onde encontra espaço. Os filhos prediletos são, frequentemente, a causa de muitos pecados entre os cristãos; o Senhor se entristece quando nos vê bajulando-os além dos limites; eles viverão para ser uma maldição tão grande para nós como Absalão foi para Davi, ou serão tirados de nós, deixando nossos lares desolados. Se os cristãos quiserem cultivar espinhos para acolchoar seus travesseiros insones, então deixemos que mimem seus queridos.

É dito corretamente que eles "não são deuses", pois o objeto de nosso insensato amor é uma bênção duvidosa; a consolação que nos dão agora é perigosa, e a ajuda que poderão nos dar na hora das dificuldades, na verdade, é muito pequena. Por que, então, ficamos tão enfeitiçados por vaidades? Temos pena dos pobres pagãos que adoram um deus de pedra, e ainda assim, adoramos um deus de ouro. Onde está a vasta superioridade entre um deus de carne e um de madeira? O princípio, o pecado, a loucura é a mesma em qualquer dessas situações, só que no nosso caso, o crime é agravado porque temos mais luz e pecamos diante dela. Os pagãos se inclinam perante uma falsa deidade, mas nunca conheceram o verdadeiro Deus; nós cometemos dois males, na medida em que abandonamos o Deus vivo e nos voltamos para os ídolos. Que o Senhor purifique a todos nós desta iniquidade gravíssima!

O mais querido ídolo que eu conhecer,
Seja qual for esse ídolo;
Ajude-me a arrancá-lo do Teu trono,
E adorar apenas a ti.

C.H. Spurgeon

"...pois fostes regenerados não de semente corruptível, mas de incorruptível..." 1 PEDRO 1:23

Pedro exortou fervorosamente os santos da diáspora a amarem "de coração, uns aos outros ardentemente", e ele sabiamente buscou seu argumento não na lei, nem na natureza ou na filosofia, mas na natureza elevada e divina que Deus havia implantado em Seu povo. Alguns criteriosos tutores de príncipes trabalham para gerar e fomentar neles um espírito real e um comportamento digno, buscando argumentos em sua posição e descendência. Assim, da mesma forma, olhando para o povo de Deus como herdeiros da glória, príncipes do sangue real, descendentes do Rei dos reis, a verdadeira e mais antiga aristocracia da terra, Pedro disse: "Cuidem de amar uns aos outros por causa de seu berço nobre, por terem nascidos da semente incorruptível; por causa da sua linhagem, sendo descendentes de Deus, o Criador de todas as coisas; e por causa de seu destino imortal, pois vocês nunca morrerão, embora a glória da carne vá esmorecer e mesmo esta existência cessará." Seria bom se, em espírito de humildade, nós reconhecêssemos a verdadeira dignidade de nossa natureza regenerada e vivêssemos de acordo com ela. O que é ser cristão? Se você o comparar com um rei, ele adiciona santidade sacerdotal à dignidade real. A realeza do rei normalmente repousa apenas em sua coroa, mas no cristão, ela está infusa em sua natureza mais íntima. Ele está tão acima de seus companheiros por meio de seu novo nascimento, como um homem está acima de um animal que pereceu. Certamente ele deve proceder, em todos os seus assuntos, como alguém que não é da multidão, mas como um escolhido para estar fora do mundo, distinto pela soberana graça, arrolado entre o "povo peculiar" e que, por isso, não pode rastejar na poeira como os outros, nem viver conforme os cidadãos do mundo. Que a dignidade de sua natureza e o brilho de suas perspectivas, ó crente em Cristo, o obriguem a apegar-se à santidade e a evitar a aparência do mal.

C.H. Spurgeon

"...serei o seu Deus, e eles serão o meu povo."
2 CORÍNTIOS 6:16

Que título doce: "Meu povo!" Que revelação animadora: "Seu Deus!" Quanto significado está expresso nessas duas palavras: "Meu povo!" Aqui há *especificidade*. O mundo inteiro é de Deus; o céu, mesmo o céu dos céus é do Senhor, e Ele reina entre os filhos dos homens; mas daqueles que Ele escolheu, que Ele comprou para si, Ele diz o que não diz dos outros — "meu povo". Nesta expressão há a ideia de *propriedade*. De uma forma especial "a porção do SENHOR é o seu povo; Jacó é a parte da sua herança". Todas as nações sobre a Terra são dele; o mundo inteiro está em Seu poder; ainda assim é o Seu povo, são Seus escolhidos, Sua posse mais especial. Ele tem feito mais por eles do que pelos outros; comprou-os com Seu sangue. Ele os trouxe para perto de si; colocou sobre eles Seu grande coração. Ele os amou com um amor eterno, um amor que "as muitas águas" não podem apagar e cujas revoluções do tempo nunca serão suficientes para diminui-lo de forma alguma. Querido amigo, você pode, pela fé, se ver dentro desse contingente? Pode olhar para o céu e dizer: "Meu Senhor e meu Deus: meu por esse doce *relacionamento* que me permite chamar-te de Pai; meu por aquela *comunhão* sagrada a qual eu tenho prazer em manter contigo quando tens a satisfação de te manifestares a mim como não o fazes ao mundo"? Pode ler o Livro da Inspiração e encontrar ali os registros de sua salvação? Consegue ler seu título escrito com o precioso sangue? Consegue, por meio de humilde fé, segurar as vestes de Jesus e dizer: "Meu Cristo"? Se pode, então Deus diz de você, bem como dos outros: "Meu povo"; pois se Deus for o seu Deus, e Cristo o seu Cristo, o Senhor tem um cuidado especial e peculiar por você; você é o objeto de Sua escolha, aceito em Seu amado Filho.

C.H. Spurgeon

"O que atenta para o ensino acha o bem, e o que confia no Senhor, esse é feliz." PROVÉRBIOS 16:20

A sabedoria é a verdadeira força do homem e, sob sua orientação, ele alcança melhor os objetivos de seu ser. Lidar sabiamente com as questões da vida dá ao homem a alegria mais rica, e mostra a mais nobre ocupação de seus poderes; por isso, ele acha o bem no sentido mais amplo. Sem sabedoria, o homem é como um potro selvagem, correndo de um lado para o outro, desperdiçando força que poderia ser empregada de forma mais proveitosa. A sabedoria é a bússola pela qual o homem é orientado ao cruzar a trilha da vida sem desperdício; sem ela, ele é um navio abandonado, diversão dos ventos e das ondas. Um homem deve ser prudente em um mundo como este ou ele não encontrará o bem, mas estará entregue a inúmeras calamidades. O peregrino ferirá dolorosamente seus pés nas farpas da madeira da vida se não escolher seus passos com a maior cautela. Aquele que está no deserto infestado de bandos de ladrões, deve lidar com a questão sabiamente se quiser ter uma viagem segura. Se, treinados pelo Grande Professor, seguirmos por onde Ele nos guia, encontraremos o bem, mesmo estando nesta escura morada; há frutos celestiais a serem colhidos deste lado dos caramanchões do Éden, e músicas do paraíso a serem cantadas em meio aos bosques da Terra. Mas onde esta sabedoria deve ser encontrada? Muitos sonharam com ela, mas não a possuíram. Onde devemos aprendê-la? Vamos escutar a voz do Senhor, pois Ele declarou o segredo; Ele revelou aos filhos dos homens onde habita a verdadeira sabedoria e temos isso no texto: "O que confia no Senhor, esse é feliz." *A verdadeira forma de lidar com um problema sabiamente é confiando no Senhor*. Esta é a pista mais segura para os mais intrincados labirintos da vida, siga-a e encontrará alegria eterna. Aquele que confia no Senhor tem um diploma de sabedoria garantido por inspiração: feliz ele está agora, e mais feliz ainda estará lá em cima. "Senhor, neste doce anoitecer, anda comigo no jardim e ensina-me a sabedoria da fé."

C.H. Spurgeon

"...permanecemos nele..."
1 JOÃO 4:13

Você quer um lar para sua alma? Você se pergunta: "Qual é o custo?" É algo menor do que a orgulhosa natureza humana gostaria de dar. Não é dinheiro, não tem preço. Ah! Você gostaria de pagar um aluguel respeitável! Você adoraria fazer algo para ganhar Cristo? Então, você não pode ter a casa, pois ela "não tem preço". Você arrendaria a morada do meu Mestre, por toda a eternidade, sem pagar nada por ela, nada além do aluguel terreno de amá-lo e servi-lo para sempre? Você aceitará Jesus e "permanecerá nele"? Veja, esta casa está mobiliada com tudo o que você quer, está cheia de riquezas mais do que você pode gastar em toda a sua vida. Aqui, você pode ter íntima comunhão com Cristo e banquetear-se em Seu amor; aqui há mesas repletas de alimento para você viver para sempre; nela, quando cansado, você encontrará descanso em Jesus, e dela pode olhar e ver o próprio céu. Ficará com a casa? Ah! Se você não tem casa, dirá: "Eu gostaria de ter a casa, mas posso tê-la?" Sim. Aqui está a chave: "Venha para Jesus." "Mas", você diz, "Eu estou maltrapilho demais para uma casa assim." Não se preocupe, lá dentro há vestes. Se você se sente culpado e condenado, venha e, embora a casa seja boa demais, Cristo, aos poucos, o fará sentir-se bom o suficiente para habitar nela. Ele irá lavá-lo e purificá-lo, e você ainda será capaz de cantar: "Nós habitamos nele." Cristão, você é muito feliz por ter um lugar de habitação assim! Você é grandemente privilegiado, pois tem uma "habitação forte" na qual sempre estará seguro. E "habitando nele," não terá apenas uma casa perfeita e segura, mas uma casa *eterna*. Quando este mundo se dissolver como um sonho, nossa morada permanecerá e se erguerá mais imperialmente do que o mármore, mais sólida do que o granito, autoexistente como Deus, pois ela é o próprio Deus — nós "permanecemos nele".

C.H. Spurgeon

"...Todos os dias da minha luta esperaria..."

JÓ 14:14

Uma rápida estadia na Terra fará o céu mais celestial. Nada faz o descanso tão doce quanto a labuta; nada rende segurança tão agradável quando a exposição aos alarmes. As taças amargas de quássia [N.E.: Planta medicinal de propriedades digestivas] do mundo darão lugar ao vinho novo que brilha nos recipientes de ouro da glória. Nossa armadura surrada e semblantes marcados tornarão mais ilustres nossas vitórias lá em cima quando formos recepcionados nos assentos daqueles que venceram o mundo. Não teremos completa *comunhão* com Cristo se não permanecermos aqui embaixo por algum tempo, pois Ele foi batizado com um batismo de sofrimento entre os homens, e nós devemos ser batizados da mesma forma se quisermos compartilhar Seu reino. A comunhão com Cristo é tão honrosa que a mais dolorosa tristeza é um preço pequeno a pagar para consegui-la. Outra razão de nossa estada aqui é *pelo bem dos outros.* Não iríamos querer entrar no céu até que nosso trabalho estivesse feito, e talvez ainda nos seja ordenado ministrar a luz às almas ignorantes no deserto do pecado. Nossa estadia prolongada aqui é, sem dúvida, *pela glória de Deus.* Um santo em provação, como um diamante bem cortado, brilha muito na coroa do Rei. Nada reflete tanta honra num trabalhador, quanto um prolongado e severo teste de seu trabalho e sua triunfante resistência à provação, sem ceder em parte alguma. Somos os trabalhadores de Deus, em quem Ele será glorificado por nossas aflições. É pela honra de Jesus que suportamos a provação de nossa fé com alegria sagrada. Que cada homem entregue seus próprios anseios para a glória de Jesus e sinta: "Se o meu deitar na sujeira elevasse meu Senhor ao menos um centímetro, eu me deitaria no barro do mundo. Se viver na Terra para sempre tornar meu Senhor mais glorioso, será meu céu ficar fora do céu." Nosso tempo está fixado e estabelecido por decreto eterno. Não fiquemos ansiosos sobre isso, mas esperemos com paciência até que os portões de pérolas se abram.

C.H. Spurgeon

"...Muitos o seguiram, e a todos ele curou."
MATEUS 12:15

Que massa de doenças terríveis deve ter passado sob os olhos de Jesus! Ainda assim, não lemos que Ele ficou enojado, mas pacientemente atendeu cada caso. Que variedade singular de males deve ter estado aos Seus pés! Que ulcerações revoltantes e feridas em putrefação! Ainda assim, Ele estava pronto para cada novo tipo de monstro maligno, e foi vitorioso sobre eles de todas as formas. Não importava de onde a flecha viesse, Ele apagaria seu poder de fogo. O calor da febre ou o frio do edema; a letargia da paralisia ou a raiva da loucura; a imundície da lepra ou a escuridão da cegueira — todos conheceram o poder de Sua palavra e fugiram ao Seu comando. Onde quer que seja Ele foi triunfante sobre o maligno e recebeu a homenagem dos prisioneiros libertos. Ele veio, viu e conquistou em todos os lugares. E é assim também esta manhã. Seja qual for o meu caso, o amado Médico pode me curar; e seja qual for o estado dos outros de quem eu possa me lembrar neste momento em oração, posso ter esperança em Jesus de que Ele será capaz de curá-los de seus pecados. Meu filho, meu amigo, meu querido, eu posso ter esperanças por cada um, por todos, quando me lembro do poder de cura do meu Senhor. De minha parte, embora seja severa minha luta contra o pecado e as enfermidades, ainda posso ter bom ânimo. Aquele que na Terra andou entre os doentes, ainda dispensa Sua graça e opera maravilhas entre os filhos dos homens: deixe-me ir a ele logo, em sinceridade.

Que eu o louve esta manhã, enquanto me lembro de como Ele opera Suas curas espirituais, que lhe dão mais notoriedade: Por tomar "sobre si as nossas enfermidades [...] pelas suas pisaduras fomos sarados". A igreja na Terra está cheia de almas curadas por nosso amado Médico; e os habitantes do céu confessam que "a todos Ele curou". Venha, então, minh'alma, divulgue a virtude de Sua graça e deixe que ela seja "para o SENHOR e memorial eterno, que jamais será extinto."

C.H. Spurgeon

"Então, lhe disse Jesus: Levanta-te, toma o teu leito e anda."

JOÃO 5:8

Como muitos outros, o impotente homem estava esperando que uma maravilha fosse operada e que um sinal lhe fosse dado. Cansado, ele olhava o tanque, mas nenhum anjo veio, ou não veio para ele; ainda assim, pensando ser sua única chance, ele esperou quieto, e não sabia que havia Alguém perto dele cuja palavra poderia curá-lo imediatamente. Muitos estão na mesma condição: esperando por alguma emoção singular, uma impressão notável ou uma visão celestial; esperam em vão e olham para o nada. Ainda que pensem desse modo, em alguns casos, acontecem sinais notáveis, mas são raros e nenhum homem tem direito de buscá-los para si próprio; nenhum homem, especialmente aquele que sente sua impotência para ir até a água, mesmo que o sinal venha. É uma reflexão muito triste pensar que dezenas de milhares colocam sua esperança nos meios, ordenanças, votos e resoluções, e esperam tanto tempo em vão, totalmente em vão. Enquanto isso, estas pobres almas esquecem do Salvador presente, que as convida a olhar para Ele e serem salvas. Ele poderia curá-las de uma vez, mas elas preferem esperar por um anjo ou uma maravilha. Confiar nele é o caminho certo de cada bênção, e Ele é digno da maior confiança; mas a incredulidade os faz preferir os pavilhões frios de Betesda, ao aconchegante seio do Seu amor. Ó, que o Senhor possa voltar Seus olhos para as multidões que estão nesta situação esta noite; que Ele possa perdoar a desconsideração que fazem ao Seu divino poder e chamá-los, com a doce voz que os insta a se levantarem da cama de desespero e, no poder da fé, tomar seus leitos e andarem. "Ó Senhor, ouve nossa oração por todos os que assim estão nesta calma hora de pôr do sol, e antes que o dia rompa, eles possam olhar e viver."

Caro leitor, há algo nesta porção para você?

C.H. Spurgeon

"Mas o que fora curado não sabia quem era..."

JOÃO 5:13

Os anos são curtos para o feliz e saudável; mas 38 anos de doença devem ter se arrastado muito lentamente na vida do pobre homem debilitado. Portanto, quando Jesus o curou com uma palavra enquanto estava no tanque de Betesda, ele ficou agradavelmente *sensível à essa mudança*. Da mesma forma, o pecador que durante semanas e meses esteve paralisado em desespero e buscou incessantemente por salvação, torna-se muito consciente da mudança quando o Senhor Jesus profere a palavra de poder e dá alegria e paz no crer. O mal removido é grande demais para ser retirado sem nosso discernimento dele; a vida transmitida é notável demais para ser possuída e se manter inoperante; e a mudança realizada é maravilhosa demais para não ser percebida. Ainda assim, o pobre homem *desconhecia o autor* de sua cura; ele não conhecia a santidade de Sua pessoa, o propósito que sustentava ou a missão que o trouxera para o meio dos homens. Muita ignorância sobre Jesus pode perdurar em corações que ainda sentem o poder de Seu sangue. Não podemos condenar os homens precipitadamente por sua falta de conhecimento, mas onde vemos a fé que salva a alma, precisamos acreditar que a salvação foi concedida. O Espírito Santo torna os homens contritos, muito antes de torná-los santificados, e aquele que acredita no que Ele sabe e conhece, logo entenderá com mais clareza aquilo que crê. Entretanto, ignorância é um mal, pois este pobre homem foi muito *atormentado pelos fariseus* e não foi capaz de lidar com eles. É bom poder responder aos opositores, mas não podemos fazer isso se não conhecemos claramente e com entendimento o Senhor Jesus. A cura da sua ignorância, entretanto, logo seguiu a cura de sua enfermidade, pois ele foi *visitado pelo Senhor no templo* após aquela graciosa manifestação, e foi *encontrado testemunhando* "que fora Jesus quem o havia curado". "Senhor, se tu me salvaste, mostra-me tu mesmo, para que eu possa declarar-te aos filhos dos homens."

C.H. Spurgeon

"Reconcilia-te, pois, com ele..."
JÓ 22:21

Se quisermos corretamente "nos reconciliar com Deus e ter paz", precisamos conhecê-lo como Ele se revelou, não apenas na *unidade de Sua essência e substância*, mas também na *pluralidade de Sua pessoa.* Deus disse: "Façamos o homem à nossa imagem." Que o homem não se contente até saber algo a respeito da divindade de quem seu ser deriva. Empenhado em conhecer o Pai, enterre sua cabeça em Seu peito em profundo arrependimento e confesse que você não é digno de ser chamado Seu filho; receba o beijo do Seu amor; deixe que a aliança, que é o símbolo de Sua fidelidade eterna, esteja em seu dedo; assente-se à Sua mesa e deixe seu coração se alegrar em Sua graça. Então, vá em frente e busque saber mais sobre o *Filho* de Deus, que é o esplendor da glória de Seu Pai, e que ainda assim, em inefável condescendência de graça, se fez homem por amor de nós. Conheça-o na singular complexidade de Sua natureza: Deus eterno, e mesmo assim, homem sofredor e finito; siga-o enquanto Ele anda sobre as águas com o andar da divindade, e quando Ele se assenta sobre o poço no cansaço de Sua humanidade. Não fique satisfeito até que conheça mais de Jesus Cristo como seu Amigo, seu Irmão, seu Marido, seu Tudo. Não esqueça o *Espírito Santo*; empenhe-se em obter uma visão clara de Sua natureza e caráter, Seus atributos e Suas obras. Contemple o Espírito do Senhor, que primeiro de tudo moveu-se sobre o caos e trouxe a ordem; aquele que agora visita o caos de sua alma e cria a ordem da santidade. Contemple-o como Senhor e aquele que concede vida espiritual, o Iluminador, o Instrutor, o Consolador e o Santificador. Contemple-o com unção santa, enquanto Ele desce sobre a cabeça de Jesus e, então, depois descansa sobre você que é como a barra de Suas vestes. Tal crença inteligente, escritural e experimental na Trindade em Unidade será sua, se você realmente conhecer a Deus; e tal conhecimento *realmente trará paz.*

C.H. Spurgeon

"*...que nos tem abençoado com toda sorte de bênção espiritual...*"
EFÉSIOS 1:3

Cristo derrama sobre Seu povo toda a bondade do passado, do presente e do futuro. Nos tempos misteriosos do passado, o Senhor Jesus foi o primeiro eleito de Seu Pai, e em Sua *eleição*, Ele nos deu uma vantagem, pois fomos escolhidos nele antes da fundação do mundo. Ele tinha, por toda a eternidade, as prerrogativas de *Filiação* como Filho unigênito e muito amado de Seu Pai, e Ele, na riqueza de Sua graça, nos elevou também à filiação por adoção e regeneração, para que, então, nos fosse dado o poder de sermos "feitos filhos de Deus." A *aliança eterna*, baseada na fiança e confirmada por juramento, é nossa, para nossa forte consolação e segurança. Nas eternas decisões da sabedoria e do decreto onipotente que nos predestinou, os olhos do Senhor Jesus estiveram sempre fitos em nós, e podemos descansar seguros de que, em todo o desenrolar do destino, não há sequer uma linha que atente contra os interesses de Seus escolhidos. O *grande noivado* do Príncipe da glória é o nosso noivado, pois é a nós que Ele está prometido, à medida que as sagradas núpcias deverão ser declaradas, em breve, a todo o universo. A *maravilhosa encarnação* do Deus do céu, com toda a incrível condescendência e humilhação da qual participou, é nossa. O suor de sangue, o flagelo, a cruz, são nossos para sempre. Sejam quais forem as felizes consequências que fluem da *perfeita obediência, da expiação completa, da ressurreição, da ascensão ou da intercessão*, são todas nossas, pois Ele nos deu de presente. Sobre Sua armadura Ele agora leva nossos nomes; e em Suas alegações de autoridade perante o trono, Ele se lembra de nós e suplica em nosso favor. Ele aplica Seu *domínio* sobre principados e potestades, e aplica Sua absoluta majestade no céu em benefício daqueles que nele creem. Seremos exaltados com Ele, na mesma medida que somos, como Ele, humilhados. Aquele que se entregou por nós nas profundezas da miséria e da morte, não retira Sua garantia agora que está entronizado nos altos céus.

C.H. Spurgeon

"Vem, ó meu amado, saiamos ao campo... vejamos se florescem as vides..." CÂNTICO DOS CÂNTICOS 7:11,12

A igreja estava prestes a se envolver num trabalho sério e desejava a companhia de seu Senhor. Ela não disse: "Eu vou", mas: "Vamos." Quando Jesus está ao nosso lado, o trabalho é abençoado! É ofício do povo de Deus, ser o podador das Suas vinhas. Como nossos primeiros pais, somos colocados no jardim do Senhor para sermos úteis; saiamos portanto, para o campo. Observe que a igreja, quando está no caminho certo, em todas as suas muitas obras, deseja desfrutar a comunhão com Cristo. Alguns imaginam que podem não servir a Cristo ativamente e, ainda assim, ter comunhão com Ele: estão enganados. Sem dúvida, é muito fácil desperdiçar nossa vida interior com exercícios exteriores e vir a reclamar: "Puseram-me por guarda de vinhas; a vinha, porém, que me pertence, não a guardei." Mas não precisa ser assim, exceto se agirmos por nossa própria loucura e negligência. Certo é que um professo pode nada fazer e ainda assim ser tão sem vida nas coisas espirituais, quanto aqueles que estão mais ocupados. Maria não foi elogiada por estar sentada quieta, mas por estar *sentada aos pés de Jesus*. Mesmo assim, cristãos não devem ser elogiados por negligenciarem deveres sob o pretexto de estar em comunhão secreta com Jesus: não é estar sentado, mas estar sentado aos pés de Jesus que é louvável. Não pense que o ativismo é um mal em si: é uma grande bênção e um meio de graça para nós. Paulo diz que a permissão para pregar, era uma graça concedida a ele; e todas as formas de serviço cristão podem se transformar em bênção pessoal para aqueles que se envolvem nele. Aqueles que têm mais comunhão com Cristo não são reclusos ou eremitas, que têm muito tempo sobrando, mas trabalhadores incansáveis que estão labutando por Jesus e que, em seu trabalho, o têm ao seu lado, de modo que são trabalhadores juntamente com Deus. Vamos lembrar então que, em qualquer coisa que tenhamos que fazer por Jesus, podemos e devemos fazê-lo em íntima comunhão com Ele.

C.H. Spurgeon

"Mas, de fato, Cristo ressuscitou dentre os mortos..."
1 CORÍNTIOS 15:20

Todo o sistema do cristianismo repousa sobre o fato de que "Cristo ressuscitou dentre os mortos", pois, "Se Cristo não ressuscitou, é vã a vossa fé, e ainda permaneceis nos vossos pecados". A *divindade* de Cristo encontra sua prova indubitável em Sua ressurreição, já que Ele "foi designado Filho de Deus com poder, segundo o espírito de santidade pela ressurreição dos mortos". Não seria irracional duvidar de Sua divindade se Ele não houvesse ressuscitado. Além disso, a *soberania* de Cristo depende de Sua ressurreição: "Foi precisamente para esse fim que Cristo morreu e ressurgiu: para ser Senhor tanto de mortos como de vivos." Novamente, nossa *justificação*, aquela escolha abençoada da aliança, está ligada à triunfante vitória de Cristo sobre a morte e o túmulo; pois Ele "foi entregue por causa das nossas transgressões e ressuscitou por causa da nossa justificação". Mais ainda, nossa *regeneração* está ligada à Sua ressurreição, pois somos regenerados "para uma viva esperança, mediante a ressurreição de Jesus Cristo dentre os mortos". E mais, certamente nossa *ressurreição final* está aqui, pois "se habita em vós o Espírito daquele que ressuscitou a Jesus dentre os mortos, esse mesmo que ressuscitou a Cristo Jesus dentre os mortos vivificará também o vosso corpo mortal, por meio do seu Espírito, que em vós habita". Se Cristo não ressuscitou, nós também não ressuscitaremos, mas se Ele ressuscitou, então aqueles que estão dormindo em Cristo não perecerão, mas em sua carne certamente contemplarão seu Deus. Então, o fio de prata da ressurreição corre, ligando todas as bênçãos do cristão, desde sua regeneração até sua glória eterna, e as mantém unidas. Quão importante, então, será esse glorioso fato na mente de um cristão, e como se alegrará sabendo que, sem dúvida, "Cristo ressuscitou dentre os mortos."

A promessa é cumprida,
A obra da redenção está feita,
Justiça reconciliada com misericórdia,
Pois Deus ressuscitou Seu Filho.

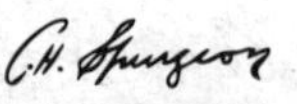

"...cheio de graça e de verdade, e vimos a sua glória, glória como do unigênito do Pai." JOÃO 1:14

Cristão, você pode dar seu testemunho de que Cristo é o *unigênito do Pai*, bem como o primogênito de entre os mortos. Pode dizer: "Ele é divino para mim, mesmo sendo humano para todo o mundo ao redor. Tudo o que Ele fez para mim, apenas um Deus poderia fazer. Ele subjugou minha obstinada vontade, derreteu um coração inflexível, abriu os portões de bronze e rompeu as trancas de ferro. Ele transformou meu murmúrio em riso, e minha desolação em alegria; Ele levou meu cativeiro cativo, e fez meu coração se regozijar de indescritível júbilo e plenitude de glória. Deixe que outros pensem dele o que quiserem, para mim Ele tem que ser o unigênito do Pai: bendito seja o Seu nome. E Ele é *cheio de graça*. Ah! Se Ele não o fosse, eu jamais seria salvo. Ele me atraiu quando me debatia para escapar de Sua graça; e quando finalmente vim trêmulo, como um réu condenado, ao seu altar de misericórdia, Ele disse: 'Tem bom ânimo, filho; estão perdoados os teus pecados.' E Ele é cheio de verdade. Verdadeiras tem sido Suas promessas, nem uma falhou. Eu testemunho que nunca um servo teve um Mestre como o que eu tenho; nunca um irmão foi como Ele tem sido para mim; nunca um cônjuge, como o marido que Cristo tem sido para minha alma; nunca um pecador teve um Salvador melhor; nunca um enlutado, um melhor consolador do que Cristo tem sido para o meu espírito. Não quero outro além dele. Na vida, Ele é minha vida, e na morte, Ele será a morte da morte; na pobreza, Cristo é minha riqueza; na doença, ele faz a minha cama; na escuridão, Ele é minha estrela, e na luz, Ele é meu sol; Ele é o maná do campo no deserto e Ele será o milho novo da colheita quando chegarmos a Canaã. Jesus é para mim toda graça e nenhuma ira, toda verdade e nenhuma mentira; Ele *é cheio* de graça e verdade, infinitamente cheio. Minh'alma, esta noite, bendiga o Unigênito com toda a sua força."

C. H. Spurgeon

"...estou convosco todos os dias..."
MATEUS 28:20

É bom que existe Um que é sempre o mesmo e que está sempre conosco. É bom ter uma rocha inabalável em meio às ondas do mar da vida. Ah, minh'alma, não coloque suas afeições em tesouros enferrujados, roídos por traças e decadentes, mas coloque seu coração naquele que permanece para sempre fiel a você. Não construa sua casa nas areias movediças de um mundo traiçoeiro, mas faça as fundações de suas esperanças sobre esta rocha que, em meio à chuva forte e correntes ruidosas, se manterá seguramente imóvel. Minh'alma, eu a ordeno, coloque seu tesouro no único depósito seguro; guarde suas joias onde nunca poderá perdê-las. Coloque tudo que é seu em Cristo; ponha todas as suas afeições em Sua pessoa, toda a sua esperança em Sua virtude, toda a sua confiança em Seu edificante sangue, toda a sua alegria em Sua presença e, então, você poderá rir da perda e desafiar a destruição. Lembre-se de que todas as flores do jardim do mundo murcham alternadamente, e chegará o dia quando nada sobrará além da Terra negra e fria. O extintor mortal logo deve apagar sua vela. Ó! Quão doce é ter a luz do sol quando a vela se apaga! O córrego escuro logo deverá correr entre você e tudo o que possui; então una seu coração a Ele que nunca a deixará; confie-se a Ele que a acompanhará através do fluxo negro e sinuoso da morte, e que a levará em segurança até o porto celestial, e a fará sentar-se com Ele nos lugares celestiais para sempre. Vá, triste filho da aflição, conte seus segredos ao Amigo que é mais próximo do que um irmão. Confie todas as suas preocupações àquele que nunca o deixará, que nunca o abandonará, e que nunca permitirá que você se afaste, pois "Jesus Cristo, ontem e hoje é o mesmo e o será para sempre". O "eis que estou convosco todos os dias," é suficiente para minha alma viver, sem me importar com aqueles que me abandonarão.

C.H. Spurgeon

"Tão-somente sê forte e mui corajoso..."

JOSUÉ 1:7

O terno amor de nosso Deus por Seus servos o motiva a preocupar-se com o estado de sentimentos íntimos deles. Ele deseja que sejam corajosos. Alguns pensam ser pouco um cristão ser atormentado por dúvidas e medos, mas Deus não pensa assim. Neste texto fica claro que nosso Mestre não nos quer envolvidos com temores. Ele quer que sejamos destemidos, sem dúvidas, sem covardia. Nosso Mestre não pensa tão superficialmente sobre nossa incredulidade, como nós o fazemos. Quando estamos desanimados, estamos sujeitos a uma doença grave com a qual não se deve brincar, mas precisa ser levada imediatamente ao amado Médico. Nosso Senhor não gosta de ver nosso semblante triste. A lei do rei Assuero era que ninguém poderia ir à corte do rei vestido de luto. Porém, essa não é a lei do Rei dos reis, pois podemos ir enlutados como estamos, contudo, ainda assim, Ele nos tira o espírito de angústia e nos coloca em vestes de louvor, pois há muitos motivos para nos alegrarmos. O cristão deve ter um espírito corajoso para poder glorificar ao Senhor enfrentando provações de forma heroica. Se ele for medroso e covarde, *desonrará o seu Deus.* Além do mais, *isso é mau exemplo.* Esta doença da dúvida e do desencorajamento é uma epidemia que logo se espalha entre o rebanho do Senhor. Um cristão abatido deixa 20 almas tristes. Mais ainda, a não ser que sua coragem esteja firme, *Satanás será forte demais para você.* Que seu espírito seja alegre em Deus, seu Salvador. A alegria do Senhor será a sua força e nenhum demônio do inferno avançará sobre você. A covardia, no entanto, derruba o estandarte do guerreiro. Além disso, *o trabalho é leve* para um homem de espírito alegre; e o *sucesso se serve da alegria.* O homem que labuta regozijando-se em seu Deus, crendo com todo o seu coração, tem sucesso garantido. Aquele que semeia na esperança, colherá na alegria. Portando, querido leitor, "sê forte e mui corajoso".

"...e me manifestarei a ele".

JOÃO 14:21

O Senhor Jesus se revela de forma especial ao Seu povo. Mesmo que as Escrituras não declarassem isso, há muitos filhos de Deus que poderiam testemunhar esta verdade por sua própria experiência. Eles tiveram manifestações de seu Senhor e Salvador Jesus Cristo de maneiras tão peculiares, que nenhuma mera leitura ou pregação poderia proporcionar. Nas biografias de santos eminentes, você encontrará muitos registros em que Jesus se agradou, de uma forma muito especial, em falar com suas almas e em revelar as maravilhas de Sua pessoa; sim, tendo suas almas mergulhadas em felicidade, eles julgavam estar no céu, mesmo que não estivessem lá de fato, estavam bem próximos deste limiar — pois quando Jesus se manifesta ao Seu povo, é o céu na Terra; é o paraíso embrionário; é a felicidade iniciada. As manifestações especiais de Cristo exercem uma influência santa no coração do cristão. Um efeito será a *humildade*. Se um homem disser: "Eu recebi tais e tais mensagens espirituais, eu sou um grande homem", ele nunca teve nenhuma comunhão com Jesus; pois "o SENHOR é excelso, contudo, atenta para os humildes; os soberbos, ele os conhece de *longe*". Ele não precisa se aproximar para conhecê-los e nunca lhes fará nenhuma visita de amor. Outro efeito será a *alegria*; pois na presença de Deus há delícias perpétuas. A *santidade* certamente será consequência. Um homem que não tem santidade jamais terá esta manifestação. Alguns homens professam grandes coisas, mas não devemos acreditar em qualquer um, a menos que vejamos que suas obras correspondem ao que dizem. "Não vos enganeis: de Deus não se zomba." Ele não concederá Seus favores aos ímpios, Ele não rejeitará um homem bom, nem respeitará um malfeitor. Então, haverá três efeitos do estar próximo a Jesus — humildade, alegria e santidade. Que Deus os dê a você, cristão!

"...Não temas descer para o Egito, porque lá eu farei de ti uma grande nação. Eu descerei contigo para o Egito e te farei tornar a subir, certamente..." GÊNESIS 46:3,4

Jacó deve ter estremecido diante da ideia de deixar a terra de peregrinação de seu pai e ir habitar entre pagãos estrangeiros. Era *um cenário novo e provavelmente de provação*: quem se aventuraria entre os mensageiros de um monarca estrangeiro sem estar inquieto? Ainda assim, o caminho foi *indicado com evidência* e por isso ele resolveu ir. Hoje, esta é frequentemente a posição dos cristãos — sem experiência, são chamados a enfrentar perigos e tentações: em tais momentos *eles devem imitar o exemplo de Jacó*, oferecendo sacrifícios de oração a Deus e buscando Sua orientação; não vamos deixar que deem um passo sem antes aguardar a bênção do Senhor. Então *terão o companheiro de Jacó* como seu amigo e socorro. Como é abençoador sentir-se seguro de que o Senhor está perto em todos os nossos caminhos e se digna a descer às nossas humilhações e banimentos conosco! Mesmo além do oceano, sentimos os raios do amor de nosso Pai como o sol em sua força. Não podemos hesitar em ir aonde Jeová promete a Sua presença; mesmo o vale da sombra da morte se ilumina com o esplendor dessa garantia. Seguindo em frente com fé em seu Deus, os cristãos *terão a promessa de Jacó*. Eles serão trazidos de volta, seja dos problemas da vida ou das câmaras da morte. A semente de Jacó saiu do Egito no devido tempo, e da mesma forma deverá o fiel passar incólume pelas tribulações da vida e pelo terror da morte. *Exercitemos a confiança de Jacó. "Não temas"* é a ordem do Senhor e Seu divino encorajamento àqueles que, sob Suas ordens, estão se lançando a novos mares; a presença e preservação divina impedem a incredulidade do medo. Sem nosso Deus deveríamos temer avançar; mas quando Ele nos ordenar, será perigoso tardar. Leitor, vá em frente e não tema.

C.H. Spurgeon

"...*Ao anoitecer, pode vir o choro, mas a alegria vem pela manhã.*"

SALMO 30:5

Cristão! Se você está numa noite de provação, pense no amanhã; anime seu coração com a ideia da volta do seu Senhor. Seja paciente, pois

Eis que Ele vem descendo em nuvens.

Seja paciente! O Lavrador espera até colher a safra. Seja paciente: pois você sabe quem falou: "E eis que venho sem demora, e comigo está o galardão que tenho para retribuir a cada um segundo as suas obras." Se nunca esteve tão infeliz como agora, lembre-se de que

No máximo mais alguns sóis passarão,
E pousarás na terra de Canaã.

Sua cabeça pode estar coroada com problemas espinhentos agora, mas ela usará uma coroa de estrelas em breve; sua mão pode estar cheia de preocupações — logo ela tocará as cordas das harpas do céu. Suas vestes podem estar sujas de poeira agora, mas elas ficarão brancas aos poucos. Espere um pouco mais. Ah! Quão desprezíveis parecerão nossos problemas e provações quando olharmos para trás! Olhando para eles aqui, nessa perspectiva, parecem imensos, mas quando chegarmos ao céu, iremos então

Com alegria arrebatadora relembrar,
Os labores de nossos pés.

Nossas provações parecerão então aflições leves e momentâneas. Prossigamos com ousadia; porque se a noite nunca foi tão escura, a manhã virá. Isso é mais do que aqueles que estão trancados na escuridão do inferno podem dizer. Você sabe o que é viver no futuro — viver na expectativa — antecipar o céu? Bem-aventurado cristão, por ter uma esperança tão certa e tão consoladora. Pode estar tudo escuro agora, mas logo haverá luz; tudo pode ser provação agora, mas em breve tudo será alegria. O que importa se "ao anoitecer, pode vir o choro", quando "a alegria vem pela manhã"?

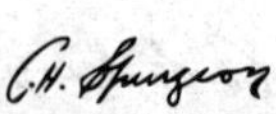

"O Senhor é a minha porção..."
SALMO 119:57

Olhe para suas posses, ó cristão, e compare sua porção com a de seus companheiros. Alguns deles têm bens no campo; são ricos e suas colheitas lhes rendem um bom faturamento; mas o que são colheitas comparadas ao seu Deus, que é o Deus das colheitas? O que são celeiros lotados comparados a Ele, que é o Lavrador e que o alimenta com o pão do céu? Alguns têm suas posses na cidade; sua riqueza é abundante e flui para eles em correntes constantes, até que se torne um grande reservatório de ouro; mas o que é o ouro comparado ao seu Deus? Você não poderia viver nele, sua vida espiritual não poderia ser sustentada por ele. Coloque o ouro sobre sua consciência angustiada: ele pode aliviar suas dores? Aplique-o sobre um coração desolado e veja se ele poderia aliviar um único suspiro solitário ou diminuir a dor? Mas você tem *Deus*, e nele tem mais do que o ouro ou as riquezas jamais poderiam comprar. Alguns têm suas posses naquilo que a maioria dos homens ama — aplausos e fama; mas pergunte a si mesmo, seu Deus não é para você mais que isso? E se uma miríade de clarins tocasse em sua honra, isso o prepararia para atravessar o Jordão ou o alegraria na perspectiva do julgamento? Não. Há aflições na vida que a riqueza não pode aliviar, e há a necessidade profunda na hora da morte, que nenhum ouro pode comprar. Mas quando você tem Deus como sua porção, tem mais do que todo o restante junto. Nele cada desejo é atendido, seja na vida ou na morte. Com Deus como sua porção, você é realmente rico, pois Ele suprirá suas necessidades, consolará seu coração, aliviará sua tristeza, guiará seus passos, estará com você no vale da sombra e então o levará para casa, para desfrutar dele como sua porção para sempre. "Eu tenho muitos bens", Esaú disse; esta é a melhor coisa que um homem mundano pode dizer, mas Jacó respondeu: "Eu tenho todas as coisas", o que é uma observação muito elevada para mentes carnais.

C.H. Spurgeon

"...coerdeiros com Cristo..."
ROMANOS 8:17

Os reinos ilimitados do universo de Seu Pai são de Cristo por direito prescritivo. Como "herdeiro de todas as coisas", Ele é o único proprietário da vasta criação de Deus, e Ele nos acolheu para reivindicar o todo como nosso, por honra do instrumento de herança compartilhada que o Senhor ratificou com o Seu povo escolhido. As ruas de ouro do paraíso, os portões de pérola, o rio da vida, a alegria transcendente e a glória indescritível, foram feitos para nós, por nosso bendito Senhor, para nossa posse eterna. Tudo isso que Ele tem, compartilha com Seu povo. A coroa real Ele colocou na cabeça de Sua Igreja, designando-lhe um reino e chamando Seus filhos ao sacerdócio real — uma geração de sacerdotes e reis. Ele tirou Sua coroa para que pudéssemos ter uma coroação de glória; Ele não se assentará em Seu próprio trono até que tenha proporcionado lugar nele para todos aqueles que recebeu por Seu sangue. Coroe a cabeça e todo o corpo compartilhará a honra. Contemple aqui o prêmio de cada cristão vitorioso! O trono, a coroa, o cetro, o palácio, as vestes e a herança de Cristo são seus. Jesus considera Sua felicidade completa quando Seu povo compartilha dela, e isso é muito superior à inveja, ao egoísmo e à ganância, que não permite nenhuma participação em suas vantagens. "Eu lhes tenho transmitido a glória que me tens dado." "Tenho-vos dito estas coisas para que o meu gozo esteja em vós, e o vosso gozo seja completo." Os sorrisos de Seu Pai são todos doces para Ele, porque Seu povo os compartilha. As honras de Seu reino são mais agradáveis, porque Seu povo está com Ele em glória. Mais valioso para Ele são Suas conquistas, uma vez que elas ensinaram Seu povo a vencer. Ele se alegra em Seu trono, porque nele há lugar para Seu povo. Regozija-se em Suas vestes reais, porque elas os revestem. Deleita-se mais em Sua alegria, porque os chama a entrar nela.

C.H. Spurgeon

"...entre os seus braços recolherá os cordeirinhos e os levará no seio..." ISAÍAS 40:11

Quem é Ele sobre quem tais graciosas palavras são ditas? Ele é o Bom Pastor. *Por que* Ele leva os cordeirinhos em Seu seio? Porque *Ele tem um coração terno e qualquer fraqueza derrete Seu coração.* Os suspiros, a ignorância, a fragilidade dos pequenos em Seu rebanho provocam Sua compaixão. É Seu ofício, como Sumo Sacerdote fiel, considerar o fraco. Além disso, *Ele os comprou com sangue, são Sua propriedade*: Ele precisa e vai cuidar *daqueles* que lhe custaram tão caro. Então, Ele é *responsável por cada cordeiro*, por estar vinculado ao compromisso da aliança de não perder nenhum deles. Além disso, *eles são todos parte de Sua glória e galardão.*

Porém, como podemos compreender a expressão: "*os levará*"? Algumas vezes Ele os leva, *não permitindo que enfrentem tantas provações*. A providência os trata carinhosamente. Muitas vezes são amparados ao serem cheios com *uma medida incomum de amor*, para que suportem as provações e se mantenham firmes. Embora seu conhecimento possa não ser profundo, eles têm uma grande deleite no que sabem. Frequentemente Ele os "leva", dando-lhes *uma fé bem simples* que se apropria da promessa como foi dita e, crendo, correm levando cada problema diretamente para Jesus. A simplicidade de sua fé lhes dá um grau incomum de confiança que os coloca acima do mundo.

Ele leva os cordeiros *em Seu seio*. Eis aqui *afeição ilimitada*. Ele os colocaria em Seu seio se não os amasse tanto? Eis aqui a *terna proximidade*: tão próximo estão que não poderiam estar mais perto. Eis aqui a *familiaridade santa*: há acessos de amor preciosos entre Cristo e Seus mais fracos. Eis aqui a *segurança perfeita*: em Seu seio, quem pode feri-los? Precisarão ferir primeiro o Pastor. Eis aqui o *perfeito descanso e doce consolo.* Com certeza, não estamos suficientemente sensíveis à infinita ternura de Jesus!

C.H. Spurgeon

"...todo o que crê é justificado..."
ATOS 13:39

O crente em Cristo recebe uma justificação *presente.* A fé não produz seus frutos aos poucos, mas *agora.* A justificação é o resultado da fé, e é dada à alma no momento em que se aproxima de Cristo e o aceita como Seu tudo. Aqueles que estão perante o trono de Deus são justificados agora? Nós também estamos tão verdadeira e claramente justificados quanto aqueles que se vestem de branco e cantam louvores melodiosos ao som das harpas celestiais. O ladrão da cruz foi justificado no momento em que voltou os olhos da fé para Jesus; e Paulo, já ancião, após anos de serviço, não era mais justificado do que o ladrão que não ofereceu serviço algum. Somos *hoje* aceitos no Amado, hoje absolvidos do pecado, hoje inocentados no tribunal de Deus. Ah! Pensamento que transporta a alma! Há alguns cachos das vinhas de Escol que não conseguiremos colher até que entremos no céu; mas este é um ramo que corre por cima do muro. Este não é como o milho na terra, que nunca poderemos comer até cruzarmos o Jordão; mas é parte do maná no deserto, uma porção de nosso nutriente diário com o qual Deus nos supre em nossa jornada. Somos *agora* — mesmo *agora* perdoados; mesmo agora nossos pecados são levados embora; mesmo agora somos aceitos aos olhos de Deus como se nunca tivéssemos sido culpados. "*Agora*, pois, já nenhuma condenação há para os que estão em Cristo Jesus." *Agora* não há nem um pecado no Livro de Deus, contra qualquer um de Seu povo. Quem ousa acusá-los de alguma coisa? Não há sujeira, nem mancha, nem ruga, nem qualquer outra coisa dessas permanece, em termos de justificação, sobre qualquer um dos cristãos aos olhos do Juiz de toda a Terra. Que esse privilégio atual nos desperte para o dever presente, e agora, enquanto a vida permanece, vamos nos empenhar e nos deixar desgastar por nosso amado Senhor Jesus.

C.H. Spurgeon

"...aperfeiçoados".
HEBREUS 12:23

Recorde que há dois tipos de perfeição de que o cristão necessita — a perfeição da justificação na pessoa de Jesus, e a perfeição da santificação forjada nele pelo Espírito Santo. No momento, a corrupção ainda permanece, mesmo no peito do regenerado — a experiência logo nos ensina isso. Dentro de nós ainda há luxúria e imaginação maligna. Contudo, alegro-me em saber que o dia está chegando quando Deus terminará a obra que Ele começou; e o Senhor apresentará a minha alma, não apenas perfeita em Cristo, mas perfeita por meio do Espírito, sem mancha, nem ruga, nem algo semelhante. Será verdade que este meu pobre coração pecador se torne santo como Deus é santo? Será que este espírito, que frequentemente clama: "desventurado homem que sou! Quem me livrará do corpo desta morte?", poderá livrar-se do pecado e da morte — de forma que eu não tenha nada maligno para afligir meus ouvidos e nenhum pensamento profano para perturbar minha paz? Ah, hora feliz! Que possa chegar logo! Quando eu cruzar o Jordão, a obra de santificação estará terminada; mas não devo afirmar perfeição em mim até aquele momento. Então meu espírito terá seu último batismo no fogo do Espírito Santo. Parece-me que desejo morrer para receber a última e final purificação que deverá me levar para o céu. Nem um anjo é mais puro do que eu serei, pois poderei dizer, em duplo sentido: "Estou limpo", por intermédio do sangue de Jesus e da obra do Espírito. Ah, como devemos exaltar o poder do Espírito Santo em nos fazer aptos a estar perante nosso Pai no céu! Ainda assim, não deixemos que a esperança de perfeição futura nos deixe satisfeitos com nossa imperfeição de agora. Se assim o fizermos, nossa esperança não será genuína, pois uma boa esperança, mesmo agora, é purificadora. A obra da graça deve estar *habitando em nós agora* ou não poderá ser *aperfeiçoada depois.* Oremos para ser "cheios do Espírito", para que possamos produzir *cada vez mais* os frutos da justiça.

C.H. Spurgeon

"...que tudo nos proporciona ricamente para nosso aprazimento."
1 TIMÓTEO 6:17

Nosso Senhor Jesus é sempre abençoador e, jamais, nem por um único momento, retira Sua mão. Enquanto houver um jarro de graça que ainda não esteja cheio até a borda, o óleo não cessará de fluir. Ele é um sol que sempre brilha; é o maná sempre caindo pelo campo; é uma rocha no deserto, sempre enviando fluxos de vida de Seu lado ferido. A chuva de Sua graça está sempre caindo; o rio de Sua generosidade está sempre correndo, e o poço de Seu amor está constantemente transbordando. Como o Rei jamais pode morrer, da mesma forma Sua graça nunca falha. Diariamente colhemos Seu fruto, e Seus galhos se inclinam em direção às nossas mãos com um novo estoque de misericórdia. Há sete banquetes por semana e refeição farta todos os dias do ano e isso acontece em todos anos. Quem, alguma vez, voltou da porta do Senhor sem uma bênção? Quem, alguma vez, se levantou de Sua mesa, insatisfeito, ou de Seu colo, não maravilhado? Suas misericórdias são novas a cada manhã e frescas a cada noite. Quem pode saber a quantidade de Seus benefícios, ou relembrar a lista de sua generosidade? Cada grão de areia que cai da ampulheta do tempo é apenas um seguidor tardio de uma miríade de misericórdias. As asas de nossas horas são cobertas com a prata de Sua bondade e com o ouro de Sua afeição. O rio do tempo leva, desde as montanhas da eternidade, a areia dourada de Seu favor. As incontáveis estrelas não passam de porta-estandartes de uma incontável multidão de bênçãos. Quem pode contar a poeira dos benefícios que Ele concedeu a Jacó, ou relatar a quarta parte das Suas misericórdias para com Israel? De que maneira minha alma exaltará aquele que diariamente me enche de benefícios e que me coroou com benignidade? Ah, que minha oração possa ser tão incessante quanto Sua generosidade! Ah língua miserável, como pode ficar em silêncio? Acorde, ore, para que eu não lhe chame mais de minha glória, mas de minha vergonha. "Despertai, saltério e harpa! Quero acordar a alva."

C.H. Spurgeon

"Este disse: Assim diz o SENHOR*: Fazei, neste vale, covas e covas. Porque assim diz o* SENHOR*: Não sentireis vento, nem vereis chuva; todavia, este vale se encherá de tanta água, que bebereis vós, e o vosso gado, e os vossos animais."* 2 REIS 3:16,17

Os exércitos dos três reis estavam sedentos por falta de água. Deus estava prestes a enviá-la, e essas palavras do profeta anunciaram a chegada da bênção. Eis aqui um caso de *desamparo humano*: os valentes homens não conseguiam que nenhuma gota de água viesse dos céus e nem encontrá-la nos poços da Terra. Da mesma maneira, frequentemente, o povo do Senhor fica perplexo; eles veem a vaidade da criatura e aprendem, com a experiência, onde sua ajuda pode ser encontrada. Ainda assim o povo precisou *preparar-se com fé para receber a bênção divina*: eles tiveram que cavar trincheiras nas quais o precioso líquido seria armazenado. A igreja precisa, por meio de suas variadas ações, esforços e orações, se preparar para ser abençoada; ela precisa fazer lagos e o Senhor os encherá. Isso deve ser feito em fé, na plena certeza de que a bênção está prestes a vir. Aos poucos houve *uma singular concessão de dádivas necessárias*. Não como no caso de Elias, em que as chuvas caíram das nuvens, mas, de forma silenciosa e misteriosa, os lagos foram cheios. O Senhor tem Seus próprios modos soberanos de agir: Ele não está preso a formas e ao tempo como nós, mas age conforme lhe apraz entre os filhos dos homens. Devemos ser gratos por receber Suas dádivas, e não lhe dar ordens. Devemos também observar a *notável abundância de suprimento* — houve o suficiente para a necessidade de todos. E assim é na bênção do evangelho; todas as necessidades da congregação e da igreja inteira serão supridas pelo divino poder em resposta às orações; e acima de tudo isto, a vitória será rapidamente dada aos exércitos do Senhor.

O que estou fazendo para Jesus? Que trincheiras estou cavando? "Ó, Senhor, faz-me pronto para receber as bênçãos que estás desejoso de conceder."

"*...deve também andar assim como ele andou.*"

1 JOÃO 2:6

Por que os cristãos devem imitar a Cristo? Eles devem fazê-lo para *seu próprio bem*. Se desejam um estado saudável de alma — se querem escapar da doença do pecado e desfrutar do vigor da crescente graça, que façam de Jesus o seu modelo. Pelo bem de sua própria alegria, se quiserem beber o vinho envelhecido, bem refinado; se quiserem desfrutar santa e alegre comunhão com Jesus; se quiserem ser elevados acima das preocupações e problemas deste mundo, então que andem como Ele andou. Não há nada que possa auxiliá-los a andar em direção ao céu numa boa velocidade, como revestir-se da imagem de Jesus que está em seu coração para regular todos os seus movimentos. É quando, pelo poder do Espírito Santo, são possibilitados a andar com Jesus em Suas pegadas, que serão mais felizes e mais reconhecidos como sendo filhos de Deus. Pedro, longe dele, é inseguro e inquieto. Em seguida, pelo *bem da fé*, se esforcem para ser como Jesus. Ah! Pobre religião, você tem sido duramente atacada por seus cruéis inimigos, mas não foi ferida tão perigosamente pelos inimigos, como foi por seus amigos. Quem fez essas feridas na mão justa da Santidade? O professo que usou a adaga da hipocrisia. O homem que, com fingimentos, entra na congregação, não sendo nada além de um lobo em pele de cordeiro, assustando o rebanho mais do que o leão que está lá fora. Não há arma tão mortal quanto o beijo de Judas. Discípulos inconsistentes ferem o evangelho mais do que críticos sarcásticos ou infiéis. Mas, em especial, pelo *bem do próprio Cristo*, imitem Seu exemplo. Cristão, você ama seu Salvador? O nome dele é precioso para você? A causa dele lhe importa? Gostaria de ver os reinos do mundo se tornando dele? É seu desejo que Ele seja glorificado? É seu desejo que almas sejam ganhas para Ele? Se for, *imite* Jesus; seja uma "carta de Cristo, conhecida e lida por todos os homens".

C. H. Spurgeon

"...Tu és o meu servo, eu te escolhi..."
ISAÍAS 41:9

Se recebemos a graça do Senhor em nosso coração, seu efeito prático foi o de nos tornar *servos* de Deus. Podemos ser servos infiéis, certamente somos inúteis, mas ainda assim, bendito seja o Seu nome, *somos* Seus servos, usando Seu uniforme, comendo à Sua mesa e obedecendo aos Seus mandamentos. Antes éramos servos do pecado, mas aquele que nos libertou agora nos adotou em Sua família e nos ensina a obedecer a Sua vontade. Não servimos nosso Mestre com perfeição, mas gostaríamos de fazê-lo, se pudéssemos. Quando escutamos a voz de Deus nos dizendo: "Tu és meu servo", podemos responder com Davi: "Sou teu servo, teu servo, filho da tua serva; quebraste as minhas cadeias." Mas o Senhor não nos chama apenas para sermos Seus *servos*, mas Seus *escolhidos* — "Eu te escolhi." Nós não o escolhemos primeiro, mas Ele nos escolheu. Se somos servos de Deus, não o fomos sempre; a mudança deve ser atribuída à graça soberana. O olhar da soberania nos escolheu, e a voz da imutável graça declarou: "Com amor eterno eu te amei." Muito antes do tempo começar ou do espaço ser criado, Deus escreveu em Seu coração os nomes de Seu povo eleito, os predestinou a ser conforme a imagem de Seu Filho, e os ordenou herdeiros de toda a plenitude de Seu amor, de Sua graça e de Sua glória. Que conforto há aqui! O Senhor nos amou há tanto tempo, e depois nos lançaria fora? Ele sabia quão teimosos seríamos, Ele entendeu que nosso coração seria mau, e ainda assim fez Sua escolha. Ah! Nosso Salvador nos ama de forma constante. Ele não se encanta, por um tempo, com alguns brilhos de beleza dos olhos de Sua Igreja e, então, a repudia por causa de sua infidelidade. Não. Ele a desposou desde a eternidade; e está escrito que Jeová "odeia o repúdio". A escolha eterna é um elo em *nossa* gratidão e na fidelidade *dele* que ninguém pode renegar.

C.H. Spurgeon

"...nele, habita, corporalmente, toda a plenitude da Divindade. Também, nele, estais aperfeiçoados..." COLOSSENSES 2:9,10

Todos os atributos de Cristo como Deus e homem estão à nossa disposição. Toda a plenitude da Divindade, seja o que for que esse termo maravilhoso possa compreender, é nossa para nos aperfeiçoar. Ele não pode nos dotar com os atributos da Deidade, mas fez tudo o que podia ser feito, pois colocou até Seu divino poder e Divindade a serviço de nossa salvação. Sua onipotência, onisciência, onipresença, imutabilidade e infalibilidade, estão todas unidas para nossa defesa. Levante-se, cristão, e contemple o Senhor Jesus sujeitando toda a Sua Divindade à carruagem da salvação! Quão ampla é Sua graça, firme Sua fidelidade, inabalável Sua imutabilidade, infinito Seu poder e ilimitado Seu conhecimento! Tudo isso forma, por meio do Senhor Jesus, os pilares do templo da salvação; e tudo, sem minimizar sua infinitude, está unido a nós como herança perpétua. Cada gota do amor insondável do coração do Salvador é nossa; cada tendão do braço do poder, cada joia da coroa de majestade, a imensidão do divino conhecimento e o rigor da justiça divina, tudo é nosso, e será usado para nós. A totalidade de Cristo, em Sua adorável pessoa como Filho de Deus, é disponibilizada, por Ele mesmo, para que possamos desfrutar mais ricamente. Sua sabedoria é nossa direção, Seu conhecimento é nossa instrução, Seu poder é nossa proteção, Sua justiça é nossa fiança, Seu amor é nosso conforto, Sua misericórdia é nosso refrigério e Sua imutabilidade, nossa confiança. Ele não faz restrições, mas abre as cavidades do Monte de Deus e nos convida a garimpar tesouros escondidos em suas minas. "Tudo, tudo, tudo é vosso", Ele disse, "Sejais satisfeitos com o favor e a plenitude da benignidade do Senhor." Ah! Como é doce contemplar Jesus e invocá-lo com a plena confiança de que buscando a intervenção de Seu amor ou poder, basta-nos pedir por aquilo que Ele fielmente já prometeu.

C.H. Spurgeon

"...Depois..."

HEBREUS 12:11

Quão alegres ficam os cristãos no *depois*. Nenhuma calmaria é mais profunda do que aquela que sucede a tempestade. Quem nunca se alegrou com os raios brilhantes após a chuva? Os banquetes da vitória são para os soldados que trabalharam duro. Depois de matar o leão, comemos o mel; depois de escalar o "Desfiladeiro Dificuldade" [N.E.: Referente ao livro *O Peregrino* de John Bunyan (Publicações Pão Diário, 2014)], sentamos sob o abrigo para descansar; após atravessar o "Vale da Humilhação", e lutar contra "Apolião", o "Abençoado" aparece, com o galho de cura da árvore da vida. Nossos sofrimentos, como as quilhas dos barcos no mar, deixam *depois* de si uma linha prateada de luz santa. É paz, doce e profunda paz, que segue o terrível tumulto que antes reinou em nossa alma atormentada e culpada. Veja, então, o estado feliz de um cristão! Ele recebe as melhores coisas por último, portanto, neste mundo experimenta primeiro as piores. Mas mesmo suas piores provações, "depois", se transformam em algo bom, arados pesados produzem alegres colheitas. Mesmo agora, o cristão se enriquece com suas perdas, se levanta com suas quedas, vive ao morrer e se torna pleno ao ser esvaziado; se, então, suas graves aflições lhe ren dem um fruto tão pacífico nesta vida, como será a vindima completa de alegrias, *depois*, no céu? Se suas noites escuras são tão claras como os dias do mundo, como serão os seus dias lá? Se mesmo sua estrela é mais brilhante que o sol, como será sua luz solar? Se ele pode cantar numa masmorra, quão mais doce será sua melodia no céu! Se ele pode louvar ao Senhor durante o fogo, muito mais o exaltará perante o trono eterno! Se o mal é bom para ele agora, quão transbordante será a benignidade de Deus para ele depois? Ah, "depois" abençoado! Quem não gostaria de ser um cristão? Quem não suportaria a cruz de agora pela coroa que virá depois? Mas esse é um trabalho de paciência, pois o descanso não é para hoje, nem o triunfo é para o presente, mas para "depois". Espere, ó alma, e deixe a paciência fazer seu trabalho perfeitamente.

C.H. Spurgeon

"Vi servos a cavalo e príncipes andando a pé como servos sobre a terra." ECLESIASTES 10:7

Os arrogantes com frequência usurpam os lugares mais altos, enquanto que o grande e verdadeiro pinheiro fica na obscuridade. Este é um enigma da providência que um dia alegrará o coração dos justos; mas é um fato tão comum, que nenhum de nós deve reclamar se acontecer conosco. Quando nosso Senhor estava na Terra, embora Ele fosse o Príncipe dos reis do mundo, ainda assim trilhava o caminho do cansaço e do serviço como o Servo dos servos. Não seria maravilhoso se Seus seguidores, que são príncipes do sangue, também fossem vistos como inferiores e desprezíveis? O mundo está de cabeça para baixo e, portanto, os primeiros são os últimos, e os últimos, os primeiros. Veja como os filhos servis de Satanás agem arrogantemente na Terra! Sobre que cavalos altivos eles cavalgam! Como se autopromovem! Hamã está na corte enquanto que Mordecai está sentado ao portão; Davi vagueia pelas montanhas, enquanto Saul reina sobre a nação; Elias está escondido numa cova enquanto Jezabel está se gabando no palácio; ainda assim, quem gostaria de estar no lugar dos rebeldes arrogantes? E quem, por outro lado, pode não invejar os santos desprezados? Quando a roda gira, aqueles que estão mais abaixo, sobem, e os que estão lá em cima, afundam. Paciência então, cristão, a eternidade acertará os males do tempo.

Não vamos cair no erro de deixar nossas paixões e desejos carnais cavalgarem em triunfo, enquanto nossos poderes mais nobres andam na terra batida. A graça deve reinar como um príncipe, e fazer dos membros do corpo, instrumentos de justiça. O Espírito Santo ama a ordem e Ele, portanto, estabelece nossos poderes e capacidades no devido grau e lugar, dando o melhor espaço para as capacidades espirituais que nos ligam ao grande Rei. Não perturbemos essa organização divina, mas peçamos à graça para que possamos controlar nosso corpo e fazê-lo submisso. Não somos novas criaturas para permitir que nossas paixões governem sobre nós, mas para que, como reis, possamos reinar em Cristo Jesus no triplo reino do espírito, da alma e do corpo, para a glória de Deus Pai.

C.H. Spurgeon

"...e pediu para si a morte..."
1 REIS 19:4

É notável que o homem que nunca deveria morrer, a quem Deus ordenou um lugar infinitamente melhor; o homem que deveria ser levado ao céu numa carruagem de fogo e ser transladado, que nunca deveria ver a morte, orasse: "Toma agora, ó SENHOR, a minha alma, pois não sou melhor do que meus pais." Aqui temos uma prova memorável de que Deus não responde sempre a oração em espécie, embora sempre o faça de fato. Ele deu a Elias algo melhor do que o que ele havia pedido, e, portanto, o ouviu e respondeu-lhe. Era estranho que o coração de leão de Elias estivesse tão oprimido pela ameaça de Jezabel, ao ponto de pedir para morrer, e foi abençoador da parte de nosso Pai celeste não ter considerado a palavra de Seu desalentado servo. Há um limite para a doutrina da oração de fé. Não devemos esperar que Deus nos dê tudo que escolhemos pedir. Sabemos que algumas vezes pedimos e não recebemos, porque pedimos errado. Se pedirmos aquilo que não foi prometido, se formos de encontro ao espírito que o Senhor quer que cultivemos, se pedirmos contrariamente à Sua vontade ou aos decretos de Sua providência, se rogarmos meramente pela gratificação de nosso próprio bem-estar e sem um olhar para a Sua glória, deveríamos esperar não receber. Ainda assim, quando pedimos em fé, em nada duvidando, se não recebermos exatamente o que pedimos, deveremos receber algo equivalente ou maior ainda. Como foi observado: "Se o Senhor não pagar em prata, Ele pagará em ouro; e se não pagar em ouro, o fará em diamantes." Se Ele não lhe der exatamente o que você pediu, lhe dará o equivalente, e algo que lhe fará extremamente alegre por receber. Então, caro leitor, ore mais intensamente, e faça desta noite um momento de intercessão fervorosa, mas tome cuidado com o que pedir.

"...as maravilhas da tua bondade..."

SALMO 17:7

Quando damos nossas esmolas de coração, fazemos bem, mas às vezes devemos reconhecer que erramos a respeito; porém, o nosso Mestre e Senhor não erra. Seus favores são sempre oferecidos com o amor de Seu coração. Ele não nos envia a carne fria e as sobras da mesa de Sua magnificência, mas molha nossa porção em Seu próprio prato e tempera nossas provisões com as especiarias de Sua afeição aromatizada. Quando Ele coloca as moedas de ouro de Sua graça na palma de nossas mãos, faz o presente ser acompanhado de um toque tão caloroso, que a maneira como Sua doação é oferecida é tão preciosa quanto a própria bênção. Ele entrará em nossa casa com Suas mensagens de bondade e não agirá como um austero visitante na cabana do homem pobre, mas sentará ao nosso lado, não desprezando nossa pobreza, nem culpando nossa fraqueza. Amado, Ele fala com um sorriso! Que frases douradas saem de Seus lábios graciosos! Que abraços de afeto Ele derrama sobre nós! Se Ele nos tivesse dado alguns centavos, seriam como ouro apenas por virem de Suas mãos; mas o que Ele nos tem dado são como dádivas preciosas transportadas em cestas de ouro. É impossível duvidar da sinceridade de Sua compaixão, pois há um coração sangrando estampado na face de todos os Seus benefícios. Ele doa liberalmente e não reclama. Nem um sinal de que o estamos sobrecarregando; nem um frio olhar aos Seus pobres pensionistas; mas Ele se regozija em Sua misericórdia e nos pressiona contra Seu peito enquanto está derramando Sua vida por nós. Há uma fragrância em Seu nardo que apenas Seu coração pode produzir; há uma doçura em Seu favo de mel que não poderia existir a menos que a essência da afeição de Sua alma se misture nele. Ah! Que rara comunhão com tão singular sinceridade! Que possamos provar e conhecer continuamente essa bem-aventurança!

C.H. Spurgeon

"Atraí-os com cordas humanas, com laços de amor..."
OSEIAS 11:4

Nosso Pai celeste frequentemente nos atrai com cordas de amor; mas, ah!, quão atrasados estamos para correr em Sua direção! Quão lentamente respondemos aos Seus impulsos gentis! *Ele nos atrai para exercitar uma fé mais simples nele*; mas ainda não alcançamos a confiança de Abraão; não deixamos nossas preocupações mundanas com Deus, pois, como Marta, nos sobrecarregamos com serviço demais. Nossa pequena fé faz nossa alma definhar; não abrimos bem a nossa boca, embora Deus tenha prometido enchê-la. Esta noite Ele não nos atraiu para confiar nele? Não o escutamos dizer: "Venha, meu filho, confie em mim. O véu está rasgado; entre em minha presença e se aproxime com coragem do trono de minha graça. Eu mereço sua total confiança. Lance suas preocupações sobre mim. Retire a poeira de suas preocupações e coloque suas belas vestimentas de alegria." Mas, ai de nós! Embora chamados com melodias de amor ao abençoado exercício de Sua consoladora graça, não atendemos Seu chamado. Em outro momento *Ele nos atrai a uma comunhão mais íntima*. Estivemos sentados na soleira da casa de Deus, e Ele nos convida a entrar na sala de banquetes e cear com Ele, mas declinamos da honra. Há recônditos secretos que ainda não nos foram abertos, Jesus nos convida a adentrar neles, mas nós recuamos. Culpa de nosso frio coração! Não passamos de pobres simpatizantes de nosso doce Senhor Jesus, não aptos para sermos Seus servos, muito menos Sua noiva, e, mesmo assim, Ele nos exaltou a osso de Seu osso e carne de Sua carne, unidos a Ele por meio de uma gloriosa aliança de casamento. Isso é amor! Mas é amor que *não aceita recusa*. Se não obedecermos às meigas atrações de Seu amor, Ele enviará aflições que nos conduzam a maior intimidade com Ele. Ter-nos mais próximos é o Seu desejo. Que filhos tolos somos nós para recusar esses laços de amor e assim trazer para nossos lombos aquele chicote de pequenas cordas que Jesus sabe como usar!

C.H. Spurgeon

"Se é que já tendes a experiência de que o Senhor é bondoso."

1 PEDRO 2:3

Se — "então", esta não é uma questão a ser considerada como certa em relação a cada um da raça humana. "Se" — então há uma possibilidade e uma probabilidade de que alguns possam não ter experimentado que o Senhor é bondoso. "Se" — então, isso não é uma misericórdia geral, mas especial; e é preciso questionar se conhecemos a graça de Deus por meio de uma experiência interior. Não há nenhum favor espiritual que possa não ser uma questão para se sondar o coração.

Mas, se por um lado, isso deveria ser um assunto de questionamento fervoroso e de oração, ninguém deveria se contentar enquanto houvesse algo como um "se" em sua experiência da bondade do Senhor. Uma desconfiança zelosa e santa do "eu" pode levantar a questão mesmo no coração do cristão, mas a *continuidade* de tal dúvida seria realmente um mal. Não devemos descansar sem uma luta desesperada para agarrar o Salvador com os braços da fé e dizer: "Sei em quem tenho crido e estou certo de que ele é poderoso para guardar o meu depósito." Não descanse, ó cristão, até que tenha a total segurança de seu interesse por Jesus. Não deixe que nada o satisfaça até que, pelo testemunho infalível do Espírito Santo em seu espírito, você esteja certo de que é um filho de Deus. Ah, não brinque com isso; não deixe que "talvez", "porventura", "se" e "quiçá" satisfaçam sua alma. Construa sobre verdades eternas e, verdadeiramente, edifique sobre elas. Obtenha as misericórdias indubitáveis de Davi e tome posse delas. Que sua âncora seja lançada naquilo que está dentro do véu e assegure-se de que sua alma esteja ligada à âncora por um cabo que não se partirá. Avance para além desses tristes "ses"; não habite mais no deserto das dúvidas e medos; cruze o Jordão da desconfiança e entre na Canaã da paz, onde o canaanita ainda persiste, mas onde da terra não cessa de brotar leite e mel.

C.H. Spurgeon

"...há cereais no Egito..."
GÊNESIS 42:2

A fome atingiu todas as nações e parecia inevitável que Jacó e sua família passassem por grandes necessidades. Mas o Deus da providência, que nunca esquece do objeto eleito por Seu amor, havia enchido um celeiro para Seu povo, dando alertas aos egípcios sobre a escassez e levando-os a estocar os grãos dos anos de abundância. Mal esperava Jacó que sua libertação da fome viria do Egito, mesmo assim havia cereais estocados para ele. Cristão, embora todas as coisas pareçam estar contra você, descanse seguro de que Deus fez uma reserva em seu nome; no registro de seus sofrimentos há uma cláusula de salvação. De alguma forma, Ele o libertará e, em algum lugar, Ele o proverá. Talvez o lugar de onde virá o seu resgate seja inesperado; porém, a ajuda certamente chegará e você deverá glorificar o nome do Senhor. Se os homens não o alimentarem, corvos o farão; e se a terra não produzir trigo, do céu cairá o maná. Portanto, tenha bom ânimo e descanse tranquilamente no Senhor. Deus pode fazer o sol nascer no oeste, se Ele quiser, e fazer da fonte de aflição, o canal de satisfação. Os cereais do Egito estavam todos nas mãos do amado José; ele abria e fechava os celeiros conforme a sua vontade. E assim também as riquezas da providência estão sob o poder absoluto de nosso Senhor Jesus, que as distribuirá livremente para Seu povo. José estava pronto a socorrer sua própria família, e Jesus é incansável em cuidar fielmente de Seus irmãos. Nossa obrigação é procurar a ajuda que nos é prevista: não podemos ficar sentados em desânimo, mas devemos nos movimentar. A oração nos levará rapidamente à presença de nosso Irmão real, uma vez diante do Seu trono, apenas precisamos pedir e receber — Seus estoques não acabam; ainda há cereais, Seu coração não é insensível, Ele nos dará o milho. "Senhor, perdoa nossa incredulidade e, esta noite, constrange-nos a colher largamente da Tua plenitude e a receber graça sobre graça."

C. H. Spurgeon

"Conduziu-os pelo caminho direito..."

SALMO 107:7

A experiência inconstante muitas vezes leva o cristão ansioso a questionar: "Por que é assim comigo?" Busquei a luz, mas eis que veio a escuridão; pedi paz, mas contemplei o tormento. Disse em meu coração: minha montanha se mantém firme, nunca serei abalado. "Senhor, escondeste Tua face e estou atribulado." Ontem mesmo eu podia entender claramente minha posição; hoje minhas evidências estão ofuscadas e minhas esperanças nebulosas. Ontem eu podia subir ao cume do monte Pisga e ver toda a paisagem, e me regozijar na confiança de minha herança futura; hoje, meu espírito não tem esperanças, mas muitos temores; nenhuma alegria, mas muita aflição. Isto é parte do plano de Deus para mim? Pode essa ser a forma na qual Deus me levará para o céu? Sim, é assim. O eclipse de sua fé, a escuridão de sua mente, a fraqueza de sua esperança, todas essas coisas fazem parte do método de Deus para fazê-lo colher a grande herança na qual logo entrará. Essas provações são para testar e fortalecer sua fé — elas são ondas que lavam você sobre a rocha — são ventos que sopram seu barco mais rapidamente para o porto desejado. De acordo com as palavras de Davi, o mesmo pode ser dito de você: "E, assim, os levou ao desejado porto." Pela honra e pela desonra, pelos relatos ruins e bons, pela fartura e pela pobreza, pela alegria e pela aflição, pela perseguição e pela paz, por todas essas coisas a vida de sua alma é mantida, e por meio delas, você é ajudado em seu caminho. Ah, não pense, cristão, que suas tristezas estão fora dos planos de Deus; elas são parte necessária dele. "Através de muitas tribulações, nos importa entrar no reino de Deus." Aprenda então, que temos "por motivo de toda alegria o [passarmos] por várias provações".

Ah fique calma minh'alma trêmula,
E espere Sua vontade santa e sábia!
Eu não posso, Senhor, ver Teu propósito,
Mas tudo vai bem, quando feito por ti.

C.H. Spurgeon

"Como és formoso, amado meu..."
CÂNTICO DOS CÂNTICOS 1:16

Nosso Amado é o mais formoso, sob todos os pontos de vista. Nossas experiências diversas nos são destinadas por nosso Pai celestial para nos fornecer novos pontos de vista a partir dos quais podemos ver a beleza de Jesus. Quão agradáveis são nossas provações quando nos levam para o alto, onde podemos ter uma visão mais clara de Cristo do que aquela que a vida comum nos permite! Nós o vimos do cimo do monte Sião, do cimo do Senir e do Hermom, e Ele brilhou sobre nós como o sol em Sua força; mas o vimos também "dos covis dos leões, dos montes dos leopardos", e Ele não perdeu nada de sua formosura. Do definhar doente em uma cama, da beira do túmulo, voltamos nossos olhos para o Esposo de nossa alma, e Ele jamais foi menos do que "formoso". Muitos de Seus santos olharam para Ele da melancolia das masmorras e das chamas vermelhas da estaca, ainda assim nunca emitiram uma palavra negativa sobre Ele, mas morreram exaltando Seus encantos insuperáveis. Ah, que tarefa nobre e agradável estar para sempre admirando nosso doce Senhor Jesus! Não é prazerosamente indescritível ver o Salvador em todas as Suas funções e percebê-lo incomparável em cada uma delas? — Girar o caleidoscópio e encontrar novas combinações de graças inigualáveis? Na manjedoura e na eternidade, na cruz e em Seu trono, no jardim e em Seu reino, entre os ladrões ou em meio a querubins, Ele é em todos os lugares "totalmente desejável". Examine cuidadosamente cada pequeno ato de Sua vida, cada traço de Seu caráter e verá que Ele é tão formoso nas coisas pequenas, como é nas majestosas. Julgue-o à vontade, não poderá censurá-lo; pese-o como quiser e Ele não deixará a desejar. A eternidade não revelará sequer a sombra de uma mancha em nosso Amado, mas com o passar das eras, Suas glórias ocultas brilharão com um esplendor ainda mais inconcebível, e Sua beleza indescritível deverá arrebatar, cada vez mais, todas as mentes celestiais.

C.H. Spurgeon

"*O que a mim me concerne o* Senhor *levará a bom termo...*"

SALMO 138:8

A confiança que o salmista expressa aqui era a *confiança divina*. Ele não diz: "Eu tenho graça suficiente para levar a bom termo o que a mim me concerne — minha fé é tão estável que não vai cambalear — meu amor é tão caloroso que jamais esfriará — minha resolução é tão firme que nada poderá movê-la." Não! Sua dependência estava apenas no Senhor. Se tolerarmos qualquer confiança que não esteja fundamentada na Rocha eterna, nossa confiança será pior que um sonho, ela cairá sobre nós e nos cobrirá com sua ruína, para nossa tristeza e confusão. Tudo o que a natureza tece, o tempo desfaz para a eterna confusão de todos os que estão vestidos com as obras da natureza. O salmista foi sábio, ele descansou sobre nada menos que a obra do *Senhor*. Foi o Senhor quem começou a boa obra em nós; é Ele quem irá continuá-la; e se não terminá-la, nunca estará completa. Se houver uma costura que tenhamos que fazer por nós mesmos na veste celestial de nossa justiça, estaremos perdidos; mas nossa confiança é esta: o Senhor que a começou, a levará a bom termo. Ele *faz, deve fazer e fará* tudo. Nossa confiança precisa estar não no que fazemos, nem no que resolvemos fazer, mas inteiramente no que o *Senhor* fará. A incredulidade insinua — "você nunca será capaz de se levantar. Veja a maldade em seu coração, você nunca vencerá o pecado; lembre-se dos prazeres pecaminosos e as tentações do mundo que assediam você, certamente será seduzido por elas e se deixará desviar". Sim, nós, com certeza, pereceremos se dependermos só de nossa própria força. Se formos navegar sozinhos com nossas frágeis embarcações sobre um mar tão agitado, podemos bem desistir da viagem em desespero; mas, graças a Deus, Ele levará a bom termo o que concerne a nós, e nos levará ao porto desejado. Nunca somos confiantes demais quando confiamos apenas nele, e nunca temos muitas preocupações quando *temos uma confiança dessas*.

C.H. Spurgeon

"Não me compraste por dinheiro cana aromática, nem com a gordura dos teus sacrifícios me satisfizeste..." ISAÍAS 43:24

Os adoradores do templo estavam acostumados a trazer doces perfumes como presentes para serem queimados sobre o altar de Deus. Porém, Israel, no tempo de sua apostasia, se tornou mesquinha e fez poucas ofertas ao seu Senhor: esta foi uma evidência de frieza de coração em relação a Deus e Sua casa. Leitor, isto nunca aconteceu com você? A reclamação do texto não pode — ocasionalmente, se não frequentemente — ser aplicada a você? Aqueles que são pobres no bolso, se ricos na fé, não serão menos aceitos porque suas ofertas são pequenas; mas, pobre leitor, você dá uma porção justa ao Senhor, ou a oferta da viúva é mantida longe do tesouro sagrado? O cristão rico deve ser grato pelo talento que lhe foi confiado, mas não deve esquecer sua grande responsabilidade, pois a quem muito é dado, muito será requerido; mas, rico leitor, você está ciente de suas obrigações e está devolvendo ao Senhor de acordo com o benefício recebido? Jesus deu Seu sangue por nós, o que devemos dar a Ele? Somos dele, e tudo o que temos é dele, pois Ele nos comprou para si — podemos agir como se fôssemos de nós mesmos? Que haja mais amor para que haja mais consagração! "Bendito Jesus, que bom é que aceites nossa cana aromática comprada com dinheiro! Nada é caro demais como um tributo ao Teu amor incomparável e, ainda assim, recebes com favor o menor símbolo de afeição sincera! Recebes as nossas pobres lembrancinhas e sinais de amor como se fossem intrinsecamente preciosos, embora, na verdade, não passem de um buquê de flores silvestres, como o que a criança traz para a mãe. Que nunca possamos nos tornar mesquinhos contigo, e que a partir desta hora nunca mais te ouçamos reclamar por estarmos sonegando os presentes de nosso amor. Daremos a ti os primeiros frutos de nossa colheita e pagaremos a ti dízimos de tudo, e então confessaremos: 'Porque tudo vem de ti, e das tuas mãos to damos.'"

C.H. Spurgeon

"Bendito seja Deus, que não me rejeita a oração..."
SALMO 66:20

Ao olhar para trás, para a natureza de nossas orações, se as fizemos honestamente, devemos estar completamente maravilhados que Deus as tenha respondido. Deve haver algumas pessoas que pensam que suas orações são dignas de aceitação — como fez o fariseu; mas o verdadeiro cristão, num retrospecto mais iluminado, chora sobre suas súplicas, e se ele pudesse refazer seus passos, desejaria orar mais fervorosamente. Lembre-se, cristão, de quão *frias* suas orações têm sido. Quando está em seu retiro, você deveria lutar como lutou Jacó; mas, em vez disso, suas petições têm sido fracas e poucas — muito diferentes daquela fé humilde, fervorosa e perseverante que clama: "Não te deixarei ir se me não abençoares." Ainda assim, é maravilhoso dizer que Deus ouviu estas suas orações frias, e não apenas as ouviu, mas as respondeu. Reflita também, quão *infrequentes* foram suas orações a menos que estivesse em aflição, quando *então* você ia muitas vezes ao trono da graça: mas quando a libertação chegava, onde ficava sua súplica constante? Ainda assim, apesar de você ter cessado de orar como antes fazia, Deus não deixou de abençoá-lo. Quando você negligenciou o altar, Deus não desertou dele, mas a brilhante luz do *Shekinah* sempre esteve visível entre as asas dos querubins. Ah! É maravilhoso que o Senhor considere esses espasmos intermitentes de impertinência que vão e vêm conforme nossas necessidades. Que Deus é esse que escuta as orações daqueles que vêm a Ele quando têm necessidades urgentes, mas o negligenciam quando recebem a misericórdia? Que se aproximam quando são forçados a vir, mas que quase esquecem de se dirigir a Ele quando as bênçãos são muitas e as aflições, poucas? Que Sua graciosa bondade em ouvir tais orações toque o nosso coração, de modo que sejamos encontrados "com toda oração e súplica, orando em todo tempo no Espírito".

"Vivei, acima de tudo, por modo digno do evangelho de Cristo..."
FILIPENSES 1:27

A palavra "vivei" nesse versículo evidencia todo o curso da vida e do comportamento no mundo. A palavra grega original tem o significado de ações e privilégios da cidadania: e, portanto, a ordem é que nossas ações, como cidadãos da Nova Jerusalém, sejam dignas do evangelho de Cristo. Que tipo de comportamento é esse? Primeiramente, *o evangelho é muito simples.* Então, os cristãos deveriam ser simples e sinceros em seus hábitos. Assim devemos ser em nossas maneiras, nosso discurso, nosso modo de vestir, todo o nosso comportamento, numa simplicidade que é a beleza da alma. O evangelho é *eminentemente verdadeiro*, é ouro sem impurezas; e a vida do cristão será sem brilho e sem valor se não tiver a joia da verdade. O evangelho é muito *destemido.* Corajosamente ele proclama a verdade, quer os homens gostem ou não: precisamos ser igualmente fiéis e inabaláveis. Mas o evangelho também é *muito delicado.* Observe o espírito de seu Fundador: "Não esmagará a cana quebrada." Alguns discípulos são mais afiados do que a ponta de um espinho; tais homens não são como Jesus. Busquemos conquistar os outros pela gentileza de nossas palavras e ações. O evangelho é *muito amoroso.* É a mensagem do amor de Deus a uma raça perdida e caída. A última ordem de Cristo aos Seus discípulos foi: "Que vos ameis uns aos outros." Ah! Que haja mais união e amor verdadeiro e cordial por todos os santos; que exista mais compaixão terna pela alma dos piores e mais perversos homens! Não devemos esquecer que o evangelho de Cristo é *santo.* Ele nunca desculpa o pecado: ele o perdoa, mas somente por meio da expiação. Se nossa vida deve assemelhar-se ao evangelho, precisamos evitar não apenas os vícios mais grosseiros, mas tudo o que prejudicaria nossa perfeita conformidade com Cristo. Por amor a Ele, pelo nosso bem, e pelo bem dos outros, precisamos nos esforçar dia após dia para permitir que nossa vida seja cada vez mais de acordo com Seu evangelho.

C.H. Spurgeon

"Não me desampares, Senhor..."

SALMO 38:21

Frequentemente oramos para que Deus não nos desampare na hora da provação e da tentação, mas esquecemos de que precisamos fazer uso dessa oração o tempo todo. Não há momento em nossa vida, embora sejamos santos, em que possamos agir sem Seu apoio constante. Seja na luz ou na escuridão, na comunhão ou na tentação, precisamos orar da mesma forma: "Não me desampares, Senhor. Sustenta-me, e serei salvo." Uma criança pequena, quando está aprendendo a andar, precisa sempre da ajuda dos pais. O barco segue seu curso levado pela condução do piloto. Não podemos seguir sem a ajuda contínua do alto; então, que essa seja a nossa oração hoje: "Não me desampares. Pai, não desampares Teu filho, não deixes que caia pela mão do inimigo. Pastor, não desampares Tua ovelha, não permitas que se afaste da segurança do rebanho. Grande Agricultor, não desampares Tua planta, não a deixes secar e morrer. 'Não me desampares, Senhor', agora, e em qualquer momento de minha vida. Não me desampares nas minhas alegrias, não permitas que elas absorvam meu coração. Não me abandones nas minhas tristezas, não me deixes murmurar contra ti. Não me desampares no dia da minha contrição, não deixes que eu perca a esperança do perdão e caia em desespero; e não me desampares no dia da minha fé mais forte, não permitas que ela se transforme em presunção. Não me desampares, pois sem ti sou fraco, mas contigo sou forte. Não me abandones, pois meu caminho é perigoso e cheio de armadilhas, e não posso trilhar sem Tua direção. A galinha não abandona sua ninhada, Tu, então, mais ainda me cobres com Tuas penas e me permites ficar sob Tuas asas para encontrar meu refúgio. 'Não te distancies de mim, porque a tribulação está próxima, e não há quem me acuda. Não me recuses, nem me desampares, ó Deus da minha salvação!'"

Ah, sempre em nosso peito purificado,
Que Teu Eterno Espírito descanse;
E faça nossa alma secreta ser
Um templo puro e digno de ti.

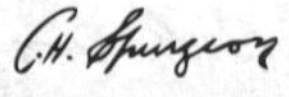

"E, na mesma hora, levantando-se, voltaram para Jerusalém... Então, os dois contaram o que lhes acontecera no caminho e como fora por eles reconhecido..." LUCAS 24:33,35

Quando os dois discípulos chegaram a Emaús e estavam se revigorando com o alimento da noite, o misterioso estranho que os havia encantado tanto na estrada, pegou o pão, partiu, fez-se reconhecer por eles e, em seguida, desapareceu de suas vistas. Eles o convenceram a ficar porque o dia havia sido muito cansativo; mas agora, embora fosse muito mais tarde, Seu amor era uma lâmpada para os seus pés, sim, asas também; eles esqueceram a escuridão, o cansaço fora todo embora e imediatamente voltaram os onze quilômetros para contar a alegre notícia do Senhor ressuscitado que havia aparecido a eles no caminho. Eles encontraram cristãos em Jerusalém e foram recebidos por uma explosão de boas notícias antes que pudessem contar sua própria história. Esses primeiros cristãos estavam todos ansiosos para falar da ressurreição de Cristo, e para proclamar o que sabiam sobre o Senhor; eles compartilharam suas experiências. Esta noite, que o exemplo deles nos impressione profundamente. Nós também temos que ostentar nosso testemunho sobre Jesus. O relato de João sobre o sepulcro precisou ser complementado por Pedro; e Maria pode falar ainda algo mais; reunidos estes testemunhos, temos um relato completo do qual nada pode faltar. Cada um de nós tem talentos peculiares e manifestações especiais; mas o objetivo que Deus tem em mente é aperfeiçoar todo o Corpo de Cristo. Precisamos, portanto, trazer nossas posses espirituais e colocá-las aos pés do apóstolo, e compartilhar com todos o que Deus tem nos dado. Não guarde nenhuma parte dessa verdade preciosa, mas fale o que sabe e testemunhe sobre o que tem visto. Não deixe que a labuta ou a escuridão, ou a possível incredulidade de seus amigos pesem na balança. Levante e siga marchando para o lugar do dever, e lá conte que grandes coisas Deus tem mostrado a sua alma.

C.H. Spurgeon

"Confia os teus cuidados ao SENHOR*, e ele te susterá..."*

SALMO 55:22

O cuidado, mesmo exercitado sobre objetos legítimos, se em excesso, tem em si a natureza do pecado. O preceito de evitar cuidado ansioso é seriamente incutido por nosso Salvador a nós, repetidas vezes, e é reiterado pelos apóstolos. Este é um preceito que não pode ser negligenciado sem envolver transgressão, pois a essência do cuidado ansioso é a ideia de que somos mais sábios do que Deus, e de que confiamos em nós mesmos, em vez de confiarmos nele para realizar o que Ele se encarregou de fazer por nós. Somos tentados a pensar que aquilo de que gostamos, Ele esquecerá; trabalhamos para carregar nosso fardo cansativo, como se Ele fosse incapaz ou não quisesse levá-lo para nós. Então, essa desobediência ao Seu preceito simples, essa incredulidade em Sua Palavra, essa presunção em se intrometer em Sua seara, tudo isso é pecaminoso. E mais do que isso, o cuidado ansioso normalmente leva a atos de pecado. Aquele que não consegue deixar tranquilamente seus problemas nas mãos de Deus, mas leva seu próprio fardo, está muito sujeito à tentação de usar meios errados para ajudar a si próprio. Este pecado nos leva a abandonar Deus como nosso conselheiro e, em vez disso, recorrer à sabedoria humana. Isso é recorrer à "cisterna rota" em vez de recorrer à "fonte"; um pecado que foi imputado a Israel na antiguidade. A ansiedade nos faz duvidar da benignidade de Deus e, por isso, o nosso amor por Ele esfriará; sentimos desconfiança e isso entristece o Espírito de Deus, então nossas orações ficarão prejudicadas, nosso exemplo coerente ficará desfigurado e nossa vida se tornará uma busca por nós mesmos. Portanto, a falta de confiança em Deus nos levará ao afastamento dele, mas, se pela simples fé em Sua promessa lançarmos sobre Ele cada fardo que nos sobrevém e não "nos preocuparmos com nada", porque Ele se encarrega de cuidar dos fardos para nós, nos manteremos próximos dele e fortalecidos contra muitas tentações. "Tu, SENHOR, conservarás em perfeita paz aquele cujo propósito é firme; porque ele confia em ti."

C. H. Spurgeon

"...permanecer firmes na fé..."
ATOS 14:22

A perseverança é a insígnia dos verdadeiros santos. A vida cristã não é apenas um começo nos caminhos de Deus, mas é também uma *permanência* no mesmo, enquanto a vida durar. O que acontece com um cristão, aconteceu ao grande Napoleão. Ele disse: "A conquista fez de mim o que sou e conquistar me sustentará." Então, sob a presença de Deus, querido irmão no Senhor, conquistar fez de você o que é, e conquistar deve sustentá-lo. Seu mote deve ser: "Excelso." Somente é verdadeiro conquistador, e deverá ser coroado ao final, aquele que permanecer até o som da trombeta de guerra cessar. A perseverança é, portanto, o alvo de todos os nossos inimigos espirituais. O *mundo* não se incomodará por você ser cristão por um tempo, se ele puder apenas tentá-lo a cessar sua peregrinação e prepará-lo para comprar e vender com ele na "Feira das Vaidades" [N.E.: Referente ao livro *O Peregrino* de John Bunyan (Publicações Pão Diário, 2014)]. A carne buscará iludi-lo e evitar que prossiga para a glória. "É um trabalho cansativo ser um peregrino; venha, desista. Serei sempre humilhado? Nunca serei tolerado? Dê-me, pelo menos, uma licença dessa batalha constante." *Satanás* fará muitos ataques ferozes à sua perseverança; ela será o alvo de suas flechas. Ele se esforçará para impedir seu *serviço*; ele insinuará que você não o está fazendo adequadamente e que precisa de descanso. Ele fará o possível para cansá-lo do *sofrimento*, e sussurrará: "Amaldiçoa a Deus e morre." Ou atacará sua *perseverança*: "Que bem faz ser tão zeloso? Fique quieto como o restante; durma como os outros e deixe que sua lâmpada se apague como fazem as outras virgens." Ou ele assaltará seus *sentimentos doutrinários*: "Por que você se agarra a esses credos denominacionais? Homens sensíveis estão se tornando mais liberais; estão removendo os velhos marcos — são os novos tempos." Portanto, use seu escudo, cristão, feche sua armadura e clame poderosamente a Deus para que, por Seu Espírito, você possa perseverar até o final.

C.H. Spurgeon

"Morava Mefibosete em Jerusalém, porquanto comia sempre à mesa do rei. Ele era coxo de ambos os pés." 2 SAMUEL 9:13

Mefibosete não tinha uma bela aparência para uma mesa real, ainda assim, ele tinha um lugar constante à mesa de Davi, porque o rei podia ver em sua face os traços do amado amigo Jônatas. Como Mefibosete, podemos clamar ao Rei da Glória: "Quem é teu servo, para teres olhado para um cão morto tal como eu?", mas, ainda assim o Senhor nos favorece com uma relação familiar com Ele, porque vê em nosso semblante os traços de Seu ternamente amado Jesus. O povo do Senhor é *querido por causa de outro*. Tal é o amor que o Pai tem por Seu Unigênito, que por causa dele eleva Seus humildes irmãos da pobreza e do banimento, para o companheirismo da corte, à categoria de nobreza e à provisão real. Suas *deformidades não deverão lhes roubar seus privilégios*. Imperfeição não é empecilho para a filiação; o defeituoso é tão herdeiro quanto se ele pudesse correr como Asael. Nosso direito não manqueja, embora nossa força possa cambalear. A mesa de um rei é um lugar nobre para esconder pernas defeituosas, e no banquete do evangelho aprendemos a nos gloriar nas enfermidades, porque o poder de Cristo repousa sobre nós. Entretanto, graves *imperfeições podem danificar o interior dos santos mais amados*. Aqui está uma pessoa aprazível a Davi, mas por ser coxo de ambos os pés, não pôde ir com o rei quando ele fugiu da cidade; e, por isso, foi difamado e maltratado por seu servo Ziba. Os santos cuja fé é fraca e cujo conhecimento é pequeno, são grandes perdedores; eles são expostos a muitos inimigos e não podem seguir o rei para onde quer que ele vá. Essa *doença frequentemente é decorrente de quedas*. Maus cuidados durante a infância espiritual normalmente fazem convertidos caírem num abatimento do qual nunca se recuperam, e o pecado, em outros casos, faz ossos serem quebrados. "Senhor, ajuda o coxo a saltar como um cervo, e satisfaz todo o Teu povo com o pão de Tua mesa!"

C.H. Spurgeon

"...Quem é teu servo, para teres olhado para um cão morto tal como eu?" 2 SAMUEL 9:8

Se Mefibosete foi assim constrangido pela bondade de Davi, o que seremos *nós* na presença de nosso gracioso Senhor? Quanto mais graça temos, menos devemos pensar em nós mesmos, pois a graça, como a luz, revela a nossa impureza. Santos eminentes mal sabem com o que comparar a si mesmos, pois seu senso de desmerecimento é muito claro e apurado. "Eu sou um galho seco, um pedaço de carcaça morta, ossos ressecados, sem capacidade de pisar numa palha", diz Samuel Rutherford [N.E.: Teólogo presbiteriano escocês (1600–61)]. Em outro lugar escreve: "Exceto o iniciar insurreições, não quero nada do que tiveram Judas e Caim." [N.E.: Referente ao fato de ser reconhecido como revolucionário reformador e estar exilado.] Os piores seres da natureza parecem, à mente humilde, estarem acima de si, porque nunca cometeram pecado: um cão pode ser ganancioso, feroz ou imundo, mas ele não tem consciência a violar, nenhum Espírito Santo a resistir. Um cão pode ser um animal indigno, e ainda assim, por uma pequena bondade ele logo passa a amar seu mestre e é fiel até a morte; mas nós esquecemos a bondade do Senhor e não respondemos ao Seu chamado. A expressão "cão morto" é a mais expressiva de todas as expressões de desprezo, mas ela não é forte demais para expressar a autorrepulsa de cristãos instruídos. Eles não usam falsa modéstia, eles querem dizer o que dizem, eles se pesaram nas balanças do santuário e descobriram a vaidade de sua natureza. No melhor dos casos, eles não passam de barro, pó animado, meros montículos andantes; mas vistos como pecadores, na verdade são monstros. Sejamos anunciados no céu como uma maravilha, que o Senhor Jesus possa colocar o amor de Seu coração sobre nós. Pó e cinzas como somos, devemos e iremos glorificar "a suprema grandeza do Seu poder". Não poderá Seu coração encontrar descanso no céu? Ele precisa vir às tendas de Quedar para encontrar uma esposa e escolher uma noiva sobre a qual o sol olhou? Ó céus e Terra, entoem uma canção e deem toda a glória ao nosso amado Senhor Jesus.

C.H. Spurgeon

"...aos que justificou, a esses também glorificou."
ROMANOS 8:30

Cristão, esta é uma verdade preciosa. Você pode estar pobre, ou em sofrimento, ou ser desconhecido, mas para seu encorajamento, faça uma revisão de seu "chamado" e das consequências dele e, em especial, desse resultado abençoado que vamos tratar aqui. Tão certo quanto você é hoje filho de Deus, todas as suas tribulações logo terão um fim e você será rico em todos os propósitos de felicidade. Espere um pouco e essa cabeça cansada usará a coroa de glória e essa mão de trabalho deverá segurar os louros da vitória. Não lamente seus problemas, antes, regozije-se porque dentro em breve você estará onde "não haverá luto, nem pranto, nem dor, porque as primeiras coisas passaram". As carruagens de fogo estão à sua porta e um movimento será suficiente para levá-lo ao Glorificado. A canção eterna está quase nos seus lábios. Os portais do céu estão abertos para você. Não pense que não pode entrar no descanso. Se Ele o chamou, nada pode separá-lo do Seu amor. A aflição não pode servir de laço; o fogo da perseguição não pode queimar o elo; o martelo do inferno não pode quebrar a corrente. Você está seguro; aquela voz que primeiro o chamou, o chamará novamente da Terra para o céu, da escuridão da morte para o esplendor indescritível da imortalidade. Descanse seguro de que o coração daquele que o justificou bate com infinito amor por você. Logo você estará com o Glorificado, onde é seu lugar; você está aqui apenas esperando para receber a herança e, feito isso, as asas dos anjos o levarão para longe, para o monte de paz e alegria e bem-aventurança, onde

Longe de um mundo de tristeza e pecado,
Fechado eternamente com Deus,
Você descansará para sempre e sempre.

C.H. Spurgeon

"Quero trazer à memória o que me pode dar esperança."
LAMENTAÇÕES 3:21

A memória é, com frequência, escrava da prostração. Mentes desesperadas chamam à lembrança cada presságio lúgubre do passado e expandem cada situação sombria do presente; assim a memória, vestida com roupas de sacos, apresenta à mente um copo de fel e absinto misturados. Não há, entretanto, necessidade disso. A sabedoria pode, prontamente, transformar a memória num anjo de consolo. Aquela mesma lembrança que traz em sua mão esquerda tantos presságios sombrios, pode ser educada para trazer em sua mão direita, abundantes sinais de esperança. Ela não precisa usar uma coroa de ferro, ela pode circundar sua fronte com um fio de ouro todo coberto de estrelas. Assim foi na experiência de Jeremias, no versículo anterior a memória lhe trouxe uma profunda humilhação da alma: "Minha alma, continuamente, os recorda e se abate dentro de mim", e agora, essa mesma lembrança o restaura para a vida e o consolo. "Quero trazer à memória o que me pode dar esperança." Como uma espada de dois gumes, sua lembrança primeiro matou seu orgulho com um gume, e então assassinou seu desespero com o outro. Como um princípio geral, se exercitarmos nossa memória mais sabiamente, podemos, no nosso mais sombrio desespero, acender um fósforo que irá acender a lâmpada da consolação instantaneamente. Não há necessidade de Deus criar algo novo sobre a terra para restaurar a alegria dos cristãos; se eles puderem garimpar, em oração, as cinzas do passado, encontrarão luz para o presente; e se eles se voltarem para o livro da verdade e para o trono da graça, suas velas logo brilharão como outrora. Que esta seja nossa lembrança da benignidade do Senhor e a repetição de Suas obras de graça. Abramos o livro de lembranças que é tão ricamente iluminado com memórias de misericórdia, e logo ficaremos felizes. Pois a memória pode ser, como disse Coleridge [N.E.: Poeta inglês (1772–1834)], "o florescer da alegria", e quando o Consolador divino a inclina ao Seu serviço, ela pode se tornar o principal consolador entre os consoladores terrenos.

C.H. Spurgeon

"...odeias a iniquidade..."
SALMO 45:7

"Irai-vos e não pequeis." Dificilmente pode haver bondade num homem se ele não tiver raiva do pecado; aquele que ama a verdade deve odiar cada falsidade. Como nosso Senhor Jesus odiou o pecado quando lhe sobreveio a tentação! Três vezes ela o assolou em formas diferentes, mas sempre o encontrou dizendo: "Retira-te, Satanás." Ele odiava o pecado nos outros; no entanto, com muita frequência demonstrou Seu ódio em lágrimas de piedade em vez de palavras de repreensão; ainda assim, que linguagem poderia ser mais severa, mais parecida com a de Elias, do que as palavras: "Ai de vós, escribas e fariseus, hipócritas, porque devorais as casas das viúvas e, para o justificar, fazeis longas orações"? Ele odiava a maldade a tal ponto que sangrou para golpeá-la no coração do homem; Ele morreu para que ela pudesse morrer; Ele foi sepultado para que pudesse sepultá-la em Sua tumba; e Ele ressuscitou para que pudesse mantê-la para sempre sob Seus pés. Cristo está no Evangelho, e o Evangelho se opõe à maldade de todas as formas. A maldade se ostenta com roupas justas e imita a linguagem da santidade; mas os preceitos de Jesus, com o Seu famoso "azorrague de cordas", a expulsam do templo e não irão tolerá-la na Igreja. Da mesma forma, no coração onde Jesus reina há guerra entre Cristo e o Maligno! E quando nosso Redentor vier para ser nosso Juiz, aquelas palavras estrondosas: "Apartai-vos de mim, malditos", que são, na verdade, apenas um prolongamento de Sua vida de ensinamentos sobre o pecado, manifestarão Sua aversão à iniquidade. Tão acolhedor quanto é Seu amor pelos pecadores, é Seu ódio pelo pecado; tão perfeita quanto é Sua justiça, será completa a destruição de cada forma de maldade. "Ó glorioso Defensor do que é justo e Destruidor do mal, por essa causa Deus, o Teu Deus, 'te ungiu com o óleo de alegria, como a nenhum dos teus companheiros.'"

C.H. Spurgeon

"...Maldito diante do Senhor *seja o homem que se levantar e reedificar esta cidade de Jericó..."* JOSUÉ 6:26

Como foi amaldiçoado aquele que reconstruiu Jericó, muito mais é o homem que trabalha para restaurar o domínio religioso entre nós. Nos dias de nossos pais, as gigantescas muralhas do papado caíram [N.E.: Referente a Reforma Protestante (1517)] pelo poder de sua fé, a perseverança de seus esforços e o soar das trombetas do evangelho; e agora há alguns que querem reconstruir aquele amaldiçoado sistema sobre suas velhas fundações [N.E.: Restaurar o poder político e de dominação da igreja]. "Ó Senhor, agrada-te em frustrar seus esforços injustos e derrubar cada pedra que eles colocarem." Será uma séria questão para nós, purgar cuidadosamente cada erro onde possa haver uma tendência a promover o espírito da dominação religiosa e, quando tivermos feito uma varredura em casa, devemos buscar cada forma de nos opor à sua rápida propagação na igreja e no mundo. Este último pode ser feito em segredo por intermédio da oração fervorosa e, em público, mediante testemunho decidido. Precisamos alertar com ousadia criteriosa aqueles que estão inclinados aos antigos erros de Roma; precisamos instruir os jovens na verdade do evangelho e relatar a eles os terríveis atos cometidos em nome da religião, nos tempos antigos. Precisamos ajudar a espalhar a luz mais profundamente pela terra, pois alguns clérigos, assim como as corujas, detestam a luz do dia. Estamos fazendo tudo o que podemos por Jesus e pelo evangelho? Se não, nossa negligência faz o jogo do clericalismo. O que estamos fazendo para propagar a Bíblia, que é a perdição e o veneno para líderes mal intencionados? Estamos tornando público bons textos e com o tom do evangelho? Lutero disse certa vez: "O diabo odeia penas de ganso" [N.E.: Naquele tempo, usadas para escrever] e, sem dúvida, ele tem um bom motivo, pois escritores prontos, abençoados pelo Espírito Santo, têm feito muito estrago em seu reino. Se os milhares que lerem esta pequena palavra esta noite fizerem o que puderem para dificultar a reconstrução dessa maldita Jericó, a glória do Senhor se apressará entre os filhos dos homens. Leitor, o que você pode fazer? O que você fará?

C.H. Spurgeon

"Apanhai-me as raposas, as raposinhas, que devastam os vinhedos..." CÂNTICO DOS CÂNTICOS 2:15

Um pequeno espinho pode causar muita dor. Uma pequena nuvem pode esconder o sol. Raposinhas podem estragar as vinhas; e pequenos pecados fazem mal ao coração terno. Estes pequenos pecados tocam a alma e fazem-na tão cheia daquilo que é detestável para Cristo, que Ele não mais terá um relacionamento e comunhão confortáveis conosco. Um grande pecado pode não destruir um cristão, mas um pequeno pecado pode torná-lo miserável. Jesus não andará com Seu povo a menos que ele se afaste de cada pecado conhecido. Ele diz: "Se guardardes os meus mandamentos, permanecereis no meu amor; assim como também eu tenho guardado os mandamentos de meu Pai e no seu amor permaneço." Alguns cristãos raramente desfrutam a presença de seu Salvador. Por que isso? Certamente deve ser uma aflição para um filho sensível estar separado de seu pai. Você é filho de Deus e, ainda assim, está satisfeito em seguir sem ver a face de seu Pai? O quê?! Você é a esposa de Cristo e, mesmo assim, está contente sem Sua companhia! Certamente você caiu em um triste estado, pois o peito da esposa de Cristo chora como uma pomba sem seu companheiro. Faça, então, a pergunta: O que afastou Cristo de você? Ele esconde Sua face atrás da muralha de seus pecados. Essa muralha pode ser construída muito facilmente com *pequenas* pedras, como com grandes rochas. O mar é feito de gotas; as rochas são feitas de grãos; e o mar que o separa de Cristo pode estar cheio das gotas de seus pequenos pecados; e a rocha que furou seu barco pode ter sido feita pelo trabalho diário dos habitantes dos corais de seus pequenos pecados. Se você quer viver em Cristo, andar com Ele, vê-lo e ter comunhão com Ele, livre-se das "raposinhas, que devastam os vinhedos, porque as nossas vinhas estão em flor". Jesus o convida a ir *com Ele* e apanhá-las. O Senhor certamente irá, como Sansão, apanhar as raposas de uma vez e facilmente. Vá à caçada com Ele.

C.H. Spurgeon

"...*e não sirvamos o pecado como escravos.*"
ROMANOS 6:6

Cristão, o que você tem a ver com o pecado? *Ele já não lhe custou o bastante?* Filho queimado, você brincará com o fogo? O quê?! Você que já esteve entre as presas do leão, entrará uma segunda vez em seu covil? Não obteve o suficiente da antiga serpente? Ela envenenou suas veias uma vez e você ainda vai brincar sobre o buraco da víbora e colocar sua mão sobre o ninho da serpente uma segunda vez? Ah, não seja tão louco! Tão tolo! O pecado alguma vez lhe deu prazer real? Você encontrou satisfação sólida nele? Se sim, volte para sua velha masmorra e use a corrente de novo, se ela lhe dá prazer. Mas, já que o pecado nunca lhe deu o que prometeu, mas o iludiu com mentiras, não caia na armadilha do velho passarinheiro uma segunda vez — permaneça livre e deixe que a lembrança de sua antiga prisão o impeça de entrar no ninho novamente! *É contrário aos desígnios do amor eterno*, que tenhamos em conta a nossa própria pureza e santidade; portanto, não corra contra os propósitos do seu Senhor. Há ainda outro pensamento que deve afastá-lo do pecado: *Cristãos nunca podem pecar impunemente*; eles pagam um grande preço por sua iniquidade. A transgressão destrói a paz da mente, obscurece a comunhão com Jesus, impede a oração, traz a escuridão sobre a alma; portanto, não seja servo e escravo do pecado. Há um argumento ainda maior: cada vez que "serve ao pecado" você "*crucifica o Senhor novamente e o expõe à vergonha pública*." Você pode suportar essa ideia? Ah! Se você caiu em algum pecado específico durante este dia, pode ser que meu Mestre tenha enviado esta admoestação esta noite para trazê-lo de volta antes que se desvie para muito longe. Volte-se novamente para Jesus; Ele não esqueceu Seu amor por você; Sua graça ainda é a mesma. Com lágrimas e arrependimento, venha aos Seus pés e será recebido uma vez mais em Seu coração, será colocado novamente sobre a Rocha e seus caminhos serão estabelecidos.

C. H. Spurgeon

"...todo o povo e também o rei passaram o ribeiro de Cedrom..."
2 SAMUEL 15:23

Davi atravessou aquele ribeiro sombrio quando estava fugindo de seu filho traidor, com seu povo que lamentava. O homem segundo o coração de Deus não foi eximido de problemas. Não, sua vida era cheia deles. Ele tanto foi ungido pelo Senhor, como oprimido por Ele. Por que, então, devemos esperar escapar? As pessoas mais nobres esperaram diante portões da tristeza, com cinzas sobre suas cabeças. Por que, então, devemos nós reclamar quando alguma coisa estranha acontece conosco?

O próprio Rei dos reis não foi favorecido com uma estrada mais alegre e adequada para um membro da nobreza. Ele passou pelo imundo ribeiro de Cedrom, por onde fluía a imundície de Jerusalém. Deus tem um Filho sem pecado, mas não tem nenhum filho sem a vara. É uma grande alegria crer que Jesus foi tentado de todas as formas como nós o somos. Qual é nosso Cedrom esta manhã? É um amigo infiel, uma triste perda, uma reprovação insultuosa, um pressentimento sombrio? O Rei passou por tudo isso. É dor no corpo, pobreza, perseguição ou desprezo? Sobre cada um desses Cedrons, o Rei passou antes de nós. "Em toda a angústia deles, foi ele angustiado." A ideia de estranheza em nossas provações deve ser banida de uma vez para sempre, pois aquele que é Cabeça de todos os santos, conhece por experiência a dor que achamos ser tão peculiar. Todos os cidadãos de Sião devem estar livres da honorável companhia dos pranteadores, da qual o Príncipe Emanuel é Cabeça e Capitão. Apesar da humilhação de Davi, ele retornou em triunfo para sua cidade, e o Senhor de Davi levantou vitorioso do túmulo; tenhamos bom ânimo, então, pois também venceremos o dia. Devemos ainda, com alegria, tirar água dos poços da salvação, ainda que agora estejamos passando por uma temporada de ribeiros nocivos de pecado e tristeza. Coragem, soldado da Cruz, o próprio Rei triunfou após passar pelo Cedrom, e você também triunfará.

C.H. Spurgeon

"...quem sara todas as tuas enfermidades."

SALMO 103:3

É humilhante a declaração, embora seja correta, de que todos nós estamos sofrendo, em maior ou menor grau, da doença do pecado. Que conforto saber que temos um grande Médico que pode e quer nos curar! Vamos pensar nele esta noite. Sua cura é muito rápida — há vida em olhar para Ele; Suas curas são *radicais* — Ele atinge o âmago da doença; e portanto, Suas curas são exatas e certeiras. Ele nunca falha, e a *doença nunca volta*. Não há recaída onde Cristo cura; nenhum temor de que Seus pacientes tenham sido medicados apenas para obterem pequena melhora. Ele faz deles novas criaturas: um novo coração também lhes é dado e um espírito reto é colocado neles. Ele é bem habilitado em todas as doenças. Médicos geralmente têm alguma *especialidade*. Embora possam conhecer um pouco sobre quase todas as dores e doenças, normalmente estudam uma doença mais do que as outras; mas Jesus Cristo está completamente familiarizado com a totalidade da natureza humana. Ele está tão à vontade com um pecador como está com outro, e Ele jamais encontrou um caso perdido que fosse difícil para Ele. Encarou complicações extraordinárias com doenças estranhas, mas soube exatamente, com um olhar, como tratar o paciente. Ele é o único doutor universal; e o remédio que ministra é o verdadeiro medicamento, curando cada caso. Seja qual for nossa doença espiritual, devemos levá-la a esse Médico divino. Não há coração partido que Jesus não possa consertar. "O sangue de Jesus, seu Filho, nos purifica de todo pecado." Apenas precisamos pensar nas miríades que foram libertas de toda a sorte de doenças por meio do poder e da virtude do Seu toque, e alegremente nos colocaremos em Suas mãos. Confiamos nele e o pecado morre; o amamos e a graça vive; esperamos por Ele e a graça é fortalecida; o vemos como Ele é e a graça é aperfeiçoada para sempre.

"...Houve tarde e manhã, o primeiro dia".

GÊNESIS 1:5

Foi assim mesmo no início? A luz e a escuridão dividiram o reino do tempo no primeiro dia? Então, que pequena maravilha seria se eu também obtivesse mudanças nas minhas circunstâncias entre o nascer do sol da prosperidade e a meia-noite da diversidade. Nem sempre será o calor do meio-dia mesmo no que diz respeito às preocupações de minha alma; devo esperar por temporadas de luto pela ausência de minhas alegrias passadas, e buscar meu Amado na noite. Não estou sozinho nisso, pois todos os amados do Senhor precisam cantar a música mista do julgamento e da misericórdia, da provação e da libertação, do luto e do prazer. É uma das designações da providência Divina, que o dia e a noite não devem cessar nem na criação espiritual, nem na natural, até que alcancemos a terra da qual está escrito: "Nela, não haverá noite." O que nosso Pai celeste ordena é sábio e bom.

O que, então, minh'alma, é melhor fazer? Aprenda primeiro a *contentar-se* com essa ordem divina e estar disposta, como Jó, a receber o mal, tanto quanto o bem da mão do Senhor. Em seguida, prepare-se para *alegrar-se com o surgir da manhã e da noite*. Louve ao Senhor pelo sol da alegria quando ele nasce, e pela melancolia da noite quando ela cai. Há beleza tanto no nascer quanto no pôr do sol, cante a respeito disso e glorifique ao Senhor. Como o rouxinol, entoe suas notas *em todos os momentos*. Creia que a noite é tão útil quanto é o dia. O orvalho da graça cai pesadamente na noite de tristeza. As estrelas da promessa brilham gloriosamente em meio à escuridão da dor. *Continue seu serviço* sob todas as mudanças. Se durante o dia sua palavra de ordem é *trabalho*, à noite troque por *vigília*. Cada hora tem sua função; que você continue em seu chamado como servo do Senhor até que Ele, repentinamente, apareça em Sua glória. Minh'alma, sua noite de velhice e morte está se aproximando: não se apavore, pois é parte do dia; e o Senhor disse: "Vou protegê-lo o dia todo."

C.H. Spurgeon

"...e fará o seu deserto como o Éden..."
ISAÍAS 51:3

Parece-me que tenho uma visão de um imenso deserto, grande e terrível, como o Saara. Não vejo nada nele para descansar o olhar; estou preocupado com a visão plena da areia quente e árida, repleta de dez mil esqueletos de homens miseráveis que sucumbiram em angústia por terem perdido seu caminho nesse impiedoso vazio. Que visão aterradora! Que horror! Um mar de areia sem limite, sem um oásis; um cemitério triste de uma raça desolada! Mas contemple e admire-se! De repente, florescendo na areia escaldante, vejo uma planta conhecida; e conforme crescem seus brotos, eles se abrem — é uma rosa, e ao seu lado, um lírio inclina sua modesta cabeça. Milagre dos milagres, conforme a fragrância dessas flores é difundida, o deserto é transformado em um campo frutífero, e tudo em volta floresce sobremaneira; a glória do Líbano é dada a ele, a excelência do Carmelo e de Sarom. Não o chame de Saara, chame-o de Paraíso. Não fale mais dele como o vale da sombra da morte, pois onde os esqueletos estavam ao sol, contemple a proclamação da ressurreição e o florescer dos mortos, um exército poderoso cheio de vida imortal. Jesus é essa planta renomada e Sua presença faz novas todas as coisas. Não é menos maravilhoso em cada salvação individual. Lá eu vejo você, caro leitor, abandonado, uma criança, sem cuidados, suja, contaminada com seu próprio sangue, deixada para ser alimento de aves de rapina. Mas eis que uma joia foi arremessada em seu peito pela mão divina e, por causa dela, você recebeu misericórdia e cuidado da providência divina, foi lavado e purificado de sua contaminação, foi adotado na família do Céu. O justo selo de amor está em sua testa e o anel da fidelidade em sua mão — agora você é um príncipe para Deus, embora antes fosse um órfão abandonado. Ó prêmio extraordinário, incomparável poder e graça que transforma desertos em jardins, e faz o coração estéril cantar de alegria!

C.H. Spurgeon

"...Bom Mestre..."

MARCOS 10:17

Se o jovem no evangelho usou esse título ao falar com nosso Senhor, quão mais apropriadamente eu posso assim tratá-lo! Ele é realmente meu Mestre em ambos os sentidos, um Mestre no poder e um Mestre no ensino. Tenho prazer em cumprir Suas incumbências e sentar-me aos Seus pés. Sou Seu servo e discípulo, e considero minha maior honra ter esse papel duplo. Se Ele me perguntar por que o chamo de "*bom*", devo ter uma resposta pronta. É verdade que "ninguém é bom senão um, que é Deus", mas, então, Ele é Deus, e toda a bondade da deidade brilha nele. Em minha experiência, tenho descoberto que Ele é bom, tão bom, na verdade, que todo o bem que tenho me veio por meio dele. Ele foi bom para mim quando eu estava morto no pecado, pois me ergueu pelo poder de Seu Espírito; Ele tem sido bom para mim em todas as minhas necessidades, provações, lutas e tristezas. Nunca houve um Mestre melhor, pois Seu serviço é liberdade, Sua regra é amor: gostaria de ser um servo bom que tivesse um milésimo de Sua bondade. Quando Ele me ensina como meu Mestre, é indescritivelmente bom, Sua doutrina é divina, Sua conduta é condescendente, Seu espírito é brando. Nenhum erro se mistura com Sua instrução — pura como a verdade do ouro que Ele traz, e todos os Seus ensinamentos levam à bondade, santificando e edificando o discípulo. Anjos o consideram um bom Mestre e prazerosamente prestam sua homenagem aos Seus pés. Os santos da antiguidade provaram que Ele é um bom Mestre e cada um deles se alegrou em cantar: "Sou Teu servo, ó Senhor!" Meu próprio humilde testemunho, certamente, deverá ter o mesmo efeito. Vou sustentar este testemunho perante meus amigos e vizinhos, pois é possível que sejam levados por meio dele a buscarem meu Senhor Jesus como seu Mestre. Ah, que eles façam isso! Nunca irão se arrepender de atitude tão sábia. Se eles apenas tomassem Seu jugo suave, iriam se encontrar num serviço tão magnífico que se alistariam nele para sempre.

C. H. Spurgeon

"Porque a carne milita contra o Espírito, e o Espírito, contra a carne..." GÁLATAS 5:17

No coração de cada cristão há uma luta constante entre a velha e a nova natureza. A velha natureza é muito ativa e não perde a oportunidade de usar todas as armas de seu arsenal mortal contra a graça recém-nascida; enquanto, por outro lado, a nova natureza está sempre em vigília para resistir e destruir o inimigo. A graça em nós empregará a oração, a fé, a esperança e o amor para expulsar o mal; ela pega "todo o arsenal de Deus" e luta fervorosamente. Estas duas naturezas opostas jamais cessarão de lutar enquanto estivermos neste mundo. A batalha de "Cristão" [N.E.: Referente ao livro *O Peregrino* de John Bunyan (Publicações Pão Diário, 2014)] com "Apolião" durou três horas, mas a batalha do cristão consigo mesmo perdura por todo o caminho, desde a porta estreita até o rio Jordão. O inimigo está entrincheirado tão seguramente em nós que nunca será expulso enquanto estivermos neste corpo: mas apesar de estarmos intimamente envolvidos e frequentemente em doloroso conflito, temos um ajudante Todo-Poderoso, o próprio Jesus, o Capitão de nossa salvação, que está sempre conosco e que nos assegura de que seremos mais que vencedores por meio dele. Com tal assistência, a natureza recém-nascida é mais do que páreo para seus inimigos. Você está lutando com o adversário hoje? Estão Satanás, o mundo e a carne, todos contra você? Não fique desanimado, nem assustado. Lute! Pois o próprio Deus está com você; Jeová *Nissi* é a sua bandeira e Jeová *Rafá* a cura para suas feridas. Não tenha medo, você vencerá, pois quem pode derrotar o Onipotente? Lute "olhando para Jesus", e apesar do conflito ser longo e árduo, doce será a vitória e gloriosa a recompensa prometida.

De força em força seguir;
Combater, lutar e orar,
Esmagar todos os poderes da escuridão,
E vencer o dia bem combatido.

"Estes eram oleiros e habitantes de Netaim e de Gedera; moravam ali com o rei para o servirem." 1 CRÔNICAS 4:23

Oleiros eram trabalhadores da mais alta categoria. O rei precisava deles e, portanto, estavam em serviço real embora o material com que trabalhassem não passasse de barro. Nós também podemos estar envolvidos na parte mais humilde do serviço ao Senhor, mas é um grande privilégio fazer alguma coisa para o Rei; e assim permaneceremos em nosso chamado, esperando que "embora tenhamos deitado entre os redis, ainda assim seremos como as asas de uma pomba coberta com prata e com as penas douradas". Outra tradução do texto nos fala daqueles que *habitavam nas hortas e nos cerrados* (ARC), tendo que fazer um trabalho duro, rústico, de cercar e de arar. Eles podem ter desejado morar na cidade, em meio à sua vida, sociedade e refinamento, mas eles mantiveram seus lugares designados, pois estavam também fazendo o trabalho do rei. O lugar de nossa habitação é fixo e não devemos mudar por capricho ou teimosia, mas devemos buscar servir ao Senhor nele, sendo uma bênção para aqueles entre os quais residimos. Aqueles oleiros e jardineiros tinham *companhia real*, pois habitavam "com o rei" e, embora entre hortas e cerrados, habitavam com o rei ali. Nenhum lugar lícito ou ofício gracioso, entretanto, pode nos privar da comunhão com nosso divino Senhor. Ao visitar casebres, alojamentos lotados, asilos ou prisões, podemos ir *com o Rei*. Em todos os trabalhos de fé podemos contar com a companhia de Jesus. É quando estamos em Seu trabalho que podemos contar com o Seu sorriso. Sim, trabalhadores desconhecidos que estão sendo usados por seu Senhor em meio à sujeira e miséria do mais baixo escalão, tenham bom ânimo, pois joias são encontradas sobre os estercos de agora, potes de barro estão cheios com tesouros celestiais e ervas daninhas são transformadas em flores preciosas. Habite você com o Rei em Seu trabalho, e quando Ele escrever Suas crônicas, seu nome será registrado.

C.H. Spurgeon

"...a si mesmo se humilhou..."
FILIPENSES 2:8

Jesus é o grande mestre quanto à humildade de coração. Precisamos aprender com Ele diariamente. Veja o Mestre pegando uma toalha e lavando os pés de Seus discípulos! Seguidor de Cristo, você não se humilharia? Veja-o como Servo dos servos, e certamente você não poderá ser orgulhoso! "A si mesmo se humilhou": esta frase não é o sumário de Sua biografia? Não estava Ele na Terra, sempre despindo primeiro um manto de honra e depois outro, até que, nu, foi preso à cruz? E lá, Ele não se esvaziou do Seu homem interior, derramando Seu sangue vital, entregando-se por todos nós, até que o colocaram num sepulcro emprestado? Quão humilde foi o nosso querido Redentor! Como então podemos ser orgulhosos? Fique aos pés da cruz e conte as gotas vermelhas pelas quais você foi purificado. Veja a coroa de espinhos; observe Seus ombros açoitados ainda jorrando fluxos vermelhos. Observe as mãos e os pés entregues ao duro ferro e todo o Seu ser entregue à zombaria e ao escárnio. Considere a amargura, as dores e os espasmos de sofrimento interior revelando-se em Seu corpo exposto; ouça o grito emocionante: "Deus meu, Deus meu, por que me desamparaste?" E se você não cair prostrado no chão perante aquela cruz, é porque nunca a viu: se não é humilde na presença de Jesus, você não o conhece. Você estava tão perdido que nada podia salvá-lo, a não ser o sacrifício do unigênito de Deus. Pense nisso e, como Jesus se rebaixou por você, incline-se humildemente aos Seus pés. Um sentimento do incrível amor de Cristo por nós tem mais tendência a nos quebrantar do que a consciência da nossa própria culpa. Que o Senhor nos leve à contemplação do Calvário, então nossa posição não será mais a do homem pomposo de orgulho, mas tomaremos o humilde lugar daquele que muito ama, porque muito lhe foi perdoado. O orgulho não pode viver à sombra da cruz. Vamos nos sentar diante da cruz e aprender nossa lição, e, então, levantar e colocá-la em prática.

C.H. Spurgeon

"...A benignidade de Deus, nosso Salvador, e o seu amor..."
TITO 3:4

Quão doce é contemplar o Salvador comungando com Seu povo amado! Não pode haver nada mais prazeroso do que, pelo Espírito divino, ser levado a esse campo fértil de júbilo. Deixemos que a mente, por um instante, considere a história do amor do Redentor, e mil atos de carinho surgirão; todos eles concebidos na tessitura do coração em Cristo e entrelaçados com os pensamentos e emoções da alma renovada com o ânimo de Jesus. Quando meditamos sobre esse incrível amor e contemplamos o Todo-glorioso Redentor da Igreja dotando-a com toda a sua antiga riqueza, nossas almas podem desfalecer de alegria. Quem é aquele que pode suportar tal peso de amor? Aquela sensação parcial que o Espírito Santo, às vezes, tem o prazer de conceder, é mais do que a alma pode conter; quão arrebatadora deve ser a visão completa dele! Quando a alma tiver a compreensão para discernir todas as dádivas do Salvador, sabedoria para poder avaliá-las e tempo para meditar sobre elas, tal como o mundo vindouro nos conceder, comungaremos, então, com Jesus de uma forma mais íntima do que hoje. Mas quem pode imaginar a doçura de tal comunhão? Deve ser uma das coisas que não entram no coração do homem, mas que Deus preparou para aqueles que o amam. Ó, abrir a porta dos celeiros do nosso José e ver a plenitude que Ele estocou para nós! Seremos dominados com amor. Pela fé vemos, como num vidro escuro, a imagem refletida de Seus tesouros ilimitados, mas quando realmente virmos as coisas celestiais com nossos próprios olhos, quão profundo será o rio de comunhão no qual nossa alma se banhará! Até lá, nossos mais altos sonetos deverão ser reservados ao nosso amado benfeitor, Jesus Cristo nosso Senhor, cujo amor por nós é maravilhoso, mais que o amor das pessoas ao nosso redor.

C.H. Spurgeon

"...recebido na glória".

1 TIMÓTEO 3:16

Vimos nosso Amado Senhor nos dias de Sua carne, humilhado e molestado; pois Ele foi "desprezado e o mais rejeitado entre os homens; homem de dores e que sabe o que é padecer". Ele, cujo esplendor é como a manhã, usou os farrapos da dor como Sua roupa diária: a vergonha foi Seu manto, e a reprovação, Sua túnica. Ainda agora, na medida em que Ele triunfa sobre todos os poderes das trevas no ensanguentado madeiro, nossa fé contempla nosso Rei retornando de Edom com roupas tingidas, vestido no esplendor da vitória. Quão glorioso deve ter sido aos olhos de serafins, quando uma nuvem o recebeu fora da vista mortal e Ele ascendeu aos céus! Agora Ele usa a glória que tinha com Deus antes da Terra existir, e ainda outra glória acima de tudo — aquela que ganhou ao lutar contra o pecado, a morte e o inferno. Como vitorioso, Ele usa a ilustre coroa. Ouça como a música soa alto! É uma nova e mais doce canção: "Digno é o Cordeiro que foi morto, pois nos redimiu com Deus por Seu sangue!" Ele usa a glória de um Intercessor que nunca falha, de um Príncipe que jamais é derrotado, de um Conquistador que venceu todos os inimigos, de um Senhor cuja fidelidade habita no coração de cada súdito. Jesus veste toda a glória que a pompa do céu pode conceder, que dez mil vezes, dez mil anjos podem ministrar a Ele. Você não pode, com seu esforço extremo de imaginação, conceber Sua extraordinária grandeza; ainda assim haverá uma revelação futura dela, quando Ele descer do céu com grande poder, com todos os santos anjos: "Então, se assentará no trono da sua glória." Ah, o esplendor dessa glória! Arrebatará o coração do Seu povo. E isso não é o fim, pois a eternidade entoará em Seu louvor: "O teu trono, ó Deus, é para todo o sempre!" Leitor, se você quer alegrar-se na glória de Cristo no futuro, Ele precisa ser glorioso em sua visão agora. *Ele é*?

C.H. Spurgeon

"...o Senhor *fechou a porta após ele".*
GÊNESIS 7:16

Noé foi trancado, afastado do mundo pela mão do amor divino. A porta do propósito da eleição se interpõe entre nós e o mundo que jaz no maligno. Não somos do mundo, assim como nosso Senhor Jesus não era do mundo. Não podemos entrar no pecado, nas festas, nas ocupações da multidão; não podemos brincar nas ruas da "Feira das Vaidades" [N.E.: Referente ao livro *O Peregrino* de John Bunyan (Publicações Pão Diário, 2014)] com os filhos das trevas, pois nosso Pai celestial fechou a porta atrás de nós. Noé foi trancado *com seu Deus*. "*Entra* na arca", foi o convite do Senhor, pelo qual mostrou claramente que Ele próprio pretendia habitar na Arca com Seu servo e sua família. Então todos os escolhidos habitam em Deus e Deus neles. Feliz o povo que é incluído no mesmo círculo que está o Deus Triúno: Pai, Filho e Espírito. Que jamais sejamos desatentos àquele gracioso chamado: "Vai, pois, povo meu, entra nos teus quartos e fecha as tuas portas sobre ti; esconde-te só por um momento, até que passe a ira." Noé estava tão protegido que *nenhum mal podia alcançá-lo*. As águas apenas o ergueram em direção ao céu e os ventos não fizeram mais do que soprá-lo em seu caminho. Fora da arca, tudo era ruína, mas dentro, tudo era descanso e paz. Sem Cristo nós perecemos, mas em Cristo Jesus há perfeita segurança. Noé estava tão trancado que *ele nem podia desejar sair*, e aqueles que estão em Cristo Jesus estão nele para sempre. Eles nunca mais devem sair, pois a fidelidade eterna foi guardada dentro deles e a malícia infernal não pode arrastá-los para fora. O Príncipe da casa de Davi fechou e nenhum homem abre; e quando, finalmente, nos últimos dias, como Mestre da casa, Ele se levantar e fechar a porta, em vão meros professos baterão e gritarão: "Senhor, Senhor abra para nós", pois aquela mesma porta que fechou as virgens prudentes, se fechará para a loucura para sempre. "Senhor, guarda-me pela Tua graça."

C.H. Spurgeon

"Aquele que não ama não conhece a Deus..."
1 JOÃO 4:8

A marca distintiva de um cristão é sua confiança no amor de Cristo e a entrega de seu afeto a Cristo como resposta. Primeiro, a fé coloca seu selo sobre o homem, habilitando a alma a dizer juntamente com o apóstolo: "Cristo me amou e a si mesmo se entregou por mim." Em troca, o amor dá a confirmação e estampa sobre o coração, gratidão e amor por Jesus. "Nós amamos porque Ele nos amou primeiro." Nos tempos áureos da antiguidade, que foi o período heroico da religião cristã, esta dupla marca era vista claramente em todos os crentes em Jesus; eram homens que conheciam o amor de Cristo e descansavam nele como um homem que se apoia num cajado cuja segurança experimentou. O amor que sentiam pelo Senhor não era uma emoção tranquila que escondiam em si mesmos, na câmara secreta de sua alma, e do qual falavam apenas em suas assembleias privadas, quando se encontravam no primeiro dia da semana e cantavam hinos em louvor ao Cristo Jesus crucificado. Mas era uma paixão de tal veemência e vigor, que era visível em todas as suas ações, em suas conversas cotidianas e que comumente transparecia em seus olhares. O amor por Jesus era a chama que alimentava o âmago e o coração daqueles homens; e, portanto, com sua própria força, ardia no homem exterior e ali brilhava. O zelo pela glória do Rei Jesus era o selo e a marca de todos os cristãos genuínos. Por causa de sua dependência do amor de Cristo, eles *ousaram* muito, e por causa de seu amor por Cristo, eles *fizeram* muito, e é assim ainda hoje. Os filhos de Deus são governados pelo poder do amor em seu interior — o amor de Cristo os constrange; eles se regozijam por aquele divino amor estar sobre eles, sentindo-o ser derramado em seu coração pelo Espírito Santo que lhes foi dado, e então, pela força da gratidão, eles amam o Salvador fervorosamente com o coração puro. Meu leitor, *você* o ama? Antes de dormir, dê uma resposta honesta a essa importante pergunta!

C. H. Spurgeon

"Sou indigno..."
JÓ 40:4

Uma palavra de ânimo para você, pobre pecador perdido! Você acha que não pode vir a Deus porque é indigno. Então, não há um santo vivo na Terra que não tenha sido feito para sentir sua indignidade. Se Jó, Isaías e Paulo, todos foram obrigados a dizer "sou indigno", ah, pobre pecador, você terá vergonha de se juntar a eles na mesma confissão? Se a divina graça não erradica todo o pecado do cristão, como você espera fazer isso por si mesmo? E se Deus ama Seu povo embora ainda ele seja indigno, você acha que sua indignidade não permitirá que Ele o ame? Creia em Jesus, ó pária da sociedade do mundo! Cristo o chama, assim como está.

Não os justos, não os justos;
Pecadores, Jesus veio chamar.

Agora mesmo diga: "Morreste pelos pecadores; eu sou um pecador. Senhor Jesus, derrama Teu sangue sobre mim." Se você confessar seu pecado, encontrará perdão. Se, agora, com todo o seu coração, disser: "Sou indigno, lava-me", será lavado agora. Se o Espírito Santo o capacitar a clamar de coração:

Tal qual estou eis-me Senhor,
Pois o Teu sangue remidor
Verteste pelo pecador;
Ó Salvador me achego a Ti!

Você se levantará da leitura desta manhã com todos os seus pecados perdoados. Ainda que tenha acordado com cada pecado que o homem pode cometer sobre sua cabeça, descansará esta noite, aceito no Amado; embora você tenha sido degradado com os farrapos do pecado, será adornado com um manto de justiça e parecerá tão alvo como os anjos. Então, "agora", enfatizo, "*agora* é a hora da aceitação". Se você "crê naquele que justifica o ímpio, está salvo". Ah! Que o Espírito Santo lhe dê fé salvadora naquele que recebe o indigno.

C.H. Spurgeon

"...São israelitas? Também eu..."
2 CORÍNTIOS 11:22

Temos aqui uma reivindicação pessoal e que *necessita de provas*. O apóstolo sabia que *sua* reivindicação era indiscutível, porém há muitas pessoas que não têm nenhum direito ao título, mas ainda assim reivindicam pertencer ao Israel de Deus. Se estamos declarando em confiança: "Também sou um israelita", vamos dizer isso apenas depois de sondar nosso coração na presença de Deus. Mas, se pudermos dar provas de que estamos seguindo Jesus, se pudermos dizer de coração: "Creio nele totalmente, creio apenas nele, creio simplesmente nele, creio nele agora e creio nele sempre," então a posição mantida pelos santos de Deus pertence a nós — todas as suas alegrias são nossas; podemos ser os últimos em Israel, "o menor de todos os santos", e como as misericórdias de Deus pertencem aos santos por serem santos, e não por serem proeminentes ou bem instruídos, podemos expor nosso argumento e dizer: "São israelitas? Também sou; então a promessa é minha, a graça é minha, a glória será minha." A reivindicação, justamente feita, é aquela que trará conforto incalculável. Quando o povo de Deus está regozijando-se por ser dele, que alegria se puderem dizer: "Também sou!", quando falam sobre serem perdoados, justificados e aceitos no Amado. Que felicidade responder: "Pela graça de Deus, também sou." Mas essa reivindicação não tem apenas alegrias e privilégios, tem também condições e deveres. Precisamos compartilhar com o povo de Deus tanto no dia nublado, quanto no dia ensolarado. Quando ouvirmos alguém falando com zombaria e desprezo por sermos cristãos, precisamos nos apresentar corajosamente e dizer: "Também sou." Quando os virmos trabalhando para Cristo, dando seu tempo, seus talentos, todo o seu coração a Jesus, devemos dizer: "Também faço isso." Ó que possamos provar nossa gratidão por meio de nossa devoção, e viver como aqueles que, tendo reivindicado um privilégio, estejam dispostos a assumir a responsabilidade ligada a ele.

C.H. Spurgeon

"Vós que amais o S*ENHOR, detestai o mal..."*

SALMO 97:10

Você tem um bom motivo para "detestar o mal", pois apenas considere o dano que ele já lhe fez. Ó que mundo de pecado maldoso foi trazido ao seu coração! O pecado o cegou para que não pudesse ver a beleza do Salvador; ele o fez surdo para que não pudesse ouvir os carinhosos convites do Redentor. O pecado desviou seus pés para o caminho da morte e derramou veneno na fonte do seu ser; ele contaminou seu coração, e o fez "enganoso [...] mais do que todas as coisas, e desesperadamente corrupto." Ah, que criatura era você quando o mal lhe fazia tudo que podia, antes da graça divina intervir! Você era um herdeiro da ira, e como os outros: "Seguia a multidão para fazer o mal". Assim éramos todos nós, mas Paulo nos lembra: "Mas vós vos lavastes, mas fostes santificados, mas fostes justificados em o nome do Senhor Jesus Cristo e no Espírito do nosso Deus." Temos um bom motivo, na verdade, para detestar o mal quando olhamos para trás e rastreamos suas obras mortais. Tal dano fez o mal a nós, que nossa alma estaria perdida se o amor onipotente não interferisse para nos redimir. Mesmo agora, ele é um inimigo ativo, sempre vigiando para nos ferir e nos arrastar para a perdição. Portanto, "deteste o mal" cristão, a menos que deseje problemas. Se quiser espalhar espinhos em seu caminho e plantar urtigas em seu travesseiro de morte, então negligencie o "detestar o mal". Porém, se quiser viver uma vida alegre e morrer em paz, ande em todos os caminhos da santidade, detestando o mal até o fim. Se você ama verdadeiramente seu Salvador e quer honrá-lo, então "deteste o mal". Conhecemos apenas uma cura para o cristão que ama o mal: é o relacionamento abundante com o Senhor Jesus. Habite com Ele e será impossível você estar em paz com o pecado.

Orienta minhas pegadas pela Tua Palavra,
E faz meu coração sincero;
Não deixes o pecado dominar, Senhor,
Mas mantém a minha consciência limpa.

C.H. Spurgeon

"...Sê, pois, zeloso..."
APOCALIPSE 3:19

Se quiser ver almas convertidas, se quiser ouvir os gritos que "o reino do mundo se tornou de nosso Senhor e do seu Cristo"; se quiser colocar coroas na cabeça do Salvador e elevar Seu trono às alturas, então esteja repleto de zelo. Pois, segundo Deus, o caminho para a conversão do mundo deve ser pelo zelo da Sua Igreja. Cada virtude fará proezas, mas esta será a primeira; a prudência, o conhecimento, a paciência e a coragem seguirão a ela, mas o zelo deve puxar o carro. Não é o grau de seu conhecimento, embora isso seja útil; nem a proporção de seu talento, embora isso não deva ser desprezado; mas é o seu zelo que fará grandes proezas. Este zelo é fruto do Espírito Santo; ele extrai sua força vital das *atividades contínuas* do Santo Espírito na alma. Se nossa vida interior definha, se nosso coração bate lentamente perante Deus, não conheceremos o zelo; mas se tudo está forte e vigoroso em nosso interior, então sentimos apenas uma ansiedade amorosa para ver o reino de Cristo voltar e Sua vontade ser feita na Terra, assim como no céu. Um profundo *sentido de gratidão* nutrirá o zelo do cristão. Olhando para a abertura do poço de onde fomos retirados, encontramos abundantes motivos para consumirmos e sermos consumidos por Deus. E o zelo é também estimulado pela *ideia do futuro eterno*. Ele olha com olhos marejados para as chamas do inferno e não consegue dormir: com um olhar ansioso olha para cima, para as glórias do céu, e desperta. Parece-lhe que o tempo é curto comparado ao trabalho a ser feito e, portanto, ele devota tudo o que tem à causa de seu Senhor. E ele é sempre fortalecido pela *lembrança do exemplo de Cristo*. Ele foi vestido com zelo como com um manto. Quão rápidas ficam as rodas da carruagem do dever com Ele! Ele não conhece ócio pelo caminho. Vamos provar que somos Seus discípulos, manifestando o mesmo espírito de zelo.

C. H. Spurgeon

"Porque muitos caíram feridos à espada, pois de Deus era a peleja..." 1 CRÔNICAS 5:22

Guerreiro, lute sob a bandeira de Jesus, observe esse versículo com alegria, pois como foi na antiguidade, é agora: se a guerra é de Deus, a vitória é certa. Os filhos de Rúben, os gaditas e a meia tribo de Manassés mal conseguiram reunir 45 mil guerreiros, e ainda assim, em sua guerra com os hagarenos (de Hagar, ramificação dos ismaelitas), mataram "cem mil" homens, "porque, na peleja, clamaram a Deus, que lhes ouviu, porquanto confiaram nele". O Senhor não salva por muitos ou poucos; devemos seguir em frente em nome de Jeová, mesmo se formos poucos, pois o Senhor dos Exércitos está conosco como nosso Capitão. Não negligenciaram o escudo, a espada e o arco, mas não colocaram sua fé nas armas; precisamos usar todos os meios de luta, e nossa confiança precisa estar só no Senhor, a espada e o escudo de Seu povo. A razão para seu grande sucesso repousa em que "de Deus era a peleja". Amado, na luta contra o pecado por dentro e por fora, com erro doutrinário ou prático, com maldade espiritual em lugares altos ou baixos, com demônios ou seus aliados, você está travando a guerra de Jeová, e a menos que Ele mesmo pudesse ser vencido, você não precisa temer a derrota. Não trema perante números superiores, não se encolha perante dificuldades ou impossibilidades, não vacile pelas feridas ou morte, golpeie com a espada de dois gumes do Espírito e os mortos cairão aos montes. A peleja é do Senhor e Ele entregará Seus inimigos em suas mãos. Com pé firme, mão forte, coração indômito e zelo inflamado, corra para o conflito e as hostes do mal sairão voando como palha no vendaval.

Levante-se! Levante-se por Jesus!
A luta não será longa;
Hoje o barulho da batalha,
Amanhã, o cântico de vitória:
Ao que vencer,
A coroa da vida há de ser;
E com o Rei da glória
Reinará eternamente.

C.H. Spurgeon

"...Agora mesmo, verás se se cumprirá ou não a minha palavra!"
NÚMEROS 11:23

Deus fez uma promessa positiva a Moisés: Por um mês inteiro, ele alimentaria, com carne, a imensa multidão no deserto. Moisés, sendo tomado por um acesso de incredulidade, olha para os recursos ao redor e fica confuso quanto à maneira como a promessa poderia ser cumprida. Ele olhou para a criatura em vez de olhar para o Criador. Mas o Criador esperava que a criatura cumprisse a promessa para Ele? Não! Aquele que faz a promessa sempre a cumpre por Sua própria onipotência. Se Ele fala, está feito — feito por Ele. Suas promessas não dependem da cooperação da insignificante força do homem para serem cumpridas. Logo, podemos perceber o erro que Moisés cometeu. E como é comum fazermos o mesmo! Deus prometeu suprir nossas necessidades, e procuramos a criatura para realizar o que Deus prometeu; e então, por percebermos que a criatura é fraca e insignificante, caímos em descrença. Por que, afinal, procuramos na criatura? Você olhará para o Polo Norte para colher frutos maduros ao sol? Na verdade, ao fazer isso, não parecerá mais tolo do que ao buscar força no fraco, e querer que a criatura faça o trabalho do Criador. Vamos, então, colocar a questão corretamente. O terreno da fé não é a suficiência dos meios visíveis para o desempenho da promessa, mas a plena suficiência do Deus invisível, que certamente cumprirá o que falou. Se, após virmos claramente que o ônus reside no Senhor e não na criatura, ousarmos cair em desconfiança, e a pergunta de Deus voltar poderosamente para nós: "Ter-se-ia encurtado a mão do SENHOR?", pode acontecer também, em Sua misericórdia, que juntamente com essa questão, poderá brotar em nossa alma essa declaração abençoada: "Agora mesmo, verás se se cumprirá ou não a minha palavra!"

C.H. Spurgeon

"Com efeito, grandes coisas fez o SENHOR *por nós; por isso, estamos alegres."* SALMO 126:3

Alguns cristãos, infelizmente, são propensos a *olhar* para o lado *escuro* de tudo e a se fixar mais no que têm passado, do que sobre o que Deus tem feito por eles. Pergunte a eles suas impressões sobre a vida cristã, e descreverão seus conflitos contínuos, suas aflições profundas, suas tristes adversidades e o pecado de seu coração, com raras alusões à misericórdia e ao socorro que Deus lhes concedeu. Porém, um cristão cuja alma está num estado *saudável*, se apresentará alegremente e dirá: "Eu falo, não por mim, mas pela honra do meu Deus. Ele me tirou de um terrível fosso e do barro lodoso, e colocou meus pés sobre uma rocha, e firmou meus caminhos: e Ele colocou uma nova canção na minha boca, sempre louvando nosso Deus. O Senhor fez grandes coisas por mim, por isso estou alegre." Tal síntese da experiência é o melhor que qualquer filho de Deus pode apresentar. É verdade que enfrentamos provações, mas é tão verdade também que somos libertos delas. De fato, temos nossas corrupções e sabemos disso pesarosamente, mas é tão verdade que temos um Salvador Todo-Poderoso, que supera essas corrupções e nos liberta do domínio delas. Ao olhar para trás, seria errado negar que estivemos no "Pântano da Desconfiança" [N.E.: Referente ao livro *O Peregrino* de John Bunyan (Publicações Pão Diário, 2014)], e que rastejamos junto ao "Vale da Humilhação", mas será igualmente maldoso esquecer que os *atravessamos* em segurança e proveitosamente; não permanecemos lá, graças ao nosso Ajudante e Líder Todo-Poderoso, que nos levou "para um lugar espaçoso". Quanto mais profundos são nossos problemas, mais elevada é nossa gratidão a Deus, que tem nos conduzido através de tudo e nos preservado até agora. Nossos pesares não podem estragar a melodia de nosso louvor, nós os reconhecemos como as notas graves da música de nossa vida. "Grandes coisas fez o SENHOR por nós; por isso, estamos alegres."

C. H. Spurgeon

"Examinais as Escrituras..."
JOÃO 5:39

A palavra grega traduzida aqui por *examinais* significa uma busca rigorosa, minuciosa, diligente e curiosa, assim como os homens fazem quando estão procurando ouro, ou os caçadores em busca de sua presa. Precisamos não nos contentar em ler superficialmente um capítulo ou dois, mas, com a luz do Espírito, devemos buscar deliberadamente pelos significados ocultos da Palavra. As Santas Escrituras *requerem* busca — ela só pode ser aprendida com estudo cuidadoso. Há leite para as crianças e também carne para os adultos maduros. Os rabinos dizem que uma montanha de matéria paira sobre cada palavra, sim, sobre cada título da Escritura. Tertuliano [N.E.: Um dos pais da igreja no segundo século] exclama: "Eu amo a plenitude das Escrituras." Nenhum homem que meramente folheia o livro de Deus pode tirar proveito dele; precisamos cavar e garimpar até obter o tesouro escondido. A porta da Palavra só se abre com a chave da diligência. As Escrituras *reivindicam* pesquisa. São os escritos de Deus — quem ousará tratá-los com leviandade? Aquele que as despreza, estará desprezando a Deus que as escreveu. "Senhor, não permitas que qualquer um de nós deixe que nossas Bíblias se tornem rápidas testemunhas contra nós no dia do julgamento." A Palavra de Deus *recompensará quem a examina.* O Senhor não nos propõe que peneiremos um monte de palha com um grão aqui, outro ali, pois a Bíblia é milho debulhado — precisamos apenas abrir a porta do celeiro e encontrá-lo. As Escrituras influenciam o aluno. São cheias de surpresas. Sob o ensino do Espírito Santo, ela brilha a revelação com esplendor aos olhos de quem a examina, como um vasto templo pavimentado com ouro forjado e coberto com rubis, esmeraldas e toda a sorte de pedras preciosas. Nenhum bem material se compara à verdade das Escrituras. Finalmente, a *Palavra de Deus revela Jesus*: "São elas mesmas que testificam de mim." Este é o motivo mais poderoso para os leitores da Bíblia: aquele que encontra Jesus, encontra a vida, o céu, e todas as coisas. Feliz daquele que, examinando sua Bíblia, descobre seu Salvador.

C.H. Spurgeon

"...para o Senhor vivemos..."
ROMANOS 14:8

Se Deus desejasse, cada um de nós poderia ter entrado no céu no momento da conversão. Não era absolutamente necessário à nossa preparação para a imortalidade que ficássemos presos aqui. É possível um homem ser levado ao céu e descobrir ser um participante da herança dos santos na luz, tendo apenas crido em Jesus. É verdade que nossa santificação é um processo longo e contínuo, e que não estaremos aperfeiçoados até abandonarmos nosso corpo e entrarmos além do véu; mas, no entanto, assim quis Deus. Ele podia ter nos transformado da imperfeição para a perfeição e nos levado para o céu imediatamente. Por que então estamos aqui? Será que Deus deixaria Seus filhos fora do paraíso um único momento além do necessário? Por que o exército do Deus vivo está ainda no campo de batalha, quando um comando poderia lhe dar a vitória? Por que Seus filhos ainda estão vagando aqui e ali através do labirinto, quando uma única palavra de Seus lábios os traria para o centro de suas esperanças no céu? A resposta é — eles estão aqui porque precisam "*viver para o Senhor*", e para levarem outros a conhecer Seu amor. Permanecemos no mundo como semeadores para espalhar a boa semente; como lavradores para arar o terreno árido; como arautos anunciando a salvação. Estamos aqui como o "sal da terra", para ser uma bênção para o mundo. Estamos aqui para glorificar Cristo em nossa vida diária. Estamos aqui como trabalhadores para Ele, e como "trabalhadores com Ele". Cuidemos para que nossa vida corresponda a esse propósito. Vivamos de maneira zelosa, útil e santa "para louvor da glória de Sua graça". Enquanto isso, desejamos estar com Ele e diariamente cantamos —

Meu coração está com Ele em Seu trono,
E mal tolero a demora;
Cada momento ouvindo a voz:
"Levanta, e vem embora".

C.H. Spurgeon

"...são elas mesmas que testificam de mim".

JOÃO 5:39

Jesus Cristo é o Alfa e o Ômega da Bíblia. Ele é o tema constante de suas páginas sagradas; da primeira à última, elas testificam sobre Ele. Na criação, logo o discernimos como uma das pessoas da santa Trindade; temos um vislumbre dele na promessa da semente da mulher; o vemos simbolizado na arca de Noé; andamos com Abraão, quando ele vê o dia do Messias; habitamos nas tendas de Isaque e Jacó, alimentados pela graciosa promessa; escutamos a venerável Israel falando de Siló; e em numerosos tipos de leis, encontramos o Redentor abundantemente prenunciado. Profetas e reis, sacerdotes e pregadores, todos olham para uma direção — todos se apresentam como os querubins sobre a arca, desejando olhar para dentro dela e ler o mistério da grande propiciação de Deus. Ainda mais manifestadamente no Novo Testamento, encontramos nosso Senhor como o assunto que o permeia. Não é um lingote aqui outro ali, ou pó de ouro espalhado timidamente, mas no Novo Testamento podemos nos colocar sobre um chão sólido de ouro, pois a inteira substância dele é Jesus crucificado, e mesmo sua frase final é adornada com o nome do Redentor. Deveríamos sempre ler as Escrituras à Sua luz; deveríamos considerar a Palavra como um espelho no qual Cristo olha para baixo, de lá do céu; e então nós, olhando nele, vemos Sua face refletida em um vidro — sem nitidez, é verdade, mas ainda assim de tal forma a ser uma abençoada preparação para vê-lo como o veremos, face a face. Este volume contém as cartas de Jesus Cristo para nós, perfumadas por Seu amor. Suas páginas são as vestes de nosso Rei e todas cheiram a mirra, aloés e cássia. A Bíblia é a carruagem real na qual Jesus passeia e seus livros são pavimentados com o amor pelas filhas de Jerusalém. As Escrituras são os panos que envolveram o santo menino Jesus; desenrole-as e encontrará seu Salvador. A quintessência da Palavra de Deus é Cristo.

C.H. Spurgeon

"Nós amamos porque ele nos amou primeiro."

1 JOÃO 4:19

Não há luz no planeta além daquela que procede do sol; e não há amor verdadeiro por Jesus no coração, além daquele que vem do próprio Senhor Jesus. Dessa fonte transbordante do infinito amor de Deus todo o nosso amor por Ele deve brotar. Isso deve sempre ser uma grande e inquestionável verdade, de que o amamos por nenhuma outra razão, além da que Ele nos amou primeiro. Nosso amor por Ele é o *claro resultado* de Seu amor por nós. Uma fria admiração ao estudar as obras de Deus, qualquer um pode ter, mas o calor do amor pode ser aceso no coração apenas pelo Espírito de Deus. Como é maravilhoso o simples fato de termos sido trazidos ao amor de Jesus! Como é extraordinário que mesmo quando éramos rebeldes, Ele, por uma demonstração de Seu amor imensurável, procurou nos atrair para si. Não! Jamais tivemos um grão de amor por Deus que não tivesse sido semeado em nós pela doce semente do Seu amor para conosco. O amor, então, tem como fonte o amor de Deus derramado no coração; mas após ter nascido divinamente, é necessário que *seja divinamente nutrido*. O amor é raro; não é uma planta que florescerá naturalmente em solo humano, ele deve ser regado pelo céu. O amor a Jesus é a flor de delicada natureza, e se ela não receber alimento além daquele que pode ser tirado da rocha de nossos corações, logo secará. Como o amor vem do céu, precisa ser alimentado com pão celestial. Não pode existir no deserto, a menos que seja alimentado pelo maná que vem lá de cima. O amor precisa ser alimentado com amor. A alma e a vida de nosso amor a Deus é Seu amor por nós.

Eu te amo, Senhor, mas não com o meu amor,
Pois não tenho nenhum a dar;
Eu te amo, Senhor; mas todo o amor é Teu,
Pois pelo Teu amor eu vivo.
Sou como nada, e me alegro em ser
Esvaziado, e perdido, e absorvido por ti.

C.H. Spurgeon

"Ali, despedaçou ele os relâmpagos do arco, o escudo, a espada e a batalha." SALMO 76:3

Quando nosso glorioso Redentor gritou: "Está consumado!", esse brado foi a sentença de morte de todos os adversários de Seu povo, o despedaçar dos "relâmpagos do arco, o escudo, a espada e a batalha". Contemple o herói do Calvário usando Sua cruz como uma bigorna e Suas feridas como um martelo, fazendo tremer cada um dos bandos dos nossos pecados, aqueles envenenados "relâmpagos do arco"; pisando em cada denúncia e destruindo cada acusação. Que golpes gloriosos o poderoso Britador dá com um martelo muito mais poderoso do que a lendária arma de Thor! Os diabólicos dardos voam em fragmentos e os escudos infernais se quebram como vasos de oleiro! Eis que Ele puxa da bainha, confeccionada no inferno, a pavorosa espada de poder satânico, e a quebra em Seu joelho como um homem quebra a madeira seca atacada pelo fungo, e a lança no fogo. Amado, nenhum pecado de um cristão agora pode ser uma flecha mortal para feri-lo, nenhuma condenação pode agora ser uma espada para matá-lo, pois a punição de nosso pecado foi levada por Cristo, uma plena expiação de todas as nossas iniquidades foi feita pelo nosso bendito Substituto e Fiador. Quem o acusa agora? Quem o condena? Cristo morreu, sim, e se levantou novamente. Jesus esvaziou os tremores do inferno, apagou todos os dardos inflamados e quebrou a ponta de cada flecha de ira; o chão está cheio de estilhaços e de restos das armas de guerra do inferno, que apenas são visíveis a nós para nos lembrar de nosso perigo anterior, e de nossa grande libertação. O pecado não tem mais domínio sobre nós. Jesus colocou um fim nele, e o afastou para sempre. Ó inimigo, as destruições estão chegando a um final perpétuo. Falem vocês de todas as maravilhas do Senhor, vocês que mencionam Seu nome, não guardem silêncio, nem de dia, nem quando o sol vai para seu descanso. Bendize ao Senhor, ó minh'alma.

C.H. Spurgeon

"Pesado foste na balança e achado em falta."
DANIEL 5:27

É bem frequente nos pesarmos na balança da Palavra de Deus. Você descobrirá que é um santo exercício ler algum Salmo de Davi e, enquanto medita sobre cada versículo, perguntar a si mesmo: "Posso dizer isso? Eu me sinto como Davi se sentia? Meu coração alguma vez já foi partido pelo pecado, como foi o dele, quando escreveu seus salmos penitentes? Minha alma alguma vez exercitou a verdadeira confiança na hora da dificuldade, como a dele quando cantou as misericórdias de Deus na caverna de Adulão, ou nas fortalezas de En-Gedi? Eu tomo o cálice da salvação e clamo pelo nome do Senhor?" Então, volte-se para a vida de Cristo e, enquanto lê as Escrituras, pergunte a si mesmo o quão distante está de ser à Sua semelhança. Empreenda esforços para descobrir se você tem a mansidão, a humildade, o espírito encantador que Ele constantemente recomendou e demonstrou. Analise, então, as epístolas, e veja se você acompanha o apóstolo no que ele relatou sobre sua experiência. Alguma vez bradou como ele — "desventurado homem que sou! Quem me livrará do corpo desta morte?" Alguma vez sentiu sua autodegradação? Você já se viu como o principal dos pecadores e menor do que o último de todos os santos? Conhece algo sobre sua devoção? Pode juntar-se a ele e dizer: "Para mim, o viver é Cristo, e o morrer é lucro"? Se, assim, lermos a Palavra de Deus como um teste à nossa condição espiritual, teremos bons motivos para parar muitas vezes e dizer: "Senhor, sinto que nunca estive aqui, ó traz-me para cá! Dá-me verdadeira penitência, como aquela sobre a qual eu li. Dá-me fé real e zelo mais fervoroso; inflama meu coração com mais amor; concede-me a graça da mansidão; faz-me mais como Jesus. Não me deixes mais ser 'achado em falta', quando pesado na balança do santuário, não permitas que eu seja achado em falta na balança do julgamento." Julgue-se a si mesmo para que não seja julgado.

C.H. Spurgeon

"Que nos salvou e nos chamou com santa vocação..."
2 TIMÓTEO 1:9

O apóstolo usa o pretérito perfeito e diz: "Que nos *salvou*." Crentes em Cristo Jesus *são* salvos. Eles não são considerados pessoas que estão num estado de esperança e que poderão finalmente ser salvos, mas eles *já* são salvos. Salvação não é uma bênção a ser desfrutada sobre o leito de morte e ser cantada num estado futuro no céu, mas uma dádiva a ser obtida, recebida, prometida e desfrutada agora. O cristão está perfeitamente salvo nos *propósitos de Deus*; o Senhor lhe deu a salvação e esse propósito está completo. Ele também é salvo pelo *preço que foi pago por ele*: "Está consumado" foi o clamor do Salvador quando morreu. O cristão também está perfeitamente salvo *em sua aliança*, pois como caiu em Adão, agora vive em Cristo. Esta completa salvação é acompanhada por *um santo chamado*. Aqueles a quem o Salvador redimiu, sobre a cruz, no devido tempo, são efetivamente chamados pelo poder de Deus, no Espírito Santo, para a santidade: eles deixam seus pecados; eles se esforçam para ser como Cristo; escolhem a santidade, não por qualquer compulsão, mas pela ação de uma nova natureza que os leva a regozijar-se na santidade tão naturalmente quanto antes se alegravam no pecado. Deus não os escolheu nem os chamou porque eram santos, mas os chamou para que pudessem ser santos, e a santidade é a beleza produzida pela Sua obra neles. As grandezas que vemos num cristão são tanto o agir de Deus, quanto a própria expiação. Portanto, é realçada a doce plenitude da graça de Deus. A salvação deve ser de graça, pois o Senhor é o autor dela: e qual motivo, além da graça, poderia movê-lo a salvar o culpado? A salvação deve ser de graça, pois o Senhor trabalha de tal modo que nossa justiça é excluída para sempre. Tal é o privilégio do cristão — *uma salvação presente*; tal é a evidência de que ele é chamado a ela — *uma vida santa*.

"...quem quiser receba de graça a água da vida".

APOCALIPSE 22:17

Jesus diz: "Receba de graça." Ele não quer pagamento ou preparação. Ele não busca recomendações de nossas emoções virtuosas. Se você não tem sentimentos bons, se apenas estiver disposto, está convidado; então venha! Você não tem nenhuma crença, nenhum arrependimento, — venha a Ele e Ele os dará a você. Venha como está, e receba "de graça", sem dinheiro e sem preço. Ele se entrega àqueles que necessitam. Os bebedouros nas esquinas de nossas ruas são invenções valiosas e mal podemos imaginar alguém tão tolo a ponto de pegar sua carteira, quando está em frente a um deles, e dizer: "Não posso beber porque não tenho cinco reais no meu bolso." Entretanto, por mais pobre que seja o homem, há o bebedouro e, na situação em que estiver, ele pode beber dele. Transeuntes sedentos, conforme passam, vestidos de fustão ou de casimira, não buscam qualquer autorização para beber; o bebedouro está lá e é seu direito receber aquela água de graça. A liberalidade de alguns bons amigos colocou aquele cristal refrescante lá e nós o recebemos sem fazer perguntas. Talvez as únicas pessoas que precisam ter sede quando estão na rua onde há um bebedouro, são as refinadas senhoras e cavalheiros em suas carruagens. Eles têm muita sede, mas não podem pensar em ser tão vulgares a ponto de descer para beber. Pensam que beber num bebedouro comum iria rebaixá-los, então ficam com os lábios ressecados. Ah, quantos há que são ricos em suas boas obras e, portanto, não podem vir a Cristo! "Não serei salvo", dizem, "da mesma forma como a prostituta ou o blasfemador". O quê?! Ir para o céu do mesmo modo que um limpador de chaminés? Não há outro caminho para a glória, além daquele que levou o ladrão para lá? Não serei salvo dessa forma. Tais presunçosos cheios de orgulho devem permanecer sem a água da vida, mas "quem quiser, RECEBA DE GRAÇA A ÁGUA DA VIDA".

C. H. Spurgeon

"*...afasta de mim a falsidade e a mentira...*" PROVÉRBIOS 30:8
"*...Deus meu, não te ausentes de mim*". SALMO 38:21

Aqui temos duas grandes lições — o que censurar e o que suplicar. O estado mais feliz de um cristão é o estado mais santo. Como há maior calor estando mais perto do sol, da mesma forma, há maior alegria mais perto de Cristo. Nenhum cristão desfruta conforto quando seus olhos estão fixos na vaidade — ele não encontra satisfação a menos que sua alma seja vivificada nos caminhos de Deus. O mundo pode ganhar alegria em outro lugar, mas nós não. Eu não culpo homens ímpios por correrem para seus prazeres. Por que deveria? Que se fartem. É tudo o que desfrutarão. Uma esposa convertida que se desespera por seu marido, é sempre muito boa com ele, pois diz: "Temo que este seja o único mundo onde ele será alegre e, portanto resolvi fazê-lo o mais feliz que eu puder." Cristãos precisam buscar seus prazeres numa esfera mais alta do que nas frivolidades insípidas ou nas alegrias pecaminosas do mundo. Buscas vãs são perigosas para almas renovadas. Soubemos de um filósofo que, enquanto olhava para *cima*, para as estrelas, caiu em um poço; mas quão profundamente caem aqueles que olham para *baixo*. Sua queda é fatal. Nenhum cristão está a salvo quando sua alma é indolente e seu Deus está longe. Todo cristão está sempre seguro em relação à grande questão de sua posição em Cristo, mas não está seguro no que diz respeito à sua experiência em santidade e comunhão com Jesus em sua vida. Satanás não ataca frequentemente um cristão que está vivendo perto de Deus. É quando o cristão se afasta de seu Deus, tornando-se faminto espiritualmente e tentando alimentar-se de vaidades, que o diabo percebe seu momento de vantagem. Algumas vezes ele pode se colocar lado a lado com o filho de Deus que está ativo no serviço do Mestre, mas a batalha geralmente é curta: aquele que dorme quando desce ao "Vale da Humilhação" [N.E.: Referente ao livro *O Peregrino* de John Bunyan (Publicações Pão Diário, 2014)], sempre que dá um passo em falso, convida "Apolião" a assaltá-lo. Ah, que graça andar humildemente com nosso Deus!

"Agrada-te do Senhor..."

SALMO 37:4

O ensinamento dessas palavras deve ser muito surpreendente para aqueles que são estranhos à santidade vital, mas para o cristão sincero, é apenas a manifestação de uma verdade reconhecida. A vida do cristão aqui é descrita como *agradável* em Deus, e estamos, portanto, certos do grande fato de que a verdadeira religião transborda de felicidade e alegria. Pessoas ímpias e meros professos nunca olham para a religião como algo alegre; para eles é serviço, dever ou necessidade, mas nunca prazer ou alegria. Se eles prestarem mesmo atenção à religião, é porque, ou podem obter algum ganho ou, então, porque não ousam fazer o contrário. O pensamento de que há algo agradável na religião é tão estranho para a maioria dos homens, que nenhuma dupla de palavras se mantém tão distantes entre si, em sua linguagem, quanto "santidade" e "prazer". Contudo, cristãos que conhecem a Cristo compreendem que prazer e fé são tão abençoadamente unidos, que os portões do inferno não podem triunfar na tentativa de separá-los. Aqueles que amam a Deus com todo o seu coração, descobrem que Seus caminhos são caminhos de encanto e todas as Suas veredas são de paz. Tais alegrias, tais plenos prazeres, tais bem-aventuranças transbordantes faz os santos descobrirem em seu Senhor que, longe de servi-lo por costume, eles o seguiriam mesmo que todo o mundo reputasse Seu nome como maligno. Não tememos a Deus por alguma compulsão; nossa fé não é entrave, nossa profissão de fé não é escravidão, não somos arrastados à santidade, nem levados ao dever. Não! Nossa piedade é nosso prazer, nossa esperança é nossa alegria, nosso dever é nosso deleite.

Deleite e religião verdadeira são tão ligados, quanto a raiz à flor; tão indivisíveis quanto a verdade e a certeza; são, de fato, duas joias preciosas brilhando lado a lado numa cama de ouro.

Então, quando provamos Teu amor,
Nossas alegrias crescem divinamente,
Indescritíveis como aquelas acima,
E o paraíso começa aqui em baixo.

C. H. Spurgeon

"Ó Senhor, a nós pertence o corar de vergonha... porque temos pecado contra ti." DANIEL 9:8

Um profundo sentido e uma clara visão do pecado, sua atrocidade e a punição que ele merece, deveria nos fazer inclinar ao chão perante o trono. Pecamos como cristãos. Ai de nós! Pois assim é. Favorecidos como somos, ainda assim, temos sido ingratos: mais que privilegiados, não frutificamos proporcionalmente. Quem há que, embora possa estar engajado há muito na labuta cristã, não core quando olha para o passado? Os nossos dias, antes de sermos regenerados, podem ser perdoados e esquecidos; mas desde então, embora não pequemos como antes, ainda assim, pecamos contra a luz e contra o amor — luz que realmente penetrou em nossa mente e amor no qual nos regozijamos. Ó, a atrocidade do pecado de uma alma perdoada! Os pecados de um pecador não perdoado não podem ser comparados com os de um dos eleitos de Deus, que tem comunhão com Cristo e inclina sua cabeça no colo de Jesus. Olhe para Davi! Muitos falarão de seu pecado, mas eu peço que olhe para o seu arrependimento e ouça seus ossos quebrados, pois cada um deles geme em sua dolorosa confissão! Observe suas lágrimas, como elas caem no chão e os profundos suspiros com os quais ele acompanha a suave música de sua harpa! Nós erramos: vamos, então, buscar o espírito de penitência. Olhe novamente para Pedro! Falamos muito deste apóstolo negando seu Mestre. Lembre-se do que está escrito: ele "chorou amargamente". Não negamos nós o nosso Senhor para lamentarmos com lágrimas? Ai de nós! Esses nossos pecados, antes e depois da conversão, iriam nos levar ao lugar de fogo inextinguível, se não fosse pela soberana misericórdia que nos fez voltar atrás, arrebatando-nos como tições de brasas. Minh'alma, curve-se sob o entendimento de seu pecado natural e adore o seu Deus. Admire a graça que a salva — a misericórdia que a poupa — o amor que a perdoa!

C.H. Spurgeon

"E disse Sara: Deus me deu motivo de riso; e todo aquele que ouvir isso vai rir-se juntamente comigo." GÊNESIS 21:6

Estava muito acima do poder da natureza e mesmo contrário às suas leis, que a idosa Sara pudesse ser honrada com um filho: e, da mesma forma, está muito além de todas as regras normais que eu, pobre, desamparado e arruinado pecador pudesse encontrar graça para sustentar em minha alma a habitação do Espírito do Senhor Jesus. Eu, antes desesperado, como poderia, pois minha natureza era tão seca, murcha, estéril e amaldiçoada como um imenso deserto; até mesmo eu fui feito para frutificar em santidade. Também minha boca pôde ser preenchida com um riso de alegria por causa da graça singular e surpreendente que recebi do Senhor, pois encontrei Jesus, a semente prometida, e Ele é meu para sempre. Hoje elevarei salmos de triunfo ao Senhor que se lembrou do meu estado de humilhação, pois "meu coração se regozija no SENHOR, a minha força está exaltada no SENHOR; a minha boca se ri dos meus inimigos, porquanto me alegro na tua salvação".

Gostaria que rissem de alegria comigo todos aqueles que sabem de minha grande libertação do inferno e da mais abençoada visitação dos céus. Gostaria de surpreender minha família com minha paz abundante; de deleitar meus amigos com minha alegria sempre crescente; de edificar a igreja com minhas confissões de gratidão; e até mesmo de impressionar o mundo com minhas animadas conversas diárias. Bunyan nos diz que a "Misericórdia" [N.E.: Referente ao livro *A Peregrina* de John Bunyan (Ed. Mundo Cristão, 2006)] riu em seu sono, e não admira quando ela sonhou com Jesus; minha alegria não deverá ser menor do que a dela, pois meu Amado é o tema de meus pensamentos diários. O Senhor Jesus é um mar profundo de alegria: minha alma mergulhará nele, será tragada pelas delícias de Sua companhia. Sara olhou para o seu Isaque e com excesso de êxtase riu, e todos os seus amigos riram com ela; e você, minh'alma, olhe para o seu Jesus e convide os céus e a Terra para unirem-se à sua indescritível alegria.

C. H. Spurgeon

"...que abre, e ninguém fechará..."
APOCALIPSE 3:7

Jesus é o guardião dos portões do paraíso e diante de cada alma cristã, Ele colocou uma porta aberta, a qual nenhum homem ou demônio será capaz de fechar. Que alegria será descobrir que a fé nele é a chave de ouro para as portas da eternidade. Minh'alma, você carrega essa chave em seu peito, ou está confiando em alguma decepcionante chave falsa, que falhará com você, no final? Ouça esta parábola do pregador e lembre-se dela: O grande Rei deu um banquete, e proclamou ao mundo que ninguém deveria entrar, exceto aqueles que trouxessem consigo as flores mais belas. Os espíritos dos homens avançaram aos milhares ao portão, e cada um deles trouxe a flor que considerava a rainha do jardim; mas em multidões eram expulsos da presença real, e não entravam nos salões festivos. Alguns levavam em suas mãos a beladona da superstição, ou as ostentadoras papoulas de Roma, ou a cicuta da autojustificação, mas essas não eram agradáveis ao Rei, seus portadores eram expulsos dos portões dourados. Minh'alma, você colheu a rosa de Sarom? Usa o lírio do vale em seu peito constantemente? Se a resposta for sim, quando chegar aos portões do céu, conhecerá o valor do lírio, pois precisará apenas mostrar essa escolha de flores e o Porteiro [N.E.: Jesus] abrirá: não negará sua admissão nem por um instante, pois para essa rosa, o Porteiro sempre abre. Deverá encontrar o caminho até o trono de Deus, com a rosa de Sarom em sua mão, pois o próprio céu não possui nada que exceda sua radiante beleza, e de todas as flores que florescem no paraíso, não há uma sequer que possa rivalizar com o lírio do vale. Minh'alma, pegue a rosa púrpura do Calvário em sua mão, pela fé, use-a pelo amor, preserve-a pela comunhão, pela vigilância diária, faça dela o seu tudo, e você será abençoada além de toda a felicidade, e terá alegria além do sonho. "Jesus, sê meu para sempre, meu Deus, meu céu, meu tudo."

C.H. Spurgeon

"Eu lhes dou a vida eterna; jamais perecerão..."

JOÃO 10:28

O cristão nunca deveria pensar ou falar levianamente sobre a incredulidade. Pois um filho de Deus desconfiar de Seu amor, de Sua verdade, de Sua fidelidade, deve ser muito desagradável para Ele. Como podemos, vez por outra, entristecê-lo duvidando de Sua encorajadora graça? Cristão! É contrário a cada promessa da preciosa Palavra de Deus que você seja, alguma vez, esquecido ou deixado a perecer. Se assim fosse, como poderia ser verdadeiro aquele que disse: "Acaso, pode uma mulher esquecer-se do filho que ainda mama, de sorte que não se compadeça do filho do seu ventre? Mas ainda que esta viesse a se esquecer dele, eu, todavia, não me esquecerei de ti." Quão valiosa é essa promessa — "Porque os montes se retirarão, e os outeiros serão removidos; mas a minha misericórdia não se apartará de ti, e a aliança da minha paz não será removida, diz o SENHOR, que se compadece de ti"! E são verdadeiras as palavras de Cristo: "Eu lhes dou a vida eterna; jamais perecerão, e ninguém as arrebatará da minha mão. Aquilo que meu Pai me deu é maior do que tudo; e da mão do Pai ninguém pode arrebatar." Onde estavam as doutrinas da graça? Todas seriam refutadas se um filho de Deus perecesse. Onde estariam a veracidade de Deus, Sua honra, Seu poder, Sua graça, Sua aliança, Seu juramento, se qualquer um daqueles por quem Cristo morreu, e que nele colocaram sua fé, fosse lançado fora? Expulse esses temores incrédulos que tanto desonram a Deus. Levante, livre-se da poeira e coloque suas belas vestimentas. Lembre-se de que é pecaminoso duvidar de Sua Palavra, na qual Ele prometeu que você nunca pereceria. Deixe que a vida eterna em você se expresse em regozijo confiante.

O evangelho eleva meu espírito:
Um Deus fiel e imutável
É a fundação da minha esperança,
Em juras, promessas e sangue.

C.H. Spurgeon

"O Senhor é a minha luz e a minha salvação; de quem terei medo? O Senhor é a fortaleza da minha vida; a quem temerei?"
SALMO 27:1

O Senhor é a minha luz e a minha salvação. Eis aqui uma vantagem pessoal, *"minha luz"*, *"minha salvação"*; a alma está segura disso e, portanto, o declara ousadamente. A luz divina é derramada como precursora da salvação, dentro da alma, no novo nascimento. Onde não há luz suficiente para revelar nossa própria escuridão e para nos fazer ansiar pelo Senhor Jesus, não há evidência de salvação. Após a conversão, nosso Deus é nossa alegria, nosso conforto, nosso guia e mestre e, em todos os sentidos, nossa luz — Ele é luz dentro, luz em volta, luz refletida a partir de nós e luz a ser revelada a nós. Observe, não diz meramente que o Senhor concede luz, mas que Ele é a luz; nem que Ele dá salvação, mas que Ele é a salvação; aquele então, que pela fé tenha se apropriado de Deus, tem todas as bênçãos da aliança em seu poder. Isso, colocado como um fato, extrai o argumento em forma de pergunta: "*De quem terei medo?*" Uma pergunta que é sua própria resposta. Os poderes das trevas não devem ser temidos, pois o Senhor, nossa luz, os destrói; e a condenação do inferno não deve ser receada por nós, pois o Senhor é nossa salvação. Este é um desafio muito diferente daquele do prepotente Golias, pois repousa, não sobre o vaidoso vigor de um braço de carne, mas sobre o poder real do onipotente Eu Sou. "*O Senhor é a fortaleza da minha vida.*" Eis aqui uma terceira comparação que mostra que a esperança do escritor estava amarrada com uma corda tripla, que não poderia ser arrebentada. Nós bem podemos acumular termos de louvor onde o Senhor derrama obras de graça. Toda a força de nossa vida deriva de Deus; e se Ele se digna a nos tornar fortes, não podemos ser enfraquecidos por todas as maquinações do adversário. "*A quem temerei?*" A ousada pergunta olha para o futuro, assim como para o presente. "Se Deus está conosco", quem será contra nós, tanto agora como no tempo que virá?

C. H. Spurgeon

"Socorro, SENHOR!..."
SALMO 12:1

A *oração em si é notável*, pois é *curta*, mas *oportuna, lacônica e sugestiva*. Davi lamentou o pequeno número de homens fiéis e, então, elevou seu coração em súplica — quando a criatura falha, ela corre para o Criador. Evidentemente, ele sentiu sua própria fraqueza, ou não teria gritado por socorro; mas, ao mesmo tempo, ele pretendia honestamente se esforçar por causa da verdade, pois a palavra "socorro" é inaplicável na situação em que nós mesmos podemos fazer algo. Há muito de *franqueza*, de *clareza de percepção e de nitidez de expressão* nessa petição de duas palavras; muito mais do que há em longas declarações desconexas de certos professos. O salmista corre para seu Deus com uma oração bem ponderada; ele sabe o que está buscando e onde buscar. "Senhor, ensina-nos a orar da mesma forma abençoada."

As ocasiões para o uso dessa oração são *frequentes*. Em aflições inevitáveis, quão adequada é para os cristãos em provação, que descobrem que todos os seus ajudadores falharam. Alunos em *dificuldades doutrinárias* podem sempre obter ajuda elevando esse clamor: "Socorro SENHOR", ao Espírito Santo, o grande Mestre. Guerreiros espirituais em *conflitos internos* podem enviá-lo ao trono pedindo reforços, e esse será um exemplo para seu pedido. Aqueles que *trabalham a serviço do céu* podem assim, obter graça em momentos de necessidade. Pecadores esforçados, que se encontram em *dúvidas e alarmados*, podem oferecer a mesma significativa súplica; em todos esses casos, momentos e lugares, ela servirá para aliviar as almas necessitadas. "Socorro, SENHOR", nos será adequado na vida e na morte, no sofrimento ou na labuta, na alegria ou na tristeza. Nele encontraremos nossa ajuda; não deixemos de clamar.

A resposta à oração é certa, se ela for oferecida por intermédio de Jesus. O caráter do Senhor nos assegura de que Ele não deixará Seu povo; Seu relacionamento como Pai e Marido nos garante Sua ajuda; Sua doação de Jesus é um penhor de todos os demais bens; e Sua garantida promessa declara: "Não temas, que eu te ajudo."

C. H. Spurgeon

"Então, cantou Israel este cântico: Brota, ó poço! Entoai-lhe cânticos!" NÚMEROS 21:17

Famoso era o poço de Beer no deserto, porque era *o objeto de uma promessa.* "Este é o poço do qual disse o SENHOR a Moisés: Ajunta o povo, e lhe darei água." O povo precisava de água e ela foi prometida pelo seu gracioso Deus. Nós precisamos de suprimentos frescos da graça celestial, e na aliança o Senhor prometeu que daria tudo o que pedíssemos. O poço próximo se tornou *o motivo de um cântico.* Antes que a água jorrasse, a fé animada levou o povo a cantar; e quando viram a fonte cristalina borbulhando, a música ficou ainda mais alegre. De maneira semelhante, nós, que acreditamos na promessa de Deus, devemos nos regozijar na perspectiva de avivamento divino em nossa alma, e quando o experimentarmos, nossa santa alegria deverá transbordar. Estamos com sede? Não vamos lamentar, mas cantar. A sede espiritual é amarga de suportar, mas não precisamos suportá-la — a promessa indica um poço; tenhamos bom ânimo e procuremos por ele. Mais ainda, o poço era o *centro de orações.* "Brota, ó poço!" O que Deus se comprometeu a dar, devemos requerer posteriormente, ou manifestamos que não temos anseios nem fé. Esta noite, vamos pedir que a passagem que lemos e que nosso exercício devocional não sejam uma formalidade vazia, mas um canal de graça para nossa alma. Ó, que Deus, o Santo Espírito, trabalhe em nós com todo o Seu grande poder, enchendo-nos de toda a plenitude de Deus. Finalmente, o poço era *o objeto de esforço.* "Os nobres do povo abriram, com o cetro, com os seus bordões." O Senhor nos quer ativos na obtenção da graça. Nossos bastões estão mal adaptados a cavar na areia, mas precisamos usá-los com o máximo de nossa capacidade. A oração não pode ser negligenciada; nossa congregação não deve ser abandonada; as ordenanças não devem ser menosprezadas. O Senhor nos dará Sua paz mais abundantemente, mas não em forma de ociosidade. Vamos, então, nos apressar para buscá-la naquele em quem estão todas as nossas fontes frescas.

C.H. Spurgeon

"...teu Redentor..."

ISAÍAS 54:5

Jesus, o Redentor, é todo nosso e nosso para sempre. Todos os *ofícios* de Cristo são realizados em nosso nome. Para nós Ele é Rei, Sacerdote e Profeta. Sempre que lermos um novo título para o Redentor, vamos nos apropriar daquele nome, tanto quanto de qualquer outro. O cajado do Pastor, a vara do Pai, a espada do Capitão, a mitra do Sacerdote, o cetro do Príncipe, o manto do Profeta são todos nossos. Jesus não tinha dignidade que não empregasse por nossa exaltação, e nenhuma prerrogativa que não exercesse em nossa defesa. Sua plenitude *divina* é nossa casa do tesouro infalível e inesgotável.

Também Sua *humanidade*, que Ele tomou para si por nós, é nossa em toda a Sua perfeição. Para nós, nosso gracioso Senhor comunica a virtude imaculada de um caráter inoxidável; para nós, Ele concede a eficácia meritória de uma vida devota; em nós, Ele outorga a recompensa adquirida pela submissão obediente e pelo serviço incessante. Ele faz da vestimenta imaculada de Sua vida, a beleza que nos cobre; das virtudes resplandecentes de Seu caráter, nossos ornamentos e joias; e da mansidão sobre-humana de Sua morte, nosso orgulho e glória. Ele nos lega Sua manjedoura, de onde aprendemos como Deus desceu ao homem; e Sua Cruz, para nos ensinar como o homem pode subir a Deus. Todos os Seus pensamentos, emoções, ações, declarações, milagres e intercessões foram por nós. Ele trilhou a estrada do sofrimento em nosso nome, e deixou para nós, como Seu legado celestial, a totalidade dos resultados de todos os trabalhos de Sua vida. Ele é tão nosso agora como foi antigamente; e Ele não se envergonha ao reconhecer a si mesmo como "*nosso* Senhor Jesus Cristo", pois Ele é o bendito e único Soberano, o Rei dos reis e Senhor dos senhores. Em qualquer lugar e de qualquer forma, Cristo é nosso Cristo, para sempre e para o apreciarmos mais ricamente para sempre. Ó minh'alma, pelo poder do Santo Espírito, chame-o esta manhã: "Seu Redentor."

C.H. Spurgeon

"Já entrei no meu jardim, minha irmã, noiva minha..."
CÂNTICO DOS CÂNTICOS 5:1

O coração do cristão é o jardim de Cristo. Ele o comprou com Seu precioso sangue, entrou nele e o declarou como Seu. Um jardim *implica em separação.* Não é um espaço aberto, não é uma selva, é cercado. Será que poderíamos ver o muro de separação entre a igreja e o mundo se tornar mais amplo e mais forte? É lamentável ouvir os cristãos dizendo: "Bem, não há mal nisso; não há mal naquilo", ficando assim o mais próximo possível do mundo. A graça está reduzida naquela alma que pode chegar a ponto de questionar até onde pode ir na conformidade com o mundo. Um jardim *é um lugar de beleza.* Supera de longe as terras selvagens não cultivadas. O cristão genuíno precisa buscar ter mais excelência em sua vida do que o melhor moralista, porque o jardim de Cristo deve produzir as melhores flores de todo o mundo. Mesmo a melhor flor é pobre comparada ao que Cristo merece; não vamos mandá-lo embora com plantas secas e raquíticas. Os lírios e as rosas mais raras, ricas e selecionadas devem florescer no lugar que Jesus chama de Seu. O jardim *é um lugar de crescimento.* Os santos não devem permanecer subdesenvolvidos, sempre com flores simples e botões. Devemos crescer na graça e no conhecimento de nosso Senhor e Salvador Jesus Cristo. O crescimento deve ser rápido onde Jesus é o Agricultor e onde o Santo Espírito orvalha do céu. Um jardim *é um lugar de retiro.* Assim, o Senhor Jesus quer que preservemos nossa alma como um lugar no qual Ele possa se manifestar como não o faz no mundo. Ó, que os cristãos sejam mais separados, que mantenham seu coração mais fielmente fechados em Cristo! Com frequência nos preocupamos e nos atribulamos, como Marta, com muito trabalho, então, não temos o espaço para Cristo que Maria teve, e não nos sentamos aos Seus pés como deveríamos. O Senhor conceda as doces chuvas de Sua graça para regar Seu jardim neste dia.

C. H. Spurgeon

"Todos ficaram cheios do Espírito Santo..."

ATOS 2:4

Ricas seriam as bênçãos deste dia se todos nós estivéssemos cheios do Espírito Santo. Seria impossível superestimar as consequências desse enchimento sagrado da alma. Vida, conforto, luz, pureza, poder, paz; e muitas outras bênçãos preciosas são inseparáveis da presença benigna do Espírito. Como *óleo* sagrado, Ele unge a cabeça do cristão, destaca-o para o sacerdócio dos santos e lhe dá graça para executar corretamente seu ofício. Como a única *água* verdadeiramente purificadora, Ele nos limpa do poder do pecado e nos santifica, operando em nós o querer e o realizar conforme Sua boa vontade. Como a *luz*, Ele se manifesta a nós, primeiro em nosso estado de perdição e, agora, revela o Senhor Jesus a nós e em nós, e nos guia pela vereda da justiça. Iluminados por Seu puro brilho celestial, não estamos mais na escuridão, mas na luz do Senhor. Como *fogo*, Ele nos purifica das impurezas e em suas chamas define nossa consagrada natureza. O Espírito Santo é a labareda santificadora pela qual nos tornamos capazes de oferecer nossa alma completamente como um sacrifício vivo a Deus. Como *orvalho* celeste, Ele remove nossa aridez e fertiliza nossa vida. Ah, que Ele possa cair sobre nós nesta hora matinal! Tal orvalho matutino seria um doce começo para o dia. Como a *pomba*, com asas de amor pacífico, Ele paira sobre Sua Igreja e sobre a alma do cristão, e como um Consolador, Ele dissipa as preocupações e dúvidas que perturbam a paz de Seus amados. Ele desce sobre os escolhidos, como sobre o Senhor, no Jordão, e testemunha sua filiação, trabalhando neles um espírito filial pelo qual podem clamar "Aba, Pai". Como o *vento*, Ele traz o sopro de vida aos homens; soprando onde é necessário, Ele executa ações de avivamento, pelas quais a criação espiritual é animada e sustentada. Queira Deus que possamos sentir Sua presença hoje e em todos os dias.

C.H. Spurgeon

"O meu amado é meu, e eu sou dele; ele apascenta o seu rebanho entre os lírios. Antes que refresque o dia e fujam as sombras, volta, amado meu; faze-te semelhante ao gamo ou ao filho das gazelas sobre os montes escabrosos." CÂNTICO DOS CÂNTICOS 2:16,17

Se há um versículo alegre na Bíblia, certamente, é este: "O meu amado é meu, e eu sou dele." É tão pacífico, tão cheio de segurança, tão transbordante de alegria e contentamento, que pode bem ter sido escrito pela mesma mão que escreveu o Salmo 23. No entanto, embora a perspectiva seja extremamente justa e adorável — a Terra não pode se mostrar superior — não é uma paisagem totalmente iluminada. Há uma nuvem no céu que lança uma sombra sobre a cena. Ouça: "Antes que refresque o dia e fujam as sombras."

Há uma palavra também, sobre "os montes escabrosos" ou "nos montes de Beter", e para o nosso amor, qualquer coisa escabrosa é amarga. Amado, este pode ser seu atual estado de espírito; você não duvida de sua salvação; sabe que Cristo é seu, mas não está se banqueteando com Ele. Você entende o seu interesse vital nele, então não tem nenhuma sombra de dúvida de que você é dele e de que Ele é seu, mas, ainda assim, Sua mão esquerda não está sob sua cabeça, nem Sua mão direita o abraça. Uma sombra de tristeza está sobre seu coração, talvez por causa da aflição, certamente por causa da temporária ausência de seu Senhor, então ao exclamar: "Eu sou dele", você é forçado a cair de joelhos e orar: "Antes que refresque o dia e fujam as sombras, volta, Amado meu."

"Onde Ele está?", pergunta a alma. E a resposta vem: "Ele apascenta o Seu rebanho entre os lírios." Se queremos encontrar Cristo, precisamos estar em comunhão com Seu povo, precisamos alcançar às ordenanças de Seus santos. Que tenhamos um vislumbre dele esta noite e que ceemos com Ele também!

"Porque eis que darei ordens e sacudirei a casa de Israel entre todas as nações, assim como se sacode trigo no crivo, sem que caia na terra um só grão." AMÓS 9:9

Toda sacudida vem pelo *comando e permissão de Deus*. Satanás precisou pedir permissão antes de colocar um dedo sobre Jó. Não é só isso. De alguma forma nossas sacudidas são *o trabalho direto do céu*, pois o texto diz: "Sacudirei a casa de Israel." Satanás, como um burro de carga, pode segurar a peneira esperando destruir o trigo; mas a mão soberana do Mestre está realizando a purificação do grão por meio do mesmo processo que o inimigo pretende que seja destrutivo. Seja confortado — trigo precioso, mas muito peneirado no chão do Senhor — pelo bendito fato de que o Senhor comanda tanto o malho quanto a peneira para Sua própria glória e para nosso proveito eterno.

O Senhor Jesus certamente usará o leque que está em Sua mão e *separará o precioso do vil*. Nem todos que são de Israel, são Israel; a pilha no chão do celeiro não é pasto limpo e um processo de seleção precisa ser feito. Na verdadeira peneira, apenas o peso tem poder. Cascas e farelos, sendo desprovidos de substância, voarão com o vento, e apenas o trigo sólido permanecerá.

Observe a *completa segurança do trigo do Senhor*; até o último grão tem uma promessa de preservação. O próprio Deus sacode e, portanto, é um trabalho severo e terrível; Ele os sacode em todos os lugares, "entre todas as nações"; Ele os sacode da maneira mais efetiva, "como se sacode o trigo no crivo"; e, mesmo depois de tudo isso, nem o grão mais leve, nem o menor ou o mais murcho deverá cair no chão. Cada cristão, individualmente, é precioso às vistas do Senhor, um pastor não perderia uma ovelha, nem um joalheiro, um diamante; nem uma mãe, um filho, nem um homem perderia um membro de seu corpo, assim também o Senhor não perderá um de Seus redimidos. Apesar de pequenos como somos, se pertencemos ao Senhor, podemos nos regozijar de que somos preservados em Cristo Jesus.

C.H. Spurgeon

"Então, eles deixaram imediatamente as redes e o seguiram."
MARCOS 1:18

Quando ouviram o chamado de Jesus, Simão e André obedeceram imediatamente, sem questionar. Se nós, pontualmente e com absoluto zelo, sempre colocássemos em prática, na hora, o que ouvimos, ou então na primeira oportunidade possível, nossa participação nos meios da graça e nossa leitura de bons livros não falhariam em nos enriquecer espiritualmente. Aquele que já tem tido o cuidado de comer, não perderá seu pão, nem poderá ser privado do benefício da doutrina, aquele que já agiu de acordo com ela. A maioria dos leitores e ouvintes ficam comovidos com o propósito da mudança; mas, ai de nós! Esta proposta é como uma flor que não foi cultivada, portanto, nenhum fruto sai dela; eles esperam, eles hesitam e então esquecem, até que, como lagos nas noites de gelo, quando o sol brilha durante o dia, apenas derretem a tempo de serem congelados novamente. Aquele *amanhã* fatal está manchado de sangue com o assassinato das resoluções legítimas; é o abatedouro dos inocentes. Estamos muito preocupados que estas leituras noturnas não sejam infrutíferas, e, portanto, oramos para que os leitores possam ser mais que apenas leitores, mas praticantes da palavra. *A prática da verdade é mais proveitosa do que a leitura dela.* Se o leitor ficar impressionado com qualquer dever enquanto estiver percorrendo estas páginas, corra para cumpri-lo antes que o brilho santo se afaste de sua alma, e largue suas redes e tudo o que tem, antes de se rebelar ao chamado do Mestre. Não dê lugar ao diabo pelo atraso! Corra enquanto a oportunidade e a vivificação estão em feliz união. Não seja pego em suas próprias redes, mas rompa as malhas do mundanismo e siga para onde a glória o chama. Feliz é o autor que pode encontrar leitores que resolvem espalhar seus ensinamentos: sua colheita deverá ser centuplicada e seu Mestre terá grande honra. Queira Deus que esse possa ser nosso prêmio sobre essas rápidas meditações e dicas rápidas. "Concede-o, ó Senhor, ao Teu servo!"

C.H. Spurgeon

"Tu és o mais formoso dos filhos dos homens..."
SALMO 45:2

A totalidade da pessoa de Jesus é uma pedra preciosa, e toda Sua vida é uma impressão do selo do "Santo Espírito da promessa". Todo Ele é completo; não apenas Suas diversas partes, mas como um todo gracioso e glorioso. Seu caráter não é uma massa de cores misturadas confusamente, nem uma pilha de pedras preciosas colocadas descuidadamente umas sobre as outras; Ele é um retrato de beleza e um peitoral de glória. Nele, todas as coisas "de boa fama" estão em seu devido lugar e ajudando a adornar umas às outras. Nenhum traço de Sua gloriosa pessoa atrai a atenção às expensas de outros; pois Ele é perfeito e totalmente adorável.

"Ó, Jesus! Teu poder, Tua graça, Tua justiça, Tua mansidão, Tua verdade, Tua majestade e Tua imutabilidade fizeram tal homem, ou melhor, tal Deus-homem, que nem os céus nem a Terra jamais viram. Tua infância, Tua eternidade, Teus sofrimentos, Teus triunfos, Tua morte e Tua imortalidade, são todas tecidas numa maravilhosa tapeçaria, sem costura ou fenda. És a música sem dissonância; és muitos e ainda assim, não dividido; és todas as coisas, e, ainda assim não diversificado. Como todas as cores se misturam num arco-íris resplandecente, assim todas as glórias do céu e da Terra encontram-se em ti, e unem-se tão assombrosamente, que não há nada como tu em todas as coisas. Mais ainda, se todas as virtudes dos mais excelentes fossem unidas num fardo, elas não poderiam rivalizar contigo, pois espelhas toda a perfeição. Foste ungido com o santo óleo de mirra e cássia que o Teu Deus reservou apenas para ti; e quanto à Tua fragrância, és como o perfume santo, daquele que ninguém mais pode um dia fabricar, nem mesmo com a arte do boticário; cada especiaria é perfumada, mas a composição é divina."

Ah, sagrada simetria! Ó, rara conexão
De muitos perfeitos, para fazer uma perfeição!
Ó, música celestial, em que todas as partes se encontram
Num doce acorde, para fazer uma melodia perfeita!

C.H. Spurgeon

"...o firme fundamento de Deus permanece..."
2 TIMÓTEO 2:19

A fundação sobre a qual descansa nossa fé é esta: que "Deus estava em Cristo reconciliando consigo o mundo, não imputando aos homens as suas transgressões". O grande fato no qual a fé genuína se fia é que "o Verbo se fez carne e habitou entre nós", e que "Cristo também padeceu pelos pecados, o justo pelo injusto, para que Ele nos levasse a Deus"; "carregando ele mesmo em seu corpo, sobre o madeiro, os nossos pecados"; "o castigo que nos traz a paz estava sobre ele, e pelas suas pisaduras fomos sarados." Em uma palavra, o grande pilar da esperança do cristão é a *substituição*. O fato fundamental do evangelho é o sacrifício vicário de Cristo pelo pecado; é Cristo sendo feito pecado por nós para que pudéssemos ser feitos justiça de Deus nele; é Cristo se oferecendo como um verdadeiro e propício sacrifício expiatório e substitutivo no lugar de quantos o Pai lhe deu, que são conhecidos por Deus pelo nome, e são reconhecidos em seu próprio coração pela sua confiança em Jesus. Se essa fundação fosse removida, o que poderíamos fazer? Porém, ela se mantém firme como o trono de Deus. Sabemos disso; descansamos sobre isso; alegramo-nos nisso; e nosso prazer é nos agarramos a isso, meditarmos sobre isso e proclamar isso, enquanto desejarmos nos manter atuantes e movidos pela gratidão por este fato em cada parte da nossa vida e do nosso discurso. Hoje em dia um ataque direto é feito sobre a doutrina da expiação. Os homens não podem suportar a substituição. Eles rangem os dentes diante do pensamento do Cordeiro de Deus levando o pecado do homem. Mas nós, que conhecemos por experiência, a preciosidade dessa verdade, vamos proclamá-la, desafiando-os com confiança e incessantemente. Não vamos atenuá-la nem mudá-la nem desperdiçá-la de forma alguma. Cristo ainda será um *substituto positivo*, suportando a culpa humana e sofrendo no lugar dos homens. Não podemos, não ousamos desistir, pois isso é nossa vida e, apesar de toda a controvérsia, sentimos que "entretanto, o firme fundamento de Deus permanece".

C. H. Spurgeon

"Ele mesmo edificará o templo do SENHOR *e será revestido de glória..."* ZACARIAS 6:13

O próprio Cristo é o construtor de Seu templo espiritual, e Ele o construiu sobre as montanhas de Sua afeição imutável, Sua graça onipotente e Sua sinceridade infalível. Mas como foi no tempo de Salomão, assim é neste: os materiais precisam estar prontos. Há os "cedros do Líbano", contudo, eles não estão moldados para a construção; não foram cortados e aparados, e transformados em tábuas de cedro, cuja beleza aromática alegrará os átrios da casa do Senhor no Paraíso. Há também as pedras duras ainda na pedreira, elas devem ser lavradas e moldadas. Tudo isso é o trabalho de Cristo. Cada cristão individualmente está sendo preparado, polido e aparelhado para seu lugar no templo; mas a própria mão de Cristo faz o trabalho de preparação. Aflições não podem santificar, a menos que sejam usadas por Ele para esse fim. Nossas orações e esforços não podem nos tornar prontos para o céu, a não ser pela mão de Jesus, que molda corretamente nosso coração.

Como na construção do templo de Salomão, "nem martelo, nem machado, nem instrumento algum de ferro se ouviu na casa", porque tudo foi trazido perfeitamente pronto para o lugar exato que deveria ocupar — assim é com o templo que Jesus constrói; tudo é preparado na Terra. Quando chegarmos ao céu, não haverá santificação para nós lá, nenhuma poda por aflição, nenhum polimento por sofrimento. Não, o que deve ser feito se encontra aqui — tudo *o que* Cristo fará será com antecedência, e quando estiver feito, seremos transportados por uma mão amorosa através do córrego da morte, e levados para a Jerusalém celestial, para habitarmos como pilares eternos no templo de nosso Senhor.

Sob Teus olhos e cuidados,
O edifício se erguerá,
Majestoso, forte e justo,
E brilhará acima dos céus.

"...para que as coisas que não são abaladas permaneçam."
HEBREUS 12:27

Temos, no momento presente, muitas coisas em nosso poder que podem ser abaladas, e é um mal que o cristão acumule muitas delas, pois não há nada estável sob esses céus turbulentos; a mudança está determinada sobre todas as coisas. Ainda assim, nós temos "coisas que *não podem ser* abaladas", e eu o convido esta noite, a pensar sobre elas: se as coisas que podem ser abaladas fossem todas levadas embora, você poderia obter conforto real naquelas que não podem ser abaladas, aquelas que permanecerão. Quaisquer que possam ser suas perdas, você desfruta da salvação presente. Você está aos pés de Sua cruz, confiando apenas no mérito do precioso sangue de Jesus, e nenhuma alta ou queda do mercado financeiro pode interferir em sua salvação nele; nenhuma quebra de bancos, nenhuma falência ou insolvência pode tocar nisso. Então, nesta noite reconheça que você *é um filho de Deus.* Ele é seu Pai. Nenhuma mudança nas circunstâncias pode roubar-lhe isso. Mesmo que você seja levado à pobreza e desnudado pelos prejuízos, poderá dizer: "Ele ainda é meu Pai. Na casa de meu Pai há muitas moradas; então não serei perturbado." Você tem outra bênção permanente, a saber, *o amor de Jesus Cristo.* Aquele que é Deus e Homem, o ama com toda a força de Sua natureza afetuosa — nada pode afetar isso. A figueira pode não florescer, e os rebanhos podem deixar o campo, isto não importa ao homem que canta: "Meu Amado é meu, e eu sou dele." Não podemos perder nossa melhor porção e herança mais rica. Não importam os problemas que virão, vamos, tenhamos hombridade; vamos mostrar que não somos como crianças pequenas a ponto de sermos derrubados pelo que possa acontecer neste pobre estado fugaz de tempo. Nosso país é a terra de Emanuel, nossa esperança está acima do céu e, portanto, calmo como o oceano de verão, veremos o naufrágio de tudo nascido na *Terra* e, ainda assim, nos regozijaremos no Deus da nossa salvação.

C.H. Spurgeon

"Efraim... é um pão que não foi virado."
OSEIAS 7:8

Um pão não virado está *cru de um lado* (N.E.: Referente ao forno a lenha); e assim estava Efraim, em muitos aspectos, intocado pela graça divina: embora houvesse alguma obediência parcial, havia ainda muita rebelião. Minh'alma, eu a desafio, veja se esse é o seu caso. Você é minuciosa nas coisas de Deus? Há graça adentrando o centro de seu ser, de modo a ser sentida em suas atividades sagradas, em todas as suas forças, ações, palavras e pensamentos? Seu objetivo e sua oração devem ser a santificação de seu espírito, alma e corpo; e, embora a santificação possa não ser perfeita em você, ainda assim deve ser total em suas ações; não deve haver aparência de santidade em uma área e domínio do pecado em outra, ou então, você também será um pão não virado.

Um pão não virado logo é *queimado do lado mais próximo ao fogo*, e embora nenhum homem possa ter tanta religiosidade, há alguns que parecem ser queimados com zelo intolerante por aquela parte da verdade que receberam, ou são queimados até às cinzas com uma vangloriosa ostentação farisaica daqueles desempenhos religiosos que se adaptam ao seu temperamento. A atitude de assumir uma aparência de santidade superior, frequentemente é acompanhada por uma total ausência de piedade essencial. O santo em público é um demônio em particular. Ele lida na farinha durante o dia e na fuligem durante a noite. O pão que é queimado de um lado, é massa do outro.

"*Se é assim comigo, ó Senhor, vira-me!* Vira minha natureza não santificada para o fogo do Teu amor e deixa que eu sinta o fulgor sagrado, e que meu lado queimado esfrie um pouco, enquanto reconheço minhas próprias fraquezas e necessidade de calor, quando sou afastado da Tua chama celestial. Não permitas que eu seja uma pessoa vacilante, mas uma pessoa que esteja inteiramente sob a poderosa influência da graça reinante; pois bem sei que se eu for deixado como um pão não virado, e não for objeto da Tua graça de ambos os lados, deverei ser consumido para sempre entre as chamas eternas."

C.H. Spurgeon

"...aguardando a adoção..."
ROMANOS 8:23

Embora neste mundo os santos sejam filhos de Deus, os homens não podem descobrir tal fato, exceto por certas características morais. A adoção não é manifesta, os filhos ainda não estão declarados abertamente. Entre os romanos, um homem podia adotar um filho e manter em segredo por muito tempo: mas havia uma segunda adoção em público; quando a criança era trazida perante as autoridades constituídas, suas vestes anteriores eram tiradas, e o pai que o adotara como seu filho, dava-lhe roupas adequadas à sua nova condição de vida. "Amados, agora, somos filhos de Deus, e ainda não se manifestou o que haveremos de ser." Ainda não estamos vestidos com as roupas que convêm à real família do céu; estamos vestindo esta carne e sangue que usamos como filhos de Adão; mas sabemos que "quando *Ele* se manifestar", Aquele que é "o primogênito entre muitos irmãos", seremos como Ele, o veremos como Ele é. Você consegue imaginar o que uma criança tirada das camadas mais baixas da sociedade e adotada por um senador romano diria a si mesma: "Estou ansioso pelo dia quando serei adotado publicamente. Então poderei tirar estas roupas plebeias e ser vestido de acordo com minha casta senatorial"? Fica feliz pelo que recebeu, pois por essa razão ele geme para ter a plenitude que lhe foi prometida. Assim é conosco hoje. Estamos esperando até podermos colocar nossas vestes adequadas e sermos manifestos como filhos de Deus. Somos jovens nobres e ainda não usamos nossas coroas. Somos jovens noivas e o dia do casamento ainda não chegou, e pelo amor que nosso Esposo tem por nós, somos levados a esperar e suspirar pela manhã das bodas. Nossa felicidade nos faz gemer por mais; nossa alegria, como uma fonte transbordante, ansiando para brotar como um gêiser da Islândia, saltando para os céus, arfa e geme dentro do nosso espírito, pois deseja o espaço por meio do qual se manifestará aos homens.

C. H. Spurgeon

"Uma mulher, que estava entre a multidão, exclamou e disse-lhe: Bem-aventurada aquela que te concebeu, e os seios que te amamentaram! Ele, porém, respondeu: Antes, bem-aventurados são os que ouvem a palavra de Deus e a guardam!" LUCAS 11:27,28

Alguns imaginam carinhosamente que privilégios muito especiais envolveram a mãe de nosso Senhor, porque supõem que ela teve o benefício de olhar dentro de Seu coração de uma forma que não possamos esperar fazer. Pode haver uma aparência de plausibilidade nessa suposição, embora não muita. Não sabemos se Maria sabia mais do que os outros; o que ela sabia pode bem ter sido guardado em seu coração; mas, de acordo com o que lemos nos evangelhos, ela não parecia ser uma cristã mais instruída do que qualquer outro discípulo de Cristo. Tudo o que ela sabia, nós também podemos descobrir. Você quer saber por que dizemos isto? Eis aqui um texto para provar: "A intimidade do SENHOR é para os que o temem, aos quais ele dará a conhecer a sua aliança." Lembre-se das palavras do Mestre: "Já não vos chamo servos, porque o servo não sabe o que faz o seu senhor; mas tenho-vos chamado amigos, porque tudo quanto ouvi de meu Pai vos tenho dado a conhecer." Tão abençoadamente esse Revelador divino de segredos mostra-nos Seu coração, que Ele não escondeu de nós nada que nos fosse proveitoso; Sua própria garantia é: "Se assim não fora, eu vo-lo teria dito." Porventura, Ele não se manifesta a nós hoje como não o faz ao mundo? Assim é; e, então, não vamos ignorantemente declarar: "Bem-aventurado o ventre que te trouxe." Porém, inteligentemente, agradeceremos a Deus por, depois de ter ouvido e guardado a Palavra, termos a mesma verdadeira comunhão com o Salvador quanto a virgem teve. E também temos uma tão verdadeira familiaridade com os segredos de Seu coração, quanto o que pode ser suposto que ela teve. Feliz a alma por ser tão privilegiada!

C.H. Spurgeon

"Responderam Sadraque, Mesaque e Abede-Nego ao rei... não serviremos a teus deuses..." DANIEL 3:16,18

A narrativa da grande coragem e da libertação maravilhosa dos três santos filhos, ou melhor, campeões, é bem calculada para despertar, na mente dos cristãos, a firmeza e a constância na defesa da verdade frente às presas da tirania e à mandíbula da morte. Os jovens cristãos vão aprender, especialmente com o exemplo deles, tanto nas questões de fé na religião, quanto nas questões de correção nos negócios, a jamais sacrificar suas consciências. É melhor perder tudo do que perder sua integridade, e quando tudo o mais se for, ainda manter uma consciência tão límpida como a mais rara joia que possa adornar o peito de um mortal. Não seja guiado pela vontade ou pelo fogo-fátuo da política, mas pela estrela polar da autoridade divina. Siga o certo em todos os perigos. Quando não vê vantagem presente, ande pela fé e não pela visão. Dê a Deus a honra de confiar nele quando se trata de questões de perdas pelo bem do princípio. Veja se Ele será seu devedor! Veja se Ele, mesmo nesta vida, não dará provas de Sua Palavra que "de fato, grande fonte de lucro é a piedade com o contentamento", e que aquele que buscar "pois, em primeiro lugar, o Seu reino e a Sua justiça, e todas estas coisas [lhes] serão acrescentadas". Se acontecer que, na providência de Deus você for um perdedor pela consciência, descobrirá que, se o Senhor não lhe retribui em prata de prosperidade terrena, Ele quitará Sua promessa no ouro da alegria espiritual. Lembre-se de que a vida de um homem não consiste na abundância dos bens que ele possui. Trajar um espírito sincero, ter um coração vazio de ofensas, ter o favor e o sorriso de Deus, são riquezas maiores do que as que as minas de Ofir podem render, ou o mercado de Tiro pode lucrar. "Melhor é um prato de hortaliças onde há amor do que o boi cevado e, com ele, o ódio." Um grama do conforto do coração vale uma tonelada de ouro.

C. H. Spurgeon

"...sobe a um monte alto..."
ISAÍAS 40:9

Nosso conhecimento de Cristo é uma experiência semelhante a subir em uma de nossas montanhas da Galícia. Quando estamos na base, vemos apenas um pouco: a montanha parece ter a metade da altura que realmente tem. Confinados em um pequeno vale, não descobrimos quase nada além de pequenos córregos que descem em riachos ao pé da montanha. Subamos a primeira parte e o vale se alongará e crescerá aos nossos pés. Subamos mais alto, e veremos o campo estender-se por seis a sete quilômetros ao redor, e nos deliciaremos com a perspectiva ampliada. Continuemos a subir e o cenário aumentará; finalmente, quando chegarmos ao cume e olharmos para leste, oeste, norte e sul, veremos quase toda a Inglaterra estender-se abaixo de nós. Para além há uma floresta em algum país longínquo, talvez uns trezentos quilômetros de distância, e ali o mar, e um rio brilhante e as chaminés fumegantes de uma cidade industrial, ou os mastros dos navios num porto agitado. Todas essas visões nos agradam e nos deliciam, e dizemos: "Eu não podia imaginar o quanto podia ser visto daqui de cima." A vida cristã é da mesma forma. Quando começamos a crer em Cristo, vemos apenas um pouco dele. Quanto mais alto subimos, mais descobrimos a respeito de Suas belezas. Mas quem, alguma vez, chegou ao cume desta montanha? Quem experimentou todas as alturas e profundezas do amor de Cristo que supera todo o conhecimento? Paulo, já um ancião grisalho, tremendo numa masmorra em Roma, podia dizer com mais ênfase do que nós: "Eu sei em quem tenho crido", pois cada experiência foi como a escalada de uma montanha, cada provação foi como ascender a outro cume, e sua morte foi como alcançar o topo da montanha, do qual ele pôde ver o todo da fidelidade e seu amor por aquele com quem havia comprometido sua alma. Suba, caro amigo, a este alto monte.

C.H. Spurgeon

"E a pomba, não achando onde pousar o pé..."
GÊNESIS 8:9

Leitor, você encontra descanso longe da arca, Cristo Jesus? Então tenha certeza que sua religião é vã. Você está satisfeito com algo menos do que um conhecimento consciente de sua união com Cristo e seu interesse por Ele? Então, ai de você. Se professa ser um cristão e, ainda assim, encontra completa satisfação nos prazeres e atividades mundanos, sua profissão de fé é falsa. Se sua alma pode se esticar para descansar e encontrar uma cama grande o suficiente e uma manta ampla o bastante para cobri-la nos aposentos do pecado, então você é um hipócrita e está bem longe de qualquer pensamento correto a respeito de Cristo ou da percepção de Sua preciosidade. Mas se, por outro lado, você acha que se pudesse cair em pecado sem punição e ainda assim, isso seria uma punição em si mesma; e que se pudesse ter o mundo inteiro, e habitar nele para sempre, seria sofrimento suficiente não ser separado dele, pois seu Deus — o seu Deus — é o que sua alma almeja; então tenha bom ânimo, você é um filho de Deus. Com todos os seus pecados e imperfeições, conforte-se com isso: se sua alma não tem pouso no pecado, você não é como o pecador! Se ainda está clamando e almejando algo melhor, Cristo não o esqueceu, pois você não se esqueceu dele. O cristão não pode existir sem seu Senhor; palavras são inadequadas para expressar seus pensamentos sobre Ele. Não podemos viver nas areias do deserto, queremos o maná que cai do céu, nossos odres de confiança na criatura não podem nos render uma gota de água sequer, pois bebemos da rocha que nos segue, e essa rocha é Cristo. Quando você se alimenta dele, sua alma pode cantar: "Quem farta de bens a tua velhice, de sorte que a tua mocidade se renova como a da águia"; mas se você não o fizer, seu tonel cheio de vinho e seu celeiro repleto não poderão lhe dar nenhum tipo de satisfação, ao invés disso, lamente sobre eles com as palavras de sabedoria: "Vaidade de vaidades, tudo é vaidade!"

C.H. Spurgeon

"...E és semelhante a nós?"

ISAÍAS 14:10

Qual deverá ser a condenação do professo apóstata quando sua alma desnuda aparecer perante Deus? Como ele suportará aquela voz: "Aparte-se, amaldiçoado. Você me rejeitou e eu o rejeito, se prostituiu e se afastou de mim; eu também o bani para sempre da minha presença e não terei misericórdia de você." Qual será a vergonha desse miserável no último grande dia quando, perante a multidão reunida, o apóstata for desmascarado? Veja o profano e os pecadores que nunca professaram religião levantando-se de suas camas de fogo e apontando para ele. "Lá está ele", diz um deles e "pregará o evangelho no inferno?" "Lá está ele", diz outro, "repreendeu-me por xingar e era um hipócrita?" "Aha!", diz outro mais, "lá vem o cantor de salmos — aquele que sempre estava em suas reuniões; ele é o homem que se gabava de estar seguro da vida eterna e está aqui!" Avidez maior jamais será vista entre os algozes satânicos do que naquele dia em que os demônios arrastarem a alma do hipócrita para a perdição. Bunyan retrata isso com enorme, porém terrível grandeza poética, quando fala do caminho de volta para o inferno. Sete demônios amarram o desgraçado com nove cordas e o tiram da estrada para o céu na qual professou andar, e o levam pela porta dos fundos para o inferno. Cuidado com aquele caminho para o inferno, professos! "Examinai-vos a vós mesmos se realmente estais na fé." Olhe bem para o seu estado; veja se está em Cristo ou não. A coisa mais fácil do mundo é dar-se um veredito suave quando se julga a si mesmo; mas, ó, seja justo e verdadeiro nessa questão. Seja justo em tudo, mas seja rigoroso consigo mesmo. Lembre-se de que, se não construir sobre uma rocha, quando a casa cair, grande será a sua queda. Ó, que o Senhor dê a você sinceridade, constância e firmeza; e que, em nenhuma situação, ainda que adversa, você jamais possa ser levado a desviar-se.

"...livrando-vos da corrupção das paixões que há no mundo."

2 PEDRO 1:4

Acabe, para sempre, com todo o pensamento que cede à carne, se quiser viver no poder do seu Senhor ressuscitado. Seria degradante que um homem que está vivo em Cristo pudesse habitar na corrupção do pecado. "Por que buscais entre os mortos ao que vive?", disse o anjo a Madalena. Deveria o vivo habitar na sepultura? Deveria a vida divina ser emparedada com a casa mortuária da luxúria carnal? Como podemos participar do cálice do Senhor e ainda beber do cálice de Belial? Certamente, cristão, das luxúrias e pecados mais expostos você está liberto: mas também escapou dos galhos mais secretos do passarinheiro satânico? Libertou-se da ânsia do orgulho? Escapou da preguiça? Afastou-se da segurança carnal? Está buscando, dia após dia, viver acima do mundanismo, da soberba da vida e do ludibriante vício da avareza? Lembre-se de que, é para isso que você foi enriquecido com os tesouros de Deus. Se você é realmente o escolhido de Deus e amado por Ele, não deixe que todo o abundante tesouro da graça seja desperdiçado em você. Siga a santificação; ela é a coroa e a glória do cristão. Uma igreja ímpia é inútil ao mundo e não tem apreço entre os homens. É uma abominação, o riso do inferno, a aversão dos céus. Os piores males que já vieram ao mundo foram trazidos por uma igreja ímpia. Ah, cristão, as promessas de Deus estão sobre você. Você é o sacerdote de Deus: aja como tal. É um rei em Deus: reine sobre sua soberba. Você é o escolhido de Deus: não se associe com Belial. O céu é sua porção: viva como um espírito celestial, então provará que tem uma fé verdadeira em Jesus, pois não pode haver fé no coração a menos que haja santidade na vida.

Senhor, desejo viver como quem
Leva um nome comprado por sangue.
Como quem teme, mas chora por ti,
E não conhece outra vergonha.

C.H. Spurgeon

"...somente que, saindo, não vades muito longe..."

ÊXODO 8:28

Esta é uma fala astuta dos lábios do grande tirano do Egito — Faraó. Se os pobres escravos israelitas tinham necessidade de sair do Egito, então ele barganhava para que não fossem muito longe; e também para que não escapassem do terror de seus braços e do olhar de seus espiões. Seguindo o mesmo padrão, o mundo não ama a não conformidade do inconformismo, ou a dissidência do dissidente; ele gostaria que fôssemos mais complacentes e não levássemos essas questões tão a sério. A morte para o mundo e o morrer com Cristo são experiências que mentes carnais consideram ridículas e, por esse motivo, os mandamentos estabelecidos para tais experiências são negligenciados por quase todos e até mesmo condenados. A sabedoria mundana recomenda o caminho da transigência e fala de "moderação". De acordo com esta política carnal, a pureza é admitida como sendo muito desejada, mas somos alertados a não sermos precisos demais; a verdade deve ser seguida, é claro, mas o erro não deve ser denunciado severamente. "Sim", diz o mundo, "faça o possível para ser espiritual, mas não negue a si mesmo um pouco de diversão social, um baile ocasional e uma visita de Natal a um teatro. Que bem traz desprezar algo que está tão na moda e que todo mundo faz?" Multidões de professos cedem a esse ardiloso conselho para sua própria ruína eterna. Se quisermos seguir integralmente ao Senhor, precisaremos entrar imediatamente no deserto da separação e deixar o Egito do mundo carnal para trás. Devemos deixar suas máximas, seus prazeres e sua religião também, e nos distanciarmos para o lugar onde o Senhor chama Seus santificados. Quando a cidade está pegando fogo, nossa casa não pode estar muito longe das chamas. Quando a praga está lá fora, um homem não pode estar muito longe de sua assombração. Quanto mais longe de uma víbora, melhor, e quanto mais longe da conformidade mundana, melhor. A todos os verdadeiros cristãos, que soe o chamado da trombeta: "Retirai-vos do meio deles, separai-vos."

C.H. Spurgeon

"Cada um permaneça na vocação em que foi chamado."
1 CORÍNTIOS 7:20

Algumas pessoas têm a tola noção de que a única forma pela qual podem viver para Deus é tornando-se ministros, missionários ou obreiros. Ai de nós! Quantos seriam excluídos de qualquer oportunidade de engrandecer o Altíssimo se esse fosse o caso. Amado, não é função, é fervor; não é posição, é graça que nos possibilitará glorificar a Deus. Certamente Deus é muito glorificado na loja do sapateiro, onde o trabalhador devoto canta sobre o amor do Salvador enquanto fura o couro, sim, muito mais glorificado do que em muitos lugares sacerdotais onde oficiais religiosos desempenham suas deficientes funções. O nome de Jesus é glorificado pelo pobre e iletrado carroceiro enquanto conduz seu cavalo e bendiz ao seu Deus, ou fala com seu companheiro de labuta na estrada, tanto quanto um ditado popular que, como os Boanerges [N.E.: Referente aos discípulos Tiago e João (Marcos 3:17) — significa filhos do trovão], que por todo o país "trovejaram" o evangelho. Deus é glorificado ao servirmos a Ele em nossas próprias vocações. Cuidado, caro leitor, para não abandonar o caminho do dever deixando sua ocupação, e fique atento para não desonrar sua profissão de fé. Pense um pouco em si mesmo, mas não pense tão pouco em seu chamado. Cada negociação lícita pode ser santificada pelo evangelho num desfecho mais nobre. Leia a Bíblia e descobrirá que as formas mais humildes de trabalho estão relacionadas com as ações mais ousadas de fé, ou com pessoas cuja vida foi ilustre em santidade. Portanto, não se afaste de sua vocação. Seja qual for a posição que Deus lhe deu, ou qualquer que seja o seu trabalho, permaneça nele, a menos que tenha absoluta certeza de que Ele o chamou para outra coisa. Que seu primeiro cuidado seja o de glorificar a Deus da melhor forma que puder onde você estiver. Preencha o local onde você está em Seu louvor, e se Ele precisar de você em outro lugar, Ele lhe mostrará. Esta noite, deixe de lado ambições incômodas e abrace uma disposição pacífica.

C.H. Spurgeon

"*...olhando firmemente para o Autor e Consumador da fé, Jesus...*" HEBREUS 12:2

É sempre trabalho do Espírito Santo afastar nosso olhar de nós mesmos e direcioná-lo para Jesus; mas o trabalho de Satanás é exatamente o oposto, pois ele está constantemente tentando nos fazer considerar a nós mesmos em vez de considerarmos a Cristo. Ele insinua: "Seus pecados são grandes demais para serem perdoados; você não tem fé; não está arrependido o bastante; nunca será capaz de seguir até o final; não tem a alegria dos filhos dele; você tem uma posse vacilante de Jesus." Todos estes são pensamentos sobre o próprio eu, e jamais encontraremos conforto ou segurança olhando para nosso interior. Mas o Espírito Santo afasta completamente o nosso olhar do "eu": Ele nos diz que não somos nada, mas que "Cristo é tudo em todos". Lembre-se, portanto, de que não é a sua posse de Cristo que o salva — é Cristo; não é a *sua alegria* em Cristo que o salva — é Cristo; não é nem mesmo a fé, embora ela seja o instrumento — é o sangue e o mérito de Cristo; portanto, não olhe tanto para a mão com a qual está segurando Cristo, mas olhe para Cristo; não olhe para sua esperança, mas para Jesus, a fonte de sua esperança; não olhe para sua fé, mas para Jesus, "o Autor e Consumador" da sua fé. Nunca encontraremos alegria olhando para nossas orações, nossas ações ou nossos sentimentos; é o que *Jesus* é, não o que nós somos, que dá descanso à alma. Se quisermos vencer Satanás de uma vez e ter paz com Deus, deve ser "olhando firmemente para Jesus". Simplesmente mantenha seu olhar nele; deixe que Sua morte, Seus sofrimentos, Seus méritos, Suas glórias, Sua intercessão estejam frescos em sua mente; quando levantar de manhã e for deitar à noite, olhe para Ele. Ah! Não permita que suas esperanças ou temores se coloquem entre você e Jesus; siga firmemente com o Senhor, e Ele nunca o deixará.

Minha esperança é construída em nada menos
Que o sangue e a justiça de Jesus:
Não ouso confiar na mais doce estrutura,
Mas me amparo totalmente no nome de Jesus.

C.H. Spurgeon

"...mas o bordão de Arão devorou os bordões deles."
ÊXODO 7:12

Este incidente é um símbolo instrutivo da certeza da vitória da obra divina sobre toda oposição. Sempre que um princípio divino é lançado no coração, o diabo pode talhar uma falsificação e produzir enxames de oponentes; tão certo quanto Deus está sempre agindo, Ele engolirá todos os seus inimigos. Se a graça de Deus toma posse de um homem, os mágicos do mundo podem jogar todas as suas varas; e cada vara pode ser tão astuta e venenosa quanto uma serpente, mas a vara de Arão devorará as deles. As doces atrações da cruz irão atrair e conquistar o coração do homem, e aquele que viveu apenas para esse mundo traiçoeiro, não olhará para as esferas mais altas, nem terá asas para subir às alturas celestiais. Quando a graça for vitoriosa, o mundano buscará o mundo vindouro. O mesmo fato deve ser observado na vida do cristão. Que multidões de inimigos nossa fé precisou enfrentar! Nossos antigos pecados foram jogados diante de nós e eles se transformaram em serpentes. Uma grande multidão de serpentes! Ah, mas a Cruz de Jesus destrói todas elas. A fé em Cristo extermina todos os nossos pecados. Então, o demônio lança outra gama de serpentes em forma de provações mundanas, tentações, incredulidade, mas a fé em Jesus é mais do que páreo para elas e as supera todas. O mesmo princípio fascinante brilha no fiel serviço a Deus! Com um amor entusiasta por Jesus, as dificuldades são transpostas, sacrifícios se tornam prazeres, sofrimentos são honras. Mas se a religião é, desse modo, uma paixão consumindo o coração, então o que acontece é que há muitas pessoas que professam a religião, mas não a têm; pois o que eles têm não suportará essa provação. Examine-se a si mesmo, meu leitor, sobre este ponto. A vara de Arão *provou* seu poder dado pelo céu. Sua religião está fazendo o mesmo? Se Cristo é algo, Ele deve ser tudo. Ah, não descanse até que o amor e a fé em Jesus sejam as grandes paixões de sua alma!

C.H. Spurgeon

"*...assim também Deus, mediante Jesus, trará, em sua companhia, os que dormem.*" 1 TESSALONICENSES 4:14

Não vamos imaginar que a alma dorme na insensibilidade. "Hoje estarás comigo no paraíso" é o sussurro de Cristo para cada santo que morre. Eles "dormem em Jesus", mas sua alma está perante o trono de Deus, louvando-o dia e noite em Seu templo, cantando aleluias àquele que as lavou de seus pecados com Seu sangue. O corpo dorme em sua cama solitária na Terra, sob o cobertor de grama. Mas o que é este sono? A ideia ligada ao sono é "*descanso*" e este é o pensamento que o Espírito de Deus irá nos transmitir. Dormir faz de cada noite um sábado para o dia. Dormir fecha rapidamente a porta da alma e convida todos os intrusos a esperar um pouco, para que a vida interior possa entrar em seu sossegado jardim de verão. O cristão desgastado pela labuta dorme tranquilamente, como faz a criança cansada quando dormita no peito da mãe. Ah! Feliz daqueles que morrem no Senhor; descansam de suas labutas e suas obras os seguem. Seu repouso tranquilo não deve ser perturbado até que Deus os ressuscite para lhes dar sua completa recompensa. Guardados pelos vigias angelicais, envoltos pelos mistérios eternos, os herdeiros da glória dormem, até que a plenitude do tempo lhes traga a plenitude da redenção. Que despertar será o deles! Foram colocados em seu último lugar de descanso, cansados e desgastados, mas assim não se levantarão. Foram para seu descanso com a face enrugada e as feições desgastadas, mas acordarão em beleza e glória. A semente murcha tão destituída de forma e beleza, mas surge do pó uma bela flor. O inverno do túmulo dá lugar à primavera da redenção e ao verão da glória. Bendita seja a morte, pois ela, pelo divino poder, nos desnuda destas roupas de trabalho, para nos vestir com as roupas da incorruptibilidade das bodas. Benditos são aqueles que "dormem em Jesus".

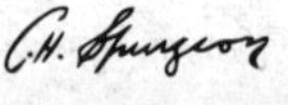

"Contudo, quando os embaixadores dos príncipes da Babilônia lhe foram enviados para se informarem do prodígio que se dera naquela terra, Deus o desamparou, para prová-lo e fazê-lo conhecer tudo o que lhe estava no coração." 2 CRÔNICAS 32:31

Ezequias engrandeceu-se tanto interiormente e orgulhou-se de tal maneira com o favor de Deus sobre ele, que a autojustiça adentrou sua alma e, devido a sua segurança carnal, a graça de Deus foi, em suas ações mais intensas, retirada por um tempo. Nesse texto há muito a considerar sobre os babilônios; pois se a graça de Deus abandonasse o melhor cristão, haveria pecado suficiente em seu coração para fazer dele o pior dos transgressores. Se formos deixados por nossa conta, você que é o mais fervoroso por Cristo, esfriará numa indiferença doentia, como Laodiceia; você que está firme na fé, ficará branco com a lepra da falsa doutrina; você que agora anda perante o Senhor em excelência e integridade, rodará de um lado para o outro, e irá cambalear com a embriaguez da paixão maligna. Como a lua, tomamos nossa luz emprestada — brilhamos quando a graça brilha em nós e tornamo-nos escuros quando o Sol da Justiça se retira. *Portanto, vamos clamar para Deus nunca nos deixar*. "Senhor, não tires o Santo Espírito de nós! Não retires de nós a Tua residente graça! Não disseste: 'Eu, o SENHOR, a vigio e a cada momento a regarei; para que ninguém lhe faça dano, de noite e de dia eu cuidarei dela'? Senhor, guarda-nos em todos os lugares. Sustenta-nos quando estivermos no vale, para que não murmuremos contra Tua mão de humilhação; conserva-nos quando sobre a montanha, para que não fiquemos tontos quando estivermos sendo levados; guarda-nos na juventude, quando nossas paixões são fortes; cuida de nós na velhice, para que, quando nos tornarmos presunçosos de nossa sabedoria, que não nos mostremos mais tolos do que os jovens e volúveis; fortalece-nos na hora de morte, para que, no último momento, não neguemos a ti! Guarda-nos na vida, na morte, no trabalho, no sofrimento, na luta, no descanso, guarda-nos em todos os lugares, pois em todos eles precisamos de ti, ó nosso Deus!"

"Eu lhes tenho transmitido a glória que me tens dado..."
JOÃO 17:22

Contemple a excessiva liberalidade do Senhor Jesus, pois Ele nos deu Seu todo. Embora um dízimo de Suas posses tivesse feito um universo de ricos anjos além da imaginação, ainda assim, Ele não ficou contente até que tivesse nos dado tudo o que possuía. Seria uma surpreendente graça se Ele tivesse nos permitido comer as migalhas de Sua generosidade sob a mesa de Sua misericórdia. Porém, Ele não fará nada pela metade, Ele nos faz assentar com Ele e participar do banquete. Se tivesse nos dado uma pequena pensão de Seus cofres reais, deveríamos amá-lo eternamente; mas não, Sua noiva será tão rica quanto Ele, e Ele não terá uma glória ou uma graça da qual ela não possa compartilhar. Ele não se contentou com menos do que fazer de nós coerdeiros com Ele, para que possamos ter bens na mesma medida. Ele transferiu todas as Suas propriedades para os cofres de Sua Igreja e tem todas as coisas em comum com Seus redimidos. Não há um aposento em Sua casa cuja chave Ele esconda de Seu povo. Ele lhes dá total liberdade para ter acesso a tudo que tem, como se deles fosse; Ele os ama, deixando-os livres com Seu tesouro e permite que se apropriem do quanto puderem levar. A plenitude ilimitada de Sua total suficiência é tão gratuita para o cristão como o ar que ele respira. Cristo colocou o frasco de Seu amor e graça nos lábios do cristão, e o convida a beber dele para sempre; pois se ele puder drená-lo, é bem-vindo a fazê-lo, e como não pode esgotá-lo, é convidado a beber abundantemente, pois é todo seu. Que prova mais verdadeira de comunhão pode o céu ou a Terra nos fornecer?

Quando estou perante o trono
Vestido numa beleza que não é minha;
Quando te vejo como és,
Amo-te com um coração sem pecado;
Então, Senhor, saberei plenamente —
Não antes disso — quanto eu devo.

C.H. Spurgeon

"Ah! Senhor Deus, eis que fizeste os céus e a terra com o teu grande poder e com o teu braço estendido; coisa alguma te é demasiadamente maravilhosa." JEREMIAS 32:17

No momento em que os caldeus cercaram Jerusalém, quando a espada, a fome e a pestilência haviam desolado a terra, Jeremias foi ordenado por Deus a comprar um campo e ter a escritura de transferência legalmente selada e testemunhada. Esta foi uma compra estranha feita por um homem racional. A prudência não poderia justificá-la, pois era uma compra com a difícil probabilidade de que o comprador pudesse alguma vez desfrutar desta propriedade. Mas para Jeremias foi suficiente que seu Deus tivesse mandado, pois ele bem sabia que Deus seria legitimado por todos os Seus filhos. Ele então argumentou: "Ah, Senhor Deus! podes fazer esse pedaço de terra útil para mim; podes livrar essa terra desses opressores; podes me fazer ainda sentar sob minha vinha e minha figueira na herança que eu comprei, pois fizeste os céus e a terra, e coisa alguma te é demasiadamente maravilhosa." Isto outorga majestade aos primeiros santos, pois ousavam fazer coisas sob o comando de Deus, que a razão carnal iria condenar. Seja um Noé, que construiu um barco numa terra seca, um Abraão, que ofereceu seu único filho, ou um Moisés, que desprezou os tesouros do Egito, ou ainda um Josué, que sitiou Jericó por sete dias usando como armas apenas o som das trombetas; todos eles agiram sob a ordem de Deus, contrariando os ditames da razão carnal. O Senhor lhes deu uma rica recompensa como resultado de sua fé obediente. Quisera Deus que tivéssemos na religião destes tempos modernos uma infusão mais potente desta fé heroica em Deus. Se nos aventurássemos mais pura e simplesmente na promessa divina, entraríamos num mundo de maravilhas no qual ainda somos estrangeiros. Que o lugar de confiança de Jeremias seja nosso — nada é demasiadamente maravilhoso para o Deus que criou os céus e a Terra.

C. H. Spurgeon

"...no verão e no inverno, sucederá isto."

ZACARIAS 14:8

As torrentes de águas vivas que fluem de Jerusalém não se esgotam devido ao ressecante calor do solstício de verão, assim como não são congeladas pelos frios ventos do tempestuoso inverno. Alegre-se, ó minh'alma, na desobrigação de comprovar a fidelidade do Senhor. As estações mudam e você muda, mas o seu Senhor permanece eternamente o mesmo e as torrentes de Seu amor são tão profundas, tão amplas e tão plenas como sempre foram. Os rigores das preocupações de trabalho e provações mordazes me fazem necessitar das refrescantes influências do rio de Sua graça; posso ir subitamente e beber da fonte inesgotável até que me sacie, pois emana abundantemente no verão e no inverno. As fontes superiores nunca são escassas e, louvado seja o nome do Senhor, as fontes inferiores também não falham. Elias encontrou Querite seca, mas Jeová ainda era o mesmo Deus de providência. Jó disse que seus irmãos eram como ribeiros enganosos, mas encontrou em seu Deus um transbordante rio de consolo. O Nilo é a grande segurança do Egito, mas suas cheias são variáveis; nosso Senhor é eternamente o mesmo. Ao desviar o Eufrates, Ciro tomou a cidade da Babilônia, mas nenhum poder, humano ou infernal, pode desviar o fluxo da graça divina. As rotas de rios antigos foram todas encontradas secas e assoladas, mas as torrentes que surgem nas montanhas da soberania e amor infinito de Deus estarão sempre cheias até a margem. Gerações dissolvem-se, mas o curso da graça é inalterado. O rio de Deus pode cantar mais verdadeiramente do que o ribeiro no poema —

Homens vêm, homens vão,
mas eu fluo para sempre.

Como é feliz a minha alma por ser guiada junto de tais águas tranquilas! Nunca vagueie por outras torrentes a fim de que não ouça a repreensão do Senhor: "Agora, pois, que lucro terás indo ao Egito para beberes as águas do Nilo?"

C.H. Spurgeon

"...a voz do S*ENHOR* *Deus, que andava no jardim pela viração do dia..."* GÊNESIS 3:8

Minh'alma, agora que chega a viração do dia, retire-se por algum tempo e escute atentamente a voz do seu Deus. Ele está sempre pronto para falar com você quando estiver pronta para ouvir. Caso haja alguma lentidão em comungar, não vem da parte dele, mas inteiramente de você, pois Ele está à porta e bate e se o Seu povo simplesmente abrir, Ele se alegrará em entrar. Mas em que estado está meu coração que repousa no jardim de meu Senhor? Posso arriscar-me na esperança de que está bem podado, regado e dando frutos para Ele? Se não, Ele terá muito o que repreender, mas, ainda assim, oro a Ele que venha sobre mim, pois nada pode tão certamente levar meu coração à condição de retidão, como a presença do Sol da Justiça, que traz cura em suas asas. "Vem, ó Senhor, meu Deus; minha alma te convida sinceramente e espera pelo Senhor ansiosamente. Vem a mim, ó Jesus, meu amado, e planta flores frescas em meu jardim, como as que vejo florescendo, tão perfeitas, em Teu caráter incomparável! Vem, ó meu Pai, tu que és o esposo, e lidas comigo em Tua ternura e prudência! Vem, ó Espírito Santo e cobre toda minha natureza com orvalho, como as ervas são agora hidratadas com o orvalho do anoitecer. Se Deus falasse comigo! 'Fala, Senhor, pois Teu servo ouve!'" Se Ele caminhasse comigo; estou pronto para entregar todo o meu coração e toda a minha mente a Ele, e qualquer outro pensamento é silenciado. Estou apenas pedindo aquilo que Ele se deleita em dar. Tenho certeza de que Ele será tolerante em Seu relacionamento comigo, pois me concedeu Seu Espírito Santo para habitar comigo para sempre. Doce é o fresco crepúsculo, quando todas as estrelas parecem como olhos do céu e o vento refrescante é como o alento do amor celestial. "Meu Pai, meu Irmão mais velho, meu doce Consolador, fala agora em bondade, pois abriste meus ouvidos e não sou rebelde."

C.H. Spurgeon

"Nele, o nosso coração se alegra..."

SALMO 33:21

Bendito é o fato que cristãos podem alegrar-se mesmo na mais profunda agonia; ainda que a dificuldade os cerque, eles cantam; e, como muitos pássaros, cantam melhor dentro de suas gaiolas. As ondas podem cobri-los, mas suas almas logo surgem na superfície e veem a luz do semblante de Deus; eles possuem certa leveza que mantém suas cabeças sempre acima do nível da água e que os ajuda a cantar em meio à tempestade: "Deus continua comigo". A quem deve ser dada a glória? Ó! A Jesus — tudo é por Jesus. A dificuldade não necessariamente traz consigo consolação ao cristão, mas a presença do Filho de Deus na fornalha ardente com ele, enche seu coração de alegria. Ele está doente, sofrendo, mas Jesus o visita e prepara sua cama. Ele está morrendo e as frias águas do Jordão sobem até seu pescoço, mas Jesus o envolve em Seus braços e proclama: "Não tema, meu amado; morrer é ser abençoado. As fontes principais da água da morte estão no céu; não são amargas, são doces como néctar, pois fluem do trono de Deus." Conforme o santo parte vadeando pela corrente, e as vagas o envolvem e o coração e a carne mínguam, a mesma voz soa em seu ouvido: "Não temas, Eu sou contigo; não te assombres, porque Eu sou o Teu Deus." Ao aproximar-se das fronteiras do infinito desconhecido, quase com medo de entrar no reino das sombras, Jesus diz: "Não temais, porque vosso Pai se agradou em dar-vos o seu reino." O cristão, então fortalecido e consolado, não teme morrer. Não! Ele está inclusive disposto a partir, pois dado que viu Jesus como a Estrela da Manhã, ele anseia olhá-lo fixamente como para o sol em sua força. Verdadeiramente, a presença de Jesus é todo o céu que desejamos. Ele é ao mesmo tempo "a glória de nossos dias mais reluzentes; o consolo de nossas noites".

"A ti clamo, ó Senhor*; rocha minha, não sejas surdo para comigo; para que não suceda, se te calares acerca de mim, seja eu semelhante aos que descem à cova."* SALMO 28:1

Um clamor é a expressão natural de tristeza e uma expressão adequada quando todas as outras maneiras de apelo não nos ajudam; mas o clamor deve ser unicamente dirigido ao Senhor, pois clamar a homens é lançar nossas súplicas ao vento. Quando consideramos a prontidão do Senhor em ouvir e Sua capacidade de socorrer, encontramos bons motivos para dirigir todos os nossos apelos ao Deus de nossa salvação. Será vão clamar às rochas no dia do julgamento, mas a nossa Rocha atende aos nossos clamores:

"*Não te cales*". Meros formalistas podem contentar-se com orações sem respostas, mas suplicantes genuínos não se satisfazem com os resultados da oração em acalmar a mente e submeter a vontade — precisam ir além e receber respostas efetivas do céu, caso contrário não descansam. E anseiam por receber estas respostas imediatamente, pois temem até mesmo uma pequena porção do silêncio de Deus. A voz de Deus é geralmente tão terrível a ponto de abalar a selva; mas Seu silêncio é igualmente repleto de assombro para um ávido suplicante. Quando Deus parece fechar Seus ouvidos, não devemos, por isso, fechar nossas bocas, antes clamemos ainda mais determinadamente; pois quando nosso tom torna-se mais agudo devido à avidez e ao pesar, Ele não mais nos negará Seus ouvidos. Em que atroz situação estaríamos, caso o Senhor para sempre fosse surdo às nossas orações? "*Para que não suceda, se te calares acerca de mim, seja eu semelhante aos que descem à cova.*" Privados do Deus que responde orações, estaríamos em terrível situação, mais miserável que a de mortos em túmulos, e em breve afundaríamos ao mesmo nível dos perdidos no inferno. *Precisamos* de respostas às orações: nossa situação é de urgência e aterrorizante necessidade; certamente o Senhor proclamará paz às nossas mentes agitadas, pois em Seu coração jamais haverá o intuito de permitir que os Seus eleitos pereçam.

C.H. Spurgeon

"As vacas feias à vista e magras comiam as sete formosas à vista e gordas..." GÊNESIS 41:4

O sonho do Faraó, muito frequentemente, tem sido minha experiência de alerta. Meus dias de preguiça destruíram nocivamente tudo o que alcancei em momentos de esforço zeloso; minhas épocas de frieza congelaram todo o brilho genial de meus períodos de ardor e entusiasmo; e meus ataques de mundanismo me fizeram retroceder em meus avanços na vida divina. Preciso ter cautela com orações magras, louvores magros, deveres magros e experiências magras, pois queimarão a gordura de meu conforto e minha paz. Se negligencio a oração reduzindo-a a períodos tão curtos, perco toda a espiritualidade que havia obtido; se não colho provisões frescas do céu, o milho já velho em meu celeiro é logo consumido pela escassez enfurecida em minha alma. Quando as lagartas da indiferença e os gafanhotos do mundanismo e da autoindulgência deixam meu coração completamente desolado e fazem minha alma definhar, já não tiro proveito algum de todo o meu frutificar e crescimento anteriores. Como deveria estar ansioso por dias em que não há carnes magras ou horas doentias! Se me aventurar todos os dias em direção aos objetivos de meus desejos, muito breve os alcançarei; mas retroceder me deixa todavia distante do prêmio de meu elevado chamado e rouba-me dos avanços que tão laboriosamente alcancei. A única maneira de meus dias serem dias de "vacas gordas" é alimentá-los no campo certo, gastando-os com o Senhor, em Seu serviço, em Sua companhia, em Seu temor e em Seu caminho. Por que não deveriam ser todos os anos mais ricos do que os anteriores? Mais ricos em amor, proveito e alegria? — Estou mais próximo das Colinas celestiais, tenho mais conhecimento de meu Senhor e deveria ser mais como Ele. "Ó Senhor, mantém-me longe do curso em que minha alma se torna esguia, não me deixes ter que clamar: 'Definho, definho, ai de mim!' Mas que eu possa ser bem alimentado e nutrido em Tua casa, que possa louvar o Teu nome."

C. H. Spurgeon

"...se perseveramos, também com ele reinaremos..."
2 TIMÓTEO 2:12

Não *podemos imaginar que estamos sofrendo por Cristo e com Cristo se não estivermos em Cristo.* Amado amigo, sua confiança está por completo em Jesus? Se não, o que quer que você tenha para lamentar na Terra, não se trata de "sofrimento com Cristo" e você não tem esperança de vir a reinar com Ele no céu. Não devemos também concluir que todos os sofrimentos de um cristão são sofrimentos com Cristo, pois *é essencial que o cristão seja chamado por Deus para sofrer.* Se formos impulsivos e imprudentes e corrermos para situações para as quais nem a providência nem a graça nos equiparam, devemos nos perguntar se não estamos pecando ao invés de comungar com Jesus. Se deixarmos a paixão tomar o lugar do bom senso, e a obstinação reinar em lugar da autoridade das Escrituras, lutaremos as batalhas do Senhor com as armas do diabo; e não poderemos nos surpreender caso cortemos nossos próprios dedos. Novamente, *quando dificuldades nos acometem como resultado do pecado, não podemos sonhar que estamos sofrendo com Cristo.* Quando Miriã falou mal de Moisés e a lepra a maculou, ela não estava sofrendo por Deus. Além disso, o sofrimento que Deus aceita *deve ter Sua glória como fim.* Se sofro por reconhecimento ou para ganhar aplausos, não receberei recompensa diferente da do fariseu. É indispensável também *que o amor a Jesus e aos Seus eleitos seja sempre o motivo principal de toda nossa perseverança. Devemos manifestar o Espírito de Cristo* em mansidão, bondade e perdão. Sondemo-nos e vejamos se *verdadeiramente sofremos com Jesus.* E se realmente sofremos, o que é nossa "tão pequena tribulação" comparada com o *reinado com Ele*? Ó, é tão abençoador estar na fornalha com Cristo! E que honra encontrar-se no pelourinho com Ele. Se não houvesse recompensa futura, poderíamos nos considerar felizes em tal honra; mas quando a recompensa é eterna, tão infinitamente mais do que aquilo pelo qual tínhamos direito de esperar, não tomaremos a cruz com vivacidade e seguiremos o caminho alegrando-nos?

C.H. Spurgeon

"Santifica-os na verdade..."

JOÃO 17:17

A santificação começa na regeneração. O Espírito de Deus verte no homem este novo princípio de vida pelo qual ele se torna "uma nova criatura" em Cristo Jesus. Esta obra, que começa no novo nascimento, é exercida de duas maneiras — mortificação, pela qual os desejos da carne são subjugados e mantidos assim, e vivificação, pela qual a vida que Deus colocou em nós torna-se uma fonte de águas jorrando para a vida eterna. Isto é exercido todos os dias no que é chamado de "perseverança", por meio da qual o cristão é preservado e mantido em um estado gracioso de modo a abundar em boas obras para o louvor e a glória de Deus; e culmina ou chega à perfeição, em "glória", quando a alma, sendo inteiramente expiada, é tomada para habitar com seres santos à destra da Majestade, nas alturas. Mas mesmo que o Espírito de Deus seja o autor da santificação, há, no entanto, uma intervenção que não deve ser esquecida. "Santifica-os", disse Jesus, "na *verdade*; a tua palavra é a verdade". As passagens das Escrituras que provam que o instrumento de nossa santificação é a Palavra de Deus são muitas. O Espírito de Deus traz às nossas mentes os preceitos e as doutrinas da verdade e os aplica com poder. Estes chegam aos ouvidos e são recebidos no coração; trabalham em nós o querer e o efetuar segundo a boa vontade de Deus. A verdade é o santificador e se não ouvirmos ou lermos a verdade, não cresceremos em santificação. Só progredimos no viver conforme progredimos na compreensão sã. "Lâmpada para os meus pés é a tua palavra e, luz para os meus caminhos." Com relação a um erro, não diga: "é simplesmente uma questão de opinião." Nenhum homem que tolera um erro de opinião escapa de, cedo ou tarde, tolerar um erro na prática. Apegue-se firmemente à verdade, pois em fazê-lo você será santificado pelo Espírito de Deus.

C.H. Spurgeon

"O que é limpo de mãos e puro de coração, que não entrega a sua alma à falsidade, nem jura dolosamente." SALMO 24:4

A santidade prática externa é uma marca muito preciosa da graça. Devemos nos preocupar com o fato de que muitas pessoas que professam a fé perverteram a doutrina da justificação pela fé ao ponto de tratar boas obras com desdém; sendo esse o caso, elas receberão incessante desdém no último grande dia. Se nossas mãos não estão limpas, que as lavemos no precioso sangue de Jesus e então ergamos mãos puras a Deus. Mas "*mãos limpas*" não serão suficientes a não ser que estejam ligadas a "*um coração puro*". A verdadeira religião é uma obra do coração. Podemos lavar a parte externa de uma xícara e o pires o quanto quisermos, mas se as partes internas estiverem imundas, estaremos completamente imundos aos olhos de Deus, pois nosso coração, mais do que nossas mãos, é mais verdadeiramente nossa essência. A vida de nosso ser está na natureza interna, daí a necessidade imperativa de pureza interior. O coração puro verá a Deus, todos os outros não passam de morcegos cegos.

O homem que é nascido para o céu "*não entrega a sua alma à falsidade*". Todos os homens têm alegrias, pelas quais sua alma é exaltada. O mundano se deleita em prazeres carnais, que são meras falsidades vazias. Mas o santo ama aquilo que é mais substancioso; como Josafá, ele fica absorto nos caminhos do Senhor. Aquele que se contenta com cascas, será contado com os porcos. O mundo satisfaz você? Então sua recompensa e porção estão nesta vida; extraia o melhor dela, pois não conhecerá outra alegria.

"*Nem jura dolosamente.*" Todavia, os santos são homens de honra. A palavra do homem cristão é seu único juramento, mas sua palavra vale mais do que vinte juramentos de outros homens quaisquer. O falar falsamente deixará qualquer homem para fora do céu, pois um mentiroso não entrará na casa de Deus, quaisquer que sejam suas declarações ou feitos. Leitor, o texto acima o condena, ou dá a você esperança de ascender à colina do Senhor?

C.H. Spurgeon

"...chamados para serdes santos..."
ROMANOS 1:7

Podemos convenientemente considerar os santos apóstolos como "santos" de uma maneira mais especial do que os outros filhos de Deus. Todos a quem Deus chamou por Sua graça e santificou por Seu Espírito são "santos"; mas podemos olhar para os *apóstolos* como seres extraordinários, raramente sujeitos às mesma fraquezas e tentações a que nós estamos. Entretanto, ao fazê-lo, nos esquecemos da seguinte verdade: quanto mais próximo de Deus um homem vive, mais intensamente ele se lamenta por seu coração perverso; e quanto mais seu Mestre o honra por seu serviço, mais o mal da carne o atormenta e zomba dele dia após dia. O fato é que se tivéssemos visto o apóstolo Paulo o consideraríamos notavelmente como todos os demais da família eleita: e se tivéssemos conversado com ele teríamos dito: "achamos que sua experiência e a nossa são muito semelhantes. Ele é mais fiel, mais santo e mais profundamente instruído que nós, mas ele tem provas idênticas para suportar." Não, em certos pontos ele é mais violentamente provado que nós. Então, não olhe para os antigos santos como isentos de fragilidades ou pecados; e não os considere com uma reverência mística que fará de nós quase idólatras. A santidade deles é alcançável por nós. Somos "chamados para ser santos" pela mesma voz que os compeliu à sua alta vocação. É dever de um cristão forçar sua entrada no círculo íntimo da santidade; e se estes santos foram superiores a nós em suas realizações, como certamente foram, vamos segui-los; imitemos seu fervor e sua santidade. Temos a mesma luz que eles tiveram, portanto, a mesma graça nos é acessível. Como poderíamos nos sentir satisfeitos até que nos igualemos a eles em caráter celestial? Eles viveram *com* Jesus, eles viveram *por* Jesus, portanto cresceram à *semelhança de* Jesus. Vivamos pelo mesmo Espírito que eles viveram, "olhando para Jesus", e nossa santidade em breve será evidente.

C.H. Spurgeon

"Confiai no Senhor perpetuamente, porque o Senhor Deus é uma rocha eterna." ISAÍAS 26:4

Vendo que temos um Deus assim em quem confiar, descansemos colocando sobre Ele todo o nosso fardo; expulsemos com firmeza toda a descrença e nos esforcemos para nos livrar de dúvidas e medos que tanto arruínam nosso consolo; já que não há desculpa para o medo quando Deus é o fundamento de nossa confiança. Um pai amoroso se entristeceria profundamente se seu filho não pudesse confiar nele; e quão mesquinha, quão rude é nossa conduta quando temos tão pouca confiança em nosso Pai celestial que jamais falhou conosco, e que nunca falhará. Seria bom se a dúvida fosse banida da família de Deus, mas devemos nos preocupar com o fato de que a antiga incredulidade é tão ágil hoje em dia quanto quando o salmista perguntou: "Cessou perpetuamente a sua graça? Caducou a sua promessa para todas as gerações?" Davi não experimentara o sofrimento da longa e poderosa espada do gigante Golias, e ainda assim disse: "Não há outra semelhante". Ele a havia testado uma vez no momento de sua vitória na juventude e notou que era do metal certo e, portanto, ele a exaltou mais tarde; da mesma forma deveríamos falar bem de nosso Deus, não há ninguém como Ele debaixo do céu ou acima dele na Terra; "A quem, pois, me comparareis para que eu lhe seja igual? — diz o Santo." Não há rocha como a Rocha de Jacó, nossos próprios inimigos assim o julgam. Longe de nós permitir que dúvidas agonizantes vivam em nosso coração. Tomaremos todas essas abomináveis, como Elias fez com os profetas de Baal, e as mataremos no ribeiro; e se devem morrer em uma corrente de águas, escolheremos a torrente sagrada que jorra do lado ferido de nosso Salvador. Passamos por muitas provas, mas nunca fomos lançados onde não poderíamos encontrar em nosso Deus tudo de que precisávamos. Sejamos, então, encorajados a confiar no Senhor para sempre, com a certeza de que Sua força eterna será, como tem sido, nosso socorro e nossa morada.

C.H. Spurgeon

"Mas o que me der ouvidos habitará seguro, tranquilo e sem temor do mal." PROVÉRBIOS 1:33

O amor divino é declarado evidente quando brilha em meio a condenações. Oportuna é a estrela solitária que sorri através das fendas das nuvens estrondeantes; radiante é o oásis que floresce no deserto de areia; tão oportuno e tão radiante é o amor em meio à ira. Quando os israelitas provocaram o Altíssimo com sua idolatria contínua, Ele os puniu impedindo o orvalho e a chuva, de modo que sua terra fosse visitada por uma violenta inanição; mas ainda que assim tenha feito, teve o cuidado de garantir que Seus escolhidos estivessem protegidos. Se todos os outros ribeiros estiverem secos, ainda haverá um reservado para Elias; e quando isto falhar, Deus ainda preserva para ele um lugar de sustento. Deus não tinha apenas um "Elias," mas tinha um remanescente conforme a eleição da graça, que estava escondido em grupos de cinquenta em uma caverna, e ainda que toda a nação estivesse sujeita à fome, estes grupos na caverna eram alimentados, e alimentados também com o que vinha da mesa de Acabe por Obadias, fiel mordomo de Deus temente a Ele. Extraiamos disto a conclusão: independentemente do que aconteça, o povo de Deus está seguro. Ainda que tremores balancem a Terra sólida, os céus se partam em dois, e o cristão esteja no meio da ruína dos mundos, ele estará tão seguro como na mais calma hora de descanso. Se Deus não pode salvar Seu povo *debaixo* do céu, os salvará *no* céu. Se o mundo se tornar quente demais para mantê-los, o céu, então, será o lugar de seu acolhimento e sua segurança. Tenha confiança quando ouvir sobre guerras e rumores de guerras. Não deixe que a agitação o aflija, mas reserve-se do medo do mal. O que quer que venha sobre a Terra, você estará seguro debaixo das amplas asas de Jeová. Permaneça na promessa dele; descanse em Sua fidelidade e desafie o futuro mais obscuro, pois não há nada nele tão temível para você. A sua única preocupação deveria ser demonstrar ao mundo a bem-aventurança de escutar atentamente a voz de sabedoria.

C.H. Spurgeon

"Quantas culpas e pecados tenho eu?..."
JÓ 13:23

Você já ponderou e considerou realmente como é grande o pecado do povo de Deus? Pense em quão abominável é sua própria transgressão e você descobrirá que um pecado aqui, outro ali, não apenas se amontoam até formarem Alpes, mas que suas iniquidades são empilhadas umas sobre as outras, como na antiga fábula dos gigantes que empilharam o Monte Pélion sobre o Monte Ossa [N.E.: Da mitologia grega], montanha sobre montanha. Que massa de pecados há na vida de apenas um dos mais santificados filhos de Deus! Tente multiplicar este número, os pecados de apenas um, pela multidão de redimidos, "grande multidão que ninguém podia enumerar" e você poderá começar a conceber a grande quantidade de culpa do povo por quem Jesus derramou Seu sangue. Contudo, chegamos a uma ideia mais adequada da magnitude do pecado pela grandiosidade da solução provida. É o sangue de Jesus Cristo, o único Filho amado de Deus. O Filho de Deus! Os anjos lançam suas coroas diante dele! Todas as sinfonias de corais do céu cercam Seu trono glorioso, "o qual é sobre todos, Deus bendito para todo o sempre. Amém!" E ainda assim, Ele toma forma de servo e é açoitado e perfurado, ferido e dilacerado, e finalmente morto; já que nada, a não ser o sangue do Filho de Deus encarnado, podia fazer propiciação por nossas ofensas. Nenhuma mente humana pode estimar adequadamente o valor infinito do sacrifício divino, pois ainda que seja tão grande o pecado do povo de Deus, a propiciação que o retira é imensuravelmente maior. Portanto, o cristão, mesmo quando o pecado corre como enchente negra e a lembrança do passado é amarga, ainda pode colocar-se diante do trono resplandecente do grande e santo Deus, e clamar: "Quem os condenará? É Cristo Jesus quem morreu ou, antes, quem ressuscitou." Enquanto a lembrança de seu pecado o enche de vergonha e tristeza, ao mesmo tempo cria um contraste para mostrar o esplendor da misericórdia — a culpa é a noite escura em que a estrela formosa do amor divino brilha com esplendor sereno.

C.H. Spurgeon

"Irmãos, orai por nós."

1 TESSALONICENSES 5:25

Reservamos esta manhã do ano para refrescar a memória do leitor em relação ao assunto: oração por ministérios. E suplicamos seriamente que todo lar cristão atenda ao pedido fervoroso do texto primeiramente mencionado por um apóstolo e agora repetido por nós. Irmãos, nosso trabalho é solenemente momentâneo, envolvendo o bem-estar ou a angústia de milhares; lidamos com almas para Deus em uma tarefa eterna, e nossa palavra pode ser aroma de vida para vida, ou de morte para morte. Uma responsabilidade muito pesada está sobre nós e não será misericórdia menor se, no fim das contas, formos encontrados limpos do sangue de todos os homens. Como oficiais no exército de Cristo, somos a marca especial da inimizade de homens e demônios; eles esperam por nossa hesitação e trabalham para nos tomar pelos calcanhares. Nosso chamado sagrado nos envolve em tentações das quais você é isento, acima de tudo, muito frequentemente, nos afasta de desfrutar pessoalmente da verdade para que a consideremos no aspecto ministerial ou oficial. Deparamo-nos com muitos casos complicados e nosso entendimento fica confuso; observamos tristes apostasias e nosso coração se fere; vemos milhões perecerem e nossos espíritos se abatem. Desejamos ganhá-lo por nossa pregação, desejamos ser bênçãos para seus filhos; ansiamos ser úteis tanto para santos quanto para pecadores. Portanto, queridos amigos, intercedam por nós junto ao nosso Deus. Que homens miseráveis seremos se perdermos o apoio de suas orações, mas como seremos felizes se permanecermos em suas súplicas. Não busque em nós suas bênçãos espirituais, mas em nosso Mestre. No entanto, quantas vezes Ele dá estas bênçãos por meio de Seus ministros; peça então, vez após outra, que possamos ser vasos de barro nos quais o Senhor possa colocar o tesouro do evangelho. Nós, todo o grupo e missionário, ministros, missionários urbanos e estudantes, lhe suplicamos: "Irmãos, orai por nós."

C. H. Spurgeon

"Passando eu por junto de... ti te disse... vive".
EZEQUIEL 16:6

Você, salvo, considere com gratidão esta ordem de misericórdia. Note que este decreto de Deus é *majestoso*. Em nosso texto, observamos um pecador com nada além de pecado em si, esperando nada além de ira; mas o Senhor eterno passa por ele em Sua glória; Ele olha, para e pronuncia a palavra solitária mas real: "vive." Ali Deus fala. Quem, se não Ele, poderia aventurar-se a lidar com a vida e dispensá-la com uma única sílaba? Novamente, este decreto é *múltiplo*. Há muito envolvido quando Ele diz: "vive". Aqui está a vida judicial. O pecador está pronto para ser condenado, mas o Poderoso diz: "vive" e ele se levanta perdoado e absolvido. É a vida espiritual. Nós não conhecíamos Jesus — nossos olhos não enxergavam Cristo, nossos ouvidos não ouviam Sua voz — Jeová disse "vive" e nós, que estávamos mortos em transgressões e pecados, fomos vivificados. Além disso, inclui vida de glória, que é o aperfeiçoamento da vida espiritual. Disse: "vive" e essa palavra continua por todos os anos do tempo até que a morte venha; e em meio às sombras da morte, a voz do Senhor ainda é ouvida: "Vive!" Na manhã da ressurreição é esta mesma voz que é ecoada pelo arcanjo: "vive" e santos espíritos ascendem ao céu para serem abençoados para sempre na glória do seu Deus no poder desta mesma palavra: "Vive." Note novamente que é uma ordem *irresistível*. Saulo de Tarso está na estrada de Damasco para prender santos do Deus vivo. Uma voz é ouvida do céu e uma luz é vista acima da claridade do sol, e Saulo clama: "Senhor, que queres que eu faça?" Esta ordem é uma ordem de *dádiva da graça*. Quando pecadores são salvos, Deus o faz apenas e exclusivamente para magnificar Sua graça que é impagável, imerecida e que não se pode comprar. Cristãos, vejam sua posição em dívida com a graça; demonstrem sua gratidão por meio de vida fervorosa e semelhante à de Cristo e conforme Deus os ordena viver, tenham certeza de que viverão em fervor.

C.H. Spurgeon

"Declara-me, peço-te, em que consiste a tua grande força."
JUÍZES 16:6

Onde está a força secreta da fé? Está no alimento que a nutre; pois a fé estuda o que é a promessa — uma emanação da graça divina, um transbordar do grande coração de Deus; e a fé diz: "Meu Deus, não poderias ter feito tal promessa, a não ser que partisse do amor e da graça; portanto é evidente que Tua Palavra se cumprirá." E a fé então pensa: "*Quem fez* esta promessa?" Não considera tanto a grandiosidade da promessa quanto "Quem é o autor?" Ela se lembra de que é Deus que não pode mentir — Deus onipotente, Deus imutável; e portanto conclui que a promessa deve ser cumprida; e ela vai adiante nesta firme convicção. Ela se lembra do *porquê a promessa foi feita*, — a saber, para a glória de Deus e sente-se perfeitamente segura de que a glória de Deus é certa; de que Ele nunca mancharia Seu brasão, nem desfiguraria o esplendor de Sua coroa; e portanto a promessa precisa permanecer e permanecerá. A fé, então, também considera a incrível *obra de Cristo* como prova clara da intenção do Pai de cumprir Sua palavra. "Aquele que não poupou o seu próprio Filho, antes, por todos nós o entregou, porventura, não nos dará graciosamente com ele todas as coisas?" Além disso, a fé olha para o *passado*, pois suas batalhas a fortaleceram e suas vitórias lhe concederam coragem. Ela se lembra de que Deus nunca falhou; não, Ele não falhou nem uma vez com Seus filhos. Ela se lembra dos momentos de grande perigo, quando a libertação veio; horas de tremenda necessidade, quando encontrou sua força em sua batalha, e ela clama: "Não, eu jamais serei levada a pensar que Ele pode mudar e abandonar Seu servo agora. Até aqui o Senhor me ajudou e Ele continuará me ajudando." Assim, a fé vê cada promessa em sua conexão com Aquele que faz a promessa e por assim proceder, pode dizer com certeza: "Bondade e misericórdia certamente me seguirão todos os dias da minha vida"!

C.H. Spurgeon

"Guia-me na tua verdade e ensina-me, pois tu és o Deus da minha salvação, em quem eu espero todo o dia." SALMO 25:5

Quando o cristão começa a andar com pés trêmulos no caminho do Senhor, ele pede para ser guiado adiante como uma criança sustentada pela mão ajudadora de seu pai, e anela ser instruído no alfabeto da verdade. O ensino experimental é o fardo desta oração. Davi sabia muitas coisas, mas sentia sua ignorância e desejava permanecer na escola do Senhor: quatro vezes em dois versículos ele se inscreve para uma bolsa de estudos na faculdade da graça. Seria bom para muitos professores se, em vez de seguirem seus próprios conselhos e descobrirem novas linhas de pensamentos por si só, eles investigassem os bons e velhos caminhos da verdade de Deus e suplicassem ao Espírito Santo que lhes concedesse entendimento santificado e espírito ensinável. "*Pois tu és o Deus da minha salvação*". O Jeová Triúno é o Autor e o Aperfeiçoador da salvação para o Seu povo. Leitor, Ele é o Deus da *sua* salvação? Você encontra todos os fundamentos de suas esperanças eternas na eleição do Pai, na propiciação do Filho e no avivamento do Espírito? Se sim, você pode usar isto como argumento para obter bênçãos futuras; se o Senhor determinou sua salvação, certamente Ele não se recusará a instrui-lo em Seus caminhos. É um fato venturoso podermos nos dirigir ao Senhor com a confiança que Davi manifesta aqui; isso nos dá grande poder na oração e consolo na tribulação. "*Em quem eu espero todo o dia.*" A paciência é a cortês criada e filha da fé; nós esperamos alegremente quando estamos certos de que não esperaremos em vão. É nosso dever e nosso privilégio esperar no Senhor em serviço, em adoração, em expectativa e em confiança, todos os dias de nossa vida. Nossa fé será fé provada e, caso seja verdadeira, suportará luta contínua sem capitular. Não nos cansaremos de esperar em Deus se nos lembrarmos do quanto e quão graciosamente Ele esperou por nós.

"...não te esqueças de nem um só de seus benefícios."
SALMO 103:2

É uma ocupação agradável e proveitosa distinguir a mão de Deus na vida dos antigos santos e observar Sua bondade em libertá-los, Sua misericórdia em perdoá-los e Sua fidelidade em manter Sua aliança com eles. Mas não seria ainda mais interessante e proveitoso para nós se notássemos a mão de Deus em nossa vida? Não deveríamos olhar para nossa história como sendo, pelo menos, tão cheia de Deus, tão cheia de Sua bondade e verdade, de Sua fidelidade e veracidade, como foi a vida de qualquer um dos santos? Fazemos injustiça ao nosso Senhor quando presumimos que Ele executou todos os Seus atos poderosos e mostrou-se forte por aqueles nos tempos primevos, mas não executa maravilhas ou simplesmente estende Seu braço para os santos que estão agora no mundo. Examinemos nossa vida. Certamente poderemos descobrir alguns felizes incidentes restauradores para nós e que dão glória ao nosso Deus. Não houve *libertações*? Você não passou por rios em que foi amparado pela presença divina? Não saiu ileso de caminhadas pelo fogo? Não houve *manifestações*? Você não teve *favores privilegiados*? O Deus que concedeu a Salomão o que o coração deste rei desejava, nunca lhe ouviu e respondeu os seus pedidos? O Deus que esbanja generosidade, de quem Davi cantou: "quem farta de bens a tua velhice" nunca saciou *você* com abundância? Você nunca se deitou em pastos verdejantes? Você nunca foi guiado por águas tranquilas? Certamente a bondade de Deus tem sido a mesma conosco como foi com os santos da antiguidade. Reunamos, então, Suas misericórdias em uma canção. Tomemos o ouro puro da gratidão e as joias do louvor e façamos outra coroa para a cabeça de Jesus. Que nossa alma produza música tão doce e tão alegre quanto a que fluiu da harpa de Davi enquanto louvamos o Senhor, cuja misericórdia dura para sempre.

C.H. Spurgeon

"...e fez separação entre a luz e as trevas."
GÊNESIS 1:4

Um cristão tem dois princípios trabalhando dentro de si. Em seu estado natural ele estava sujeito a apenas um deles, que era a escuridão; agora a luz entrou e os dois princípios divergem. Observe as palavras do apóstolo Paulo no sétimo capítulo de Romanos: "Então, ao querer fazer o bem, encontro a lei de que o mal reside em mim. Porque, no tocante ao homem interior, tenho prazer na lei de Deus; mas vejo, nos meus membros, outra lei que, guerreando contra a lei da minha mente, me faz prisioneiro da lei do pecado que está nos meus membros." Como este estado de coisas é originado? "O Senhor fez separação entre a luz e as trevas." As trevas, por si só, são tranquilas e calmas. Mas quando o Senhor envia luz há um conflito, porque uma se opõe à outra: um conflito que nunca cessará até que o cristão seja completamente luz no Senhor. Se há uma divisão *dentro* do cristão, certamente haverá outra *fora*. Assim que o Senhor concede luz a qualquer homem, este homem passa a separar-se das trevas ao redor; ele se retira de uma religião meramente mundana de cerimônias visíveis, pois nada menos que o evangelho de Cristo o satisfará. Assim ele se afasta da sociedade mundana e de distrações levianas e busca a companhia dos santos, pois "nós sabemos que já passamos da morte para a vida, porque amamos os irmãos". A luz atrai para si, assim como as trevas também o fazem. O que Deus dividiu, não tentemos jamais unir, mas como Cristo foi para fora do arraial levando Seu vitupério, saiamos do meio dos ímpios e sejamos um povo singular. Ele era santo, inocente, imaculado, separado de pecadores; e, como Ele foi, assim também nós devemos ser, não conformistas com o mundo, divergindo de todo o pecado e distintos do resto da humanidade por nossa semelhança com nosso Mestre.

C.H. Spurgeon

"...concidadãos dos santos".

EFÉSIOS 2:19

O que significa sermos cidadãos do céu? Significa que estamos *sob o governo do céu.* Cristo, o rei do céu, reina em nossos corações; nossa oração diária é: "faça-se a tua vontade, assim na terra como no céu." As proclamações emitidas do trono de glória são recebidas de bom grado por nós: obedecemos alegremente aos decretos do Grande Rei. E como cidadãos da Nova Jerusalém *compartilhamos das honras do céu.* A glória que pertence aos santos beatificados pertence a nós, pois já somos filhos de Deus, já somos príncipes de sangue imperial; já vestimos o manto imaculado da justiça de Jesus; já temos anjos como nossos serventes, santos como companheiros, Cristo como nosso Irmão, Deus como nosso Pai e uma coroa de imortalidade como nossa recompensa. Compartilhamos das honras da cidadania, pois viemos à assembleia geral e Igreja do Primogênito cujos nomes estão escritos no céu. Como cidadãos, temos direitos comuns a toda a propriedade do céu. Nossos são os portões de pérolas e muros de crisólito; nossa é a luz azulada da cidade que não precisa de velas ou da luz do sol; nosso é o rio da água da vida e nossos são os doze frutos que crescem nas árvores plantadas às margens do rio; não há nada no céu que não pertença a nós. "Sejam as coisas presentes, sejam as futuras", tudo é nosso. Também como cidadãos do céu nós *desfrutamos de seus encantos.* No céu há alegria por pecadores que se arrependem — filhos pródigos que retornam? Nós também nos alegramos. No céu canta-se as glórias da graça triunfante? Fazemos o mesmo. Eles lançam suas coroas aos pés de Jesus? As honras que temos, lançamos também aos Seus pés. Encantam-se com Seu sorriso? Para nós que habitamos aqui embaixo esse sorriso não é menos doce. Eles esperam ansiosos por Sua segunda vinda? Nós também esperamos e ansiamos por Sua aparição. Se somos então *cidadãos do céu*, que nossa caminhada e nossas ações estejam de acordo com nossa elevada dignidade.

C. H. Spurgeon

"Houve tarde e manhã, o primeiro dia."
GÊNESIS 1:5

A tarde era "escuridão" e a manhã era "luz" e ainda assim *ambas são chamadas pelo nome que é dado exclusivamente para luz!* Isto é um tanto extraordinário, mas tem uma analogia exata na experiência espiritual. Em todo cristão há trevas e luz, e ainda assim ele não é chamado pecador por haver pecado nele, mas chamado santo por possuir certo grau de santidade. Este será um pensamento muito consolador para aqueles que lamentam suas enfermidades e que perguntam: "Posso ser filho de Deus ainda que haja em mim tanta escuridão?" Sim; pois você, assim como o dia, não recebe seu nome da tarde, mas da manhã; e na Palavra de Deus você é mencionado como se agora já fosse perfeitamente santo como em breve será. É chamado filho da luz, mesmo que ainda haja escuridão em você. Nomeado de acordo com o que é, aos olhos de Deus, a qualidade predominante, que um dia será o único princípio persistente. Veja que *a tarde vem primeiro*. Naturalmente somos trevas primeiro em termos de tempo, e as trevas estão geralmente em nossa apreensão pesarosa, nos levando a clamar em profunda humilhação: "Deus seja misericordioso comigo, um pecador." A manhã vem em segundo lugar, alvorece quando a graça domina a natureza. Abençoado é o aforismo de John Bunyan: "Aquele que receber a sua porção por último a terá para sempre." Aquele que vem primeiro, submete-se em momento oportuno ao último; mas nada vem após o último. Ainda que você seja naturalmente trevas, uma vez que você se torne luz no Senhor, a noite não mais surgirá; "Nunca mais se porá o teu sol". O primeiro dia nesta vida é uma tarde e uma manhã; mas o segundo dia, quando estivermos com Deus, para sempre, será um dia sem entardecer, um meio-dia sagrado, sublime, eterno.

C.H. Spurgeon

"...depois de terdes sofrido por um pouco, ele mesmo vos há de aperfeiçoar, firmar, fortificar e fundamentar." 1 PEDRO 5:10

Veja o arco do horizonte que se estende sobre a campina: gloriosas são suas cores e raros seus matizes. É belo, mas infelizmente desaparece e deixa de existir. As belas cores dão lugar para as velosas nuvens e o firmamento deixa de brilhar com os matizes do céu. Não é algo *estabelecido*. Como pode ser? Um show glorioso feito de raios de sol transitórios e gotas de chuva passageiras, como pode subsistir? As graças do caráter cristão não devem assemelhar-se ao arco-íris em sua beleza efêmera, mas ao contrário, devem ser estabelecidas, determinadas, duradouras. Busque, ó cristão, que tudo de bom que tenha possa ser algo duradouro. Que seu caráter não seja algo escrito na areia, mas uma inscrição na rocha! Que sua fé não seja a "infundada estrutura de uma visão," mas que possa ser construída de material qualificado para suportar o terrível fogo que consumirá a madeira, o feno e a palha daquele que é hipócrita. Que você esteja enraizado e fundamentado no amor. Que suas convicções sejam profundas, seu amor real, seus desejos fervorosos. Que toda a sua vida seja tão firme e estabelecida que todas as rajadas do inferno e todas as tempestades da Terra nunca sejam capazes de eliminá-lo. Mas perceba como esta bênção de ser "firmado na fé" é conquistada. As palavras do apóstolo nos apontam para o *sofrimento* como sendo o meio empregado — "*depois de terdes sofrido por um pouco*". É desnecessário esperar que estejamos bem enraizados se ventos fortes não passarem por nós. Esses antigos nós retorcidos na raiz do carvalho, e essas sinuosidades dos galhos, todos falam das muitas tempestades que o assolaram, e são também indicadores da profundeza em que as raízes se arraigaram. Então o cristão é fortificado e firmemente enraizado por todas as provas e tempestades da vida. Não recue, então, diante dos tempestuosos ventos da tribulação, mas encoraje-se crendo que pela dura disciplina desses ventos, Deus está cumprindo essa graça para você.

C. H. Spurgeon

"Narrai isto a vossos filhos, e vossos filhos o façam a seus filhos, e os filhos destes, à outra geração." JOEL 1:3

Um testemunho vivo em prol da verdade deve sempre ser mantido vivo no mundo, desta maneira simples, pela graça de Deus — o amado do Senhor deve legar seu testemunho em prol do evangelho e a aliança a seus herdeiros, e estes novamente a seus descendentes. Este é nosso *primeiro* dever, devemos começar no círculo familiar: mau pregador é aquele que não inicia seu ministério no lar. Os pagãos devem inevitavelmente ser procurados e as estradas e os recantos devem ser sondados, mas o lar tem uma importância que vem primeva, e ai daqueles que revertem a ordem dos planos do Senhor. Ensinar nossos filhos é um dever *pessoal*; não podemos delegá-lo aos professores de escola dominical, ou a outras ajudas amigáveis; estes podem nos ajudar, mas não podem nos eximir da obrigação sagrada. Tutores e auxiliares são artifícios perniciosos neste caso: mães e pais devem, como Abraão, comandar suas casas no temor a Deus e conversar com seus filhos a respeito das magníficas obras do Altíssimo. O ensino dos pais é um dever *natural* — quem pode ser tão bem adequado para zelar pelo bem-estar de uma criança quanto os autores de seu ser? Negligenciar a instrução de nossos descendentes é pior que a selvageria. A religião da família é algo *necessário* para a nação, para a família em si e para a Igreja do Senhor. Por todos os lados a hipocrisia religiosa está secretamente avançando em nossa terra, e um dos meios mais eficazes de resistir as suas invasões é quase negligenciado, a saber, a instrução das crianças na fé. Oxalá os pais acordassem para a importância desta questão. É um dever agradável falar de Jesus a nossos filhos e ainda mais porque provou ser um trabalho *reconhecido*, pois Deus tem salvado filhos por meio das orações e admoestações dos pais. Que todos os lares em que este livro entrar, honrem o Senhor e recebam Seu sorriso.

C.H. Spurgeon

"*...amados em Deus Pai...*" JUDAS 1
"*...santificados em Cristo... Jesus.*" 1 CORÍNTIOS 1:2
"*...em santificação do Espírito...*" 1 PEDRO 1:2

Observe a união das Três Pessoas da Divindade em todos os Seus atos graciosos. Como falam sem sabedoria os cristãos que dão primazia a uma das Pessoas da Trindade; que pensam em Jesus como se Ele fosse a personificação de tudo o que é amável e gracioso, enquanto que o Pai, eles consideram severamente justo, mas destituído de amabilidade. Igualmente errados estão aqueles que magnificam a lei do Pai e a propiciação do Filho, de modo a depreciar a obra do Espírito. Em feitos da graça nenhuma das Pessoas da Trindade age separadamente do restante. São tão unidos em Seus feitos como em Sua essência. Em Seu amor pelos escolhidos são um, e nas ações, que partem desta grande fonte central, permanecem indivisos. Note isso especificamente na questão da santificação. Embora possamos sem equívoco algum falar da santificação como obra do Espírito, precisamos, entretanto, ter cautela para não considerarmos que o Pai e o Filho não estão nisso. É correto falar de santificação como obra do Pai, do Filho e do Espírito. E ainda Jeová diz: "*Façamos* o homem à nossa imagem, conforme a nossa semelhança" e portanto nós somos "feitura *dele*, criados em Cristo Jesus para boas obras, as quais Deus de antemão preparou para que andássemos nelas." Veja o valor que Deus coloca na santidade verdadeira, considerando que as Três Pessoas da Trindade são representadas como cooperadoras para produzir uma igreja "sem mácula, nem ruga, nem coisa semelhante". E você, cristão, como seguidor de Cristo, deve também estabelecer um alto valor para a santidade — na pureza de vida e conversas piedosas. Valorize o sangue de Cristo como o fundamento de sua esperança, mas nunca fale injuriosamente da obra do Espírito que é Seu penhor para a herança dos santos na luz. No dia de hoje, vivamos para manifestar a obra do Deus Trino em nós.

C.H. Spurgeon

"...*seu reino celestial*..." 2 TIMÓTEO 4:18

A cidade longínqua do grande Rei é um lugar de *serviço ativo*. Espíritos resgatados servem-no dia e noite em Seu templo. Nunca deixam de cumprir o bom prazer de seu Rei. Eles sempre "descansam" quando se trata de sossego e liberdade de preocupações; e nunca "descansam" quando se trata de indolência e inércia. A Jerusalém de ouro é o local de *comunhão* com todo o povo de Deus. Sentaremos com Abraão, Isaque e Jacó em comunhão eterna. Teremos nobres conversas com o nobre anfitrião dos eleitos, todos reinando com Ele que, por Seu amor e Seu potente braço, levou-os seguros até a casa. Não cantaremos solos, mas em coros louvaremos nosso Rei. O céu é um lugar de *vitória concretizada*. Sempre que você cristão atingir uma vitória contra suas concupiscências — sempre que após difícil luta você tiver colocado a tentação morta aos seus pés — você terá, neste momento, um antegozo da alegria que o espera quando o Senhor abruptamente esmagará Satanás sob seus pés, e você será mais do que vencedor por Ele que o amou. O paraíso é um lugar de *segurança*. Quando você desfruta da total garantia da fé, tem a garantia dessa segurança gloriosa que será sua quando você for um cidadão perfeito da Jerusalém celestial. Ó Jerusalém, meu doce lar, feliz porto de minha alma! Agradeço, desde já, a Ele cujo amor ensinou-me a desejá-la, porém mais altos agradecimentos farei na eternidade, quando você será minha.

Das uvas minh'alma provou,
E agora anseia estar
Onde o Senhor as videiras plantou
E os cachos estão a brotar.
Da verdadeira viva videira,
Minh'alma faminta se alimenta,
Desfruta do fruto divino,
Quem como eterno convidado se assenta.

C. H. Spurgeon

"...perguntou Deus a Jonas: É razoável essa tua ira...?"
JONAS 4:9

A ira não é necessariamente, sempre, algo pecaminoso, mas tem a tendência de crescer desenfreadamente, de modo que quando se manifesta deveríamos rapidamente questionar seu caráter, com a seguinte pergunta: "Faz bem a você irar-se?" Pode ser que respondamos: "SIM." Muito frequentemente a ira é o agitador do homem louco, mas algumas vezes é o fogo de Elias vindo do céu. Fazemos bem em nos zangar com o pecado por causa da injúria contra nosso bom e gracioso Deus; ou conosco por permanecermos tão tolos mesmo tendo tantos ensinos divinos; ou com outros quando a única razão da ira é o mal que causam. Aquele que não se ira com a transgressão passa a ter parte nela. O pecado é algo asqueroso e detestável e não há coração renovado que o tolere. O próprio Deus se ira com o perverso todos os dias, e está em Sua Palavra: "Vós que amais o SENHOR, detestai o mal." Entretanto, muito mais frequentemente devemos temer que nossa ira não seja apreciável ou até mesmo justificável e então devemos responder: "NÃO." Por que deveríamos ser irascíveis com crianças, enérgicos com empregados e coléricos com colegas? Tal ira é honrável à nossa profissão de fé cristã ou glorifica a Deus? Não seria o antigo perverso coração procurando ganhar domínio? Não deveríamos resisti-lo com toda a força de nossa natureza que agora é nascida de novo? Muitos dos que professam uma fé cristã se entregam ao mau-humor como se fosse impossível tentar resisti-lo; mas o cristão deve se lembrar que precisa ser um conquistador em todas as situações, ou não poderá ser coroado. Se não conseguimos controlar nosso humor, o que faz a graça por nós? Alguém disse ao reverendo Jay [N.E.: William Jay (1769-1853) pregador inglês que exerceu grande influência sobre Spurgeon] que a graça muitas vezes é enxertada em um toco de árvore seco. "Sim", ele disse, "mas o fruto não pode ser seco." Não devemos usar a enfermidade natural como desculpa para o pecado, mas devemos voar para a cruz e orar ao Senhor pedindo que crucifique nosso mau-humor e nos renove em gentileza e mansidão, conforme Sua imagem.

C.H. Spurgeon

"No dia em que eu te invocar, baterão em retirada os meus inimigos; bem sei isto: que Deus é por mim." SALMO 56:9

É impossível que qualquer discurso humano expresse o significado completo desta encantadora sentença: *"Deus é por mim."* Ele foi "por nós" antes que os mundos fossem criados; Ele foi "por nós" ou não teria dado Seu amado Filho; Ele foi "por nós" quando castigou o Único Filho e colocou sobre Ele todo o peso de Sua ira — Ele foi "por *nós*" ainda que estivesse contra *Seu Filho*; Ele foi "por nós", quando fomos arruinados na queda — Ele nos amou apesar de tudo; Ele foi "por nós" quando nos rebelamos contra Ele e com orgulho o desafiamos; Ele foi "por nós" ou não teria nos levado a humildemente buscar Sua face. Ele tem sido "por nós" em muitas lutas; fomos intimados a encontrar inúmeros perigos; fomos atacados por tentações vindas de dentro e de fora— como poderíamos ter permanecido ilesos até aqui se Ele não tivesse sido "por nós"? Ele é "por nós", com toda a infinidade de Seu ser; com toda a onipotência de Seu amor; com toda a infalibilidade de Sua sabedoria; trajado com todos os Seus atributos divinos, Ele é "por nós" — eterna e imutavelmente "por nós"; "por nós" quando longínquos céus azuis forem enrolados como vestimentas gastas; "por nós" por toda a eternidade. E porque Ele é "por nós", a voz da oração sempre garantirá Sua ajuda. *"No dia em que eu te invocar, baterão em retirada os meus inimigos."* Esta não é uma esperança incerta, mas uma certeza bem fundada — "bem sei isto". Dirigirei minha oração a Ele e esperarei a resposta, certo de que virá, e de que meus inimigos serão derrotados, pois "Deus é por mim". Ó cristão, como você é feliz com o Rei dos reis ao seu lado! Como está seguro com um Protetor como esse! Como sua causa é certa defendida por tal Advogado! Se Deus é por você, quem será contra?

C.H. Spurgeon

"...se sobre ele manejares a tua ferramenta, profaná-lo-ás."

ÊXODO 20:25

O altar de Deus deveria ser construído com rochas não desbastadas, de modo que nelas nenhum traço de habilidade ou trabalho humano fosse visto. A sabedoria humana se deleita em ordenar e harmonizar as doutrinas da cruz em um sistema mais artificial e mais adequado aos gostos depravados da natureza caída; entretanto, em vez de aperfeiçoar o evangelho, a sabedoria carnal o polui até que se torne outro evangelho e, de modo algum, seja a verdade de Deus. Todas as alterações e melhorias na Palavra de Deus são profanações e contaminações. O coração orgulhoso do homem anseia profundamente ter parte na justificação da alma diante de Deus; sonhamos com restaurações por Cristo, confiamos em comportamentos humildes e arrependidos, exaltamos as boas obras, a habilidade natural é alardeada em excesso e com toda certeza tentamos manejar ferramentas humanas sobre o altar divino. Seria bom se pecadores se lembrassem de que suas certezas carnais, com as quais tentam aperfeiçoar a obra do Salvador, apenas a poluem e desonram. Apenas o Senhor deve ser exaltado na obra de expiação e nenhuma marca de martelo ou talhadeira de homem deverá substitui-lo. Há uma blasfêmia inerente em buscar acrescentar algo no que Cristo Jesus, em Seus momentos finais, declarou estar consumado, ou aperfeiçoar aquilo em que o Senhor Jeová encontra total satisfação. Pecador trêmulo, abandone todas as ferramentas e caia de joelhos em humilde súplica; aceite o Senhor Jesus como o altar de sua expiação e descanse apenas nele.

Muitos mestres podem extrair um alerta do texto desta manhã com relação às doutrinas em que acreditam. Há entre os cristãos uma grande propensão a adaptar e ajustar as verdades da revelação; isso é uma forma de irreverência e incredulidade; lutemos contra esta tendência e recebamos a verdade como a encontramos; alegrando-nos no fato de que as doutrinas da Palavra são rochas não desbastadas e com o melhor encaixe para a construção de um altar para o Senhor.

"No findar do sábado Maria Madalena e a outra Maria foram ver o sepulcro." MATEUS 28:1

Aprendamos de Maria Madalena sobre como obter comunhão com o Senhor Jesus. Note como ela buscou. Ela buscou o Salvador *muito cedo* de manhã. Se você não consegue esperar por Cristo e ser paciente na esperança de ter comunhão com Ele em algum momento futuro, você jamais terá comunhão alguma; pois o coração adequado para a comunhão é um coração que tem fome e sede. Ela também o buscou com *grande ousadia*. Outros discípulos fugiram da sepultura, pois tremeram e se assombraram; mas é dito que Maria "permaneceu" no sepulcro. Se você quer Cristo com você, busque-o ousadamente. Não permita que nada o impeça. Desafie o mundo. Vá além onde outros fogem. Ela buscou Cristo *fielmente* — ela permaneceu no *sepulcro*. Alguns acham difícil permanecer ao lado de um Salvador vivo, mas ela permaneceu ao lado de um que estava morto. Busquemos Cristo desta maneira, apegando-nos à toda e qualquer coisa que esteja relacionada a Ele, permanecendo fiéis ainda que todos os outros o abandonem. Note ainda que ela buscou Jesus *sinceramente* — ela permaneceu ali "*pranteando*". Aquelas lágrimas caindo, foram como um encanto quc aprisionou o Salvador e o fez mostrar-se a Ela. Se você deseja a presença de Jesus, chore por ela! Se você não consegue ser feliz a não ser que Ele venha e lhe diga "és meu amado", em breve você ouvirá Sua voz. Por último, ela buscou somente o *Salvador*. Que importância tiveram os anjos para ela? Ela voltou as costas para eles; sua busca era exclusivamente por seu Senhor. Se Cristo for seu único amor, se seu coração expulsou todos os rivais, você não sentirá falta do consolo de Sua presença por muito tempo. Maria Madalena buscou, então, *porque muito amava*. Despertemos para a mesma intensidade de afeição; que nossos corações, como o de Maria, sejam cheios de Cristo, e nosso amor, como o dela, será satisfeito com nada menos que Ele. Ó Senhor, revela-te a nós nesta noite!

C.H. Spurgeon

"O fogo arderá continuamente sobre o altar; não se apagará."
LEVÍTICO 6:13

Mantenha o altar da *oração em secreto* ardendo continuamente. Isto é a essência de toda a devoção. O santuário e os altares familiares emprestam seu fogo dele, portanto deixe-o arder. A devoção em secreto é a essência, a prova, o barômetro da religião vital e experimental. Queime nesse altar a gordura de seus sacrifícios. Que as suas temporadas em seu quarto sejam, se possível, regulares, frequentes e serenas. "Muito pode, por sua eficácia, a súplica". Você não tem motivo algum pelo qual orar? Sugeriremos então que ore pela igreja, pelo ministério, por sua própria alma, seus filhos, seus relacionamentos, seus vizinhos, seu país, pela causa de Deus e pela verdade por todo o mundo. Examinemos a nós mesmos nessa questão tão importante. Quando nos entregamos às nossas devoções pessoais, o fazemos mornamente? O fogo da devoção está queimando fraco em nosso coração? As rodas da carruagem arrastam-se pesadamente? Se sim, prestemos atenção a este sinal de declínio. Continuemos pranteando e pedindo pelo Espírito de graça e súplicas. Separemos momentos especiais de oração extraordinária. Pois se esse fogo diminuir sob as cinzas da conformidade mundana, diminuirá o fogo no altar da família e reduzirá nossa influência na igreja e no mundo.

O texto também se aplicará *ao altar do coração*. E é realmente um altar de ouro. Deus ama ver os corações do Seu povo ardendo por Ele. Ofertemos nosso coração a Deus, todos inflamados de amor, e busquemos Sua graça, de modo que o fogo não seja jamais extinto; pois não arderá se o Senhor não o mantiver ardendo. Muitos adversários tentarão extingui-lo; mas se a mão invisível detrás do muro verter óleo sagrado, o fogo queimará mais e mais alto. Usemos textos das Escrituras como combustível para o fogo de nosso coração que é como brasa viva; ouçamos sermões, mas, acima de tudo, estejamos por muitas vezes sozinhos com Jesus.

C.H. Spurgeon

"...apareceu primeiro a Maria Madalena..."
MARCOS 16:9

Jesus "apareceu primeiro a Maria Madalena", provavelmente não apenas por causa de seu grande amor e busca perseverante, mas porque, conforme o contexto sugere, *ela fora um troféu especial do poder libertador de Cristo*. Aprenda com isso que a grandeza de nosso pecado antes da conversão não deve nos fazer imaginar que podemos não ser especialmente agraciados com o maior grau de comunhão possível. Ela foi uma pessoa que havia deixado tudo para se tornar *uma serva constante do Senhor*. Ele era seu propósito primeiro e principal. Muitos que estavam do lado de Cristo não tomaram a cruz de Cristo; mas *ela* sim. *Ela investiu seu ser em aplacar Suas necessidades*. Se desejamos ver Cristo, devemos servi-lo. Diga-me quem são aqueles que se sentam sob a bandeira de Seu amor e bebem grandes goles do cálice da comunhão; estou certo de que são aqueles que mais dão, que melhor servem e que permanecem muito próximos ao coração ensanguentado de seu amado Senhor. Mas perceba *como* Cristo revela-se a si mesmo àquele que sofre — por uma *palavra*: "Maria". Não foi necessário mais que uma palavra em Sua voz e imediatamente ela o reconheceu e *seu coração demonstrou lealdade com outra palavra*; seu coração estava muito cheio para dizer algo mais. Aqucla palavra seria naturalmente a mais adequada para a ocasião. Infere obediência. Ela disse: "*Mestre*." Não há estado mental em que esta confissão de lealdade possa ser fria demais. Não, quando seu espírito arder profundamente com o fogo celestial, você dirá: "sou teu servo, teu servo; quebraste as minhas cadeias." Se você consegue dizer: "Mestre"; se sente que a vontade dele é a sua, então você está em uma situação alegre e santa. Se Ele não tivesse dito "Maria", ela não poderia ter dito "Raboni". Veja, então, em tudo isso, como Cristo honra aqueles que o honram, como o amor atrai nosso Amado, como não é necessário mais de uma palavra dele para transformar nosso pranto em alegria, como Sua presença faz o coração brilhar como o sol.

C.H. Spurgeon

"Colhiam-no, pois, manhã após manhã..."
ÊXODO 16:21

Trabalhe para manter o senso de toda a sua dependência da boa vontade e do prazer do Senhor para que seus mais ricos deleites persistam. Nunca tente viver do maná envelhecido, nem busque encontrar ajuda no Egito. Tudo deve vir de Jesus, ou você estará arruinado para sempre. Unções antigas não bastarão para conceder unção ao seu espírito; sua cabeça precisa que óleo fresco seja derramado sobre ela, vindo da trombeta de ouro do santuário ou sua glória cessará. Hoje você pode estar no cume do monte de Deus, mas aquele que o colocou lá precisa mantê-lo lá ou você despencará muito mais rápido do que pode imaginar. Sua montanha só permanece firme quando Ele a coloca em seu lugar; se Ele esconder Sua face, você muito em breve se inquietará. Se o Salvador julgar apropriado, não há uma só janela por meio da qual você vê a luz do céu que Ele não poderia escurecer em um instante. Josué creu que o sol pararia, mas Jesus pode envolvê-lo em total escuridão. Ele pode retirar a alegria de seu coração, a luz de seus olhos e a força de sua vida; na mão dele está o seu consolo e de acordo com Sua vontade, tudo pode apartar-se de você. Esta nossa dependência constante de nosso Senhor é determinada para que o sintamos e o reconheçamos, pois Ele permite apenas que oremos por nosso "pão de cada dia", e promete apenas que "como os teus dias, durará a tua paz". Não é melhor para nós que seja assim: que possamos frequentemente dirigir-nos a Seu trono e constantemente sejamos lembrados de Seu amor? Ó! Quão rica é a graça que nos supre tão continuamente e não se detém por causa de nossa ingratidão! A chuva áurea nunca cessa, a nuvem de bênção permanece eternamente sobre nossa habitação. "Ó Senhor Jesus, nos curvaríamos aos Teus pés, conscientes de nossa completa inabilidade de fazer algo sem ti, e, em todo favor que tivemos o privilégio de receber, adoraríamos Teu nome bendito e reconheceríamos Teu amor inesgotável."

"Levantar-te-ás e terás piedade de Sião; é tempo de te compadeceres dela, e já é vinda a sua hora; porque os teus servos amam até as pedras de Sião e se condoem do seu pó."

SALMO 102:13,14

É extremamente difícil consolar um homem egoísta que esteja passando por problemas, porque as fontes de seu consolo estão inteiramente dentro de si mesmo e quando ele se entristece todas as suas fontes se secam. Mas um homem de grande coração repleto da filantropia cristã tem outras fontes das quais se abastece de consolo além daquelas dentro de si. Ele pode, antes de tudo, ir ao seu Deus e ali encontrar ajuda abundante; e pode descobrir argumentos para o consolo em coisas relacionadas ao mundo, como um todo, ao seu país e, acima de tudo, à igreja. Davi, nesse Salmo, estava extraordinariamente triste; ele escreveu: "Sou como a coruja das ruínas. Não durmo e sou como o passarinho solitário nos telhados." A única forma de consolar-se era na reflexão de que Deus poderia levantar-se e ter misericórdia de Sião. Ainda que ele estivesse triste, Sião poderia prosperar; independentemente de quão degradante fosse seu estado, Sião deveria erguer-se. Cristão! Aprenda a consolar-se no gracioso procedimento de Deus com a igreja. O que é tão precioso para seu Mestre não deveria ser precioso, acima de todo o resto, para você? Ainda que seu caminho seja escurecido, você não pode alegrar seu coração com os triunfos de Sua cruz e a difusão de Sua verdade? Nossos problemas pessoais ficam esquecidos enquanto olhamos, não apenas para o que nosso Deus fez e está fazendo por Sião, mas para as coisas gloriosas que Ele ainda fará por Sua Igreja. Tente esta receita, ó cristão, sempre que estiver triste de coração e abatido de espírito: esqueça-se de você mesmo e de suas pequenas preocupações e lembre-se do bem-estar e da prosperidade de Sião. Quando você dobrar seus joelhos em oração a Deus, limite sua petição não apenas ao menor círculo de sua vida, ainda que aí você sofra provações, mas destine suas orações fervorosas à prosperidade da igreja: "Orai pela paz em Jerusalém" e sua alma será revigorada.

C.H. Spurgeon

"...reconhecendo, irmãos, amados de Deus, a vossa eleição."

1 TESSALONICENSES 1:4

Muitas pessoas querem reconhecer sua eleição antes de olharem para Cristo, mas não podem, consequentemente, aprender como fazê-lo; só há como descobrir "olhando para Jesus". Se você deseja averiguar sua eleição — conforme o modo a seguir, você deverá confiar seu coração a Deus. Você se sente como um pecador perdido e culpado? Vá imediatamente à cruz de Cristo e conte para Jesus; conte para Ele que você leu na Bíblia que: "O que vem a mim, de modo nenhum o lançarei fora." Diga-lhe que Ele mesmo disse: "Fiel é a palavra e digna de toda aceitação: que Cristo Jesus veio ao mundo para salvar os pecadores." Olhe para Jesus, creia nele e terá prova direta de sua eleição; pois tão certamente quanto você crê, assim é eleito. Se você se entregar por completo a Cristo e confiar nele, então você é um dos escolhidos de Deus, mas se você parar e disser: "Quero primeiro saber se sou eleito ou não", você não entende o que pede. Vá para Jesus, ainda que se sinta mais culpado do que nunca. Deixe de lado toda indagação curiosa sobre a eleição. Vá diretamente a Cristo e esconda-se em Suas feridas, e você reconhecerá sua eleição. A certeza do Espírito Santo será dada a você de modo que possa dizer: "Sei em quem tenho crido e estou certo de que ele é poderoso para guardar o meu depósito." Cristo estava no conselho eterno: Ele pode dizer se você foi escolhido ou não; mas você não pode descobrir de nenhuma outra forma. Vá e coloque sua confiança nele, e Sua resposta será — "Com amor eterno eu te amei; por isso, com benignidade te atraí." Não haverá dúvida sobre Ele ter escolhido você quando você o tiver escolhido.

Aquele que em Jesus crer
Filho pela eleição de Deus pode ser.

C.H. Spurgeon

"...que nem um deles escape..."
1 REIS 18:40

Quando o profeta Elias recebeu a resposta à sua oração e o fogo do céu consumiu o sacrifício na presença de todo o povo, ele conclamou os israelitas presentes a derrotarem os sacerdotes de Baal e clamou firmemente: "que nenhum deles escape." Levou todos ao ribeiro de Querite e os matou ali. Da mesma forma deve ser com nossos pecados — todos estão condenados, nenhum deve ser preservado. O pecado que é precioso para nós precisa morrer. Não o poupe apesar de seu muito chorar. Golpeie-o, ainda que seja tão precioso como um Isaque. Golpeie-o, pois Deus golpeou o pecado quando foi lançado sobre Seu próprio Filho. Com propósito austero e inabalável você deve condenar à morte esse pecado que antes era o ídolo em seu coração. Você se pergunta como executará isto? Jesus será o seu poder. Você tem graça para vencer o pecado, graça dada a você na aliança da graça; você tem força para ter a vitória na travessia contra lascívias interiores, porque Cristo Jesus prometeu estar com você até o fim. Se você quer triunfar sobre as trevas, coloque-se na presença do Sol da Justiça. Não há lugar tão bem adaptado para a descoberta do pecado e para recuperar-se de seu poder e sua culpa, como a presença direta de Deus. Jó nunca soube tão bem como livrar-se do pecado como quando seus olhos da fé descansaram em Deus e ele, então, abominou-se e arrependeu-se em pó e cinzas. O ouro puro do cristão frequentemente se torna opaco. Precisamos que o fogo sagrado consuma o refugo. Voemos até nosso Deus, Ele é fogo consumidor; Ele não consumirá nosso espírito, mas nossos pecados. Que a bondade de Deus nos desperte para um zelo sagrado e para uma vingança santa contra as iniquidades que, aos olhos dele, são detestáveis. Vá adiante na batalha contra Amaleque, na força do Senhor, e destrua completamente o bando execrável: não deixe que nenhum escape.

C.H. Spurgeon

"...estes marcharão no último lugar, segundo os seus estandartes."

NÚMEROS 2:31

O arraial de Dã estruturou a retaguarda quando os exércitos de Israel marchavam. Os danitas ocuparam o *lugar mais ao fundo*. Mas de que importava a posição considerando que eram tão parte da multidão quanto as tribos na linha de frente? Eles seguiram a mesma coluna de nuvem e de fogo, comeram do mesmo maná, beberam da mesma rocha espiritual e viajaram em busca da mesma herança. Alegre-se, meu coração, ainda que último e de menor importância; é seu privilégio estar no exército e participar como participam os da dianteira. Alguém deve estar na retaguarda por questão de honra e estima, alguém deve fazer o trabalho servil por Jesus, e por que não deveria ser eu? Em um pobre vilarejo, entre camponeses ignorantes, ou em uma rua dos fundos entre pecadores infames, eu trabalharei e "marcharei em último lugar, segundo os meus estandartes".

Os danitas ocupavam *um lugar muito útil*. Os soldados desorientados precisavam ser recolhidos durante a marcha e os bens perdidos precisavam ser recolhidos do campo. Espíritos impetuosos podem correr para caminhos não trilhados e ganhar mais almas para Jesus; mas alguns espíritos mais conservadores podem dedicar-se a lembrar a igreja sobre sua antiga fé e restaurar seus filhos abatidos. Toda posição tem suas tarefas e os filhos de Deus mais vagarosos encontrarão sua posição singular em que podem ser notáveis bênçãos para toda a multidão.

A retaguarda é *um lugar de perigo*. Há inimigos atrás, tanto quanto há adiante de nós. Ataques podem vir de qualquer quadrante. Lemos que Amaleque caiu sobre Israel e matou alguns da retaguarda. O cristão experiente encontrará muito uso para suas armas ao ajudar essas pobres almas duvidosas, desanimadas, vacilantes, que estão na retaguarda da fé, do conhecimento e da alegria. Esses não devem ser deixados desamparados e, portanto, deve haver a ocupação de santos bem preparados para carregar seus estandartes entre a retaguarda. Minh'alma, procure hoje ajudar ternamente aqueles na retaguarda.

C. H. Spurgeon

"Não empurram uns aos outros; cada um segue o seu rumo..."
JOEL 2:8

Gafanhotos sempre mantêm sua ordem, e ainda que sejam legiões, não se amontoam uns sobre os outros confundindo suas fileiras. Este notável fato na história natural demonstra o quão inteiramente o Senhor incutiu o espírito de ordem em Seu universo, considerando que as menores criaturas animadas são tão controladas por esse espírito, como o são as ressonantes esferas celestiais ou os serafins mensageiros. Seria sábio que os cristãos fossem governados pela mesma influência em toda sua vida espiritual. *Em suas virtudes cristãs*, o valor de alguém jamais deveria usurpar o de outro, ou consumir a essência do restante para sustentar-se a si. A simpatia não deve suprimir a honestidade, a coragem não deve golpear a fraqueza para fora do campo, a modéstia não deve abalroar o vigor e a paciência não deve massacrar a determinação. Então também em relação a *nossos deveres*, não devemos interferir nos assuntos dos outros. A utilidade pública não deve ferir a piedade individual; o trabalho da igreja não deve espremer a adoração familiar em um canto. É impróprio oferecer a Deus uma tarefa que esteja manchada com o sangue de outra tarefa. Cada coisa tem sua beleza em seu momento específico, caso contrário perde a beleza. Foi para o fariseu que Jesus disse: "devíeis, porém, fazer estas coisas, sem omitir aquelas." A mesma regra aplica-se à *nossa situação pessoal*, precisamos ter o cuidado de saber qual é nosso lugar, tomá-lo e nos mantermos ali. Precisamos ministrar conforme a habilidade que o Espírito nos deu e não nos intrometer no domínio de nosso irmão servo. Nosso Senhor Jesus nos ensinou a não cobiçar os lugares elevados, mas a nos dispormos a ser os menores entre os irmãos. Longe de nós sermos espíritos invejosos e ambiciosos; sintamos a força do comando do Mestre e façamos o que Ele nos propõe, mantendo a ordem com o restante da multidão. Nesta noite, sondemos e vejamos se estamos mantendo a unidade do Espírito nos elos da paz e que nossa oração seja esta: Que em todas as igrejas do Senhor Jesus prevaleçam a paz e a ordem.

C. H. Spurgeon

"...Eis aqui o S*ENHOR, nosso Deus, nos fez ver a sua glória..."*
DEUTERONÔMIO 5:24

O grande projeto de Deus em todas as Suas obras é a manifestação de Sua glória. Qualquer alvo inferior a este seria indigno dele. Mas como se manifestará a glória de Deus a tais criaturas caídas como nós? Os olhos do homem têm sempre um alvo a mais, sempre espiando sua própria honra, estimam demais seus próprios poderes e, portanto, não são qualificados para observar a glória do Senhor. Fica, então, claro que o "eu" precisa sair do caminho, para que haja espaço para Deus ser exaltado; e essa é a razão porque Ele, muitas vezes, leva Seu povo a apuros e dificuldades, de modo que fazendo-os ter consciência de sua insensatez e fraqueza, possam ter condições de observar a majestade de Deus quando Ele surgir para operar sua libertação. Aquele cuja vida é um caminho plano e sereno, verá pouquíssimo da glória do Senhor, pois tem poucos momentos de autoesvaziamento e, consequentemente, terá pouca condição de ser cheio com a revelação de Deus. Aqueles que navegam pequenas correntes e córregos rasos, conhecem pouco das tempestades de Deus; mas aqueles que "trafegam na imensidão das águas," esses veem Suas "maravilhas nas profundezas do abismo". Entre as enormes ondas do Atlântico, ondas em que perdemos para a morte, em que há pobreza, tentação e opróbrio, conhecemos o poder de Jeová, porque sentimos a pequenez do homem. Agradeça a Deus se você tem sido guiado por uma estrada acidentada: é exatamente isto que tem dado a você experiência da grandeza e da bondade de Deus. Suas dificuldades o enriqueceram com uma riqueza de conhecimento que jamais seria ganha de outra forma: suas provas têm sido a fenda na rocha em que Jeová colocou você, como fez com Seu servo Moisés, para que possa contemplar Sua glória que passou por você. Louve a Deus por não ter sido deixado nas trevas e na ignorância que a prosperidade contínua pode acarretar, mas que na grande luta de calamidade, você tenha sido capacitado pelos grandes brilhos de Sua glória em Sua maravilhosa maneira de proceder com você.

C.H. Spurgeon

"Não esmagará a cana quebrada, nem apagará a torcida que fumega..." MATEUS 12:20

O que é mais fraco do que a cana quebrada ou a torcida que fumega? A uma cana que cresce no pântano ou no brejo, basta apenas que um pato selvagem pouse sobre ela para que se rompa; basta apenas o pé de um homem esbarrar nela e será triturada e se quebrará; qualquer vento que passa pelo rio a moverá de um lado para outro. Não se pode pensar em nada mais frágil ou sensível, ou cuja existência esteja mais em risco, do que uma cana quebrada. Olhe então para o pavio que fumega — o que é? Realmente, ainda tem uma faísca, mas está quase extinta; a expiração de um bebê pode soprá-la para longe; nada tem existência tão precária do que sua chama. Aqui são descritas *coisas fracas*, e, no entanto, Jesus diz delas: "Não esmagarei a cana quebrada, nem apagarei a torcida que fumega". Alguns dos filhos de Deus foram feitos fortes para executar obras poderosas para Ele; Deus tem seus Sansãos aqui e ali que podem arrancar os portões de Gaza, e carregá-los até o topo do monte; Ele tem alguns vigorosos como homens-leão, mas a maioria de Seu povo são de estirpe acanhada e vacilante. São como estorninhos, amedrontados com qualquer transeunte; um pequeno rebanho medroso. Se a tentação surge, são levados como pássaros em uma armadilha; se a provação ameaça, estão prontos para desfalecer; seus pequenos barcos são atirados para cima e para baixo por qualquer onda, são levados pela correnteza como pássaros marinhos na crista do vagalhão — coisas fracas, sem força, sem sabedoria, sem presciência. Entretanto, fracas como são, e *justamente* por serem tão fracas, esta promessa lhes foi feita. Aqui está a graça e a benevolência!

Aqui está o amor e a bondade! Aqui a compaixão de Jesus é aberta para nós — tão gentil, afável, atenciosa! Não precisamos jamais nos afastar de Seu toque. Não precisamos jamais temer uma palavra dura vinda dele; ainda que Ele possa nos reprovar por nossa fraqueza, Ele não nos censura. Canas quebradas não sofrerão golpes dele, e os pavios que fumegam não receberão olhares de reprovação.

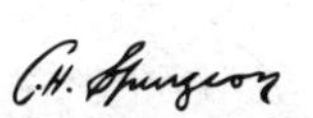

"...o penhor da nossa herança..."

EFÉSIOS 1:14

Ó! Que esclarecimento, que alegrias, que consolação, que deleite no coração experimenta o homem que aprendeu a alimentar-se de Jesus e apenas dele. Entretanto, a compreensão que temos da preciosidade de Cristo é, nesta vida, no mínimo imperfeita. Como um antigo escrito diz: "Não passa de uma amostra!" Experimentamos que "benigno é o Senhor", mas não sabemos *quão* benigno e misericordioso Ele é, ainda que aquilo que já conhecemos de Sua doçura nos faz ansiar por mais. Desfrutamos dos primeiros frutos do Espírito que nos deixaram com fome e sede da plenitude da vindima celestial. Gememos interiormente, esperando pela adoção. *Aqui* somos como Israel no deserto, que não tinha nada além de um cacho de uvas de Escol, *lá*, estaremos no vinhedo. Aqui vemos o maná caindo, pequeno como semente de coentro; lá, comeremos o pão do céu e o antigo cereal do reino. Agora, não passamos de iniciantes em nossa educação espiritual; pois ainda que tenhamos aprendido as primeiras letras do alfabeto, ainda não conseguimos ler, muito menos estruturar sentenças; mas como dizem: "Aquele que esteve no céu por cinco minutos, sabe mais do que a assembleia geral de clérigos na Terra." Agora temos muitos desejos insatisfeitos, mas em breve todos serão satisfeitos; e todos os nossos poderes encontrarão a mais doce ocupação nesse mundo eterno de alegria. Ó cristão, prenuncie o céu por alguns anos. Dentro de muito pouco tempo você estará livre de todas as suas provações e lutas. Seus olhos que agora se enchem de lágrimas não mais chorarão. Você contemplará, em inefável êxtase, o esplendor daquele que se assenta sobre o trono. Mais ainda, sobre esse trono você se assentará. O triunfo de Sua glória será compartilhado por você, Sua coroa, Sua alegria, Seu paraíso, tudo será seu e você será coerdeiro com Ele que é herdeiro de todas as coisas.

C. H. Spurgeon

"Agora, pois, que lucro terás indo ao Egito para beberes as águas do Nilo?..." JEREMIAS 2:18

Jeová provou ser digno da confiança de Israel por diversos milagres, por várias misericórdias, por notáveis libertações. Entretanto, o povo passou dos limites em que Deus os encerrou como um jardim secreto; eles abandonaram seu Deus verdadeiro e vivo e seguiram falsos deuses. O Senhor os reprovou constantemente por esta tola paixão e nosso texto contém um exemplo da censura de Deus a eles: "Agora, pois, que lucro terás indo ao Egito para beberes as águas do Nilo?" — e assim podemos traduzir: "Por que você vagueia para longe e abandona sua torrente fresca do Líbano? Por que você abandona Jerusalém para voltar-se para Mênfis e Tafnes? Por que tão estranhamente se coloca no engano a ponto de não se contentar com o bom e sadio, mas segue aquilo que é mau e fraudulento?" Não há aqui uma palavra de censura e alerta ao cristão? Ó verdadeiro cristão, chamado pela graça e lavado no precioso sangue de Jesus, você provou de uma bebida melhor do que aquilo que as águas lamacentas do prazer deste mundo podem dar; você teve comunhão com Cristo; você teve a alegria de ver Jesus e curvar sua cabeça em Seu peito. As ninharias, canções, honras e méritos deste mundo o satisfazem depois disso? Você comeu o pão dos anjos; conseguiria agora viver de cascas? O bom Rutherford [N.E.: Samuel Rutherford (1600–61). Pastor presbiteriano escocês] certa vez disse: "Provei do maná de Cristo, que tirou de minha boca a predileção pelo pão de trigo das alegrias deste mundo." Parece-me que deveria ser o mesmo com você. Se você vagueia procurando as águas do Egito, retorne rapidamente à única fonte viva: as águas do Nilo podem ser doces para os egípcios, mas para você não serão nada além de amargas. O que tem você com eles? *Nesta noite, Jesus lhe faz essa pergunta* — qual será sua resposta?

C.H. Spurgeon

"...a filha de Jerusalém meneia a cabeça por detrás de ti."
ISAÍAS 37:22

Cheios de confiança pela Palavra do Senhor, os pobres e trêmulos cidadãos de Sião ganharam ousadia e menearam suas cabeças para as presunçosas ameaças de Senaqueribe. A fé firme capacita os servos de Deus a olhar com sereno desdém para seus inimigos mais soberbos. *Sabemos que nossos inimigos tentam o impossível.* Procuram destruir a vida eterna, que não pode morrer enquanto Jesus vive; procuram destruir a fortaleza contra a qual as portas do inferno não prevalecerão. Eles chutam os aguilhões e machucam-se a si mesmos, e se apressam contra os chefes dos escudeiros de Jeová para o seu próprio prejuízo.

Sabemos qual é sua fraqueza. O que são eles se não homens? E o que é um homem se não um verme? Eles rugem e crescem como ondas do mar, espumando sua vergonha. Quando o Senhor se levantar, eles voarão como palhiço ao vento e serão consumidos como espinho seco. Sua total impotência em prejudicar a causa de Deus e Sua verdade, fará o soldado mais fraco de Sião rir deles, escarnecendo.

Acima de tudo, *sabemos que o Altíssimo está conosco*, e quando Ele se veste de brasões e armas, para onde vão Seus inimigos? Se Ele sair de onde está, os fragmentos de barro da Terra já não mais contenderão com seu Criador. Sua vara de ferro os quebrará em pedaços como um vaso de oleiro e sua lembrança desaparecerá da Terra. Sumam, então, todos os medos, o reino está seguro nas mãos do Rei. Gritemos de alegria, pois o Senhor reina e Seus inimigos serão como palha no monturo.

Certo como certa é a Palavra de Deus;
Nem Terra, nem inferno e todo seu bando,
Contra nós prevalecerão.
Zombando eles se formaram
Mas Deus conosco está, somos dele
Nossa vitória jamais falhará.

"...Por que hei de andar eu lamentando?..."
SALMO 42:9

Você, cristão, pode responder? Pode encontrar alguma razão para tão frequentemente lamentar-se, em vez de alegrar-se? Por que render-se a previsões tão melancólicas? Quem lhe disse que a noite nunca se tornaria dia? Quem lhe disse que o mar de circunstâncias chegaria à vazante até que não houvesse nada além de quilômetros de lama de terrível pobreza? Quem lhe disse que o inverno do seu descontentamento continuaria de geada em geada, começando com neve, gelo e granizo até chegar a mais neve e tempestades mais fortes de desespero? Você não sabe que o dia segue a noite, que a cheia vem após a vazante, a primavera e o verão após o inverno? Tenha então esperança! Sempre esperança! Pois Deus não falhará com você. Você não sabe que o seu Deus o ama em meio a tudo isto? Montanhas, quando escondidas pela escuridão, são tão reais quanto durante o dia mais claro, e o amor de Deus é tão verdadeiro para você agora quanto era em seus momentos mais esplendorosos. Nenhum pai castiga para sempre: o Senhor abomina a vara tanto quanto você a abomina; Ele só a utiliza em momentos em que você deveria, também, estar disposto a recebê-la, isto é, situações que cooperam para o seu eterno bem. Você ainda subirá a escada de Jacó com os anjos e verá Aquele que se assenta no topo dessa escada — o Deus da aliança.

Você, nos esplendores da eternidade, se esquecerá das épocas de provações, ou apenas se lembrará delas para bendizer a Deus que o guiou e trabalhou para o seu eterno bem, por meio das provações. Venha, cante em meio à tribulação. Alegre-se mesmo passando pela fornalha. Faça a selva florir como a rosa! E o deserto soar com suas alegrias triunfantes, pois estas leves aflições logo se acabarão e, então, "com o Senhor para sempre" sua alegria nunca definhará.

Não tema, Seus braços o envolvem
Ele não muda, você é amado
Apenas creia e verá
Que Cristo é tudo de que precisa.

C.H. Spurgeon

"...eu sou o vosso esposo..."
JEREMIAS 3:14

Cristo Jesus se uniu ao Seu povo por meio do casamento. Em amor Ele desposou Sua Igreja como uma virgem virtuosa, muito antes que ela caísse sob o jugo da escravidão. Repleto de amor ardente, Ele trabalhou como Jacó por Raquel, até que todo o seu dote fosse pago e, agora, tendo-a buscado por Seu Espírito e a levado a conhecê-lo e amá-lo, Ele espera pela gloriosa hora em que sua alegria mútua será consumada na ceia das bodas do Cordeiro. O glorioso noivo ainda não apresentou Sua noiva aperfeiçoada e completa diante da Majestade do céu. Ela ainda não entrou por completo no deleite de suas dignidades como Sua esposa e rainha: ela ainda é uma viajante em um mundo de aflição, moradora das tendas de Quedar. Mas, mesmo agora, ela é a noiva, a esposa de Jesus, cara para Seu coração, preciosa aos Seus olhos, escrita em Suas mãos e unida com Sua pessoa. No mundo, Ele exerce todos os ofícios afetuosos de um Marido. Ele provê ricamente suas necessidades, paga todas as suas dívidas, permite que faça uso de Seu nome e compartilhe de toda Sua riqueza. E Ele jamais agirá de outra maneira com ela. A palavra divórcio nunca será mencionada por Ele, pois "o SENHOR, Deus de Israel, diz que odeia o repúdio". A morte deve separar o laço conjugal entre os mortais que se amam, mas não pode dividir os laços deste casamento imortal. No céu ninguém se casa, mas são como os anjos de Deus; entretanto, há essa maravilhosa exceção à regra, pois no céu, Cristo e Sua Igreja celebrarão suas jubilosas núpcias. Essa relação, por ser mais duradoura, é também mais próxima que o matrimônio terreno. O amor de marido que não seja tão puro e zeloso não passará de imagem lânguida da chama que queima no coração de Jesus. Muito além de qualquer união humana está a fidelidade misteriosa à Igreja, pela qual Cristo deixou Seu Pai e com quem tornou-se uma só carne.

C.H. Spurgeon

"...Eis o homem!"
JOÃO 19:5

Se há um lugar onde nosso Senhor Jesus se torna mais completamente a alegria e o consolo de Seu povo, é onde Ele imerge mais fundo nas profundezas da angústia. Aproximem-se almas graciosas e vejam o homem no jardim do Getsêmani; vejam Seu coração transbordante de amor a ponto de não conseguir mantê-lo em Seu peito — tão repleto de tristeza que precisa encontrar um escape. Vejam o suor ensanguentado que escorre de todos os poros de Seu corpo e cai sobre o chão. Vejam o homem que recebe os pregos em Suas mãos e pés. Olhem para o alto, pecadores arrependidos, e vejam a triste imagem de seu Senhor sofredor. Observem-no, as gotas cor de rubi que se acumulam na coroa de espinhos e adornam com inestimáveis gemas o diadema do Rei do Sofrimento. Vejam o homem cujos ossos estão todos desarticulados, que é derramado como água e levado à desonra da morte; Deus o abandonou e o inferno o circunda. Olhem e observem se já houve tristeza como a dele? Todos que passam se aproximem e olhem para este espetáculo de dor, único, incomparável, um portento para homens e anjos, um prodígio inigualável. Vejam o Imperador da Angústia em cujas agonias não há semelhante ou rival! Observem-no, vocês que pranteiam, pois se não houver consolação no Cristo crucificado não há alegria na Terra ou no céu. Se no preço da redenção de Seu sangue não houver esperança, não há alegria nas harpas do céu, a destra de Deus não conhecerá prazer algum pela eternidade. Precisamos apenas nos assentar mais continuamente aos pés da cruz para sermos menos perturbados com nossas dúvidas e angústias. Não precisamos de mais nada além de ver *Suas* tristezas e teremos vergonha de mencionar as *nossas*. Não precisamos de mais nada além de observar Suas feridas e assim curar as nossas. Se desejamos viver corretamente, deverá ser pela contemplação de Sua morte; se queremos atingir a dignidade, deverá ser considerando Sua humilhação e Seu sofrimento.

C.H. Spurgeon

"*...tu mesmo eras um deles.*"

OBADIAS 1:11

A benevolência fraternal era algo que Edom devia a Israel em tempos de necessidade, mas em vez de benevolência os homens de Esaú aliaram-se aos inimigos de Israel. Uma ênfase especial deve ser colocada na palavra *tu* nesta sentença acima; como quando César clamou a Brutus: "Até *tu*, Brutus"; uma má ação pode se tornar ainda pior, dependendo das pessoas que a executam. Quando pecamos, nós que somos os favoritos escolhidos do céu, pecamos com uma ênfase; nosso pranto é de ofensa, porque somos tão particularmente favorecidos. Se um anjo deitar sua mão sobre nós quando estamos praticando o mal, não precisará de nenhuma outra repreensão além da pergunta: "O que você está fazendo aqui?" Muito perdoado, muito liberto, muito instruído, muito enriquecido, muito abençoado, ousaremos então usar nossas mãos para o mal? Deus nos livre!

Alguns minutos de confissão podem ser benéficos para você, caro leitor, nesta manhã. Você nunca foi como o perverso? Em uma festa certos homens riram da impureza e aquela piada não foi totalmente ofensiva para seus ouvidos, *você se igualou a eles*. Quando coisas desagradáveis foram ditas sobre os caminhos de Deus, você ficou timidamente calado; assim, para os espectadores, *você era um deles*. Quando mundanos negociavam no mercado, tirando vantagens, você não estava entre eles? Quando buscavam vaidade com passos rápidos de caçador, você não foi tão ganancioso quanto eles? Seria possível discernir alguma diferença entre você e eles? *Há alguma diferença*? Aqui chegamos a um ponto crítico. Seja honesto com sua alma e certifique-se de que é uma nova criatura em Cristo Jesus; mas quando estiver certo disto, caminhe com zelo, de modo que ninguém possa novamente dizer: "tu mesmo eras um deles." Você não desejaria compartilhar a mesma condenação eterna desses homens, por que, então, ser como eles aqui no mundo? Não participe de seu recôndito e, menos ainda, de sua ruína. Coloque-se junto ao aflito povo de Deus e não ao lado do mundo.

C.H. Spurgeon

"...e o sangue de Jesus, seu Filho, nos purifica de todo pecado."
1 JOÃO 1:7

Purifica", diz o texto — e não "*purificará*". Há multidões que pensam nisso como uma esperança moribunda quando finalmente poderão esperar obter perdão. Ó! Quão infinitamente melhor ter purificação agora, do que depender da pequena possibilidade de perdão quando chegar minha hora da morte. Alguns imaginam que um senso de perdão é um feito obtido apenas após muitos anos de experiência cristã. Mas o perdão dos pecados é algo *presente* — um privilégio para o dia de hoje, uma alegria para este exato momento. No momento em que um pecador passa a confiar em Jesus ele é completamente perdoado. O texto, escrito no tempo verbal do presente, também indica *continuidade*; foi "purificado" ontem, é "purificado" hoje, será "purificado" amanhã: será sempre assim com você, cristão, até que você cruze o rio; a qualquer hora que vier a esta fonte, pois ela ainda purifica. Note também a *completude* da purificação: "O sangue de Jesus, seu Filho, nos purifica de *todo* pecado" — não apenas do pecado, mas de "todo pecado". Leitor, não tenho como dizer a você o quão doce é esta palavra, mas oro ao Deus Espírito Santo que dê a você uma amostra disso. Muitos são nossos pecados contra Deus. Seja a conta grande ou pequena, o mesmo recibo pode pagar ambas as dívidas. O sangue de Jesus Cristo é um pagamento abençoado e divino para as transgressões da blasfêmia de Pedro assim como para as falhas do amado João; nossa iniquidade se foi, de uma vez por todas e para sempre. Bendita completude! Que doce assunto no qual meditar enquanto nos entregamos ao sono.

Pecados contra um Deus santo;
Pecados contra Suas justas leis;
Pecados contra Seu amor, Seu sangue;
Pecados contra Seu nome e Sua causa;
Pecados imensos como o mar —
De todos eles vais me lavar.

C.H. Spurgeon

"...aquietai-vos e vede o livramento do SENHOR*".*
ÊXODO 14:13

Estas palavras contêm o mandamento de Deus ao cristão quando está submetido a grandes dilemas e quando é levado a circunstâncias extraordinárias. Ele não pode recuar; não pode ir adiante, está com ambas as mãos presas, o que deve fazer então? A palavra do Mestre para ele é: "aquietai-vos". Será aconselhável que em tais momentos ele ouça apenas a palavra de seu Mestre, pois outros maus conselheiros virão com suas sugestões. O *desespero* sussurra: "Deite-se e morra; desista de tudo." Mas Deus nos enche de coragem animadora e, mesmo em nossos piores momentos, nos regozijamos em Seu amor e fidelidade. A *covardia* diz: "Recue; volte para os caminhos mundanos, você não pode exercer o papel de cristão, é difícil demais. Renuncie a seus princípios." Contudo, por mais que Satanás possa incitar esta trajetória em sua vida, você não pode segui-la se for filho de Deus. O decreto divino ordena que você vá de força em força, e assim você fará; e nem a morte nem o inferno o desviarão de seu percurso. E se por algum tempo você for chamado para aquietar-se, isso será para renovar suas forças para algum progresso maior, no tempo devido. A *precipitação* clama: "Faça algo. Mexa-se; aquietar-se e esperar é ócio absoluto." *Precisamos* fazer algo — assim *nós* pensamos — em vez de olharmos para o Senhor, que não apenas fará alguma coisa, mas fará todas as coisas. A *presunção* se vangloria: "Se o mar se levantar diante de você, marche até ele e aguarde o milagre." Mas a fé não ouve a presunção, nem o desespero, nem a covardia, nem a precipitação, mas ouve Deus dizer: "*Aquietai-vos*", e ficar ali, imóvel como uma rocha. "Aquietai-vos;" — mantenha a postura de um homem justo, pronto para agir, aguardando ordens posteriores, alegre e pacientemente esperando a voz diretiva; e não demorará, em breve Deus dirá a você, tão claramente como Moisés disse ao povo de Israel: "Marchem."

C.H. Spurgeon

"...muitíssimo grande é o seu arraial".

JOEL 2:11

Considere minh'alma o poderio do Senhor que é sua glória e amparo. Ele é um homem de guerra, Jeová é Seu nome. Todas *as forças do céu* estão à Sua disposição, legiões aguardam à Sua porta, querubins e serafins; sentinelas e santos, principados e poderes, todos estão atentos à Sua vontade. Se nossos olhos não estivessem cegos pela oftalmia da carne, veríamos cavalos de fogo e carruagens de fogo circundando o amado do Senhor. *Os poderes da natureza* estão todos sujeitos ao controle absoluto do Criador: ventos tempestuosos e temporais, relâmpagos e chuva, neve, granizo, o tenro orvalho e o alegre nascer do sol, todos vêm e vão conforme Seu decreto. Ele solta os laços do Órion e ata as cadeias do Sete-estrelo. Terra, mar e ar e os lugares sob a Terra são as casernas dos grandes exércitos de Jeová; o espaço é Seu acampamento, a luz é Seu estandarte e a chama Sua espada. Quando Ele avança para a guerra a fome devasta a terra, a peste atinge as nações, furacões varrem o mar, tornados sacodem as montanhas e terremotos fazem o mundo sólido estremecer. Com relação às *criaturas animadas*, todas reconhecem Seu domínio e, partindo do grande peixe que engoliu o profeta até "todos os tipos de moscas", que infestaram o campo de Zoã, todos são Seus servos, assim como a lagarta comum, aquelas que se alimentam de plantas e árvores são também esquadra de Seu grande exército, pois muitíssimo grande é Seu arraial. Minh'alma, tenha certeza de que está em paz com este Poderoso Rei, mais ainda, tenha certeza de que está alistada em Seu estandarte, pois guerrear contra Ele é loucura e servi-lo é glória. Jesus, Emanuel, Deus conosco, está pronto para receber recrutas para o exército do Senhor: se já não estou alistado, irei a Ele antes que eu durma e implorarei para ser aceito por meio de Seus méritos; e já alistado, como espero que esteja, que eu seja um soldado da cruz, que tenha coragem; pois o inimigo é impotente comparado ao meu Senhor, cujo arraial é muitíssimo grande.

C.H. Spurgeon

"...deixando as vestes nas mãos dela, saiu, fugindo para fora."
GÊNESIS 39:12

A fuga é a melhor maneira de vencer a guerra contra certos pecados. Os antigos naturalistas escreveram muito sobre o basilisco — lagarto ou serpente fabulosa, cujos olhos fascinam suas vítimas; de modo que o simples olhar de perversidade do mal nos coloca em grave perigo. Aquele que deseja estar protegido de atos do mal deve afastar-se depressa de ocasiões que favoreçam tal prática. Uma aliança deve ser feita com nossos olhos para que nem mesmo olhem para a origem da tentação, pois tais pecados precisam apenas de uma faísca inicial e as labaredas surgem em um instante. Quem entraria atrevidamente no cárcere do leproso e dormiria próximo à sua terrível deterioração? Apenas aquele que deseja tornar-se leproso procuraria o contágio. Se o marinheiro soubesse como evitar a tempestade, ele faria qualquer coisa para não precisar correr o risco de enfrentá-la. Pilotos cautelosos não desejam descobrir quão perto de bancos de areia conseguem navegar, ou quantas vezes conseguem tocar uma rocha sem criar uma fenda no casco; seu alvo é manter-se seguro o máximo possível no meio de um estreito.

No dia de hoje posso ser exposto a grande perigo, que eu tenha a sabedoria da serpente para me manter longe e evitá-lo. As asas de uma pomba podem hoje ser mais úteis para mim do que a mandíbula de um leão. É verdade, eu posso aparentemente ter sido vencido ao rejeitar uma má companhia, mas é melhor deixar minha túnica do que perder meu caráter; não é necessário que eu seja rico, mas é imperativo que eu seja puro. Nenhum laço de amizade, nem a corrente de beleza, nem lampejo de talento, ou seta de escárnio deve me afastar da sábia determinação de fugir do pecado. Devo resistir ao diabo e ele fugirá de mim, mas das luxúrias da carne eu devo fugir, ou elas definitivamente me vencerão. "Ó Deus de santidade preserva os Teus Josés, que a Madame Bolha [N.E.: Personagem do livro *A Peregrina* de John Bunyan (Ed. Mundo Cristão, 2006)] não os encante com suas propostas desprezíveis. Que a terrível trindade composta pelo mundo, a carne e o diabo jamais nos vença!"

C.H. Spurgeon

"...estando eles angustiados, cedo me buscarão..."
OSEIAS 5:15

Perdas e adversidades são geralmente os meios que o grande Pastor usa para levar para casa suas ovelhas errantes; como cães ferozes elas envolvem os viajantes em preocupações que os levam de volta ao aprisco. Não há como domar um leão que está bem alimentado; ele precisa ter sua grande força reduzida e seu estômago deve estar mais vazio e, então, ele se submeterá à mão do domador. Muitas vezes vemos o cristão submetido e obediente à vontade do Senhor pela necessidade do pão e pelo trabalho pesado. Quando ricos e repletos de bens, muitos cristãos mantêm suas cabeças demasiado elevadas e falam com excesso de vanglória. Como Davi, bajulam a si mesmos: "Jamais serei abalado." Quando o cristão enriquece, tem boa reputação, boa saúde e uma família feliz, ele, muitas vezes admite que o Sr. Segurança Carnal [N.E.: Personagem do livro *Guerra Santa,* de John Bunyan (Ed. Novo Século, 2004)], deleite-se à sua mesa; e, caso seja um verdadeiro filho de Deus, haverá uma vara preparada para este cristão. Espere por algum tempo e pode ser que você veja sua riqueza se desfazer como um sonho. Lá se vai parte de sua propriedade — rapidamente os acres ganham novo dono. Essa dívida, essa conta infame — quão rápido suas perdas se acumulam? Chegarão a ter fim? É um sinal abençoado de vida divina se o cristão começar a se afligir com seus fracassos e se voltar ao seu Deus, quando estas dificuldades surgirem uma após a outra. Benditas são as ondas que lavam o marinheiro na rocha da salvação! Perdas nos negócios são geralmente consideradas sagradas para o enriquecimento de nossa alma. Se a alma escolhida não vier ao Senhor de mãos cheias, virá de mãos vazias. Se Deus, em Sua graça, não encontra outros meios de nos fazer honrá-lo entre os homens, Ele nos lançará nas profundezas; se falharmos em honrá-lo no ápice das riquezas, Ele nos levará ao vale da pobreza. Contudo, não se abata herdeiro do sofrimento quando for repreendido. Antes, reconheça a amável mão que disciplina e diga: "Levantar-me-ei, e irei ter com o meu pai."

C.H. Spurgeon

"...reunindo toda a vossa diligência, associai com a vossa fé a virtude; com a virtude, o conhecimento..." 2 PEDRO 1:5-7

Se você deseja desfrutar da graça eminente que há na certeza completa da fé sob a influência e o auxílio do bendito Espírito, faça o que as Escrituras dizem: "*Reúna toda a vossa diligência.*" Tenha cuidado para que sua fé seja do tipo certo — que não seja uma mera crença em doutrinas, mas uma fé simples, dependente de Cristo, e somente dele. Dê atenção diligente à sua *virtude.* Suplique a Deus que lhe dê o rosto de um leão, que você possa, com consciência de direito, ir adiante com ousadia. Estude bem as Escrituras e adquira conhecimento; pois um conhecimento da doutrina tenderá a confirmar a fé. Tente entender a Palavra de Deus; permita que ela habite ricamente em seu coração.

Quando tiver feito isto acrescente ao "*conhecimento*, o domínio próprio". Dê atenção ao seu corpo: tenha domínio próprio no exterior. Dê atenção à sua alma: tenha domínio próprio no interior. Tenha domínio próprio nos lábios, no coração e no pensamento. Acrescente a isto, pelo Espírito Santo de Deus, a *perseverança*; peça a Ele que dê a você a perseverança que resiste à aflição, pois ela, quando provada, resultará em ouro. Revista-se com a perseverança para não murmurar ou ficar deprimido em suas aflições. Quando essa graça for adquirida, busque a *piedade.* A piedade é algo mais que religião. Faça da glória de Deus seu propósito de vida; viva segundo o ponto de vista dele; habite próximo a Ele; busque comunhão com Ele; e você terá "piedade"; e a isto associe a *fraternidade.* Tenha amor por todos os santos e acrescente a isto o *amor*, que abre seus braços para todos os homens e ama suas almas. Quando você estiver adornado com estas joias, e na mesma proporção em que praticar estas virtudes celestiais, você passará a conhecer com indícios mais claros "seu chamado e eleição". "Reúna toda a vossa diligência" para que tenha convicção, pois a mornidão e a dúvida muito naturalmente andam de mãos dadas.

C.H. Spurgeon

"...para o assentar ao lado dos príncipes".

SALMO 113:8

Nossos privilégios espirituais são de ordem mais elevada. "Ao lado de príncipes" *é o lugar da sociedade seleta.* "A nossa comunhão é com o Pai e com seu Filho, Jesus Cristo." Pense em uma sociedade seleta; não há nenhuma como esta! "Sois raça eleita, sacerdócio real, nação santa, povo de propriedade exclusiva de Deus." "Mas tendes chegado à universal assembleia e igreja dos primogênitos arrolados nos céus." Os santos *têm a recepção da nobreza*: príncipes têm permissão para entrada na realeza enquanto pessoas comuns devem ficar à distância. O filho de Deus tem acesso livre aos pátios internos do céu. "Porque, por ele, ambos temos acesso ao Pai em um Espírito." "Acheguemo-nos, portanto, confiadamente", diz o apóstolo, "junto *ao trono* da graça". Entre príncipes há *riqueza abundante*, mas o que é a abundância dos príncipes comparada às riquezas dos cristãos? Pois "tudo é vosso, e vós, de Cristo, e Cristo, de Deus". "Aquele que não poupou o seu próprio Filho, antes, por todos nós o entregou, porventura, não nos dará graciosamente com ele todas as coisas?" Príncipes têm *poder peculiar*. Um príncipe do império celestial tem grande influência: ele empunha o cetro governando seu império; assenta-se no trono de Jesus pois "os constituíste reino e sacerdotes; e reinarão sobre a terra". Reinamos no reino unido do tempo e da eternidade. Príncipes têm *honra especial*. Podemos, do alto, olhar toda dignidade terrena firmes na eminência em que a graça nos colocou. Pois o que é o esplendor do ser humano comparado a isto: "E, juntamente com ele, nos ressuscitou, e nos fez assentar nos lugares celestiais em Cristo Jesus"? Compartilhamos da honra de Cristo e comparado a isso, os esplendores terrenos não são dignos de um pensamento sequer. A comunhão com Jesus é a gema mais rica que já brilhou no diadema imperial. A união com o Senhor é um ornamento de beleza que excede, em brilho, toda a resplandecência da pompa imperial.

C.H. Spurgeon

"...*preciosas e mui grandes promessas...*"
2 PEDRO 1:4

Se você deseja conhecer, experimentar a preciosidade das promessas e desfrutá-las em seu coração, *medite profundamente nelas*. Há promessas que são como uvas no lagar; se você as espremer, obterá suco. Meditar nas palavras sagradas será geralmente o prelúdio ao seu cumprimento. Enquanto você reflete nestas palavras, o benefício que busca virá a você de modo imperceptível. Muitos cristãos, sedentos da promessa, têm descoberto o favor garantido que é suavemente destilado para dentro da sua alma, justamente quando estão meditando no livro divino; e se regozijam no fato de serem dirigidos a guardar a promessa em seu coração.

Mas, além de *meditar* nas promessas, *busque em sua alma recebê-las como as próprias palavras de Deus*. Fale da seguinte maneira à sua alma: "Se eu estivesse lidando com a promessa de um homem, deveria considerar com cuidado a habilidade e o caráter do homem que comprometeu-se comigo. Então, com relação à promessa de Deus, meus olhos não devem se fixar tanto na grandeza da misericórdia — de modo que me confunda — quanto na grandeza daquele que fez a promessa, pois isso me alegrará. Minh'alma, quem fala com você é o seu Deus — o Deus que não pode mentir. A palavra dele que agora você considera, é tão verdadeira quanto Sua existência. Ele é um Deus imutável. Ele não alterou aquilo que saiu de Sua boa, nem retirou nenhuma afirmação sequer de consolo. Ele não tem falta alguma de poder; é, portanto, o Deus que fez os céus e a Terra, quem fala. Ele também não pode falhar em sabedoria com relação ao momento em que concederá Seu favor, pois Ele sabe quando é melhor dar e quando é melhor reter. Portanto, vendo que se trata da palavra do Deus tão verdadeiro, tão imutável, tão poderoso, tão sábio, devo acreditar e acreditarei na promessa." Se, então, meditarmos nas promessas e considerarmos Aquele que as fez, experimentaremos a sua doçura e receberemos o cumprimento delas.

C.H. Spurgeon

"Quem intentará acusação contra os eleitos de Deus?..."
ROMANOS 8:33

Que desafio bendito! Quão irrefutável é! Todo pecado do eleito foi colocado sobre o grande Campeão de nossa salvação e arrancado pela expiação. Não há pecado no livro de Deus contra Seu povo: Ele não vê pecado em Jacó, nem iniquidade em Israel; eles são justificados em Cristo para sempre. Quando a culpa do pecado foi retirada, a punição foi removida. Para o cristão não há golpe da mão irada do Senhor — mais ainda, nem mesmo uma testa franzida por causa da justiça punitiva. O cristão pode ter sido disciplinado por seu Pai, mas Deus, o Juiz, não tem nada a lhe dizer, exceto: "Eu o absolvi. Você é inocente." Para o cristão não há pena de morte neste mundo, muito menos uma segunda morte. Ele está completamente livre de toda a punição, assim como da culpa do pecado; e o poder do pecado também é removido. Ele pode colocar-se em nosso caminho e nos perturbar com combate incessante; mas o pecado é um inimigo vencido para toda alma unida a Jesus. Não há pecado que um cristão não possa vencer, se simplesmente confiar em seu Deus para fazê-lo. Aqueles que usam vestes brancas no céu são os que venceram por meio do sangue do Cordeiro e nós podemos fazer o mesmo. Nenhuma luxúria é poderosa demais, nenhum cerco é tão fortemente estabelecido; podemos vencer por meio do poder de Cristo. Cristão, creia que seu pecado é algo sentenciado. Ele ainda pode chutar e esbravejar, mas está condenado a morrer. Deus escreveu "condenação" na testa dele. Cristo o crucificou, "pregando-o em Sua cruz." Vá agora e mortifique-o e o Senhor o ajudará a viver para o Seu louvor, pois o pecado com toda a sua culpa, vergonha e medo, já se foi.

Aqui há perdão para transgressões do passado,
Não importa o quão negro tenha ficado;
E minh'alma maravilhada contempla,
Pois há perdão de pecados que ainda virão.

C.H. Spurgeon

"...eu estava embrutecido e ignorante; era como um irracional à tua presença." SALMO 73:22

Lembre-se de que esta é a confissão do homem segundo o coração de Deus; e em contar-nos sobre sua vida interior, ele escreve: "Eu estava embrutecido e ignorante." A palavra *embrutecido* aqui, significa mais do que seu sentido na linguagem comum. Asafe, em um versículo anterior deste salmo escreve: "Eu invejava os *arrogantes*, ao ver a prosperidade dos perversos", o que mostra que sua atitude insensata ou embrutecida era pecaminosa. Ele se rebaixa, colocando-se como "embrutecido" e acrescenta uma palavra para dar intensidade à afirmação: "Tão embrutecido eu estava." Quão *embrutecido* ele não pôde descrever. Foi um embrutecimento pecaminoso, um embrutecimento que poderia ser justificado pela frieza, mas que deveria ser condenado devido à sua perversidade e ignorância obstinada, pois ele havia invejado a prosperidade dos impiedosos, havia esquecido o terrível fim que espera tais pessoas. E somos nós melhores que Asafe a ponto de nos chamarmos sábios? Declaramos ter atingido a perfeição, ou termos sido tão disciplinados a ponto de a vara ter retirado de nós toda a obstinação? Isto definitivamente é orgulho! Se *Asafe* agiu com embrutecimento, quão brutos seríamos nós em nossas considerações se pudéssemos apenas olhar para nossas atitudes? Olhe para trás, cristão: pense em você duvidando de Deus quando Ele tem sido tão fiel a você — pense em seu tolo protesto dizendo: "Assim não, meu Pai" quando Suas mãos foram transpassadas em aflição para que você recebesse a bênção maior; pense nas muitas vezes em que você descobriu Suas providências na escuridão, interpretou mal Seus desígnios e lamuriou: "Tudo isto está contra mim," quando tudo estava, na realidade, cooperando para o seu bem! Pense em quão frequentemente você escolheu o pecado pelo prazer que proporciona, quando, na verdade, esse prazer era uma raiz de amargura para você! Certamente, se conhecemos nosso coração devemos nos declarar culpados da acusação de insensatez pecaminosa; e conscientes deste "embrutecimento," devemos tomar para nós a resolução consequente de Asafe — "*Tu me guias com o teu conselho*".

C.H. Spurgeon

"...o qual andou por toda parte, fazendo o bem..."
ATOS 10:38

São poucas palavras, mas ainda assim um resumo primoroso sobre o Senhor Jesus Cristo. Não há muitas pinceladas, mas são os traços do pincel de um mestre. Isto é verdadeiro no sentido mais pleno, amplo e irrestrito quando se trata do Salvador e somente do Salvador. "O qual andou por toda parte, fazendo o bem". Desta descrição fica evidente que Ele executou o bem *pessoalmente*. Os evangelistas nos dizem constantemente que Ele tocou o leproso com Seu dedo, que Ele ungiu os olhos do cego e em casos em que lhe pediram que falasse apenas à distância, Ele usualmente não concordava, mas ia à cama do doente e, ali mesmo, operava a cura. Esta é uma lição para nós: se quisermos fazer o bem, que façamos nós mesmos. Faça doações com sua própria mão, um olhar ou uma palavra afável acentuarão o valor do donativo. Fale com um amigo sobre a alma dele, seu interesse afetuoso terá mais influência que toda uma biblioteca de tratados. O método de nosso Senhor fazer o bem explica Sua *atividade contínua!* Ele não apenas fez o bem que estava ao Seu alcance, mas "andou por toda parte" em Sua missão de misericórdia. Por toda a terra da Judeia, dificilmente houve um vilarejo ou uma aldeia que não tivesse se alegrado por tê-lo visto. Como isto reprova o modo humilhante e ocioso como muitos cristãos servem ao Senhor. Cinjamos os lombos de nossa mente e não nos cansemos de fazer o bem. O texto não infere que Jesus Cristo *saiu de Seu caminho para fazer o bem*? "O qual andou *por toda parte*, fazendo o bem". Ele nunca foi impedido por perigo ou dificuldade. Ele procurava os alvos de Seus planos graciosos. Assim, nós devemos fazer. Se planos antigos já não trazem respostas, tentemos novos planos, pois experimentos novos alcançam mais que métodos comuns. A *perseverança* de Cristo e a *unidade* de Seu propósito são também aludidos e a aplicação prática do tópico pode ser resumida nas seguintes palavras: "deixando-vos exemplo para seguirdes os seus passos".

"Todavia, estou sempre contigo..."

SALMO 73:23

T*odavia* — como se, apesar de toda a insensatez e ignorância que Asafe estava confessando a Deus, nem uma partícula seria alterada da verdade e da certeza de que Asafe era salvo e aceito, e de que a bênção de estar constantemente na presença de Deus era indubitavelmente dele. Ainda que plenamente consciente de seu estado de perdição e da falsidade e mesquinhez de sua natureza, por uma gloriosa irrupção de fé, ele canta: "Todavia, estou sempre contigo". Cristão, você é compelido a entrar na confissão e no reconhecimento de Asafe; empenhe-se nisso em espírito, para declarar: "Todavia, visto que pertenço a Cristo, estou continuamente com Deus!" Isto significa estar continuamente em Sua *mente*, Ele está sempre pensando em mim para o meu bem. Estou continuamente diante de Seus *olhos*; os olhos do Senhor nunca dormem, mas estão perpetuamente zelando pelo meu bem-estar. Continuamente em Suas *mãos*, de modo que ninguém dali poderá me arrancar. Continuamente em Seu *coração*, colocado ali como um memorial, assim como o sumo sacerdote carregava os nomes das doze tribos em seu coração sempre. "Tu sempre pensas em mim, ó Deus. As entranhas de Teu amor continuamente anelam por mim. Tu estás sempre operando para o meu bem, colocaste-me como selo sobre Teu braço; Teu amor é tão forte quanto a morte, as muitas águas não poderiam apagá-lo; nem os rios afogá-lo. Graça surpreendente! Tu me vês em Cristo, e embora em mim só haja aversão, tu me enxergas trajando as vestes de Cristo e lavado em Teu sangue e, portanto, em Tua presença me coloco aceito. Estou continuamente sob Teu favor — sempre contigo." Aqui está o consolo para a alma provada e aflita; atormentada pela tempestade interior — olhe para a calmaria exterior. *Todavia* — ó diga isso em seu coração e receba a paz que esta palavra traz. "Todavia, estou sempre contigo."

C.H. Spurgeon

"Todo aquele que o Pai me dá, esse virá a mim..."

JOÃO 6:37

Esta declaração envolve a *doutrina da eleição*: há alguns que o Pai deu a Cristo. Envolve a *doutrina do chamado vigente*: estes que são dados devem vir e virão; por mais que se coloquem resolutamente contra isso, serão trazidos das trevas para a maravilhosa luz de Deus. Ensina-nos *a indispensável necessidade da fé*; pois mesmo esses que são dados a Cristo não serão salvos a não ser que venham a Jesus. Até mesmo estes precisam vir, pois não há outro caminho para o céu além de Cristo Jesus, a porta. Todos que o Pai dá a nosso Redentor *devem vir a Ele*, portanto ninguém pode ir ao céu se não for a Cristo.

Ó! O poder e a majestade presentes na palavra "*virá*". Ele não diz que eles têm poder para vir, nem que virão se quiserem, mas que eles "*virão*". O Senhor Jesus, por Seus mensageiros, Sua palavra e Seu Espírito, compele de modo doce e gracioso homens a virem, e, então, desfrutar da ceia de Suas bodas; e isto Ele faz sem violar o livre-arbítrio do homem, mas pelo poder de Sua graça. Eu posso exercitar poder sobre a vontade de outro homem e ainda assim a vontade deste outro homem permanecer perfeitamente livre, porque o refreamento é exercido de modo harmonioso com as leis da mente humana. Jesus Jeová sabe, com argumentos irresistíveis dirigidos ao entendimento, por fundamentos poderosos que invocam as emoções, e por misteriosa influência de Seu Santo Espírito operando em todos os poderes e paixões da alma, conquistar o homem como um todo, de modo que, antes sendo rebelde, agora rende-se alegremente a Seu governo, vencido pelo amor soberano. Mas como serão conhecidos estes a quem Deus escolheu? Por este resultado: que eles, deliberada e alegremente, aceitem a Cristo e venham a Ele com fé simples e genuína, descansando nele que é toda a sua salvação e tudo o que desejam. Leitor, você veio a Jesus?

C. H. Spurgeon

"E, caindo em si, desatou a chorar." MARCOS 14:72

Alguns pensam que Pedro, enquanto viveu, chorou todas as vezes em que lembrou ter negado o Senhor. É provável que tenha sido assim, pois seu pecado foi grande demais, e, posteriormente, a graça operou nele perfeitamente. Esta mesma experiência é comum a toda família redimida, conforme o grau em que o Espírito de Deus removeu o coração natural de pedra. Nós, como Pedro, lembramos *nossa promessa jactanciosa*: "Ainda que venhas a ser um tropeço para todos, nunca o serás para mim." Engolimos nossas palavras com as amargas ervas do arrependimento. Quando pensamos no que prometemos que seríamos, e no que temos sido, podemos chorar torrentes de tristeza. Pedro pensou em quando *negou o Senhor*. O lugar em que o fez, a pequena causa que o levou a abominável pecado, os juramentos e blasfêmias com os quais procurou sancionar seu erro e a terrível dureza de coração que o levou a fazê-lo novamente e ainda mais uma vez. Podemos nós, quando somos lembrados de nossos pecados e sua excessiva iniquidade, permanecer impassíveis e obstinados? Não chamaremos nossa casa de Boquim [N.E.: Juízes 2:1-5, do hebraico: "pranteadores"] e clamaremos ao Senhor por garantias renovadas de amor perdoador? Que nunca olhemos para o pecado sem pranteá-lo, para que não tenhamos muito em breve a língua tostada nas chamas do inferno. Pedro também pensou no *olhar de amor de seu Mestre*. O Senhor acompanhou a voz alarmante do galo com um olhar repreensivo de tristeza, piedade e amor. Esse olhar jamais deixou a mente de Pedro enquanto ele viveu. Foi muito mais eficaz que dez mil sermões seriam, sem o Espírito.

O apóstolo arrependido certamente choraria ao recobrar o *perdão pleno do Salvador*, que o recolocou em seu antigo lugar. Pensar que ofendemos um Senhor tão amável e bondoso é razão mais que suficiente para prantearmos constantemente. "Senhor, quebranta nosso coração de pedra e faz as águas fluírem."

C.H. Spurgeon

"...o que vem a mim, de modo nenhum o lançarei fora."

JOÃO 6:37

Nenhum limite é estabelecido para a *duração* desta promessa. Não diz simplesmente: "Não lançarei fora um pecador no momento em que se aproximar de mim", mas, "de forma alguma lançarei fora." No original lemos: "Assim não farei, não lançarei fora", ou "Eu nunca, nunca lançarei fora". O texto significa que Cristo não rejeitará um cristão *logo no início*; e que como Ele não o faz inicialmente, também não o fará jamais.

Mas suponha que o cristão peque após vir até Ele. "Se, todavia, alguém pecar, temos Advogado junto ao Pai, Jesus Cristo, o Justo." Mas suponha que os cristãos apostatem. "Curarei a sua infidelidade, eu de mim mesmo os amarei, porque a minha ira se apartou deles." Mas os cristãos podem cair em tentação! "Deus é fiel e não permitirá que sejais tentados além das vossas forças; pelo contrário, juntamente com a tentação, vos proverá livramento, de sorte que a possais suportar." Mas o cristão pode cair em pecado como Davi caiu! Sim, mas Ele "purifica-me com hissopo, e ficarei limpo; lava-me, e ficarei mais alvo que a neve". "Purificá-los-ei de toda a sua iniquidade".

Uma vez em Cristo, nele para sempre
Do Seu amor nada pode me separar.

"Eu lhes dou", diz Ele, "a vida eterna; jamais perecerão, e ninguém as arrebatará da minha mão." O que dizer disto, ó mente titubeante e fraca? Não é esta uma preciosa misericórdia? Vindo a Cristo, você não vem a alguém que o tratará bem por algum tempo e, então, o enviará para viver sua vida; mas Ele o receberá e fará de você Sua noiva e você será para sempre dele. Não aceite mais o espírito de servidão ao medo, mas o espírito de adoção por meio do qual você poderá clamar: *Abba* Pai! Ó, a graça destas palavras: "De modo nenhum o lançarei fora."

"...eu neles..."
JOÃO 17:23

Se tal é a união que subsiste entre nossa alma e a pessoa de nosso Senhor, quão profundo e amplo é o canal de nossa comunhão! Não se trata de um cano estreito através do qual uma corrente filamentar possa correr. É um canal de incrível profundidade e amplitude, do qual, ao longo de sua gloriosa extensão, fluem as torrentes de um enorme volume de água viva. Olhem, Ele coloca diante de nós uma porta aberta, não tardemos em entrar. Esta cidade de comunhão tem muitos portões de pérola, cada um deles de uma só pérola, e cada portão abre-se ao máximo para que entremos, certos de recebermos as boas-vindas. Se houvesse uma pequena fenda pela qual pudéssemos falar com Jesus, seria um elevado privilégio forçar uma palavra de comunhão através de uma porta estreita; como somos abençoados por ter tão larga entrada! Estivesse o Senhor Jesus distante de nós, com um mar tempestuoso entre nós e Ele, ansiaríamos por enviar um mensageiro a Ele, levando nossos amores e nos trazendo notícias da casa de Seu Pai; mas, veja Sua bondade, Ele construiu Sua casa ao lado da nossa, mais ainda, Ele hospeda-se conosco e mora em pobres e humildes corações, de modo que tenha comunicação perpétua conosco. Quão tolos seremos se não vivermos em comunhão rotineira com Ele. Quando a estrada é longa, perigosa e difícil, não precisamos nos surpreender com o fato de que amigos raramente se encontram, mas quando moram juntos, poderá Jônatas esquecer seu Davi? Uma esposa pode, quando seu marido está em uma jornada, permanecer muitos dias sem manter uma conversa com ele, mas nunca suportaria estar separada dele se soubesse que ele está em um dos cômodos de sua casa. Por que, cristão, não assentar-se à mesa de Seu banquete de vinho? Busque seu Senhor, pois Ele está próximo, receba-o, pois Ele é seu Irmão. Apegue-se a Ele, pois Ele é seu marido; e pressione-o contra seu coração, pois Ele é sua carne.

C.H. Spurgeon

"Quanto aos cantores... de dia e de noite, estavam ocupados no seu mister." 1 CRÔNICAS 9:33

Tão organizado era o templo que o canto sagrado jamais cessava: incessantemente os cantores louvavam ao Senhor, cuja misericórdia dura para sempre. Como a misericórdia não deixa de governar dia e noite, também a música não silenciava seu ministério santo. Meu coração, há uma lição docemente ensinada a você na canção ininterrupta do templo de Sião: você também é devedor constante e deve ter certeza de que sua gratidão, assim como seu amor, nunca falhem. O louvor de Deus é constante no céu, que será seu lugar final de habitação, aprenda então a praticar o aleluia eterno. Ao redor da Terra, conforme o sol difunde sua luz, seus raios acordam cristãos gratos para entoar seu hino matinal, de modo que, pelo sacerdócio dos santos, o louvor perpétuo seja mantido em todas as horas; eles envolvem nosso globo em um manto de ação de graças e o cingem com um cinto áureo de canção.

O Senhor sempre merece ser louvado pelo que Ele é em si mesmo, por Suas obras de criação e providência, por Sua bondade para com Suas criaturas e especialmente pelo ato transcendente de redenção e por todas as maravilhosas bênçãos que daí fluem. É sempre proveitoso louvar ao Senhor; alegra o dia e ilumina a noite; alivia o trabalho pesado e mitiga a tristeza; e, além do contentamento terreno, emite uma radiação santificadora que nos torna menos sujeitos à cegueira devido a seu resplendor. Não temos algo por que cantar neste momento? Não podemos entoar uma canção por nossas alegrias presentes ou libertações passadas, ou esperanças futuras? Os campos rende seus frutos de verão: o feno está recolhido, o grão dourado chama a foice e o sol tardando para brilhar sobre uma terra frutífera, diminui o intervalo de sombra para que possamos estender as horas de louvor devoto. Pelo amor de Jesus, sejamos movidos a terminar o dia com um salmo de santo contentamento.

C.H. Spurgeon

"...Deixa-me ir ao campo, e apanharei espigas..."

RUTE 2:2

Cristão abatido e perturbado, venha e colha hoje no vasto campo de promessa. Nele há abundância de promessas preciosas, que satisfazem precisamente seus desejos. Receba esta promessa: "Não esmagará a cana quebrada, nem apagará a torcida que fumega". Isso não serve para você? A cana, abandonada, insignificante e fraca, uma cana quebrada, da qual nenhuma música emana; mais fraca que a própria fraqueza; uma cana quebrada. Ele, contudo, não esmagará você, mas, ao contrário, o restaurará e fortalecerá. Você é como torcida que fumega: nem luz, nem calor emanam de você; mas Ele não o apagará; Ele soprará com Seu doce fôlego de misericórdia até que sua chama se acenda. Você colheria outra espiga? "Vinde a mim, todos os que estais cansados e sobrecarregados, e eu vos aliviarei." Que palavras afáveis! Seu coração é delicado e o Mestre sabe disso e por isso fala tão gentilmente com você. Você deixará de obedecer-lhe e vir até Ele depois destas palavras? Tome outra espiga de milho: "Não temas, ó vermezinho de Jacó, povozinho de Israel; eu te ajudo, diz o SENHOR, e o teu Redentor é o Santo de Israel." Como sentir temor se tem uma certeza tão maravilhosa como essa? Você pode colher dez mil espigas como estas! "Desfaço as tuas transgressões como a névoa e os teus pecados, como a nuvem", ou esta: "ainda que os vossos pecados sejam como a escarlata, eles se tornarão brancos como a neve; ainda que sejam vermelhos como o carmesim, se tornarão como a lã." Ou ainda: "O Espírito e a noiva dizem: Vem! Aquele que ouve, diga: Vem! Aquele que tem sede venha, e quem quiser receba de graça a água da vida." O campo de nosso Mestre é muito rico; veja os feixes. Olhe, ali estão diante de você, pobre e medroso cristão! Ajunte-as, serão suas, pois Jesus o convida a colher as espigas. Não tenha medo, apenas creia! Agarre essas doces promessas, debulhe-as pela meditação e alimente-se delas com alegria.

"Coroas o ano da tua bondade..."
SALMO 65:11

Durante todo o ano, todas as horas de todos os dias, Deus nos abençoa ricamente; quando dormimos e quando acordamos Sua misericórdia espera por nós. O sol pode nos deixar um legado de escuridão, mas nosso Deus nunca deixa de brilhar sobre Seus filhos com raios de amor. Como um rio, Sua bondade está sempre fluindo com plenitude inexaurível como Sua própria natureza. Como a atmosfera que circunda constantemente a Terra e está sempre pronta para suster a vida do homem, a benevolência de Deus cerca todas as Suas criaturas; nela, como seus componentes, eles vivem, se movem e existem. Entretanto, como o sol em dias de verão nos alegra com raios mais quentes e reluzentes que em outras épocas, e como rios em certas estações se avolumam devido à chuva, e como a atmosfera é algumas vezes abastecida com influências mais recentes, mais fortificantes ou mais lenientes que antes, assim é com a misericórdia de Deus. Ela tem seus momentos áureos, seus dias de enchente, quando o Senhor amplia Sua graça diante dos filhos dos homens. Entre as bênçãos das fontes mais baixas, *os felizes dias de colheita* são uma época especial de abundoso favor. É na glória do outono que os frutos maduros de providência são, então, abundantemente conferidos; é a estação alegre de realização, enquanto antes tudo o que havia era esperança e expectativa. Grande é a alegria da colheita. Felizes são os ceifeiros que enchem seus braços com a generosidade do céu. O salmista nos diz que a colheita é a coroação do ano. Certamente essas misericórdias reais pedem ações de graças reais! Retribuamos com as *emoções interiores de gratidão*. Que nosso coração se aqueça; que nosso espírito se lembre, medite e pense nesta bondade do Senhor. E então *louvemos com nossos lábios*, enaltecendo e magnificando o nome daquele cuja generosidade faz fluir toda esta bondade. Glorifiquemos a Deus rendendo *nossos dons* à Sua causa. Uma prova prática de nossa gratidão é uma oferta especial de agradecimento ao Senhor da colheita.

C.H. Spurgeon

"*...daquele que faz todas as coisas conforme o conselho da sua vontade*". EFÉSIOS 1:11

Nossa crença na sabedoria de Deus presume que Ele tem um propósito e que necessita de um plano estabelecido na obra da salvação. O que seria a *criação* sem Seu *design*? Há um peixe no mar, ou uma ave no ar que foi abandonado à sua própria sorte durante a formação? Não, em cada osso, junta e músculo, tendão, glândula e vaso sanguíneo notamos a presença de um Deus operando tudo de acordo com o projeto da sabedoria infinita. E estaria Deus presente na criação, governando sobre tudo, sem a *graça*? Deveria a nova criação ter a volúvel índole do livre-arbítrio para presidir-se quando o conselho divino governa a antiga criação? Olhe para a *Providência*! Quem não sabe que nenhum pardal cai no chão sem que o Pai permita? Mesmo os cabelos de sua cabeça estão todos contados. Deus pesa as montanhas de nossa tristeza e as colinas de nossa tribulação em balanças. E haverá um Deus de providência e não de graça? Teria sido a casca do fruto determinada por sabedoria e o caroço deixado às escuras? Não! Ele conhece o fim desde o começo. Ele vê em seu lugar determinado, não simplesmente a pedra angular que Ele assentou com argamassa colorida, no sangue de Seu amado Filho, mas observa em sua posição determinada cada uma das pedras escolhidas, retiradas da pedreira da natureza e polidas por Sua graça. Ele vê o todo, dos cantos à cornija, da base ao telhado, da fundação ao pináculo. Ele tem em Sua mente um conhecimento claro de todas as pedras que serão assentadas no espaço preparado e de quão vasto será o edifício e quando a pedra mais alta deverá ser trazida com gritos de "Graça! Graça!" Por fim, será claramente visto que em todo vaso de misericórdia escolhido, Jeová fez com os Seus como determinou; e que em todas as partes da obra da graça Ele cumpriu Seu propósito e glorificou Seu nome.

"Esteve ela apanhando naquele campo até à tarde..."
RUTE 2:17

Que eu aprenda com Rute, a respigadora. Assim como ela saiu para colher as espigas de milho, também devo ir adiante nos campos da oração, da meditação, dos decretos, e ouvir a palavra para ajuntar alimento espiritual. *A respigadora ajunta sua porção espiga por espiga*; seus ganhos são pouco a pouco: também devo me contentar em buscar verdades isoladas, se não houver grande abundância delas. Toda espiga ajuda a formar um fardo, e toda lição do evangelho colabora em nos tornar sábios para a salvação. *A respigadora mantém seus olhos abertos*: se ela tropeçasse no restolho sonhando acordada, não teria fardo para, alegremente, levar para casa ao anoitecer. Devo estar atento aos exercícios religiosos para não se tornarem desvantajosos para mim; temo já ter perdido demais — que eu possa estimar minhas oportunidades e recolher com grande diligência. *A respigadora inclina-se para tudo que encontra*, e também devo eu fazê-lo. O espírito altivo critica e desaprova, mas mentes humildes recolhem e recebem o benefício. Um coração humilde é uma grande ajuda para ouvir o evangelho de modo proveitoso. A palavra enxertada que salva almas não é recebida sem mansidão. Maus respigadores têm costas rígidas; incline-se, mestre orgulho, você é um ladrão vil que não deve ser aturado por momento algum. *O que a respigadora ajunta ela retém*: se derrubasse uma espiga para encontrar outra, o resultado do trabalho do dia seria escasso; ela é tão cuidadosa em manter quanto em obter, e no fim seus ganhos são muitos. Como esqueço tudo o que ouço; a segunda verdade tira a primeira de minha mente, e, assim, minha leitura e o que ouço resultam em muito alvoroço que não leva a nada! Percebo a importância de armazenar a verdade devidamente? Uma barriga faminta torna uma respigadora sábia; se não houver milho em sua mão, não haverá pão em sua mesa; ela trabalha sob o senso de necessidade, e, por isso, seu passo é ligeiro e seu punho é firme. "Tenho uma necessidade ainda maior, Senhor ajuda-me a senti-la, que me incites a recolher nos campos que produzem recompensa tão abundante à diligência."

C.H. Spurgeon

"...o Cordeiro é a sua lâmpada"
APOCALIPSE 21:23

Contemple silenciosamente o Cordeiro como luz do céu. Luz nas Escrituras é símbolo de *alegria*. A alegria dos santos no céu engloba isto: Jesus nos escolheu, amou, comprou, lavou, vestiu, sustentou, glorificou. Estamos aqui inteiramente por meio do Senhor Jesus. Cada um destes pensamentos será para eles como um cacho de uvas de Escol. A luz também gera a *beleza*. Nada sobra da beleza quando a luz se vai. Sem a luz a safira não irradia seu esplendor, nenhum raio suave emana da pérola; e, portanto, toda a beleza dos santos no céu vem de Jesus. Assim como os planetas, os salvos refletem a luz do Sol da Justiça; eles vivem como raios partindo da órbita central. Se Ele se recolhesse, eles morreriam; se Sua glória fosse encoberta, a glória deles acabaria. A luz é também o símbolo do *conhecimento*. No céu, nosso conhecimento será perfeito, mas o próprio Senhor Jesus será a fonte desse conhecimento. Providências obscuras, nunca antes compreendidas, serão então vistas claramente e tudo o que nos confunde agora se tornará evidente para nós, à luz do Cordeiro. Ó! Quantas revelações haverá e como será glorificado o Deus de amor! Luz também significa *manifestação*. A luz manifesta. Neste mundo ainda não vemos como seremos. O povo de Deus é um povo escondido, mas quando Cristo receber Seu povo no céu, Ele os tocará com a vara de Seu amor e os transformará à imagem de Sua glória manifesta. Eram pobres e desprezíveis, mas serão totalmente transformados! Estavam manchados com o pecado, mas com um toque de Seu dedo eles ficarão mais claros que o sol e transparentes como cristal. Ó! Que manifestação! Tudo isso vem do Cordeiro exaltado. O que houver de esplendor radiante, terá seu centro e sua alma em Jesus. Ó, estar presente e vê-lo em Sua própria luz, o Rei dos reis e Senhor dos senhores!

C.H. Spurgeon

"Enquanto ele ia..."
LUCAS 8:42

Jesus está passando pela multidão para chegar à casa de Jairo, para ressuscitar a filha do chefe da sinagoga; mas ele é tão profuso em bondade que opera outro milagre enquanto está na estrada. Mesmo que esta vara de Arão leve a florescência de um milagre não cumprido, ela produz amêndoas maduras de uma perfeita obra de misericórdia. Para nós é suficiente, se temos um propósito, ir imediatamente e cumpri-lo; seria imprudente gastar nossas energias pelo caminho. Apressando-nos para resgatar um amigo que está se afogando, não podemos nos dar ao luxo de exaurir nossas forças em outra situação de perigo. Para uma árvore é suficiente produzir um tipo de fruto, e para um homem, cumprir seu chamado específico. Mas nosso Mestre não conhece limites de poder ou barreiras de missão. Ele é tão prolífero em graça que, como o sol que brilha enquanto gira progressivamente em sua órbita, seu caminho é radiante em bondade. Ele é uma flecha veloz de amor, que não apenas alcança seu alvo determinado, mas perfuma o ar pelo qual voa. A virtude está eternamente saindo de Jesus, como doces aromas emanam das flores; e sempre emanará dele, como água de uma fonte vívida. Que encantador encorajamento esta verdade nos proporciona! Se nosso Senhor está tão pronto para curar os doentes e abençoar os necessitados, então, minh'alma, não seja vagarosa para colocar-se em Seu caminho, para que Ele possa sorrir para você. Não seja moderada no pedir se Ele concede tão abundantemente. Tenha intensa cautela com Sua palavra agora e em todos os momentos, para que Jesus possa falar por meio dela em seu coração. Onde Ele estiver que ali seja seu refúgio, para que você obtenha Sua bênção. Quando Ele estiver presente para curar, não curará você? Mas certamente está presente agora, pois Ele sempre vem aos corações que dele necessitam. E você não precisa dele? Ah, *Ele* sabe o quanto! "Filho de Davi, volta Seus olhos e vê a angústia que está agora diante de ti, e tornes este suplicante alguém são."

C.H. Spurgeon

"*...mas o povo que conhece ao seu Deus se tornará forte e ativo*".

DANIEL 11:32

Todo cristão entende que conhecer a Deus é a mais elevada e melhor forma de conhecimento; e esse conhecimento espiritual é uma fonte de força para o cristão. Fortalece sua *fé*. Os cristãos são constantemente mencionados nas Escrituras como pessoas iluminadas e instruídas pelo Senhor; diz-se que eles possuem "...unção que vem do Santo..." e é ocupação característica do Espírito guiá-los a toda verdade, e tudo isso para o aumento e promoção de sua fé. O conhecimento fortalece o *amor*, assim como a fé. O conhecimento abre a porta e por esta porta vemos nosso Salvador. Ou, para utilizar outra comparação, o conhecimento pinta o retrato de Jesus e quando vemos esse retrato, nós, então, o amamos, não podemos amar um Cristo que não conhecemos, pelo menos em algum grau. Se conhecemos pouco das qualidades de Jesus, do que Ele fez por nós e do que Ele está fazendo agora, não poderemos amá-lo muito; mas quanto mais o conhecermos, mais o amaremos. O conhecimento também fortalece a *esperança*. Como podemos esperar por algo se não sabemos que existe? A esperança pode ser o telescópio, mas até recebermos instrução, nossa ignorância se coloca diante da lente e não conseguimos ver nada; o conhecimento remove esse objeto interposto, e quando olhamos pela brilhante lente ótica, discernimos a glória a ser revelada e a antevemos com confiança jubilosa. O conhecimento nos fornece razões para a *paciência*. Como teremos paciência a não ser que conheçamos algo da empatia de Cristo e entendamos o bem que virá da correção que nosso Pai celestial nos envia? Não há também uma virtude sequer do cristão que, submetida a Deus, não venha a ser nutrida e levada à perfeição pelo conhecimento santo. Quão importante é, então, que cresçamos não apenas em graça, mas em "conhecimento" de nosso Senhor e Salvador Jesus Cristo.

C.H. Spurgeon

"Eu vos feri com queimaduras, e com ferrugem, e com saraiva, em toda a obra das vossas mãos..." AGEU 2:17

Quão destrutiva é a saraiva (granizo) para as plantações, lançando os preciosos grãos ao chão! Como devemos ser gratos quando o milho for poupado de tão terrível ruína! Ofereçamos ao Senhor ações de graça. Mais ainda por temer esses misteriosos destruidores — fuligem, fungos, ferrugem e granizo. Estes fazem da espiga uma massa de fuligem, ou as fazem apodrecer, ou secam o grão e tudo de uma forma tão além do controle humano que o fazendeiro é levado a clamar: "Isto é o dedo de Deus". Inúmeros fungos causam prejuízos, e se não fosse pela bondade de Deus, o cavaleiro no cavalo negro em breve disseminaria fome pela terra. A misericórdia infinita poupa o alimento dos homens, mas em vista dos agentes ativos que estão prontos para destruir a colheita, muito sabiamente somos ensinados a orar: "O pão nosso de cada dia dá-nos hoje." A maldição é ampla; temos constante necessidade da bênção. Quando fungo e granizo vêm, são punições do céu e os homens precisam aprender a ouvir a vara e Aquele que a aponta.

Espiritualmente, o fungo não é um mal raro. Quando nosso trabalho é o mais promissor possível, surge a praga. Esperávamos muitas conversões e vejam só! Uma apatia generalizada, o abundante mundanismo ou a cruel dureza de coração! Pode não haver pecado declarado naqueles por quem trabalhamos, mas há a deficiência de sinceridade e decisões tristemente contrárias aos nossos desejos. Aprendemos com isto que dependemos do Senhor e que necessitamos de oração para que nenhuma praga caia sobre nosso trabalho. O orgulho espiritual ou a preguiça logo trará sobre nós terrível mal e apenas o Senhor da colheita pode removê-lo. O fungo pode inclusive atacar nosso coração e murchar nossas orações e exercícios piedosos. Que o grande Noivo se agrade em evitar tão grave calamidade. "Resplandece, abençoado Sol da Justiça, e afasta a praga."

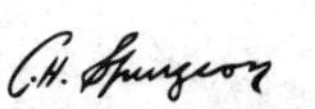

"Sabemos que todas as coisas cooperam para o bem daqueles que amam a Deus..." ROMANOS 8:28

No que diz respeito a alguns assuntos, o cristão possui sobre eles certezas absolutas. Ele sabe, por exemplo, que Deus se assenta na popa do navio quando esse muito se agita. Ele acredita que a invisível mão está sempre no leme do mundo e que, independentemente de para onde a providência possa ser levada, Jeová é quem guia. Esse conhecimento tranquilizador prepara o cristão para tudo. Ele olha para as águas tempestuosas e vê o espírito de Jesus caminhando pelos vagalhões e ouve uma voz dizendo: "Sou eu. Não temais!" Ele sabe também que Deus é sempre sábio, e, sabendo disso, tem confiança que não haverá acidentes, nem erros; que nada acontecerá que não esteja programado para acontecer. Ele pode dizer: "Se devo perder tudo o que tenho, é melhor que perca do que tenha, se assim Deus quiser. A pior calamidade é a coisa mais sábia e complacente que poderia acontecer comigo se Deus assim determinar." "Sabemos que todas as coisas cooperam para o bem daqueles que amam a Deus". O cristão não considera isso uma simples teoria, mas o *conhece* como fato. Tudo até agora cooperou para o bem; as drogas venenosas misturadas em proporções adequadas cooperaram para a cura; os cortes afiados da lanceta limparam a carne esponjosa facilitando a cura. Todos os acontecimentos até agora cooperaram para os resultados mais divinamente abençoados; então, acreditar que Deus governa tudo, que Ele governa sabiamente, que do mal Ele traz o bem, faz o coração do cristão ter convicção e ser capacitado calmamente a enfrentar cada prova conforme elas surgem. O cristão pode orar no espírito com verdadeira resignação: "Envia a mim o que tu quiseres, meu Deus, contanto que venha de ti; nunca veio de Tua mesa uma porção maléfica para nenhum de Teus filhos."

Não diga minh'alma "de onde virá a ajuda de Deus para mim?"
Lembre-se de que a Onipotência tem servos em todos os lugares.
Seu método é sublime, Seu coração profundamente dócil,
Deus nunca chega antes de Seu tempo e nunca chega depois.

"...Irão vossos irmãos à guerra, e ficareis vós aqui?"
NÚMEROS 32:6

A família tem suas obrigações. Os filhos de Rúben e os filhos de Gade teriam sido indignos da família se tivessem reivindicado a região que havia sido conquistada e tivessem deixado o resto do povo lutando sozinhos por suas porções. Recebemos muito por meio dos esforços e sofrimentos dos santos nos anos passados, e se não devolvermos algo à Igreja de Cristo disponibilizando-lhe nossos melhores esforços, não seremos dignos de estarmos alistados. Outros estão combatendo os erros da era corajosamente, ou desenterrando aqueles que estão perecendo em meio às ruínas da queda, e se cruzarmos os braços em ócio, precisaremos ser alertados, a fim de que a maldição de Meroz [N.E.: Juízes 5:23] não caia sobre nós. O Mestre do vinhedo diz: "Por que estivestes aqui desocupados o dia todo?" Qual é a desculpa do ocioso? O serviço pessoal de Jesus torna-se ainda mais o dever de todos porque é prestado alegre e abundantemente por alguns. O trabalho árduo de missionários devotos e ministros fervorosos nos envergonharão se nos sentarmos sossegados na indolência. Retrair-se da provação é a tentação daqueles que estão descansando em Sião: eles escapariam contentes da cruz e ainda usariam a coroa; para eles a pergunta da meditação desta noite é muito aplicável. Se os mais preciosos são provados pelo fogo, devemos nós escapar do crisol? Se o diamante deve ser pressionado contra o disco, nós seremos aperfeiçoados sem sofrimento? Quem ordenou que o vento parasse de soprar porque nosso barco está no mar? Por que e para que deveríamos ser tratados melhor que nosso Senhor? O Primogênito sentiu o açoite e por que não o sentiriam os irmãos mais novos? É o orgulho covarde que escolheria um travesseiro macio e uma cama sedosa para um soldado da cruz. Muito mais sábio é aquele que, sendo resignado à vontade divina, cresce pelo poder da graça para ser satisfeito nela, e assim aprende a ajuntar lírios aos pés da cruz, e, como Sansão, a encontrar mel no leão.

C.H. Spurgeon

"...Guarda, a que hora estamos da noite?..."
ISAÍAS 21:11

Q*ue inimigos estão adiante*? Erros são uma multidão numerosa, e novos erros aparecem todas as horas: contra qual heresia devo montar guarda? Pecados rastejam de suas emboscadas quando a escuridão reina; eu preciso subir a torre de vigia e vigiar em oração. Nosso Protetor celestial antevê todos os ataques que estão prestes a ocorrer contra nós e quando o mal intentado ainda não passa de um desejo de Satanás, Ele ora por nós para que nossa fé não falhe quando formos peneirados como trigo. "Continua, ó gracioso Vigia, a nos prevenir de nossos inimigos, e pelo bem de Sião não retenhas Tua paz."

"Guarda, a que hora estamos da noite?" *Que clima se aproxima da Igreja*? As nuvens estão baixas, ou o céu limpo e claro? Precisamos nos preocupar com a Igreja do Senhor com amor inquieto; e agora que a falsa religião e a infidelidade ameaçam, observemos os sinais dos tempos e preparemo-nos para o combate.

"Guarda, a que hora estamos da noite?" *Que estrelas estão visíveis*? Que preciosas promessas são convenientes para nosso caso atual? Soe o alarme e nos dê consolação. Cristo, a estrela da manhã, está constantemente estabelecida em Seu lugar e todas as estrelas estão seguras na destra de seu Senhor.

Mas guarda, *quando vem o amanhecer*? O Noivo tarda. Não há sinais de Sua vinda como o Sol da Justiça? A estrela da manhã não surgiu como garantia do dia? Quando o dia alvorecerá e as sombras desaparecerão? "Ó Jesus, se tu não vieres pessoalmente à Tua Igreja que o aguarda neste dia, vem então em Espírito ao meu coração que suspira e faze-o cantar de alegria."

Agora toda Terra reluz de alegria
Com a recente manhã;
Mas meu coração está frio, escuro e triste:
Sol da alma, deixa-me observar Teu alvorecer!
Vem, Jesus, Senhor,
Prontamente vem, conforme Tua palavra.

C.H. Spurgeon

"...da sua glória se encha toda a terra. Amém e amém!"
SALMO 72:19

Essa é uma grande petição. Interceder por toda uma cidade exige um alargamento da fé, e há momentos em que uma oração por um homem é suficiente para nos fazer cambalear. Mas quão extensa foi a intercessão no fim da vida do salmista! Quão compreensiva! Quão sublime! "Da sua glória se encha toda a terra". Não isenta um único país por mais que esteja esmagado pelo pé da superstição; não exclui uma só nação, ainda que bárbara. Para o canibal assim como para o civilizado, para todas as regiões e raças esta oração é proferida: abarca toda a esfera da Terra e não omite nenhum filho de Adão. Devemos ser ativos para nosso Mestre, ou não poderemos oferecer tal oração honestamente. A petição não será de coração sincero a não ser que nos esforcemos, com a ajuda de Deus, para estender o reino de nosso Mestre. Não há alguns que *negligenciam* a súplica e o trabalho? Leitor, é esta *sua* oração? Volte seus olhos para o Calvário. Contemple o Senhor da vida pregado na cruz, com a coroa de espinhos sobre Sua fronte, com a cabeça, as mãos e os pés sangrando. O quê? Você consegue olhar para este milagre dos milagres, a morte do Filho de Deus, sem sentir em seu peito uma maravilhosa adoração que palavras jamais poderão expressar? E quando você sente o sangue aplicado à sua consciência, e sabe que Ele apagou seus pecados, *você não será humano* a não ser que caia de joelhos clamando: "da sua glória se encha toda a terra. Amém e amém!" Você consegue se curvar diante do Crucificado em amável honra e não desejar ver seu Soberano como mestre do mundo? Grande vergonha é se você finge amar seu Príncipe e não deseja vê-lo como governante universal. Sua piedade não tem valor algum a não ser que o leve a desejar que a mesma misericórdia que foi estendida a você abençoe todo o mundo. "Senhor, é momento de colheita; toma a foice e colhe."

C.H. Spurgeon

"...não é sem razão que te amam."
CÂNTICO DOS CÂNTICOS 1:4

Os cristãos amam Jesus com uma afeição mais profunda do que ousam dar a qualquer outro ser. Eles prefeririam perder pai e mãe a se separarem de Cristo. Não se agarram firmemente ao conforto terreno, mas carregam seu Senhor bem preso ao seu coração. Negam-se voluntariamente por amor a Ele, mas não são levados a *negá-lo*. Apenas o amor insuficiente pode ser extinto pelo fogo da perseguição; o amor do verdadeiro cristão é um córrego mais profundo que este. Homens trabalharam para separar os fiéis de Seu Mestre, porém, através dos séculos, seus esforços foram inúteis. Nem coroas de honra, nem olhares de ira desatariam este nó Górdio [N.E.: Veja nota no dia 18 de abril manhã]. Esta não é uma ligação rotineira que o poder do mundo poderia finalmente dissolver. Nem o homem nem o demônio encontraram uma chave para abrir essa fechadura. Jamais a destreza de Satanás foi mais falha do que quando a exercitou buscando rasgar em pedaços esta união de dois corações divinamente unidos. Está escrito e nada pode apagar a frase: "*não é sem razão que te amam.*" A intensidade do amor do justo, entretanto, não deve ser julgada pelo que aparenta, mas pelo que é o seu anseio. Nosso lamento diário é que não conseguimos amar o suficiente. Que nosso coração seja capaz de reter mais e ir além. Como Samuel Rutherford, suspiramos e clamamos: "Ó se todo o amor pudesse percorrer a Terra e chegasse até o céu — sim, o céu dos céus e dez mil mundos — eu o lançaria sobre o belo, o único e belo Cristo." Ai de nós! Por mais longe que possamos chegar, isso não passa de um palmo de amor, e nossa afeição não passa de uma gota em um balde comparada com Seus desertos. Meçamos nosso amor por nossas intenções e certamente será elevado; e é assim que cremos que nosso Senhor o julgará. Ó, que possamos entregar todo o amor de nosso coração Àquele que é totalmente amável!

C.H. Spurgeon

"...Satanás nos barrou..."
1 TESSALONICENSES 2:18

Desde a primeira hora em que a bondade entrou em conflito com o mal, nunca deixou de ser verdade, na esfera espiritual, o fato de que Satanás nos obstrui. De todos os pontos da bússola, em toda a linha de batalha, na dianteira e na retaguarda, na alvorada do dia e à meia-noite, Satanás nos obstrui. Se trabalhamos arduamente no campo, ele tenta quebrar nosso arado; se construímos um muro, ele trabalha para derrubar as pedras; se servimos a Deus no sofrimento ou no conflito — em todos os lugares Satanás nos obstrui. Ele nos obstrui quando começamos a vir a Jesus Cristo. Tivemos conflitos ferozes com Satanás quando nos decidimos pela cruz e vivemos. Agora que somos salvos, ele se esforça para impedir a completude de nosso caráter pessoal. Você pode estar se parabenizando: "Tenho até aqui caminhado consistentemente; ninguém pode desafiar minha integridade." Cuidado com a vanglória, pois sua virtude será testada; Satanás direcionará seus mecanismos exatamente contra essa virtude pela qual você é mais conhecido. Se até aqui você foi um cristão firme, sua fé será em breve atacada; se você tem sido manso como Moisés, espere ser tentado a falar inoportunamente. Os pássaros bicarão seu fruto mais maduro e o porco selvagem projetará suas presas nas suas videiras seletas. Satanás seguramente nos atrapalhará quando estivermos mais determinados em oração. Ele verifica nossas inconveniências e enfraquece nossa fé para que, se possível, percamos a bênção. Não é menos cuidadoso em obstruir o esforço do cristão. Nunca houve um avivamento da religião sem um avivamento de sua oposição. Assim que Esdras e Neemias começaram a trabalhar, Sambalate e Tobias foram incitados a impedi-los. O que fazer então? Não nos inquietemos porque Satanás nos obstrui, pois é uma prova de que estamos do lado do Senhor, e estamos fazendo a obra de Deus. Em Sua força teremos a vitória e triunfaremos sobre nosso adversário.

C. H. Spurgeon

"...tecem teias de aranha..."
ISAÍAS 59:5

Veja a teia da aranha e a observe como uma imagem muito sugestiva da religião do hipócrita. *A teia é feita para apanhar sua presa*: a aranha engorda alimentando-se de moscas, e o fariseu tem seu reconhecimento.

Pessoas tolas são facilmente enlaçadas pelas altas declarações de embusteiros e até mesmo os mais criteriosos nem sempre escapam. Filipe batizou Simão, o mago, cuja declaração de fé fraudulenta logo foi destruída pela severa repreensão de Pedro. Tradição, reputação, elogio, promoção e outras moscas são as pequenas caças que hipócritas apanham em suas teias. Uma teia de aranha é um *prodígio de habilidade*: olhe e admire a habilidosa astúcia do caçador. A religião de um impostor não é igualmente maravilhosa? Como ele faz de uma mentira tão descarada algo que aparenta ser verdade? Como consegue que sua resposta de ouropel se pareça tanto com ouro? Uma teia de aranha *vem completamente das entranhas da criatura.* A abelha ajunta sua cera das flores, a aranha não suga flores e ainda assim fia seu material em qualquer extensão. Da mesma forma, hipócritas encontram sua confiança e esperança dentro de si; sua âncora foi forjada em sua própria bigorna e o cabo é torcido por suas próprias mãos. Lançam seus próprios alicerces e constroem os pilares de sua própria casa, escarnecendo do fato de serem devedores da graça soberana de Deus. Mas a teia de aranha é algo *muito frágil.* É curiosamente feita, mas não é feita para durar. Jamais resiste à vassoura de um servo, ou ao cajado do viajante. O hipócrita não precisa de uma bateria de alta tensão para que sua esperança se destrua em pedaços, um mero sopro do vento já basta. As teias de aranha da hipocrisia em breve cairão, quando a vassoura da destruição começar sua obra purificadora. Isto nos traz à mente mais uma consideração: tais teias *não serão toleradas na casa do Senhor*. Ele garantirá que as teias e aqueles que as teceram sejam destruídos para sempre. Ó minh'alma, descanse em algo melhor que uma teia de aranha. Seja o Senhor Jesus seu eterno lugar de refúgio.

C. H. Spurgeon

"...Tudo é possível ao que crê".

MARCOS 9:23

Muitos cristãos professos estão sempre duvidando e temendo, lastimosamente pensam que este é o estado necessário dos cristãos. Isto é um erro, pois "tudo é possível ao que crê"; e é possível que nos coloquemos em um estado em que a dúvida ou o medo não passem de pássaros voando ao redor da alma, mas nunca demorando-se ali. Quando você lê sobre a doce e elevada comunhão desfrutada pelos santos favorecidos, você suspira e murmura no recôndito do seu coração: "Ai de mim! Nada disso é para mim." Ó escalador, se você tiver fé ainda chegará ao ensolarado pináculo do templo, pois "tudo é possível ao que crê." Você ouve das bravuras que homens santos executaram por Jesus, o que desfrutaram dele, quão parecidos com seu Senhor foram e como resistiram a grandes perseguições por amor a Ele, e você diz: "Ah! Eu não passo de um verme, nunca alcançarei tais feitos." Mas não há nada que um santo tenha sido que você não possa ser. Não há uma altitude da graça, nenhuma espiritualidade já alcançada, nenhuma confiança evidente, nenhum posto de serviço que não esteja aberto para você, se simplesmente tiver o poder de crer. Ponha de lado seu pano de saco e suas cinzas e levante-se para a dignidade de sua verdadeira posição; você é pequeno em Israel porque assim você será, não porque haja alguma necessidade. Não é certo que você rasteje no pó, ó filho do Rei. Levante-se! O trono áureo de confiança espera por você! A coroa de comunhão com Jesus está pronta para ornar sua fronte. Envolva-se em escarlate e linho fino e alimente-se suntuosamente todos os dias; pois se você crer poderá comer o trigo mais selecionado; sua terra manará leite e mel e sua alma se fartará de banha e de gordura.

Ajunte feixes dourados de graça, pois eles esperam por você nos campos da fé. "Tudo é possível ao que crê."

C.H. Spurgeon

"A cidade não precisa nem do sol, nem da lua, para lhe darem claridade..." APOCALIPSE 21:23

Lá no mundo melhor, os habitantes são independentes do conforto que cerca todas as criaturas. Não têm necessidade de vestuário; seus mantos brancos nunca se gastam e nunca se deterioram. Não precisam de medicamento para curar doenças, pois: "Nenhum morador de Jerusalém dirá: Estou doente". Não precisam dormir para repor as energias de seus corpos — não descansam durante o dia nem à noite, mas incansavelmente o louvam em Seu templo. Não precisam de relacionamentos sociais para terem consolo, e qualquer felicidade que possa ser fruto da união com seus companheiros não é essencial para seu êxtase, pois a comunhão com seu Senhor é suficiente para suprir seus maiores desejos. Lá não precisam de mestres, eles comungam inquestionavelmente uns com os outros a respeito dos assuntos de Deus, mas não precisam disso como forma de instrução; todos são ensinados pelo Senhor. Nossas são as esmolas no portão do rei, mas eles podem banquetear-se na própria mesa. Aqui nos recostamos em um ombro amigo, mas lá eles se recostam em seu Amado e somente nele. Aqui precisamos da ajuda de nossos companheiros, mas lá eles encontram tudo o que desejam em Cristo Jesus. Aqui olhamos para a carne que perece, e para o vestuário que se deteriora pela traça, mas lá eles têm tudo em Deus. Utilizamos o balde para conseguirmos água do poço, mas lá eles bebem da fonte principal, e encostam seus lábios na água viva. Aqui os anjos nos trazem bênção, mas lá não desejaremos mensageiros do céu. Eles não precisam de Gabriel para lhes trazer bilhetes de amor de Deus, pois lá veem *Jesus* face a face. Ó, que tempo abençoado será quando estivermos acima de qualquer causa secundária e pudermos descansar no braço de Deus! Que hora gloriosa quando Deus, e não Suas criaturas, o Senhor, e não Suas obras, forem nossa alegria diária! Nossa alma terá então atingido a perfeição da felicidade.

C.H. Spurgeon

"*...apareceu primeiro a Maria Madalena, da qual expelira sete demônios*". MARCOS 16:9

Maria Madalena era *vítima de um mal terrível.* Ela era possuída não por um demônio apenas, mas por sete. Estes horríveis ocupantes causaram muita dor e contaminação ao pobre corpo onde encontraram abrigo. Seu caso era sem esperança, medonho. Ela não podia se ajudar, e nenhum ser humano podia socorrê-la. Mas Jesus passou por aquele caminho e, sem que a pobre endemoniada o buscasse e provavelmente até mesmo o tivesse resistido, Ele proferiu a palavra de poder, e Maria de Magdala tornou-se um *troféu do poder de cura de Jesus.* Todos os sete demônios deixaram-na para nunca mais retornarem, expelidos impetuosamente pelo Senhor de todas as coisas. Que bendita libertação! Que feliz mudança! Do delírio ao deleite, do desespero à paz, do inferno ao céu! Imediatamente ela se tornou uma *constante seguidora de Jesus*, apreendendo cada uma de Suas palavras, seguindo Seus passos, compartilhando Sua vida laboriosa; e, sobretudo, ela se tornou *Sua generosa ajudadora*, primeiro entre o grupo de mulheres curadas e agradecidas que ministravam a Ele materialmente. Quando Jesus foi erguido na crucificação, Maria permaneceu como *participante de Sua vergonha*: vemos seu primeiro olhar de longe e depois ela se aproxima dos pés da cruz. Ela não podia morrer na cruz com Jesus, mas permaneceu o mais próximo que pôde e quando Seu corpo bendito foi retirado, ela cuidou para ver como e onde seria deixado. Ela foi a *cristã fiel e cautelosa*, a última na sepultura onde Jesus dormiu, a primeira na sepultura quando Ele ressuscitou. Sua santa fidelidade fez dela *uma observadora favorecida de seu amado Raboni*, que condescendeu e chamou-a pelo seu nome e fez dela *Sua mensageira de boas-novas* aos temerosos discípulos e a Pedro. Portanto, a graça a encontrou como uma insana e fez dela uma ministra, expulsou demônios e deu-lhe o privilégio de ver anjos, liberta de Satanás e unida para sempre ao Senhor Jesus. Que eu também seja um milagre da graça, como este!

C.H. Spurgeon

"*...Cristo, que é a nossa vida...*"
COLOSSENSES 3:4

A expressão de Paulo, maravilhosamente rica, indica que Cristo é a *fonte* de nossa vida. "Ele vos deu vida, estando vós mortos nos vossos delitos e pecados." Essa mesma voz que trouxe Lázaro para fora do túmulo nos ressuscitou para a novidade de vida. Ele é agora a *essência* de nossa vida espiritual. É pela vida dele que vivemos; Ele é em nós a esperança da glória, a fonte de nossas ações, o pensamento central que move todos os outros pensamentos. *Cristo é o alimento de nossa vida.* De que o cristão pode se alimentar se não da carne e do sangue de Jesus? "Este é o pão que desce do céu, para que todo o que dele comer não pereça." Ó peregrinos exaustos neste deserto de pecado, vocês nunca recebem um bocado para satisfazer a fome de seus espíritos, a não ser que o encontrem nele! *Cristo é o conforto de nossa vida.* Todas as nossas verdadeiras alegrias vêm dele; e em momentos de luta, Sua presença é nossa consolação. Não há nada pelo que valha a pena viver exceto por Ele; e Sua bondade é melhor que a vida! *Cristo é o propósito.* Conforme o navio se apressa em direção ao porto, também apressa-se o cristão em direção ao ancoradouro, o amplexo de seu Salvador. Como a flecha que voa para seu alvo, assim também o cristão voa rumo ao aperfeiçoamento de sua comunhão com Cristo Jesus. Como o soldado que luta por seu capitão e é coroado na vitória de seu capitão, também o cristão luta por Cristo e recebe seu triunfo como parte dos triunfos de seu Mestre. Para ele "o viver é Cristo". *Cristo é o modelo de nossa vida.* Onde há a mesma vida interior, haverá e deve haver, em grande amplitude, a mesma vida exterior; e se vivermos em comunhão íntima com o Senhor Jesus, cresceremos como Ele. Nós o colocaremos como nosso exemplo divino e procuraremos caminhar em Seus passos, até que Ele se torne *a coroa de nossa vida em glória.* Ó, como é seguro, honrado e feliz o cristão, visto que Cristo é nossa vida!

C.H. Spurgeon

"...o Filho do Homem tem sobre a terra autoridade para perdoar pecados..." MATEUS 9:6

Veja uma das habilidades mais poderosas do grande Médico: Ele tem poder para perdoar pecados! Enquanto esteve aqui Ele viveu de modo inferior, antes que o resgate fosse pago, antes que o sangue fosse literalmente derramado no trono da graça, e tinha poder para perdoar pecados. Não tem Ele poder para fazê-lo, agora que morreu? Que poder deve habitar nele que pagou as dívidas de Seu povo até a última moeda! Ele tem poder ilimitado agora que acabou com a transgressão e deu um fim ao pecado. Se você duvida, veja-o ressuscitando dos mortos! Observe-o ascendendo esplendorosamente à destra de Deus! Ouça-o suplicando diante do Pai eterno, mostrando Suas feridas, apressando a recompensa de Sua sagrada paixão! Que poder para perdoar se encontra nele! "Ele subiu às alturas e concedeu dons aos homens. Deus [...] o exaltou a Príncipe e Salvador, a fim de conceder o arrependimento e a remissão de pecados." Os pecados mais avermelhados são removidos pelo carmesim de Seu sangue. Neste momento, caro leitor, qual seja sua pecaminosidade, Cristo tem poder para perdoar, poder para perdoá-lo e milhões como você. Uma palavra resolverá a questão. Ele não precisa fazer mais nada para ganhar o seu perdão; toda a obra expiatória está consumada. Ele pode, em resposta às suas lágrimas, perdoar os seus pecados hoje e você saberá. Ele pode soprar em sua alma neste exato momento uma paz com Deus que excede todo entendimento, que fluirá da perfeita remissão das muitas iniquidades. Você crê nisso? Acredito que sim. Que você experimente agora o poder de Jesus de perdoar pecados! Não perca tempo, recorra agora ao Médico das almas, rapidamente vá até Ele com palavras como estas:

Jesus! Mestre! Ouve meu clamor;
Salva-me, cura-me com uma palavra;
Aos Teus pés estou desfalecido,
O clamor de meu sussurro ouviste.

C. H. Spurgeon

"Ah! Quem me dera ser como fui nos meses passados..."
JÓ 29:2

Muitos cristãos olham para o passado com satisfação, mas consideram o presente com descontentamento; olham para trás, para os dias que passaram em comunhão com o Senhor como sendo os dias mais doces e melhores que já experimentaram, mas o presente está coberto com uma roupagem negra de melancolia e lugubridade. Antes viviam próximos a Jesus, mas agora sentem ter se apartado dele e dizem: "Ah! Quem me dera ser como fui nos meses passados." Reclamam por ter perdido seus testemunhos, ou por não terem paz de espírito, ou por não terem gozo nas ações da graça, ou porque a consciência não é tão afável, ou por não terem tanto zelo pela glória de Deus. As causas deste estado pesaroso são muitas. Podem surgir, em termos comparativos, por meio da *negligência da oração*, pois um lugar de oração não frequentado é o começo de todo declínio espiritual. Ou podem ser resultado da *idolatria*. O coração foi ocupado com algo mais, algo além de Deus; as afeições foram direcionadas para os bens da Terra, em lugar dos tesouros do céu. Um Deus zeloso não ficará satisfeito com um coração dividido; Ele deve ser amado antes de tudo o mais e melhor do que tudo o mais. Ele retirará Sua presença que é como a luz solar de um coração frio e errante. A causa pode também ser encontrada na *autoconfiança* e no farisaísmo. O orgulho se ocupa do coração e o ser é exaltado em lugar de prostrar-se aos pés da cruz. Cristão, se você agora não é como foi "nos meses passados" não descanse satisfeito por *desejar* um retorno à antiga felicidade, mas vá imediatamente buscar seu Mestre e conte a Ele sobre seu triste estado. Peça que Sua graça e força o ajudem a caminhar mais perto dele; humilhe-se diante dele e Ele o exaltará, e dará a você novamente a alegria de desfrutar da luz de Seu semblante. Não se assente para suspirar e lamentar; enquanto o amado Médico vive, há esperança, há certeza de recuperação para os piores casos.

C.H. Spurgeon

"...eterna consolação..."
2 TESSALONICENSES 2:16

Consolação. Há música nesta palavra: como a harpa de Davi, que expulsa o mau espírito de melancolia com seu encanto. Era uma honra ilustre para Barnabé ser chamado de "filho da consolação"; mais ainda, é um dos nomes mais distintos de alguém maior que Barnabé, pois o Senhor Jesus é "a consolação de Israel". "Eterna consolação" — aqui está a melhor parte de tudo, pois a eternidade do consolo é sua coroa e glória. O que é esta "eterna consolação"? Inclui um senso de pecado perdoado. Um cristão recebe em seu coração o testemunho do Espírito de que suas iniquidades são lançadas fora como nuvem e suas transgressões como uma densa nuvem. Se o pecado foi perdoado, não é isso uma eterna consolação? Além disso, o Senhor dá a Seu povo um permanente senso de aceitação em Cristo. O cristão sabe que Deus o vê em união permanente com Jesus. A união com o Senhor ressurreto é uma consolação da mais duradoura ordem; é, na verdade, eterna. Caso a doença nos enfraqueça, já não vimos centenas de cristãos tão felizes na fraqueza da doença quanto estariam na força da saúde vigorosa e abundante? Caso a flecha da morte perfure nosso coração, nosso consolo não morre, pois nossos ouvidos já não ouviram as canções dos santos que alegravam-se no amor vivo de Deus que foi vertido amplamente em seus corações, em momentos de agonia? Sim, um senso de aceitação no Amado é uma consolação eterna. Além disso, o cristão tem uma convicção de sua segurança. Deus prometeu salvar aqueles que confiam em Cristo: o cristão confia em Cristo, e acredita que Deus será tão bom quanto Sua palavra e o salvará. Ele se sente seguro pela virtude de seu ser, atado à pessoa e à obra de Jesus.

C.H. Spurgeon

"Reina o Senhor. *Regozije-se a terra..."*
SALMO 97:1

Enquanto esta bendita sentença for verdadeira não há uma só causa para desassossego. *No mundo* o poder do Senhor controla prontamente a ira dos perversos, assim como a ira do mar; Seu amor revigora facilmente os pobres com misericórdia, como a Terra com chuvas. A majestade lampeja em clarões de fogo em meio a tempestades horripilantes, e a glória do Senhor é vista em sua majestade na queda dos impérios e na destruição dos tronos. Em todos os nossos conflitos e tribulações, podemos observar a mão do Rei divino.

Deus é Deus; Ele vê e ouve
Nossos problemas e lágrimas.
Não esqueça minh'alma, em meio a suas dores,
Para sempre, Deus reina sobre tudo.

No inferno, maus espíritos reconhecem, com penúria, Sua supremacia incontestável. Quando têm permissão para perambular, o fazem com uma corrente em seu calcanhar; o freio está na boca de beemote [N.E.: Jó 40:15-24 ARC], e o anzol na mandíbula do leviatã. Os dardos da morte estão sob o bloqueio do Senhor, e as prisões dos sepulcros têm o poder divino como sua sentinela. A terrível vingança do Juiz de toda a Terra faz os inimigos se esconderem e tremerem, assim como cães no canil temem o chicote do caçador.

Não temas a morte, nem os ataques de Satanás,
Deus defende quem nele confia;
Alma, lembre-se de que em suas dores,
Para sempre, Deus reina sobre tudo.

No céu ninguém duvida da soberania do Rei eterno, mas todos prostram o seu rosto para prestar-lhe honra. Os anjos são a corte de Deus; os redimidos são Seus favoritos; e todos se deleitam em servi-lo, noite e dia. Ó! Que logo cheguemos à cidade do grande Rei!

Pela longa noite de tristeza desta vida
Ele nos dará paz e alegria.
Alma, lembre-se de que em suas dores,
Para sempre, Deus reina sobre tudo.

C.H. Spurgeon

"*...quando eu trouxer nuvens sobre a terra, e nelas aparecer o arco...*" GÊNESIS 9:14

O arco-íris, o símbolo da aliança com Noé, é típico de nosso Senhor Jesus, que é a testemunha do Senhor para o povo. Quando podemos *esperar ver o sinal da aliança*? O arco-íris só pode ser visto retratado sobre uma *nuvem*. Quando a consciência do pecador está escurecida com nuvens, quando ele se lembra de seu pecado passado, e pranteia e lamenta diante de Deus, Jesus Cristo é revelado a ele como o Arco da aliança, exibindo todas as gloriosas nuances do caráter divino e exprimindo paz. Para o cristão, quando suas provas e tentações o cercam, é doce observar a pessoa de nosso Senhor Jesus Cristo — vê-lo sangrando, vivo, ressurreto e suplicando por nós. O arco de Deus é colocado sobre a nuvem de nossos pecados, nossas tristezas e nossas aflições para profetizar libertação. A *nuvem* por si só não produz um arco-íris, deve haver as *gotas de cristal* para refletir a luz do sol. Nossas tristezas, então, não devem apenas ameaçar, mas devem realmente cair sobre nós. Não haveria Cristo para nós se a vingança de Deus fosse simplesmente uma nuvem ameaçadora: a punição deve cair em gotas terríveis sobre o Fiador. Até que haja uma angústia *real* na consciência do pecador, não há Cristo para ele; até que o castigo que ele sente se torne doloroso, ele não conseguirá ver Jesus. Mas deve também haver um sol; pois nuvens e gotas de chuva não formam arco-íris a não ser que o sol brilhe. Amado, nosso Deus, que é o Sol para nós, sempre brilha, mas nós nem sempre o vemos — nuvens escondem Sua face; mas não importa que tipo de gotas estejam caindo, ou que tipo de nuvens estejam ameaçando, se *Ele* simplesmente brilhar rapidamente seremos arco-íris. Diz-se que quando vemos um arco-íris a chuva acabou. É certo que quando Cristo surge Ele remove nossos problemas; quando observamos Jesus, nossos pecados desaparecem e nossas dúvidas e nossos medos apazíguam-se. Quando Jesus caminha sobre as águas do mar, quão profunda é a calmaria!

C.H. Spurgeon

"Avigoram-se as árvores do SENHOR *e os cedros do Líbano que ele plantou."* SALMO 104:16

Os cedros do Líbano são símbolos do cristão, no sentido de que *eles devem seu plantio inteiramente ao Senhor*. Isto é totalmente verdadeiro para todo filho de Deus. Ele não é plantado pelo homem nem por si mesmo, mas plantado por Deus. A misteriosa mão do Espírito divino coloca a semente viva em um coração que Ele mesmo preparou para recebê-la. Todo verdadeiro herdeiro do céu reconhece o grande Noivo como seu agricultor. Além disso, os cedros do Líbano *não dependem de homens para irrigação*; eles ficam nas rochas elevadas, sem que nenhum homem os irrigue, contudo nosso Pai celestial os abastece. Assim o é com o cristão que aprendeu a viver pela fé. Ele não depende do homem, mesmo nas questões temporais; para seu contínuo sustento ele olha para o Senhor seu Deus, e somente para Ele. O orvalho do céu é sua porção e o Deus do céu é sua fonte. Novamente, os cedros do Líbano *não são protegidos por nenhum poder mortal*. Eles não devem nada ao homem por serem preservados em ventos tempestuosos e temporais. São árvores de Deus, mantidas e preservadas por Ele e somente por Ele. Precisamente o mesmo acontece com o cristão. Ele não é uma planta de estufa, abrigada da tentação; ele está na posição mais exposta, não tem abrigo, nem proteção, exceto por isso: as amplas asas do Deus eterno sempre cobrem os cedros que Ele mesmo plantou. Como os cedros, os cristãos são *cheios de seiva*, têm vitalidade suficiente para permanecer sempre verdes, mesmo em meio às neves do inverno. Por fim, a condição viçosa e grandiosa do cedro *deve ser motivo de louvor a Deus apenas*. O Senhor, e apenas Ele, é tudo para os cedros, e, portanto, Davi muito docemente coloca esse fato em um dos salmos: "Louvem ao Senhor árvores frutíferas e todos os cedros." No cristão não há nada que possa magnificar o homem; ele é plantado, nutrido e protegido pela mão do Senhor e a Ele seja imputada toda a glória.

C.H. Spurgeon

"...então, me lembrarei da minha aliança..."
GÊNESIS 9:15

Note o aspecto da promessa. Deus não diz: "E quando vocês olharem para o arco-íris, e *vocês* se lembrarem da minha aliança, *então* eu não destruirei a terra", a promessa é gloriosamente colocada, não em *nossa* memória, mas na memória de Deus, que é infinito e imutável. "O arco estará nas nuvens; vê-lo-ei e me lembrarei da aliança eterna..." Ó! A fundação de minha segurança não sou eu lembrando--me de Deus, é Deus lembrando-se de *mim*; não sou eu quem apreende Sua aliança, mas é Sua aliança que me apreende. Glórias a Deus! Todos os baluartes da salvação estão seguros pelo poder divino, e mesmo as menores torres, das quais podemos pensar que tenham sido deixadas para o homem, são guardadas pela força onipotente. Nem mesmo a *lembrança* da aliança é deixada a cargo de nossas memórias, pois *nós* podemos esquecer, mas nosso Senhor não se esquece dos santos a quem gravou nas palmas de Suas mãos. Como foi com Israel no Egito, assim é conosco; o sangue estava sobre o umbral e as laterais das portas, mas o Senhor não disse: "Quando *vocês* virem o sangue eu passarei por vocês", mas "quando *eu* vir o sangue, passarei por vós". Quando olho para Jesus tenho alegria e paz, mas é o fato de Deus olhar para Jesus que garante minha salvação e de todos os Seus eleitos, considerando que é impossível nosso Deus olhar para Cristo, nosso Fiador coberto de sangue, e irar-se conosco por pecados já punidos em Jesus. Não, para *nós* não fica nem a tarefa de sermos salvos pela lembrança da aliança. Não há tecido deteriorado aqui — não há nem um filamento sequer do tecido arruinado pela criatura. Não é *do* homem, nem pelo homem, mas somente do Senhor. Nós *deveríamos* nos lembrar da aliança, e assim o *faremos*, pela graça divina; mas a articulação de nossa salvação sustenta-se nisto — Deus lembrando-se de *nós* e não nós nos lembrando *dele*; e consequentemente a aliança é uma *aliança eterna*.

C.H. Spurgeon

"Pois me alegraste, SENHOR, *com os teus feitos..."*

SALMO 92:4

Você crê que seus pecados foram perdoados e que Cristo cumpriu a expiação completa por eles? Que cristão alegre *você será*! Você viverá acima das provas e sofrimentos comuns do mundo! Considerando que o pecado está perdoado, importa o que acontecerá com você agora? Lutero disse: "Castiga-me, Senhor, castiga-me, desde que meu pecado esteja perdoado; se me perdoaste, castiga-me o quanto quiseres"; e em espírito semelhante você pode dizer: "Envia doença, pobreza, perdas, cruzes, perseguição, o que o Senhor quiser; o *Senhor me perdoou,* e minha alma se alegra." Cristão, se você é salvo, além de contente, *seja grato e amável.* Apegue-se a essa cruz que levou o pecado; sirva Aquele que serviu você. "Rogo-vos, pois, irmãos, pelas misericórdias de Deus, que apresenteis o vosso corpo por sacrifício vivo, santo e agradável a Deus, que é o vosso culto racional." Não deixe que seu zelo evapore em alguma agitação despropositada. Demonstre seu amor com indícios significativos. Ame os irmãos daquele que o amou. Se, em algum lugar, houver um Mefibosete que é manco ou coxo, ajude-o por amor a Jônatas. Se houver um pobre cristão sendo provado, chore com ele e carregue sua cruz por amor Àquele que chorou por você e carregou seus pecados. Uma vez que você é livremente perdoado, vá, por amor a Cristo, e conte a outros as alegres boas-novas da misericórdia perdoadora. Não se contente com essa inefável bênção somente para você, mas divulgue a história da cruz amplamente. A santa alegria e a santa ousadia farão de você um bom pregador, e todo o mundo será o púlpito em que você pregará. A santidade contente é o sermão mais impetuoso, mas o Senhor deve concedê-la a você. Busque-a nesta manhã antes de lançar-se ao mundo. Quando nos alegramos na obra do Senhor, não precisamos temer estar demasiadamente alegres.

"...Conheço-lhe o sofrimento."
ÊXODO 3:7

O filho é consolado ao cantar: "Isto meu Pai conhece"; e nós não seremos consolados ao discernirmos que nosso amado Amigo e carinhoso Esposo da nossa alma conhece tudo que se relaciona conosco?

1. *Ele é o Médico*, e se Ele conhece tudo, não há necessidade de o paciente saber tudo. Aquiete-se, coração tolo e agitado; inquiridor, espreitador e duvidoso! O que você não sabe agora, saberá adiante, e enquanto isso, Jesus, o amado Médico, conhece sua alma nas adversidades. Por que precisaria o paciente analisar os medicamentos, ou avaliar os sintomas? Isso é trabalho do Médico, não meu; meu trabalho é confiar e o dele é prescrever. Se Ele escrever Sua receita com letras ilegíveis que não entendo, não me inquietarei, mas confiarei em Sua infalível habilidade de esclarecer tudo no resultado, por mais misterioso que seja o andamento.

2. *Ele é o Mestre*, e é Seu conhecimento que nos serve e não o nosso; devemos obedecer e não julgar: "O servo não sabe o que faz o seu senhor". Deve o arquiteto explicar seus planos a cada pedreiro na obra? Se eles conhecem seu intento, não é isso suficiente? O vaso na roda do oleiro não conhece a forma em que será moldado, mas se o oleiro entende sua arte, o que importa a ignorância do barro? Meu Senhor não deve mais ser questionado por alguém tão ignorante quanto eu.

3. *Ele é o Cabeça*. Todo entendimento está centralizado nisso. Que apreciação tem o braço? Que compreensão tem o pé? Todo o poder de conhecimento está na cabeça. Por que o membro deveria ter um cérebro para si quando a cabeça realiza para todos, o ofício intelectual completo? Então, deve o cristão apaziguar-se na doença, não porque ele pode ver o fim, mas porque Jesus sabe tudo. "Doce Senhor, sê para sempre olhos, alma e cabeça para nós e dá-nos contentamento em saber apenas aquilo que tu escolheres revelar."

C. H. Spurgeon

"Saíra Isaque a meditar no campo, ao cair da tarde..."
GÊNESIS 24:63

Muito admirável era sua ocupação. Se aqueles que gastam tantas horas em companhia ociosa, leituras leves e passatempos inúteis pudessem aprender a sabedoria, encontrariam companhia mais proveitosa e compromissos mais interessantes na meditação do que nas vaidades que agora os fascinam tanto. Todos nós saberíamos mais, viveríamos mais próximos de Deus e cresceríamos em graça, se ficássemos mais tempo sozinhos. A meditação rumina e extrai a real nutrição do alimento mental colhido em outro lugar. Quando Jesus é o tópico, a meditação é realmente doce. Isaque encontrou Rebeca enquanto se ocupava de reflexões em secreto; muitos outros encontraram seu mais Amado neste mesmo lugar.

Muito admirável foi a escolha do local. No campo temos objetos de estudo à mostra rodeados de motivos para reflexão. Do cedro ao hissopo, da águia que plana ao grilo que cricrila, da extensão azul do céu ao cair do orvalho, todas as coisas estão repletas de ensinamentos, e quando os olhos estão divinamente abertos, esse ensinamento lampeja na mente muito mais vividamente que livros escritos. Nossos quartos pequenos não são salubres tampouco tão inspiradores, tão aprazíveis ou tão estimulantes como os campos. Não estimemos nada como comum ou impuro, mas tenhamos consciência de que todas as coisas criadas apontam para o Criador e o campo será imediatamente consagrado.

Muito admirável foi o momento. A hora do cair da tarde, que estende um véu sobre o dia, condiz com a tranquilidade da alma quando as preocupações deste mundo rendem-se às alegrias da comunhão celestial. A glória do sol que se põe desperta nossa admiração e a solenidade da noite que se aproxima reaviva nossa reverência. Se a ocupação deste dia permitir, será bom, caro leitor, se você reservar uma hora para caminhar no campo ao anoitecer, mas não sendo possível, o Senhor também está na cidade e encontrará você em seu quarto ou na rua movimentada. Deixe que seu coração vá e o encontre.

C.H. Spurgeon

"...e vos darei coração de carne."
EZEQUIEL 36:26

Um coração de carne é conhecido por sua *sensibilidade acerca do pecado*. Tolerar pensamentos impuros ou permitir que um desejo licencioso permaneça em nós por um momento que seja, é suficiente para que um coração de carne aflija-se diante do Senhor. O coração de pedra chama uma grande iniquidade de bagatela, mas não o coração de carne.

Se para a direita ou esquerda eu me desvio,
Reprova, Senhor, esse momento;
E deixa-me chorar pelo resto da vida,
Por ter ofendido Teu amor.

O coração de carne *tem consideração pela vontade de Deus*. A minha senhora vontade é uma grande fanfarrona, e é difícil sujeitá-la à vontade de Deus; mas quando o coração de carne é concedido, a vontade treme como folha de álamo com qualquer sopro do céu e curva-se como o salgueiro com qualquer brisa do Espírito de Deus. A vontade natural é metal frio e endurecido que não se deixa forjar, mas a vontade renovada, como metal fundido, rapidamente é moldada pela mão da graça. No coração de carne há *brandura de emoções*. O coração duro não ama o Redentor, mas o coração renovado arde de paixão por Ele. O coração duro é egoísta e interpela friamente: "Por que deveria eu lastimar o pecado? Por que deveria eu amar o Senhor?" Mas o coração de carne diz: "O Senhor sabe que eu o amo; ajuda-me, Senhor, a amar-te ainda mais!" Muitos são os privilégios desse coração renovado: "Aqui habita o Espírito, aqui Jesus repousa." Ele é adequado para receber qualquer bênção espiritual e todas as bênçãos vêm até ele. Está preparado para ceder todo fruto celestial à honra de Deus e Seu louvor, e, portanto, nele o Senhor se deleita. Um coração sensível é a melhor defesa contra o pecado e a melhor preparação para o céu. Um coração renovado coloca-se em sua torre de vigia, esperando a vinda do Senhor Jesus. Você tem esse coração de carne?

C.H. Spurgeon

"Tributai ao SENHOR a glória devida ao seu nome..."
SALMO 29:2

A glória de Deus é o resultado de Sua natureza e de Seus atos. Ele é glorioso em Seu caráter, pois há tanta riqueza de tudo o que é santo, bom e amável em Deus, que é imprescindível que Ele seja glorioso. As ações que fluem de Seu caráter também são gloriosas; porém, embora Ele intente que elas manifestem a Suas criaturas Sua bondade, misericórdia e justiça, Ele se preocupa, igualmente, que a glória associada a elas seja dada apenas a Ele. Não há também coisa alguma em nós de que possamos nos gloriar; pois o que nos faz diferir uns dos outros? E o que temos que não tenhamos recebido do Deus de toda a graça? Então, quão cuidadosos devemos ser para *caminhar humildemente diante do Senhor*! No momento em que glorificamos a nós mesmos, nos colocamos como rivais do Altíssimo, visto que há espaço apenas para uma glória no universo. Deveria o inseto tão ínfimo glorificar-se diante do sol que o aquece por toda a vida? Deveria o objeto de barro exaltar-se acima do homem que o modelou na roda? Deveria a poeira do deserto contender com o vendaval? Ou as gotas do oceano lutar contra a tempestade? "Tributai ao SENHOR, filhos de Deus, tributai ao SENHOR glória e força. Tributai ao SENHOR a glória devida ao seu nome." Contudo, aprender essa sentença é talvez uma das lutas mais duras da vida cristã. "Não a nós, SENHOR, não a nós, mas ao teu nome dá glória." É uma lição que Deus nos ensina continuamente e, algumas vezes, pela disciplina mais dolorosa. Assim que o cristão começar a gloriar-se, "tudo posso" sem acrescentar "naquele que me fortalece", muito em breve ele terá que gemer: "Não posso nada" e lamentar-se no pó. Quando fizermos algo para o Senhor e Ele se agradar com nossos feitos, lancemos nossas coroas aos Seus pés e exclamemos: "Não eu, mas a graça de Deus comigo."

"...mas também nós, que temos as primícias do Espírito..."
ROMANOS 8:23

Nossa presente posse está declarada. Já temos as primícias do Espírito. Temos arrependimento, essa pedra preciosíssima; fé, a pérola inestimável; esperança, a esmeralda celestial; e amor, o glorioso rubi. Já fomos feitos "novas criaturas em Cristo Jesus" pela obra vigente do Espírito Santo. Isto é chamado de primícia porque *vem primeiro*. Como a messe era a primeira na colheita, assim a vida espiritual e todas as graças que adornam essa vida são as primeiras ações do Espírito de Deus em nossa alma. *As primícias eram o penhor da colheita*. Assim que o israelita arrancava as primeiras espigas maduras, ele tinha a alegre expectativa do momento em que as carroças iriam ranger pelo peso da safra. Então, irmãos, quando Deus nos concede dádivas que são puras, amáveis e de boa fama, como a obra do Espírito Santo, elas são prognósticos da glória por vir. *As primícias eram sempre santas para o Senhor*, e nossa nova natureza, com todo o seu potencial, é oferta consagrada. A nova vida não é nossa para que atribuamos sua excelência a nossos méritos; é a imagem e a criação de Cristo e é destinada à Sua glória. Mas as primícias não eram a colheita, e a obra do Espírito em nós neste momento não é a consumação — a perfeição ainda está por vir. Não devemos nos gloriar por a termos alcançado e considerar a messe como o produto do ano todo: devemos ter fome e sede de justiça e anelar pelo dia da completa redenção. Caro leitor, nesta noite abra sua boca e Deus a encherá. Que o benefício das propriedades do presente o incite à cobiça sagrada por mais graça. Clame interiormente, gemendo por mais consagração e o seu Senhor a concederá a você, pois Ele "...é poderoso para fazer infinitamente mais do que tudo quanto pedimos ou pensamos...".

C.H. Spurgeon

"*...a misericórdia de Deus...*" SALMO 52:8

Medite um pouco nessa misericórdia do Senhor. É *misericórdia afável.* Com toque gentil e amável Ele cura o quebrantado de coração e limpa suas feridas. Ele é gracioso em Sua conduta assim como o é na matéria de Sua misericórdia. É *grande misericórdia.* Não há nada pequeno em Deus; Sua misericórdia é como Ele — infinita. Não se pode medi-la. Sua misericórdia é tão grande que perdoa grandes pecados a grandes pecadores, após grandes períodos de tempo, e, então, concede grandes favores e grandes privilégios e nos eleva a grandes alegrias no grande céu do grande Deus. É *misericórdia imerecida*, como, de fato, toda misericórdia verdadeira deve ser, pois misericórdia merecida é apenas uma designação errônea para justiça. Não havia, da parte do pecador, direito à bondosa consideração do Altíssimo; o rebelde teria ricos méritos em sua condenação caso tivesse sido sentenciado imediatamente ao fogo eterno; e, se liberto da ira, o pleito seria exclusivamente do amor soberano, pois no pecador não há pleito algum. É *rica misericórdia.* Algumas coisas são grandes, mas têm em si pouca eficácia, mas esta misericórdia é alimento para nosso espírito abatido; um unguento áureo para nossas feridas ensanguentadas; uma bandagem celestial para nossos ossos quebrados; uma carruagem real para nossos pés cansados; um abraço de amor para nosso coração trêmulo. É *misericórdia múltipla.* Como Bunyan diz: "Todas as flores no jardim de Deus são duplicadas." Não há misericórdia que não seja duplicada. Você pode pensar que tem uma única misericórdia, mas descobrirá que o que tem é um conjunto de misericórdia. É *misericórdia abundante.* Milhões a receberam, contudo, longe de estar extenuada, é tão nova, tão plena e tão livre como nunca. É *misericórdia infalível.* Nunca o deixará. Se a misericórdia for sua amiga, ela estará com você na tentação para impedir que ceda; com você no sofrimento para impedir que afunde; vivendo com você para ser a luz e a vida do seu semblante; e morrendo com você para ser a alegria da sua alma quando o consolo terreno rapidamente se esgotar.

C.H. Spurgeon

"...Esta enfermidade não é para morte..."

JOÃO 11:4

A partir das palavras de nosso Senhor aprendemos que há limite para a doença. Aqui há um "para" em que seu fim derradeiro é refreado além do qual não pode ir. Lázaro pôde passar pela morte, mas a morte não foi o ultimato de sua doença. Em toda doença, o Senhor diz às ondas de dor: "Até aqui virás e não mais adiante." Seu propósito estabelecido não é destruição, mas a instrução de Seu povo. A sabedoria coloca o termômetro à entrada da fornalha e regula o calor.

1. *Este limite é animadoramente abrangente.* O Deus da providência limitou o tempo, a conduta, a intensidade, a repetição e os efeitos de toda nossa doença; cada batimento cardíaco está decretado, cada hora sem dormir está predestinada, cada recaída determinada, cada abatimento de espírito previsto e cada resultado santificador eternamente designado. Nada, grande ou pequeno, escapa da mão determinadora do Senhor que conta os cabelos de nossa cabeça.

2. *Este limite é sabiamente adaptado* à nossa força, destinado para o fim e providenciado conforme a graça. A tribulação não vem acidentalmente — o peso de cada golpe do cajado é precisamente medido. Aquele que não comete erros ao equilibrar as nuvens e administrar os céus, não comete enganos ao medir os ingredientes que compõem o medicamento para nossa alma. Não há como sofrermos demais ou receber o alívio tarde demais.

3. *Este limite é ternamente designado.* O bisturi do Cirurgião celestial nunca corta mais fundo do que o realmente necessário. "Porque não aflige, nem entristece de bom grado os filhos dos homens." O coração de uma mãe clama: "Poupe meu filho"; mas nenhuma mãe é mais compassiva que nosso Deus gracioso. Quando consideramos como somos teimosos, é surpreendente não sermos conduzidos com freios mais severos. Que pensamento repleto de consolação: Ele que estabeleceu os limites de nossa habitação, também estabeleceu os limites de nossa tribulação.

C.H. Spurgeon

"*...vieram estrangeiros e entraram nos santuários da Casa do* Senhor." JEREMIAS 51:51

Neste relato, os rostos do povo do Senhor estavam cobertos de vergonha, pois era algo terrível que homens invadissem o Lugar Santo reservado apenas aos sacerdotes. Em toda parte ao nosso redor vemos motivo semelhante para tristeza. Quantos homens incrédulos estão agora estudando com intenções de entrar no ministério! Que pecado evidente é esta solene mentira pela qual toda a nossa população é nominalmente envolvida em uma Igreja Nacional! [N.E.: Relacionado ao anglicanismo como religião oficial da Inglaterra. Permanece até os dias atuais.] Quão temível é que ordenanças sejam impostas a não-cristãos e que entre as igrejas mais esclarecidas de nossa nação haja tal lassidão de disciplina. Se todos os milhares que lerão este trecho colocarem esta questão diante do Senhor Jesus, Ele interferirá e impedirá que o mal venha sobre Sua Igreja. Adulterar a Igreja é como poluir um poço, derramar água sobre fogo, semear um campo fértil com pedras. Tenhamos todos graça para manter, de modo distinto, a pureza da Igreja, como uma assembleia de cristãos e não como uma nação, uma comunidade não salva, de homens não convertidos.

Nosso zelo deve, entretanto, começar em casa. Examinemos a *nós mesmos* em nosso direito de comer à mesa do Senhor. Tenhamos o cuidado de vestir nossas vestes de bodas, a fim de que não sejamos intrusos nos santuários do Senhor. "Muitos são chamados, mas poucos escolhidos; apertado é o caminho e a porta é estreita." Ah! Que tenhamos a graça de chegar a Jesus de maneira reta, com a fé do eleito de Deus. Ele, que atingiu Uzá por tocar a arca, é muito zeloso de Suas duas ordenanças; como verdadeiro cristão posso acessá-las livremente, como estrangeiro não devo tocá-las a fim de que não morra. A sondagem de coração é o dever de todos os que são batizados ou vêm à mesa do Senhor. *Sonda-me, ó Deus, e conhece o meu coração, prova-me e conhece os meus pensamentos.*

C.H. Spurgeon

"Deram-lhe a beber vinho com mirra; ele, porém, não tomou."
MARCOS 15:23

Uma verdade áurea está escondida no fato de que o Salvador afastou o cálice de vinho com mirra de Seus lábios. Nas alturas dos céus o Filho de Deus esteve desde os tempos antigos, e ao olhar para nosso globo abaixo, Ele mediu a longa queda às extremas profundezas da miséria humana; Ele computou a soma de todas as agonias que a expiação exigiria e não reduziu nenhuma partícula. Ele solenemente determinou que, para oferecer um sacrifício expiatório suficiente, Ele teria que ir até o fim, do mais alto para o mais baixo, do trono da mais alta glória à cruz da mais profunda miséria. Este cálice com mirra, com sua influência soporífera, teria suprimido dentro dele uma parte do limite máximo da miséria, portanto Ele recusa o cálice. Ele não poderia dar um passo para trás em tudo o que havia empreendido para sofrer por Seu povo. Ah, quantos de nós ansiamos por alívio de pesares que nos seriam ultrajantes! Leitor, você nunca orou por uma exoneração do serviço pesado ou do sofrimento, com uma avidez petulante e obstinada? A providência tirou de você o desejo de seus olhos com um golpe. Diga, cristão, se tivesse sido dito: "Se assim você deseja, que esse seu amado viva; mas Deus será desonrado." Você conseguiria ter vencido a tentação e dito: "Seja feita a Tua vontade"? Ó, é doce poder dizer: "Meu Senhor, se preciso sofrer e ainda honrar o Senhor mais pelo sofrimento, e se a perda de tudo o que tenho neste mundo trará glória ao Senhor, então, que assim seja. Recuso o auxílio, se for interpelar Sua honra." Ó, se andássemos mais nos passos de nosso Senhor, alegremente suportando a prova por amor a Ele, pronta e deliberadamente afastando o pensamento do eu e do consolo quando interferissem na consumação de nossa obra — obra que Ele nos deu para executar. Grande graça é necessária, mas a graça é concedida.

C.H. Spurgeon

"Ele se manterá firme e apascentará o povo na força do Senhor..." MIQUEIAS 5:4

O reinado de Cristo em Sua Igreja é o reinado de *pastor-rei*. Ele tem supremacia, mas Sua superioridade é a de um pastor sábio e afável com seu rebanho carente e afetuoso; Ele ordena e recebe obediência, mas é a obediência deliberada de ovelhas bem cuidadas, rendidas com alegria ao seu amado Pastor, cuja voz elas conhecem tão bem. Ele governa pela força do amor e pelo vigor da bondade.

Seu reinado é *prático em seu caráter*. A Palavra diz: "Ele se *manterá firme e apascentará o povo...*". O grande Cabeça da Igreja está comprometido ativamente com a provisão para Seu povo. Ele não se assenta no trono vaidosamente nem segura um cetro sem exercer domínio no governo. Não, Ele se mantém firme e apascenta. A expressão "apascentar", no original, é como uma analogia no grego, que significa pastorear, fazer tudo o que é esperado de um pastor: guiar, zelar, preservar, restaurar, cuidar e alimentar.

Seu reinado é *contínuo em duração*. Lemos: "*Ele se manterá firme* e apascentará o povo"; e não "Ele apascentará de vez em quando e abandonará Seu cargo"; ou então: "Um dia Ele concederá grande avivamento e no dia seguinte deixará Sua Igreja à mercê da aridez." Seus olhos jamais dormem e Suas mãos jamais descansam; Seu coração nunca deixa de pulsar com amor e Seus ombros jamais se cansam de carregar os fardos de Seu povo.

Seu reinado é *eficazmente poderoso em suas ações*: "Ele apascentará na força do Senhor." Onde estiver Cristo, ali está Deus; e o que Cristo faz é ação do Altíssimo. Ó! Que verdade jubilosa é considerar que Aquele que hoje está firme representando os interesses de Seu povo é o Deus dos deuses, a quem todo joelho se dobrará. Felizes somos nós que pertencemos a tal Pastor, cuja humanidade comunga conosco e cuja divindade nos protege. Adoremos a Ele e nos curvemos diante dele, como ovelhas de Seu pasto.

C.H. Spurgeon

"Tirar-me-ás do laço que, às ocultas, me armaram, pois tu és a minha fortaleza." SALMO 31:4

Nossos inimigos espirituais são da linhagem da serpente e procuram nos seduzir sutilmente. A oração acima presume a possibilidade de um cristão ser pego como um pássaro. O passarinheiro faz seu trabalho tão primorosamente que os mais ingênuos rapidamente são envolvidos pela rede. O texto pede que o cativo seja liberto até mesmo das armadilhas de Satanás; esta é uma petição adequada e que pode ser concedida: da mandíbula do leão e do ventre do abismo o amor eterno pode resgatar o santo. Pode ser necessário um puxão mais forte para salvar uma alma da rede de tentações e um puxão vigoroso para livrar um homem das ciladas da astúcia maliciosa, mas o Senhor é constante em qualquer emergência e as redes posicionadas da maneira mais habilidosa nunca serão capazes de prender Seus escolhidos. Ai daqueles que tão habilmente colocam redes; aqueles que tentam outros serão destruídos.

"*...pois tu és minha fortaleza.*" Que doçura inexprimível encontramos nestas poucas palavras! Quão alegremente nos depararemos com a labuta e quão animadamente suportaremos sofrimentos, quando podemos nos agarrar à força celestial. O poder divino lançará para longe todo o esforço de nossos inimigos, desconcertará sua estratégia e frustrará seus embustes enganosos; feliz é o homem que tem tal poder inigualável ao seu lado. Nossa força seria de pouco proveito quando enleados nas redes da astúcia vil, mas a força do Senhor está sempre disponível; precisamos apenas invocá-la e a encontraremos de imediato. Se, por fé, dependermos somente da força do poderoso Deus de Israel, poderemos usar nossa santa confiança como argumento na súplica.

Senhor, buscamos Tua face continuamente:
Somos tentados, pobres e fracos;
Mantém-nos com coração humilde e manso.
Não nos deixes cair. Não nos deixes cair.

C.H. Spurgeon

"...o mavioso salmista de Israel."

2 SAMUEL 23:1

Entre todos os santos cuja vida está registrada nos Escritos Sagrados, Davi possui uma experiência de caráter extremamente notável, diversa e instrutiva. Em sua história nos deparamos com provas e tentações que não são dadas a conhecer, como um todo, na vida de outros santos dos tempos antigos, e, portanto, tudo indica que ele seja uma representação de nosso Senhor. Davi conhecia lutas de todas as ordens e condições dos homens. Reis têm suas lutas e Davi usou uma coroa; o camponês tem suas preocupações e Davi manuseou um cajado de pastor; o viajante passa por muitas provações e Davi permaneceu nas cavernas de En-Gedi, o capitão tem suas dificuldades e para Davi os filhos de Zeruia foram grandes dificuldades. O salmista também foi tentado em suas amizades, seu conselheiro Aitofel o abandonou: "Aquele que come do meu pão levantou contra mim seu calcanhar." Seus piores inimigos vieram de sua própria casa: seus filhos foram sua maior desgraça. As tentações de pobreza e riqueza, de honra e reprovação, de saúde e doença; todas forçaram seu poder contra ele. Ele teve tentações exteriores para perturbar sua paz e interiores para arruinar sua alegria. Davi mal escapava de uma prova e já caía em outra; mal saía de uma temporada de desânimo e temor e já era novamente levado às mais baixas profundidades e as ondas e vagalhões de Deus passavam sobre ele. É provavelmente por este motivo que os salmos de Davi são, sem exceção, o deleite de cristãos maduros. Seja qual for nossa constituição mental, êxtase ou depressão, Davi conseguiu descrever nossas emoções com exatidão. Ele foi um hábil mestre do coração humano, porque havia sido instruído na melhor das escolas — a escola da experiência pessoal sincera. Conforme somos instruídos na mesma escola, conforme amadurecemos em graça e em anos, cada vez mais apreciamos os salmos de Davi e percebemos que são como "verdes pastos". Ó, minh'alma, que a experiência de Davi a alegre e console neste dia.

C.H. Spurgeon

"...e restauraram Jerusalém até ao Muro Largo."
NEEMIAS 3:8

Cidades bem fortificadas tem muros largos e assim era em Jerusalém em seus dias de glória. A Nova Jerusalém deve, da mesma forma, ser cercada e preservada por um largo muro de não conformidade com o mundo e *separação* de seus costumes e de seu espírito mundano. A tendência destes dias derruba a barreira santa e cria distinções meramente nominais entre a igreja e o mundo. Aqueles que professam a fé cristã já não são mais rigorosos e puritanos. Lê-se literatura questionável, passatempos frívolos são geralmente tolerados e uma lassidão geral ameaça privar o povo do Senhor das sagradas singularidades que os separam dos pecadores. Será um dia de desgosto para a igreja e o mundo quando essa mistura proposta se completar e os filhos de Deus e filhas dos homens tornarem-se um: outro dilúvio de ira será então prenunciado. Amado leitor, seja seu alvo no coração, em palavra, em vestuário e em ação manter o muro largo, lembrando-se de que a amizade com este mundo é inimizade com Deus.

O muro largo proporcionava um lugar agradável de *refúgio* para os habitantes de Jerusalém, de onde podiam controlar perspectivas do território vizinho. Isto nos lembra dos mandamentos extremamente amplos do Senhor, nos quais caminhamos livres, examinando a situação da Terra e olhando para as glórias do céu. Separados do mundo e negando a nós mesmos toda a impiedade e as luxúrias da carne, não estamos, contudo, presos nem confinados em fronteiras restritas; de modo algum, caminhamos em liberdade porque guardamos Seus preceitos. Venha, leitor, caminhar nesta noite com Deus em Seus estatutos. Como o amigo reúne-se com seu amigo no muro da cidade, encontre-se com seu Deus no caminho da oração e meditação santas. Você tem direito de ir até os baluartes da salvação, pois você é uma pessoa livre da cidade real, um cidadão da metrópole do Universo.

C.H. Spurgeon

"...quem dá a beber será dessedentado."

PROVÉRBIOS 11:25

Aqui aprendemos a grande lição: para receber precisamos dar; para acumular, precisamos espalhar; para ser feliz, precisamos fazer outros felizes; e para nos tornar espiritualmente vigorosos precisamos buscar o bem espiritual de outros. Ao dar de beber a outros somos dessedentados. Como? Nossos esforços para sermos úteis *trazem à tona nosso poder de utilidade*. Temos talentos latentes e aptidões dormentes que são trazidos à luz pelo exercício. Nossa força de trabalho fica escondida até mesmo de nós a não ser que nos aventuremos a lutar as batalhas do Senhor ou que escalemos as montanhas da dificuldade. Não sabemos que compaixões afáveis possuímos até que tentemos secar as lágrimas da viúva e aliviar a dor do órfão. Geralmente, na tentativa de ensinar outros, percebemos que *nós mesmos somos instruídos*. Ó, que lições graciosas alguns de nós aprenderam em leitos de enfermidade! Fomos ensinar as Escrituras e saímos envergonhados por sabermos tão pouco sobre elas. Em nossas conversas com santos abatidos, mais aprendemos sobre o caminho de Deus de modo primorosamente adequado para nós e chegamos a uma compreensão profunda da verdade divina. De modo que dar de beber *nos torna humildes*. Descobrimos quanta graça há onde não iríamos procurá-la; e quanto o santo abatido pode nos sobrepujar em conhecimento. Nosso *consolo aumenta* ao trabalharmos por outros. Nós nos empenhamos em alegrá-los e a consolação alegra nosso coração. Como dois homens na neve: um aqueceu os membros do outro para que não morresse e ao fazê-lo, cada um manteve seu sangue circulando e salvou sua própria vida. A pobre viúva de Sarepta deu de seu escasso suprimento, uma provisão para o profeta necessitado e a partir daquele dia ela nunca mais experimentou a miséria. "Dai, e dar-se-vos-á; boa medida, recalcada, sacudida, transbordante."

"...não disse à descendência de Jacó: Buscai-me em vão..."
ISAÍAS 45:19

Podemos receber muito consolo ao considerar o que Deus *não* disse. O que Ele disse é inexprimivelmente repleto de consolo e deleite; o que Ele não disse é raramente menos rico em consolação.

Foi um desses "*não disse*" que preservaram o reino de Israel nos dias de Jeroboão o filho de Jeoás, pois: "Ainda não falara o SENHOR em apagar o nome de Israel de debaixo do céu" (2 Reis 14:27). Em nosso texto temos a segurança de que Deus *irá* responder a oração, porque Ele "não disse à descendência de Jacó: Buscai-me em vão". Vocês que declaram coisas amargas contra si mesmos devem lembrar-se de que, digam o que disserem suas dúvidas e medos, se *Deus* não cortou você para fora da misericórdia, não há espaço para desespero: mesmo a voz da consciência tem pouca relevância se não for submetida à voz de Deus. Estremeça com o que Deus *disse*! Mas não permita que suas ideias infrutíferas oprimam você com desalento e desespero pecaminoso. Muitas pessoas medrosas têm sido incomodadas com a suspeita de que pode haver algo nos decretos de Deus que as exclui da esperança, mas aqui está uma refutação completa a este medo desagradável: ninguém que busca verdadeiramente pode ser sentenciado à ira. "Não falei em segredo, nem em lugar algum de trevas da terra; não disse", mesmo no segredo de meu decreto insondável, "buscai-me em vão". Deus revelou claramente que *Ele* ouvirá a oração daqueles que clamam a Ele e essa declaração não pode ser violada. Ele falou tão firme, verdadeira e honradamente que não pode haver espaço para dúvida. Ele não revela Sua mente com palavras ininteligíveis, mas fala clara e positivamente: "Pedi, e dar-se-vos-á." Creia, ó vacilante, nesta verdade certa — que a oração deve ser e será ouvida, e que nunca, mesmo nos segredos da eternidade, o Senhor disse a qualquer alma vivente: "Buscai-me em vão."

C.H. Spurgeon

"Conjuro-vos, ó filhas de Jerusalém, se encontrardes o meu amado, que lhe direis? Que desfaleço de amor."
CÂNTICO DOS CÂNTICOS 5:8

Tal é a linguagem do cristão que, arquejante após comungar com Jesus, *desfalece pelo Senhor*. Almas graciosas jamais estão perfeitamente descansadas a não ser que estejam em um estado de proximidade com Cristo; pois quando estão longe dele perdem sua paz. Quanto mais perto dele, mais perto da perfeita calma do céu; quanto mais perto dele, mais pleno fica o coração, não apenas de paz, mas de vida, vigor e alegria, pois todos estes dependem do relacionamento constante com Jesus. O que o sol é para o dia, o que a lua é para a noite, o que o orvalho é para a flor, é Jesus para nós. O que o pão é para a fome, a roupa para o nu, a sombra de uma grande rocha para o viajante em terras exaustivas, é Jesus Cristo para nós; e, portanto, se não somos um com Ele intencionalmente, é pouco admirar-se, se nosso espírito clamar nas palavras do cântico: "Conjuro-vos, ó filhas de Jerusalém, se encontrardes o meu amado, que lhe direis? Que desfaleço de amor." *Este anseio intenso por Jesus tem consigo uma bênção*: "Bem-aventurados os que têm fome e sede de justiça"; e, portanto, extremamente abençoados são aqueles que têm sede do Justo. Bendita é esta fome, considerando que vem de Deus: se eu não tiver a bem-aventurança totalmente desabrochada de ser cheio, buscarei a mesma bem-aventurança em seu doce botão de flor, no vazio e na avidez, até que seja pleno de Cristo. Se não conseguir me alimentar de Jesus, eu me colocarei à vizinhança do céu para ter fome e sede dele. Há algo de sagrado nesta fome, considerando que cintila entre as beatitudes de nosso Senhor. Mas a bênção *envolve uma promessa*. Estes que têm fome "*serão fartos*" daquilo que desejam. Se o próprio Cristo então nos faz ansiar por Ele, Ele certamente satisfará esses anseios; e quando Ele vier a nós, porque certamente virá, *ó, que doce será*!

C. H. Spurgeon

"...das insondáveis riquezas de Cristo."
EFÉSIOS 3:8

Meu Mestre tem riquezas que vão além dos cálculos aritméticos, das medidas da razão, dos sonhos da imaginação ou da eloquência das palavras. São *insondáveis*! Você pode procurar, estudar e julgar os fatos, mas Jesus é Salvador bem maior do que você pensa que Ele é, mesmo em seus pensamentos mais elevados. Meu Senhor é mais pronto para perdoar do que você para pecar, mais capaz de absolver do que você de transgredir. Meu Mestre está mais disposto a suprir as suas necessidades do que você de confessá-las. Jamais tolere pensamentos pequenos sobre meu Senhor Jesus, pois quando colocar a coroa em Sua cabeça, você o coroará apenas com prata quando Ele merece ouro. *Meu Mestre tem riquezas de felicidade para conceder a você agora*. Ele pode fazê-lo repousar em pastos verdejantes e guiá-lo para junto das águas de descanso. Quando Ele é o Pastor e você é a ovelha que se deita aos Seus pés, não há música como a música de Sua flauta. Não há amor como o Seu, nem Terra ou céu podem equiparar-se a Ele. Conhecer a Cristo e ser encontrado nele — ó! esta vida, esta alegria, isto é o tutano e a gordura, vinho bem refinado até a borra. Meu Mestre não trata Seus servos com avareza; Ele lhes presenteia como um rei presenteia a um rei; Ele lhes concede dois céus — um céu aqui, enquanto o servimos, e outro acima, quando nos deleitaremos nele para sempre. *Suas riquezas insondáveis serão melhor conhecidas na eternidade*. A caminho do céu Ele dará a você tudo o que precisar; as fortalezas das rochas serão o seu alto refúgio, o seu pão lhe será dado, as suas águas serão certas — mas somente lá — lá você ouvirá a canção daqueles que triunfam, o grito daqueles que festejam, e face a face verá Aquele que é glorioso e amado. As insondáveis riquezas de Cristo! Esta é a melodia para os trovadores do mundo e a canção para os harpistas do céu. "Senhor, ensina-nos mais e mais sobre Jesus e diremos as boas-novas a outros."

C.H. Spurgeon

"...nunca mais se ouvirá nela nem voz de choro nem de clamor."

ISAÍAS 65:19

Os glorificados não choram mais, pois *todas as causas externas de tristeza se foram*. Não há amizades destruídas ou perspectivas malignas no céu. Pobreza, fome, perigo, perseguição e difamação são desconhecidos lá. Não há pesar da dor, nem pensamentos de morte ou abatimento por perda. Não choram mais, pois *estão perfeitamente santificados*. Nenhum "perverso coração de incredulidade" os instiga a apartar-se do Deus vivo; estão diante de Seu trono, sem culpa e plenamente conformados à Sua imagem. Deixarão de prantear aqueles que deixaram de pecar. Não choram mais *porque todo o medo da mudança é findo*. Sabem que estão eternamente seguros. O pecado está excluído e os santos incluídos. Habitam em uma cidade que jamais será atacada; se aquecem ao sol — sol que nunca se porá; bebem de um rio que jamais secará; colhem frutos de uma árvore que nunca murchará. Ciclos incontáveis revolverão, mas a eternidade não se consumirá, e, enquanto a eternidade durar, sua imortalidade e bem-aventurança coexistirão com ela. Eles estão para sempre com o Senhor. Não choram mais porque *todos os desejos estão realizados*. Não há o que desejar que já não tenham. Olhos e ouvidos, coração e mãos, sentença, imaginação, esperança, desejo, vontade, todas as faculdades estão completamente satisfeitas; e por mais imperfeitas que sejam nossas ideias presentes daquilo que Deus preparou para aqueles que o amam, ainda assim sabemos o suficiente; pela revelação do Espírito que os santos no céu são extremamente abençoados. A alegria de Cristo, que é uma plenitude infinita de deleite, está neles. Eles se banham no mar sem fundo e sem costa da beatitude infinita. Esse mesmo descanso jubiloso perdura para nós. Pode não estar tão distante. Em breve o salgueiro-chorão será trocado pela palmeira da vitória, e as gotas de orvalho da tristeza serão transformadas em pérolas de felicidade eterna. "Consolai-vos, pois, uns aos outros com estas palavras."

C. H. Spurgeon

"...e, assim, habite Cristo no vosso coração, pela fé..."
EFÉSIOS 3:17

É desejável que nós, cristãos, tenhamos constantemente e além da medida, a pessoa de Jesus diante de nós para inflamar nosso amor por Ele e para aumentar nosso conhecimento dele. Peço a Deus que todos os meus leitores entrem como diligentes estudiosos na universidade de Jesus, estudantes do *Corpus Christi*, ou Corpo de Cristo, determinados a obter uma boa formação no aprendizado da cruz. Mas para ter Jesus sempre próximo, o coração precisa estar cheio dele, vertendo Seu amor até transbordar; por isso o apóstolo ora: "E assim, *habite Cristo no vosso coração*." Veja o quão próximo Jesus teria que estar! Não há como ter algo mais perto de você do que tê-lo em seu coração. "*Que Ele habite*"; não que Ele possa chamar seu nome de vez em quando, como um visitante ocasional que entra em uma casa e fica por uma noite, mas que Ele habite. Que Jesus possa se tornar o Senhor e Morador de seu interior, de modo a nunca mais sair.

Observe as palavras — que Ele habite *em seu coração*, o melhor cômodo da casa da humanidade; não somente em seus pensamentos, mas em suas emoções; não meramente nas meditações da mente, mas nas emoções do coração. Nós deveríamos almejar o amor a Cristo como condição permanente, não um amor que flameja e então morre na escuridão de algumas brasas, mas uma chama viva, alimentada pelo combustível sagrado, como o fogo no altar que nunca se apaga. Isto não pode acontecer a não ser pela ação da fé. A fé deve ser forte, ou o amor não será fervoroso; a raiz da flor deve ser saudável, ou não podemos esperar que a floração seja perfumada. A fé é a raiz do lírio e o amor é a flor. Agora leitor, Jesus não pode ser o amor de seu coração a não ser que você se apegue a Ele firmemente pela fé; e, portanto, ore para que você confie em Cristo a cada instante para que possa amá-lo sempre. Se o amor esfriar certamente a fé diminuirá.

C.H. Spurgeon

"Subirá diante deles o que abre caminho..."
MIQUEIAS 2:13

Visto que Jesus foi à nossa frente, as coisas não permanecem como seriam se Ele não tivesse passado por esse caminho. Ele *venceu todo inimigo* que obstruía o caminho. Alegre-se agora, guerreiro medroso. Não apenas Cristo transitou pela estrada, mas Ele acabou com seus inimigos. Você teme o pecado? Ele o pregou à Sua cruz. Você teme a morte? Ele foi a morte da morte. Você tem medo do inferno? Ele o trancou impedindo a entrada de qualquer um de Seus filhos; eles jamais verão o golfo da perdição. Qualquer inimigo que esteja diante do cristão já foi vencido. Há leões, mas seus dentes foram quebrados; há serpentes, mas suas presas foram retiradas; há rios, mas há pontes pelas quais se pode atravessá-los; há chamas, mas usamos a vestimenta incomparável que nos torna invulneráveis ao fogo. A espada que foi forjada contra nós já está cega; os instrumentos de guerra que o inimigo está preparando já não têm objetivo. Deus, na pessoa de Cristo, retirou todo o poder que qualquer coisa possa ter de nos ferir. Muito bem, então o exército pode marchar em segurança e você pode ir adiante, alegre em sua jornada, pois todos os seus inimigos foram vencidos de antemão. O que você pode fazer a não ser marchar para capturar a presa? Estão vencidos, subjugados; tudo o que precisa fazer é dividir os despojos. É verdade que frequentemente você entrará em combate; mas sua luta será contra um inimigo derrotado. A cabeça dele está quebrada; ele pode tentar feri-lo, mas não terá força suficiente para cumprir o plano malicioso. Sua vitória será fácil e seu tesouro será maior do que se pode contar.

Proclame em alta voz a fama do Salvador,
Que carrega o maravilhoso nome de Avassalador;
Doce nome; que muito lhe convém,
Que avassala a Terra, o pecado, a morte e o inferno.

C.H. Spurgeon

"Se irromper fogo, e pegar nos espinheiros, e destruir as medas de cereais, ou a messe, ou o campo, aquele que acendeu o fogo pagará totalmente o queimado." ÊXODO 22:6

Que restituição pode fazer aquele que lança tições de engano ou brasas de lascívia e inflama a alma dos homens com o fogo do inferno? A culpa vai além do que se pode avaliar e o resultado é irreparável. Se tal ofensor for perdoado, que tristeza lhe será relembrar, considerando que não pode desfazer a injúria executada! Um exemplo impróprio pode acender uma chama que anos de caráter irrepreensível não extinguirão. Queimar o alimento do homem já é injurioso, mas quão pior é destruir a alma! Pode ser útil refletir o quanto fomos culpados no passado e investigar se, até mesmo no presente, não há mal em nós que tenha tendência a trazer prejuízo à alma de nossos parentes, amigos ou próximos.

O fogo da discórdia é um terrível mal quando se espalha em uma igreja cristã. Onde convertidos podem se multiplicar e Deus ser glorificado, o ciúme e a inveja tornam o trabalho do demônio mais eficaz. Onde o grão de ouro estava sendo estocado para recompensar o trabalho do grande Boaz, o fogo da inimizade vem e pouco deixa além de fumaça e amontoados de negrume. Ai daqueles por quem as ofensas vêm. Que nunca sejamos nós, pois ainda que não possamos fazer restituição, certamente seremos os principais sofredores se formos os principais ofensores. Aqueles que alimentam o fogo merecem apenas repreensão, mas aquele que o acende é o maior culpado. A discórdia geralmente toma primeiro os espinhos; é nutrida entre os cristãos hipócritas na igreja e então vai para o meio dos justos, soprada pelos ventos do inferno, e ninguém sabe onde pode acabar. "Ó Senhor e doador da paz, faz de nós pacificadores e nunca nos permitas ajudar e encorajar os homens de discórdia ou até mesmo, involuntariamente, causar a menor divisão entre Teu povo."

C.H. Spurgeon

"...o seu fruto é doce ao meu paladar."
CÂNTICO DOS CÂNTICOS 2:3

A fé, nas Escrituras, é mencionada sob o símbolo de todos os sentidos. É *visão*: "Olhai para mim e sede salvos. É *audição*: "Ouvi, e a vossa alma viverá." A fé é *olfato*: "Todas as tuas vestes recendem a mirra, aloés e cássia"; "Como unguento derramado é o teu nome." A fé é *tato* espiritual. Por esta fé a mulher veio por trás e tocou a orla do manto de Cristo e por meio desta fé nossas mãos apalpam o que diz respeito ao Verbo da vida. A fé é, do mesmo modo, *paladar* do espírito: "Quão doces são as tuas palavras ao meu paladar! Mais que o mel à minha boca." "Se não comerdes a carne do Filho do Homem...", disse Cristo, "*...e não beberdes o [meu] sangue, não tendes vida em vós mesmos.*"

Este "paladar" é fé *em uma de suas ações mais elevadas*. Uma das primeiras ações da fé é a "audição". Ouvimos a voz de Deus, não apenas com o ouvido externo, mas com o ouvido interno; ouvimos como sendo a Palavra de Deus e cremos que o é; esse é o "ouvir" da fé. Então, nossa mente "olha" para a verdade como nos é apresentada; ou seja, nós a entendemos, percebemos seu significado; esse é o "ver" da fé. Depois descobrimos sua preciosidade; começamos a admirá-la e descobrimos o quão aromática é; esse é o "olfato" da fé. Depois nos apropriamos das misericórdias que são preparadas para nós em Cristo; isso é a fé em seu "tato". Vêm então os prazeres, a paz, o deleite, a comunhão; que são a fé em seu "paladar". Qualquer um destes atos de fé é redentor. Ouvir a voz de Cristo, como a voz firme de Deus na alma, nos salvará; mas aquilo que concede verdadeiro gozo é o aspecto da fé em que Cristo, pelo santo paladar, é recebido em nós e torna-se o alimento de nossa alma pela apreensão interior e espiritual de Sua doçura e preciosidade. É aí que "desejo muito a sua sombra e debaixo dela me assento" e percebo que seu fruto é doce ao meu paladar.

C.H. Spurgeon

"...É lícito, se crês de todo o coração..."
ATOS 8:37

Estas palavras podem responder às suas dúvidas, devoto leitor, com relação às *ordenanças*. Talvez você diga: "Devo temer o batismo; é algo tão solene estar morto com Cristo e sepultado com Ele. Eu não deveria me sentir livre em ir à mesa do Mestre; deveria ter medo de comer e beber condenação para mim ao não discernir o Corpo do Senhor." Ah! Pobre e vacilante, Jesus deu liberdade a você, não tema. Se um estranho viesse à sua casa, ele pararia à porta ou esperaria no corredor; não sonharia em entrar espontaneamente em sua sala de estar, pois ele não está em sua própria casa. Mas o filho do proprietário tem liberdade na casa; e assim o é com o filho de Deus. Um estranho não se intromete onde um filho pode aventurar-se. Quando o Espírito Santo der a você o espírito de adoção poderá abordar as ordenanças cristãs sem medo. A mesma regra garante os *privilégios interiores do cristão*. Você pensa, pobre cristão, que não tem permissão para regozijar-se de alegria inexprimível e repleta de glória; se você tem permissão para passar pela porta de Cristo ou assentar-se à cabeceira de Sua mesa, você ficará profundamente satisfeito. Ah! Você não terá menos privilégios que o maior de todos. Deus não faz distinção em Seu amor por Seus filhos. Um filho é um filho para Ele; o Senhor não fará deste filho um servo; mas o alimentará com o bezerro gordo e lhe dará música e dança como se nunca tivesse se perdido. Quando Jesus entra no coração de uma pessoa, Ele libera uma autorização geral para que ela se alegre em Deus. Não se usa correntes nas cortes do Rei Jesus. Nosso ingresso nos privilégios plenos pode ser gradual, mas é garantido. Talvez o leitor esteja dizendo: "Gostaria de poder desfrutar das promessas e caminhar em liberdade nos mandamentos de meu Senhor." Isso "é lícito, se crês de todo o coração." Solte-se das cadeias em seu pescoço, ó cativo filho, pois Jesus o liberta.

C.H. Spurgeon

"*...estabeleceu para sempre a sua aliança...*"
SALMO 111:9

O povo do Senhor se deleita na própria aliança. Ela é uma fonte infalível de consolação para eles, tantas vezes quantas o Espírito Santo os levar até a casa de banquetes e agitar sua bandeira de amor. Eles se deleitam em contemplar a *antiguidade* dessa aliança, lembrando-se de que antes que a estrela da alva soubesse seu lugar ou que os planetas percorressem sua órbita, os interesses dos santos foram garantidos em Cristo Jesus. É particularmente aprazível a eles lembrar a *garantia* da aliança ao meditar "nas fiéis misericórdias prometidas a Davi". Deleitam-se em celebrar a aliança como "assinada, selada, ratificada, em todas as coisas ordenada satisfatoriamente". O coração deles frequentemente se dilata de alegria ao pensar na *imutabilidade* da aliança, como uma aliança que nem tempo ou eternidade, vida ou morte, jamais será capaz de violar — uma aliança tão antiga quanto a eternidade e tão duradoura como a Rocha eterna. Alegram-se também em festejar a *plenitude* desta aliança, pois veem nela toda a sua provisão. Deus é sua porção, Cristo seu companheiro, o Espírito seu Consolador, a Terra sua residência temporária e o céu seu lar. Eles veem na aliança uma herança inalienável e reservada a toda alma que possui interesse em sua antiga e eterna obra desta dádiva. Seus olhos cintilaram quando viram a aliança na Bíblia como um tesouro encontrado que não tinha dono; mas ó, como se alegrou sua alma quando viram no testamento o último desejo de seu parente divino que lhes foi transmitido! Mais especial é o prazer do povo de Deus em contemplar a *graciosidade* desta aliança. Eles veem que a lei foi anulada por ser uma aliança baseada em obras e dependência de mérito, mas percebem que esta nova aliança é duradoura porque a graça é sua base, sua condição e seu caráter. A graça é o baluarte, o fundamento, o pavimento. Esta aliança é um tesouro de riquezas, um silo de alimento, uma fonte de vida, um armazém de salvação, uma escritura de paz e abrigo de alegria.

C. H. Spurgeon

"E logo toda a multidão, ao ver Jesus, tomada de surpresa, correu para ele e o saudava." MARCOS 9:15

Quão grande é a diferença entre Moisés e Jesus! Quando o profeta de Horebe passou 40 dias no alto da montanha, ele sofreu um tipo de transfiguração e seu semblante resplandeceu com um brilho excessivo. Ele colocou um véu sobre seu rosto, pois o povo não suportava olhar para sua glória. Não foi assim com nosso Salvador. Ele havia sido transfigurado com glória ainda maior que a de Moisés, e, no entanto, não está escrito que o povo foi cegado pelo esplendor de Seu semblante, antes ficaram maravilhados e corriam até Ele e o saudavam. A glória da lei repele, mas a glória maior de Jesus atrai. Ainda que o Senhor seja santo e justo, combinado com Sua pureza há muito de verdade e graça, de modo que os pecadores correm até Ele maravilhados com Sua bondade, fascinados por Seu amor. Eles o saúdam, tornam-se Seus discípulos e o recebem como seu Senhor e Mestre. Leitor, pode ser que agora mesmo você esteja cegado pela ofuscante claridade da lei de Deus. Você sente suas reivindicações em sua consciência, mas não consegue mantê-las em sua vida. Não que você encontre erros na lei, pelo contrário, ela merece sua mais profunda consideração, ainda assim, por meio dela você não é, de modo algum, atraído a Deus; antes, tem o coração endurecido e prestes a desesperar-se. Ah, pobre coração! Tire seus olhos de Moisés, com todo o seu esplendor que repele, e olhe para o Jesus resplandecente com glórias mais brandas. Veja Suas doces feridas e Sua cabeça coroada com espinhos! Ele é o Filho de Deus, e nisso Ele é maior que Moisés, pois Ele é o Senhor de amor, e nisso Ele é maior que o legislador. Ele carregou a ira de Deus e em Sua morte revelou mais da justiça de Deus do que o Sinai em labaredas; mas essa justiça é agora exigida e daqui em diante é guardiã dos que creem em Jesus. Olhe, pecador, para o Salvador ensanguentado, e ao sentir-se atraído por Seu amor, corra para Seus braços e você será salvo.

C.H. Spurgeon

"Até quando... não crerá em mim...?"

NÚMEROS 14:11

L*ute com toda diligência para manter longe esse monstro da incredulidade.* Ela desonra a Cristo de tal forma que Ele retirará Sua presença visível se o insultarmos por tolerar a incredulidade. É verdade, é uma erva daninha cujas sementes não podemos retirar por completo do solo, mas precisamos mirar sua raiz com zelo e perseverança. Entre as coisas detestáveis, esta é a mais repugnante. Sua natureza ofensiva é tão peçonhenta que aquele que a pratica e aquele contra quem é exercitada são ambos feridos por ela. Em seu caso, ó cristão, é ainda mais perniciosa, pois as misericórdias de seu Senhor no passado aumentam sua culpa ao duvidar dele agora. Quando você duvidar do Senhor Jesus, Ele poderá bradar: "Eis que farei oscilar a terra debaixo de vós, como oscila um carro carregado de feixes." Isto é coroar Sua cabeça com espinhos dos mais cortantes. É cruel demais que a amada esposa suspeite de um marido amável e fiel. O pecado é desnecessário, tolo e injustificado. Jesus jamais abriu espaço para suspeitas e é difícil que aqueles por quem nossa conduta é invariavelmente afável e verdadeira sejam aqueles que duvidem de nós. Jesus é o Filho do Altíssimo e possui riquezas ilimitadas; é vergonhoso duvidar da Onipotência e desconfiar da plena suficiência. O gado em mil montanhas será suficiente para nossa maior fome e os silos do céu não se esvaziarão por nosso consumo. Se Cristo fosse apenas uma cisterna, poderíamos em pouco tempo esgotar Sua abundância, mas quem pode esgotar uma fonte? Miríades de pessoas retiraram dele suas provisões e nenhuma destas reclamou da escassez de Seus recursos. Fora incredulidade traidora e mentirosa, pois sua única incumbência é cortar os elos da comunhão e nos fazer lamentar um Salvador ausente! Bunyan nos diz que a incredulidade tem "tantas vidas quanto um gato". Se esse é o caso, acabemos com uma dessas vidas agora e continuemos o trabalho até que todas as sete se vão. Abaixo traidora, meu coração a abomina!

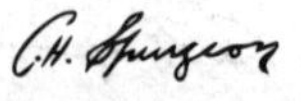

"Nas tuas mãos, entrego o meu espírito; tu me remiste, SENHOR, Deus da verdade." SALMO 31:5

Estas palavras foram frequentemente usadas por homens santos na hora de sua partida. Podemos, nesta noite, considerá-las com grande proveito. O objeto da solicitude do cristão fiel na vida e na morte não é seu corpo ou seus bens, mas seu espírito; este é seu tesouro escolhido — se isto estiver seguro, tudo vai bem. O que é este estado mortal comparado com a alma? O cristão entrega sua alma às mãos de seu Deus; ela veio dele, pertence a Ele, e há muito Ele a sustenta, Ele é capaz de resguardá-la e o mais adequado é que Ele a receba. Todas as coisas estão seguras nas mãos de Jeová, tanto agora como no dia dos dias para o qual nos apressamos. Vida pacífica e morte gloriosa é repousar nos cuidados do céu. Em todos os momentos deveríamos entregar nosso tudo às mãos fiéis de Jesus; e ainda que a vida possa estar presa por um fio e as adversidades se multipliquem como a areia do mar, nossa alma permanecerá tranquila e se deleitará em lugares tranquilos de descanso.

...tu me remiste, SENHOR, Deus da verdade. A redenção é a base sólida para a confiança. Davi não conheceu o Calvário como nós conhecemos, mas a redenção temporal o alegrava; não será então a redenção eterna que mais docemente nos consolará? Libertações passadas são fortes argumentos para o auxílio presente. O que o Senhor fez Ele fará novamente, pois Ele não muda. Ele é fiel às Suas promessas e gracioso com Seus santos; Ele não se afastará de Seu povo.

Ainda que me mates eu confiarei,
Louvarei a ti mesmo no pó,
Provarei e declararei enquanto provo
Teu amor inexprimível.
Podes me disciplinar e corrigir-me,
Mas nunca me negligenciarás;
O preço da redenção está pago,
Portanto, em Teu amor está minha esperança.

C.H. Spurgeon

"...azeite para a luz..."

ÊXODO 25:6

Minh'alma, como você precisa deste azeite, pois sua lâmpada não continuará queimando sem ele. Seu pavio fumegará e se tornará uma afronta se a luz se for. E realmente desaparecerá se não houver azeite. Você não tem uma fonte de azeite jorrando em sua natureza humana e, portanto, precisa ir a quem vende e comprá-lo para si, ou como as virgens néscias, terá que clamar: "Minha lâmpada está se apagando."

Mesmo as lâmpadas consagradas não poderiam fornecer luz sem o azeite; ainda que luzissem no tabernáculo, precisavam ser abastecidas; ainda que nenhum vento forte soprasse, era necessário atiçar as candeias; e sua necessidade é igualmente grande. Sob as circunstâncias mais felizes você, ainda assim, não poderá fornecer luz por nem uma hora a mais, a não ser que o azeite fresco da graça seja concedido a você.

Não era qualquer azeite que poderia ser usado no serviço do Senhor; nem o petróleo que brota tão copiosamente do solo, nem o óleo de peixes, nem o que é extraído de nozes; nenhum desses seria aceito; apenas um azeite foi selecionado — o melhor azeite de oliva. A graça simulada da bondade natural, a graça fantasiosa de mãos sacerdotais ou a graça imaginária de cerimônias exteriores jamais servirão o verdadeiro santo de Deus; ele sabe que o Senhor não se satisfaria com rios de tal azeite. Ele vai até a prensa do Getsêmani e tira sua provisão de Jesus, que ali foi moído. O azeite da graça do evangelho é puro, livre de borra e resíduos e, por isso, a luz que dele se alimenta é clara e reluzente. Nossas igrejas são o candelabro áureo do Salvador, e, se serão luz para este mundo escuro, precisam de muito azeite santo. Oremos por nós, por nossos ministros e nossas igrejas para que nunca tenham falta de azeite para a luz. Verdade, santidade, alegria, conhecimento e amor; estes são todos feixes da luz sagrada, mas não podemos oferecê-los a não ser que recebamos individualmente o azeite do Deus Espírito Santo.

C.H. Spurgeon

"Canta alegremente, ó estéril..."
ISAÍAS 54:1

Ainda que tenhamos dado algum fruto em Cristo, e tenhamos uma alegre esperança de que somos plantas "que a [sua] mão direita plantou", ainda assim, há momentos em que nos sentimos muito infrutíferos. A oração é sem vida, o amor é frio, a fé é fraca, cada dádiva no jardim de nosso coração definha e desfalece. Somos como flores ao sol quente, precisando de chuva refrescante. Em tal condição, o que faremos? O texto é dedicado a nós que nos encontramos exatamente nesta condição. "*Canta alegremente, ó estéril, exulta com alegre canto e exclama*". Mas sobre o que posso cantar? Não posso falar do presente e até mesmo o passado parece repleto de esterilidade. Ah! Posso cantar sobre Jesus Cristo. Posso falar das visitas que o Redentor me fez antigamente; e se não isso, posso magnificar o grande amor com o qual Ele amou Seu povo, quando veio das Alturas do céu, para redimi-lo. Irei novamente à cruz. Venha ó minh'alma, antes sobrecarregada e que aqui deixou seu fardo. Vá novamente ao Calvário. Talvez essa mesma cruz que deu vida a você possa também conceder-lhe fertilidade. O que é a minha infertilidade? É a plataforma para Seu poder gerador de frutos. O que é a minha desolação? É o cenário escuro para a safira de seu amor eterno. Irei em pobreza, irei em desamparo, irei em toda a minha vergonha e apostasia, direi a Ele que ainda sou Seu filho, e, em confiança a Seu coração fiel, até mesmo eu, o infrutífero, cantarei e clamarei em alta voz.

Cante, cristão, pois alegrará seu coração e os corações de outros também desolados. Continue cantando, pois agora você está realmente envergonhado por ser infrutífero, mas em breve será frutífero; no momento Deus o faz *relutar* a ficar sem fruto, mas em breve Ele o cobrirá de cachos. A experiência de sua infertilidade é dolorosa, mas as visitações do Senhor são aprazíveis. A percepção de nossa pobreza nos leva a Cristo e é aí que precisamos estar, pois nele nosso fruto é encontrado.

C.H. Spurgeon

"Compadece-te de mim, ó Deus..."
SALMO 51:1

Quando William Carey [N.E.: Missionário inglês conhecido como pai das missões modernas] estava sofrendo de uma perigosa doença, a seguinte pergunta lhe foi feita: "Se essa doença provar ser fatal, que passagem você selecionaria como texto para o sermão de seu funeral?" Ele respondeu: "Ó, sinto que uma criatura tão pobre e pecadora não merece que algo seja dito sobre ela; mas se deve haver um sermão no funeral, que seja a partir das palavras: 'Compadece-te de mim, ó Deus, segundo a tua benignidade; e, segundo a multidão das tuas misericórdias, apaga as minhas transgressões.'" No mesmo espírito de humildade ele deixou em seu testamento a recomendação de que a seguinte inscrição e nada mais fosse gravada em sua lápide:

William Carey, nascido em 17 de agosto de 1761 e morto em ___________.

Sou ignóbil, pobre e fraco verme,
E em Teus bondosos braços caio.

Apenas na base da graça livre o mais experiente e honrado dos santos pode aproximar-se de seu Deus. O melhor dos homens é o mais interessado de todos em ser homem que dá o seu melhor. Barcos vazios flutuam elevados, mas embarcações com grandes cargas ficam mais imersas na água; quem simplesmente se declara cristão pode gloriar-se, mas os verdadeiros filhos de Deus clamam por misericórdia devido a sua inutilidade. Temos necessidade de que o Senhor tenha misericórdia de nossas boas obras, nossas orações, nossas pregações, nossos donativos e o que temos de mais santo. O sangue não foi somente aspergido sobre os batentes das portas das casas em Israel, mas também no santuário, no trono de misericórdia e no altar, porque conforme o pecado adentra no que temos de mais santo, o sangue de Jesus se torna necessário para purificar estas coisas da corrupção. Se for necessário exercitar a misericórdia em nossas obrigações, o que diremos então de nossos pecados? Que doce lembrança é a misericórdia esperando para ser graciosa conosco, para nos restaurar de nossos desvios e fazer nossos ossos quebrados se alegrarem!

C.H. Spurgeon

"Todos os dias do seu nazireado não comerá de coisa alguma que se faz da vinha, desde as sementes até às cascas." NÚMEROS 6:4

Os nazireus faziam, entre outros votos, um que os impedia de usar o vinho. Para que não violassem seu compromisso, eles eram proibidos de beber vinagre de vinho ou licores fortes, e para que a regra ficasse ainda mais clara, não deveriam tocar o suco fermentado de uvas, nem mesmo comer o fruto fresco ou seco. Para garantir por completo a integridade do voto, tudo o que estivesse relacionado à vinha lhes era proibido; eles deveriam, de fato, evitar a aparência do mal. Certamente esta é uma lição aos separados do Senhor, ensinando-lhes a se afastarem do pecado em todas as suas formas, a evitarem não meramente seus formatos mais vulgares, mas até mesmo seu espírito e similitude. Caminhadas rigorosas são muito menosprezadas nos dias de hoje, mas tenha certeza, caro leitor, são a alternativa mais segura e feliz. Aquele que cede em um ponto ou dois ao mundo, está em terrível perigo; aquele que come as uvas de Sodoma em breve beberá o vinho de Gomorra. Uma pequena fenda no dique na Holanda deixará entrar o mar e a fissura rapidamente aumentará até que a região esteja inundada. A conformidade com o mundo, em qualquer grau, é uma armadilha para a alma e aumenta mais e mais a propensão a pecados insolentes. Além disso, o nazireu que bebesse suco de uva não poderia ter total certeza de que esse já não havia atingido algum grau de fermentação, e consequentemente não teria clareza em seu coração de que seu voto permanecia intacto. Assim, o cristão que cede e contemporiza não pode ter uma consciência livre de transgressão, mas deve sentir que seu monitor interior está duvidoso. Não devemos ter dúvida em relação ao que é duvidoso; para nós é errado. Não devemos gracejar com o que é tentador, mas fugir com rapidez. É melhor ser zombado como puritano do que ser desprezado como hipócrita. A caminhada cautelosa pode envolver muita autonegação, mas tem seus prazeres, que são recompensas mais do que suficientes.

C.H. Spurgeon

"Espera pelo SENHOR*..."*

SALMO 27:14

Esperar pode parecer algo fácil, mas é uma das posturas que um soldado cristão aprende com anos de ensino. Marchar e marchar rapidamente é muito mais fácil para os guerreiros de Deus do que permanecer parado. Há horas de perplexidade quando o espírito mais disposto, ansiosamente desejoso de servir ao Senhor, não sabe que papel exercer. O que fazer então? Atormentar-se pelo desespero? Recuar com covardia, virar à direita com medo ou precipitar-se na presunção? Não. Simplesmente esperar. Espere, no entanto, *em oração*. Clame a Deus e desdobre o caso diante dele; diga-lhe qual é sua dificuldade e suplique por Sua promessa de auxílio. Em dilemas entre um dever ou outro, é doce ser humilde como uma criança *e esperar pelo Senhor com simplicidade de alma*. Certamente é melhor para nós quando sentimos e conhecemos nossa insensatez e estamos profundamente dispostos a ser guiados pela vontade de Deus. Porém, *espere em fé*. Expresse sua firme confiança nele, pois a espera infiel e sem confiança não passa de insulto ao Senhor. Acredite que se Ele o mantiver parado mesmo que até meia-noite, ainda assim, Ele virá no momento certo; a visão virá e não tardará. Espere com *paciência apaziguada*, sem rebelar-se por estar sob aflição, mas bendizendo o Senhor por isso. Jamais murmure como os filhos de Israel fizeram com Moisés; nunca deseje poder voltar ao mundo novamente, mas aceite a situação como ela é, e coloque-a da maneira como se apresenta, com simplicidade e com todo o seu coração, sem nenhuma obstinação, nas mãos do seu Deus da aliança dizendo: "Agora Senhor, não a minha, mas a Tua vontade seja feita. Eu não sei o que fazer; sou levado a extremos, mas esperarei até que o Senhor libere o rio, ou faça meus inimigos recuarem. Esperarei, mesmo que o Senhor me faça esperar por muitos dias, pois meu coração está fixado somente no Senhor, ó Deus, e meu espírito espera pelo Senhor na convicção plena de que serão minha alegria e minha salvação, meu refúgio, minha fortaleza."

C. H. Spurgeon

"Cura-me, SENHOR, e serei curado..." JEREMIAS 17:14
"Tenho visto os seus caminhos e o sararei..." ISAÍAS 57:18

É prerrogativa única de Deus remover a doença espiritual. A doença natural pode ser instrumentalmente curada por homens, mas mesmo neste caso a honra deve ser dada a Deus, que concede virtude à medicina e confere poder à compleição humana para expulsar a doença. Em relação às doenças espirituais, estas permanecem exclusivamente na área de atuação do grande Médico; Ele reivindica como Sua prerrogativa: "Eu mato e eu faço viver; eu firo e eu saro", e um dos títulos preferidos do Senhor é Jeová-Rafá, o Senhor que cura. "Curarei as tuas chagas" é uma promessa que não poderia vir dos lábios de um homem, mas apenas da boca do Deus eterno. Neste relato o salmista clamou ao Senhor: "Sara-me, SENHOR, porque os meus ossos estão abalados". E novamente: "Sara a minha alma, porque pequei contra ti". Por isto, também, os santos louvam o nome do Senhor, dizendo: Ele "sara todas as tuas enfermidades". Ele que fez o homem pode restaurar o homem; Ele que no início foi o criador da nossa natureza pode recriá-la. Que consolo transcendente é saber que na pessoa de Jesus "habita, corporalmente, toda a plenitude da divindade". Minh'alma, qualquer que seja sua doença, este grande Médico pode curá-la. Se Ele é Deus não há limite para o Seu poder. Venha, então, com o olho cego do entendimento obscurecido, venha com o pé manco da energia desperdiçada, venha com a mão mutilada da fé fraca, a febre de um humor inflamado ou os calafrios dos tremores do desalento; venha simplesmente como está, pois, Ele que é Deus, certamente pode restaurá-lo de seu flagelo. Ninguém conterá a virtude curativa que emana de Jesus, nosso Senhor. Legiões de demônios foram destinadas para refrear o poder do amado Médico e jamais, uma única vez, Ele foi frustrado. Todos os Seus pacientes foram curados no passado e serão no futuro, e você será um entre eles, se você, meu amigo, simplesmente descansar nele nesta noite.

C.H. Spurgeon

"...no meu braço esperam."
ISAÍAS 51:5

Em épocas de provas severas, o cristão não tem nada na Terra em que possa confiar e é, portanto, compelido a lançar-se somente sobre seu Deus. Quando sua embarcação já afundou quase por completo, e nenhuma libertação humana pôde ser útil, ele deve simples e plenamente entregar-se à providência e ao cuidado de Deus. Bem-aventurada tempestade que soçobra o homem em uma rocha como esta! Bendito furacão que leva a alma a Deus e somente a Ele! Algumas vezes não há como chegar até Deus devido à multidão de amigos; mas quando um homem é tão pobre, tão desamparado que não tem mais para onde voltar-se, ele corre para os braços de seu Pai onde é tão abençoadamente envolvido! Quando está sobrecarregado com problemas tão prementes e peculiares, a ponto de não conseguir falar deles a ninguém, senão a seu Deus, ele deve agradecer por eles; pois ele aprenderá mais do seu Senhor nesta situação do que em qualquer outro momento. Ó, cristão arremessado por tempestades, favorável é a prova que o conduz ao Pai! Agora que você só tem seu Deus como alvo de sua confiança, tenha certeza de colocar toda a sua confiança nele. Não desonre o seu Senhor e Mestre com dúvidas e medos indignos; mas seja forte na fé, dando glória a Deus. Mostre ao mundo que o seu Deus tem o valor de dez mil mundos para você. Mostre aos homens ricos o quão rico você é em sua pobreza, quando o Senhor Deus é seu ajudador. Mostre ao homem forte o quão forte você é em sua fraqueza, quando sob você estão os braços eternos. Agora é o momento para feitos de fé e proezas destemidas. Seja forte e mui corajoso, e o Senhor seu Deus certamente, tão certo como Ele fez os céus e a Terra, glorificará a si mesmo em sua fraqueza e magnificará Seu poder em meio à sua angústia. A majestade da abóbada do céu seria corrompida se o seu céu fosse sustentado por uma única coluna visível; e sua fé perderia a glória se estivesse em algo discernível pelo olho carnal. Que o Espírito Santo conceda a você o descanso em Jesus, neste último dia do mês.

C.H. Spurgeon

"Se, porém, andarmos na luz, como ele está na luz..."
1 JOÃO 1:7

Como Ele está na luz! Poderemos algum dia chegar a este ponto? Seremos capazes de caminhar tão claramente na luz como Ele a quem chamamos "Nosso Pai," de quem está escrito: "Deus é luz, e não há nele treva nenhuma"? Certamente este é o modelo colocado diante de nós, pois o próprio Salvador disse: "Sede vós perfeitos como perfeito é o vosso Pai celeste." E ainda que sintamos que nunca poderemos concorrer com a perfeição de Deus, ainda assim devemos buscá-la e jamais nos satisfazermos até que a alcancemos. O jovem artista, ao segurar seu primeiro pincel, dificilmente espera se igualar a Rafael ou Michelangelo, todavia, se não tivesse um *nobre ideal* em mente, alcançaria somente algo mediano e comum. Mas o que se intenta com a expressão que o cristão deve andar nela como Deus está na luz? Nós a compreendemos como algo relacionado a *semelhança* e não ao *grau*. Estamos tão verdadeiramente na luz, tão de coração na luz, tão sinceramente na luz, tão honestamente na luz como Ele, ainda que não possamos ali estar na mesma proporção. Não posso habitar no sol, é um lugar radiante demais para minha habitação, mas posso *andar* sob sua luz; então, ainda que não possa alcançar a perfeição de pureza e verdade que pertencem ao Senhor dos Exércitos por sua natureza infinitamente boa, todavia, posso sempre colocar o Senhor diante de mim e lutar com a ajuda do Espírito que em mim habita, pela conformidade à Sua imagem. Aquele famoso antigo comentarista bíblico, John Trapp [N.E.: 1601–69], diz: "Podemos estar na luz como Deus está na luz por *qualidade*, mas não por igualdade." Devemos ter a mesma luz, e, devemos tê-la de forma tão verdadeira e nela caminhar como Deus o faz, ainda que em termos de igualdade com Deus, no que diz respeito à Sua santidade e pureza, devamos aguardar até cruzarmos o Jordão e entrar na perfeição do Altíssimo. Observe que as bênçãos da sagrada comunhão e perfeita purificação estão estreitamente ligadas ao andar na luz.

C.H. Spurgeon

"Tu me guias com o teu conselho e depois me recebes na glória."
SALMO 73:24

O salmista sentiu necessidade de orientação divina. Ele acabara de descobrir a insensatez de seu coração, e para que não fosse constantemente desviado por ela, decidiu que o conselho de Deus doravante deveria guiá-lo. Um senso de nossa própria insensatez é um grande passo em direção à sabedoria quando isso nos leva a nos apoiarmos na sabedoria do Senhor. O homem cego apoia-se no braço de seu amigo e chega à casa em segurança. Assim, também nós deveríamos nos entregar tacitamente à orientação divina, em nada duvidando; certos de que ainda que não vejamos é sempre seguro confiar no Deus que tudo vê. "*Tu me guias*" é uma bendita expressão de confiança. Ele tinha certeza de que o Senhor não rejeitaria esta tarefa transigente. Há uma palavra para você, ó cristão; descanse nela. Tenha certeza de que o seu Deus será seu conselheiro e amigo, Ele o guiará, direcionará seus caminhos. Em Sua Palavra escrita você tem esta garantia já, em parte, consumada, pois as Santas Escrituras são o conselho dele para você. Felizes somos nós por sempre ter a Palavra de Deus para nos guiar! O que seria do marinheiro sem sua bússola? E o que seria do cristão sem a Bíblia? Este é o mapa infalível em que todo banco de areia está descrito e todos os desvios da areia movediça de destruição para o ancoradouro da salvação estão traçados e sinalizados por Aquele que conhece todo o caminho. "Bendito sejas, ó Deus, e que possamos confiar em ti para nos guiar agora e até o fim!" O salmista prevê, após esta orientação por toda a vida, uma recepção divina — "*e depois me recebes na glória*". Que maravilhoso pensamento para você, cristão! O próprio Deus o receberá na glória! Errante, falho, desviado; e, ainda assim, Ele finalmente o levará seguro à glória! Essa é a sua porção; viva nela neste dia, e se perturbações o cercarem, vá na força desta mensagem diretamente ao trono.

C. H. Spurgeon

"Confiai nele em todo tempo..."
SALMO 62:8

A fé é a regra tanto para a vida secular quanto para a espiritual. Devemos ter fé em Deus para nossas questões terrenas assim como para as celestiais. Somente quando aprendermos a confiar que Deus suprirá todas as nossas necessidades diárias que viveremos acima do mundo. Não devemos ser ociosos, *de modo* a demonstrar que *não* confiamos no Deus que agiu até aqui, mas sim no diabo que é o pai da ociosidade. Não devemos ser imprudentes ou precipitados, de modo a confiar no acaso e não no Deus vivo que é um Deus que administra com ordem. Ao agir com toda a prudência e retidão devemos nos fiar simples e inteiramente no Senhor em todo o tempo.

Quero recomendar a você uma vida de confiança em Deus nas questões seculares. Confiando em Deus você não será compelido a entristecer-se por ter feito uso de meios corrompidos para enriquecer. Sirva a Deus com integridade, e, se não alcançar sucesso, ao menos não haverá pecado algum em sua consciência. Confiando em Deus você não será culpado de autocontradição. Aquele que confia na destreza veleja nesta rota hoje e em outra rota no dia seguinte, como uma embarcação lançada aleatoriamente ao vento inconstante; mas aquele que confia no Senhor é como uma embarcação conduzida a vapor, que corta as ondas, resiste ao vento e traça uma rota reluzente prateada rumo a seu ancoradouro de destino. Seja uma pessoa de princípios vivos, nunca se curve aos costumes inconstantes da sabedoria mundana. Ande em seu caminho de integridade com passos firmes e mostre que é invencivelmente forte na força que somente a confiança em Deus pode conceder. Assim você será liberto da inquietação aflita, não será perturbado com más notícias, seu coração estará firme, confiando no Senhor. Quão agradável é vaguear na corrente da providência! Não há modo mais abençoado de viver do que uma vida de dependência do Deus que guarda alianças. Não temos preocupações, pois Ele se preocupa conosco; não temos aflições, pois lançamos nossos fardos sobre o Senhor.

C. H. Spurgeon

"A sogra de Simão achava-se acamada, com febre; e logo lhe falaram a respeito dela." MARCOS 1:30

É muito interessante este vislumbre que temos da casa do pescador apostólico. Vemos de imediato que as alegrias e preocupações do lar não são, de modo algum, impedimentos para o exercício pleno do ministério, já que proveem uma oportunidade para testemunhar pessoalmente a obra graciosa do Senhor naqueles que são sangue de nosso sangue. Elas podem, inclusive, instruir melhor que qualquer outra disciplina terrena. Religiosos liberais e outros sectários podem depreciar o casamento, mas o verdadeiro cristianismo caminha muito bem com a vida em família no lar. A casa de Pedro era provavelmente uma cabana de um pobre pescador, mas o Senhor da glória ali entrou, habitou e ali operou um milagre. Se esta nossa meditação for lida nesta manhã em um chalé muito modesto, que este fato encoraje os moradores a buscarem a companhia do Rei Jesus. Deus está mais frequentemente em pequenas cabanas do que em ricos palácios. Jesus está olhando ao redor de seu cômodo agora e está esperando para ser gracioso com você. A doença havia entrado na casa de Simão, a febre em forma mortal havia abatido sua sogra, e, assim que Jesus chegou, falaram-lhe da triste desgraça e Ele apressou-se à cama da paciente. Você tem alguma doença em casa hoje? Você descobrirá que Jesus é, sem dúvida, o melhor médico. Vá até Ele imediatamente e conte-lhe sobre a questão. Coloque o caso diante dele. É algo que diz respeito a um dos Seus e, portanto, não será insignificante para Ele. Observe que o Salvador restaurou a mulher doente de imediato; ninguém pode curar como Ele. Não podemos garantir que o Senhor removerá toda a doença daqueles que amamos, mas sabemos que a oração confiante pelo doente é, muito provavelmente, seguida de restauração; diferente de qualquer outra coisa no mundo. E quando isto não acontece, devemos humildemente nos curvar à Sua vontade pela qual a vida e a morte são determinadas. O coração afável de Jesus aguarda ouvir nossas aflições. Despejemo-las então em Seu paciente ouvido.

C.H. Spurgeon

"Se, porventura, não virdes sinais e prodígios, de modo nenhum crereis." JOÃO 4:48

Almejar por maravilhas era um sintoma do estado doentio das mentes dos homens nos dias de nosso Senhor; eles recusavam alimento sólido e anelavam por meros prodígios. Eles não tinham o evangelho de que tanto necessitavam; e os milagres que impacientemente exigiam, Jesus, nem sempre, optava por lhes conceder. Muitos hoje em dia precisam ver sinais e maravilhas, ou não crerão. Alguns dizem em seu coração: "Preciso sentir profundo terror na alma ou jamais crerei em Jesus." Mas, e se você nunca sentir este terror, como provavelmente nunca sentirá? Você irá para o inferno pelo rancor que sentirá de Deus, porque Ele escolheu não tratar você de modo diferente? Alguns dizem a si mesmos: "Se eu tivesse um sonho, ou se sentisse um choque repentino, então eu creria." Vocês, mortais indignos, sonham que meu Senhor deve receber suas ordens! Vocês são pedintes diante dos portões dele, pedindo misericórdia. E suas necessidades imprescindíveis delineiam regras e regulamentações que designam o modo como Ele deve conceder essa misericórdia. Você acha que Ele se submeterá a isto? Meu Mestre é de espírito generoso, mas tem um coração reto e régio; Ele rejeita toda ordem que lhe é dada e mantém Sua soberania de ação. Por que, caro leitor, se este é o seu caso, ansiar por sinais e maravilhas? O evangelho em si não é seu próprio sinal e maravilha? Não é este o milagre dos milagres: o fato de que "Deus amou ao mundo de tal maneira que deu o seu Filho unigênito, para que todo o que nele crê não pereça"? Certamente essa preciosa palavra "quem quiser receba de graça a água da vida", e essa solene promessa: "O que vem a mim, de modo nenhum o lançarei fora" são melhores que sinais e maravilhas! Um verdadeiro Salvador deve ser digno de nossa crença. Ele é a própria verdade. Por que você pediria prova da veracidade daquele que não pode mentir? Os próprios demônios o declaram como Filho de Deus. Você desconfiará dele?

C. H. Spurgeon

"*...ó amado de minha alma...*"
CÂNTICO DOS CÂNTICOS 1:7

Como é bom poder dizer, sem nenhum "se" ou "mas", que o Senhor Jesus é o "*amado de minha alma*". Muitos só conseguem dizer que *esperam* amar Jesus, eles *acreditam* que o amam; mas somente quem tiver uma experiência pobre e superficial se contentará em permanecer nesse ponto. Ninguém deve dar descanso a seu espírito até que tenha total certeza em tal questão de importância vital. Não devemos nos satisfazer com uma *esperança* superficial de que Jesus nos ama e com uma confiança vazia de que o amamos. Os antigos santos geralmente não falavam com "mas", "se", "espero" e "acredito que", mas falavam positiva e claramente. Paulo disse: "Sei em quem tenho crido." "Porque eu sei que o meu Redentor vive", disse Jó. Obtenha conhecimento positivo de seu amor por Jesus e não se satisfaça até que possa falar de seu interesse por Ele como uma realidade, o que lhe será garantido ao receber o testemunho do Espírito Santo e Seu selo em sua alma, pela fé.

O verdadeiro amor a Cristo é, em todos os casos, obra do Espírito Santo e deve ser por Ele executada no coração. Ele é a *causa ativa* desse amor. Porém, a razão lógica do porquê amamos Jesus está *nele mesmo. Por que* amamos Jesus? *Porque Ele nos amou primeiro. Por que* amamos Jesus? Porque Ele "*a si mesmo se deu por nós*". Temos vida por meio de Sua morte; temos paz por meio de Seu sangue. Ainda que fosse rico, *por amor a nós* tornou-se pobre. *Por que* amamos Jesus? Por causa da *excelência de Sua pessoa*. Somos cheios de uma compreensão de Sua beleza, admiração de Seus encantos e consciência de Sua perfeição infinita! Sua grandiosidade, bondade e amabilidade são um raio resplandecente, combinadas entre si para encantar a alma até que esteja tão arrebatada que exclame: "Sim, Ele é totalmente desejável." Bendito é este amor — um amor que prende o coração com correntes mais brandas do que a seda e, ainda assim, mais tenazes do que o diamante!

C.H. Spurgeon

"O Senhor põe à prova ao justo..."
SALMO 11:5

Todos os acontecimentos estão sob o controle da Providência; consequentemente, todas as provas de nossa vida exterior têm sua origem na grande Causa Primeira. Do portão de ouro da ordenança de Deus, os exércitos de provas marcham avante em formação, vestidos em suas armaduras de ferro e armados com armas de guerra. Todas as providências são portas para a prova. Até mesmo nossas misericórdias, como rosas, têm seus espinhos. Homens podem se afogar em mares de prosperidade assim como em rios de angústia. Nossas montanhas não são altas o suficiente e nossos vales não são tão profundos para tentações: as provas espreitam todos os caminhos. Somos acossados e cercados de perigos por todos os lados. Ainda assim, nenhuma chuva cai da nuvem ameaçadora sem permissão; todas as gotas têm sua ordem antes que atinjam a Terra. As provações que vêm de Deus são enviadas para provar e fortalecer nossas virtudes e, de imediato, ilustrar o poder da graça divina, para testar a autenticidade dessas virtudes e para acrescentar vigor à nossa vida. Nosso Senhor, em Sua sabedoria infinita e Seu amor superabundante, valoriza a fé do povo de Deus a tal ponto, que não os separará dessas provações pelas quais a fé é fortalecida. Você jamais teria a preciosa fé que agora o sustenta se ela não fosse provada pelo fogo. Você é uma árvore que nunca teria criado raízes tão profundas se o vento não o tivesse sacudido de um lado para outro e feito você agarrar-se firmemente às preciosas verdades da graça da aliança. O bem-estar mundano é inimigo da fé; afrouxa as articulações da bravura santa e estira os tendões da coragem sagrada. O balão nunca sobe antes que suas cordas sejam cortadas; a angústia executa este trabalho lancinante para a alma que crê. Enquanto o trigo dorme confortavelmente na casca é inútil para a humanidade, ele deve ser debulhado para que seu valor seja conhecido. Portanto, é bom que Jeová prove o justo, pois isso o faz crescer em riquezas, em Deus.

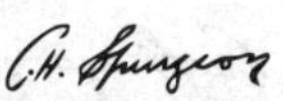

"...Quero, fica limpo!"
MARCOS 1:41

As primeiras trevas ouviram o Todo-Poderoso ordenar: "Haja luz" e imediatamente houve luz; e a palavra do Senhor Jesus é igual, em majestade, a essa antiga palavra de poder. A redenção, assim como a criação, tem sua palavra de poder. Jesus fala e assim é feito. A lepra não cedeu a medicamentos humanos, mas desapareceu imediatamente diante do "quero" proferido pelo Senhor. A doença não exibia sinais esperançosos ou indícios de recuperação, a natureza não contribuía em nada para a sua cura, mas aquela palavra única efetuou todo o trabalho para sempre. O pecador está em uma condição mais miserável do que a do leproso; que ele, então, imite o exemplo do leproso e vá a Jesus, "rogando-lhe, de joelhos". Que ele exercite a pequena fé que tem, ainda que não vá além de: "Se quiseres, podes purificar-me"; e não haverá dúvida quanto ao resultado do tratamento. Jesus cura todos que vêm a Ele e a nenhum lança fora. Ao ler a narrativa de que trata nosso texto desta manhã, vale a pena observar com dedicação que Jesus tocou o leproso. Essa pessoa impura havia infringido as regras da lei cerimonial e forçado sua entrada na casa, mas Jesus, longe de repreendê-lo, Ele próprio infringiu a lei ao ir ao encontro do leproso. Ele fez uma troca com o leproso, pois ao curá-lo, Ele contraiu, por meio daquele toque, uma profanação levítica. Da mesma forma, Jesus Cristo tornou-se pecado por nós, ainda que não conhecesse pecado algum, para que pudéssemos nos tornar nele, justiça de Deus. Ah, se os pobres pecadores fossem a Jesus crendo no poder de Sua obra bendita e substitutiva, em breve conheceriam o poder de Seu toque gracioso. Essa mão que multiplicou os pães, que salvou Pedro ao afundar, que sustenta santos angustiados, que coroa cristãos, essa mesma mão tocará todo e qualquer pecador que o busque e, em um instante, o purificará. O amor de Jesus é a fonte da salvação. Ele ama, Ele olha, Ele nos toca e nós passamos a viver.

C.H. Spurgeon

"Balanças justas, pesos justos, efa justo e justo him tereis..."
LEVÍTICO 19:36

Pesos, balanças e medidas deveriam todos estar de acordo com o padrão da justiça. Certamente nenhum cristão precisa ser lembrado disto em seus negócios, pois se a justiça fosse banida do mundo, ainda deveria encontrar abrigo no coração do cristão. Há, entretanto, outras balanças que pesam questões morais e espirituais, e estas frequentemente precisam ser examinadas. Nesta noite faremos uso dos serviços do auditor.

As balanças em que pesamos nosso caráter e o de outros, estão exatas? Não mudamos nossos gramas de bondade para quilos e os alqueires de excelência de outras pessoas em polegadas? Preste atenção nos pesos e medidas, cristão. As balanças em que pesamos nossas provações e infortúnios estão de acordo com o padrão? Paulo, que tinha mais por que sofrer do que nós, chamava suas angústias de leves, e, ainda assim, geralmente consideramos as nossas pesadas — certamente deve haver algum defeito em nossos pesos! Devemos considerar esta questão a fim de que não sejamos denunciados à corte superior, por procedimentos injustos. Esses pesos com os quais medimos nossa crença doutrinária são realmente apropriados? As doutrinas da graça deveriam ter o mesmo peso para nós do que os preceitos da palavra, nem mais nem menos; mas é preocupante que para muitos uma balança ou outra esteja regulada desonestamente. Dar medida justa à verdade é uma questão suprema. Cristão, tenha cuidado com isso. Essas medidas com as quais estimamos nossas obrigações e responsabilidades parecem ser consideravelmente pequenas. Quando um homem rico não dá mais à causa de Deus do que aos pobres, podemos considerar isso um efa justo e um justo him? Quando ministros estão quase em inanição, podemos considerar isso um procedimento honesto? Quando o pobre é menosprezado, enquanto homens ricos impiedosos são admirados, podemos considerar isso uma balança justa? Leitor, nós podemos prolongar a lista, mas preferimos deixar como tarefa para você, esta noite, descobrir e destruir todas as balanças, pesos e medidas injustos.

C.H. Spurgeon

"Ai de mim, que peregrino em Meseque e habito nas tendas de Quedar." SALMO 120:5

Como cristão você tem que viver em meio a um mundo impiedoso e pouco uso pode fazer de um clamor como: "Ai de mim." Jesus não orou para que você fosse tirado do mundo, e aquilo pelo que Ele não orou é algo que você não precisa desejar. É muito melhor encontrar a dificuldade na força do Senhor e glorificá-lo nela. O inimigo está sempre à espreita para detectar inconsistência em sua conduta; seja, portanto, extremamente *santo*. Lembre-se de que os olhos de todos estão sobre você e que mais se espera de você do que de outros. Lute para não dar ocasião à culpa. Deixe que sua bondade seja a única falha a ser encontrada em você. Como Daniel, incite-os a dizer sobre você: "Nunca acharemos ocasião alguma para acusar a este Daniel, se não a procurarmos contra ele na lei do seu Deus." Procure ser *útil* e consistente. Talvez você pense: "Se eu estivesse em uma posição mais favorável poderia servir à causa do Senhor, mas na posição em que estou agora não há possibilidade de fazer algo bom." Porém, quanto piores forem as pessoas entre as quais você vive, mais necessidade elas têm de seu empenho; se forem tortas, mais necessário é que você as endireite; e se forem perversas, mais você precisa voltar o coração orgulhoso à verdade. Onde deveria estar o médico senão onde há muitos doentes? Onde o soldado ganhará honra senão no fogo da batalha? E quando exausto da luta e do pecado com que se defronta em todas as ocasiões, reflita no fato de que todos os santos passaram pela mesma provação. Não foram levados ao céu carregados em camas e você não deve esperar uma jornada mais cômoda do que a deles. Eles precisaram se aventurar até a morte, em lugares elevados do campo de batalha, e você não será coroado até que tenha suportado a dificuldade, como um bom soldado de Jesus Cristo. Portanto, "permanecei firmes na fé, portai-vos varonilmente, fortalecei-vos".

C.H. Spurgeon

"Acaso, entraste nos mananciais do mar...?"

JÓ 38:16

Algumas coisas na natureza devem permanecer misteriosas aos investigadores mais inteligentes e ousados. O conhecimento humano tem limites além dos quais não podemos ir. O conhecimento universal é exclusivo de Deus. Se assim o é naquilo que se vê e é efêmero, posso ter certeza que mais o será nas questões espirituais e eternas. Por que, então, tenho torturado meu cérebro com especulações quanto à minha sorte e vontade, destino estabelecido e responsabilidade humana? Não sou capaz de compreender essas verdades profundas e obscuras, assim como não posso sondar a profundidade dos oceanos e descobrir de onde vêm suas fontes. Por que tenho tanta curiosidade para saber a razão das providências de meu Senhor, o motivo de Suas ações, os intentos de Suas visitações? Serei, algum dia, capaz de agarrar o sol com os punhos ou segurar o universo nas palmas das mãos? Entretanto, esses são como uma gota em um balde, comparados ao Senhor meu Deus. Não lutarei, então, para entender o infinito, mas investirei minha força no amor. O que não ganho pelo intelecto posso adquirir pela afeição, e que isso me seja o bastante. Não posso transpor o coração do oceano, mas posso desfrutar das saudáveis brisas que fluem de seu âmago e posso velejar suas ondas azuis com ventos favoráveis. Se pudesse entrar nas fontes do mar, essa façanha não teria propósito útil para mim ou para outros, não salvaria o navio que afunda, nem devolveria o marinheiro que se afogou, à sua esposa e filhos chorosos. Nem meus profundos mistérios solucionados me beneficiariam em nada, considerando que a menor quantidade de amor por Deus e o mais simples ato de obediência a Ele são melhores que o conhecimento mais profundo. "Meu Senhor, deixo o infinito para ti e oro para que afastes de mim tal amor pela árvore do conhecimento, que pode vir a afastar-me da árvore da vida."

C.H. Spurgeon

"...no meio de uma geração pervertida e corrupta, na qual resplandeceis como luzeiros no mundo." FILIPENSES 2:15

Usamos luzes para *revelar algo*. Um cristão deveria brilhar de tal forma em sua vida, que uma pessoa não poderia viver com ele por uma semana sem conhecer o evangelho. Sua conversa deveria ser tal, que todos ao seu redor deveriam perceber claramente a quem ele pertence e a quem ele serve; e deveriam ver a imagem de Jesus refletida em suas ações diárias. A luz serve para *orientar*. Devemos ajudar aqueles ao nosso redor que estão na escuridão. Devemos entregar a eles a Palavra da Vida. Devemos conduzir pecadores ao Salvador e os fracos ao refúgio divino. As pessoas, algumas vezes, leem suas Bíblias e não conseguem entendê-las; deveríamos estar prontos, como Filipe, para instruir aquele que tem dúvida no significado da Palavra de Deus, no caminho da salvação e na vida de piedade. A luz também é utilizada para *alertar*. Em nossas rochas e bancos de areia certamente será erigido um farol. Os cristãos deveriam saber que há muitas falsas luzes em todo o mundo, e, portanto, a luz verdadeira é necessária. Os saqueadores de Satanás estão sempre circulando, tentando o ímpio a pecar com a desculpa do prazer e projetam a luz falsa. Seja o seu trabalho, então, projetar a luz verdadeira sobre toda rocha perigosa, apontar todo pecado e dizer a que ele leva, de modo que possamos ter as mãos limpas do sangue de todas as pessoas, brilhando como luzes no mundo. Luzes também têm uma influência muito *animadora* e assim também são os cristãos. Um cristão deve ser consolador, com palavras gentis em sua boca e empatia em seu coração; deveria levar consigo a luz do sol onde quer que fosse e difundir alegria ao seu redor.

Espírito gracioso, habita em mim;
Eu tão agraciado seria
E com palavras que auxiliam e curam,
Revelaria Tua vida em mim.
E com ações ousadas e mansas
Falaria por Cristo meu Salvador.

C.H. Spurgeon

"Mas, se sois guiados pelo Espírito, não estais sob a lei."
GÁLATAS 5:18

Aquele que enxerga seu caráter e posição de um ponto de vista legal, não apenas se desesperará ao chegar ao *final* de seu cômputo, mas se for sábio se desesperará já no *começo*; pois, se formos julgados nos termos da lei, não haverá carne que sobreviva para ser justificada. Quão bendito é saber que habitamos nos domínios da graça e não da lei! Ao pensar em meu estado diante de Deus a pergunta não é: "Sou perfeito em mim mesmo diante da lei?", mas sim: "Sou perfeito em Cristo Jesus?" Esta é uma questão muito diferente. Não precisamos questionar: "Eu sou naturalmente livre do pecado?" mas: "Fui lavado na fonte aberta pelo pecado e pela impureza?" Não é: "Eu por mim mesmo agrado a Deus?", mas sim: "Sou aceito no Amado?" O cristão vê suas provas do alto do Sinai e se alarma com sua salvação; seria muito melhor se considerasse seu título à luz do Calvário. Ele diz: "Por que minha fé tem descrença e é incapaz de salvar-me?" Suponha que o cristão considerasse o *objeto* de sua fé em vez de sua fé, então teria dito: "Não há falta alguma *nele* e portanto estou seguro." Ele suspira por sua esperança: "Ah! Minha esperança é frustrada e ofuscada pelo cuidado ansioso com as coisas presentes; como posso ser aceito?" Caso tivesse considerado o *fundamento* de sua esperança, teria visto que a promessa de Deus permanece firme e que, quaisquer que sejam as dúvidas, o juramento e a promessa nunca falham. Ah! Cristão, é sempre mais seguro que você seja guiado pelo Espírito à liberdade do evangelho do que usar os grilhões do legalismo. Julgue-se a si mesmo com base no que *Cristo* é e não no que *você* é. Satanás tentará arruinar sua paz, fazendo-o lembrar-se de sua pecaminosidade e imperfeições: você só pode enfrentar essas acusações se devotar-se fielmente ao evangelho, se recusando a submeter-se ao jugo de escravidão.

"E, não podendo aproximar-se dele, por causa da multidão, descobriram o eirado no ponto correspondente ao em que ele estava e, fazendo uma abertura, baixaram o leito em que jazia o doente." MARCOS 2:4

A fé é repleta de imaginação. A casa estava cheia, uma multidão bloqueava a porta, mas a fé encontrou um meio de chegar até o Senhor e colocar o homem paralítico diante dele. Se não podemos levar pecadores até Jesus por métodos comuns, precisamos fazer uso de meios extraordinários. Parece, conforme Lucas 5:19, que uma telha precisou ser removida, o que produziria poeira, além de causar certo perigo àqueles que estavam embaixo, mas onde o caso é extremamente urgente não devemos nos preocupar com o fato de correr alguns riscos e abalar algumas propriedades. Jesus estava ali para curar, e, portanto, a fé arriscou tudo para que o pobre paralítico tivesse seus pecados perdoados. Ah, se tivéssemos mais fé audaz entre nós! Não podemos, caro leitor, buscá-la nesta manhã para nós e para nossos colegas? Não podemos tentar hoje executar algum ato heroico por amor das pessoas e para a glória do Senhor?

O mundo está constantemente inovando; o talento serve a todos os propósitos do desejo humano. Não pode a fé também inovar e alcançar, por novos meios, os párias que perecem ao nosso redor? Foi a presença de Jesus que despertou coragem vitoriosa nos quatro condutores do homem paralítico. E agora? Não está o Senhor entre nós? Nesta manhã vimos Sua face? Sentimos Seu poder curador em nossa alma? Se sim, então seja pela porta, pela janela ou pelo telhado, rompendo com todos os impedimentos, trabalhemos para trazer pobres almas a Jesus. Todos os meios são bons e apropriados quando a fé e o amor estão verdadeiramente determinados a ganhar almas. Se a fome de pão pode romper muralhas, certamente a fome por almas não deve ter seus esforços obstruídos. "Ó Senhor, dá-nos agilidade para sugerir métodos de alcançar aqueles pobres pecadores doentes e ousadia para carregá-los, apesar de todos os riscos."

"...como o mar agitado, que não se pode sossegar."
JEREMIAS 49:23

Pouco sabemos da tristeza que pode estar rondando o mar neste momento. Estamos seguros em nossos aposentos tranquilos, mas, distante, no mar salgado, o furacão pode estar ceifando cruelmente a vida dos homens. Ouça, agora, como os espíritos da morte bramam entre o cordame; como cada viga cede conforme as ondas batem no navio, como pilões! Deus os ajude, pobres, ensopados e cansados! Minha oração vai ao grande Senhor do mar e da terra, para que Ele acalme a tempestade e os traga ao seu desejado ancoradouro! Não devo simplesmente oferecer oração, devo tentar beneficiar esses homens robustos que arriscam sua vida tão constantemente. Já fiz algo por eles? O que posso fazer? Quantas vezes o tempestuoso mar engole o marinheiro! Milhares de cadáveres jazem no profundo, onde estão as pérolas. Há tristeza de morte no mar, que ecoa na longa lamentação de viúvas e órfãos. O sal do mar está nos olhos de muitas mães e esposas. Vagalhões desapiedados, vocês devoraram o amor de mulheres e o suporte de lares. Que ressurreição se dará nas cavernas profundas quando o mar devolver seus mortos! Até então, haverá tristeza no mar. Como se em empatia pelos ais da Terra, o mar está para sempre lamuriando pelas costas, pranteando com choro pesaroso de seus próprios pássaros, lançando-se com uma profunda colisão de desassossego, delirante com inquietação estrondosa, irritado com ira bruta, ou chiando com as vozes de dez mil seixos murmurantes. O rugir do mar pode ser jubiloso para um espírito em júbilo, mas para o filho da tristeza o tão amplo oceano é ainda mais desolado que o tão vasto mundo. Este não é nosso descanso, e os vagalhões inquietos assim nos dizem. Há uma terra onde já não há mar — nossa face está firmemente voltada para esse lugar; estamos indo para onde o Senhor falou. Até lá, lançamos nossas tristezas sobre o Senhor que caminhou nos antigos mares e que abriu caminho para Seu povo nas profundezas do oceano.

C.H. Spurgeon

"*...de mim procede o teu fruto.*"
OSEIAS 14:8

Nosso fruto provém de nosso Deus quando se trata de *união*. O fruto do ramo tem sua origem na raiz. Rompe-se a conexão e o ramo morre e nenhum fruto é produzido. Pela virtude de nossa união com Cristo produzimos fruto. Todo cacho de uvas esteve primeiro na raiz, passou pelo tronco e fluiu pelos vasos de seiva e se formou externamente em fruto, mas esteve primeiro no tronco. Assim também, toda boa obra esteve primeiro em Cristo e, então, é produzida em nós. Ó cristão, aprecie a preciosa união com Cristo; pois ela deve ser a fonte de toda fertilidade que você possa esperar conhecer. Se você não estivesse ligado a Jesus Cristo, seria verdadeiramente um ramo infrutífero.

Nosso fruto provém de Deus quando se trata de *providência espiritual*. Quando as gotas de orvalho caem do céu, quando a nuvem olha de cima e está prestes a destilar seu tesouro líquido, quando o sol radiante avoluma os frutos dos cachos, cada bênção celestial pode sussurrar à árvore e dizer: "De mim procede o teu fruto." O fruto muito deve à raiz — que é essencial à frutificação — mas também muito deve a influências externas. Quanto devemos à providência graciosa de Deus: Ele provê constantemente, com rapidez, ensino, consolação, força ou qualquer outra coisa que queiramos! A isto devemos todo o nosso valor ou virtude.

Nosso fruto provém de Deus quando se trata de *jardinagem sábia*. A faca afiada do jardineiro promove frutificação à árvore, afinando os cachos e podando os brotos desnecessários. Assim é, cristão, a poda do Senhor em você. "Todo ramo que, estando em mim, não der fruto, ele o corta; e todo o que dá fruto limpa, para que produza mais fruto ainda." Considerando que nosso Deus é o autor de nossas virtudes espirituais, concedamos a Ele toda a glória de nossa salvação.

C.H. Spurgeon

"...e qual a suprema grandeza do seu poder para com os que cremos, segundo a eficácia da força do seu poder; o qual exerceu ele em Cristo, ressuscitando-o dentre os mortos..."

EFÉSIOS 1:19,20

Na ressurreição de Cristo, assim como em nossa salvação, nada menos do que *um poder divino* foi colocado em ação. O que diremos daqueles que pensam que a conversão é forjada pelo livre-arbítrio do homem e é atribuída à sua própria disposição de ânimo? Quando chegarmos ao ponto de ver os mortos ressuscitarem da sepultura por suas próprias forças, poderemos, então, esperar ver pecadores impiedosos voltarem-se para Cristo por vontade própria. Não é a palavra pregada, nem a palavra lida; todo o poder de vivificação procede do Espírito Santo. Este poder foi *irresistível.* Todos os soldados e o sumo sacerdote não puderam manter o corpo de Cristo na sepultura; a própria morte não pôde manter Jesus preso. Assim é o poder liberado no cristão quando ele é ressuscitado para a novidade de vida. Nenhum pecado, corrupção, demônio no inferno, nem pecador no mundo, pode paralisar a mão da graça de Deus que pretende converter uma pessoa. Se Deus diz com onipotência: "Você fará", a pessoa não dirá: "Não farei." Note que o poder que ressuscitou Cristo dos mortos foi *glorioso.* Esse poder refletiu honra a Deus e forjou assombro nas hostes do mal. Então, há grande glória a Deus na conversão de todo pecador. Foi *poder eterno*: "Havendo Cristo ressuscitado dentre os mortos, já não morre; a morte já não tem domínio sobre ele." Então nós, havendo sido ressuscitados dos mortos, não voltamos às nossas obras mortas nem às nossas antigas corrupções, mas vivemos para Deus. "Porque eu vivo, vós também vivereis." "Porque morrestes, e a vossa vida está oculta juntamente com Cristo, em Deus." "Como Cristo foi ressuscitado dentre os mortos pela glória do Pai, assim também andemos nós em novidade de vida." Finalmente, observe no texto *a união da nova vida com Jesus.* O mesmo poder que ressuscitou o Cabeça opera vida nos membros. Que bênção sermos vivificados com Cristo!

C.H. Spurgeon

"Invoca-me, e te responderei; anunciar-te-ei coisas grandes e ocultas, que não sabes." JEREMIAS 33:3

Há diferentes traduções para estas palavras. Uma versão traduz como: "Anunciar-te-ei coisas grandes e firmes." Outra diz: "Coisas grandes e insondáveis." Há coisas insondáveis e especiais na experiência cristã: todo crescimento na vida espiritual não é facilmente obtido. Há uma estrutura comum e sentimentos comuns de arrependimento, fé, alegria e esperança que são desfrutados por toda a família; mas há um domínio elevado de êxtase, comunhão e consciente união com Cristo, que está longe de ser o lugar comum em que os cristãos se colocam. Não temos todo o elevado privilégio de João de nos encostar no peito de Jesus; nem o de Paulo, de ser arrebatado ao terceiro céu. Há alturas no conhecimento experimental das coisas de Deus que os olhos de águia do discernimento e do pensamento filosófico nunca viram: Somente Deus pode nos levar até lá; mas a carruagem na qual Ele nos leva, e os cavalos de fogo que puxam essa carruagem são as orações prevalecentes. Esse tipo de oração vence o Deus de misericórdia: "...lutou com o anjo e prevaleceu; chorou e lhe pediu mercê; em Betel, achou a Deus, e ali falou Deus conosco." A oração prevalecente leva o cristão ao Carmelo e o capacita a revestir o céu com nuvens de bênção e a Terra com enchentes de misericórdia. Também leva o cristão ao cume do Pisga e mostra-lhe a herança reservada; nos eleva ao Tabor e nos transfigura até à semelhança de nosso Senhor — como Ele é, assim somos neste mundo. Se você busca algo mais elevado do que a experiência comum, fixe seu olhar na Rocha que é mais alta do que você, olhe firmemente com os olhos da fé pela janela da oração insistente. Quando você abrir o seu lado da janela o outro lado não permanecerá trancado.

C.H. Spurgeon

"Ao redor do trono, há também vinte e quatro tronos, e assentados neles, vinte e quatro anciãos vestidos de branco..." APOCALIPSE 4:4

Diz-se que estes representantes dos santos no céu estão *ao redor do trono*. Na passagem em Cântico dos Cânticos, em que Salomão canta sobre o Rei assentado à sua mesa, alguns a interpretam como "uma mesa redonda". Sobre isso, alguns comentaristas, em minha opinião, sem aprofundar-se no texto, dizem: "Há uma igualdade entre os santos." Essa ideia é transmitida pela igual proximidade dos 24 anciãos. A condição de espíritos glorificados, no céu, é de proximidade com Cristo, visão clara de Sua glória, acesso constante à sua corte e comunhão familiar com Sua pessoa: não há também diferença alguma, nesta questão, entre um santo e outro. Contudo, todo o povo de Deus, apóstolos, mártires, ministros ou cristãos menos conhecidos e comuns, todos estarão sentados *próximos ao trono*, onde, para sempre, contemplarão seu Senhor exaltado e estarão satisfeitos com Seu amor. Todos estarão próximos a Cristo, todos cativados por Seu amor, todos comendo e bebendo à mesma mesa com Ele, todos igualmente amados como Seus favoritos, até mesmo amigos, se não até recompensados igualmente como servos.

Que os cristãos na Terra imitem os santos no céu e sua proximidade com Cristo. Que nós no mundo estejamos como os anciãos estão no céu: assentados ao redor do trono. Que Cristo seja o objeto de nossos pensamentos, o centro de nossa vida. Como podemos suportar viver tão distantes de nosso Amado? "Senhor Jesus, atrai-nos para ti. Diz-nos: 'Permanecei em mim, e eu permanecerei em vós'; e permite-nos cantar: 'A tua mão esquerda esteja debaixo da minha cabeça, e a direita me abrace.'"

Ó eleva-me próximo a ti,
E ao aproximar-me mais puro e transformado,
Deixa a humildade de minh'alma
Colocar-me prostrado aos Teus pés;
Quanto mais eu provar do bendito consolo de Teu amor
Que eu confie menos em mim.

C. H. Spurgeon

"Depois, subiu ao monte e chamou os que ele mesmo quis, e vieram para junto dele." MARCOS 3:13

Aqui houve soberania. Espíritos impacientes podem se lamuriar e irritar-se por não serem chamados aos lugares mais altos no ministério, mas, leitor, que em seu espírito haja alegria pelo fato de que Jesus chama quem Ele quer. Se Ele me colocar como porteiro em Sua casa, eu alegremente o bendirei por Sua graça permitir que eu faça algo em Seu serviço. O chamado dos servos de Cristo vem do alto. Jesus se coloca no monte, eternamente acima do mundo, em santidade, seriedade, amor e poder. Aqueles a quem Ele chama devem subir a montanha até Ele, devem procurar elevar-se ao Seu nível por meio de uma vida de comunhão constante com Ele. Podem não ser capazes de ascender a honras clássicas ou obter eminência escolástica, mas devem, como Moisés, subir ao monte do Senhor e ter um relacionamento familiar com o Deus invisível, ou jamais estarão aptos a proclamar o evangelho da paz. Jesus afastou-se para ter comunhão elevada com o Pai, e nós devemos entrar no mesmo companheirismo, se desejamos abençoar nossos companheiros deste mundo. Não é de surpreender que os apóstolos tenham sido revestidos de poder quando desceram da montanha onde Jesus estava. Nesta manhã devemos nos empenhar para subir à montanha da comunhão, para que ali possamos ser ordenados à obra de vida para a qual fomos separados. Que não vejamos o rosto de outra pessoa hoje antes que tenhamos visto Jesus. O tempo investido com Ele é um interesse bendito. Nós também expulsaremos demônios e operaremos maravilhas se descermos ao mundo cingidos com esse poder divino que somente Cristo pode conceder. Não é nada útil ir à batalha do Senhor até que estejamos armados com armas celestiais. *Precisamos* ver Jesus, isto é essencial. Permaneceremos no trono de misericórdia até que Ele se manifeste a nós, como não o faria ao mundo, até que possamos verdadeiramente dizer: "Estávamos com ele no monte santo."

"...lobos ao anoitecer..."
HABACUQUE 1:8

Ao preparar este livro, esta expressão, em particular, me ocorreu com tanta frequência que, para poder me livrar da sua constante inconveniência, decidi dedicar uma página a ela. O lobo, à noite, enfurecido por um dia de fome, é mais feroz e mais voraz do que no período da manhã. A furiosa criatura não poderia ser uma representação de nossas dúvidas e medos, após um dia de distração da mente, perdas nos negócios e talvez insultos mesquinhos de nossos amigos? Como nossos pensamentos uivam em nossos ouvidos: "O teu Deus, onde está?" Quão vorazes e gananciosos são eles, engolindo todas as sugestões de consolo e permanecendo tão famintos quanto antes. "Grande Pastor, destrói estes lobos da noite e convida Tuas ovelhas a se deitarem em verdes pastos, sem a perturbação da insaciável incredulidade." Como são semelhantes aos lobos da noite, os demônios do inferno, pois quando o rebanho de Cristo está em um dia nublado e escuro e seu sol parece estar se pondo, eles se apressam para ferir e devorar. Eles raramente atacarão o cristão na claridade da fé, mas na escuridão do conflito da alma, é quando caem sobre ele. "Ó Senhor, que entregaste Tua vida pelas ovelhas, preserva-as das presas do lobo."

Falsos mestres que hábil e laboriosamente caçam preciosas vidas, devorando homens com suas falsidades, são perigosos e detestáveis como lobos da noite. A escuridão é seu campo de ação, o dolo é seu caráter, a destruição sua finalidade. Corremos muito perigo quando eles se vestem com pele de ovelha. Abençoado é aquele que está livre deles, pois milhares se tornam presas de lobos atrozes que transitam nos arredores da igreja.

Que maravilha de graça é quando ferozes perseguidores são convertidos, pois então o lobo passa a habitar com o cordeiro, e homens de disposição cruel e desenfreada tornam-se gentis e ensináveis. "Ó Senhor, converte muitos desses: assim oraremos nesta noite."

C.H. Spurgeon

"...separai-vos..."
2 CORÍNTIOS 6:17

O cristão, enquanto vive no mundo, não deve ser do mundo. Ele deveria se distinguir do mundo em termos *do propósito de sua vida*. Para ele o "viver" deveria ser "Cristo". Seja comendo ou bebendo, ele deveria fazer tudo para a glória de Deus. Você pode acumular tesouros, mas acumule-os no céu "onde nem traça nem ferrugem corroem, onde ladrões não escavam e não roubam". Você pode lutar para ser rico, mas faça-o na ambição de ser "rico em fé" e em boas obras. Pode ter prazer; mas quando estiver alegre, cante salmos e crie melodias para o Senhor. Em seu *espírito*, você deveria diferir do mundo. Se esperar humildemente diante de Deus, sempre consciente de Sua presença, deleitando-se na comunhão com Ele e buscando conhecer Sua vontade, você provará ser da estirpe celestial. Você deveria ser separado do mundo em suas ações. Se algo for correto, ainda que haja perda, você deve executá-lo; se for errado, ainda que haja ganho, deve rejeitar o pecado por amor a seu Mestre. Não deve ter comunhão com as infrutíferas obras das trevas, antes, deve reprová-las. Ande de modo digno de seu elevado chamado e dignidade. Lembre-se, de que é um filho do Rei dos reis. Mantenha-se imaculado do mundo. Não manche os dedos que, em breve, tocarão acordes no céu; não deixe que estes olhos tornem-se janelas de luxúria, olhos que em breve verão o Rei em Sua beleza. Não deixe que os pés que em breve andarão sobre as ruas de ouro, sejam poluídos em lugares lodosos. Não deixe que esse coração, que logo será cheio do céu e transbordará de alegria extática, seja cheio de orgulho e amargura.

Levante-se minh'alma! E plane
Acima da multidão imprudente;
Acima dos prazeres festivos,
E dos esplendores do orgulhoso;
Acima onde belezas eternas florescem,
E os prazeres são divinos;
Onde a riqueza nunca se esgota,
E glórias perpétuas resplandecem.

C.H. Spurgeon

"SENHOR, guia-me na tua justiça, por causa dos meus adversários..." SALMO 5:8

Muito amarga é a inimizade do mundo contra o povo de Cristo. Homens perdoarão milhares de falhas em outros, mas ampliarão a ofensa mais insignificante dos seguidores de Jesus. Em vez de orgulhosamente lastimarmos isto, encontremos algo de bom e considerando que tantos estão alertas, esperando um deslize, que isto seja motivo especial para caminharmos muito cuidadosamente diante de Deus. Se vivemos negligentemente, o mundo com olhos de lince logo perceberá e, com suas centenas de línguas, difundirá a história exagerada e ornada com o zelo da difamação. Gritarão triunfantes: "Aha! Assim esperávamos! Veja como estes cristãos agem! São todos hipócritas." Muito dano é trazido à causa de Cristo e muito insulto lançado ao Seu nome. A cruz de Cristo é, em si, uma ofensa ao mundo; tenhamos, então, cuidado para não lhe acrescentarmos ofensa alguma. Ela é "escândalo para os judeus": então, tenhamos cuidado para não acrescentar onde já há o suficiente. "Loucura para os gentios": não acrescentemos nossa loucura para dar motivo ao escárnio, com o que os sábios do mundo zombam do evangelho. Como deveríamos ter zelo por nossos irmãos! Quão rígidos deveríamos ser com nossa consciência! Na presença de adversários que deturparão nossos melhores feitos e refutarão nossos motivos quando não puderem censurar nossas ações, como deveríamos ser prudentes! Peregrinos viajam como suspeitos pela "Feira das Vaidades" [N.E.: Referente ao livro *O Peregrino* de John Bunyan (Publicações Pão Diário, 2014)]. Não estamos apenas sendo vigiados, mas há mais espiões do que imaginamos. A espionagem está em todo lugar, dentro e fora de casa. Se cairmos nas mãos do inimigo, podemos esperar que um lobo seja mais gentil ou um demônio mais misericordioso do que esperar que os homens sejam pacientes com nossas debilidades; homens que realçam sua infidelidade a Deus com escândalos contra Seu povo. "Ó Senhor, guia-nos sempre, a fim de que nossos inimigos não nos derrubem!"

C.H. Spurgeon

"O Senhor é Deus zeloso..."
NAUM 1:2

S*eu Senhor tem muito zelo por seu amor*, ó cristão. Ele o escolheu? Ele não pode suportar o fato de que você escolha outro. Ele o comprou com Seu próprio sangue? Ele não consegue tolerar que você acredite ser dono de si mesmo ou que pertença a este mundo. Ele o amou com tal amor que não ficaria no céu sem você; Ele morreria antes que você perecesse e Ele não pode aceitar que algo esteja entre Ele e o amor de seu coração. *Ele tem muito zelo por sua confiança.* Não permitirá que você confie em um braço humano. Ele não pode suportar que você cave cisternas rotas quando a fonte transbordante está sempre aberta para você. Quando nos recostamos nele, Ele se alegra, mas quando transferimos nossa dependência para outra coisa, quando nos apoiamos em nossa sabedoria, ou na sabedoria de um amigo — pior de tudo, quando confiamos em qualquer de nossas obras — se desagrada e nos disciplinará para que possa nos atrair a Ele. *Ele também tem muito zelo por nossa companhia.* Não deveria haver ninguém com quem conversemos tanto quanto com Jesus. Permanecer somente nele, este é o verdadeiro amor; mas ter comunhão com o mundo, encontrar consolo adequado em nossos prazeres carnais, preferir até mesmo o grupo de nossos irmãos cristãos à relação secreta com Ele, é sofrido para nosso zeloso Senhor. Ele se satisfaria em nos manter permanecendo nele, e desfrutaria da constante comunhão; e muitas das provações que Ele nos envia têm o propósito de desapegar nosso coração da criatura e fixá-lo mais próximo dele. Que este zelo que nos mantém próximos de Cristo *seja também consolo* para nós, pois se Ele nos ama tanto a ponto de se preocupar com o *nosso* amor, podemos ter certeza de que Ele não irá tolerar que nada nos prejudique e nos protegerá de todos os nossos inimigos. Ó, que possamos ter graça neste dia para manter nosso coração em sagrada pureza somente para nosso Amado, com zelo sagrado fechando nossos olhos para toda a fascinação do mundo!

C.H. Spurgeon

"Cantarei a bondade e a justiça..."

SALMO 101:1

A fé triunfa na provação. Quando a razão é impulsionada para a prisão interior, com seus pés presos no tronco, a fé faz as paredes do calabouço ressoarem com suas notas alegres, ao clamar: "Cantarei a bondade e a justiça; a ti, SENHOR, cantarei." A fé tira a máscara negra do rosto da provação e revela o anjo por trás dela. A fé olha para a nuvem e vê que

É grande em misericórdia e se
Derramará em bênçãos sobre sua cabeça.

Há razão para canções até mesmo nos julgamentos de Deus para nós. Pois, em primeiro lugar, a provação *não é tão severa quanto poderia ser*; em seguida, a provação *não é tão severa quanto mereceríamos que fosse*; e nossa aflição *não é tão esmagadora quanto o fardo que outros têm que carregar*. A fé vê que em sua pior tristeza não há nada de punição; não há sequer uma gota da ira de Deus; tudo é enviado com amor. A fé discerne o amor cintilando como uma joia no peito do Deus irado. A fé diz sobre sua tristeza: "Isto é um emblema de honra, pois a criança precisa experimentar a vara da disciplina"; e, então, canta o doce resultado de suas tristezas, porque operam o bem espiritual. A fé diz, mais ainda: "Porque a nossa leve e momentânea tribulação produz para nós eterno peso de glória." Então, a fé cavalga o cavalo negro, conquistando e para conquistar, esmagando a racionalidade mundana e o juízo carnal e salmodiando notas de vitória em meio ao combate mais intenso.

Tudo o que vem até mim me auxilia
Em meu caminho para a alegria celestial:
Onde agora provas duras me acompanham,
Lutas já não mais incomodarão.
Abençoado com peso de glória,
Jamais esquecerei o caminho,
Pois exultante e em brados guiou-me
Ao bendito trono de meu Salvador.

C. H. Spurgeon

"O qual, passando pelo vale árido, faz dele um manancial; de bênçãos o cobre a primeira chuva." SALMO 84:6

Isto nos ensina que o *consolo* obtido por uma pessoa, pode geralmente revelar-se útil para outra; assim como os poços seriam utilizados pela comitiva que passasse por ali depois. Lemos algum livro repleto de consolação, que é como a vara de Jônatas, escorrendo mel [N.E.: 1 Samuel 14:27]. Ah! Pensamos que nosso irmão passou por esse caminho anteriormente e abriu este poço para nós assim como para si mesmo. Muitas "Noites de Choro", "Harmonias da Meia-noite", um "Dia Eterno", "Uma virada na sorte", um "Consolo para sofredores" [N.E.: Referente a músicas e livros escritos por vários autores anteriores a Spurgeon]. Todos foram bem cavados, por peregrinos, para si mesmos, mas provaram ser muito úteis para outros. Notamos isto especialmente nos Salmos, como nesse começo: "Por que estás abatida, ó minha alma?" Viajantes deleitaram-se ao ver pegadas de homens na costa desolada, e nós amamos ver as marcas da caminhada de peregrinos enquanto passamos pelo vale de lágrimas.

Os peregrinos cavam o poço, mas, muito estranhamente, o poço se enche partindo de cima e não do fundo. Utilizamos os meios, mas a bênção não emerge dos meios. Cavamos um poço, mas o céu o enche com chuva. O cavalo é preparado para o dia da batalha, mas a segurança vem do Senhor. Os meios estão ligados ao fim, mas não o produzem de si mesmos. Veja que a chuva enche os reservatórios para que os poços tornem-se úteis depósitos de água; o trabalho não é perdido, mas ainda assim não suplanta o auxílio divino.

A graça pode ser comparada à chuva por sua pureza, por sua influência refrescante e vivificante, por vir somente do alto e pela soberania com que é dada ou contida. Que nossos leitores tenham chuvas de bênção e que os poços que cavaram sejam cheios com água! Ó, o que são meios e ordenanças sem o sorriso do céu? São como nuvens sem chuva e reservatórios sem água. "Ó Deus de amor, abre as janelas do céu e derrama sobre nós uma bênção!"

C.H. Spurgeon

"...Este recebe pecadores..."
LUCAS 15:2

Observe a *condescendência* deste fato. Este Homem, que está acima de todos os outros homens, santo, inofensivo, imaculado e separado dos pecadores — este Homem recebe pecadores. Ele, que não é outro senão o Deus eterno, diante de quem anjos encobrem suas faces — recebe pecadores. Uma linguagem de anjo é necessária para descrever um amor tão poderoso. O fato de qualquer um de nós estar disposto a buscar o perdido não é admirável — pois são nossa raça; mas que Ele, o Deus ofendido, contra quem cometeu-se transgressão, tenha tomado a forma de servo e levado o pecado de muitos e estivesse então disposto a receber o mais vil dos vis, isto é maravilhoso!

"Este recebe pecadores"; no entanto, não para que permaneçam pecadores, mas Ele os recebe para perdoar seus pecados, justificá-los, limpar seu coração por Sua palavra purificadora, preservar sua alma pelo habitar do Espírito Santo e para capacitá-los a servi-lo, para demonstrarem Seu louvor e ter comunhão com Ele. No amor de Seu coração Ele recebe os pecadores, tira-os do monturo e usa-os como joias em Sua coroa; apanha-os como tições do braseiro e preserva-os como preciosos monumentos de Sua misericórdia. Ninguém é tão precioso aos olhos de Jesus quanto os pecadores por quem Ele morreu. Quando Jesus recebe pecadores, Ele não o faz em um lugar qualquer, em uma sala casual onde Ele os entretém caridosamente, como os homens fazem ao passar por indigentes. Porém, Ele abre os portões de ouro de Seu coração régio e recebe o pecador para si — Ele recebe o humilde penitente para a união pessoal e faz dele membro de Seu corpo, de Sua carne, de Seus ossos. Nunca houve uma recepção como esta! Este fato é ainda muitíssimo certo nesta noite, Ele ainda recebe pecadores. Ah! Se os pecadores também o recebessem!

C.H. Spurgeon

"...e outros barcos o seguiam."
MARCOS 4:36

Jesus era o Senhor Alto Almirante do mar e Sua presença preservou toda as embarcações naquela noite. É bom que naveguemos com Jesus ainda que em um pequeno barco. Mesmo quando navegamos na companhia de Cristo, não há como ter certeza de condições meteorológicas favoráveis, pois grandes tempestades podem sacudir a embarcação que carrega o próprio Senhor e não devemos esperar encontrar o mar menos impetuoso ao redor de nosso pequeno barco. Se nos dispomos a ir com Jesus devemos nos contentar em viajar como Ele viaja; e quando as ondas forem difícieis para Ele, não serão mais fáceis para nós. Como foi com Ele, será com tempestade e turbulência que chegaremos em terra firme.

Quando a tempestade acometeu o mar da Galileia todos os rostos empalideceram e todo coração temia o naufrágio. Quando a ajuda de qualquer criatura era inútil, o Salvador que dormia, levantou-se e, com uma palavra, transformou a agitação da tempestade em profunda calmaria; então as pequenas embarcações descansaram com aquela que transportava o Senhor. Jesus é a estrela do mar; e ainda que haja tristeza, quando Jesus ali está, há também alegria. Que nosso coração faça de Jesus sua âncora, leme, farol, barco salva-vidas, seu ancoradouro. Sua Igreja é o porta-estandarte do Almirante; vamos observar Seus movimentos e encorajar Seus oficiais com nossa presença. Ele é a grande atração; estejamos sempre em seu encalço, observando Seus sinais, guiados por Seus mapas e nunca temendo enquanto Ele estiver ao alcance de nossa voz. Nenhum navio desta frota naufragará; o grande Comodoro guiará todos os barcos em segurança ao ancoradouro desejado. Por fé soltaremos o cabo para navegar mais um dia e velejar adiante com Jesus no mar da tribulação. Ventos e ondas não nos pouparão, mas obedecerão a Ele; e, portanto, qualquer tempestade que possa acontecer, a fé sentirá uma abençoada calma interior. Ele está sempre no centro da tripulação. Regozijemo-nos nele. Sua embarcação chegou ao ancoradouro e assim será conosco.

C.H. Spurgeon

"Confessei-te o meu pecado e a minha iniquidade não mais ocultei. Disse: confessarei ao SENHOR *as minhas transgressões; e tu perdoaste a iniquidade do meu pecado."* SALMO 32:5

A tristeza de Davi pelo pecado era amarga. Seus efeitos eram visíveis em sua compleição: "envelheceram os meus ossos"; "meu vigor se tornou em sequidão de estio". Ele não encontrou nenhum remédio, até que fez uma confissão completa diante do trono da graça celestial. Ele nos diz que por certo tempo manteve silêncio e seu coração ficou mais e mais cheio de tristeza: como um lago nas montanhas cujo escoamento é bloqueado, sua alma estava inchada de torrentes de tristeza. Ele inventou desculpas; empenhou-se em distrair seus pensamentos, mas tudo sem sucesso; como uma ferida supurada, sua angústia acumulou-se e, como ele não utilizou a lanceta da confissão, seu espírito ficou repleto de tormento e sem descanso. Finalmente, chega ao ponto em que ele precisa voltar-se para seu Deus em humilde penitência, ou morrer por completo; então, apressou-se a chegar ao trono de misericórdia e ali expôs o volume de suas iniquidades diante daquele que tudo vê, reconhecendo toda a maldade de seus caminhos, como vemos na linguagem do Salmo 51 e em outros salmos de penitência. Tendo feito isso, algo tão simples e, ainda assim, tão difícil para o orgulho, ele imediatamente recebe o indício do perdão divino; os ossos que haviam sido quebrados, alegraram-se e ele sai de seu aposento para cantar a bem-aventurança do homem cuja transgressão é perdoada. Veja o valor da confissão do pecado forjada pela graça! Ela deve ser estimada acima de qualquer prêmio, pois em cada caso em que há uma confissão genuína, a misericórdia é concedida livremente não porque o arrependimento e a confissão *mereçam* misericórdia, mas *por causa de Cristo*. Bendito seja Deus, sempre há cura para o coração despedaçado; a fonte está sempre fluindo para nos limpar de nossos pecados. "Verdadeiramente, ó Senhor, tu és Deus 'perdoador!' Portanto, reconheceremos nossas iniquidades."

C.H. Spurgeon

"Não se atemoriza de más notícias..."

SALMO 112:7

Cristão, você não deve temer a chegada de más notícias; porque se você se angustia com elas, *qual é a diferença entre você e outros*? Outras pessoas não têm o seu Deus em quem se refugiar; nunca provaram Sua fidelidade como você provou e não é de admirar que se curvem de susto e se apavorem de medo, mas você professa ser de outro espírito: foi gerado novamente para uma esperança viva e seu coração vive no céu e não nas coisas terrenas. Porém, se você é visto distraído como os outros, qual é o valor dessa graça que professa ter recebido? Onde está a dignidade dessa nova natureza que você alega possuir?

Novamente, se você se encher de temor, como acontece com outros, *você, sem dúvida, será levado aos pecados mais comuns como ocorre com eles sob circunstâncias árduas*. Os incrédulos, quando surpreendidos por notícias más, rebelam-se contra Deus; murmuram e pensam que o Senhor lida severamente com eles. Você vai cair no mesmo pecado? Provocará o Senhor como eles?

Além disso, homens não convertidos geralmente recorrem aos meios errados para escapar das dificuldades, e você certamente fará o mesmo se sua mente ceder à pressão vigente. Confie no Senhor e espere pacientemente por Ele. Sua conduta mais sábia será fazer como fez Moisés às margens do mar Vermelho: "Aquietai-vos e vede o livramento do Senhor." Pois, se você abrir caminho para o medo quando ouvir más notícias, será incapaz de enfrentar a dificuldade com a serenidade que encoraja o trabalho e sustenta na adversidade. Como você pode glorificar a Deus se procede com covardia? Os santos, muitas vezes, cantaram os altos louvores de Deus em meio ao fogo, mas como sua dúvida e seu desespero, caso ajam como se não houvesse alguém para ajudá-los, magnificarão o Altíssimo? Tenha então coragem e confie com segurança garantida, na fidelidade do seu Deus da aliança: "Não se turbe o vosso coração, nem se atemorize."

C.H. Spurgeon

"...povo que lhe é chegado..."
SALMO 148:14

A dispensação da antiga aliança era de distância. Quando Deus apareceu até mesmo a Seu servo Moisés, Ele disse: "Não te chegues para cá; tira as sandálias dos pés"; e quando se manifestou no monte Sinai, ao Seu povo escolhido e separado, um dos primeiros mandamentos foi: "Marcarás em redor limites ao povo." Na adoração sagrada do tabernáculo e do templo, a ideia de distância sempre esteve evidente. O povo não podia nem entrar no pátio externo. Na parte interior, ninguém, além dos sacerdotes, ousava adentrar; no lugar mais secreto, ou santo dos santos, o sumo-sacerdote entrava apenas uma vez por ano. Era como se o Senhor nessas eras antigas, estivesse ensinando o povo que o pecado era tão completamente repugnante para Ele, que Ele precisava tratá-los como leprosos colocados para fora do acampamento; e quando Ele se aproximava deles, ainda assim os fazia sentir a vastidão da separação entre um Deus santo e um pecador impuro. Com a vinda do evangelho, fomos colocados em termos completamente diferentes. A palavra "vá" foi trocada por "venha"; a distância deu lugar à proximidade e nós, que anteriormente estávamos distantes, nos tornamos íntimos pelo sangue de Jesus Cristo. A deidade encarnada não tinha colunas de fogo ao seu redor. "Vinde a mim, todos os que estais cansados e sobrecarregados, e eu vos aliviarei" é a jubilosa proclamação de Deus quando surge em carne humana. Ele já não mais ensina ao leproso sobre sua lepra à distância, mas sofre, Ele mesmo, a punição resultante de sua impureza. Que estado de segurança e privilégio é esta proximidade de Deus por meio de Jesus! Você a conhece por experiência? Se a conhece, está vivendo nesse poder? Maravilhosa é essa proximidade, e, entretanto, será seguida de uma dispensação de proximidade ainda maior, quando se dirá: "Eis o tabernáculo de Deus com os homens. Deus habitará com eles." "Apressa-te, ó Senhor."

C.H. Spurgeon

"...coparticipantes da natureza divina..."

2 PEDRO 1:4

Ser participante da natureza divina não é, logicamente, tornar-se Deus. Isso não pode acontecer. A essência da deidade não deve ser compartilhada pela criatura. Entre a criatura e o Criador deve sempre haver um abismo por respeito à essência; mas, assim como o primeiro homem, Adão, foi feito à imagem de Deus, também nós, pela renovação do Espírito Santo, somos, em um sentido ainda mais divino, feitos à imagem do Altíssimo e coparticipantes da natureza divina. Somos, pela graça, criados à semelhança de Deus. "Deus é amor"; nós nos tornamos amor — "todo aquele que ama é nascido de Deus". Deus é verdade; nós nos tornamos verdade, e amamos aquilo que é verdadeiro; Deus é bom e nos faz bons por Sua graça, para que nos tornemos os puros de coração que verão a Deus. Além disso, nos tornamos coparticipantes da natureza divina em um sentido ainda mais elevado que este — na verdade, no sentido mais grandioso que se pode conceber, sendo quase que completamente divinos. Não nos tornamos membros do corpo da divina pessoa de Cristo? Sim, o mesmo sangue que flui na cabeça, flui nas mãos; e a mesma vida que aviva Cristo, aviva Seu povo, pois "porque morrestes, e a vossa vida está oculta juntamente com Cristo". E se isto não fosse suficiente, nos unimos a Ele em matrimônio. Ele nos recebeu no matrimônio em justiça e fidelidade e aquele que é unido ao Senhor é um espírito com Ele. Ó, maravilhoso mistério! Analisamos este mistério, mas conseguiremos entendê-lo? Um com Jesus — tão unido com Ele como o galho, que é um com a videira; assim somos parte do Senhor, nosso Salvador e nosso Redentor! Enquanto nos regozijamos nisto, lembremo-nos de que aqueles que são coparticipantes da natureza divina manifestarão seu elevado e santo relacionamento na interação com outros, e deixarão evidente em sua caminhada e conversa diária que escaparam à corrupção que há no mundo por meio da luxúria. Que haja mais santidade divina em nossa vida!

C.H. Spurgeon

"Acaso, sou eu o mar ou algum monstro marinho, para que me ponhas guarda?" JÓ 7:12

Esta foi uma pergunta estranha que Jó fez ao Senhor. Ele se sentiu insignificante demais para ser tão severamente vigiado e castigado, e esperava não ser tão indisciplinado a ponto de precisar ser refreado de tal forma. A indagação era natural, vinda de alguém cercado de tais misérias insuportáveis, mas é, no fim das contas, passível de uma resposta que nos coloca em submissão. É verdade que o homem não é o mar, mas é ainda mais importuno e obstinado. O mar respeita obedientemente seu limite; e ainda que esse limite seja apenas um cordão de areia, ele não o sobrepõe. Poderoso como é, ouve o "*até aqui*" divino e, quando mais feroz, em tempestade, ainda respeita a palavra; mas o homem obstinado desafia o céu e oprime a Terra e não há fim para sua ira rebelde. O mar, obediente à lua, tem seu fluxo e refluxo com regularidade contínua e, desta maneira, exprime obediência ativa e passiva; mas o homem, impaciente além de seus limites, dorme no momento da tarefa, é negligente quando deveria ser diligente. Ele não vai ou vem ao comando divino, mas, de mau humor, prefere fazer o que não deveria e deixar incompleto o que lhe é exigido. Todas as gotas no oceano, todas as bolhas e todos os flocos de espuma, todas as conchas e seixos, sentem o poder da lei e se rendem ou movem-se imediatamente. Ah! Se nossa natureza fosse um milésimo tão conformada à vontade de Deus! Chamamos o mar de inconstante e infiel, mas como é constante! Desde os dias de nossos patriarcas e os tempos antigos, o mar está onde sempre esteve, chocando-se contra os mesmos despenhadeiros, na mesma sintonia; sabemos onde encontrá-lo, ele não abandona seu leito e não muda seu estrondo incessante; mas onde está o homem fútil e volúvel? Pode o homem sábio adivinhar por qual insensatez será seduzido, distanciando-se da obediência? Nós precisamos ser mais vigiados do que o mar revolto e somos muitos mais rebeldes. "Senhor, governa sobre nós para a Sua glória. Amém."

C.H. Spurgeon

"... Trazei-mo."

MARCOS 9:19

Desesperadamente, o pobre pai frustrado afastou-se dos discípulos e voltou-se para o seu Mestre. Seu filho estava na pior condição possível e todos os meios haviam falhado, mas a pobre criança foi, em pouco tempo, liberta do maligno quando o pai, em fé, obedeceu à palavra do Senhor Jesus: "Trazei-mo." Os filhos são um dom precioso de Deus, mas com eles vem muita preocupação. Eles podem ser uma grande alegria ou uma grande amargura para os pais; podem ser cheios com o Espírito de Deus, ou possuídos pelo espírito maligno. Em todos os casos, a Palavra de Deus nos dá uma receita para a cura de todas as suas doenças: "Trazei-mo." Ah! Que haja mais orações desesperadas por eles enquanto ainda são bebês! O pecado está presente, que nossas orações comecem a atacá-lo. Nossos clamores por nossa descendência devem preceder os clamores por sua chegada neste mundo de pecado. Nos dias de sua juventude veremos tristes indícios desse espírito que os emudece e ensurdece, de modo que nem vão orar corretamente ou ouvirão a voz de Deus na alma, porém Jesus ainda assim ordena: "Trazei-mo." Quando forem adultos poderão chafurdar-se no pecado e, de modo imprudente, voltar-se contra Deus. Nesta hora, quando nosso coração estiver despedaçado devemos nos lembrar das palavras do grande Médico: "Trazei-mo." Jamais devemos deixar de orar até que deixem de respirar. Nenhum caso está perdido enquanto Jesus estiver vivo.

O Senhor, algumas vezes, permite que Seu povo seja colocado em uma situação difícil para que possa saber por experiência o quanto precisa dele. Filhos incrédulos, quando nos mostram nossa impotência em relação a depravação de seu coração, nos levam a correr para o Forte em busca de força, e isso é uma grande bênção para nós. Quaisquer que sejam nossas necessidades nesta manhã, deixemos que se tornem a forte corrente que nos carregará até o oceano de amor divino. Jesus pode rapidamente remover nossa tristeza; Ele se deleita em nos consolar. Aproximemo-nos dele, enquanto Ele aguarda nos encontrar.

C.H. Spurgeon

"...anima-o..."

DEUTERONÔMIO 1:38

Deus dá a Seu povo a tarefa de encorajar uns aos outros. Ele não disse a um anjo: "Gabriel, meu servo Josué está prestes a guiar meu povo a Canaã — vá, encoraje-o." Deus nunca opera milagres desnecessários; se Seus propósitos podem ser cumpridos por meios comuns, Ele não fará uso de atividade miraculosa. Gabriel não teria sido tão adequado para o trabalho, como Moisés. A empatia de um irmão é mais preciosa do que a missão diplomática de um anjo. O anjo, veloz nas asas, conheceria melhor a ordem do Mestre do que o humor do povo. Um anjo nunca experimentou a dificuldade da estrada, nem viu as serpentes furiosas, nem guiou a multidão obstinada no deserto, como Moisés havia feito. Deveríamos ficar contentes por nosso Deus, geralmente, trabalhar pelo homem por meio dos homens. Isso forma um vínculo de irmandade e, ao sermos mutuamente dependentes uns dos outros, somos mais completamente fundidos em uma família. Irmãos, recebam este texto como uma mensagem de Deus para vocês. Trabalhem para ajudar outros e, principalmente, lutem para *encorajá-los*. Falem com alegria ao jovem que tem dúvidas e ansiedade; tentem remover carinhosamente as pedras de tropeço de seu caminho. Quando você encontrar uma centelha de graça no coração, ajoelhe-se e sopre até que ela se torne uma chama. Deixe que o jovem cristão descubra a rudeza do caminho em etapas, mas fale com ele sobre a força que habita em Deus, a certeza da promessa e os encantos da comunhão com Cristo. Tenha como alvo consolar o triste e animar o desesperado. Fale uma palavra apropriada àquele que está fraco e encoraje aqueles que têm medo de seguir seu caminho com contentamento. Deus o encoraja com Suas promessas; Cristo o encoraja ao sinalizar o céu que Ele conquistou para você e o Espírito o incentiva ao operar em você o querer e o efetuar de Sua vontade e desejo. Imite a sabedoria divina e encoraje outros conforme a palavra desta noite.

C.H. Spurgeon

"Se vivemos no Espírito, andemos também no Espírito."
GÁLATAS 5:25

As duas coisas mais importantes em nossa santa religião são a *vida de fé* e a *caminhada de fé*. Aquele que entende acertadamente estas duas não está distante de ser mestre em teologia experimental, pois são pontos vitais para um cristão. Você nunca encontrará a verdadeira fé desacompanhada da verdadeira piedade; por outro lado, você nunca descobrirá uma vida verdadeiramente santa que não tenha como raiz uma fé viva na justiça de Cristo. Ai daqueles que buscam um sem o outro! Há alguns que cultivam a fé e esquecem a santidade; esses podem ser muito ilustres na ortodoxia, mas cairão profundamente em condenação, pois guardam a verdade em iniquidade; e há outros que se esforçam por uma vida de santidade, mas negam a fé, como os antigos fariseus, a quem o Mestre chamou de "sepulcros caiados". Precisamos ter fé, pois essa é a fundação; precisamos ter vida de santidade, pois esta é a superestrutura. Para que serve a simples fundação de um edifício para um homem, em dia de tempestade? Pode ele se refugiar nela? Ele quer uma casa que o cubra, assim como uma fundação para essa casa. Da mesma forma, nós precisamos da superestrutura da vida espiritual se desejamos o conforto no dia da dúvida. Mas não busque uma vida santa sem fé, pois isso seria como construir uma casa que não pode sustentar abrigo permanente, pois não tem fundação em uma rocha. Deixe que a fé e a vida estejam juntas e, como as duas colunas de um arco, farão nossa piedade duradoura. Como luz e calor fluindo do mesmo sol, elas são igualmente repletas de bênção. Como os dois pilares do templo, elas são para glória e para beleza. São duas correntes da fonte de graça; duas lâmpadas acesas com fogo santo; duas oliveiras regadas com o cuidado celestial. "Ó Senhor, concede-nos hoje a vida interior e ela se revelará exteriormente, para Tua glória."

C.H. Spurgeon

"...e elas me seguem."
JOÃO 10:27

Nós deveríamos seguir nosso Senhor tão firmemente como as ovelhas seguem seu pastor, pois Ele *tem direito de nos levar aonde quiser.* Não pertencemos a nós mesmos, fomos comprados por um preço — reconheçamos os direitos do sangue redentor. O soldado segue seu capitão, o servo obedece a seu mestre, muito mais, devemos nós seguir nosso Redentor, que nos comprou para sermos Sua propriedade. Não seremos leais à nossa confissão como cristãos se questionarmos o comando de nosso Líder e Comandante. A submissão é nosso dever, a objeção é nossa insensatez. Frequentemente nosso Senhor nos dirá, como disse a Pedro: "Quanto a ti, segue-me." Aonde quer que Jesus nos guie, *Ele irá à nossa frente.* Caso não saibamos aonde vamos, sabemos que vamos com Ele. Com tal companheiro, quem temerá os perigos da estrada? A jornada pode ser longa, mas Seus braços eternos nos carregarão até o fim. A presença de Jesus é a certeza de salvação eterna, porque Ele vive, nós também viveremos. Deveríamos seguir a Cristo em simplicidade e fé, porque *todos os caminhos em que Ele nos guia terminam em glória e imortalidade.* É verdade que podem não ser caminhos suaves — podem estar cobertos de provações árduas e pedregosas, mas levam à "cidade que tem fundamentos, da qual Deus é o arquiteto e edificador". "Todas as veredas do SENHOR são misericórdia e verdade para os que guardam a sua aliança." Coloquemos total confiança em nosso Líder, sabendo que, venha prosperidade ou adversidade, doença ou saúde, popularidade ou desprezo, Seu propósito será cumprido e esse propósito será puro, genuinamente bom para todo herdeiro da misericórdia. Será doce subirmos o lado árido da colina com Cristo; e quando a chuva e a neve soprarem em nossas faces, Seu precioso amor nos tornará muito mais abençoados do que aqueles que se sentam em casa e aquecem suas mãos na lareira do mundo. Até o topo do Amana [N.E.: Cântico dos Cânticos 4:8], às covas dos leões, ou às colinas de leopardos, seguiremos nosso Amado. "Precioso Jesus, atrai-nos e correremos até o Senhor."

C.H. Spurgeon

"Para a liberdade foi que Cristo nos libertou..."
GÁLATAS 5:1

Esta "liberdade" nos liberta para a carta de concessão do céu — *a Bíblia*. Aqui uma passagem de minha preferência cristã: "Quando passares pelas águas, eu serei contigo." Você é livre para isso. Cito aqui mais uma: "Porque os montes se retirarão, e os outeiros serão removidos; mas a minha misericórdia não se apartará de ti"; você é livre para isso. Você é um convidado bem-vindo à mesa das promessas. A Escritura é um tesouro que nunca falha, repleto de suprimento ilimitado de graça. É o banco do céu; você pode sacar o quanto quiser, sem impedimento ou obstáculo. Vá em fé e será recebido em *todas as bênçãos da aliança*. Não há uma promessa na Palavra que seja retida. Nas profundezas das tribulações, deixe que essa liberdade o console; em meio a ondas de aflição, deixe que o anime; quando tristezas o cercarem, deixe que seja seu conforto. Este é o símbolo de amor de seu Pai; você é livre para isso em todo o tempo. Você também é *livre para o trono da graça*. É privilégio do cristão ter acesso, em todos os momentos, a seu Pai celestial. Quaisquer que sejam nossos desejos, nossas dificuldades, nossas necessidades, estamos livres para expor tudo diante dele. Não importa o quanto tenhamos pecado, podemos pedir e esperar o perdão. O fato de sermos tão pobres nada significa, podemos apelar à Sua promessa de que Ele proverá tudo o que nos for necessário. Temos permissão para nos aproximar de Seu trono em todos os momentos — na hora mais escura ou no calor do meio-dia. Exercite seu direito, ó cristão, e viva este privilégio. Você é livre para tudo que está entesourado *em* Cristo — sabedoria, justiça, santificação e redenção. Não importa qual seja sua necessidade, pois há plenitude de provisão em Cristo, e esta provisão está disponível *para você*. Ó que "liberdade" é a sua! Liberdade da condenação, liberdade para as promessas, liberdade para o trono da graça e, finalmente, liberdade para entrar no céu!

C.H. Spurgeon

"Por este menino orava eu..."
1 SAMUEL 1:27

Pessoas devotas deleitam-se em considerar as misericórdias que obtiveram em resposta à súplica, pois conseguem perceber o especial amor de Deus nelas. Quando podemos nominar nossas bênçãos de Samuel, ou seja "pedido a Deus", elas serão tão amadas para nós como o filho foi para Ana. Penina teve muitos filhos, mas eles vieram como bênçãos comuns, não almejadas em oração: o único filho de Ana, dado pelo céu, era muito mais amado, porque era fruto de súplica fervorosa. Quão doce foi para Sansão a água que ele encontrou, após ter orado pedindo-a ao Senhor! As quássias [N.E.: Árvore com propriedade medicinal] deixam as águas amargas, mas a oração dá um toque de doçura a qualquer água. Oramos pela conversão de nossos filhos? Quão duplamente doce será, quando estiverem salvos, ver neles nossas petições cumpridas! É melhor nos alegrarmos neles como fruto de nossas orações do que como frutos de nossos corpos. Buscamos do Senhor algum dom espiritual? Quando ele vier a nós, estará envolto no tecido áureo da fidelidade e verdade de Deus e será, então, duplamente precioso. Pedimos sucesso na obra do Senhor? Quão jubilosa é a prosperidade que vem planando nas asas da oração! É sempre melhor receber bênçãos em nossa casa de modo legítimo, pela porta da oração. Estas são, de fato, bênçãos e não tentações. E mesmo quando a resposta da oração tarda, as bênçãos são ainda mais enriquecidas pela protelação. Jesus, o Filho, era ainda mais amável aos olhos de Maria quando ela o encontrou após procurá-lo, entristecida. Aquilo que ganhamos pela oração, deveríamos dedicar a Deus, como Ana dedicou Samuel. O dom veio do céu, deixe que para lá retorne. A oração o trouxe, a gratidão cantou sobre ele, deixe que a devoção o consagre. Esta será uma ocasião especial para dizer: "Porque tudo vem de ti, e das tuas mãos to damos." Leitor, a oração é uma fonte de poder ou um enfado em sua vida? Qual deles?

C.H. Spurgeon

"...Espada pelo S*ENHOR e por Gideão!"*

JUÍZES 7:20

Gideão ordenou que seus homens fizessem duas coisas: cobrissem uma tocha com um cântaro vazio e, ao sinal designado, quebrassem o cântaro e deixassem a luz brilhar e, então, fizessem soar a trombeta bradando: "Espada pelo SENHOR e por Gideão!" Isso é exatamente o que todos os cristãos devem fazer. Primeiro, *você deve brilhar*; quebre o cântaro que oculta sua luz; jogue fora o recipiente que esconde sua tocha e brilhe. Permita que sua luz resplandeça diante dos homens; que suas boas obras sejam tais que, quando as pessoas olharem para você, saibam que esteve com Jesus. Depois *deve haver o som*, o soar da trombeta. Deve haver o esforço ativo para a reunião de pecadores, para a proclamação do Cristo crucificado. Leve o evangelho a eles; leve-o até suas portas; coloque-o em seu caminho; não permita que eles escapem dele; faça soar a trombeta diretamente em seus ouvidos. Lembre-se de que o verdadeiro clamor de Guerra da Igreja é o lema de Gideão: "*Espada pelo Senhor* e por Gideão!" Deus deve executar, é obra dele. Mas não devemos ser negligentes; meios devem ser utilizados: "Espada pelo Senhor e *por Gideão*!" Se nós apenas exclamarmos: "Espada pelo Senhor!", seremos culpados de presunção negligente; e se exclamarmos somente: "Espada por Gideão!", manifestaremos confiança idólatra em um braço humano. Devemos combinar ambos em harmonia prática: "Espada pelo SENHOR e por Gideão!" Não podemos fazer nada de nós mesmos, mas podemos fazer tudo com a ajuda de nosso Deus; estejamos determinados, portanto, no nome dele, a irmos pessoalmente e servir com nossa tocha flamejante, como exemplo santo, e com os tons de nossa trombeta como declaração fervorosa e testemunho. Deus será conosco e Midiã será confundida e o Senhor dos senhores reinará para todo o sempre.

"...à tarde não repouses a mão..."
ECLESIASTES 11:6

No *fim do dia* muitas são as oportunidades: os homens retornam de seus trabalhos e o zeloso ganhador de almas vê nesta hora um momento para compartilhar do amor de Jesus. Tenho eu algum trabalho no fim do dia? Se não, não permita que eu retenha minha mão do serviço que requer trabalho abundante. Pecadores estão perecendo por falta de conhecimento; aquele que se demora acabará manchado com o sangue de almas. Jesus entregou Suas mãos aos pregos, como posso eu impedir que uma de minhas mãos coopere com Sua obra bendita? Noite e dia Ele labutou e orou por mim, como posso entregar minha carne aos mimos com ócio suntuoso, por uma hora que seja? Levante-se, coração preguiçoso; estique sua mão para trabalhar, ou erga-a para orar; céu e inferno estão em fervor, então esteja eu também em fervor, e nessa noite semeie boas sementes pelo Senhor meu Deus.

As tardes da vida também têm seus chamados. A vida é tão curta que uma manhã de vitalidade da humanidade e uma manhã de decadência, a compõe por completo. Para alguns parece longo tempo, mas alguns centavos são grande quantia para o homem pobre. A vida é tão breve que homem nenhum pode se dar ao luxo de perder um dia. Já foi muito bem dito que se um grande rei nos trouxer uma grande pilha de ouro e ordenar que tomemos o quanto pudermos contar em um dia, devemos aproveitar o máximo deste dia; devemos começar cedo de manhã e à tarde não devemos reter nossas mãos; mas ganhar almas é um trabalho muito mais nobre. Como podemos em tão pouco tempo nos retirar dele? Alguns são poupados até a noite de idade avançada; se tal for o caso, que usemos os talentos que ainda conservamos e sirvamos até a última hora ao bendito e fiel Senhor. Por Sua graça exercerei meu ofício até o fim da vida, abandonando meu chamado somente quando deixar o meu corpo. O idoso pode instruir o jovem, alegrar o abatido e encorajar o desanimado; se o anoitecer tem menos calor vigoroso, deveria ter mais sabedoria serena; portanto, no entardecer não reterei minha mão.

C.H. Spurgeon

"Alegrar-me-ei por causa deles e lhes farei bem..."
JEREMIAS 32:41

Como alegra o coração do cristão o deleite que Deus tem em Seus santos! Não vemos em nós mesmos razão para que o Senhor se alegre conosco; não nos deleitamos em nós mesmos, pois frequentemente sofremos sobrecarregados; conscientes de nossa pecaminosidade e lamentando nossa infidelidade. Tememos que o povo de Deus não possa se deleitar em nós, pois devem perceber tantas imperfeições e leviandades em nós que, ao contrário, lamentam nossas debilidades em vez de admirar nossas virtudes. Porém, amamos permanecer nesta verdade transcendente, neste mistério glorioso: Assim como o noivo se alegra com a noiva, assim o Senhor se alegra conosco. Não lemos em lugar nenhum que Deus se deleita nas montanhas cobertas pelas nuvens, ou nas estrelas brilhantes, mas lemos que Ele se regozija no Seu mundo habitável e que Suas delícias estão com os filhos dos homens. Não achamos registro de que nem mesmo os anjos concedem deleite à Sua alma; nem diz Ele, acerca de querubins e serafins: "chamar-te-ão Minha-Delícia; porque o SENHOR se delicia em ti"; mas Ele diz tudo isso a pobres criaturas caídas como nós, aviltadas e corrompidas pelo pecado, mas salvas, exaltadas e glorificadas por Sua graça. Como é forte o linguajar em que Ele expressa Seu deleite em Seu povo! Quem iria imaginar que o Eterno irromperia em canção? Entretanto está escrito: "Ele se deleitará em ti com alegria; renovar-te-á no seu amor, regozijar-se-á em ti com júbilo." Ao olhar para o mundo que criou, Ele disse: "É muito bom"; mas quando observou aqueles que foram comprados pelos sangue de Jesus, Seus escolhidos, a impressão é que o grande coração do Deus infinito já não pôde se conter, mas transbordou em divinas exclamações de alegria. Não deveríamos exprimir nossa resposta de gratidão a essa declaração tão maravilhosa de Seu amor e cantar: "Eu me alegro no SENHOR, exulto no Deus da minha salvação"?

C. H. Spurgeon

"Não colhas a minha alma com a dos pecadores..."
SALMO 26:9

O medo fez Davi orar de tal forma, pois algo sussurrou para ele: "talvez, no fim das contas, você possa se unir aos perversos." Esse medo, ainda que ligado à incredulidade, surge principalmente da ansiedade santa, nascendo da recordação do pecado passado. Mesmo o homem perdoado indagará: "E se no fim meus pecados forem lembrados e eu for deixado fora do rol de salvos?" Ele se lembra de sua presente improdutividade — tão pouca graça, tão pouco amor, tão pouca santidade; e ao olhar adiante para o futuro, considera sua fraqueza e as muitas tentações que o assaltam e teme cair e tornar-se presa do inimigo. Um senso do pecado e da maldade vigente e suas corrupções predominantes o compelem a orar, amedrontado e trêmulo: "Não colhas a minha alma com a dos pecadores." Leitor, se você já fez esta oração e se seu caráter é corretamente descrito no salmo do qual ela foi tirada, você não precisa temer juntar-se aos pecadores. Você tem as duas virtudes que Davi tinha — a caminhada externa de integridade e confiança interior no Senhor? Você está descansando no sacrifício de Cristo e almeja o altar de Deus com humilde esperança? Se sim, tenha certeza de que jamais será unido ao perverso, pois essa catástrofe é impossível. No julgamento seremos unidos àqueles de nosso mesmo gênero. "Ajuntai primeiro o joio, atai-o em feixes para ser queimado; mas o trigo, recolhei-o no meu celeiro." Se, então, você é *como* o povo de Deus, estará *com* o povo de Deus. Você não pode ser unido ao perverso, pois foi comprado a preço elevado. Redimido pelo sangue de Cristo, você é dele para sempre, e onde Ele estiver, ali deve estar o Seu povo. Você é muito amado para ser lançado fora com os réprobos. Perecerá um amado de Cristo? Impossível! O inferno não pode possuí-lo! Confie em Sua Segurança e não tema!

C.H. Spurgeon

"Regozije-se Israel no seu Criador..."
SALMO 149:2

Tenha um coração alegre, ó cristão, mas tenha cuidado para que sua alegria tenha sua fonte *no Senhor*. Você tem muitos motivos para alegrar-se no seu Deus, pois pode cantar com Davi: "Deus, que é a minha grande alegria." Alegre-se porque o Senhor reina, porque Jeová é Rei! Regozije-se porque Ele se assenta no trono e governa todas as coisas! Todos os atributos de Deus deveriam tornar-se um novo raio na luz solar de sua alegria. O fato de Ele ser sábio deveria nos alegrar por conhecermos nossa insensatez. O fato de Ele ser *poderoso* deveria nos fazer regozijar, nós que trememos de fraqueza. Ele ser eterno deveria sempre ser motivo de alegria quando sabemos que secamos como a relva. Ele ser *imutável* deveria perpetuamente nos render uma canção, considerando que *nós* mudamos a cada hora. Ele ser cheio de graça, transbordante dela e o fato de Sua graça nos ser dada em aliança que nos limpa, nos mantém, santifica, aperfeiçoa, nos leva à glória — tudo isto deveria nos fazer regozijar nele. Esta alegria em Deus é um rio profundo; até agora tocamos apenas a margem, conhecemos pouco de suas torrentes claras, doces e celestiais, mas a profundidade é maior e o fluxo mais impetuoso, em sua alegria. O cristão sente que pode deleitar-se não apenas no que Deus é, mas também em tudo o que Ele *fez* no passado. Os salmos nos mostram que o povo de Deus, em tempos antigos, tinha o costume de muito refletir nas ações de Deus e de compor canções acerca de cada uma dessas ações. Então, que o povo de Deus agora recite os feitos do Senhor! Que contem Seus atos poderosos e cantem "ao Senhor, porque gloriosamente triunfou". E que não deixem jamais de cantar, pois conforme novas misericórdias fluem até eles todos os dias, sua alegria pelos atos amorosos de providência e graça do Senhor, também deveria ser demonstrada em contínua ação de graça. "Alegrai-vos, pois, filhos de Sião, regozijai-vos no SENHOR, vosso Deus."

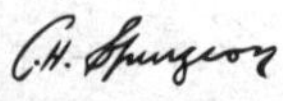

"...no abatimento do meu coração. Leva-me para a rocha que é alta demais para mim." SALMO 61:2

A maioria de nós sabe o que é estar abatido de coração; vazio como quando alguém limpa um prato e nada sobra; submerso e lançado de um lado para o outro como uma embarcação controlada pela tempestade. As descobertas de corrupção interior farão isto, caso o Senhor permita que a grande profundidade de nossa depravação se agite e traga à superfície lodo e sujeira. Os revezes e desgostos farão isso quando vagalhão após vagalhão passarem por sobre nós e ficarmos como conchas partidas, arremessadas para todos os lados pela rebentação. Bendito seja Deus, pois em tais momentos não ficamos desprovidos de um conforto, mais do que suficiente; nosso Deus é o ancoradouro de navios vitimados pela tempestade, o albergue de peregrinos desamparados. Ele é mais alto do que nós, Sua misericórdia é maior do que nossos pecados, Seu amor mais elevado do que nossos pensamentos. É lamentável ver pessoas colocarem sua confiança em algo inferior a si mesmas; mas nossa confiança está fixada em um Senhor muitíssimo elevado e glorioso. Uma Rocha Ele é, considerando que não muda, e uma alta Rocha, porque as tempestades que nos abatem passam muito abaixo de Seus pés; Ele não se perturba com elas, mas as governa conforme Sua vontade. Se nos colocarmos sob o abrigo desta Rocha elevada podemos derrotar o furacão; tudo se acalma no sota-vento deste altíssimo rochedo. A mente perturbada chega a tal estado de confusão que precisa de condução até este refúgio divino. Por essa razão, a oração do texto: "Ó, Senhor, nosso Deus, por Teu Espírito Santo, ensina-nos o caminho da fé e guia-nos ao Teu descanso. O vento nos sopra para o mar, o leme não responde à nossa débil mão; somente o Senhor, mais ninguém, podes nos guiar seguros entre recifes até o sereno ancoradouro. Como dependemos do Senhor — precisamos que nos aproximes de ti. Precisamos ser sabiamente direcionados para a segurança e a paz, é o Teu presente para nós. Que nesta noite tu te agrades de lidar desta forma com Teus servos."

C.H. Spurgeon

"...que ele nos concedeu gratuitamente no Amado."
EFÉSIOS 1:6

Que estado de privilégio! Inclui *justificação* diante de Deus, mas o termo "aceitação", no grego, significa mais do que isso. Significa que somos objetos da *complacência divina*, mais ainda, do *deleite divino.* Como é maravilhoso que nós, vermes, mortais, pecadores, sejamos objetos do amor divino! Mas é somente "*no Amado*". Alguns cristãos parecem ser aceitos por sua própria experiência, pelo menos é assim que compreendem. Quando seu espírito está vívido e sua esperança resplandece, acreditam que Deus os aceita, pois sentem-se tão elevados, com a mentalidade celestial, tão atraídos para um nível acima da Terra! Mas quando sua alma se quebra a ponto de tornar-se poeira, são vítimas do medo de já não mais serem aceitos. Se pudessem, pelo menos, ver que todas as suas altas alegrias não os elevam e que todos os seus baixos desalentos não os humilham aos olhos do Pai; mas permanecem aceitos naquele que nunca se altera, que é sempre o Amado de Deus, sempre perfeito, sem mancha ou mácula ou qualquer coisa semelhante. Como seriam mais felizes e quanto mais honrariam o Salvador! Regozije-se nisto, cristão: você é aceito "no Amado". Você olha para dentro e diz: "Não há nada aceitável *em mim*!" Mas olhe para Cristo e veja se não há nada aceitável *nele*. Seus pecados o perturbam, mas Deus lançou seus pecados sobre Suas costas e você é aceito no Justo. Você precisa lutar contra a corrupção e contender com a tentação, mas você já é aceito nele que venceu os poderes do mal. Se o inimigo o tenta, tenha bom ânimo, ele não pode destruí-lo, pois você é aceito em Cristo, que pisou a cabeça de Satanás. Tenha total certeza de sua posição gloriosa. Mesmo a alma glorificada não é mais aceita do que você. Ela só é aceita no Céu "no Amado", e você é aceito agora em Cristo da mesma forma.

C.H. Spurgeon

"Ao que lhe respondeu Jesus: Se podes! Tudo é possível ao que crê."
MARCOS 9:23

Certo homem tinha um filho endemoniado que era possesso por um espírito mudo. O pai, tendo visto a inutilidade dos esforços dos discípulos para curar seu filho, tinha pouca ou nenhuma fé em Cristo, e, portanto, quando lhe propuseram que levasse seu filho a Jesus, o homem disse ao Mestre: "Se tu podes alguma coisa, tem compaixão de nós e ajuda-nos." Havia um "se" nessa questão, mas o pobre e trêmulo pai havia colocado o "se" no lugar errado. Jesus Cristo, sem ordenar que ele retirasse o "se", gentilmente coloca a conjunção em sua posição correta. Tem-se a impressão de que Ele disse: "Na verdade, não deveria haver um 'se' em relação ao meu poder, nem à minha disposição, o 'se' está em outro lugar." "*Se você crer*, tudo é possível ao que crê." A confiança do homem foi fortalecida, ele ofereceu uma humilde oração para o crescimento da fé e, instantaneamente, Jesus pronunciou a palavra e o demônio foi expulso com a ordem de nunca mais voltar. Há uma lição aqui que precisamos aprender. Nós, como esse homem, geralmente vemos que há um "se" em algum lugar, mas somos sempre precipitados e o colocamos no lugar errado. "Se" Jesus puder me ajudar — "se" Ele puder me dar graça para vencer a tentação — "se" Ele puder me conceder perdão — "se" Ele puder me tornar bem-sucedido. Não, "se" você crer, Ele tanto pode quanto fará. Você empregou mal o seu "se". Se puder crer confiantemente que todas as coisas são possíveis para Cristo, assim serão também todas as coisas possíveis para você. A fé se sustenta sobre o poder de Deus e é adornada com a majestade de Deus; traja o vestuário real e monta o cavalo do Rei, pois é a graça que o Rei se deleita em honrar. Cingindo-se com o glorioso poder do Espírito que tudo opera, torna-se, na onipotência de Deus, forte para agir, para ousar e para suportar. Todas as coisas, sem limites, são possíveis ao que crê. Minh'alma, você pode, nesta noite, acreditar em seu Senhor?

C. H. Spurgeon

"Porque tive vergonha de pedir ao rei exército e cavaleiros para nos defenderem do inimigo no caminho, porquanto já lhe havíamos dito: A boa mão do nosso Deus é sobre todos os que o buscam, para o bem deles; mas a sua força e a sua ira, contra todos os que o abandonam." ESDRAS 8:22

Um comboio teria sido proveitoso por muitas razões para o bando de peregrinos, mas uma vergonha santa não permitiu que Esdras fosse em busca de tal auxílio. Ele temia que o rei bárbaro pensasse que sua profissão de fé em Deus fosse mera hipocrisia, ou imaginasse que o Deus de Israel não era capaz de preservar Seus adoradores. Ele não conseguia convencer sua mente a apoiar-se em um exército de carne em uma questão tão evidentemente relacionada ao Senhor e, portanto, a caravana saiu sem proteção visível, guardada por Aquele que é a espada e o escudo de Seu povo. Devemos nos preocupar com o fato de que poucos cristãos sentem esse santo zelo por Deus; mesmo aqueles que em certa medida caminham por fé, ocasionalmente arruínam o brilho de sua vida ao almejar a ajuda de homens. É muito abençoador não ter acessórios ou esteios, mas colocar-se em pé na Rocha Eterna, sustentado somente pelo Senhor. Algum cristão buscaria doações para sua igreja, caso se lembrasse de que o Senhor é desonrado quando buscam o auxílio de César? Como se o Senhor não pudesse suprir as necessidades de Sua própria causa! Deveríamos correr tão apressadamente a amigos e relacionamentos pedindo ajuda, se nos lembrássemos de que o Senhor é magnificado por nossa confiança tácita em Seu braço solitário? Minh'alma, espere apenas no seu Deus. "Mas", alguém dirá: "não devo fazer uso de algum recurso?" Seguramente sim; mas nosso erro raramente está em negligenciar recursos; muito mais frequentemente erramos por tolamente acreditar nos recursos, em vez de crer em Deus. Poucos são os que negligenciam exageradamente o braço da criatura; mas muitos são os que pecam grandemente ao conceder-lhe grande importância. Aprenda, caro leitor, a glorificar o Senhor deixando recursos inutilizados se, ao utilizá-los, você desonrar o nome de Deus.

C.H. Spurgeon

"Eu dormia, mas o meu coração velava..."
CÂNTICO DOS CÂNTICOS 5:2

Paradoxos são abundantes na experiência cristã, e aqui está um deles — a esposa estava dormindo, mas ainda assim estava acordada. Só consegue entender o paradoxo de um cristão, aquele que o viveu por experiência. Os dois pontos no texto desta noite são: uma sonolência pesarosa e uma vigilância esperançosa. Eu *dormia.* Por meio do pecado que habita em nós podemos nos tornar relapsos nas tarefas santas, preguiçosos em exercícios religiosos, morosos em alegrias espirituais e completamente inertes e descuidados. Este é um estado vergonhoso para alguém em quem o Espírito de vida habita; e é altamente perigoso. Até mesmo sábias virgens, algumas vezes, caem no sono, mas é momento de todos sacudirem as ataduras da preguiça. É de se temer que muitos cristãos percam sua força como Sansão perdeu seus cabelos, enquanto dormia no colo da segurança carnal. É cruel dormir quando há ao nosso redor um mundo que perece; com a eternidade tão próxima, é loucura. Entretanto, nenhum de nós está tão acordado quanto deveria; alguns estrondos de trovão nos fariam bem; e, a não ser que nos movimentemos, pode ser que os tenhamos em forma de guerra ou pestes ou perdas pessoais. Ah, que possamos abandonar para sempre o divã do sossego carnal e ir adiante com tochas flamejantes para encontrar o Noivo! *Meu coração velava.* Este é um sinal feliz. A vida não está extinta, ainda que infelizmente plácida. Quando nosso coração renovado luta contra a indolência natural, deveríamos ser gratos à graça soberana por manter uma pequena vitalidade no corpo dessa morte. Jesus irá ouvir, ajudar e visitar nosso coração; pois a voz do coração que vela é, na verdade, a voz de nosso Amado dizendo: "Abre para mim." O santo zelo certamente abrirá a porta.

Ó graciosa atitude! Ele se coloca
Com coração terno e mãos cheias;
A minha alma abandona todos os pecados;
E deixa que o hóspede celestial entre.

C.H. Spurgeon

"...justo e o justificador daquele que tem fé em Jesus."

ROMANOS 3:26

Sendo justificados pela fé, temos paz com Deus. A consciência já não mais nos acusa. O julgamento agora é a favor do pecador e não contra ele. A memória olha para os pecados passados com profunda tristeza, mas, ainda assim, sem medo de receber alguma punição. Pois Cristo pagou a dívida de Seu povo até a última moeda, e obteve o recibo divino; e a menos que Deus seja tão injusto a ponto de exigir pagamento duplo para uma única dívida, nenhuma alma pela qual Jesus morreu como substituto, pode jamais ser lançada no inferno. Parece ser um dos princípios de nossa natureza iluminada acreditar que Deus é justo; sentimos que assim deve ser e isto à primeira vista, nos aterroriza; mas não é maravilhoso que a primeira crença de todas, a de que Deus é justo, se torne posteriormente o pilar de nossa confiança e paz? Se Deus é justo, eu, um pecador, sozinho e sem substituto, devo ser punido; mas Jesus se coloca em meu lugar e é punido por mim; e, se Deus é justo, eu, um pecador, firmado em Cristo, não posso jamais ser punido. Deus precisaria mudar Sua natureza antes que uma alma, da qual Jesus foi substituto, pudesse, por qualquer motivo, sofrer com o chicote da lei. Portanto, Jesus tomou o lugar do cristão — submetendo um equivalente pleno à ira divina, por tudo o que Seu povo deveria sofrer como resultado do pecado. O cristão pode exclamar com glorioso triunfo: "Quem intentará acusação contra os eleitos de Deus?" O Senhor não, pois Ele justificou; Cristo não, pois Ele morreu, "ou antes quem ressuscitou dentre os mortos". Minha esperança vive não porque não sou pecador, mas porque sou um pecador por quem Cristo morreu; minha confiança não está no fato de eu ser santo, mas no fato de que sendo profano, *Ele* é minha justiça. Minha fé não repousa sobre o que eu sou, ou serei, ou sinto, ou sei, mas sobre o que Cristo é, sobre o que Ele fez e sobre o que Ele está fazendo agora, por mim. No Leão da justiça, a bela donzela da esperança cavalga como rainha.

C.H. Spurgeon

"...qual se nos tornou, da parte de Deus, sabedoria..."
1 CORÍNTIOS 1:30

O intelecto do homem busca descanso e, por natureza, o busca à parte do Senhor Jesus Cristo. Homens cultos têm a tendência, mesmo quando convertidos, de olhar para a simplicidade da cruz de Cristo com olhos pouquíssimos reverentes e ternos. Ficam presos na antiga rede em que os gregos foram pegos, e têm profundo desejo de mesclar filosofia com revelação. A tentação, para um homem de pensamento refinado e formação superior, é afastar-se da simples verdade do Cristo crucificado e forjar uma doutrina mais *intelectual*. Isto levou os cristãos primitivos ao gnosticismo e os enfeitiçou com todo tipo de heresias. Esta é a raiz da neologia e de outras coisas elegantes que no passado eram tão populares na Alemanha e estão agora seduzindo certas classes de clérigos. Quem quer que você seja, bom leitor, e qualquer que seja sua formação, se você é do Senhor, tenha certeza de que não encontrará descanso em filosofar sobre a divindade. Você pode receber este dogma de um grande pensador ou o sonho de outro profundo intelectual, porém, o que a debulha é para o trigo, assim serão estes ensinos comparados à pura Palavra de Deus. Todo esse raciocínio, quando bem direcionado, descobre, no máximo, o ABC da verdade, e ainda assim tem falta de convicção; enquanto que em Jesus Cristo há acúmulo de toda a plenitude de sabedoria e conhecimento. Todas as tentativas da parte de cristãos, de contentar-se com sistemas que pensadores unitaristas ou anglicanos mais liberais aprovariam, estão fadadas ao fracasso; os verdadeiros herdeiros do céu devem se voltar para a realidade profundamente simples, que faz os olhos do jovem do campo cintilar de contentamento e alegra o coração do indigente piedoso — "Cristo Jesus veio ao mundo para salvar os pecadores." Jesus satisfaz os intelectos mais elevados quando é recebido com fé, mas à parte dele a mente do regenerado não encontra descanso. "O temor do SENHOR é o princípio da sabedoria." "Revelam prudência todos que o praticam."

C. H. Spurgeon

"...as murteiras que havia num vale profundo..."
ZACARIAS 1:8

A visão neste capítulo descreve a condição de Israel nos dias de Zacarias; mas sendo interpretada em seus aspectos concernentes a nós, ela descreve a Igreja do Senhor como a vemos hoje no mundo. A Igreja é comparada a um pomar de murteiras florescendo em um vale. Está *escondida*, despercebida, em secreto; não concedendo honra alguma e não atraindo atenção alguma do observador descuidado. A Igreja, assim como Seu Cabeça, tem uma glória, mas é ocultada de olhos carnais, pois o momento de seu surgimento em todo o seu esplendor ainda não chegou. A ideia de *segurança plácida* também nos é sugerida: pois o pomar de murteiras no vale está sereno e apaziguado, enquanto a tempestade varre os picos das montanhas. As tempestades gastam suas forças nos picos íngremes dos alpes, mas lá embaixo onde flui a corrente que alegra a cidade de nosso Deus, as murteiras florescem próximas às águas tranquilas, todas firmes sem serem atingidas pelo vento impetuoso. Quão grande é a tranquilidade interior da Igreja do Senhor! Mesmo quando sofre resistência ou perseguição, ela tem uma paz que o mundo não concede e que, portanto, não pode retirar: a paz do Senhor que excede todo o entendimento guarda o coração e a mente do povo de Deus. A metáfora não retrata, forçosamente, o pacífico e *perpétuo crescimento* dos santos? A murteira deixa cair suas folhas, está sempre verde; e a Igreja em seu pior momento ainda tem um viço bendito de graça; mais ainda, ela algumas vezes exibe mais verdor quando o inverno é mais rigoroso. Ela prosperou mais quando seus adversários foram os mais severos. Consequentemente, o texto *sugere vitória*. A murteira é o emblema da paz e um símbolo importante de *triunfo*. As frontes de conquistadores eram ornadas com murta e louro; e não é a Igreja sempre vitoriosa? Não é todo cristão mais do que vencedor por meio daquele que o amou? Vivendo em paz, não conseguem os santos adormecer nos braços da vitória?

C.H. Spurgeon

"Geme, ó cipreste, porque os cedros caíram..."
ZACARIAS 11:2

Quando se ouve na floresta o estrondo de um carvalho caindo, é sinal de que o lenhador saiu de casa e todas as árvores do local devem tremer a fim de que, no dia seguinte, a afiada lâmina do machado não as encontre. Todos nós somos árvores marcadas pelo machado, e a queda de alguém deveria nos lembrar de que, para todos, seja grande como o cedro ou humilde como pinheiro, a hora designada se aproxima velozmente. Espero que não nos tornemos insensíveis por ouvir com frequência sobre a morte. Que jamais sejamos como os pássaros no campanário que constroem seus ninhos onde os sinos badalam e dormem calmamente quando os solenes repiques do funeral alarmam o ar. Que possamos considerar a morte como o mais penoso de todos os acontecimentos e tornarmo-nos mais sóbrios enquanto ela se aproxima. Não é conveniente agir levianamente quando nosso destino eterno está por um fio. A espada foi retirada da bainha — não gracejemos; foi polida e a lâmina está afiada — não brinquemos com ela. Aquele que não se prepara para a morte é mais do que simples tolo, é um louco. Quando a voz de Deus for ouvida entre as árvores do jardim, que a figueira e o sicômoro, o olmo e o cedro, do mesmo modo, ouçam.

Esteja pronto, servo de Cristo, pois seu Mestre vem repentinamente, quando um mundo pervertido menos o espera. Tenha certeza de que está sendo fiel em Sua obra, pois a cova logo será cavada para você. Pais, estejam prontos, garantam que seus filhos sejam levados ao temor do Senhor, pois em algum momento serão órfãos. Estejam prontos, empresários, cuidem para que seus negócios sejam corretos e para servirem a Deus de todo o coração, pois os dias de seu serviço terrestre logo se acabarão e vocês serão chamados para prestar contas pelas obras realizadas por meio desse corpo, sejam boas ou más. Que todos nos preparemos para o tribunal do grande Rei com um cuidado que será recompensado com graciosa menção: "Muito bem, servo bom e fiel."

C.H. Spurgeon

"Feliz és tu, ó Israel! Quem é como tu? Povo salvo pelo SENHOR*..."*
DEUTERONÔMIO 33:29

Aquele que afirma que o cristianismo torna os homens miseráveis, é completo inexperiente na questão. De fato, seria estranho se nos tornasse homens vis, pois veja a *que posição nos exalta*! Ele nos torna filhos de Deus. Você diria que Deus daria toda a felicidade a Seus inimigos e reservaria todo lamento para Sua própria família? Deveriam Seus inimigos ter jovialidade e alegria e os filhos de Sua casa herdar tristeza e miséria? Deveria o pecador, que não tem participação com Cristo, chamar-se rico em alegrias e nós deveríamos prantear como se fôssemos pedintes paupérrimos? Não, nós nos alegraremos sempre no Senhor e nos gloriaremos em nossa herança, pois não recebemos "o espírito de escravidão, para [vivermos], outra vez, atemorizados, mas [recebemos] o espírito de adoção, baseados no qual clamamos: Aba, Pai." A vara da disciplina deve estar sobre nós quando necessário, mas ela produz para nós frutos de justiça; e portanto, pela ajuda do divino Consolador, nós, "povo salvo pelo Senhor", nos uniremos ao Deus de nossa salvação. Nós nos unimos em matrimônio a Cristo; e nosso grande Noivo permitiria que Sua esposa permanecesse em constante pesar? Nosso coração está entrelaçado com Ele: somos Seus membros e, ainda que por certo tempo soframos como nosso Cabeça sofreu, ainda assim, somos abençoados agora com bênçãos celestiais nele. Temos o mais importante de nossa herança no consolo do Espírito, que não é pouco nem pequeno. Para sempre herdeiros de alegria, temos antegozos de nossa porção. Há vestígios da luz de alegria para anunciar nosso eterno nascer do sol. Nossas riquezas estão além mar; nossa cidade, com firmes fundações, está do outro lado do rio; centelhas de glória do mundo espiritual alegram nosso coração e nos impulsionam adiante. Verdadeiramente diz-se de nós: "Feliz és tu, ó Israel! Quem é como tu? Povo salvo pelo SENHOR?"

C. H. Spurgeon

"O meu amado meteu a mão por uma fresta, e o meu coração se comoveu por amor dele." CÂNTICO DOS CÂNTICOS 5:4

Bater não era suficiente, pois meu coração estava repleto de sono, frio e ingrato demais para levantar e abrir a porta, mas o eficaz toque de Sua graça fez minha alma se mover. Ó, a longanimidade de meu Amado, tanto tempo trancado do lado de fora, e eu adormecido na cama da preguiça! Ó, a grandiosidade de Sua paciência; bate e bate novamente e acrescenta Sua voz às batidas, suplicando-me que abra para Ele! Como eu poderia tê-lo recusado! Coração abjeto, envergonhe-se e fique consternado! Mas quão grande bondade é esta, que Ele se torna Seu próprio porteiro e destranca a porta. Altamente bendita é a mão que aceita levantar a trava e virar a chave. Agora vejo que nada, além do poder de meu Senhor, pode salvar tal mistura de perversidade que sou; regulamentos falham, até mesmo o evangelho não tem efeito em mim até que Sua mão se estenda. Agora também noto que Sua mão é eficaz onde tudo o mais não tem êxito. Ele pode abrir portas quando ninguém mais o faz. Bendito seja Seu nome, sinto Sua graciosa presença agora mesmo. Minhas entranhas se moverão por Ele quando eu pensar em minha infidelidade e em tudo o que Ele sofreu por mim. Permiti que minhas emoções vagueassem. Estabeleci rivais. Eu o entristeci. Mais doce e estimado que todos os amados, eu o tratei como uma esposa infiel trata seu marido. Ó, meus cruéis pecados, meu ser cruel. O que posso fazer? As lágrimas são uma pobre demonstração de meu arrependimento, meu coração ferve de indignação comigo mesmo. Tão vil eu sou por tratar meu Senhor, minha Essência, minha muitíssima grande Alegria, como se fosse um estranho. "Jesus, tu perdoas livremente, mas isto não é suficiente, impede minha infidelidade no futuro. Leva embora estas lágrimas com Teus beijos e, então, purifica meu coração e amarra-o em ti com cordão de sete dobras, para que nunca mais vagueie."

"O Senhor olha dos céus; vê todos os filhos dos homens."
SALMO 33:13

Talvez nenhuma figura de linguagem represente Deus de modo mais gracioso do que a imagem dele se curvando do alto de Seu trono e descendo do céu, para atender às necessidades da humanidade e para observar seus ais. Nós o amamos. Aquele que, quando Sodoma e Gomorra estavam repletas de iniquidade, optou por não destruir as cidades até que as visitasse pessoalmente. Não conseguimos não derramar nosso coração em amor por nosso Senhor, que inclina Seu ouvido da mais alta glória e o coloca próximo aos lábios do pecador moribundo, cujo coração enfraquecido anseia por reconciliação. Como podemos não amá-lo quando sabemos que Ele conta os cabelos de nossa cabeça, corrige nossos passos e orienta nosso caminho? Especialmente nesta grande verdade trazida ao nosso coração, quando consideramos o quão atencioso Ele é, não simplesmente com os interesses seculares de Suas criaturas, mas com suas questões espirituais. Ainda que léguas de distância estejam entre a criatura finita e o Criador infinito, há laços unindo ambos. Quando você derrama uma lágrima, não pense que Deus não o observa, pois: "Como um pai se compadece de seus filhos, assim o Senhor se compadece dos que o temem." O seu suspiro é capaz de mover o coração de Jeová; seu sussurro pode inclinar Seu ouvido a você; sua oração pode pausar Sua mão; sua fé pode mover Seu braço. Não pense que Deus se assenta no alto e não se importa com você. Lembre-se de que por mais pobre e carente que você seja, ainda assim, o Senhor o considera. "Pois os olhos do Senhor correm por toda a terra para que Ele se mostre forte por aqueles cujo coração é puro diante dele."

Ó! Repita a verdade que nunca se esgota;
Nenhum Deus é como o Deus que a minha alma deseja;
Aquele cujo som da voz sacode os céus,
Grandioso como é, sabe como se curvar até mim.

C. H. Spurgeon

"...Volta. E assim por sete vezes."
1 REIS 18:43

O sucesso é certo quando o Senhor assim promete. Ainda que você tenha suplicado mês após mês sem indício de resposta, não é possível que o Senhor fique surdo, quando Seu povo está determinado em uma questão concernente à Sua glória. O profeta, no topo do Carmelo, continuou a lutar com Deus e em momento algum deu lugar ao medo de não ser adequado à casa de Jeová. O servo retornou seis vezes, mas em cada uma delas nenhuma palavra foi proferida além de "volta." Não devemos sonhar com a incredulidade, mas nos apegar à nossa fé, mesmo que setenta vezes sete. A fé concede esperança com expectativa para olhar do cume do Carmelo, e se nada enxergamos, ela nos manda olhar de novo e de novo. Muito longe de ser esmagada pela frustração frequente, a fé se anima a suplicar mais fervorosamente a seu Deus. Ela é submetida a certas situações, mas não envergonhada: solta gemidos e suspiros veementes, mas nunca relaxa sua força ou suspende sua mão. Seria melhor para a carne que a resposta viesse rapidamente, mas aqueles que creem aprenderam a ser submissos e entender que é bom esperar tanto *pelo* Senhor como *no* Senhor. Respostas proteladas geralmente fazem o coração sondar a si mesmo, e então é guiado à contrição e à restauração espiritual: nesse momento, golpes mortais são lançados em nossa corrupção e os aposentos da fantasia são limpos. O grande perigo é que as pessoas desfaleçam e percam a bênção. Leitor, não caia nesse pecado, mas continue em oração e vigilância. Por fim, a nuvem foi vista, o prognóstico certo de torrentes de chuva; e assim será com você, o sinal da bênção certamente será dado e você se levantará como um príncipe prevalecente para usufruir da misericórdia que buscou. Elias foi um homem sujeito às mesmas paixões como nós; seu poder não estava em seus próprios méritos, mas em Deus. Se sua oração confiante era tão eficaz, por que a nossa não seria? Suplique pelo precioso sangue com importunação contínua e ele estará com você, conforme o seu desejo.

C. H. Spurgeon

"...então, este o examinará. Se a lepra cobriu toda a sua carne, declarará limpo o que tem a mancha..." LEVÍTICO 13:13

Por mais estranha que esta regra pareça, havia sabedoria nela, pois o manifestar da doença prova que o corpo estava são. Nesta manhã pode nos ser edificante analisar esse ensino característico com regra tão singular. Nós também somos leprosos e podemos ler a lei do leproso aplicável a nós. Quando um homem se vê completamente perdido e arruinado, coberto por inteiro pela corrupção do pecado, e em parte alguma livre da contaminação; quando renuncia a toda justiça que poderia ter e se declara culpado diante de Deus; neste momento ele é limpo pelo sangue de Jesus e pela graça de Deus. A iniquidade escondida, inexorável e não confessada é a verdadeira lepra, mas quando o pecado é visto e percebe que recebeu o golpe mortal, o Senhor olha com olhos de misericórdia para a alma afligida por tal pecado. Nada é mais mortal do que a justiça própria, ou mais auspicioso do que a contrição. Devemos confessar que nada somos além de pecado, pois nenhuma confissão diferente desta, será completamente verdadeira e se o Espírito Santo opera em nós, convencendo-nos do pecado, não haverá dificuldade de reconhecer esse fato — fluirá espontaneamente de nossos lábios. Que consolo o texto concede àqueles sob profundo senso de pecado! A iniquidade lamentada e confessada, ainda que sombria e infame, jamais privará um homem de seu Senhor Jesus. Aquele que vem a Ele, de modo nenhum será lançado fora. Ainda que desonesto como ladrão, lascivo como a mulher que era pecadora, feroz como Saulo de Tarso, cruel como Manassés, rebelde como o filho pródigo, o grande coração de amor olhará para o homem que não sente ter integridade em si, e o declarará limpo assim que ele confiar em Jesus crucificado. Venha a Ele, pobre pecador sobrecarregado,

Venham necessitados, culpados, repugnantes e despidos;
Venham como estão — nunca será imundície demais.

C.H. Spurgeon

"...encontrei logo o amado da minha alma; agarrei-me a ele e não o deixei ir embora..." CÂNTICO DOS CÂNTICOS 3:4

Cristo nos recebe quando vamos a Ele, não obstante nossa pecaminosidade passada? Ele nos repreende por termos buscado todos os outros refúgios antes dele? E há alguém como Ele na Terra? Não é Ele o melhor de tudo o que há de bom, o mais formoso de todos? Ó, então devemos louvá-lo! Filhas de Jerusalém, exaltem-no com adufe e harpa! Livrem-se dos seus ídolos e exaltem o Senhor Jesus. Que os estandartes da vaidade e do orgulho sejam pisoteados, mas que a cruz de Cristo, que o mundo desaprova e da qual zomba, seja erguida nas alturas. Ó, um trono de marfim para nosso Rei Salomão! Que Ele se assente nas alturas para sempre e que minha alma se assente no seu escabelo, e beije Seus pés e os lave com minhas lágrimas. Ó, quão precioso é Cristo! Como pode ser que eu tenha tão pouco dele? Como posso procurar alegria e conforto em outros lugares, quando Ele é tão pleno, tão rico, tão suficiente? Irmão cristão, faça uma aliança com o seu coração para que nunca se afaste de Cristo e peça ao Senhor que a sancione. Peça a Ele que faça de você um anel marcado em Seu dedo e um bracelete em Seu braço. Peça ao Senhor que o ate a Ele, como a noiva se adorna com ornamentos e como o noivo coloca suas joias. Desejo viver no coração de Cristo, nas fendas desta Rocha minha alma habitaria eternamente. "O pardal encontrou casa, e a andorinha, ninho para si, onde acolha os seus filhotes; eu, os teus altares, SENHOR dos Exércitos, Rei meu e Deus meu!" "E assim também eu farei, meu ninho, minha casa em ti. Que minha alma, como Tua pomba, jamais te deixe; mas que eu possa me aninhar próximo a ti, ó Jesus, meu único e verdadeiro abrigo."

Quando encontrar meu precioso Senhor,
Toda a minha zelosa paixão arderá;
Com cordas de amor o envolvo,
Jamais o deixarei ir.

C. H. Spurgeon

"Salmodiai a glória do seu nome, dai glória ao seu louvor."

SALMO 66:2

Não temos a opção de louvar ou não a Deus. Louvar a Deus é mais do que devido, e todo cristão, como recebedor de Sua graça, é compelido a louvá-lo diariamente. É verdade que não temos nenhuma regra ditatorial para o louvor diário; não temos um mandamento determinando certas horas de cânticos e ações de graça. Porém, a lei escrita no coração nos ensina que é correto louvar a Deus; e a ordem que não está escrita vem até nós com tanta força, como se tivesse sido gravada nas tábuas da lei ou nos dada do topo do trovejante Sinai. Sim, é *dever* do cristão louvar a Deus. Não é apenas um exercício agradável, mas é a obrigação maior de sua vida. Não pense você que está sempre lamentando ser inocente nesta questão, nem imagine poder livrar-se do seu dever para com seu Deus sem canções de louvor. Você está preso pelas cordas do Seu amor e deve bendizer Seu nome enquanto estiver vivo, e o Seu louvor deveria estar continuamente em seus lábios, pois você é abençoado para que possa bendizê-lo; "ao povo que formei para mim, para celebrar o meu louvor". Se você não louvar a Deus, não estará trazendo o fruto que Ele, como o divino Lavrador, tem direito de esperar que esteja em suas mãos. Que sua harpa não fique pendurada nos salgueiros, mas tome-a e lute, com coração grato, para produzir a música mais alta. Levante-se, cante Seus louvores. Com a alvorada de todas as manhãs, surjam os seus acordes de gratidão e que todo sol poente seja seguido de sua canção. Cinja a Terra com seus louvores; envolva-a com uma atmosfera de melodia e o próprio Deus ouvirá, atentamente, do céu e aceitará sua música.

Amo o Senhor, e amarei,
E em louvor a ti cantarei,
Porque és meu Deus de amor,
E meu Rei redentor.

C. H. Spurgeon

"...mais vale um cão vivo do que um leão morto."

ECLESIASTES 9:4

A vida é algo precioso e, em sua forma mais humilde, ainda é superior à morte. Esta verdade é altamente certa nas questões espirituais. É melhor ser o último no reino do céu do que o maior fora dele. O menor grau de graça é superior ao mais nobre desenvolvimento da natureza pecaminosa. Onde o Espírito Santo implanta vida divina na alma, há um precioso depósito a que nenhum dos requintes do ensino pode equivaler. O ladrão na cruz, distingue-se de César em seu trono; Lázaro, entre os cães, é melhor do que Cícero entre senadores; e o cristão mais iletrado é, aos olhos de Deus, superior a Platão. A vida é o emblema da nobreza no reino das dádivas espirituais, e homens sem vida são apenas espécimes, mais grosseiros ou elegantes, do mesmo material inanimado, necessitados de vivificação, pois estão mortos em delitos e pecados.

Entretanto, um sermão vivo e amoroso do evangelho, não obstante, sua abordagem superficial e estilo mais grosseiro são melhores do que o discurso mais refinado destituído de unção e poder. Um cachorro vivo é melhor vigia do que um leão morto e tem mais utilidade para seu mestre; e assim o é com o pregador de grande pobreza espiritual, infinitamente preferível ao orador primoroso que não tem sabedoria, além daquela que as palavras concedem; nenhum vigor, além daquele que o ruído sonoro concede. O mesmo acontece com nossas orações e práticas religiosas: se somos vivificados nelas pelo Espírito Santo, são aceitáveis a Deus por meio de Jesus Cristo, ainda que as consideremos inúteis; enquanto que nossas grandiosas façanhas, em que nosso coração está ausente, como leões mortos, são meros cadáveres em decomposição aos olhos do Deus vivo. Ah, que hajam gemidos, suspiros, desalentos vivos, em vez de canções inertes e serenidade morta. Qualquer coisa é melhor do que a morte. O rosnar do cão do inferno pelo menos nos manterá acordados; mas fé e confissão mortas — há maldição maior do que esta para um homem? "Aviva-nos, aviva-nos, ó Senhor!"

C. H. Spurgeon

"...excelentes frutos, novos e velhos; eu tos reservei, ó meu amado."
CÂNTICO DOS CÂNTICOS 7:13

A esposa deseja dar a Jesus tudo o que produz. Nosso coração tem "toda sorte de excelentes frutos", sejam "novos e velhos", e são armazenados para o nosso Amado. Examinemos os nossos estoques. Nós temos frutos *novos*. Desejamos sentir nova vida, alegria, gratidão; desejamos tomar novas decisões e executá-las em novas tarefas; nosso coração floresce com novas orações e nossa alma se compromete com novos esforços. Mas temos também alguns frutos *velhos*. Há nosso primeiro amor: um fruto seleto! E Jesus se deleita nele. Há nossa primeira fé: aquela fé simples pela qual, nada tendo, nos tornamos proprietários de todas as coisas. Há nossa primeira alegria do momento em que conhecemos o Senhor: que a revivamos. Temos nossas velhas lembranças das promessas. Como Deus tem sido fiel! Na doença, Ele afofou nossa cama! Em águas profundas, quão serenamente Ele nos manteve flutuando! Na fornalha ardente, como Ele nos livrou graciosamente. Realmente frutos velhos! Temos muitos deles, pois Suas misericórdias têm sido mais numerosas do que os cabelos de nossa cabeça. Precisamos nos arrepender de pecados velhos, mas tivemos arrependimentos que Ele colocou em nós, pelos quais choramos até chegarmos à cruz, e descobrimos o mérito de Seu sangue. Temos frutos, nesta manhã, velhos e novos; mas a questão é a seguinte: *estão todos reservados para Jesus.* Verdadeiramente, estes são os melhores cultos em que Jesus é o único alvo da alma, e Sua glória, sem qualquer mescla que seja, o fim de todos os nossos esforços. Que nossos muitos frutos sejam reservados apenas para nosso Amado; que os exponhamos quando Ele estiver conosco e não os levantemos diante dos olhos dos homens. "Jesus, passaremos a chave na porta de nosso jardim e ninguém entrará para roubar nenhum fruto bom do solo que tu regaste com o Teu suor ensanguentado. Nosso fruto será Teu, somente Teu, ó Jesus, nosso Amado!"

C.H. Spurgeon

"...o Senhor *dá graça e glória."*
SALMO 84:11

Generoso é Jeová em Sua natureza: conceder é o Seu deleite. Seus dons são preciosos além da medida e são dados livremente como a luz do sol. Ele dá graça aos Seus eleitos porque deseja fazê-lo, aos Seus redimidos por causa de Sua aliança, aos chamados por causa de Sua promessa, aos cristãos porque eles a buscam, aos pecadores porque precisam dela. O Senhor concede graça abundante, oportuna, constante, pronta e soberanamente; aumentando em dobro o valor da bênção pelo modo de concedê-la. Ele confere graça livremente ao Seu povo: graça consoladora, protetora, santificadora, condutora, instrutora, auxiliadora. Ele a derrama generosamente em sua alma sem cessar e sempre o fará, não importa o que aconteça. A doença pode sobrevir, mas o Senhor dará graça; a pobreza pode nos acometer, mas a graça certamente será proporcionada; a morte virá, mas a graça acenderá uma candeia na hora mais escura. Leitor, quão bendito é, conforme os anos passam e as folhas começam a cair novamente, poder desfrutar de uma promessa tão perene como esta: "O Senhor dá graça."

A pequena conjunção "*e*" neste versículo é um diamante cravado ligando o presente com o futuro: graça e glória andam sempre juntas. Deus as uniu e ninguém pode separá-las. O Senhor nunca negará glória a uma alma a quem concedeu livremente que viva na Sua graça; de fato, a glória não é nada mais que a graça vestida com trajes especiais, graça completamente florescida, graça como fruto de outono, madura e aprimorada. Quando teremos a glória ninguém sabe dizer! Pode ser que antes que este mês de outubro acabe vejamos a Cidade Santa; mas seja o intervalo mais longo ou mais curto, seremos glorificados em breve. Glória, a glória do céu, a glória da eternidade, a glória de Jesus, a glória do Pai, o Senhor certamente concederá aos Seus escolhidos. Ó, rara promessa de um Deus fiel!

Dois elos áureos de uma corrente celestial:
Aquele que tem graça certamente receberá glória.

"Esperança que vos está preservada nos céus."
COLOSSENSES 1:5

Nossa esperança em Cristo com relação ao futuro é o motivo e o suporte principal de nossa alegria aqui. Ela motivará nosso coração a pensar, com frequência, no céu, pois tudo o que podemos desejar está prometido para lá. Aqui estamos cansados e sobrecarregados, mas lá é a terra de *descanso*, onde o suor do trabalho não mais orvalhará a testa do trabalhador e a fadiga será para sempre banida. Àqueles que estão cansados e esgotados, a palavra "descanso" é repleta de céu. Estamos sempre no campo de batalha; somos tão tentados interiormente e tão perturbados por inimigos externos, a ponto de termos pouca ou nenhuma paz; mas no céu, desfrutaremos da *vitória*, quando a bandeira será agitada no alto em triunfo, a espada será embainhada, e nós ouviremos nosso Capitão dizer: "Muito bem, servo bom e fiel." Sofremos privações após privações, mas estamos indo para a terra dos *imortais* onde não há sepulturas. Aqui o pecado é uma constante aflição para nós, mas lá seremos perfeitamente *santos*, pois não haverá como entrar nesse reino algo corruptível. A cicuta não brota dos sulcos dos campos celestiais. Ó! Não é uma alegria não estar banido eternamente, não habitar para sempre neste deserto, mas em breve herdar Canaã? Todavia, que jamais seja dito que sonhamos com o *futuro* e nos esquecemos do *presente*; que o futuro santifique o presente para usos mais elevados. Por meio do Espírito de Deus, a esperança do céu é a força mais potente para a produção de virtude; é uma fonte de empenho jubiloso, é a pedra angular da alegre santidade. O homem que tem essa esperança em si faz seu trabalho com vigor, pois a alegria do Senhor é a sua força. Ele luta fervorosamente contra a tentação, pois a esperança do mundo vindouro rechaça os dardos inflamados do adversário. Ele pode trabalhar sem recompensa presente, pois contempla uma recompensa no mundo que está por vir.

"...Homem muito amado..."
DANIEL 10:11

Filho de Deus, você hesita em apropriar-se desse título? Ah! Sua incredulidade fez você esquecer que é grandemente amado? Não seria você grandemente amado se foi comprado com o precioso sangue de Cristo, como de um cordeiro sem culpa e sem mácula? Quando Deus puniu Seu único Filho por você, o que foi isso senão Ele provando que você é grandemente amado? Você vivia em pecado e em rebeldia; há como não ser grandemente amado por Deus que o conduziu tão pacientemente? Você foi chamado pela graça e guiado ao Salvador, tornou-se filho de Deus e herdeiro do céu. Tudo isto prova ou não um amor extremamente grande e abundante? Desde então, se o seu caminho tem sido acidentado com infortúnios ou regular com misericórdias, tem sido cheio de provas de que você é uma pessoa muito amada. Se o Senhor o disciplinou, não o fez com ira, se Ele o fez pobre, na graça você é rico. Quanto mais indigno você se sentir, mais evidências há de que nada além de amor inexprimível poderia ter levado o Senhor Jesus a salvar uma alma como a sua. Quanto mais demérito você sentir, mais clara é a demonstração do amor abundante de Deus por tê-lo escolhido, chamado e feito de você um herdeiro da bem-aventurança. Agora, se há tal amor entre nós e Deus, vivamos em sua influência e doçura e usemos o privilégio de nossa posição. Não abordemos nosso Senhor como se fôssemos estranhos ou como se Ele não estivesse disposto a nos ouvir — pois somos grandemente amados por nosso Pai de amor. "Aquele que não poupou o seu próprio Filho, antes, por todos nós o entregou, porventura, não nos dará graciosamente com ele todas as coisas?" Vá com ousadia, cristão, pois apesar dos sussurros de Satanás e das dúvidas do seu coração, você é grandemente amado. Nesta noite, medite na grandiosidade e fidelidade desmedidas do amor divino e vá para a cama em paz.

C.H. Spurgeon

"Não são todos eles espíritos ministradores, enviados para serviço a favor dos que hão de herdar a salvação?" HEBREUS 1:14

Anjos são os servos invisíveis dos santos de Deus; eles nos carregam em suas mãos, para que não tropecemos numa pedra. A lealdade a seu Senhor os leva a interessar-se profundamente pelos filhos do Seu amor; eles se alegram com o retorno do filho pródigo à casa do pai, na terra, e dão as boas-vindas ao cristão que chega ao palácio do Rei, no céu. Em tempos antigos, os filhos de Deus eram favorecidos com a aparição visível de anjos; e, nos dias de hoje, ainda que invisível para nós, o céu está aberto e os anjos de Deus sobem e descem por intermédio do Filho do homem, para visitar os herdeiros da salvação. Os serafins ainda voam com brasas vivas do altar para tocar os lábios de pessoas muito amadas. Se nossos olhos pudessem ser abertos, veríamos cavalos e carruagens de fogo por todos os lados dos servos do Senhor; pois há um grupo incontável de anjos, todos protetores e vigias da semente real. O verso de Spencer [N.E.: Poeta inglês, 1552–99] não é ficção poética quando ele canta:

Muitas vezes, com asas áureas eles fendem
Este céu efêmero como arautos voadores
Para ajudar-nos na luta contra os espíritos imundos!

A que dignidade são elevados os escolhidos, quando os resplandecentes cortesãos do céu tornam-se seus servos! A que comunhão somos elevados, considerando que nos relacionamos com seres celestiais imaculados! Como somos bem defendidos, visto que todas as 20 mil carruagens de Deus estão a postos para a nossa libertação! A quem devemos tudo isso? Que o Senhor Jesus seja para sempre estimado por nós, pois por meio dele podemos nos assentar em lugares celestiais muito acima de principados e potestades. "O anjo do SENHOR acampa-se ao redor dos que o temem"; Ele é o verdadeiro Miguel cujo pé está sobre o dragão. Aclamem todos a Jesus! Anjo da presença de Jeová, ao Senhor esta família oferece os votos desta manhã.

C. H. Spurgeon

"Ele mesmo sofreu, tendo sido tentado."
HEBREUS 2:18

É um pensamento comum, mas ele é doce como néctar para o coração cansado — Jesus foi tentado como eu sou. Você já ouviu essa verdade muitas vezes; mas já a compreendeu? Ele foi tentado nos mesmíssimos pecados em que nós caímos. Não dissocie Jesus de nossa humanidade comum. Se você está preso em um quarto escuro, Jesus aí esteve antes. Você está travando uma luta acirrada, mas Jesus esteve frente a frente com o mesmo inimigo. Tenhamos bom ânimo, Cristo carregou nossos fardos antes de nós, e os passos manchados de sangue do Rei da glória podem ser vistos pela estrada pela qual passamos nessa hora. Há ainda algo mais doce — Jesus foi tentado, mas nunca pecou. Minh'alma, não há necessidade de pecar, pois Jesus foi homem e se um homem suportou estas tentações e não pecou, então, em Seu poder, Seus membros também podem deixar de pecar. Alguns iniciantes na vida espiritual acreditam que não podem ser tentados sem que caiam no pecado, mas se enganam; não há pecado algum em ser *tentado*, mas *há* pecado em *ceder à tentação*. Aqui está o consolo para os violentamente tentados. Há ainda mais para encorajá-los se refletirem no fato de que o Senhor Jesus, ainda que tentado, triunfou gloriosamente e assim como Ele venceu, certamente vencerão os Seus seguidores, pois Jesus é o homem representante do Seu povo; o Cabeça triunfou e os membros compartilham dessa vitória. Medos são desnecessários, pois Cristo está conosco, munido para nossa defesa. Nosso lugar de segurança é o colo do Salvador. Talvez sejamos tentados agora, para que isso nos aproxime dele. Abençoado é o vento que nos sopra para o ancoradouro do amor de nosso Salvador! Venturosas feridas são as que nos fazem buscar o amado Médico. Vocês, quando tentados, venham ao seu Salvador que foi tentado, pois Ele pode ser tocado com compaixão por nossas enfermidades e socorrerá todo aquele que é provado e tentado.

C.H. Spurgeon

"*...haverá luz à tarde.*"
ZACARIAS 14:7

Muitas vezes olhamos para os *dias da velhice* com agouro, esquecendo-nos de que à tarde haverá luz. Para muitos santos, a velhice é a época preferida em sua vida. Um ar perfumado sopra no rosto do marinheiro enquanto ele se aproxima da costa da imortalidade, menos ondas agitam o mar, a calmaria prevalece, intensa, serena e solene. Do altar da idade os lampejos de fogo da juventude se vão, mas a chama mais real de sentimento zeloso permanece. Os peregrinos chegaram à terra de Beulá [N.E.: Quer dizer "desposada". O termo é usado em Isaías 62:4], a terra feliz, cujos dias são os dias do céu no mundo. Anjos a visitam, ventos celestiais sopram sobre ela, flores do paraíso crescem ali e o ar é repleto de música seráfica. Alguns habitam nela por anos e outros chegam até ela poucas horas antes de sua partida, mas é um Éden na Terra. Podemos também ansiar pela hora em que nos reclinaremos em seu pomar sombreado e seremos satisfeitos com esperança, até que o momento de realização chegue. O sol poente parece maior do que quando elevado no céu e um esplendor de glória colore todas as nuvens que o cercam. A dor não interrompe a serenidade do doce crepúsculo da idade, pois a força aperfeiçoada na fraqueza permanece com paciência submetida a tudo. Frutos maduros de seletas experiências são coletados como o raro banquete da tarde da vida, e a alma se prepara para o descanso.

O povo do Senhor também desfrutará da luz na *hora da morte*. Lamentos de incredulidade; as sombras caem, a noite vem, a existência se finda. Ah, não, clama a fé, a noite há tempos se esgotou, o verdadeiro dia está próximo. A luz surgiu, a luz da imortalidade, a luz do semblante do Pai. Junte seus pés na cama, veja as multidões de santos aguardando! Anjos o elevam. Adeus, amado, você se foi acenando. Ah, agora há luz. Os portões perolados estão abertos, as ruas áureas reluzem ao brilho do jaspe. Cobrimos nossos olhos, mas você olha para o que não podemos ver; adeus, irmão você tem a luz do entardecer, a luz que ainda não temos.

C.H. Spurgeon

"Se, todavia, alguém pecar, temos Advogado junto ao Pai, Jesus Cristo, o Justo." 1 JOÃO 2:1

Se, todavia, alguém pecar, *temos* Advogado." Sim, ainda que pequemos, ainda o teremos. João não diz: "Se alguém pecar perde o direito a seu advogado", mas "*temos* Advogado", apesar de sermos pecadores. Todo o pecado que um cristão cometeu ou cometerá, não pode destruir seu direito ao Senhor Jesus Cristo como seu advogado. O nome aqui dado a nosso Senhor é sugestivo. "*Jesus.*" Ah! Ele é um advogado exatamente como precisamos, pois Jesus é o nome de alguém cujo propósito e deleite é salvar: "Lhe porás o nome de Jesus, porque ele *salvará* o seu povo dos pecados deles." Seu nome tão doce faz inferência sobre Seu sucesso. Além disso, Seu nome é "Jesus *Cristo*" — Cristo, o ungido. Isto demonstra *Sua autoridade* para advogar. O Cristo tem direito de pleitear, pois Ele é o advogado designado pelo Pai e pelo Pai eleito sacerdote. Se nós o tivéssemos escolhido, Ele poderia falhar, mas se Deus, que é o Todo-Poderoso, o designou, podemos seguramente colocar nossos problemas diante dele, em quem Deus colocou todo o Seu auxílio. Ele é Cristo, e, portanto, autorizado; Ele é Cristo, e, portanto, *qualificado*, pois a unção o equipou por completo para Sua missão. Ele pode advogar de modo a mover o coração de Deus e prevalecer. Que palavras de ternura, que sentenças de convicção o ungido usará quando se levantar para advogar por mim! Mais um significado de Seu nome permanece: "Jesus Cristo, o *justo*." Isto não é apenas Seu caráter, mas Seu argumento. É Seu caráter e, se, o Justo é meu advogado, então minha causa é segura ou Ele não a teria tomado para si. É Seu argumento, porque Ele recebe a acusação do iníquo contra mim, alegando que Ele é justo. Ele se declara meu substituto e credita a mim Sua obediência. Minh'alma, você tem um amigo perfeitamente equipado para ser seu advogado, não há como Ele não ter êxito; entregue-se inteiramente em Suas mãos.

C.H. Spurgeon

"Levantou-se, pois, comeu e bebeu; e, com a força daquela comida, caminhou quarenta dias e quarenta noites." 1 REIS 19:8

Toda a força suprida a nós por nosso Deus gracioso deve ser usada para o serviço, não para a libertinagem ou jactância. Quando o profeta Elias encontrou o pão cozido sobre pedras e a botija de água, ao lado de sua cabeça, quando deitado sob um zimbro, ele não era nenhum cavalheiro a quem se gratifica com iguarias finas e que espreguiça-se tranquilamente; muito longe disso; ele foi incumbido de seguir por quarenta dias e quarenta noites na força daquele alimento, em uma jornada até Horebe, o monte de Deus. Quando o Mestre convidou os discípulos para "vir e comer" com Ele, após o banquete ter acabado, Ele disse a Pedro: "Pastoreia as minhas ovelhas"; acrescentando depois: "Segue-me." Assim é conosco; comemos o pão do céu para podermos investir nossa força no serviço do Mestre. Chegamos à páscoa e comemos do Cordeiro pascal com lombos cingidos e com a vara na mão, para começarmos o trabalho assim que satisfizermos nossa fome. Alguns cristãos são a favor de alimentar-se de Cristo, mas não tem tanto desejo de viver *para* Cristo. O mundo deveria ser uma preparação para o céu; e este é o lugar onde os santos mais banqueteiam e mais trabalham. Eles assentam-se à mesa de nosso Senhor e o servem dia e noite em Seu templo. Comem o alimento celestial e realizam o serviço perfeitamente. Cristão, trabalhe para Cristo na força que você ganha diariamente. Alguns de nós ainda têm muito a aprender a respeito do projeto de Deus em nos dar Sua graça. Não devemos reter os preciosos grãos de verdade, como a múmia egípcia fica com o trigo por gerações, sem lhe dar chance de crescer. Devemos semeá-la e regá-la. Por que o Senhor envia chuva sobre a Terra sedenta e concede a cordial luz solar? Não é para que possam ajudar a Terra a produzir frutos que alimentem o homem? Assim, o Senhor alimenta e revigora nossa alma para que, posteriormente, utilizemos nossa força renovada na promoção de Sua glória.

C.H. Spurgeon

"Quem crer e for batizado será salvo."
MARCOS 16:16

O Rev. John MacDonald [N.E.: Pregador escocês conhecido como o apóstolo do norte, 1779–1849] perguntou aos habitantes da ilha de St. Kilda, como um homem é salvo. Um senhor idoso respondeu: "Seremos salvos se nos arrependermos, abandonarmos nossos pecados e nos voltarmos para Deus." "Sim", disse uma mulher de meia idade, "e com um coração genuíno". "Exatamente", um terceiro acrescentou, "e com oração"; e um quarto continuou, "deve ser uma oração do coração". "E devemos também ser diligentes", disse um quinto, "em cumprir os mandamentos". Desse modo, cada um tendo contribuído com sua parcela, sentindo que uma doutrina muito decente havia sido formulada, todos olharam e deram atenção ao pregador, esperando sua aprovação, mas haviam despertado sua mais profunda piedade. A mente carnal sempre mapeia para si um caminho em que o ser pode trabalhar e se tornar grandioso, mas o caminho do Senhor é completamente oposto. Crer e ser batizado não são questões de mérito nas quais nos gloriamos — são tão simples que o gloriar-se é excluído e a livre graça merece o crédito. Pode ser que o leitor não seja salvo — por que razão? Você acredita que o caminho para a salvação, como colocado no texto, é incerto? Como poderia ser quando Deus penhorou Sua própria palavra para sua infalibilidade? Você acha que é fácil demais? Por que, então, não segue esse caminho? Essa comodidade deixa sem desculpas aqueles que o negligenciam. Crer é simplesmente confiar, depender, contar com Cristo Jesus. Ser batizado é submeter-se à ordenança que o nosso Senhor cumpriu no Jordão, a qual os convertidos se submeteram no Pentecoste, a qual o carcereiro obedeceu na mesma noite de sua conversão. O gesto externo não salva, mas anuncia a nós nossa morte, nosso sepultamento e nossa ressurreição com Jesus e, como a Ceia do Senhor, não deve ser negligenciado. Leitor, você acredita em Jesus? Então, caro amigo, rejeite seus medos, você será salvo. Se você ainda não crê, lembre-se de que há apenas uma porta e se não passar por ela, perecerá em seus pecados.

C.H. Spurgeon

"Aquele, porém, que beber da água que eu lhe der nunca mais terá sede." JOÃO 4:14

Aquele que crê em Jesus encontra o suficiente em seu Senhor para satisfazê-lo agora e contentá-lo eternamente. O cristão não é o homem cujos dias se debilitam pela necessidade de consolo e cujas noites são longas pela ausência do pensamento que alegra o coração, pois ele encontra na religião tal fonte de alegria, tal fonte de consolação, que se satisfaz e se alegra. Coloque-o em um calabouço e ele encontrará boa companhia; coloque-o em um deserto estéril e ele comerá o pão do céu; distancie-o da amizade e ele encontrará o "amigo mais chegado que um irmão". Destrua todas as suas aboboreiras e ele encontrará sombra na Rocha Eterna; mine a fundação de suas esperanças terrenas, mas seu coração ainda estará fixo, confiando no Senhor. O coração é tão insaciável como a sepultura, até que Jesus entre e, então, torna-se um cálice cheio e transbordante. Há tal plenitude em Cristo que somente Ele é a completude do cristão. O verdadeiro santo fica tão completamente satisfeito com a suficiência universal de Jesus que já não mais tem sede — exceto pelas profundas correntes da fonte viva. Deste modo doce, cristão, você sentirá sede; não será sede de dor, mas um amável desejo; será doce anelar por um deleite mais pleno do amor de Jesus. Alguém há tempos disse: "Tenho colocado o balde no poço com frequência, mas agora minha sede por Jesus tornou-se tão insaciável que anseio colocar o próprio poço em meus lábios e beber diretamente dele." Cristão, é este o sentimento de seu coração? Você sente que todos os seus desejos são satisfeitos em Jesus e que já não há outro desejo se não conhecê-lo mais e ter comunhão íntima com Ele? Então, vá continuamente à fonte e beba livremente da água da vida. Jesus nunca achará que você está bebendo demais, mas sempre o receberá dizendo: "Bebei fartamente, ó amados."

C. H. Spurgeon

"...tinha tomado a mulher cuxita."
NÚMEROS 12:1

Estranha escolha de Moisés, mas quão mais estranha a escolha de Jesus que é um profeta como Moisés e maior do que ele! Nosso Senhor, que é belo como o lírio, uniu-se em casamento com aquela que confessa ter pele escura porque o sol visitou seu rosto. É o que admiram os anjos: que Jesus foi colocado com homens pobres, perdidos e culpados. Cada cristão deve, quando cheio de um senso do amor de Jesus, ficar dominado por admiração, pelo fato de tal amor ser derramado sobre pecadores. Conhecendo nossa culpabilidade secreta e a maldade de nosso coração como conhecemos, nos dissolvemo-nos em grata admiração pela liberdade sem igual e pela soberania da graça. Jesus encontrou a razão de Seu amor em Seu próprio coração, não poderia encontrá-la em nós, pois aí nada há. Mesmo depois de nossa conversão somos sombrios, ainda que a graça nos tenha tornado graciosos. Santo Rutherford [N.E.: Veja nota Noite, 20 de julho] disse de si mesmo algo que todos deveriam aceitar para si: "Seu relacionamento comigo é: eu estou doente e Ele é o Médico de quem necessito. Ai de mim! Quão frequentemente jogo com Cristo e perco! Ele liga e eu afrouxo; Ele edifica e eu destruo; discuto com Cristo e Ele concorda comigo 20 vezes por dia!" "Tão gentil e fiel Esposo de nossa alma, continua Tua graciosa obra para nos conformar à Tua imagem até que nos apresentes ao Senhor, nós, pobres cuxitas, sem mácula, nem ruga, nem coisa semelhante." Moisés enfrentou oposição ao seu casamento e tanto ele quanto sua esposa foram alvos de olhares maldosos. Não é de surpreender que este mundo vazio se oponha a Jesus e Sua esposa, especialmente quando grandes pecadores se convertem! Pois essa é a contínua objeção dos fariseus: "Este recebe pecadores." Permanece viva a antiga causa de dissensão: "Tinha tomado a mulher cuxita."

C. H. Spurgeon

"*...Por que fizeste mal a teu servo...?*"
NÚMEROS 11:11

Nosso Pai celestial nos envia provações frequentes *para testar nossa fé.* Se nossa fé vale alguma coisa, passará na prova. Aquilo que é folheado a ouro teme o fogo, o ouro, em si, não. A *falsa* gema teme ser tocada pelo diamante, mas a joia verdadeira não teme teste algum. Pobre é a fé que só confia em Deus quando os amigos são verdadeiros, o corpo está pleno em saúde e os negócios estão lucrativos; mas a fé verdadeira é a que se apega à fidelidade do Senhor quando os amigos se vão, quando o corpo adoece, quando a alma se deprime e a luz do semblante de nosso Pai fica oculta. Uma fé que, na provação mais terrível, diz: "Eis que me matará, contudo, defenderei o meu procedimento", é fé nascida no céu. O Senhor aflige Seus servos *para ser glorificado*, pois Ele é grandemente glorificado nas virtudes que Seu povo recebe, que são obras de Suas mãos. Quando "a tribulação produz perseverança; e a perseverança, experiência; e a experiência, esperança", o Senhor é honrado por essas virtudes em desenvolvimento. Nunca conheceríamos o som da harpa se suas cordas não fossem tangidas; nem desfrutaríamos do suco da uva, se não fosse pisoteada no lagar; nem descobriríamos o doce perfume da canela, se não fosse prensada e batida; não sentiríamos o calor do fogo, se as brasas não fossem completamente consumidas. A sabedoria e o poder do grande Artífice são descobertos nas provas pelas quais seus vasos de misericórdia têm a permissão de passar. Aflições momentâneas *também tendem a intensificar a alegria futura.* Devem haver sombras na pintura para que a beleza das luzes seja realçada. Poderíamos ser tão altamente abençoados no céu se não tivéssemos conhecido a maldição do pecado e a tristeza da Terra? A paz não será mais doce após o conflito, e o descanso mais bem-vindo após o trabalho pesado? A lembrança de sofrimentos passados não realçará a bem-aventurança do glorificado? Há muitas outras respostas consoladoras à pergunta com que começamos nossa breve meditação; meditemos nela durante todo o dia.

C.H. Spurgeon

"...em quem, pois, agora confias?"
ISAÍAS 36:5

Leitor, esta é uma pergunta importante. Ouça a resposta do cristão e veja se é a mesma que a sua. "Em quem, pois, confias?" "Eu confio", diz o cristão, "em um Deus Triúno. Confio *no Pai*, crendo que Ele me escolheu antes da fundação do mundo; confio que Ele proverá minhas necessidades, me ensinará, me guiará, me corrigirá, caso haja necessidade e me levará para casa, para Sua própria casa onde há muitas mansões. Eu confio *no Filho*. Deus de Deus Ele é [N.E.: Credo Niceno] — o homem Cristo Jesus. Confio que Ele levará todos os meus pecados por Seu sacrifício e me adornará com Sua perfeita justiça. Confio que Ele é meu Intercessor, que apresenta minhas orações e desejos diante do trono de Seu Pai e confio que Ele será meu Advogado no último grande dia, pois defenderá minha causa e me justificará. Confio nele pelo que Ele é, pelo que fez por mim e pelo que prometeu que ainda fará. E confio no *Espírito Santo* — Ele começou a obra que me salva de meus pecados inatos, confio que Ele os levará todos; confio que Ele refreará meu temperamento para dominar minha vontade, elucidar meu entendimento, conter minhas paixões, consolar meu desalento, auxiliar-me em minha fraqueza, e iluminar minha escuridão. Confio que Ele habita em mim como minha vida, que reina em mim como meu rei, que me santifica por completo: espírito, alma e corpo e que me levará para habitar com os santos na luz, para sempre."

Ó, bendita confiança! Confiar nele cujo poder nunca se esgotará, cujo amor jamais desvanecerá, Sua benevolência nunca mudará, Sua fidelidade jamais falhará, Sua sabedoria nunca será confundida e Sua perfeita bondade jamais verá abatimento! Feliz será você, leitor, se esta for a sua confiança! Tão confiante, você desfrutará de doce paz agora e de glória no futuro; e o fundamento de sua confiança jamais será removido.

C.H. Spurgeon

"...Faze-te ao largo, e lançai as vossas redes para pescar."

LUCAS 5:4

Aprendemos com esta narrativa a *necessidade da ação humana.* A redada de peixes foi miraculosa, entretanto, nem os pescados, nem o barco, nem o equipamento de pesca foram ignorados; todos foram utilizados para apanhar os peixes. O mesmo ocorre na salvação de almas. Deus opera com recursos e, ainda que a matemática da graça prevaleça, Ele se agradará da tolice de pregar para salvar aqueles que crerem. Quando Deus age sem equipamentos, Ele é, indubitavelmente, glorificado; mas Ele mesmo selecionou o plano de instrumentalização pelo qual Ele é mais magnificado na Terra. *Recursos, por si só, são completamente infrutíferos.* "Mestre, havendo trabalhado toda a noite, nada apanhamos." Qual era a razão para isto? Não eram eles pescadores exercendo seu chamado especial? Realmente, não eram mãos inexperientes; eles entendiam do trabalho. Haviam trabalhado de modo inábil? Não. Faltou esforço? Não, trabalharam arduamente. Faltou perseverança? Não, eles haviam *trabalhado toda a noite*. Havia falta de peixes no mar? Certamente não, pois assim que o Mestre surgiu, eles nadaram até a rede em cardumes. Qual, então, é a razão? Seria porque não há poder nos recursos, em si, à parte da presença de Jesus? "Sem Ele nada podemos fazer." Mas com Cristo tudo podemos fazer. *A presença de Cristo outorga sucesso.* Jesus sentou-se no barco de Pedro, e Sua vontade, por influência misteriosa, atraiu os peixes à rede. Quando Jesus é exaltado em Sua Igreja, Sua presença é o poder da Igreja — o clamor de um rei está no seu meio. "E eu, quando for levantado da terra, atrairei todos a mim mesmo." Saiamos nesta manhã para nosso trabalho de pesca de almas, olhando para o alto em fé e ao nosso redor em solene anseio. Trabalhemos até que venha a noite e não trabalharemos em vão, pois Ele, que nos convida a lançar a rede, a encherá com os peixes.

"Orando no Espírito Santo."

JUDAS 1:20

Note a grandiosa característica da verdadeira oração — "*no Espírito Santo*". A semente de devoção aceitável deve vir do depósito do céu. Apenas a oração que vem de Deus pode ir até Ele. Devemos atirar a flecha do Senhor de volta para Ele. Esse desejo que Ele grava em nosso coração, moverá o Seu coração e trará a bênção, mas os desejos da carne não têm poder de ação sobre Ele.

Orar no Espírito Santo é orar com *fervor*. Deus não ouve orações frias. Aqueles que não suplicam com fervor, não suplicam de forma alguma. Da mesma forma falamos de fogo morno como de oração morna — é essencial que ela seja quente como brasa. Orar no Espírito Santo é orar com *perseverança*. O verdadeiro suplicante acumula energia enquanto age e se torna mais fervoroso quando Deus protela a resposta. Quanto mais tempo o portão permanece fechado, mais veementemente o suplicante bate, e quanto mais o anjo se demora, mais determinado o suplicante se torna em não deixar que o anjo se vá sem abençoá-lo. Bela é, aos olhos de Deus, a inconveniência chorosa, agonizante e invencível. Orar no Espírito Santo significa orar com *humildade*, pois o Espírito Santo nunca se infla de orgulho. Sua ocupação é convencer do pecado e, logo, nos curvar em contrição e quebrantamento de espírito. Nunca cantaremos *Glória nas alturas* a menos que oremos a Deus *das profundezas*: precisamos clamar das profundezas ou jamais contemplaremos a glória nas alturas. Orar no Espírito Santo é fazer uma oração *amorosa*. A oração deveria ser perfumada e saturada de amor — por nossos santos irmãos e por Cristo. Além disso, deve ser uma oração repleta de *fé*. Um homem só prevalece se crer. O Espírito Santo é o autor da fé, e a fortalece em nós para que oremos crendo na promessa de Deus. Ó, que esta bendita combinação de graças primorosas, inestimáveis e doces, como as especiarias do mercador, possa ser fragrante dentro de nós, porque o Espírito Santo está em nosso coração! "Abençoadíssimo Consolador, manifesta Teu forte poder em nós, auxiliando-nos na fraqueza de nossa oração."

C.H. Spurgeon

"...poderoso para vos guardar de tropeços..."
JUDAS 24

Em um certo sentido, o caminho que leva ao céu é muito seguro, mas em outros aspectos não há *estrada mais perigosa*. Ela é cercada por dificuldades. Um passo em falso (e como é fácil dar esse passo, se a graça não estiver presente) e a queda é nosso destino. Que caminho escorregadio é esse que alguns de nós temos que seguir! Quantas vezes precisamos exclamar com o salmista: "Quase me resvalaram os pés; pouco faltou para que se desviassem os meus passos." Se fôssemos alpinistas fortes e de andar seguro, isto não faria tanta diferença; porém, em nós mesmos, *como somos fracos*! Mesmo nas melhores estradas, *nós logo vacilamos*, nos caminhos mais regulares nós rapidamente tropeçamos. Estes nossos joelhos débeis mal conseguem suportar nosso peso cambaleante. A palha pode nos derrubar e um seixo pode nos ferir; somos meras crianças trêmulas dando os primeiros passos na caminhada da fé, e nosso Pai celestial nos segura pelos braços para que não caiamos. Ó, se fomos livrados de cair, quanto devemos bendizer o poder paciente que olha por nós dia após dia! Pense no quão propensos somos a pecar, quão aptos a escolher o perigo, quão forte é nossa tendência de nos abater e estas reflexões nos farão cantar mais docemente do que jamais o fizemos: "Àquele que é poderoso para vos guardar de tropeços, glória." *Temos muitos adversários* que tentam nos derrubar. A estrada é acidentada e nós somos fracos, mas, além disso, os inimigos nos espreitam e armam emboscadas quando menos esperamos e trabalham para que tropecemos, ou para nos lançar no precipício mais próximo. Apenas com um braço o Todo-Poderoso pode nos preservar dos inimigos invisíveis, que procuram nos destruir. Tal braço está empenhado em nossa defesa. Ele é fiel àquilo que prometeu e é capaz de impedir que caiamos, para que, com profundo senso de nossa total fraqueza, possamos criar uma firme convicção em nossa segurança perfeita, e dizer, com confiança jubilosa:

Contra mim Terra e inferno se unem,
Mas ao meu lado está o poder divino;
Jesus é tudo e Ele é meu!

C.H. Spurgeon

"Ele, porém, não lhe respondeu palavra..."
MATEUS 15:23

Aquele que busca genuinamente, e que ainda não obteve a bênção, pode ser consolado pela história diante de nós. O Salvador não concedeu a bênção imediatamente, ainda que a mulher tivesse uma grande fé. Ele planejava concedê-la, mas esperou por algum tempo. "Ele, porém, não lhe respondeu palavra." As orações dela não foram boas? Não houve melhores no mundo. Seu caso não era uma necessidade? Uma lamentável necessidade. Ela não tinha suficiente *consciência de* sua necessidade? Sim, de modo esmagador. Ela não foi fervorosa o suficiente? Sim, intensamente. Ela não tinha fé? Tinha um grau tão alto de fé que até mesmo Jesus ponderou e disse: "Ó mulher, grande é a tua fé!" Veja então, ainda que seja verdade que a fé traz paz, nem sempre a traz instantaneamente. Pode haver certas razões exigindo a provação da fé antes da sua recompensa. A fé genuína pode estar na alma como uma semente secreta, mas pode ainda não ter brotado e florescido em alegria e paz. Um silêncio doloroso do Salvador é a provação cruel de muitas almas que o buscam, mas ainda mais pesada é a aflição de uma resposta severamente cortante como esta: "Não é bom tomar o pão dos filhos e lançá-lo aos cachorrinhos." Muitos encontram deleite imediato em esperar no Senhor, mas não é assim com todos. Alguns, como o carcereiro, em um momento se voltam das trevas para a luz, outros são como plantas de crescimento mais lento. Um senso mais profundo de pecado pode ser dado a você, em vez de um senso de perdão, e em tal caso, você precisará de paciência para suportar o pesado golpe. Ah! Pobre coração! Ainda que Cristo o golpeie e fira ou até mesmo o mate, confie nele; ainda que Ele dê a você uma palavra irada, acredite no amor de Seu coração. Não desista, imploro a você, de buscar ou confiar em seu Mestre porque ainda não obteve a alegria consciente pela qual anseia. Entregue-se a Ele e, com perseverança, dependa dele mesmo quando não puder ter esperança exultante.

C.H. Spurgeon

"*...imaculados diante da sua glória.*"
JUDAS 24

Revolva em sua mente a palavra "*imaculados!*" Agora estamos muito distantes dela; mas como nosso Senhor nunca interrompe Seu trabalho antes de atingir a perfeição, nós a alcançaremos um dia. O Salvador, que manterá Seu povo até o fim, também o apresentará a Ele finalmente como "igreja gloriosa, sem mácula, nem ruga, nem coisa semelhante, porém santa e sem defeito". Todas as joias na coroa do Salvador são preciosíssimas e sem uma única falha. Todas as damas de honra que acompanham a esposa do Cordeiro são virgens puras, sem mácula nem ruga. Mas como Jesus nos tornará imaculados? Ele nos lavará de nossos pecados em Seu próprio sangue até ficarmos limpos e formosos como o anjo mais puro de Deus; e seremos vestidos com Sua justiça, a justiça que faz do santo que a veste positivamente imaculado; sim, perfeito aos olhos de Deus. Seremos inculpáveis e irrepreensíveis aos Seus olhos. Sua lei não apenas não terá acusação contra nós, mas será magnificada em nós. Além disso, a obra do Espírito Santo em nós será inteiramente completa. Ele nos tornará tão perfeitamente santos, que não teremos tendências duradouras para o pecado. A crítica, a memória, a vontade — todo poder e paixão será emancipado da servidão ao mal. Seremos santos como Deus é santo e em Sua presença habitaremos para sempre. Os santos não serão inconvenientes no céu; sua beleza será tão grande como a do lugar para eles preparado. Ó, êxtase dessa hora em que as portas eternas serão abertas e nós, tendo sido transformados para receber a herança, habitaremos com os santos na luz. O pecado exterminado, Satanás trancafiado, a tentação finda para sempre, e nós, "imaculados" diante de Deus; isto de fato será o céu! Alegremo-nos agora, ao ensaiarmos prontamente a canção de louvor eterno para ressoar com um coral completo de toda a multidão lavada pelo sangue; imitemos os júbilos de Davi diante da arca como prelúdio de nossos êxtases diante do trono.

C.H. Spurgeon

"Arrebatar-te-ei das mãos dos iníquos, livrar-te-ei das garras dos violentos." JEREMIAS 15:21

Note a gloriosa personalidade da promessa. *Eu* arrebatarei, *Eu* livrarei. O próprio Senhor Jeová intervém para libertar Seu povo. Ele se compromete pessoalmente a resgatá-los. O Seu braço o fará para que Ele tenha a glória. Aqui não há uma palavra pronunciada que indique esforço nosso que possa auxiliar o Senhor. Nem nossa força nem nossa fraqueza são levadas em conta, mas o solitário *Eu*, como o sol nos céus, reluz resplandecente em total suficiência. Por que, então, calculamos nossas forças e procuramos conselho de seres humanos, sobre nosso doloroso pesar? Jeová tem poder suficiente, sem precisar do auxílio de algum braço débil. Tenham paz, pensamentos incrédulos, aquietem-se e saibam que o Senhor reina. Não há, também, uma alusão acerca de recursos e motivos secundários. O Senhor não diz nada sobre amigos e ajudadores: Ele encarrega-se do trabalho sozinho e não necessita que braços humanos o auxiliem. Vão é olharmos ao redor procurando companheiros e parentes; se nos apoiarmos neles, perceberemos que são cana quebrada — geralmente sem disposição quando têm capacidade e incapazes quando têm disposição. Considerando que a promessa vem somente de Deus, seria bom esperar somente nele; e quando assim fazemos, nossa expectativa nunca nos decepciona. Quem são os perversos para que os temamos? O Senhor os consumirá completamente; devemos nos compadecer deles, e não temê-los. Com relação aos terríveis, eles só são terrores para aqueles que não têm Deus a quem recorrer, pois quando o Senhor está ao nosso lado, a quem temeremos? Se corrermos para o pecado para agradar o perverso, teremos motivo para nos inquietar, mas se mantivermos nossa integridade, o furor dos tiranos será dominado por nosso bem. Quando o grande peixe engoliu Jonas, incomodou-se com esta pequena porção que não conseguia digerir; e quando o mundo devora a Igreja, ele se alegra em ficar livre dela. Em todos os momentos de provação impetuosa, dominemos nossa alma com a paciência.

C.H. Spurgeon

"Levantemos o coração, juntamente com as mãos, para Deus nos céus." LAMENTAÇÕES 3:41

O ato da oração *nos ensina sobre nossa indignidade*, e é uma lição muito saudável para seres tão orgulhosos como nós. Se Deus nos concedesse favores sem nos constranger a orar por eles, nunca saberíamos quão pobres somos; mas a verdadeira oração é um catálogo de necessidades, uma revelação da pobreza oculta. Ainda que seja uma petição dirigida às riquezas divinas, é uma confissão do vazio humano. O estado mais saudável de um cristão é estar sempre vazio em si e constantemente dependendo do Senhor para a provisão; ser sempre pobre em si mesmo e rico em Jesus; pessoalmente fraco como água, mas vigoroso em Deus para executar grandes feitos. Consequentemente, a oração, como é adoração a Deus, também coloca a criatura em seu devido lugar: no pó. A oração em si mesma é, independentemente da resposta que traz, um grande benefício ao cristão. Como o corredor ganha força para a competição por meio do exercício diário, assim, para a grande corrida da vida, adquirimos vigor pelo sagrado trabalho da oração. A oração empluma as asas das jovens águias de Deus, para que aprendam a voar acima das nuvens. A oração cinge os lombos dos guerreiros de Deus e os envia avante para combater com tendões reforçados e músculos firmes. Enquanto o sol no leste se levanta de sua recâmara, um suplicante fervoroso sai de seu quarto regozijando-se como um homem forte para fazer sua corrida. A oração é a mão erguida de Moisés que aniquila os amalequitas mais eficazmente do que a espada de Josué; é a flecha lançada do quarto do profeta predizendo a derrota dos sírios. A oração cinge a fraqueza humana com força divina, transforma a insensatez humana em sabedoria e dá a paz de Deus aos aflitos mortais. Não sabemos o que a oração pode fazer! "Agradecemos-te, grande Deus, pelo trono de misericórdia, uma prova seleta de Tua maravilhosa bondade. Ajuda-nos para que nos aproximemos desse trono corretamente durante este dia!"

C.H. Spurgeon

"E aos que predestinou, a esses também chamou..."
ROMANOS 8:30

Em 2 Timóteo 1:9 estão as seguintes palavras: "que nos salvou e nos chamou com *santa* vocação." Agora, aqui está um critério pelo qual podemos testar nossa vocação. É uma "santa vocação; não segundo as nossas obras, mas conforme a sua própria determinação e graça". Este chamado proíbe toda confiança em nossas próprias ações e nos conduz somente a Cristo para a salvação, mas posteriormente nos expurga de obras mortas para servir o Deus vivo e verdadeiro. Assim como Aquele que o chamou é santo, seja você também santo. Se estiver vivendo em pecado, você não é chamado, mas se pertence realmente a Cristo, pode dizer: "Nada me aflige tanto quanto o pecado; desejo me livrar dele. Senhor, ajuda-me a ser santo." É isso que seu coração almeja? Esta é a tendência de sua vida concernente a Deus e à Sua divina vontade? Novamente, Filipenses 3:13,14 nos fala sobre "a *soberana* vocação de Deus em Cristo Jesus". Seria, então, a sua vocação uma vocação soberana? Enobreceu seu coração e o colocou nas coisas celestiais? Ela elevou suas esperanças, suas preferências, seus desejos? Elevou a tendência constante de sua vida, de modo que você a entregue para Deus e a viva com Ele? Encontramos outro teste em Hebreus 3:1: "Irmãos, que *participais* da vocação celestial." A vocação celestial significa uma vocação *do* céu. Se sua vocação vier somente de homens, você não é chamado. Sua vocação vem de Deus? É também uma vocação *para* o céu assim como do céu? A menos que você seja um estrangeiro neste mundo e o céu seja sua casa, você não tem a vocação celestial; pois aqueles que assim foram chamados declaram que esperam por uma cidade que tem fundamentos, cujo construtor e criador é Deus, e são estrangeiros e peregrinos na Terra. Então, sua vocação é santa, soberana e celestial? Amado, você foi vocacionado por Deus, pois tal é o chamado por meio do qual Deus convoca Seu povo.

C. H. Spurgeon

"Meditarei nos teus preceitos..."
SALMO 119:15

Há momentos em que a solidão é melhor do que a comunidade e o silêncio é mais sábio do que a conversa. Seríamos cristãos melhores se ficássemos mais tempo sozinhos, esperando em Deus e reunindo forças espirituais, pela meditação em Sua Palavra, para o trabalho em Seu serviço. Devemos *meditar nas coisas de Deus, porque delas recebemos o verdadeiro alimento*. A verdade é algo como o cacho da videira: se desejamos vinho, devemos moê-lo, pressioná-lo e comprimir muitas vezes. O pé de quem espreme deve pisar os cachos alegremente, ou o suco não fluirá; e devem esmagar as uvas, ou muito do líquido precioso será desperdiçado. Devemos então, pela meditação, esmagar os cachos da verdade, se desejamos o vinho da consolação que neles há. Nossos corpos não são sustentados meramente ao levarmos o alimento à boca, mas o processo que leva suprimento aos músculos, aos nervos, aos tendões e aos ossos é a digestão. É pela digestão que o alimento exterior é assimilado à vida interior. Nossa alma não é nutrida simplesmente ao ouvir aleatoriamente partes específicas da verdade divina. Ouvir, ler, observar e aprender, todos esses atos exigem digestão interior para completar sua utilidade; e a digestão interior da verdade está, em grande parte, no meditar nessa verdade. Por que alguns cristãos, ainda que ouçam muitos sermões, avançam lentamente na vida espiritual? Porque negligenciam seus momentos de solidão e não meditam atenciosamente na Palavra de Deus. Amam o trigo, mas não o moem; adorariam ter milho, mas não vão aos campos para colhê-lo; o fruto está pendurado na árvore, mas eles não o arrancam; a água flui sob seus pés, mas não se inclinam para bebê-la. "Liberta-nos, ó Senhor, de tal insensatez e que esta seja nossa determinação nesta manhã: '*Meditarei nos teus preceitos.*'"

"...o Consolador, o Espírito Santo..."

JOÃO 14:26

Esta era é, singularmente, a era da dispensação do Espírito Santo, em que Jesus nos alegra, não com Sua presença pessoal como fará em breve, mas com a habitação interior e constante do Espírito Santo, que é eternamente o Consolador da Igreja. É Seu trabalho consolar o coração do povo de Deus. Ele convence do pecado, ilumina e instrui, contudo, ainda assim, a parte principal de Seu trabalho está em alegrar o coração dos que são renovados, em fortalecer o fraco e em exaltar aqueles que são humilhados. Ele assim o faz revelando Jesus a estas pessoas. O Espírito Santo consola, mas Cristo *é a consolação*. Se podemos usar uma ilustração, o Espírito Santo é o Médico, mas Jesus é o medicamento. *Ele* cura a ferida, mas realiza a cura aplicando o unguento santo do nome e da graça de Cristo. Ele não toma nada de si, mas de Cristo. Então, se damos ao Espírito Santo o nome grego de *Parácleto*, como às vezes fazemos, nosso coração confere ao nosso bendito Senhor Jesus o título de *Paráclase*. Se um é o Consolador, o outro é o Consolo. Sendo assim, com uma provisão tão rica, por que o cristão ficaria triste e desanimado? O Espírito Santo tem, graciosamente, se comprometido a ser seu Consolador: você consegue imaginar, fraco e trêmulo cristão, que Ele negligenciará esta responsabilidade sagrada? Você consegue supor que Ele se encarregou de algo que não pode executar? Se Sua obra especial é fortalecer e consolá-lo, você imagina que Ele tenha esquecido Seu serviço ou que Ele falhará nesta amorosa ocupação? Não! Não pense tão severamente do bendito e afável Espírito cujo nome é "Consolador". Ele se deleita em conceder "óleo de alegria, em vez de pranto, e vestes de louvor, em vez de espírito angustiado". Confie nele e Ele certamente consolará você até que a casa do luto seja fechada para sempre e o banquete de casamento comece.

C. H. Spurgeon

"Porque a tristeza segundo Deus produz arrependimento..."
2 CORÍNTIOS 7:10

A genuína tristeza espiritual pelo pecado é *obra do Espírito de Deus.* O arrependimento é também uma seleta flor a se plantar no jardim da natureza. Pérolas se desenvolvem em ostras, mas a penitência nunca se mostra em pecadores, a menos que a graça divina aja neles. Se você tem uma partícula que seja de verdadeiro ódio pelo pecado, foi Deus quem a colocou em você. "O que é nascido da carne é carne."

O verdadeiro arrependimento *tem uma relação distinta com o Salvador*. Quando nos arrependemos do pecado, precisamos ter um olho no pecado e outro na cruz, ou será ainda melhor se fixarmos ambos os olhos em Cristo e enxergarmos nossas transgressões somente à luz de Seu amor.

A verdadeira tristeza pelo pecado é *prática*. Nenhum homem pode dizer que odeia o pecado se vive no pecado. O arrependimento nos faz ver a maldade do pecado, não como teoria, mas como experiência — como uma criança com queimaduras teme o fogo. Assim, devemos temer o pecado, como um homem que, tarde da noite é detido e roubado, tem medo do ladrão na estrada; e devemos evitá-lo em tudo, não apenas nas grandes questões, mas nas pequenas também, como homens que evitam pequenas víboras do mesmo modo que o fazem com grandes serpentes. A verdadeira tristeza pelo pecado nos tornará muito zelosos com nossa língua, a fim de que ela não pronuncie palavras erradas; seremos muito vigilantes em nossas ações diárias, a fim de que em nada tropecemos. Todas as noites devemos concluir o dia com dolorosas confissões de falhas, e todas as manhãs acordar com orações anelantes para que neste dia Deus nos guarde e não pequemos contra Ele.

O arrependimento sincero é *contínuo*. Cristãos se arrependem até o dia de Sua morte. Este poço gotejante não é intermitente. Qualquer outra tristeza se rende ao tempo, mas esta tristeza, que cresce conforme crescemos, é tão amarga e, ao mesmo tempo tão doce, que agradecemos a Deus por termos permissão de desfrutar e de sofrer com ela, até que entremos em nosso descanso eterno.

C.H. Spurgeon

"...o amor é forte como a morte..."
CÂNTICO DOS CÂNTICOS 8:6

De quem pode ser este amor que é tão poderoso quanto o conquistador de monarcas, o destruidor da raça humana? Não soaria como sátira se esta declaração fosse empregada ao meu amor por Jesus, meu Senhor? Amor que é tão pobre, fraco e com tão pouca vida? Eu realmente o amo e, talvez por Sua graça, poderia até mesmo morrer por Ele, mas o meu amor, por si só, mal pode suportar um gesto escarnecedor, quem dirá uma morte cruel. Certamente é o amor de meu Amado que é mencionado aqui — o amor de Jesus, o incomparável amado de nossa alma. Seu amor foi, de fato, mais forte do que a morte mais terrível, pois suportou a provação da cruz de modo triunfante. Foi uma morte demorada, mas o amor sobreviveu ao tormento; uma morte vergonhosa, mas o amor desprezou a vergonha; uma morte punitiva, mas o amor levou nossas iniquidades; uma morte desamparada e solitária, da qual o eterno Pai escondeu Seu rosto, mas o amor suportou a maldição e em tudo gloriou-se. Nunca houve tal amor, nunca houve tal morte. Foi um duelo desesperado, mas o amor tudo conquistou. E o meu coração? Não surgem emoções dentro de você ao contemplar tal afeição celestial? "Sim, meu Senhor, anseio, almejo sentir Teu amor flamejante como fornalha em meu interior. Vem e desperta o ardor de meu espírito."

Para cada gota de sangue carmesim
Derramado para me dar vida,
Ó, por quê? Por que não tenho
Mil vidas para dar?

Por que devo me desesperar para amar Jesus com um amor tão forte como a morte? Ele merece; eu assim desejo. Os mártires sentiram tal amor e não passavam de carne e ossos, então por que não eu? Eles lamentaram sua fraqueza e, ainda assim, na fraqueza foram fortalecidos. A graça lhes concedeu toda a sua constância inabalável — a mesma graça está disponível para mim. "Jesus, amado da minha alma, nesta noite, derrama tal amor, o Teu amor, em meu coração."

C.H. Spurgeon

"Sim, deveras considero tudo como perda, por causa da sublimidade do conhecimento de Cristo Jesus, meu Senhor..."
FILIPENSES 3:8

O conhecimento espiritual que temos de Cristo deve ser um conhecimento *pessoal*. Não posso conhecer Jesus pelo conhecimento que outra pessoa tem dele. Não, eu preciso conhecê-lo por iniciativa própria. Será um conhecimento *inteligente* — preciso conhecê-*lo*, não como em sonhos visionários, mas como a Palavra o revela. Preciso conhecer Sua natureza — divina e humana. Preciso conhecer Suas ocupações; Seus atributos, Suas obras, Sua vergonha, Sua glória. Preciso meditar nele a fim de "compreender, com todos os santos, qual é a largura, e o comprimento, e a altura, e a profundidade e conhecer o amor de Cristo, que excede todo entendimento". Será um conhecimento *afetuoso*; de fato se eu realmente o conheço, devo amá-lo. Alguns gramas de conhecimento no coração valem uma tonelada de aprendizado intelectual. Nosso conhecimento dele será um conhecimento *satisfatório*. Quando eu conhecer meu Salvador, minha mente se encherá até a borda — sentirei que tenho aquilo que meu coração almeja. "Eu sou o pão da vida; o que vem a mim jamais terá fome." Ao mesmo tempo será um conhecimento *empolgante*; quanto mais conheço meu Amado, mais desejarei conhecê-lo. Quanto mais alto escalo, mais elevados serão os cumes que convidam meus passos impetuosos. Quanto mais receber, mais desejarei. Como o tesouro do avarento, meu ouro me fará cobiçar mais. Para concluir: este conhecimento de Cristo Jesus será muitíssimo *feliz*; na verdade, será de tal enlevação que, algumas vezes, me carregará acima de minhas provações, dúvidas e tristezas; e enquanto desfruto dele fará de mim mais do que "[um] homem, nascido de mulher, [que] vive breve tempo, cheio de inquietação"; pois a imortalidade do Salvador eterno será lançada impetuosamente sobre mim e me cingirá com o cinto de ouro de Sua eterna alegria. Venha minh'alma, sente-se aos pés de Jesus e aprenda dele durante todo este dia.

C. H. Spurgeon

"E não vos conformeis com este século..."
ROMANOS 12:2

Se um cristão pode, por contingência, ser salvo enquanto se conforma com este mundo, o será, em qualquer caso, como alguém que escapa do fogo. Tal salvação tão vazia deve ser quase tão temida quanto desejada. Leitor, você desejaria deixar este mundo na escuridão de um leito de morte desesperado e entrar no céu como um marinheiro, vítima de naufrágio, escalando as rochas de sua terra natal? Se sim, seja, então, mundano; misture-se com os amonitas e se recuse a sair do arraial carregando o vitupério de Cristo. Mas você gostaria de ter um céu aqui embaixo como o terá no alto? Gostaria de compreender, com todos os santos, o que são as alturas e as profundezas e conhecer o amor de Cristo que excede todo entendimento? Gostaria de ter permissão para desfrutar da alegria abundante de seu Senhor? Então, saia do meio deles e separe-se; não toque no que é impuro. Gostaria de obter a plena certeza da fé? Não há como recebê-la enquanto você tiver comunhão com pecadores. Gostaria de arder em amor intenso? Seu amor mofará com a umidade de uma sociedade ímpia. Você não pode se tornar um grande cristão — pode ser um bebê na graça, mas nunca será um homem aperfeiçoado em Cristo Jesus, enquanto se submeter às regras da conduta mundana e modo de agir dos homens do mundo. Não é bom que um herdeiro do céu seja um grande amigo de herdeiros do inferno. Há aparência de mal quando alguém da corte é íntimo demais dos inimigos de seu rei. Mesmo pequenas inconsistências são perigosas. Pequenos espinhos formam grandes pústulas, pequenas traças destroem vestuários finos e pequenas frivolidades e pequenos deslizes roubarão muitas alegrias da fé.

Ó cristão professo, pouco separado de pecadores, você não sabe o que está perdendo ao conformar-se com o mundo. Isso corta os tendões de sua força e o faz rastejar quando deveria correr. Então, em nome do seu bem-estar e de seu crescimento na graça, se você é cristão, seja um cristão marcado e distinto.

C.H. Spurgeon

"Mas quem poderá suportar o dia da sua vinda?..."
MALAQUIAS 3:2

Em Sua primeira vinda não houve ostentação externa ou demonstração de poder e, ainda assim, a realidade é que houve poucos que puderam tolerar este teste de autoridade. Herodes e toda a Jerusalém agitaram-se com a notícia do extraordinário nascimento. Aqueles que supostamente o esperavam, revelaram a falácia de suas declarações de fé, ao rejeitá-lo quando Ele veio. Sua vida na Terra foi como uma peneira que testou a grande colheita de profissão religiosa e poucos resistiram ao processo. Mas como será Sua segunda vinda? Que pecador pode suportar até mesmo pensar nisso? "Ferirá a terra com a vara de sua boca e com o sopro dos seus lábios matará o perverso." Quando, em Sua humilhação, Ele simplesmente disse aos soldados: "Sou eu," eles caíram para trás; qual não será o terror de Seus inimigos quando Ele se revelar mais plenamente como o "*Eu sou*?" Sua morte abalou o mundo e escureceu o céu, qual não será o temeroso esplendor desse dia em que, como o Salvador vivo, Ele invocará vivos e mortos diante de si? Ó, que os terrores do Senhor persuadam homens a abandonar seus pecados e a beijar o Filho, a fim de que Ele não se ire! Ele é o Cordeiro, mas é também o Leão da tribo de Judá que rasga a presa em pedaços; e ainda que não esmague a cana quebrada, esmagará Seus inimigos com a vara de ferro e os destruirá em pedaços como um vaso de oleiro. Nenhum de Seus inimigos se manterá diante da tempestade de Sua ira ou se esconderá do granizo impetuoso de Sua indignação; mas Seu amado sangue lavará aqueles que aguardaram com alegria por Sua aparição e esperaram nela sem temor. A eles, Ele serve de refinador até agora e, quando os provar, surgirão como ouro. Sondemo-nos nesta manhã e tenhamos firmeza em nosso chamado e em nossa eleição, para que a vinda do Senhor não seja motivo de prognósticos obscuros em nossa mente. Que a graça expulse toda hipocrisia, para que sejamos encontrados nele sinceros e irrepreensíveis no dia do Seu retorno.

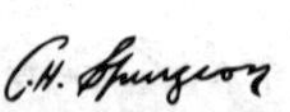

"O jumento, porém, que abrir a madre, resgatá-lo-ás com cordeiro; mas, se o não resgatares, será desnucado..." ÊXODO 34:20

Todo primogênito deve ser do Senhor, mas considerando que o jumento era impuro, não podia ser apresentado em sacrifício. O que fazer então? Deveria poder ser isento da lei universal? De forma alguma. Deus não admite exceções. O jumento era propriedade do Senhor, mas Ele não o aceitou; Ele não poderia invalidar Sua reivindicação, mas não estava satisfeito com a vítima. Não havia escape além da redenção — a criatura precisava ser salva sendo substituída por um cordeiro; ou, se não fosse redimida, deveria morrer. Minh'alma, aqui está uma lição. Aquele animal impuro é você — que é propriedade legítima do Senhor que o criou e preserva — mas você é tão pecaminoso que Deus não pode e não o aceitará; e a situação é esta: o Cordeiro de Deus deve se colocar em seu lugar ou você morrerá eternamente. Que todo o mundo conheça sua gratidão a esse Cordeiro imaculado que sangrou por você e assim o redimiu do destino fatal da lei. Entre os israelitas, certamente houve a dúvida, em certos momentos, sobre quem deveria morrer: o jumento ou o cordeiro? Não seria natural que um bom homem comparasse ambos? Certamente não havia comparação entre o valor da alma do homem e a vida do Senhor Jesus e, mesmo assim, o Cordeiro morre e o homem, jumento, é poupado. Minh'alma, admire o amor ilimitado de Deus por você e outros da raça humana. Vermes são comprados com o sangue do Filho do Altíssimo! Pó e cinzas redimidos por um preço muito mais alto do que prata e ouro! Que condenação seria a minha se a redenção frutífera não fosse encontrada! O quebrar a nuca do jumento não passava de penalidade momentânea, mas quem avaliará a ira que está por vir, cujos limites não se pode imaginar? Inestimavelmente amado é o glorioso Cordeiro que nos redimiu de tal condenação.

C.H. Spurgeon

"Disse-lhes Jesus: Vinde, comei..."
JOÃO 21:12

Nestas palavras o cristão é convidado a uma proximidade santa com Jesus. "Vinde, comei," infere a mesma mesa, o mesmo alimento e, algumas vezes, significa sentar lado a lado e recostar sua cabeça no peito do Salvador. Significa ser levado à casa de banquete, onde a bandeira do amor redentor agita-se. "Vinde, comei" nos dá uma visão de *união com Jesus*, porque o único alimento no qual podemos nos deleitar quando comemos com Jesus é *Ele mesmo*. Ó, que união é esta! O fato de nos alimentarmos de Jesus é de uma profundidade que não podemos compreender ou sondar. "Quem comer a minha carne e beber o meu sangue permanece em mim, e eu, nele." É também um convite para desfrutar da *comunhão com os santos*. Os cristãos podem diferir em vários aspectos, mas todos têm um apetite espiritual; e se não podemos todos *nos sentir* da mesma forma em questões variadas, podemos todos *nos alimentar* da mesma forma com relação ao pão vivo que desceu do céu. À mesa de comunhão com Jesus temos um pão e um cálice. Conforme o terno cálice passa, brindamos uns aos outros sinceramente. Aproxime-se de Jesus e você, mais e mais, se ligará em espírito a todos que são como você, sustentados pelo mesmo maná celestial. Se estamos mais próximos de Jesus, devemos estar mais próximos uns dos outros. Vemos também nestas palavras a *fonte de força* para todo cristão. Olhar para Cristo é viver, mas para ter força para servi-lo, o "Vinde, comei" deve acontecer. Trabalhamos sob demasiada e desnecessária fraqueza pelo fato de negligenciarmos esta observação do Mestre. Nenhum de nós precisa aderir a uma dieta pobre; pelo contrário, deveríamos nos nutrir do tutano e da gordura do evangelho para que deles acumulemos força e, assim, servir ao Mestre com todo vigor. Portanto, se você deseja compreender a *proximidade* com Jesus, o amor ao Seu povo e a *força* de Jesus, "Vinde, comei" com Ele, pela fé.

C.H. Spurgeon

"Pois em ti está o manancial da vida..."
SALMO 36:9

Há momentos em nossa experiência espiritual em que o conselho humano, a empatia ou as ordenanças religiosas não nos consolam nem auxiliam. Por que nosso Deus gracioso permite isso? Talvez seja porque temos vivido muito tempo longe dele e Ele, portanto, remove tudo aquilo a que nos habituamos depender, para que Ele possa nos direcionar a si mesmo. Viver na fonte principal é algo abençoador. Quando nossos cantis estiverem cheios, estaremos dispostos, como Agar e Ismael, a ir para o deserto. Porém, quando estiverem vazios de nada servirão e só nos restará clamar: "Tu és o Deus que vê." Somos como o filho pródigo, amamos o chiqueiro dos porcos e nos esquecemos da casa de nosso Pai. Lembre-se de que podemos construir chiqueiros e debulhas a partir de qualquer forma de ritual e ordenança religiosa; ainda que sejam abençoadas, se as colocarmos no lugar de Deus, passam a não ter valor algum. Qualquer coisa se torna ídolo quando nos mantém distante de Deus; até mesmo a serpente de bronze — "Neustã" [N.E.: 2 Reis 18:3,4] — deve ser desprezada se a adoramos no lugar do Senhor. O filho pródigo nunca esteve mais seguro do que quando foi impelido a retornar ao seu pai, pois em nenhum outro lugar pôde encontrar sustento. Nosso Senhor nos favorece com fome na terra para nos fazer buscá-lo ainda mais. A melhor situação para um cristão é viver completa e diretamente na graça de Deus — ainda permanecendo onde estava no início: "Nada tendo, mas possuindo tudo." Que nunca, por nem um momento sequer, pensemos que estar de pé seja fruto de nossa santificação, nossa mortificação, nossas virtudes ou nossos sentimentos, mas saibamos que, porque Cristo ofereceu expiação plena, estamos salvos; pois somos completos nele. Não tendo nada em nós mesmos em que possamos confiar a não ser descansar nos méritos de Jesus — Sua paixão e vida santa nos proveem o único solo seguro em que podemos confiar. Amado, quando somos levados à condição de sentir sede, temos a garantia de poder retornar à fonte de vida com avidez.

C.H. Spurgeon

"Disse, porém, Davi consigo mesmo: Pode ser que algum dia venha eu a perecer nas mãos de Saul..." 1 SAMUEL 27:1

O pensamento do coração de Davi neste momento foi *falso*, porque ele certamente não tinha fundamento para acreditar que a unção que Deus lhe concedera por meio de Samuel teria sido, no fim das contas, um ato vazio e sem significado. Em ocasião alguma o Senhor havia abandonado Seu servo; ele havia sido colocado, muito frequentemente, em posições arriscadas, mas nenhum fato ocorreu sem que a intervenção divina não o tenha livrado. As provações às quais ele havia sido exposto foram variadas; não tiveram uma única forma, mas muitas — ainda assim, Ele, que enviou a prova, também determinou graciosamente um modo de escape. Davi não podia escolher aleatoriamente uma passagem de seu diário pessoal da qual pudesse dizer: "Aqui está uma prova de que o Senhor me abandonará", pois a tendência geral de sua vida havia provado exatamente o contrário. Ele deveria ter considerado o que Deus *havia* feito por Ele para saber que o Senhor ainda seria seu defensor. Porém, *nós* não duvidamos da ajuda de Deus, exatamente da mesma maneira? Não se trata de *desconfiança sem motivo*? Alguma vez tivemos alguma pequena razão para duvidar da bondade do Pai? Sua bondade não tem sido admirável? Ele falhou sequer *uma vez*, para que tenhamos justificativa para nossa crença sem fundamento? Ah, não! Nosso Deus, em momento algum, nos abandonou. Tivemos noites difíceis e escuras, mas a estrela do amor brilhou em meio à escuridão; passamos por conflitos severos, mas sobre nossas cabeças Ele segura o escudo que nos defende. Passamos por muitas provas, mas nunca em nosso detrimento, sempre para nossa vantagem; e a conclusão de nossa experiência passada é que aquele que esteve conosco em seis provações, não nos abandonará na sétima. O que sabemos sobre nosso Deus fiel prova que Ele nos sustentará até o fim. Não concluamos, então, o contrário ao indício. Como podemos ser tão mesquinhos a ponto de *duvidar* de nosso Deus? "Senhor, derruba a Jezabel de nossa incredulidade e deixa que cães a devorem."

C.H. Spurgeon

"...entre os seus braços recolherá os cordeirinhos..."
ISAÍAS 40:11

Nosso Bom Pastor tem em Seu rebanho uma variedade de espécies; algumas ovelhas são fortes no Senhor e outras fracas na fé, mas Ele é imparcial em Seu cuidado com todas elas, e o cordeiro mais fraco é tão precioso para Ele como o mais desenvolvido do rebanho. Os cordeiros, comumente, ficam para trás, são propensos a vaguear e têm tendência a fatigar-se, porém de todo o perigo destas debilidades o Senhor os protege com Seu braço de poder. Ele encontra almas recém-nascidas, como jovens cordeiros, prontas a perecer — Ele as nutre até que a vida se torne vigorosa; Ele encontra mentes fracas prontas para desfalecer e morrer — e as consola e renova suas forças. Todas estas pequeninas Ele reúne, pois não é vontade de nosso Pai celestial que alguma delas pereça. Que olhos vivazes Ele precisa ter para enxergá-las todas! Que coração afável para importar-se com todas! Braço tão potente e que tão longe alcança, para reunir todas elas! Em Seu tempo de vida na Terra Ele foi um grande ceifeiro dos fracos e, agora que habita no céu, Seu amável coração anseia pelos mansos e contritos, pelos tímidos e fracos, pelos amedrontados e desfalecidos. Com quanta gentileza Ele juntou-me a Ele, à Sua verdade, ao Seu sangue, à Sua Igreja! Com que graça eficaz Ele me compeliu a Ele! Desde minha conversão, com tanta frequência Ele me restaurou de meus desatinos e mais uma vez envolveu-me na proteção de Seu braço eterno! O melhor de tudo é que Ele faz tudo pessoalmente, sem delegar a tarefa de amor, mas dignando-se a resgatar e preservar Seu servo mais desprezível. Como o amarei o suficiente ou o servirei dignamente? Eu, com satisfação, engrandeceria Seu nome até os confins da Terra, mas o que minha debilidade faria por Ele? "Grande Pastor, acrescenta às Tuas misericórdias mais esta: um coração para amar-te mais verdadeiramente como eu deveria."

C.H. Spurgeon

"*...as tuas veredas destilam gordura.*" SALMO 65:11 ARC

Muitas são "as veredas do Senhor" que "destilam gordura," mas uma é especial: a *vereda da oração.* Nenhum cristão que passa muito tempo em seu quarto terá necessidade de lamentar: "Definho, definho, ai de mim!" Almas famintas vivem à distância do trono de misericórdia e se tornam como campos ressecados em tempos de seca. Prevalecer com Deus na oração combatente certamente tornará o cristão forte — se não feliz. O lugar mais próximo ao portão do céu é o trono da graça celestial. Muito tempo sozinho e você terá muita confiança; pouco tempo sozinho com Jesus e sua fé será superficial, poluída com muitas dúvidas e temores e sem o brilho da alegria do Senhor. Considerando que o caminho da oração que enriquece a alma está aberto ao santo mais fraco, considerando que não há exigência de grandes feitos, e que você não é convidado a vir por ser um santo desenvolvido, mas convidado livre e simplesmente por ser santo; preocupe-se, caro leitor, em estar frequentemente no caminho da devoção pessoal. Ajoelhe-se muitas vezes, pois dessa forma Elias atraiu a chuva para os campos esfaimados de Israel.

Há outra vereda especial que destila fartura àqueles que nela andam: é a caminhada secreta da comunhão. Ó, os encantos da comunhão com Jesus! O mundo não tem palavras que possam trazer a santa quietude de uma alma inclinando-se no peito do Senhor. Poucos cristãos a entendem, pois vivem nas planícies e raramente escalam até o topo do Nebo. Vivem no pátio externo, não entram no lugar santo, não apropriam-se do privilégio do sacerdócio. À distância veem o sacrifício, mas não se assentam com o sacerdote para comer o sacrifício e desfrutar da gordura da oferta queimada. Mas, leitor, assente-se sempre à sombra de Jesus; venha até a palmeira e pegue seus ramos; que o seu amado seja para você como a macieira entre as árvores da floresta e você será satisfeito como com tutano e gordura. "Ó Jesus, visita-nos com Tua salvação!"

C.H. Spurgeon

"Eis que o obedecer é melhor do que o sacrificar..."
1 SAMUEL 15:22

Saul havia recebido a ordem de matar todos os amalequitas e o seu gado. Em vez de assim proceder, ele preservou o rei e permitiu que seu povo tomasse o melhor dos bois e das ovelhas. Quando chamado para prestar contas a respeito disso, ele declarou que assim o fez pensando em oferecer sacrifício a Deus. Porém, Samuel imediatamente confrontou-o com a garantia de que sacrifícios não eram desculpa para um ato de rebelião direta. A sentença diante de nós é digna de ser impressa em letras de ouro e ser pendurada diante dos olhos da presente geração idólatra, que é muito afeiçoada aos ornamentos da adoração da vontade, mas negligenciam por completo as leis de Deus. Esteja sempre em sua lembrança que manter-se rigorosamente no caminho do comando de seu Salvador é melhor do que qualquer forma exterior de religião; e ouvir atentamente Seu preceito é melhor do que trazer a gordura de carneiros ou qualquer outra preciosidade para colocar sobre o altar. Se você falha em guardar o mínimo dos mandamentos de Cristo aos Seus discípulos, oro para que você não seja mais desobediente. Todas as suas pretensões de criar vínculo com seu Mestre e todos os atos de devoção que você executar, não são recompensas para a desobediência. "Eis que o obedecer", mesmo na menor e mais insignificante questão, "é melhor do que sacrificar", ainda que o sacrifício seja magnífico. Não se preocupe em apresentar cantos gregorianos, mantos suntuosos, incenso e estandartes; a primeira coisa que Deus requer de Seu filho é obediência; e ainda que você deva entregar seu corpo para ser queimado e todos os seus bens para alimentar os pobres, se você não ouvir atentamente os preceitos do Senhor, todas as suas formalidades em nada o beneficiarão. É abençoador ser receptivo ao ensino como uma pequena criança, mas é muito mais abençoador que, ao aprender a lição, você a siga ao pé da letra. Quantos decoram seus templos e adornam seus sacerdotes, mas recusam-se a obedecer a Palavra do Senhor! Minh'alma, não me deixe seguir esse caminho.

C.H. Spurgeon

"*...crianças em Cristo...*"
1 CORÍNTIOS 3:1

Cristão, você está lamentando por ser tão fraco na vida espiritual, por sua fé ser tão pequena e seu amor tão frágil? Alegre-se, pois você tem motivo para gratidão. Lembre-se de que *em algumas coisas você se iguala ao cristão mais maduro*. Você foi tão comprado com o sangue quanto ele. Você é um filho de Deus adotado como qualquer outro cristão. Um bebê é tão verdadeiramente filho de seus pais como o homem crescido. Você é completamente justificado, pois a sua justificação não se trata de níveis: sua pequena fé o purificou por completo. Você tem tanto direito às coisas preciosas da aliança como os cristãos mais desenvolvidos, pois o seu direito às misericórdias da aliança não está em seu crescimento, mas na aliança em si; e sua fé em Jesus não é a medida, mas o indício de sua herança nele. Você é tão rico como o mais rico, se não na alegria, contudo, em posse verdadeira. A menor estrela que cintila está no céu, o raio de luz mais débil tem afinidade com a grande esfera do dia. No registro familiar da glória, o pequeno e o grande têm seus nomes escritos com a mesma caneta. Você é tão precioso para o coração de seu Pai como o maior da família. Jesus é tão compassivo! Você é como um pavio que fumega. Alguém mais áspero diria: "Apague este pavio fumegante, pois enche o ambiente com um odor ofensivo!", mas *Ele* não apagará o pavio que fumega. Você é como uma cana quebrada e qualquer outra mão menos gentil do que a mão do Músico-chefe se lançaria sobre você e o jogaria fora, mas Ele nunca esmagará a cana quebrada. Em lugar de se abater por aquilo que você é, triunfe em Cristo. Não sou insignificante em Israel? Contudo, em Cristo fui feito para assentar-me em lugares celestiais. Sou pobre na fé? Entretanto, em Jesus sou herdeiro de todas as coisas. Ainda que "em nada possa gloriar-me e confesse minha vaidade", se a raiz de toda a questão estiver em mim, me alegrarei no Senhor e me gloriarei no Deus da minha salvação.

C.H. Spurgeon

"...Deus, que me fez, que inspira canções de louvor durante a noite..." JÓ 35:10

Qualquer homem consegue cantar durante o dia. Quando o cálice está cheio, o homem nele se inspira. Quando a riqueza é abundante ao seu redor, qualquer homem consegue louvar ao Deus que dá uma colheita farta ou envia para sua casa um navio mercante totalmente carregado. É fácil para uma harpa eólica sussurrar música quando os ventos sopram — a dificuldade é que a música se espalhe em alto som quando não há vento. É fácil cantar quando conseguimos ler as notas à luz do dia; mas habilidoso é aquele que canta quando não há um raio de luz para a leitura — que canta do seu coração. Nenhum homem pode, por si só, criar uma canção quando está escuro; ele pode tentar, mas descobrirá que uma canção durante a escuridão deve ser inspirada divinamente. Se tudo vai bem, consigo compor canções e, aonde vou, me inspiro nas flores que crescem no caminho que percorro; mas coloque-me em um deserto, onde não cresce nenhum verde; com quais recursos conceberei um hino de louvor a Deus? Como um homem mortal fará uma coroa para o Senhor quando não há joias? Mas, se minha voz é evidente e meu corpo pleno em saúde, consigo cantar os louvores de Deus. Silencie minha língua, coloque-me no leito do enfermo; como cantarei os altos louvores de Deus, a menos que Ele próprio me dê a canção? Não, não está nas mãos do homem cantar quando tudo é adverso, a menos que uma brasa do altar toque seus lábios. A canção que Habacuque entoou era divina, quando disse em meio às trevas: "Ainda que a figueira não floresça, nem haja fruto na vide; o produto da oliveira minta, e os campos não produzam mantimento; as ovelhas sejam arrebatadas do aprisco, e nos currais não haja gado, todavia, eu me alegro no SENHOR, exulto no Deus da minha salvação." Assim, considerando que nosso Criador nos dá *canções durante a noite*, esperemos nele pela música. "Ó grande Músico-chefe, não nos deixes permanecer mudos porque a aflição está sobre nós, mas afina nossos lábios à melodia de ação de graças."

C.H. Spurgeon

"...cresçamos em tudo naquele que é a cabeça..."
EFÉSIOS 4:15

Muitos cristãos permanecem impedidos e tolhidos em questões espirituais, de modo a apresentar o mesmo aspecto ano após ano. Não há manifestação de um brotar de sentimento superior e aperfeiçoado neles. Eles existem, mas não "*crescem em tudo naquele que é o cabeça*". Mas, deveríamos descansar contentes em ser "a erva" quando poderíamos nos desenvolver em "espiga" e eventualmente no "grão cheio na espiga?" Deveríamos nos satisfazer por acreditar em Cristo, e dizer: "Estou seguro," sem desejar que em nossa experiência conheçamos mais da plenitude que se pode encontrar nele? Não deveria ser assim. Nós deveríamos, como bons comerciantes no mercado do céu, cobiçar e enriquecer no conhecimento de Jesus. Não há mal em manter os vinhedos de outros homens, mas não devemos negligenciar nosso próprio crescimento e amadurecimento espiritual. Por que deveria ser sempre inverno em nosso coração? Precisamos ter nossa época de semear, é verdade, mas que a primavera — sim, e o verão nos tragam a promessa de colheita antecipada. Se desejamos amadurecer em graça, precisamos viver próximos a Jesus — em Sua presença — amadurecidos pela luz solar de Seus sorrisos. Precisamos manter a doce comunhão com Ele. Devemos abandonar a visão distante de Seu rosto e nos aproximar, como João o fez, e recostar nossa cabeça em Seu peito. Só então avançaremos em santidade, em amor, em fé, em esperança — sim, em cada um dos preciosos dons. Assim como o sol surge primeiro nos topos das montanhas e as cinge com sua luz exibindo uma das visões mais charmosas aos olhos do viajante; da mesma forma uma das mais encantadoras considerações a se observar é o brilho da luz do Espírito sobre a cabeça de um santo. Aquele que cresceu em estatura espiritual, como Saul, acima de seus companheiros, até que, como um vigoroso Alpe coberto pela neve, ele reflita primeiro os feixes de luz do Sol da Justiça entre os escolhidos, e carregue o esplendor de Seu brilho para as alturas de modo que todos vejam. E ao verem, glorifiquem seu Pai que está no céu.

C.H. Spurgeon

"...*Não retenhas!...*"
ISAÍAS 43:6

Ainda que esta mensagem tenha sido para as nações do sul e dirigida à semente de Israel, pode, proveitosamente, ser uma intimação para nós. Naturalmente nos retemos às coisas boas e é uma lição de graça aprender a avançar nos caminhos de Deus. Leitor, você ainda não é convertido, mas deseja confiar no Senhor Jesus? Então *não retenhas*. O amor o convida, as promessas garantem que terá êxito, o precioso sangue prepara o caminho. Não deixe que pecados ou medos o impeçam, mas venha a Jesus exatamente como está. Você deseja orar? Anseia por derramar seu coração diante do Senhor? *Não retenhas*. O trono de misericórdia está preparado para tal situação em que a misericórdia é necessária; o clamor de um pecador prevalecerá se direcionado a Deus. Você é convidado, ou melhor, a você é ordenado que ore. Venha, então, com ousadia ao trono da graça.

Caro amigo, você já é salvo? Então *não retenha* a união com o povo do Senhor.

Não negligencie as ordenanças de batismo e da Ceia do Senhor. Você pode ser tímido, mas deve lutar contra isso, a fim de que não seja levado à desobediência. Há uma doce promessa feita àqueles que confessam a Cristo — não a perca de forma alguma, para que não caia na condenação daqueles que o negam. Se você tem talentos *não retenha* seu uso. Não acumule sua riqueza, não desperdice seu tempo; não deixe suas habilidades enferrujarem ou sua influência não ser utilizada. Jesus não reteve. Imite-o sendo o primeiro em autonegação e autossacrifício. *Não retenha* a comunhão íntima com Deus; não a impeça de, ousadamente, apoderar-se das bênçãos da aliança, de avançar na vida espiritual, de espreitar os preciosos mistérios do amor de Cristo. Não seja também, amado amigo, culpado por reter outros devido à sua frieza, sua severidade ou suas suspeitas. Por amor a Jesus, vá adiante e encoraje outros a fazer o mesmo. O inferno e as multidões aliadas de superstições e infidelidade estão à frente para a luta. Ó soldados da cruz, não se detenham.

C. H. Spurgeon

"...o amor de Cristo nos constrange..."
2 CORÍNTIOS 5:14

Quanto você deve a seu Senhor? Ele, alguma vez, fez algo por você? Ele perdoou seus pecados? Ele o cobriu com um manto de justiça? Firmou seus pés sobre uma rocha? Estabeleceu seu curso de vida? Ele preparou-lhe o céu? Ele o preparou para o céu? Escreveu seu nome em Seu livro da vida? Concedeu-lhe bênçãos incontáveis? Ele separou para você um estoque de misericórdias que olhos não viram, nem ouvidos ouviram? Então, faça algo para Jesus digno de Seu amor. Não dê uma simples oferta verbal a um Redentor agonizante. Como você se sentirá quando seu Mestre vier, se precisar confessar que não *fez* nada por Ele, mas manteve seu amor calado, como água parada que não flui nem para Seus pobres, nem para a Sua obra? Que vergonhoso amor é este! O que pensam os homens sobre um amor que nunca se manifesta em ação? Ora, eles dizem: "Melhor é a repreensão franca do que o amor encoberto." Quem aceitará um amor tão fraco que não o incita a um ato sequer de autonegação, generosidade, heroísmo ou zelo? Pense em como *Ele* o amou e se entregou em seu lugar! Você conhece o poder desse amor? Então, deixe que ele seja para sua alma como um vento impetuoso e forte que afasta as nuvens de seu mundanismo e acaba com as névoas de pecado. "Por amor a Cristo" seja esta a língua de fogo a vir sobre você, "por amor a Cristo" seja este o arrebatamento divino, a inspiração celestial a conduzi-lo às alturas, o espírito divino que o fará ousado como o leão e veloz como a águia em seu serviço para o Senhor. O amor deveria dar asas aos pés que servem, e força aos braços que trabalham. Fixos em Deus, com uma constância que não é abalada, decididos a honrá-lo com uma determinação da qual não devemos nos desviar, e pressionados com ardor que nunca se fatiga, manifestemos nossos limites no amor a Jesus. Que o imã divino nos atraia para o céu.

C.H. Spurgeon

"...*Por que estais perturbados? E por que sobem dúvidas ao vosso coração?*" LUCAS 24:38

Por que, pois, dizes, ó Jacó, e falas, ó Israel: O meu caminho está encoberto ao S*ENHOR*, *e o meu direito passa despercebido ao meu Deus?* O Senhor se importa com todas as coisas e as criaturas mais mesquinhas compartilham de Sua providência universal, mas Sua provisão particular está sobre Seus santos. "O anjo do SENHOR acampa-se ao redor dos que o temem." "Precioso lhe é o sangue deles." "Preciosa é aos olhos do SENHOR a morte dos seus santos." "Sabemos que todas as coisas cooperam para o bem daqueles que amam a Deus, daqueles que são chamados segundo o seu propósito." Seja encorajado e consolado pelo fato que, ainda que Ele seja o Salvador de todos os homens, Ele é, em especial, o Salvador daqueles que creem. Você é a preocupação peculiar dele, Seu tesouro régio que Ele guarda como a menina dos Seus olhos, o vinhedo que Ele vigia dia e noite. "Até os cabelos todos da cabeça estão contados." Deixe que o pensamento de Seu amor especial *por você* seja um analgésico espiritual, uma preciosa extinção de seu "lamento". "De maneira alguma te deixarei, nunca jamais te abandonarei." Deus diz isso a você da mesma forma como dizia aos santos de antigamente. "Eu sou o teu escudo, e teu galardão será sobremodo grande." Perdemos muita consolação com o hábito de ler Suas promessas para toda a Igreja, em vez de tomá-las diretamente para nós. Cristão, tome para si a Palavra divina com fé pessoal apoderando-se dela. Pense em Jesus dizendo a você: "Roguei por *ti*, para que a tua fé não desfaleça." Veja-o caminhando sobre as águas de seu sofrimento, pois Ele está ali, e dizendo: "Sou eu. Não temais!" Ó, essas doces palavras de Cristo! Que o Espírito Santo o faça senti-las como se pronunciadas para *você*; esqueça os outros por algum tempo — aceite a voz de Jesus como se dirigida a você e diga: "Jesus sussurra consolação; não posso recusá-la; eu me assentarei sob Sua sombra com grande deleite."

C.H. Spurgeon

"*...eu de mim mesmo os amarei...*"
OSEIAS 14:4

Esta frase é o corpo da divindade em miniatura. Aquele que entende seu significado pode ser considerado um teólogo, e aquele que consegue mergulhar em sua plenitude pode ser considerado um verdadeiro mestre em Israel. É uma condensação da gloriosa mensagem de salvação que nos foi entregue em Cristo Jesus, nosso Redentor. O sentido se encaixa no fato de que Ele amará de si mesmo e voluntariamente. Esta é a forma gloriosa, adequada e divina pela qual o amor flui do céu para a Terra; um amor espontâneo fluindo para aqueles que não o merecem, não o compraram, nem o buscaram. É, de fato, o único modo de Deus nos amar como somos. O texto é um golpe mortal em toda espécie de dignidade humana: "Eu de *mim mesmo* os amarei." Agora, se houvesse necessidade de qualquer tipo de dignidade em nós, Ele não nos amaria dele mesmo; seria, pelo menos, uma mitigação e um abatimento na voluntariedade deste amor. Mas permanece: "Eu de *mim mesmo* os amarei." Nós reclamamos: "Senhor, meu coração é tão duro." "Eu de mim mesmo amarei você." "Mas não sinto a minha necessidade de Cristo como desejaria sentir." "Eu não o amarei porque você sente sua necessidade, eu de mim mesmo o amarei." "Mas eu não sinto a comoção de espírito que desejo." Lembre-se que a comoção de espírito não é uma condição, pois não há condições.

A aliança da graça não tem condicionalidade alguma, para que nós, sem dignidade alguma, possamos nos aventurar na promessa de Deus que foi feita a nós em Cristo Jesus, quando Ele disse: "Quem nele crê não é julgado." É abençoador saber que a graça de Deus é ilimitada para nós em todos os momentos, sem preparação, sem dignidade, sem dinheiro e sem preço! "Eu de mim mesmo os amarei."

Estas palavras *convidam apóstatas a retornar*. De fato, o texto foi escrito especialmente para eles: "Curarei a sua infidelidade, eu de mim mesmo os amarei." Apóstata! Certamente a generosidade da promessa tocará seu coração e você retornará e buscará a face ferida de seu Pai.

C.H. Spurgeon

"...há de receber do que é meu e vo-lo há de anunciar."
JOÃO 16:15

Há momentos em que todas as promessas e doutrinas da Bíblia não trazem benefício algum, a menos que a mão graciosa as aplique a nós. Estamos sedentos, mas abatidos demais para rastejar até o riacho. Quando um soldado é ferido em combate, não há proveito algum em saber que há profissionais no hospital que podem enfaixar suas feridas e medicamentos que aliviarão toda a dor que ele sente no momento. O que ele precisa é ser carregado até o hospital e que os remédios lhe sejam administrados. Assim o é com nossa alma, e para lidar com isso adequadamente há alguém, o Espírito da verdade, que toma o que há em Jesus e o aplica a nós. Não pense que Cristo colocou Suas alegrias em prateleiras celestiais para que, por nós mesmos, subamos até lá; Ele se aproxima e derrama Sua paz em nosso coração. Ó cristão, se nesta noite você labuta sob profundo estresse, saiba que seu Pai não concede promessas a você e depois o abandona, retirando-as da Palavra como se retira baldes de um poço; mas as promessas que Ele escreveu na Palavra, Ele gravará novamente em seu coração. Ele manifestará seu amor a você e, por Seu bendito Espírito, dissipará suas preocupações e infortúnios. Saiba, pranteador, que é prerrogativa de Deus enxugar toda lágrima dos olhos de Seu povo. O bom samaritano não disse: "Aqui está o vinho e o óleo para você"; ele derramou o óleo e o vinho. Assim, Jesus não apenas dá a você o doce vinho da promessa, mas segura o cálice de ouro em seus lábios e derrama o sangue da vida em sua boca. O peregrino pobre, doente e exausto não é simplesmente fortalecido para caminhar, mas é conduzido em asas de águia. Glorioso evangelho! Provê tudo ao desamparado; aproxima-se de nós quando não podemos alcançá-lo — nos traz graça antes que busquemos por ela! Aqui há tanta glória no conceder quanto no dom concedido. Felizes aqueles que têm o Espírito Santo para levar Jesus a eles.

C.H. Spurgeon

"...Porventura, quereis também vós outros retirar-vos?"

JOÃO 6:67

Muitos abandonaram Cristo e não mais caminharam com Ele; mas que motivo tem você para *uma mudança*? Houve alguma razão para isso no *passado*? Jesus não provou ser completamente capaz? Ele o questiona nesta manhã: "Fui como deserto para você?" Quando sua alma simplesmente confiou em Jesus, você alguma vez foi confundido? Até agora não descobriu que seu Senhor é um amigo compassivo e generoso para você? E a simples fé nele não lhe concedeu toda a paz de espírito que poderia desejar? Consegue sonhar com um amigo melhor do que Ele tem sido para você? Então, não troque o conhecido e já experimentado pelo novo e falso. Com relação ao *presente*, há algo que o possa compelir a deixar Cristo? Quando estamos profundamente perturbados com este mundo ou com os infortúnios mais severos dentro da igreja, percebemos que a coisa mais bendita é recostar nossa cabeça no peito de nosso Salvador. Esta é a alegria que temos hoje: somos salvos nele. E se esta alegria é satisfatória, por que motivo pensaríamos em mudanças? Quem troca ouro por refugo? Não renegaremos o sol até que encontremos uma luz melhor, nem abandonaremos nosso Senhor até que tenhamos um amado mais reluzente; e como isso jamais acontecerá, nos apegaremos a Ele com força imortal e amarraremos Seu nome como selo sobre nosso braço. Com relação *ao futuro*, você pode sugerir alguma coisa que possa surgir e que crie a necessidade de rebelião ou de desertar a antiga bandeira para servir a outro capitão? Acreditamos que não. Mesmo que a vida seja longa, Ele não muda. Se formos pobres, o que há de melhor do que ter Cristo, que pode nos tornar ricos? Quando estamos doentes, o que mais podemos desejar além de Jesus para afofar nossa cama em nossa doença? Ao morrermos, sabemos que está escrito que "nem a morte, nem a vida, nem coisas do presente, nem do porvir poderão separar-nos do amor de Deus, que está em Jesus Cristo, nosso Senhor!" Assim, diremos como Pedro: "Senhor, para quem iremos?"

C.H. Spurgeon

"...*Por que estais dormindo? Levantai-vos e orai, para que não entreis em tentação.*" LUCAS 22:46

Quando o cristão está mais sujeito a dormir? Não é *quando suas circunstâncias seculares são prósperas*? Você não acha que é assim? Quando você tinha preocupações diárias para levar ao trono da graça, você não estava mais alerta do que está agora? Estradas fáceis criam viajantes sonolentos. Outra época perigosa é *quando tudo corre agradavelmente em questões espirituais*. Um cristão não dormiria enquanto os leões estivessem no caminho, ou quando vadeasse pelo rio, ou lutasse contra "Apolião" [N.E.: Referente ao livro *O Peregrino* de John Bunyan (Publicações Pão Diário, 2014)]. Mas ao escalar metade do "Desfiladeiro da Dificuldade" [N.E.: Idem] e chegar a um encantador abrigo, ele se senta e, em seguida, para sua grande tristeza e seu prejuízo, dorme. O solo encantado é um lugar de brisas aromáticas, carregado de odores perfumados e influências suaves; totalmente inclinado a embalar peregrinos até o sono. Lembre-se da descrição de Bunyan: "Chegaram, então, a um abrigo quente e que prometia restauração a peregrinos fatigados, pois era belamente coberto com folhagens e mobiliado com longos bancos. Também tinha um sofá macio, onde os cansados se recostam. O abrigo era chamado 'Amigo do Preguiçoso' e fora feito com o propósito de seduzir, se fosse possível, alguns dos peregrinos a descansar ali quando cansados." Esteja certo disto: é nos lugares tranquilos que os homens fecham seus olhos e vagueiam pela terra de sonhos e esquecimento. O velho Erskine [N.E.: Thomas Erskine, 1788–1870, advogado escocês e teólogo leigo] observou sabiamente: "Prefiro um demônio rugindo a um demônio dormindo." Não há tentação tão perigosa quanto não ser tentado. A alma angustiada não dorme; é depois de entrarmos na confiança serena e segurança plena que corremos o risco de dormir. Os discípulos dormiram após verem Jesus transfigurado no topo da montanha. Preste atenção, jubiloso cristão, bons momentos são vizinhos próximos das tentações: seja tão feliz quanto desejar, mas seja vigilante.

C.H. Spurgeon

"Avigoram-se as árvores do Senhor..."

SALMO 104:16

Sem a seiva a árvore não pode florescer, nem mesmo existir. A *vitalidade* é essencial a um cristão. Deve haver *vida* — um princípio vital introduzido em nós pelo Deus Espírito Santo, ou não podemos ser árvores do Senhor. O mero nome — cristão — não passa de algo morto, nós precisamos ser cheios do Espírito de vida divina. Esta vida é *misteriosa*. Não entendemos a circulação da seiva, por qual força sobe e por qual poder desce novamente. Assim, a vida dentro de nós é um mistério sagrado. A regeneração é forjada pelo Espírito Santo ao habitar na pessoa e se tornar sua vida; e esta vida divina em um cristão, se alimenta da carne e do sangue de Cristo e é, portanto, sustentada pelo alimento divino. Mas quem nos explicará de onde vem e para onde vai? Que coisa *secreta* é a seiva! As raízes procuram pelo solo com seus espongíolos, mas não podemos vê-los sugar os vários gases ou transmitir os minerais ao vegetal; este trabalho é feito subterraneamente, no escuro. Nossa raiz é Cristo e nossa vida está escondida nele; este é o segredo do Senhor. As raízes da vida cristã são tão secretas como a própria vida. Como a seiva no cedro é *permanentemente ativa*! No cristão a vida divina é sempre repleta de força — nem sempre no frutificar, mas em ações interiores. As virtudes do cristão não estão todas em movimento constante? Sua vida nunca deixa de pulsar no seu íntimo. Ele não está sempre trabalhando para Deus, mas o coração de Deus está sempre vivo nele. Como a seiva *se manifesta produzindo a folhagem e o fruto da árvore*, assim é com um cristão verdadeiramente saudável. Sua virtude é manifesta exteriormente em sua caminhada e suas conversas. Se você conversa com ele não há como não ouvi-lo falar sobre Jesus. Se prestar atenção em suas ações perceberá que ele esteve com Jesus. Ele tem tanta seiva dentro de si que preenche sua conduta e suas palavras com vida.

C.H. Spurgeon

"...passou a lavar os pés aos discípulos..."
JOÃO 13:5

O Senhor Jesus ama tanto o Seu povo que todos os dias Ele ainda faz por ele coisas que são análogas a lavar seus pés sujos. Ele aceita suas ações mais medíocres, sente suas dores mais profundas, ouve seus menores desejos e perdoa todas as suas transgressões. O Senhor ainda é servo do Seu povo assim como é seu Amigo e Mestre. Ele não apenas exerce atos majestosos para eles, como usar a mitra na Sua fronte e as preciosas joias resplandecentes no Seu peitoral e levantar-se para pleitear por eles, mas humilde e pacientemente anda entre Seu povo com a bacia e a toalha. Ele assim o faz quando afasta de nós diariamente nossas constantes enfermidades e nossos contínuos pecados. Na noite passada, quando você dobrou os joelhos, confessou pesarosamente que muito de sua conduta não foi digna do que você profere; e mesmo hoje à noite precisa se lamentar novamente por ter caído mais uma vez na mesma insensatez e no mesmo pecado dos quais a graça especial o libertou há tempos. Contudo, Jesus terá grande paciência com você; Ele ouvirá sua confissão de pecado e dirá: "Quero, fica limpo!" Ele, outra vez, aplicará o sangue da aspersão e proclamará paz à sua consciência e removerá todas as manchas. É um grande ato de amor eterno Cristo absolver de uma vez por todas o pecador e colocá-lo na família de Deus; mas que paciência transigente há quando o Salvador com muita longanimidade carrega as frequentes loucuras recorrentes de Seu discípulo genioso. Dia a dia, de hora em hora, lavando as múltiplas transgressões de Seu filho rebelde, mas, ainda assim, amado! Secar um dilúvio de rebelião é algo maravilhoso, mas suportar constantemente ofensas repetidas — tolerar Sua paciência sendo colocada à prova perpetuamente é, de fato, divino! Enquanto encontramos consolo e paz na purificação diária de nosso Senhor, Sua influência legítima sobre nós será para ampliar nossa vigilância e avivar nosso desejo por santidade. *Isto é verdade em sua vida?*

C.H. Spurgeon

"Por causa da verdade que permanece em nós e conosco estará para sempre." 2 JOÃO 2

Uma vez que a verdade de Deus entra no coração humano e submete todo o homem a si, nenhum poder, humano ou infernal, pode expulsá-la. Não a acolhemos como convidada, mas como mestre da casa — esta é uma *necessidade do cristão*. Não é cristão aquele que assim não crê. Aqueles que sentem o poder do evangelho e conhecem a força do Espírito Santo ao abrir, aplicar e determinar a Palavra do Senhor, poderiam ser rasgados em pedaços, mas jamais afastados do evangelho de sua salvação. Quantas misericórdias estão envolvidas pela certeza de que a verdade estará conosco para sempre, de que será nosso auxílio durante a vida, nosso consolo na morte, nossa canção de ressurreição, nossa glória eterna. Isso é *privilégio do cristão*, sem isso sua fé pouco vale. Superamos algumas verdades e as deixamos para trás, pois não passam de noções primárias e de lições para iniciantes, mas não podemos lidar com a verdade divina da mesma forma, pois ainda que ela seja doce nutrição para bebês, é no mais elevado sentido, carne consistente para homens. A verdade do fato de sermos pecadores permanece conosco de modo doloroso para nos humilhar e nos tornar vigilantes. A verdade mais bendita é a seguinte: todo aquele que crer no Senhor Jesus será salvo. E esta verdade permanece conosco como nossa esperança e alegria. A experiência não afrouxa nossa capacidade de manter as doutrinas da graça, antes nos une a elas mais firmemente; nossos fundamentos e razões para crer são agora mais fortes, e temos motivo para esperar que assim o seja, até que na morte envolvamos o Salvador em nossos braços.

Onde quer que este amor à verdade possa ser revelado, estamos obrigados a exercitar nosso amor. Nenhum círculo limitado pode conter nossa solidariedade graciosa. Nossa comunhão de coração deve ser ampla como a eleição da graça. Muito erro pode ser matizado à verdade que recebemos. Lutemos contra o erro, mas ainda amemos nosso irmão pela medida de verdade que nele vemos; acima de tudo, que nós mesmos amemos e espalhemos a verdade.

C. H. Spurgeon

"Ela se foi, chegou ao campo e apanhava após os segadores; por casualidade entrou na parte que pertencia a Boaz, o qual era da família de Elimeleque." RUTE 2:3

Por *casualidade*. Sim, não pareceu nada além de um acaso, mas como foi divinamente arquitetado! Rute havia partido, com a bênção de sua mãe, sob o cuidado do Deus de sua sogra, para a labuta humilde, mas honrosa, e a providência de Deus guiou cada um de seus passos. Mal sabia ela que entre os feixes encontraria um marido, que ele faria dela proprietária conjunta de todos aqueles vastos acres, e que ela, uma pobre estrangeira, se tornaria uma das progenitoras do grande Messias. Deus é muito bom com aqueles que confiam nele, e frequentemente surpreende-os com bênçãos inesperadas. Pouco sabemos sobre o que pode acontecer conosco amanhã, mas este doce fato pode nos alegrar: nada que seja bom será retido. A eventualidade é banida da fé dos cristãos, pois em tudo veem a mão de Deus. Os eventos triviais de hoje ou amanhã podem envolver consequências de grande importância. "Ó Senhor, trata tão graciosamente com Teus servos como o fizeste com Rute."

Que bendito seria, se, ao vaguear no campo de meditação hoje à noite, casualmente encontrássemos o lugar onde nosso Redentor se revelará a nós! "Ó Espírito de Deus, guia-nos até Ele." Preferimos colher em Seu campo do que receber toda uma colheita de qualquer outro. Que os passos de Seu rebanho possam nos conduzir aos verdes pastos onde Ele habita! Este é um mundo fatigado quando Jesus está distante — poderíamos viver sem o sol e a lua, mas jamais sem Ele — mas como se tornam divinamente belas todas as coisas na glória de Sua presença! Nossa alma conhece a virtude que habita em Jesus e não pode jamais contentar-se sem Ele. Esperaremos em oração nesta noite, até que casualmente cheguemos a uma parte do campo que pertence a Jesus, onde Ele se manifestará a nós.

C.H. Spurgeon

"Esperastes o muito, e eis que veio a ser pouco, e esse pouco, quando o trouxestes para casa, eu com um assopro o dissipei. Por quê? — diz o SENHOR *dos Exércitos; por causa da minha casa, que permanece em ruínas, ao passo que cada um de vós corre por causa de sua própria casa."* AGEU 1:9

Almas avarentas limitam suas contribuições ao ministério e obras missionárias e chamam tal atitude de poupar com parcimônia, mas nem imaginam que estão, na verdade, empobrecendo. Sua desculpa é que precisam se preocupar com suas famílias e esquecem que negligenciar a casa de Deus é o caminho certo para que a ruína venha sobre suas casas. Nosso Deus tem um método, em Sua providência, pelo qual Ele pode nos tornar bem-sucedidos em nossos esforços muito além de nossa expectativa ou pode acabar com nossos planos, gerando, assim, confusão e desânimo. Ao mover a Sua mão, Ele pode direcionar nosso barco para um leito ou encalhá-lo até a pobreza e a bancarrota. É um ensino da Escritura que o Senhor enriquece o generoso e deixa o avarento descobrir que a retenção tende à pobreza. Em uma esfera muito ampla de observação, notei que os cristãos mais generosos que conheço são sempre mais felizes e quase que invariavelmente mais prósperos. Vi o doador generoso elevar-se a riquezas com as quais nunca sonhou, e vi, com igual frequência, o avarento egoísta e mesquinho cair em pobreza exatamente pela mesma parcimônia que adotou, acreditando que isso o ajudaria. Homens confiam a bons administradores quantias exorbitantes e assim o é com o Senhor. Ele concede dádivas em grandes quantidades àqueles que dão em alqueires. Onde a riqueza não é concedida, o Senhor, do pouco, faz muito, pelo contentamento que o coração santificado sente, em uma porção da qual o dízimo é dedicado ao Senhor. O egoísmo olha primeiro para casa, mas a piedade busca em primeiro lugar o reino de Deus e Sua justiça. Além do mais, a longo prazo, o egoísmo é perda e a piedade é grande ganho. É necessário ter fé para agir para com Deus com mãos abertas, mas Ele certamente merece isso de nós; e tudo o que pudermos fazer ainda é reconhecimento muito pobre de nossa incrível dívida e de Sua bondade.

C. H. Spurgeon

"Todos os rios correm para o mar, e o mar não se enche; ao lugar para onde correm os rios, para lá tornam eles a correr."
ECLESIASTES 1:7

Todas as coisas no mundo estão em movimento, o tempo não tem conhecimento do descanso. A Terra sólida é uma esfera giratória e o grande sol é uma estrela que cumpre obedientemente seu curso pelo universo. As marés movem o mar, os ventos agitam o gracioso oceano, o atrito corrói as rochas. A mudança e a morte dominam por todo lugar. O mar não é estoque de algum avarento que acumula águas, pois por uma força as águas fluem até ele, e por outra, dele são removidas. Os homens nascem para simplesmente morrer. Tudo é pressa, preocupação e aflição de espírito. Ó, amigo do imutável Jesus, que alegria é refletir em sua herança imutável; em seu mar de alegria que sempre estará cheio, considerando que o próprio Deus nele derramará rios eternos de prazer. Buscamos uma cidade permanente além dos céus e não seremos desapontados. A passagem diante de nós pode muito bem nos ensinar a gratidão. O pai oceano é grande receptor, mas é generoso distribuidor. O que os rios lhe trazem ele devolve à Terra na forma de nuvens e chuva. O homem que tudo toma para si, mas nada devolve, está desarticulado com o Universo. Dar a outros é semear para nós mesmos. Aquele que é tão bom administrador a ponto de utilizar sua riqueza para o Senhor, será encarregado de mais. Amigo de Jesus, você está retribuindo a Ele de acordo com o benefício recebido? Muito foi dado a você; qual é o seu fruto? Você fez tudo o que pôde? Não poderia fazer mais? Ser egoísta é ser perverso. Suponha que o oceano não entregasse nada de seu tesouro líquido, nossa raça seria arruinada. Deus proíbe que qualquer um de nós siga a política mesquinha e destrutiva de viver para nós mesmos. Jesus não agrada a si mesmo. Toda a plenitude está nele, mas todos nós recebemos desta plenitude. Ó, que o Espírito de Jesus habite em nós para que daqui em diante não vivamos para nós mesmos!

C. H. Spurgeon

"Fiel é esta palavra..."
2 TIMÓTEO 2:11

Paulo tem quatro dessas *"palavras fiéis"*. A primeira está em 1 Timóteo 1:15: "Fiel é a palavra e digna de toda aceitação: que Cristo Jesus veio ao mundo para salvar os pecadores." A próxima está em 1 Timóteo 4:8,9 — "A piedade para tudo é proveitosa, porque tem a promessa da vida que agora é e da que há de ser. Fiel é esta palavra e digna de inteira aceitação." A terceira está em 2 Timóteo 2:11: "Fiel é esta palavra: Se já morremos com ele, também viveremos com ele." E a quarta está em Tito 3:8: "Fiel é esta palavra para que os que têm crido em Deus sejam solícitos na prática de boas obras." Podemos encontrar uma relação entre estas palavras fiéis. A primeira estabelece a fundação de nossa salvação eterna na generosa graça de Deus, como demonstrado a nós na missão do grande Redentor. A seguinte afirma a dupla bem-aventurança que obtemos por meio de Sua salvação — as bênçãos das fontes superiores e inferiores — bem-aventuranças do tempo e da eternidade. A terceira mostra um dos deveres aos quais o povo escolhido é chamado. É-nos ordenado sofrer por Cristo com a promessa de que: "Se já morremos com ele, também viveremos com ele." A última, lança a forma ativa do serviço cristão, convida-nos a realizar boas obras diligentemente. Portanto, temos as raízes da salvação na graça generosa. Em seguida, os privilégios dessa salvação na vida presente e na que virá; e temos também os dois grandes ramos, de sofrimento com Cristo e de serviço com Ele, repletos do fruto do Espírito. Guarde estas palavras fiéis. Que sejam guias para nossa vida, nosso consolo e nossa instrução. O apóstolo dos gentios provou que estas palavras eram fiéis e ainda o são. Nenhuma delas cairá ao chão; são dignas de toda aceitação. Vamos aceitá-las agora e provar de sua fidelidade. Que estas quatro palavras fiéis sejam escritas nos quatro cantos de nossa casa.

C.H. Spurgeon

"Mas todos nós somos como o imundo..."

ISAÍAS 64:6

O cristão é uma nova criatura, ele pertence a uma geração santa e a um povo peculiar — o Espírito de Deus está nele e em todos os aspectos ele está distante do homem natural. Mas, apesar de tudo isso o cristão ainda é um pecador. Assim o é devido à imperfeição de sua natureza e assim continuará até o fim de sua vida terrena. Os dedos sujos do pecado deixam manchas nos mantos mais belos. O pecado arruína nosso arrependimento antes mesmo que o grande Oleiro tenha terminado o vaso na roda. O egoísmo macula nossas lágrimas e a incredulidade adultera nossa fé. A melhor coisa que já fizemos, se separada do mérito de Jesus, apenas aumenta o número de nossos pecados; pois quando pensamos ser muitíssimos puros aos nossos olhos, aos olhos de Deus não o somos; e se Ele atribuiu imperfeições a Seus anjos, quanto mais deve Ele atribuir imperfeições a nós, mesmo em nossa disposição mental mais angelical. A canção que emociona os céus e procura imitar traços seráficos ainda é composta da desarmonia humana. A oração que move o braço de Deus ainda é uma oração ferida e danificada e só move esse braço porque o Impecável, o grande Mediador, posicionou-se para levar o pecado de nossa súplica. A fé mais áurea ou o grau mais puro de santificação que um cristão atinge na Terra ainda é uma mistura como liga metálica e só é digna de fogo. Todas as noites em que olhamos no espelho vemos um pecador e precisamos confessar: "Mas todos nós somos como o imundo, e todas as nossas justiças, como trapo da imundícia." Ó, como é precioso o sangue de Cristo para um coração como o nosso! Que dom inestimável é Sua justiça perfeita! E quão reluzente a esperança de santidade perfeita na vida futura! Mesmo agora, ainda que o pecado habite em nós, *seu poder está destruído*. Não tem domínio algum; é como uma víbora cujo dorso foi quebrado; estamos em conflito penoso com ele. Mas o inimigo com quem temos que lidar já foi subjugado. Em breve entraremos vitoriosamente na cidade onde nada se corrompe.

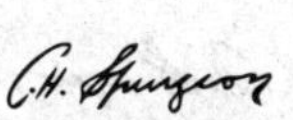

"...não sois do mundo, dele vos escolhi..."

JOÃO 15:19

Aqui está a graça distintiva e a consideração discriminatória; pois alguns são objetos especiais da afeição divina. Não tenha medo de habitar nesta elevada doutrina de eleição. Quando sua mente está mais pesada e deprimida, perceberá que esta doutrina é uma garrafa da mais rica bebida. Aqueles que duvidam das doutrinas da graça ou que as respeitam, perdem os cachos, os mais abastados cachos de Escol; perdem os vinhos bem maturados, a gordura cheia de tutano. Não há bálsamo em Gileade comparado a elas. Se o mel fez *os olhos* de Jônatas tornarem a brilhar, essas doutrinas são mel que iluminarão *seu coração* para amar e aprender os mistérios do reino de Deus. Coma e não tema o excesso; viva desta iguaria seleta e não tema, pois não se trata de uma dieta demasiadamente frágil. A carne da mesa do rei não prejudicará nenhum de seus cortesãos. Deseje que sua mente se amplie, que você compreenda mais e mais o amor eterno, perpétuo e distintivo de Deus. Quando tiver subido às alturas da eleição, demore-se na montanha-irmã, a montanha da aliança da graça. As promessas da aliança são as munições da estupenda rocha atrás da qual nos entrincheiramos. Essas promessas com a segurança, que é Cristo Jesus, são os calmos abrigos para espíritos temerosos.

Seu juramento, Sua aliança, Seu sangue,
Sustentam-me no dilúvio intenso;
Quando todo amparo terreno recua,
Esta é ainda toda minha força e esteio.

Se Jesus encarregou-se de levar-me à glória, e se o Pai prometeu que me daria ao Filho, para ser parte da recompensa infinita do trabalho árduo de Sua alma, então, minh'alma, até que o próprio Deus seja infiel e até que Jesus deixe de ser a verdade, você está segura. Quando Davi dançou diante da arca, ele disse a Mical que a eleição o fez agir assim. Venha, minh'alma, exulte diante do Deus da graça e entregue-se de coração à alegria.

C.H. Spurgeon

"A sua cabeça é como o ouro mais apurado, os seus cabelos, cachos de palmeira, são pretos como o corvo."

CÂNTICO DOS CÂNTICOS 5:11

Todas as comparações falham ao tentar descrever plenamente o Senhor Jesus, mas a noiva faz o melhor que pode. Por *cabeça* podemos entender a deidade de Jesus: "Deus, o cabeça de Cristo." E, então, a metáfora do ouro mais apurado é a mais concebível, mas ainda pobre demais para descrever alguém tão precioso, tão puro, tão glorioso, tão estimado. Jesus não é um grão de ouro, mas uma vasta esfera, uma massa inestimável de tesouro tal que o mundo e o céu não podem sobrepujar. As criaturas são ferro e barro, todas perecerão como madeira, feno e palha, mas o Cabeça eterno da criação de Deus brilhará para sempre e sempre. Nele não há mescla, nem um sinal sequer de mistura. Ele é para sempre infinitamente santo e completamente divino. *Os cachos de palmeira* representam Seu vigor varonil. Não há nada afeminado em nosso Amado. Ele é o mais varonil dos homens. Ousado como leão, diligente como boi, veloz como águia. Toda beleza concebível e inconcebível deve ser encontrada nele, ainda que outrora tenha sido desprezado e rejeitado entre os homens.

Sua cabeça, o ouro mais puro;
Com doce e secreto perfume,
Seus cachos ondulados, todos negros
Como a pluma de corvos.

A glória de Sua cabeça não se perde como num corte de cabelos; Ele é coroado para a eternidade com majestade inigualável. *Os cabelos pretos* indicam frescor da juventude, pois Jesus tem o orvalho de Sua juventude sobre si. As pessoas desfalecem conforme os anos passam, mas Ele é para sempre Sacerdote como Melquisedeque; as pessoas vêm e vão, mas Ele permanece como Deus, em Seu trono, para todo o sempre. Vamos contemplá-lo nesta noite e adorá-lo. Anjos o fitam — Seus redimidos não devem desviar seus olhos dele. Onde mais há um Amado como esse? Ó, apenas uma hora de comunhão com Ele! Para longe preocupações intrusas! Jesus me atrai e eu corro até Ele.

C.H. Spurgeon

"Portanto, vós orareis assim: Pai nosso, que estás nos céus..."
MATEUS 6:9

Esta oração começa como toda oração verdadeira deve começar, com o espírito de *adoção*: "Pai nosso." Não há oração aceitável até que possamos dizer: "Levantar-me-ei, e irei ter com o meu pai." Este espírito de criança logo percebe a grandiosidade do Pai "no céu", e eleva-se à *adoração devota*: "Santificado seja o teu nome." A criança que ceceia: "Abba, Pai", cresce e passa a clamar como os anjos: "Santo, Santo, Santo." Há apenas um passo entre a adoração extasiante e o *espírito missionário ardente*, que é proveniente do amor filial e da adoração reverente: "Venha o teu reino; faça-se a tua vontade, assim na terra como no céu." O que vem a seguir é a sincera *expressão de dependência* de Deus: "O pão nosso de cada dia dá-nos hoje." Sendo mais iluminado pelo Espírito, ele descobre não ser apenas dependente, mas pecador, consequentemente, ele *roga por misericórdia*: "Perdoa-nos as nossas dívidas, assim como nós temos perdoado aos nossos devedores." E sendo perdoado, tendo a justiça de Cristo a ele imputada e sabendo de sua aceitação por Deus, ele humildemente *suplica por perseverança santa*: "Não nos deixes cair em tentação." O homem que realmente é perdoado se preocupa em não ofender novamente; a posse da justificação leva a um ansioso desejo de santificação. "Perdoa-nos as nossas dívidas." Isso é justificação. "Não nos deixes cair em tentação; mas livra-nos do mal." Isso é santificação em suas formas negativa e positiva. Como resultado disso tudo, segue, então, uma *triunfante atribuição de louvor*: "Teu é o reino, o poder e a glória para sempre. Amém." Nós nos regozijamos porque *nosso* Rei reina em providência e reinará em graça, do rio até os confins da Terra e não haverá fim para o Seu domínio. Assim, de um senso de adoção elevado à comunhão com nosso Senhor que reina, este curto modelo de oração conduz a alma. "Senhor, ensina-nos a orar."

C.H. Spurgeon

"Os seus olhos, porém, estavam como que impedidos de o reconhecer." LUCAS 24:16

Os discípulos deveriam ter reconhecido Jesus. Eles tinham ouvido Sua voz com tanta frequência e contemplado tão frequentemente aquele rosto que agora estava desfigurado, que é incrível o fato de não o terem reconhecido. Entretanto, não acontece o mesmo com você? Você não viu Jesus recentemente. Assentou-se à Sua mesa e não o encontrou lá. Está enfrentando um problema obscuro nesta noite e ainda que Ele diga claramente: "Sou eu. Não temais!", você não consegue distingui-lo. Ai de nós! Nossos olhos estão bloqueados. Conhecemos Sua voz, olhamos em Sua face; curvamos nossa cabeça em Seu peito e, ainda assim, apesar de Cristo estar muito perto de nós, estamos dizendo: "Ah! Se eu soubesse onde o poderia achar!" Deveríamos conhecer Jesus, pois temos as Escrituras que refletem Sua imagem. Entretanto, quão possível é que abramos esse precioso livro e não tenhamos nenhum vislumbre do Amado! Caro filho de Deus, você está nesse estado? Jesus apascenta Seu rebanho entre os lírios e, ainda assim, você não o enxerga. Ele está acostumado a caminhar entre as campinas da Escritura e a ter comunhão com Seu povo, como o Pai fazia com Adão na viração do dia. E você está no jardim da Escritura, mas não consegue vê-lo ainda que Ele sempre esteja ali. E por que não o vemos? Em nosso caso, como no dos discípulos, devemos imputar culpa à incredulidade. Eles, obviamente, não esperavam ver Jesus e, portanto, não o reconheceram. Em uma grande proporção, nas questões espirituais recebemos o que esperamos do Senhor. Somente a fé pode nos levar a ver Jesus. Que esta seja sua oração: "Senhor, abre meus olhos para que eu veja meu Salvador presente ao meu lado." É algo bendito desejar vê-lo; mas, é muito melhor contemplá-lo. Ele é bom com aqueles que o buscam; mas para aqueles que o encontram, Ele é amado, mais do que palavras possam expressar!

C.H. Spurgeon

"Louvar-te-ei, Senhor..."
SALMO 9:1

O louvor deveria sempre seguir uma oração respondida, como a névoa da gratidão da Terra ergue-se quando o sol do amor celestial aquece o solo. O Senhor tem sido gracioso com você e inclinado Seu ouvido à voz de sua súplica? Então, louve-o enquanto viver. Que o fruto maduro caia sobre o solo fértil de onde extraiu sua vida. Não negue nenhuma canção a Ele que respondeu sua súplica e lhe concedeu o desejo do seu coração. Silenciar-se em relação às misericórdias de Deus é incorrer na culpa de ingratidão; é basicamente agir como os nove leprosos, que após serem curados de sua lepra, não retornaram para dar graças ao Senhor que cura. Esquecer-se de louvar a Deus é recusar-se a se beneficiar, pois o louvor, como a oração, é um grande meio de promover o crescimento da vida espiritual. Ajuda a remover nossos fardos, estimula nossa esperança e aumenta nossa fé. É um exercício saudável e revigorante que vivifica o pulso do cristão e o encoraja a iniciativas novas no serviço de seu Mestre. Bendizer a Deus por misericórdias recebidas é também o modo de favorecer nossos companheiros; "os humildes o ouvirão e se alegrarão". Outros que passaram por circunstâncias semelhantes obterão consolo, se pudermos dizer: "Ó! Magnifique o Senhor comigo e exaltemos Seu nome juntos. Este pobre homem clamou e o Senhor o ouviu." Corações fracos serão fortalecidos e santos abatidos serão avivados ao ouvirem as suas "canções de libertação". Suas dúvidas e seus medos serão censurados, conforme ensinamos e admoestamos uns aos outros com salmos, hinos e canções espirituais. Eles também "cantarão os caminhos do Senhor", quando nos ouvirem magnificar Seu santo nome. O louvor é, dos deveres do cristão, o mais celestial. Os anjos não oram, mas não deixam de louvar dia e noite; e os redimidos, vestidos em mantos brancos, com folhas de palmeiras em suas mãos, nunca se cansam de cantar a nova canção: "Digno é o cordeiro."

C.H. Spurgeon

"Ó tu que habitas nos jardins, os companheiros estão atentos para ouvir a tua voz; faze-me, pois, também ouvi-la."
CÂNTICO DOS CÂNTICOS 8:13

Meu doce Senhor Jesus lembra-se bem do jardim do Getsêmani e, ainda que tenha deixado esse jardim, Ele agora habita no jardim de Sua Igreja, onde se revela àqueles que compartilham de Sua bendita companhia. Essa voz de amor com que Ele fala a Seu amado é mais musical do que as harpas do céu. Há uma profundidade de amor melodioso nessa voz que vai muito além de qualquer música humana. Dezenas de milhares na terra e milhões, acima nos céus, são favorecidos com essa tonalidade harmoniosa.

Alguns que conheço bem, a quem invejo grandemente estão, neste momento, ouvindo atentamente à voz do Amado. Ah, se eu pudesse partilhar de suas alegrias! É verdade que alguns deles são pobres, outros estão acamados e outros próximos ao portão da morte; mas, "ó meu Senhor, eu alegremente morreria de fome com eles, definharia com eles ou morreria com eles se pudesse simplesmente ouvir a Tua voz. Outrora eu ouvia Tua voz com frequência, mas entristeci Teu Espírito. Em compaixão, regressa para mim e, mais uma vez, diz-me: 'Eu sou a tua salvação.' Nenhuma outra voz pode contentar-me; conheço a Tua voz e não posso ser enganado por outra; oro a ti pedindo que me deixe ouvi-la. Não sei o que tu dirás, nem coloco nenhuma condição, ó meu Amado, mas faz-me ouvir o Teu falar e, caso seja uma repreensão, bendirei ao Senhor por isso. Talvez para limpar meu ouvido embotado seja preciso uma operação muito dolorosa para a carne, mas, custe o que custar, que eu não me desvie do desejo ardente: faz-me ouvir Tua voz. Abre meus ouvidos novamente, transpassa-os com Tuas notas mais dissonantes, mas não permitas que eu continue surdo ao Teu chamado. Nesta noite, concede a este indigno o seu desejo, pois sou Teu e tu me compraste com o Teu sangue. Tu abriste os meus olhos para ver-te e essa visão me salvou. Senhor, abre agora meus ouvidos. Eu percebi o Teu coração, agora permite-me ouvir os Teus lábios."

C.H. Spurgeon

"...renova dentro de mim um espírito inabalável."
SALMO 51:10

Se houver em um apóstata uma faísca de vida restante, ela certamente gemerá por restauração. Neste renovo, é necessário o mesmo exercício de graça empregado em nossa conversão. Precisamos, então, de arrependimento; certamente precisamos agora. Precisamos da fé para ir à Cristo imediatamente; somente a mesma graça pode nos levar a Jesus agora. Queríamos uma palavra do Altíssimo, uma palavra dos lábios do Amado para acabar com nossos medos; em breve descobriremos, quando sob um senso de pecado existente, que precisamos dessa palavra imediatamente. Nenhuma pessoa pode ser renovada sem uma manifestação tão real e verdadeira do poder do Espírito Santo, como a que sentiu no início, porque a obra é grande e a carne e o sangue estão se interpondo agora, como o estiveram antes. Deixe que sua fraqueza pessoal, ó cristão, seja um argumento para fazê-lo orar sinceramente, pedindo ajuda ao seu Deus. Lembre-se de que, quando Davi se sentiu impotente, ele não cruzou os braços ou fechou sua boca, mas apressou-se a ir ao trono de misericórdia, pedindo: "Renova dentro de mim um espírito inabalável." Não deixe que a doutrina que você, desamparado, não pode cumprir, o faça dormir; mas permita que ela seja um aguilhão no seu lado, direcionando-o ao forte Ajudador de Israel com terrível zelo. Ah! Que você tenha graça para suplicar a Deus como se suplicasse por sua vida: "Senhor, renova dentro de mim um espírito inabalável." Aquele que ora *sinceramente* a Deus pedindo que assim faça, provará sua honestidade utilizando os meios pelos quais Deus age. Coloque-se por longo tempo em oração, viva vigorosamente na Palavra de Deus; acabe com as luxúrias que têm afastado o seu Senhor de você; tenha o cuidado de ser vigilante com os futuros pecados. O Senhor tem Seus caminhos designados; sente-se à beira da estrada e estará pronto quando Ele passar. Continue seguindo todas essas benditas ordenanças que alimentarão e nutrirão suas virtudes já moribundas; e, sabendo que todo o poder deve emanar dele, não deixe de clamar: "Renova dentro de mim um espírito inabalável."

C.H. Spurgeon

"Eu te conheci no deserto, em terra muito seca."

OSEIAS 13:5

Sim, Senhor, tu, de fato, me conheceste em meu *estado caído* e, mesmo assim, me escolheste. Quando eu era asqueroso e me abominava, tu me recebeste como Teu filho e satisfizeste minhas profundas necessidades. Bendito para sempre seja o Teu nome por esta misericórdia gratuita, rica e abundante. Desde então, *minha experiência interior* tem sido geralmente um deserto, mas tu ainda me tens como Teu amado e derramas torrentes de amor e graça sobre mim, para alegrar-me e me tornar frutífero. Até mesmo quando minhas *circunstâncias exteriores* eram as piores e passei a vaguear em uma terra seca, Tua doce presença me consolou. Homens não estiveram comigo quando o escárnio esperava por mim, mas tu já conhecias minha alma nas adversidades, pois nenhuma aflição ofusca o esplendor de Teu amor. Senhor tão gracioso, te exalto por toda a Tua fidelidade para comigo em circunstâncias dolorosas, e lamento que em algum momento esqueci-me de ti e exaltei meu coração quando, na verdade, devo tudo à Tua bondade e amor. Tem misericórdia de Teu servo nesta situação!"

Minh'alma, se Jesus a reconhece neste seu estado vil, esteja certa de que você deve a Ele e à Sua causa o fato de agora desfrutar de sua prosperidade. Não se exalte com seu sucesso mundano a ponto de envergonhar-se da verdade ou da pobre igreja com a qual você está associada. Siga Jesus até o deserto: carregue a cruz com Ele quando o calor da perseguição se enfurecer. Ele já era seu dono, ó minh'alma, em sua pobreza e vergonha — nunca seja desleal a ponto de se envergonhar dele. Ah! Mas envergonhe-se de simplesmente cogitar envergonhar-se de seu supremo Amado! "Jesus, minha alma apega-se a ti."

Volto-me para ti em dias de luz,
Em noite de inquietude,
Tu resplandeces mais fortemente do que tudo o que é radiante!
Tu és o mais belo dos belos!

C.H. Spurgeon

"...à igreja que está em tua casa."
FILEMOM 2

Há uma igreja nessa casa? Os pais, filhos, amigos e servos são todos membros dela? Ou alguns ainda não se converteram? Paremos aqui e nos façamos a seguinte pergunta: *Eu sou membro da igreja nesta casa*? Como o coração do pai saltaria de alegria e os olhos da mãe se encheria de santas lágrimas, se do mais velho ao mais novo, todos fossem salvos! Oremos por esta grande misericórdia até que o Senhor a conceda a nós. Ter todos salvos em sua casa provavelmente era o desejo mais caro para Filemom. Porém, isso não lhe foi concedido por completo. Ele tinha um servo perverso, Onésimo, que o tendo enganado, fugiu de seu trabalho. As orações de seu mestre o seguiram e, por fim, pela vontade de Deus, Onésimo foi levado a ouvir a pregação de Paulo, seu coração foi tocado e ele voltou ao seu senhor para não apenas ser um servo fiel, mas um amado irmão, acrescentando mais um membro à igreja na casa de Filemom. Há algum servo não convertido ou filho ausente nesta manhã? Faça uma súplica especial para que possam, ao retornar para casa, alegrar todos os corações com as boas-novas do que a graça lhes fez! E quem estiver presente participe da súplica.

Se há tal Igreja em sua casa, dirija-a de forma apropriada e que todos ajam como se estivessem sob o olhar de Deus. Executamos os afazeres rotineiros da vida com santidade instruída, diligência, bondade e integridade. Mais é esperado de uma Igreja do que de uma casa comum; a adoração familiar deve, em tal caso, ser mais devota e genuína; o amor entre as pessoas deve ser mais caloroso e constante e a conduta exterior deve ser mais santificada e semelhante a Cristo. Não precisamos temer que a pequenez de nossos números nos deixe de fora da lista de igrejas, pois o Espírito Santo inscreveu essa igreja familiar no inspirado livro memorial. Como membros do Seu corpo, que nos aproximemos do grande Cabeça da Igreja e imploremos a Ele que nos dê a graça de resplandecermos a glória de Seu nome diante dos homens.

C.H. Spurgeon

"...e não o perceberam, senão quando veio o dilúvio e os levou a todos, assim será também a vinda do Filho do Homem."

MATEUS 24:39

A condenação foi universal, nem ricos nem pobres escaparam. Os eruditos e os analfabetos, os admirados e os odiados, os religiosos e os profanos, os velhos e os jovens; todos afundaram em uma ruína comum. Alguns com segurança ridicularizaram Noé — onde está agora seu escárnio? Outros o ameaçaram por seu zelo que consideravam loucura — onde está agora sua jactância e seus discursos severos? O crítico que julgou o trabalho daquele homem idoso afogou-se no mesmo mar em que seus colegas zombadores se afogaram. Aqueles que falaram da fidelidade do bom homem às suas convicções, mas não compartilharam delas, afundaram para nunca mais ascenderem; e os trabalhadores que, exclusivamente por dinheiro, ajudaram a construir a incrível arca, estão todos perdidos também. O dilúvio varreu *todos* e não houve exceção alguma. Da mesma forma, à parte de Cristo, a destruição final é certa para todo homem e mulher nascidos; nenhuma graduação, posse, ou caráter será suficiente para salvar uma única alma que não creu no Senhor Jesus. Minh'alma, observe este vasto julgamento e trema diante dele.

Que incrível a apatia generalizada! Todos comiam e bebiam, alegravam-se e davam-se em casamento até que a terrível manhã despertou. Não havia um homem sábio na Terra fora da arca. A insensatez da autopreservação ludibriou toda a raça — essa é a maior insensatez que há: duvidar do Deus mais verdadeiro — que tolice mais perniciosa! Minh'alma, não é estranho? Todos os homens são negligentes com sua alma até que a graça lhes dê bom senso. Só então abandonam sua loucura e agem como seres racionais, mas não antes disso.

Todos, bendito seja Deus por isso, estavam seguros na arca, ali não havia ruína alguma. Desde o elefante até o camundongo, todos estavam seguros. A tímida lebre estava igualmente segura com o corajoso leão, o coelho desamparado tão seguro quanto o boi diligente. Todos estão salvos em Jesus. Minh'alma, você está nele?

"Porque eu, o Senhor, não mudo..."
MALAQUIAS 3:6

É vantajoso para nós que, em meio a toda inconstância da vida, o Senhor é o Único a quem a mudança não pode afetar; Aquele cujo coração nunca se altera e cuja testa jamais se enruga. Todas as outras coisas mudam — todas as coisas estão mudando. O próprio sol perde o seu brilho com o passar dos anos; o mundo está envelhecendo; as vestes desgastadas começam a criar vincos; os céus e a Terra em breve passarão, perecerão, envelhecerão como o vestuário; mas há Um que é imortal, cujos anos não têm fim e em quem não há mudança. O deleite que o marinheiro sente quando, ao ter sido exposto ao mar por muitos dias, pisa em terra firme, é a satisfação de um cristão quando, em meio a todas as mudanças de sua vida atribulada, firma os pés de sua fé nesta verdade — "*Eu, o Senhor, não mudo*".

A estabilidade que a âncora concede ao navio, quando tem pelo menos um gancho, é a mesma que a esperança do cristão lhe concede quando se fixa na gloriosa verdade: em Deus "não pode existir variação ou sombra de mudança". Quaisquer que fossem Seus atributos antigamente, continuam sendo ainda hoje os mesmos; Seu poder, sabedoria, justiça e verdade continuam imutáveis. Ele sempre foi o refúgio de Seu povo, sua fortaleza no dia da angústia e Ele ainda é seu Amparo seguro. Ele é imutável em Seu amor. Ele amou Seu povo com "amor eterno"; Ele os ama agora tanto quanto amava antes e quando todas as coisas terrenas tiverem derretido na última conflagração, Seu amor ainda estará regado com o orvalho de sua juventude. Preciosa é a certeza de que Ele não muda! A roda da providência gira, mas o seu eixo é o amor eterno.

A morte e a mudança estão sempre ocupadas,
O homem deteriora e os anos passam;
Mas Sua misericórdia jamais desvanece;
Deus é sabedoria, Deus é amor.

C.H. Spurgeon

"De mim se apoderou a indignação, por causa dos pecadores que abandonaram a tua lei." SALMO 119:53

Minh'alma, você sente esta indignação santa com os pecados dos outros? Pois, caso contrário, há em você falta de santidade interior. A face de Davi molhou-se com o rio de lágrimas por causa da profanidade predominante, Jeremias desejou que seus olhos fossem como fontes para que pudesse lamentar as iniquidades de Israel e Ló se afligia com o comportamento dos homens de Sodoma. Aqueles em quem a marca foi colocada, na visão de Ezequiel, eram aqueles que suspiravam e choravam pelas abominações de Jerusalém. Não há como almas graciosas não se entristecerem ao ver a dor que os homens enfrentam para ir para o inferno. Eles conhecem a maldade do pecado por experiência e assustam-se ao ver outros voando como mariposas em direção às suas labaredas. O pecado faz o justo arrepiar-se porque viola a santa lei; e manter esta lei deveria fazer parte dos interesses mais elevados de todos os homens. O pecado derruba os pilares da sociedade. O pecado em outros aterroriza um cristão, porque o faz perceber a infâmia de seu próprio coração. Quando vemos um transgressor clamamos como o santo mencionado por Bernard [N.E.: Bernardo de Claraval (1090–1153) teólogo francês]: "Ele caiu hoje e poderá cair amanhã." O pecado é horrível para o cristão, porque crucificou o Salvador. Vemos em qualquer iniquidade os pregos e a lança. Como uma alma salva pode observar esse pecado amaldiçoado que matou Cristo sem repugnância? Diga-me, meu coração, você pode se unir a esse sentimento? É algo terrível insultar o Senhor diretamente. O bom Deus merece melhor tratamento, o grande Deus o reivindica, o justo Deus assim o terá, ou retribuirá a Seu adversário diretamente. Um coração desperto estremece diante da audácia do pecado e permanece alerta ao contemplar a punição devida. Que coisa monstruosa é a rebelião! Que condenação terrível está preparada para os perversos! Minh'alma, nunca ria das loucuras do pecado, a fim de que você mesma não sorria para o próprio pecado. Ele é seu inimigo e inimigo de seu Senhor. Abomine-o, pois apenas assim você possuirá santidade, sem a qual nenhum homem verá a Deus.

C.H. Spurgeon

"...pois ele está orando."

ATOS 9:11

As orações são instantaneamente percebidas no céu. No momento em que Saul [N.E.: 1 Samuel 14:41] começou a orar o Senhor o ouviu. Nisto está o consolo para a alma aflita que ora. Muitas vezes, uma pessoa com o coração partido dobra seus joelhos, porém consegue proferir apenas gemidos de lamento, suspiros e lágrimas. Ainda assim, esse gemido faz todas as harpas do céu vibrarem com música; Deus toma essas lágrimas e as guarda com grande estima no lacrimatório do céu. "Recolheste as minhas lágrimas no teu odre", infere que elas são recolhidas conforme fluem. O suplicante, cujos temores impedem suas palavras, será bem compreendido pelo Altíssimo. Ele talvez esteja apenas olhando com olhos lacrimejantes, mas "a oração é o cair de uma lágrima". As lágrimas são os diamantes do céu, os suspiros, uma parte da música do pátio de Jeová e são contados com "as melodias mais sublimes que alcançam a majestade nas alturas". Não pense que sua oração, ainda que fraca ou trêmula, será desconsiderada. A escada de Jacó é alta, mas nossas orações se apoiarão no Anjo da aliança e assim escalarão as rotas iluminadas dessa escada. Nosso Deus não apenas ouve orações, mas também *ama* ouvi-las. "Não se esquece do clamor dos aflitos." É verdade, que Ele não leva em conta observações elevadas e palavras imponentes; que Ele não se importa com a ostentação e o esplendor de reis; que não ouve a soberba da música de guerreiros; não considera o triunfo e o orgulho do homem; mas onde quer que haja um coração cheio de tristeza, ou um lábio tremendo de agonia ou um profundo gemido ou um suspiro desolado, o coração de Jeová se abre. Ele marca no registro de Sua memória; coloca nossas orações como pétalas de rosa, entre as páginas de Seu livro de memórias, e quando o livro for finalmente aberto, haverá uma preciosa fragrância brotando dele.

A fé não pede sinais dos céus,
Para mostrar que as orações aceitas sobem,
Nosso Sacerdote está em Seu santo lugar,
E responde do trono da graça.

C.H. Spurgeon

"...a sua oração chegou até à santa habitação de Deus, até aos céus." 2 CRÔNICAS 30:27

A oração é para o cristão um recanto que nunca falha em qualquer caso, em todas as situações. Quando você não pode usar sua espada, pode fazer uso da arma de toda oração e súplica. Sua pólvora pode estar úmida, a corda de seu arco pode estar lasseada, mas a arma de toda oração e súplica jamais tem defeito algum. O Leviatã ri do dardo, mas treme com a oração. A espada e a lança precisam ser lustradas, mas a oração nunca enferruja; e quando pensamos estar sem fio, ainda corta com primor. A oração é uma porta aberta que ninguém pode fechar. Os demônios podem cercá-lo por todos os lados, mas o caminho para o alto está sempre aberto e, contanto que esta estrada esteja desobstruída, você não cairá nas mãos do inimigo. Não podemos jamais ser vencidos por bloqueio, escalada, minas ou tempestade, desde que o socorro celeste possa descer até nós pela escada de Jacó, para nos aliviar no momento de necessidade. A oração nunca está fora de época: no verão e no inverno sua negociação é preciosa. A oração ganha atenção no céu no findar da noite, em meio a negócios, no calor do meio-dia, nas sombras da tarde. Em qualquer condição, seja de pobreza, doença, confusão, difamação ou dúvida, o seu Deus de aliança receberá sua oração e a responderá de Seu santo lugar. A oração jamais é fútil. A oração verdadeira é sempre poder verdadeiro.

Você pode nem sempre receber o que pede, mas terá suas verdadeiras necessidades supridas. Quando Deus não responde a Seus filhos exatamente conforme sua oração, Ele o faz de acordo com o Espírito. Se você pedisse uma refeição rústica, ficaria irado se Ele lhe desse farinha da melhor qualidade? Se você busca saúde física, iria reclamar se, em lugar disso, Ele fizesse sua doença operar cura nos males espirituais? Não é melhor que sua cruz seja santificada ao invés de removida? Nesta noite, minh'alma, não se esqueça de oferecer sua petição e solicitação, pois o Senhor está pronto para conceder a você os seus desejos.

C.H. Spurgeon

"...porque o poder se aperfeiçoa na fraqueza..."
2 CORÍNTIOS 12:9

Uma qualificação primária para servir a Deus com algum sucesso, e para executar a obra de Deus de modo satisfatório e triunfante, é o senso de nossa própria fraqueza. Quando o guerreiro de Deus marcha adiante para a batalha acreditando ser forte e diz, vangloriando-se: "Eu sei que vencerei, meu braço direito e minha espada vencedora me concederão a vitória," neste momento a derrota se aproxima. Deus não irá adiante com esse homem que marcha em sua própria força. Aquele que conta a vitória como sua o faz erroneamente, pois não é "por força nem por poder, mas pelo meu Espírito, diz o Senhor dos Exércitos." Aqueles que vão à luta, gloriando-se de sua bravura, retornarão arrastando no pó seus estandartes vistosos e com sua armadura manchada de desgraça. Aqueles que servem a Deus devem servi-lo a Seu modo e em Sua força, ou Ele jamais aceitará o serviço. Aquilo que o homem faz sem o auxílio da força divina, não pode ser posse de Deus. Ele desperdiça os frutos simples da Terra; ele só colherá o milho, cuja semente foi semeada do céu, regada pela graça e amadurecida pelo sol do amor divino. Deus despejará tudo o que você tem antes que lhe dê o que é dele; Ele primeiro limpará seus silos antes que os encha com o trigo mais fino. O rio de Deus é repleto de água, mas nenhuma gota flui de fontes terrenas. Deus não fará uso de nenhuma força alheia em Suas batalhas apenas da força que Ele mesmo concede. Você está lamentando sua fraqueza? Tenha coragem, pois deve haver uma consciência de fraqueza antes que o Senhor conceda a você a vitória. O seu vazio não passa de preparação para que o seu ser seja cheio e o seu abatimento, preparação para sua exaltação.

Quando sou fraco então sou forte,
A graça é meu escudo e Cristo é minha canção.

C.H. Spurgeon

"...na tua luz, vemos a luz."
SALMO 36:9

Nenhum lábio tem condição de dizer ao coração o que é o amor de Cristo, até que o próprio Jesus fale no íntimo. Todas as descrições são superficiais e pequenas a menos que o Espírito Santo as encha de vida e poder; até que nosso Emanuel se revele no interior, a alma não o vê. Se você desejasse ver o sol, você ajuntaria todos os meios de iluminação e tentaria, desta forma, observar o globo do dia? Não, o homem sábio admite que o sol deve revelar-se a si mesmo e apenas por seu próprio brilho é que podemos ver essa poderosa candeia. Assim o é com Cristo. "Bem-aventurado és, Simão Barjonas", disse Ele a Pedro, "porque não foi carne e sangue que to revelaram". Purifique a carne e o sangue por meio de qualquer processo educativo que escolher, eleve as faculdades mentais ao mais alto grau de poder intelectual, contudo, nada disso pode revelar Cristo. O Espírito de Deus deve vir com poder e obscurecer o homem com Suas asas e, então, nesse místico santo dos santos, o Senhor Jesus se manifestará aos olhos santificados; mas não o fará para os obtusos filhos de homens. Cristo deve ser Seu próprio espelho. A grande massa deste mundo de olhos turvos não vê nada das glórias inefáveis do Emanuel. Ele se coloca diante deles sem aparência ou formosura, uma raiz de uma terra seca, rejeitado pelos vaidosos e desprezado pelos orgulhosos. Apenas quando o Espírito tocar os olhos com bálsamo, avivando o coração com a vida divina e educando a alma na propensão celestial, só então Ele será compreendido. "Para vós outros, portanto, os que credes, é a preciosidade"; para você Ele é a pedra angular, a Rocha da sua salvação, sua essência; mas para outros Ele é "Pedra de tropeço e rocha de ofensa". Felizes são aqueles a quem nosso Senhor se manifesta, pois Sua promessa a eles é de que *fará neles morada*. "Ó Jesus, nosso Senhor, nosso coração está aberto, entra e nunca mais saias. Revela-te a nós agora! Favorece-nos com um vislumbre de Teus encantos que tudo conquista."

C.H. Spurgeon

"Toda arma forjada contra ti não prosperará..."
ISAÍAS 54:17

O dia de hoje é importante na história inglesa por duas grandes libertações forjadas por Deus. Neste dia, em 1605, a trama dos papistas para destruir o Palácio de Westminster foi descoberta.

Enquanto se preparam para nossos príncipes
Em profundas cavernas uma cilada candente,
Ele atira do céu um raio lancinante,
E sombria traição é trazida à luz.

Em segundo lugar, hoje é o aniversário da chegada do Rei William III, em Torbay em 1688; o que aniquilou a esperança de supremacia papista e garantiu a liberdade religiosa.

O dia de hoje deve ser celebrado, não pela anarquia de moleques, mas pelas canções dos santos. Nossos patriarcas puritanos fizeram deste momento uma época especial de ação de graças. Há registros de sermões anuais pregados por Matthew Henry neste dia. Nosso sentimento protestante e nosso amor pela liberdade deveriam nos fazer considerar esse aniversário com gratidão santa. Que nosso coração e lábios exclamem: "Ouvimos, ó Deus, com os próprios ouvidos; nossos pais nos têm contado o que outrora fizeste, em seus dias." O Senhor fez da Inglaterra a casa do evangelho; e quando o inimigo se levantou contra ela, o Senhor a blindou. "Ajuda-nos a oferecer canções contínuas para repetidas libertações. Que o anticristo nos odeie mais e mais a cada dia e se apresse o dia de sua total aniquilação. Até lá e sempre, creremos na promessa: 'Toda arma forjada contra ti não prosperará.'" O dia de hoje não deveria estar presente no coração de todo aquele que ama o evangelho de Jesus para que pleiteie pela aniquilação de falsas doutrinas e pela expansão da verdade divina? Não faria bem sondar nosso coração e expulsar qualquer traço de justiça própria que possamos ter oculto?

"...rendei-lhe graças e bendizei-lhe o nome."
SALMO 100:4

Nosso Senhor deseja que todo o Seu povo seja rico em pensamentos elevados e felizes concernentes à Sua bendita pessoa. Jesus não se agrada que Seu povo tenha pensamentos vis sobre Ele; é Seu prazer que Sua noiva prometida se deleite em Sua beleza. Não devemos considerá-lo como uma simples necessidade, como pão e água, mas como uma iguaria luxuosa, como um deleite raro e encantador. Para este fim Ele se revelou como "uma pérola de grande valor" em sua beleza inigualável, como "um saquitel de mirra" em sua fragrância refrescante, como "a rosa de Sarom" em seu perfume permanente, como o "lírio" em sua pureza imaculada.

Como auxílio para que mantenha seus pensamentos elevados sobre Cristo, lembre-se da apreciação que Ele tem além dos céus, onde as coisas são mensuradas pelo padrão correto. Pense em como Deus estima o Primogênito, Seu dom inexprimível para nós. Considere o que os anjos pensam dele, como consideram a mais alta honra cobrir suas faces aos Seus pés. Considere o que os lavados no sangue cantam dele: seus louvores que lhe são dignos. Pensamentos elevados sobre Cristo nos capacitarão a agir consistentemente em nosso relacionamento com Ele. Quanto mais grandiosamente virmos Cristo entronizado e quanto mais humildemente curvarmo-nos diante do trono, mais preparados estaremos para agir, de forma condizente com nosso papel, em relação a Ele. Nosso Senhor Jesus deseja que tenhamos bons pensamentos a Seu respeito, para que nos submetamos alegremente à Sua autoridade. Pensamentos elevados sobre Ele aumentam nosso amor. Apreço e amor caminham juntos. Portanto, cristão, pense muito na excelência de seu Mestre. Estude-o em Sua glória original, antes de ter tomado sobre Si a natureza que pertence a você! Pense no amor que o afastou de Seu trono para morrer na cruz! Admire-o visto que Ele vence todos os poderes do inferno! Veja-o ressurreto, coroado, glorificado! Curve-se diante dele como o Maravilhoso Conselheiro, Deus forte, pois somente assim seu amor por Ele será o que deveria ser.

C.H. Spurgeon

"Porque derramarei água sobre o sedento..."

ISAÍAS 44:3

Quando um cristão cai em um sentimento degradado e triste, ele geralmente tenta se levantar castigando-se com medos obscuros e sombrios. Essa não é a forma de levantar-se do pó, mas sim de continuar nele. Como correntes nas asas da águia que sobe ao topo da montanha, assim é a dúvida para o aumento de nossa graça. Não é a lei, mas o evangelho que salva a alma; e não é a servidão à lei, mas a liberdade do evangelho que posteriormente restaura o cristão fraco. O medo escravizante não leva o apóstata de volta a Deus, o doce cortejo do amor o atrai ao peito de Jesus. Nesta manhã você tem sede do Deus vivo e está infeliz porque não consegue encontrá-lo para que seu coração se deleite? Perdeu a alegria da fé e agora esta é sua oração: "Restitui-me a alegria da tua salvação"? Você também tem consciência de que é estéril como terra seca, de que não está dando o fruto que Deus tem direito de esperar de você; de que não é tão útil na igreja ou no mundo, como seu coração deseja ser? Então, aqui está exatamente a promessa de que precisa: "Derramarei água sobre o sedento." Você receberá a graça que tanto pede e a terá de modo a alcançar ao máximo as suas necessidades. A água refresca o sedento. Você será refrescado, seus desejos serão satisfeitos. A água vivifica a vida vegetal dormente; sua vida será vivificada pela revigorante graça. A água infla os botões e amadurece o fruto; você terá graça frutificadora; será frutífero nos caminhos de Deus. Toda boa qualidade que há na graça divina está à sua disposição para desfrutar plenamente. Você receberá em abundância todas as riquezas da graça divina; ficará ensopado e como algumas vezes os prados inundam-se com os rios e os campos se transformam em poças, assim será você — a terra sedenta será fonte de água.

"...Este é o sangue da aliança, a qual Deus prescreveu para vós outros." HEBREUS 9:20

Há um estranho poder relacionado à própria palavra "sangue" e simplesmente olhá-lo provoca certo desconforto. Um bom coração não suporta ver um pardal sangrar e, a menos que esteja familiarizado com essa prática, ele desviará os olhos para não presenciar a morte do animal. Com relação ao sangue de homens pode-se dizer que é algo consagrado. Derramá-lo pela ira é assassinato; é um terrível crime desperdiçá-lo na guerra. Esta solenidade seria ocasionada pelo fato de que o sangue é vida e o seu derramar é o símbolo da morte? Acredita-se que sim. Quando nos levantamos para contemplar o sangue do Filho de Deus, nossa reverência se intensifica ainda mais e nos arrepiamos ao pensar na culpa do pecado e na terrível punição que recebeu Aquele que carregou nossos pecados. O sangue, sempre precioso, é inestimável quando flui do lado ferido de Emanuel. O sangue de Jesus sela a *aliança* da graça e a garante para sempre. As antigas alianças eram feitas por sacrifício e a aliança eterna foi sancionada da mesma forma. Ah! O deleite de ser salvo na segura fundação dos compromissos divinos que não podem ser desonrados! A salvação pelas obras da lei é um navio frágil e imperfeito cujo naufrágio é certo; mas o navio da aliança não teme tempestades, pois o sangue assegura sua integridade. O sangue de Jesus tornou válido este *testamento*. Designações testamentárias não têm poder algum a menos que o testador morra. Nessa luz, a lança do soldado é um bendito auxílio à fé, considerando que foi o que provou que nosso Senhor estava realmente morto. Não pode haver dúvidas com relação a esta questão e podemos nos apropriar ousadamente dos legados que Ele deixou para Seu povo. Felizes são aqueles que percebem seu direito às bênçãos garantidas a eles por um Salvador agonizante. Mas este sangue não tem voz alguma para nós? Não nos convida a nos santificarmos a Ele por quem fomos redimidos? Não nos chama a uma novidade de vida e nos incita à total consagração ao Senhor? Ó, que o poder do sangue, nesta noite, seja conhecido em nós e por nós sentido!

C. H. Spurgeon

"Eis que nas palmas das minhas mãos te gravei..."

ISAÍAS 49:16

Sem dúvida, uma parte da surpresa da palavra "eis" é incitada pela lamentação incrédula referente à sentença precedente. Sião disse: "O Senhor me desamparou, o Senhor se esqueceu de mim." Como a mente divina deve se surpreender com esta incredulidade perversa! O que pode ser mais espantoso do que as dúvidas infundadas e os temores do povo favorecido de Deus? A amorosa palavra de repreensão do Senhor deveria nos envergonhar. Ele clama: "Como posso ter esquecido você se o tenho gravado nas palmas das minhas mãos? Como ousa duvidar da minha memória se está tudo registrado em minha carne?" Ó incredulidade, que estranho prodígio você é! É difícil dizer o que deveria nos surpreender mais, a fidelidade de Deus ou a incredulidade de Seu povo. Ele mantém Sua promessa mil vezes e, ainda assim, a tribulação seguinte nos faz duvidar dele. Ele nunca falha; jamais se torna poço seco; jamais é sol poente, meteoro que passa ou vapor que se desfaz; e ainda assim continuamente nos angustiamos com ansiedades, nos incomodamos com suspeitas e nos inquietamos com temores, como se nosso Deus fosse uma miragem do deserto. "Eis" *é uma palavra que deveria despertar admiração*. Aqui, de fato, temos um assunto que desperta assombro. O céu e a Terra podem espantar-se com o fato de que rebeldes alcancem tão grande proximidade do coração de amor infinito, a ponto de serem gravados nas palmas das Suas mãos. "Eu *te* gravei." Ele não diz: "Gravei o teu nome." O nome faz parte, mas não é a única coisa: "Eu *te* gravei." Veja a plenitude disto! Eu gravei a sua pessoa, sua imagem, suas situações, circunstâncias, pecados, suas tentações, sua fraqueza, seus desejos, suas obras. Eu te gravei, gravei tudo relacionado a você, tudo o que lhe diz respeito; eu reuni todas as suas partes aqui. Você conseguirá dizer novamente que o seu Deus o abandonou quando Ele o gravou *nas* palmas de Suas mãos?

C.H. Spurgeon

"...e sereis minhas testemunhas..."
ATOS 1:8

Para aprender como executar seu dever de testemunha de Cristo, olhe para o Seu exemplo. Ele está sempre testemunhando: no poço de Samaria, no Templo de Jerusalém, no mar da Galileia ou no topo da montanha. Ele testemunha noite e dia; Suas orações poderosas falavam de Deus tanto quanto Suas obras diárias. Ele testemunhava sob todas as circunstâncias; escribas e fariseus não podiam silenciá-lo; mesmo diante de Pilatos Ele testemunhou. Ele testemunhava tão clara e distintamente que não havia erro nele. Cristão, faça da sua vida um testemunho claro. Seja como um ribeiro cujas pedras do fundo podem ser vistas — não como um córrego barrento do qual se vê apenas a superfície — seja claro e transparente, para que o amor que seu coração tem por Deus e pelo homem seja visível a todos. Você não precisa dizer: "Sou verdadeiro." Simplesmente seja verdadeiro. Não se vanglorie de sua integridade, mas seja correto. Dessa forma, seu testemunho será tal que não haverá como os homens não o perceberem. Nunca detenha seu testemunho por medo de homens fracos. Seus lábios foram aquecidos com uma brasa do altar; deixe-os falar como lábios que foram tocados pelo céu falariam. "Semeia pela manhã a tua semente e à tarde não repouses a mão." Não observe as nuvens, não consulte o vento — no tempo certo e fora do tempo testemunhe em nome do Salvador, e se acontecer de por Cristo e pelo evangelho você sofrer de qualquer forma, não recue, mas alegre-se na honra que é conferida àquele que é considerado digno de sofrer com o seu Senhor. Alegre-se também nisto — que os seus sofrimentos, suas perdas e perseguições formarão uma plataforma da qual você testemunhará de Cristo mais vigorosamente e com grande poder. Estude seu grande Modelo e seja cheio do Seu Espírito. Lembre-se de que você precisa de muito ensino, muito apoio, muita graça e muita humildade, se quiser que seu testemunho seja para a glória do Mestre.

C. H. Spurgeon

"...como recebestes Cristo Jesus, o Senhor..."
COLOSSENSES 2:6

A vida de fé é representada pelo *receber — um ato que significa o oposto de qualquer coisa que se assemelhe ao mérito*. É simplesmente a aceitação de uma dádiva. Como o solo bebe da chuva, como o mar recebe as correntes, como a noite aceita a luz das estrelas, também nós, nada tendo a oferecer, compartilhamos da graça de Deus. Os santos não são, por natureza, poços ou correntes, não passam de cisternas em que as águas vivas fluem; são vasos vazios em que Deus derrama Sua salvação. A ideia de receber sugere um *senso de compreensão*, tornando a questão uma *realidade*. Não se pode receber uma sombra; recebemos aquilo que é substancial e assim o é na vida de fé; Cristo se torna real para nós. Enquanto não temos fé, Jesus é um mero nome para nós — uma pessoa que viveu há muito tempo, há tanto tempo que Sua vida é apenas uma história para nós agora! Por um ato de fé Jesus se torna uma pessoa real na percepção de nosso coração. Mas receber também significa *alcançar ou ter posse de algo*. Aquilo que eu recebo se torna meu, eu me aproprio daquilo que me é dado. Quando recebo Jesus, Ele se torna meu Salvador, minha posse tão legítima que nem vida nem morte me privarão dele. Tudo isto significa receber Cristo — tomá-lo como dádiva de Deus; torná-lo real em meu coração e apropriar-me dele como meu.

A salvação pode ser descrita como um cego que recebe a visão, o surdo que recebe a audição, o morto que recebe a vida; mas nós não apenas recebemos essas bênçãos, recebemos o próprio Cristo Jesus. É verdade que Ele nos ressuscitou dos mortos. Ele nos deu perdão do pecado, Ele nos atribuiu retidão. Todas essas coisas são preciosas, mas não nos contentamos com elas; pois recebemos *o próprio Cristo*. O Filho de Deus foi derramado sobre nós e nós o recebemos e nos apropriamos dele. Quão sincero e repleto de amor Jesus é! Nem o céu consegue contê-lo.

C. H. Spurgeon

"...o Mestre pergunta: Onde é o meu aposento no qual hei de comer a Páscoa com os meus discípulos?" MARCOS 14:14

Jerusalém na época da Páscoa se transformava numa grande hospedaria; cada morador convidava seus amigos, mas ninguém convidou o Salvador e Ele não tinha onde hospedar-se. Foi por Seu poder sobrenatural que encontrou para si um quarto superior onde pudesse observar a festa. E assim o é até o dia de hoje — Jesus não é recebido entre os filhos dos homens, salvo os casos em que, por Seu poder sobrenatural e Sua graça, Ele lhes dê um coração novo. Todas as portas se abrem para o príncipe das trevas, mas Jesus precisa sempre abrir caminho para si ou hospedar-se nas ruas. Foi por meio do poder manifesto por nosso Senhor que o morador não fez pergunta alguma, mas imediatamente, com alegria e júbilo, abriu seu quarto de hóspede. Quem ele era e o que fazia, não sabemos, mas ele prontamente aceitou a honra que o Redentor propôs lhe conferir. Da mesma forma, pode-se descobrir aqueles que são os escolhidos do Senhor e aqueles que não são; pois alguns lutam contra o evangelho quando ele chega até eles e não o aceitam, mas quando os homens o recebem sem restrições é uma indicação certa de que há uma obra secreta acontecendo em sua alma e de que Deus os escolheu para a vida eterna. Caro leitor, você está disposto a receber Cristo? Então, não há dificuldade no caminho; Jesus será seu convidado, Seu poder está trabalhando em você, para que se disponha a Ele. Que honra receber o Filho de Deus! O céu dos céus não pode contê-lo e, ainda assim, Ele aceita fazer morada em nosso coração! Não somos dignos de tê-lo morando sob nosso teto, mas que privilégio inexprimível quando Ele aceita entrar! Pois Ele faz um banquete e nos faz comer com Ele iguarias reais, nos sentamos à mesa de um banquete cujos alimentos são imortais e concedem imortalidade àqueles que deles se alimentam. Bendito, entre os filhos de Adão, é aquele que recebe o Anjo do Senhor.

C. H. Spurgeon

"*...assim andai nele.*"
COLOSSENSES 2:6

Se tivermos recebido o próprio Cristo no íntimo de nosso coração, nossa nova vida manifestará o conhecimento íntimo dele por meio de uma *caminhada de fé*. Caminhar sugere *ação*. Nossa crença não deve ser confinada em nossos quartos; devemos transportar resultados práticos àquilo que cremos. Se um homem caminha em Cristo, então ele age como Cristo agiria; pois o fato de Cristo viver nele, ser sua esperança, amor, alegria e vida o torna um reflexo da imagem de Jesus; e os homens afirmam sobre esse homem: "Ele é como seu Mestre, ele vive como Jesus Cristo." Caminhar significa *progresso*. "Assim andai nele"; vá de graça em graça, corra adiante até alcançar o grau mais elevado de conhecimento que um homem pode obter em relação a nosso Amado. Caminhar significa *continuação*. Deve haver um habitar perpétuo em Cristo. Quantos cristãos pensam que nas manhãs e noites devem ir à presença de Jesus e, então, entregar seu coração ao mundo no restante do dia. Esta é uma vida medíocre. Nós deveríamos estar sempre com Ele, caminhando em Seus passos e fazendo Sua vontade. Caminhar também sugere *hábito*. Quando falamos da caminhada e dos relacionamentos de um homem, estamos falando de seus hábitos, o tom constante de sua vida. Porém, se algumas vezes desfrutamos de Cristo, e então, nos esquecemos dele; se algumas vezes o chamamos de nosso e logo mais alteramos nosso julgamento, isso não é um hábito, não estamos caminhando nele. Precisamos nos manter nele, apegarmo-nos a Ele, nunca abandoná-lo, mas também vivê-lo, e tê-lo como essência de nosso ser. "Como recebestes Cristo Jesus, o Senhor, assim andai nele"; persevere no mesmo caminho em que começou, e, como no início Cristo Jesus foi a confiança de sua fé, a fonte de sua vida, o princípio de sua ação e a alegria de seu espírito, deixe que assim permaneça até o fim de sua existência. Que Ele seja o mesmo quando você caminhar pelo vale da sombra da morte, e entre na alegria e no descanso que estão reservados para o povo de Deus. "Ó Espírito Santo, capacita-nos a obedecer este preceito celestial."

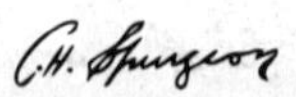

"...este habitará nas alturas; as fortalezas das rochas serão o seu alto refúgio, o seu pão lhe será dado, as suas águas serão certas."

ISAÍAS 33:16

Você tem dúvida, ó cristão, se Deus vai ou não cumprir Sua promessa? A fortaleza será carregada pela tempestade? Os armazéns do céu ficarão vazios? Você pensa que seu Pai celestial, ainda que saiba de sua necessidade de alimento e vestuário, o esquecerá? Se nenhum pardal cai ao chão sem que o seu Pai o saiba e os cabelos de sua cabeça são todos contados, você ainda suspeitará, duvidará dele? Talvez sua angústia continue até que ouse confiar em seu Deus e, então, ela acabará. Muitos são os que foram provados e atormentados pela dor, até que, finalmente, foram levados, em total desespero, a exercitar a fé em Deus; e o momento em que exerceram sua fé foi o instante em que receberam o livramento. Neste momento veem se Deus pode ou não manter sua promessa. Ó, oro para que você não mais duvide dele! Não agrade a Satanás e não se atormente cedendo a nenhum pensamento severo sobre Deus. Não pense que duvidar de Jeová possa ser algo trivial. Lembre-se de que isso é *pecado*; e não é um pecado insignificante, mas criminoso no grau mais elevado. Os anjos nunca duvidaram dele, nem os demônios: somente nós, dentre todos os seres que Deus criou; nós o desonramos com a incredulidade e manchamos Sua honra com a suspeita. Que vergonha! Nosso Deus não merece que duvidemos dele de forma tão fundamental; em nossa antiga vida obtivemos prova de que Ele é verdadeiro e fiel à Sua palavra e com tantos exemplos de Seu amor e Sua bondade já recebidos e que recebemos diariamente de Suas mãos, é crucial e indesculpável que soframos com dúvidas permanentes em nosso coração. Travemos, daqui em diante, constante guerra contra dúvidas que tenhamos sobre nosso Deus — são inimigas de nossa paz e de Sua honra. E com a fé que não vacila, creiamos que o que Ele prometeu Ele fará. "Senhor eu creio! Ajuda-me na minha falta de fé!"

C.H. Spurgeon

"O Deus eterno é a tua habitação..."
DEUTERONÔMIO 33:27

A palavra habitação pode ser traduzida por "mansão" ou "lugar de morada", o que dá a ideia de que *Deus é nossa morada, nosso lar*. Há uma plenitude e uma doçura na metáfora, pois nosso lar é muito estimado por nosso coração, ainda que seja uma cabana mais simples, ou um sótão mais apertado. E mais estimado ainda é o nosso Deus, em quem vivemos, nos movemos e existimos. É em casa que nos *sentimos seguros*, deixamos o mundo para fora e permanecemos em calma segurança. Então, quando estamos com o nosso Deus não "tememos mal algum". Ele é nossa proteção e nosso abrigo, nosso refúgio permanente. Em casa, *temos nosso descanso*; é ali que encontramos repouso após a fadiga e o trabalho pesado do dia. E, da mesma forma, nosso coração encontra descanso em Deus, quando, cansados devido aos conflitos da vida, nos voltamos para Ele e nossa alma descansa aliviada. Em casa, nós também *deixamos nosso coração livre*; não temos medo de ser mal-compreendidos nem de que nossas palavras sejam mal-interpretadas. Então quando estamos com Deus podemos ter comunhão livre com Ele, deixando em aberto todos os nossos desejos escondidos pois, se "a intimidade do Senhor é para os que o temem", os segredos daqueles que o temem precisam estar, devem estar com o seu Senhor. A casa também é o lugar de nossa *felicidade mais verdadeira e pura*, e é em Deus que nosso coração encontra seu deleite mais profundo. A alegria que temos nele excede grandemente a qualquer outra alegria. *É também para nossa casa que trabalhamos*. Essa ideia nos dá força para suportar os fardos diários e aviva as mãos para executarem a tarefa; e neste sentido podemos também dizer que Deus é nosso lar. O amor a Ele nos fortalece. Pensamos nele, na pessoa de Seu amado Filho e um vislumbre da face sofredora do Redentor nos constrange a trabalhar em Sua causa. Sentimos que precisamos trabalhar, pois ainda temos irmãos a serem salvos e temos o coração do nosso Pai ao qual desejamos alegrar, trazendo para casa Seus filhos afastados; desejamos encher de santa alegria a consagrada família na qual habitamos. Felizes são aqueles que têm o Deus de Jacó como refúgio!

C.H. Spurgeon

"Basta ao discípulo ser como o seu mestre..."
MATEUS 10:25

Ninguém contestará esta afirmação, pois seria inconveniente que o servo fosse exaltado acima de Seu Mestre. Quando nosso Senhor estava na Terra, qual foi o tratamento que recebeu? Suas alegações foram reconhecidas, Suas instruções seguidas, Suas perfeições adoradas por aqueles a quem Ele veio abençoar? Não! "Era desprezado e o mais rejeitado entre os homens." Sua morada era fora do acampamento, carregar a cruz era sua ocupação. O mundo concedeu-lhe conforto e repouso? "As raposas têm seus covis, e as aves do céu, ninhos; mas o Filho do Homem não tem onde reclinar a cabeça." Este território inóspito não lhe propiciou abrigo; o expulsou e o crucificou. Se você é seguidor de Jesus e mantém uma caminhada e relacionamento consistente e semelhante ao de Cristo, você deve esperar que a parte de sua vida espiritual que se manifesta exteriormente, fique sob a observação dos homens. Eles o tratarão como trataram o Salvador: com desprezo. Não sonhe que pessoas mundanas o admirarão ou que, quanto mais santo e semelhante a Cristo você for, mais pacificamente será tratado pelas pessoas. Elas não valorizaram o diamante polido, como, então, valorizarão a pedra preciosa ainda bruta? "Se chamaram Belzebu ao dono da casa, quanto mais aos seus domésticos?" Se fôssemos mais como Cristo, deveríamos ser mais odiados por Seus inimigos. Seria uma triste desonra para um filho de Deus ser querido pelo mundo. É um sinal muito ruim ouvir o mundo perverso aplaudir e exclamar: "Bom trabalho" ao homem cristão. E, se isso acontecer, o cristão deve começar a analisar seu caráter e a se perguntar se não está agindo incorretamente, considerando que os injustos o estão aprovando. Sejamos fiéis a nosso Mestre e não tenhamos amizades com um mundo cego e vil que o rejeita. Longe de nós buscar uma coroa de honra onde nosso Senhor encontrou uma coroa de espinhos.

C.H. Spurgeon

"...por baixo de ti, estende os braços eternos..."
DEUTERONÔMIO 33:27

O Deus eterno é nosso auxílio em todos os momentos, especialmente quando estamos afundando em sofrimento. Há momentos em que o cristão *afunda-se profundamente em humilhação*. Sob um intenso senso de sua grande pecaminosidade, Ele se sente humilhado diante de Deus até que mal consiga orar, pois aos seus próprios olhos é completamente imprestável. Filho de Deus, lembre-se de que quando sua condição é a pior e a mais vil, ainda assim, "por baixo de ti" estão os "braços eternos". O pecado pode arrastar você para o poço mais fundo, mas a grande expiação de Cristo ainda está sustentando todas as coisas. Você pode ter ido às profundezas, mas não pode ter ido tão fundo ao ponto de chegar "ao canto mais remoto"; e Ele salva o mais longínquo. O cristão algumas vezes afunda-se muito profundamente em *dolorosa aflição exterior*. Todo auxílio terreno desaparece. O que fazer então? Ainda assim debaixo dele estão os "braços eternos". Ele não pode cair tão profundamente em angústia e aflição ao ponto que a graça da aliança, de um Deus sempre fiel, não o envolva. O cristão pode estar afundando em *angústias interiores por causa* de um conflito acirrado, mas até mesmo neste momento não pode ir tão fundo a ponto de estar além do alcance dos "braços eternos" — e enquanto sustentado por estes braços todos os esforços de Satanás para atingi-lo de nada valerão.

Essa certeza de amparo é um consolo para qualquer *trabalhador cansado*, mas zeloso no serviço de Deus. Sugere uma promessa de força para todos os dias, graça para todas as necessidades e poder para cada obrigação. E, além disso, *quando a morte vier*, a promessa ainda permanecerá válida. Quando estivermos no meio do Jordão, poderemos dizer como Davi: "Não temerei mal nenhum, porque tu estás comigo." Desceremos à sepultura, mas não mais baixo do que isso, pois os braços eternos prevenirão nossa queda. Por toda a vida, e ao encerrar-se, seremos sustentados pelos "braços eternos" — braços que não esmorecem nem perdem sua força, pois "o eterno Deus, o SENHOR, nem se cansa, nem se fatiga".

C. H. Spurgeon

"Escolheu-nos a nossa herança..."
SALMO 47:4

Cristão, se a sua herança for pequena, fique satisfeito com sua porção terrena; pois tenha certeza de que é o que cabe a *você*. A sabedoria infalível lhe determinou um destino e selecionou para você a melhor e a mais segura condição. Um navio de alta tonelagem deve subir o rio, porém, se em uma parte da corrente há um banco de areia; alguém poderia perguntar: "Por que o capitão guia pela parte funda do leito e desvia tanto da linha reta?" Sua resposta seria: "Porque minha embarcação não chegaria ao porto se eu não a mantivesse na região profunda do leito." Assim será com você. Você encalharia e sofreria naufrágio se o seu Capitão divino não o guiasse às profundezas da aflição, onde ondas de dificuldade seguem umas às outras em rápida sucessão. Algumas plantas morrerão se forem muito expostas à luz solar. Pode ser que você esteja plantado onde não receba muita luz solar, mas foi colocado neste lugar pelo amoroso Noivo, porque somente nesta situação você dará o fruto até a perfeição. Lembre-se disto: se qualquer outra circunstância fosse melhor do que esta em que você está, o amor divino o teria colocado ali. Você é colocado por Deus nas circunstâncias mais adequadas e se pudesse escolher sua sorte, rapidamente clamaria: "Senhor, escolhe minha herança para mim, pois por minha vontade sou trespassado por muitas tristezas." Contente-se com o que você tem, considerando que o Senhor determinou todas as coisas para o seu bem. Tome sua cruz diária; é o fardo mais adequado para o seu ombro e provará ser o mais efetivo para aperfeiçoá-lo em toda boa palavra e obra para a glória de Deus. Humilhe-se meu eu tão ocupado, e minha impaciência orgulhosa! Vocês não têm poder de decisão, mas sim o Senhor de Amor!

Lutas podem vir e virão —
Mas ver com fé humilde
O amor gravado em todas elas;
Isto para mim é felicidade.

C.H. Spurgeon

"...o valor da vossa fé..."
1 PEDRO 1:7

A fé que não foi provada pode ser fé verdadeira, mas é certamente uma fé pequena e pode permanecer diminuta por tanto tempo que já não é mais testada. A fé nunca prospera tão bem como quando todas as coisas estão contra ela: tempestades são suas treinadoras e relâmpagos sua iluminação. Quando a calmaria reina no mar, ainda que você estenda as velas, o navio não se moverá para seu porto; pois em um oceano inativo o barco dorme também. Mas deixe os ventos soprarem uivando e as ondas se erguerem e, então, ainda que a embarcação se agite, que seu deque seja lavado pelas ondas e seu mastro ranja sob a pressão da navegação forte e túrgida, será neste momento que ela seguirá em direção a seu desejado ancoradouro. Nenhuma flora se veste de um azul tão encantador quanto aquelas que crescem aos pés das geleiras; nenhuma estrela cintila tão nitidamente como aquelas que resplandecem no céu polar; nenhuma água tem sabor tão doce como a que emerge na areia do deserto, e nenhuma fé é tão preciosa como aquela que vive e triunfa na adversidade. A fé provada traz experiência. Você nunca teria acreditado na própria fraqueza se não fosse compelido a passar pelos rios e jamais conheceria a força de Deus se não fosse sustentado nas águas da enchente. A fé aumenta em solidez, confiança e intensidade à medida que é mais exercitada na tribulação. A fé é preciosa e o fato de ser testada também o é.

Entretanto, que isso não desencoraje aqueles que são novos na fé. Você terá lutas suficientes sem precisar buscá-las. A porção plena será calculada para você no momento certo. Enquanto isso, se você ainda não pode requerer o resultado de longa experiência, agradeça a Deus pela graça que tem; louve-o pelo grau de confiança santa que você obteve, caminhe conforme essa regra e terá mais e mais da bênção de Deus, até que sua fé remova montanhas e subjugue impossibilidades.

C.H. Spurgeon

"Naqueles dias, retirou-se para o monte, a fim de orar, e passou a noite orando a Deus." LUCAS 6:12

Se houve algum nascido de mulher capaz de viver sem a oração, foi nosso Senhor imaculado e perfeito; e, ainda assim, não houve ninguém que se manteve tanto em súplica como Ele! Tal era o Seu amor por Seu Pai que desejava estar em comunhão com Ele; tal era Seu amor por Seu povo que desejava interceder continuamente por todos. A razão desta sublime devoção de Jesus é uma lição para nós — Ele nos deu um exemplo que podemos seguir em Seus passos. *O momento* que Ele escolheu foi admirável, era a hora do silêncio, quando a multidão não o incomodava; o momento de inércia, quando todos, menos Ele, haviam parado de trabalhar; a hora em que o sono fazia os homens se esquecerem de seus infortúnios e cessarem de vir a Ele para receber consolo. Enquanto outros encontravam descanso no sono, Ele se revigorava com oração. *O lugar* também foi bem selecionado. Ele estava sozinho onde ninguém poderia interromper, onde ninguém poderia observar e, portanto, estava livre do aparato farisaico e de interrupções vulgares. Aquelas colinas escuras e silenciosas eram o oratório perfeito para o Filho de Deus. O céu e a Terra na quietude da meia-noite ouviam os gemidos e suspiros do misterioso Ser em que ambos os mundos se harmonizavam. *A continuidade* de Sua súplica é notável; as longas vigílias não eram longas demais; o vento frio não esfriava Suas orações; a escuridão austera não obscurecia Sua fé, nem a solidão refreava sua insistência. Não conseguimos vigiar com Ele por uma hora, mas Ele vigiou por nós noites inteiras. *A ocasião* de Sua oração é insigne; foi depois de Seus inimigos se enfurecerem — a oração era Seu refúgio e consolo; foi antes de enviar os doze apóstolos — a oração era o portão de Sua iniciativa, o arauto de Sua nova obra. Não deveríamos aprender com Jesus a recorrer à oração especial quando estamos sob provação peculiar ou contemplar esforços novos para a glória do Mestre? "Senhor Jesus, ensina-nos a orar."

"...não pode o ramo produzir fruto de si mesmo..."

JOÃO 15:4

Como você começou a dar fruto? Foi quando veio a Jesus e se lançou em Sua grande expiação e descansou em Sua justiça consumada. Ah! Que fruto você tinha então! Você se lembra desses dias passados? Naquela época, de fato, a videira floria, a macia uva aparecia, as romãs germinavam e as colinas de ervas aromáticas espalhavam seu aroma. Você decaiu desde então? Se sim, exortamos você a lembrar-se dessa época de amor, e a arrepender-se e se voltar às suas primeiras obras. *Invista mais tempo nas obrigações que comprovadamente o atraem para mais perto de Cristo*, porque é dele que todo fruto procede. Qualquer prática santa que levá-lo a Ele o ajudará a dar fruto. O sol é, sem dúvida, um grande colaborador para se gerar frutos entre as árvores do pomar, e Jesus o é ainda mais entre as árvores de Seu jardim de graça. Quando você foi mais infrutífero? Não foi na época em que esteve longe do Senhor Jesus Cristo, quando afrouxou na oração, quando abandonou a simplicidade de sua fé, quando suas virtudes tomaram sua atenção no lugar do seu Senhor, quando você afirmava: "Jamais serei abalado" e se esqueceu do lugar onde sua força reside — não foi *então* que o seu fruto cessou? Alguns de nós fomos ensinados, por terríveis abatimentos de alma diante do Senhor, que nada temos fora de Cristo e, ao vermos a total secura do poder de toda criatura, clamamos angustiados: "Ele é a fonte dos meus frutos, pois nenhum fruto pode jamais vir de mim." Somos ensinados, pela experiência passada, que quanto mais dependermos da graça de Deus em Cristo e, com simplicidade, esperarmos no Espírito Santo, mais fruto daremos para Deus. Ó, como é bom confiar a Jesus nossos frutos e nossa vida!

C.H. Spurgeon

"...o dever de orar sempre..."
LUCAS 18:1

Se os *homens* devem sempre orar e não desfalecer, que dirá os homens cristãos? Jesus enviou Sua Igreja ao mundo com a mesma incumbência que Ele tinha quando veio ao mundo e esta missão inclui a intercessão. E seu eu disser que a Igreja é o sacerdote do mundo? A criação é muda, mas a Igreja deve encontrar uma voz para a criação. É o elevado privilégio da Igreja orar com aceitação. A porta da graça está sempre aberta para suas petições e elas nunca retornam de mãos vazias. O véu foi rasgado e o sangue foi aspergido no altar *em favor da Igreja*. Deus a convida constantemente para perguntar o que ela deseja. Ela recusaria o privilégio que pode causar inveja aos anjos? Ela não é a noiva de Cristo? Não poderá ir até seu Rei a cada hora? Permitirá que o precioso privilégio não seja utilizado? A Igreja sempre precisa de oração. Há sempre alguns em seu meio que estão em declínio ou caindo em pecado abertamente. Há inocentes que precisam de oração, para que sejam carregados nos braços de Cristo — os fortes para que não se tornem presunçosos; e os fracos a fim de que não caiam em desespero. Se mantivéssemos reuniões de oração 24 horas ao dia, todos os dias do ano, provavelmente nunca deixaríamos de ter um assunto especial como alvo de nossa súplica. Há algum momento em que deixam de existir doentes ou pobres, aflitos ou aqueles que hesitam? Há algum momento em que deixam de existir aqueles que buscam a conversão de familiares, o retorno de apóstatas ou a salvação dos corrompidos? Não! Com congregações se reunindo constantemente, ministros sempre pregando, milhões de pecadores caindo, mortos em transgressões e pecados; em um país em que a escuridão da falsa religiosidade está certamente crescente; em um mundo repleto de ídolos, crueldades, ações diabólicas, se a igreja não orar, como desculpará sua vil negligência com a comissão de seu amoroso Senhor? Que a Igreja esteja constante em súplica, que cada cristão lance sua pequena porção de oração ao tesouro.

C.H. Spurgeon

"...exterminarei deste lugar... os que sobre os eirados adoram o exército do céu e os que adoram ao SENHOR *e juram por ele e também por Milcom."* SOFONIAS 1:4,5

Tais pessoas acreditavam estar seguras porque aderiram a ambos os lados; eles acompanhavam os seguidores de Jeová e, ao mesmo tempo, curvavam-se a Milcom. Mas a duplicidade é abominável a Deus e Sua alma odeia a hipocrisia. O idólatra que distintamente se entrega a seu falso deus, tem um pecado a menos do que aquele que leva seu sacrifício poluído e detestável ao templo do Senhor, enquanto seu coração está com o mundo e os pecados que a ele pertencem. Colocar os pés em duas canoas é uma política covarde. Nas questões comuns da vida diária, um homem irresoluto é desprezado, mas com respeito à fé, ele se torna repugnante ao grau máximo. A punição pronunciada no versículo diante de nós é terrível, mas é também merecida; pois como a justiça divina pouparia o pecador que conhece a equidade, a aprova, professa segui-la e, ao mesmo tempo, ama o mal e lhe entrega o domínio de seu coração?

Minh'alma, sonde-se nesta manhã e veja se é ou não culpada de hipocrisia. Você professa ser seguidor de Jesus — você realmente o ama? Seu coração está reto diante de Deus? Você faz parte da família do "Honesto" [N.E.: Referente ao livro *A Peregrina* de John Bunyan (Ed. Mundo Cristão, 2006)] ou é parente do "Sr. Interesse-Próprio"? [N.E.: Referente ao livro *O Peregrino* de John Bunyan (Publicações Pão Diário, 2014)]. Zelar por seu nome tem pouco valor se você estiver, de fato, morto em transgressões e pecados. Estar com um pé na terra da verdade e outro no mar da falsidade, acarretará terrível queda e total ruína. Cristo deve ser tudo ou nada. Deus enche todo o universo e, consequentemente, não há espaço para outro deus. Se, então, Ele reina em meu coração, não haverá espaço para outro poder predominante. Descanso somente no Jesus crucificado e vivo somente por Ele? Este é o meu desejo? Meu coração está decidido a agir assim? Se sim, bendita seja a poderosa graça que me guiou à salvação; e caso não esteja, "ó Senhor, perdoa minha triste ofensa e fortalece meu coração para temer o Teu nome."

C.H. Spurgeon

"Respondeu Labão: Não se faz assim em nossa terra, dar-se a mais nova antes da primogênita." GÊNESIS 29:26

Não podemos justificar a desonestidade de Labão, mas podemos aprender algo com o costume que ele citou como sendo sua desculpa. Há algumas coisas que devem ser tomadas na ordem correta e se desejamos ganhar a segunda, devemos antes assegurar a primeira. A segunda pode ser mais agradável aos nossos olhos, mas a regra da pátria celestial deve permanecer e a mais velha deve casar-se primeiro. Por exemplo: muitos homens desejam a bela e favorecida Raquel da alegria e da paz que vêm da fé, mas devem primeiro casar-se com a Lia do arrependimento e de olhos sem brilho. Todos se apaixonam pela felicidade e muitos serviriam quatorze anos para dela desfrutar, mas conforme a regra do reino do Senhor, a Lia da santidade real deve ser amada de nossa alma antes que a Raquel da felicidade verdadeira seja alcançada. O céu não está em primeiro lugar, mas em segundo, e apenas perseverando até o fim podemos receber uma porção dele. A cruz deve ser carregada antes que se possa usar a coroa. Precisamos seguir nosso Senhor em Sua humilhação ou nunca descansaremos com Ele em glória.

Minh'alma, diga-me: você é tão presunçosa a ponto de esperar conseguir infringir a regra celestial? Você espera por recompensa sem trabalho ou honra sem labuta? Dispense a expectativa indolente e contente-se em receber o que é desagradável por causa do doce amor de Jesus, que a recompensará por tudo. Com tal espírito, labutar e sofrer, você perceberá que o que é amargo se tornará doce e as coisas difíceis ficarão fáceis. Como Jacó, seus anos de serviço serão para você como alguns dias, devido ao amor que você tem por Jesus; e quando a preciosa hora do banquete de casamento chegar, todo esse trabalho pesado parecerá nunca ter existido — uma hora com Jesus compensará eras de dor e labuta.

Jesus, para ganhar-te honestamente
Tua cruz com alegria carregarei:
Assim como as regras do céu ordenam,
Para a segunda receber, à primeira me unirei.

C.H. Spurgeon

"Porque a porção do SENHOR é o seu povo..."
DEUTERONÔMIO 32:9

De que forma o povo do Senhor é Sua porção? Por Sua própria *escolha* soberana. Ele os escolheu e colocou Seu amor sobre eles. E isto Ele fez inteiramente à parte de qualquer bondade que tivesse visto em Seu povo. Ele teve misericórdia de quem quis ter misericórdia e determinou um grupo escolhido para a vida eterna; portanto, eles são Sua posse por Sua eleição sem restrições.

Eles não são apenas dele por escolha, mas também porque foram *comprados*. Ele os comprou e pagou por eles até o último centavo, logo não pode haver contestação ao Seu direito de propriedade. A porção do Senhor foi plenamente redimida não com coisas corruptíveis como prata e ouro, mas com o precioso sangue do Senhor Jesus. Não há hipoteca de Sua propriedade; nenhum processo pode ser aberto por outros requerentes, o preço foi pago em corte aberta e a Igreja é propriedade livre e hereditária do Senhor para sempre. Veja a marca do sangue em todos os escolhidos, invisível aos olhos humanos, mas conhecida por Cristo, pois "o Senhor conhece os que lhe pertencem"; Ele não esquece nenhum daqueles que redimiu dentre os homens; Ele conta as ovelhas por quem entregou Sua vida e lembra-se bem da Igreja pela qual entregou-se a si mesmo.

Também pertencem a Ele por *conquista*. Que batalha Ele enfrentou em nós antes que fôssemos adquiridos! Por quanto tempo Ele sitiou nosso coração! Com que frequência nos enviou termos de capitulação! Mas nós obstruímos nossos portões e fortificamos nossos muros contra Ele. Não nos lembramos daquela gloriosa hora em que Ele carregou nosso coração durante a tempestade? Quando Ele colocou Sua cruz contra a parede e escalou nossa trincheira, colocando em nossas fortalezas a bandeira vermelho-sangue de Sua misericórdia onipotente? Sim, somos, de fato, os cativos conquistados por Seu amor onipotente. Portanto, escolhidos, comprados e conquistados, os direitos de nosso proprietário divino são inalienáveis: alegramo-nos por nunca podermos pertencer a nós mesmos; e desejamos, dia a dia, fazer *Sua* vontade e demonstrar Sua glória.

C.H. Spurgeon

"Reúne, ó Deus, a tua força, força divina que usaste a nosso favor."
SALMO 68:28

É sábio, bem como necessário, implorar a Deus continuamente que Ele fortaleça aquilo que formou em nós. É devido à negligência que muitos cristãos podem culpar-se por aquelas provas e aflições de espírito que surgem da incredulidade. É verdade que Satanás procura inundar o belo jardim do coração e torná-lo um local desolado, mas também é verdade que muitas vezes os próprios cristãos mantêm as comportas abertas e deixam entrar o terrível dilúvio por meio do descuido e da escassez de oração a Seu forte Ajudador. Nós geralmente esquecemos que o Autor de nossa fé deve ser também aquele que a preserva. Nunca houve permissão para que a lamparina que queimava no templo fosse apagada, mas ela precisava ser reabastecida diariamente com óleo fresco. Da mesma forma, nossa fé só pode viver sendo sustentada pelo óleo da graça e nós só podemos obter isso do próprio Deus. Provaremos ser virgens tolas se não obtivermos o sustento necessário para nossa lamparina. Aquele que construiu o mundo o sustenta, caso contrário o mundo sofreria um espantoso impacto; Ele que nos fez cristãos deve nos manter por Seu Espírito ou nossa ruína será veloz e fatal. Que possamos, então, noite após noite, ir ao nosso Senhor pedindo a graça e a força de que precisamos. Temos um forte argumento a pleitear, pois pedimos a Ele que fortaleça *Sua própria obra de graça — "a força divina que usaste a nosso favor"*. Você acha que Ele falhará em proteger e sustentar isso? Apenas deixe sua fé apreender Sua força e todos os poderes das trevas coordenados por ordem do demônio-chefe do inferno, não poderão lançar nuvem ou sombra sobre sua alegria e paz. Por que desfalecer quando você pode ser forte? Por que sofrer derrota quando pode conquistar? Ó, leve sua fé vacilante e seus dons enfraquecidos a Ele que pode reavivá-los e reabastecê-los e ore fervorosamente: "Reúne, ó Deus, a tua força, força divina que usaste a nosso favor."

C.H. Spurgeon

"A minha porção é o Senhor, *diz a minha alma..."*
LAMENTAÇÕES 3:24

O versículo não diz: "A minha porção *parcial* é o Senhor", nem "O Senhor *faz parte* da minha porção"; mas Ele próprio é a soma total da herança da minha alma. Dentro do perímetro desse círculo está tudo o que possuímos ou desejamos. O *Senhor* é minha porção. Não meramente Sua graça, nem Seu amor, nem Sua aliança, mas o próprio Jeová. Ele nos escolheu para Sua porção e nós o escolhemos para a nossa. É verdade que o Senhor deve primeiro escolher nossa herança para nós ou nós nunca o faremos, mas se somos realmente chamados de acordo com o propósito do amor da predestinação, podemos cantar:

Sou amado do meu Deus e por Ele
Ardo com intenso amor;
Escolhido por Ele desde a eternidade,
Em retribuição o escolhi como meu Senhor.

O Senhor é nossa porção plenamente suficiente. Deus se basta a si mesmo e se Deus é plenamente suficiente para Si, deve sê-lo para nós. Não é fácil satisfazer os desejos do homem. Quando ele já sonha estar satisfeito, em pouco tempo acorda para a percepção de que há algo mais adiante e imediatamente a sanguessuga em seu coração clama: "Dê-me, dê-me." Mas tudo o que podemos desejar deve ser encontrado em nossa porção divina, para que perguntemos: "Quem mais tenho eu no céu? Não há outro em quem eu me compraza na terra." Podemos nos "agradar do Senhor" que nos faz beber do rio de Seus prazeres. Nossa fé abre suas asas e ascende como uma águia ao céu do amor divino, como se ali fosse sua habitação. "Caem-me as divisas em lugares amenos, é mui linda a minha herança." Regozijemo-nos sempre no Senhor; mostremos ao mundo que somos um povo feliz e abençoado e assim os persuadamos a exclamar: "Iremos convosco, porque temos ouvido que Deus está convosco."

"Os teus olhos verão o rei na sua formosura..."
ISAÍAS 33:17

Quanto mais você sabe sobre Cristo menos você ficará satisfeito com visões superficiais dele, e quanto mais profundamente você estuda Seus procedimentos na aliança eterna, Seus compromissos a seu favor como a Segurança eterna e a plenitude de Sua graça, que brilha em tudo o que exerce, mais verdadeiramente você verá o Rei em Sua beleza. Invista muito tempo em tais perspectivas. Anseie mais e mais ver Jesus. *A meditação e a contemplação* são geralmente baluartes de rubi e portas de carbúnculo pelos quais observamos o Redentor. A meditação coloca o telescópio nos olhos e nos capacita a ver Jesus de uma forma melhor do que o teríamos visto nos dias em que viveu neste mundo. Se meditássemos mais sobre o céu seríamos mais tomados pela pessoa, pela obra e pela beleza de nosso Senhor encarnado. Mais meditação e a beleza do Rei reluziria sobre nós com mais resplendor. Amado, é muito provável que tenhamos tal visão de nosso glorioso Rei, como nunca antes tivemos, *quando chegar o dia de nossa morte.* Muitos santos, ao morrer, olharam para o alto do meio das águas tempestuosas e viram Jesus caminhando sobre as ondas do mar e o ouviram dizer: "Sou eu. Não temais!" Ah, sim! Quando a casa começar a tremer e o barro se desmanchar veremos a Cristo pelas fendas e entre as vigas, a luz solar celestial entrará. Mas se queremos ver face a face "o Rei em sua formosura" *precisamos ir para o céu* para ter essa visão, ou o Rei deve vir até aqui pessoalmente. Ah, se Ele viesse nas asas do vento! Ele é nosso Noivo e Sua Igreja é viúva por Sua ausência; Ele é nosso Irmão amado e belo e nós ficamos solitários sem Ele. Véus espessos e nuvens colocam-se entre nossa alma e sua verdadeira vida: quando o dia irromperá e as sombras desaparecerão? Ah! Dia tão esperado, comece!

"...A ele, pois, a glória eternamente. Amém!"
ROMANOS 11:36

A *ele, pois a glória eternamente.* Isso deveria ser o *único* desejo do cristão. Todos os outros desejos devem ser subservientes e auxiliares a este. O cristão pode desejar prosperidade em seus negócios, mas só até o ponto em que o ajude a promover o "a ele, pois a glória eternamente." Ele pode desejar alcançar mais dons e graças, mas deveria apenas desejá-lo para que "a ele, pois a glória eternamente". Você não está agindo como deveria quando é movido por qualquer outro motivo que não o olhar fixo na glória do seu Senhor. Como cristão, você é e existe a partir de Deus e por Ele, então viva "para Deus". Não deixe que nada faça seu coração bater tão poderosamente como o amor por Ele. Deixe que esta ambição inflame sua alma; seja esta a fundação de toda empreitada em que você se colocar, e seja esse seu motivo sustentador sempre que seu zelo esfriar; faça de Deus o seu único alvo. Dependa disso, pois onde o eu começa, aí irrompe a tristeza; mas se Deus for meu deleite supremo e único alvo:

Para mim é semelhante que o amor determine
Minha vida ou morte — e que designe a mim alívio ou dor.

Deixe que seu desejo pela glória de Deus seja um desejo *crescente.* Você o bendisse em sua juventude, não se contente com tais louvores dados a Ele naquela época. Deus o prosperou nos negócios? Dê a Ele mais, como Ele tem dado mais a você. Deus tem-lhe dado experiências? Louve-o com fé mais forte do que você tinha no princípio. Seu conhecimento está crescendo? Então cante mais docemente. Você desfruta de momentos mais felizes do que antes? Foi restaurado da doença e sua tristeza transformou-se em paz e alegria? Então, dê a Ele mais música; coloque mais brasas e incenso no incensório do seu louvor. Conceda a Ele honra de modo prático em sua vida, colocando o "amém" nesta doxologia a seu grandioso e gracioso Senhor, por seu próprio serviço individual e santidade crescente.

C.H. Spurgeon

"...o que racha lenha expõe-se ao perigo."
ECLESIASTES 10:9

Opressores podem conseguir o que querem dos pobres e necessitados com a mesma facilidade com que partem lenha; mas deveriam pensar melhor, pois se trata de uma atividade perigosa, considerando que estilhaços de árvore podem matar lenhadores. Jesus é perseguido em todo santo que é prejudicado e Ele é poderoso para vingar Seus amados. O sucesso em oprimir o pobre e o necessitado é algo que nos deveria fazer tremer; se não houver perigo algum para perseguidores aqui, haverá grande perigo na vida futura.

Partir madeira é uma atividade comum do dia a dia, e, ainda assim, tem seus perigos; então, leitor, há perigos ligados ao seu chamado e à vida diária dos quais é melhor que você esteja ciente. Não nos referimos a perigos de enchentes ou terremotos, ou de doença e morte repentina, mas há perigos de ordem espiritual. Sua ocupação pode ser tão humilde quanto partir lenha e, mesmo assim, o demônio pode tentá-lo nisso. Você pode ser um trabalhador doméstico, ou em uma fazenda, ou um mecânico e pode ser altamente separado das tentações a vícios mais repulsivos e mesmo assim, algum pecado secreto pode causar dano a você. Aqueles que ficam em casa e não se misturam com o mundo severo, podem ainda estar em perigo exatamente por sua reclusão. Aquele que pensa estar seguro, engana-se, pois não há lugar seguro. O orgulho pode entrar no coração de um homem pobre; a avareza pode reinar no interior de uma cabana; a impureza pode aventurar-se na casa mais tranquila; e a ira, a inveja e a malícia podem insinuar-se na residência mais campestre. Mesmo ao pronunciar poucas palavras a um servo, podemos pecar; uma pequena compra em uma loja pode ser o primeiro elo em uma corrente de tentações; o simples olhar por uma janela pode ser o início do mal. "Ó Senhor, como estamos expostos! Como nos manteremos seguros? Guardar-nos a nós mesmos é obra difícil demais, apenas tu és capaz de nos preservar em um mundo de maldades. Estende Tuas asas sobre nós, e como pintinhos seremos cobertos por ti e saberemos que estamos seguros!"

C.H. Spurgeon

"...manancial recluso, fonte selada."
CÂNTICO DOS CÂNTICOS 4:12

Nesta metáfora, que faz referência à vida interior de um cristão, temos muito claramente a ideia do *secreto*. É um manancial *recluso*. Assim como havia mananciais no leste, sobre os quais um palácio era construído para que ninguém pudesse alcançá-lo, salvo aqueles que conhecessem a entrada secreta, o mesmo acontece com o coração de um cristão quando é renovado pela graça: há uma vida misteriosa em seu interior que nenhuma habilidade humana pode tocar. É um segredo que nenhum outro homem conhece; nem mesmo o próprio homem que, dono dessa vida, não consegue falar sobre ela com seu próximo. O texto inclui não apenas o secreto, mas também a *separação*. Não é um manancial comum do qual qualquer transeunte pode beber, é um manancial guardado e preservado de todos os outros; é uma fonte que leva uma marca específica — um selo real, para que todos percebam que não se trata de uma fonte comum, mas sim de uma fonte que pertence a alguém e é estabelecida por si só exclusivamente. Assim é a vida espiritual. Os escolhidos de Deus foram separados no decreto eterno; foram separados por Deus no dia da redenção e foram separados pelo fato de possuírem uma vida que outros não possuem. E é impossível para eles se sentirem à vontade com o mundo ou deleitarem-se em seus prazeres. Há também a ideia de *sacralidade*. O manancial recluso é preservado para o uso de alguém especial e assim é o coração do cristão. É um manancial guardado por Jesus. Todo cristão deveria sentir que tem o selo de Deus em si — e deveria ser capaz de dizer como Paulo: "Quanto ao mais, ninguém me moleste; porque eu trago no corpo as marcas de Jesus." Outra ideia salta à vista: *segurança*. Ó! Quão firme e segura é a vida interior do cristão! Se todos os poderes do mundo e do inferno se unissem contra ela, esse princípio imortal ainda permaneceria, pois Ele penhorou Sua vida para a sua preservação. E "quem é que vos há de maltratar" quando Deus é seu protetor?

C.H. Spurgeon

"...tu és desde a eternidade."
SALMO 93:2

Cristo é eterno. Dele podemos cantar com Davi: "O teu trono, ó Deus, é para todo o sempre." Alegre-se, cristão, em Jesus Cristo que é o mesmo ontem, hoje e eternamente. Jesus sempre *existiu*. O bebê nascido em Belém estava unido ao Verbo que era no princípio, por quem todas as coisas foram feitas. O título pelo qual Cristo se revelou a João, em Patmos, foi: "Aquele que é, que era e que há de vir." Se Ele não fosse o Deus da eternidade, não poderíamos amá-lo tão devotamente; não poderíamos sentir Sua participação no amor eterno, que é a fonte de todas as bênçãos da aliança; porém, considerando que Ele era desde toda a eternidade com o Pai, seguimos o curso do manancial de amor divino até chegarmos a Ele como chegamos ao Pai e ao bendito Espírito. Como nosso Senhor sempre *foi*, assim também Ele é para todo o sempre. Jesus não está morto, Ele vive "sempre para interceder" por nós. Recorra a Ele em todos os seus momentos de necessidade, pois Ele está esperando para abençoá-lo. Além disso, Jesus, nosso Senhor, sempre *será*. Se Deus guardar sua vida de modo que você chegue aos 70 anos, você perceberá que Sua fonte purificadora ainda estará aberta e Seu precioso sangue não terá perdido Seu poder; você descobrirá que o Sacerdote que encheu a fonte curadora com Seu próprio sangue, vive para purificá-lo de toda iniquidade. Quando restar apenas sua última batalha, você descobrirá que a mão de seu Capitão vencedor não se enfraqueceu — o Salvador vivo alegrará o santo moribundo. Quando você entrar no céu, o verá ali coberto com o orvalho de Sua juventude, e por toda a eternidade o Senhor Jesus permanecerá como perene manancial de alegria, de vida e glória para Seu povo. Você poderá retirar águas vivas deste poço sagrado! Jesus sempre foi, Ele sempre é, Ele sempre será. Ele é eterno em todos os Seus atributos, em todas as Suas funções, em toda a Sua força e em Sua disposição para abençoar, consolar, guardar e coroar Seu povo escolhido.

C.H. Spurgeon

"Evita discussões insensatas..."
TITO 3:9

Nossos dias são poucos e serão mais proveitosos se fizermos o bem e se não contendermos sobre questões que são, no máximo, secundárias. Os antigos escolásticos causaram prejuízos descomunais com suas incessantes discussões sobre assuntos sem importância prática; e nossas igrejas sofrem muito com conflitos mesquinhos relacionados a assuntos ambíguos e questões insignificantes. Após tudo que poderia ter sido dito, nenhum dos lados adquiriu mais sabedoria e, portanto, a discussão já não promove conhecimento e amor; e é tolice semear em um campo tão infecundo. Questões sobre pontos que nas Escrituras permanecem silenciosos, sobre mistérios que pertencem somente a Deus, sobre profecias de interpretação duvidosa e sobre meros modos de guardar cerimoniais humanos são todas tolas e homens sábios as evitam. Nossa tarefa não é fazer perguntas tolas e nem respondê-las, mas evitá-las por completo. E se observarmos o preceito do apóstolo (Tito 3:8) para sermos solícitos na prática de obras, ocuparemo-nos muito mais com assuntos proveitosos de modo que não haverá como interessar-se profundamente por contendas imprópias, controversas e desnecessárias.

Há, no entanto, algumas questões que são o contrário da insensatez, as quais não devemos evitar, mas com elas lidar imparcial e honestamente. Questões como estas: Eu creio no Senhor Jesus Cristo? O espírito de minha mente é renovado? Estou caminhando na carne ou no Espírito? Estou crescendo em graça? Minhas conversas adornam a doutrina de Deus, meu Salvador? Estou aguardando a vinda do Senhor e vigiando como um servo que espera seu mestre? O que mais posso fazer por Jesus? Perguntas como estas exigem urgentemente nossa atenção e se de algum modo nos entregamos a sofismas que agora voltemos nossas habilidades críticas a um serviço muito mais proveitoso. Sejamos pacificadores e esforcemo-nos para levar outros, por nossos preceitos e por nosso exemplo, a evitar "discussões insensatas".

C.H. Spurgeon

"Ah! Se eu soubesse onde o poderia achar!..."
JÓ 23:3

Jó, quando estava em seu limite, clamou pelo Senhor. O desejo ardente de um filho de Deus angustiado é, mais uma vez, ver a face de seu Pai. Sua primeira oração não é: "Ah! Seu eu fosse curado da doença que agora supura todas as partes do meu corpo!" Nem mesmo: "Ah! Se eu pudesse ver meus filhos livres da mandíbula da sepultura e minha propriedade retirada da mão do saqueador!" Mas o primeiro clamor predominante é: "Ah! Se eu soubesse onde o poderia achar! Então, me chegaria ao seu tribunal." Os filhos de Deus correm para casa quando a tempestade chega. É o instinto dos nascidos do céu, de almas graciosas, buscar abrigo de todos os males debaixo das asas de Jeová.

"Aquele que faz de Deus seu refúgio" poderá servir como exemplo de um verdadeiro cristão. Um hipócrita, quando afligido por Deus, ressente-se do sofrimento e, como um escravo, foge do Mestre que o puniu; mas não o verdadeiro herdeiro do céu. Ele beija a mão que o atingiu e procura abrigo da vara nos braços do Deus que o repreendeu. O desejo de Jó de comungar com Deus intensificou-se com o fracasso de todos os outros recursos de consolo. O patriarca afastou-se de seus amigos pesarosos e olhou para o trono celestial, exatamente como um viajante abandona seu cantil vazio e dirige-se rapidamente ao poço. Ele diz adeus às esperanças terrenas e clama: "Ah! Se eu soubesse onde o poderia achar!" Nada nos ensina tanto sobre a preciosidade do Criador como entendermos o vazio de tudo ao nosso redor. Afastando-nos e desprezando as colmeias terrenas em que não encontramos mel, mas muitos ferrões afiados, alegramo-nos nele cuja fiel palavra é mais doce que o mel, que o favo de mel. Em todas as provas devemos buscar primeiro constatar a presença de Deus conosco. Se pudermos simplesmente desfrutar de Seu sorriso, conseguiremos carregar nossa cruz diária com o coração disposto, por amor a Ele.

"Pleiteaste, Senhor, a causa da minha alma..."
LAMENTAÇÕES 3:58

Observe quão *positivamente* o profeta fala. Ele não diz: "Espero, confio, algumas vezes penso que Deus pleiteou as causas da minha alma"; mas fala disso como fato que não pode ser contestado. "*Pleiteaste*, Senhor, a causa da minha alma." Com ajuda do gracioso Consolador, abandonemos as dúvidas e medos que tanto maculam nossa paz e nosso consolo. Seja esta a nossa oração, que, pronunciada com a voz baixa e áspera da conjectura e da suspeita, nos capacite a falar com a clara e melodiosa voz da certeza. Note com quanta *gratidão* o profeta fala, atribuindo toda glória somente a Deus! Você percebe que não há uma palavra relacionada a ele mesmo ou suas súplicas. Ele não imputa sua libertação, em grau algum, a nenhum homem, muito menos ao mérito humano, mas ao *Senhor*: "Pleiteaste, Senhor, a causa da minha alma, *remiste* a minha vida." Um espírito agradecido deveria ser sempre cultivado pelo cristão; e especialmente após libertações, deveríamos apresentar uma canção ao nosso Deus. A Terra deveria ser um templo repleto das canções dos santos agradecidos e todos os dias deveria haver um incensório queimando o doce incenso de ações de graça. Quão *alegre* Jeremias parece estar enquanto registra a misericórdia do Senhor. Quão triunfantemente ele eleva a melodia! Ele esteve no fundo do calabouço e continua sendo o profeta chorão; no livro que tem o nome de "Lamentações" ouvimos, clara como a canção de Miriã quando bateu os dedos no tamborim, aguda como a nota de Débora quando ela encontrou Baraque com brados de vitória, a voz de Jeremias subindo ao céu: "Pleiteaste, Senhor, a causa da minha alma, remiste a minha vida." Ó filhos de Deus, busquem uma experiência imprescindível com a bondade do Senhor e quando a obtiverem, falem positivamente dela; cantem com gratidão, bradem com triunfo.

"Os arganazes, povo não poderoso; contudo, fazem a sua casa nas rochas." PROVÉRBIOS 30:26

Conscientes de seu desamparo natural, os coelhos refugiam-se em tocas nas fendas das rochas e ali estão protegidos de seus inimigos. Meu coração, disponha-se a aprender uma lição com estas criaturas frágeis. Você é tão fraco e está tão exposto ao perigo quanto o medroso coelho; seja, então, sábio como ele e procure abrigo. Minha melhor proteção está nas munições do Jeová imutável, onde Suas promessas imutáveis permanecem como gigantescos muros de pedra. Será de bom proveito para você, meu coração, se puder sempre esconder-se nos baluartes de Seus gloriosos atributos, que são todos garantias de segurança para aqueles que colocam sua confiança nele. Bendito seja o nome do Senhor, pois assim agi e me encontrei na mesma situação de Davi na caverna de Adulão, protegido da crueldade do meu inimigo. Agora já não preciso descobrir qual é a bem-aventurança do homem que coloca sua confiança no Senhor, pois há muito tempo, quando Satanás e meus pecados me perseguiram, fugi para a fenda da rocha Cristo Jesus, e no Seu lado fendido encontrei um encantador lugar de descanso. Meu coração, corra para Ele mais uma vez nesta noite, qualquer que seja sua aflição, Jesus a sente por você, Jesus o consola e o ajudará. Nenhum monarca em sua fortaleza inexpugnável está mais seguro do que o coelho na toca rochosa. O mestre de dez mil carruagens não está nem um pouco melhor protegido do que o pequeno habitante na fenda da montanha. Em Jesus os fracos são fortes e os indefesos são protegidos; se fossem gigantes, ainda assim, não seriam tão fortes; se estivessem no céu, ainda assim, não estariam mais protegidos. A fé dá aos homens no mundo a proteção do Deus do céu. Mais do que isso não podem precisar e não precisam desejar. Os coelhos não conseguem construir castelos, mas tiram proveito do que já existe. Não posso fazer de mim mesmo um refúgio, mas Jesus o proveu, Seu Pai nos deu, Seu Espírito o revelou, e, veja que novamente, nesta noite, entro no refúgio e estou protegido de todos os inimigos.

C.H. Spurgeon

"E não entristeçais o Espírito de Deus..."
EFÉSIOS 4:30

Tudo o que o cristão tem deve vir de Cristo, mas vem unicamente por meio do canal do Espírito da graça. Além disso, como todas as bênçãos fluem até você por meio do Espírito Santo, não há algo bom que possa vir de você por meio de pensamentos santos, da adoração piedosa ou de atos graciosos a menos que seja por intermédio da ação santificadora desse mesmo Espírito. Mesmo que a boa semente seja semeada em você, ela ainda jaz dormente, a não ser que Ele opere em você o querer e o efetuar, segundo a Sua boa vontade. Você deseja falar em nome de Jesus — mas como você poderá fazê-lo a não ser que o Espírito Santo toque sua língua? Você deseja orar? Ai de você! Que trabalho inerte será, a menos que o Espírito interceda por você! Você deseja dominar o pecado? Deseja ser santo? Deseja imitar seu Mestre? Deseja erguer-se às supremas alturas da espiritualidade? Você está desejando ser como os anjos de Deus, repleto de zelo e fervor pela causa do Mestre? Você não conseguirá sem o Espírito: "Sem mim nada podeis fazer." Ó galho da videira, sem a seiva não produzirá fruto! Ó filho de Deus, você não tem vida se está distante da vida que Deus concede a você por meio de Seu Espírito! Então, não o entristeçamos ou provoquemos Sua ira com nosso pecado. Não o extingamos em Suas mais simples ações em nossa alma; cultivemos qualquer indício e estejamos prontos para obedecer qualquer sugestão. Se o Espírito Santo é, de fato, tão poderoso, não realizemos nada sem Ele; não comecemos projeto ou empreendimento algum, não concluamos nenhuma transação sem implorar Sua bênção. Façamos a Ele a homenagem devida, sentindo toda a nossa fraqueza quando distantes dele e, então, dependendo completamente dele, façamos desta a nossa oração: "Abre meu coração e todo o meu ser para a Tua chegada e sustenta-me com Teu Espírito quando eu receber esse Espírito em meu interior."

C.H. Spurgeon

"...sendo Lázaro um dos que estavam com ele à mesa."
JOÃO 12:2

E*le deve ser invejado.* Ainda que seja bom ser Marta e servir, melhor é ser Lázaro e comungar. Há momentos para cada propósito, e cada um deles é adequado ao seu tempo propício, mas nenhuma das árvores do jardim dá cachos tão belos como a videira da comunhão. Sentar-se com Jesus, ouvir Suas palavras, observar Seus atos e receber Seus sorrisos, era tal favor que provavelmente deixou Lázaro tão feliz quanto os anjos. Fosse nossa feliz fortuna banquetear com nosso Amado em Sua sala de banquete, não daríamos nem um suspiro sequer por todos os reinos do mundo, caso um simples fôlego os pudesse trazer até nós.

Ele dever ser imitado. Seria algo estranho se Lázaro não estivesse à mesa em que Jesus estava, pois ele havia morrido e Jesus o ressuscitara dos mortos. Estar ausente quando o Senhor que lhe concedeu vida está em sua casa, teria sido, de fato, ingrato. Nós também estávamos mortos e, como Lázaro, cheirávamos mal na sepultura do pecado. Jesus nos ressuscitou dos mortos e, por Sua vida nós vivemos — podemos nos contentar em viver distantes dele? Negligenciamos lembrarmo-nos dele à Sua mesa, onde Ele aceita banquetear-se com Seus irmãos? Ó, isto é cruel! É necessário que nos arrependamos e façamos o que *Ele* nos propõe, pois Seu último desejo deveria ser como lei para nós. Ter vivido sem relacionamento constante com aquele de quem os judeus disseram: "Vede o quanto o amava" teria sido infame para Lázaro; seria, então, desculpável para nós, a quem Jesus amou com amor eterno? Ter sido frio com Ele, que chorou sobre seu cadáver sem vida, seria uma manifestação de grande brutalidade em Lázaro. O que manifestamos nós, por quem o Salvador não apenas chorou, mas sangrou? Venham, irmãos que leem este pequeno texto, retornemos ao nosso Noivo celestial e peçamos a Seu Espírito que estejamos em estreita intimidade com Ele e, doravante, sentemos à mesa com Ele.

C. H. Spurgeon

"*...Israel serviu por uma mulher e por ela guardou o gado.*"

OSEIAS 12:12

Jacó, enquanto ponderava com Labão, descrevia seu trabalho árduo: "Vinte anos eu estive contigo, as tuas ovelhas e as tuas cabras nunca perderam as crias, e não comi os carneiros de teu rebanho. Nem te apresentei o que era despedaçado pelas feras; sofri o dano; da minha mão o requerias, tanto o furtado de dia como de noite. De maneira que eu andava, de dia consumido pelo calor, de noite, pela geada; e o meu sono me fugia dos olhos." Mais árdua ainda foi a vida de nosso Salvador aqui no mundo. Ele zelou por todas as Suas ovelhas até prestar contas pela última vez: "Não perdi nenhum dos que me deste." Seu cabelo umedecido pelo orvalho e Seus cachos pelas gotas da noite. O sono fugiu de Seus olhos, pois durante toda a noite Ele permanecia em oração, lutando por Seu povo. Em uma noite Pedro teve que ser o foco da súplica, logo em seguida, outra pessoa reivindica Sua intercessão chorosa. Nenhum pastor sentado sob o céu gélido, olhando para as estrelas, poderia jamais proferir queixas pela severidade de sua labuta, como Jesus Cristo poderia tê-lo feito, se assim quisesse, pois a austeridade de Seu serviço para granjear Sua noiva era excessiva:

Montanhas frias e o ar da meia-noite,
Testemunharam o fervor de Sua oração;
O deserto conheceu Suas tentações,
Seu conflito e Sua vitória também.

Como é doce essa analogia espiritual em que Labão requer todas as ovelhas das mãos de Jacó. Se foram protegidas de animais selvagens, Jacó assim o fez e de modo satisfatório; se nenhuma delas morreu ele foi a segurança de todas. A luta de Jesus por Sua Igreja não foi também a luta daquele que estava sob a obrigação de levar em segurança a cada cristão para Aquele que os havia confiado ao Seu cuidado?

Olhe para o Jacó que tanto trabalhou e verá uma representação de Cristo, daquele sobre quem lemos: "Como pastor, apascentará o seu rebanho."

C.H. Spurgeon

"...o poder da sua ressurreição..." FILIPENSES 3:10

A doutrina de um Salvador ressurreto é extraordinariamente preciosa. A ressurreição é a pedra angular de toda a construção do cristianismo. É a pedra fundamental do arco de nossa salvação. Seria preciso um livro para registrar todos os mananciais de água viva que fluem desta fonte sagrada: a ressurreição de nosso amado Senhor e Salvador Jesus Cristo. Porém, saber que Ele ressuscitou e ter comunhão com Ele como Senhor ressurreto — comungar com o Salvador ressurreto por possuir vida ressurreta — vê-lo sair da sepultura quando nós mesmos abandonamos a sepultura de mundanismo, é ainda mais precioso. A doutrina é a base da experiência, mas assim como a flor é mais graciosa do que a raiz, a experiência de comunhão com o Salvador ressurreto é mais graciosa do que a doutrina em si. Eu realmente desejo que você creia que Cristo ressuscitou dos mortos a ponto de cantar sobre isso e obter todo o consolo possível deste fato, bem averiguado e apropriadamente testemunhado; mas imploro a você que não descanse, nem mesmo quando atingir esse ponto. Ainda que você não possa vê-lo pessoalmente como puderam os discípulos, o convido, ainda assim, a ansiar por ver Cristo Jesus, pelos olhos da fé. E mesmo que você não o "toque" como Maria Madalena, ainda assim, você poderá ter o privilégio de conversar com Ele e de saber que Ele ressuscitou e ser ressurreto nele, para novidade de vida. Conhecer um Salvador crucificado que crucificou todos os meus pecados, é um alto grau de conhecimento; mas conhecer um Salvador ressurreto que me justificou e perceber que Ele me conferiu nova vida, concedendo-me a chance de ser nova criatura por meio de Sua própria novidade de vida é, de fato, a experiência mais nobre que há e ninguém deve se contentar com nada menos nobre. Que você possa "o conhecer, e o poder de sua ressurreição". Por que deveriam as almas, que são vivificadas com Cristo, vestir roupas da sepultura do mundanismo e da incredulidade? Ressuscite, pois o Senhor ressuscitou.

C.H. Spurgeon

"...comunhão com ele..."

1 JOÃO 1:6

Quando fomos unidos por fé, a Cristo, fomos levados a tal comunhão plena com Ele que nos tornamos um com o Senhor, e Seus interesses e os nossos se tornaram mútuos e idênticos. Temos comunhão com Cristo em Seu *amor*. O que Ele ama nós amamos. Ele ama os santos — e nós também. Ama os pecadores — nós também. Ele ama a pobre raça humana que está perecendo e anela ver os desertos da Terra transformados em jardim do Senhor — assim também nós. Temos comunhão com Ele em Seus *desejos*. Ele deseja a glória de Deus — nós também trabalhamos pelo mesmo alvo. Ele deseja que os santos estejam com Ele onde Ele está — nós desejamos também estar com Ele onde Ele está. Ele deseja expelir o pecado — eis que nós lutamos pela mesma bandeira. Ele deseja que o nome de Seu Pai seja amado e adorado por todas as Suas criaturas — nós oramos diariamente: "Venha o teu reino; faça-se a tua vontade, assim na terra como no céu." Temos comunhão com Cristo em Seus *sofrimentos*. Não fomos pregados à cruz, nem sofremos uma morte cruel, mas quando Ele é censurado, nós somos censurados; e como é doce ser culpado por amor a Ele, ser desprezado por seguir o Mestre, ter o mundo contra nós. O discípulo não deveria estar acima de seu Senhor. Naquilo que é possível deveríamos comungar com Ele em Suas *obras*, ministrando aos homens pela palavra da verdade e pelos feitos do amor. Nossa comida e nossa bebida, como as dele, é fazer a vontade daquele que nos enviou para concluir Sua obra. Temos também comunhão com Cristo em Suas *alegrias*. Somos felizes em Sua felicidade, regozijamo-nos em Sua exaltação. Cristão, você já provou dessa alegria? Não há deleite mais puro ou emocionante deste lado do céu do que ter a alegria de Cristo em nós e, assim, ter alegria plena. Sua *glória* espera que completemos nossa comunhão, pois Sua Igreja se assentará com Ele em Seu trono como Sua muito amada noiva e rainha.

C.H. Spurgeon

"...sobe a um monte alto..."
ISAÍAS 40:9

Todo cristão deveria ter sede de Deus, do Deus vivo, e deveria ansiar subir ao monte do Senhor e vê-lo face a face. Não devemos descansar satisfeitos nas névoas do vale quando o topo do Tabor nos espera. Minha alma anseia beber intensamente do cálice que está reservado para aqueles que alcançam o cume do monte e banham suas frontes no céu. Como são puros os orvalhos dos montes, como é fresco o ar da montanha, quão abastada a mesa dos habitantes das alturas, cujas janelas têm vista para a Nova Jerusalém! Muitos santos se contentam em viver como homens em minas de carvão, que não veem o sol, comem pó como a serpente, quando poderiam provar o delicioso alimento dos anjos; contentam-se em usar os trajes de mineradores quando poderiam vestir mantos reais; lágrimas desfiguram suas faces quando poderiam ser ungidos com óleo celestial. Estou convencido que muitos cristãos definham em calabouços quando poderiam caminhar no terraço do palácio, e observar a terra celestial e o Líbano. Levante-se, ó cristão, de sua condição degradante! Lance fora sua preguiça, sua letargia, sua frieza e tudo o mais que interferir em seu amor casto e puro por Cristo, o Amado da sua alma. Faça dele a fonte, o centro e o perímetro de todo o deleite de seu ser. O que o enfeitiça nessa insensatez de permanecer em uma fossa quando poderia assentar-se em um trono? Não viva nas planícies da servidão agora que a montanha da liberdade foi concedida a você. Não mais permaneça satisfeito com suas realizações diminutas, mas busque o que é mais sublime e celestial. Aspire uma vida mais elevada, mais nobre e mais plena. Ascenda para o céu! Mais perto de Deus!

Quando virás até mim, Senhor?
Ó venha, meu Senhor tão amado!
Aproxime-se, aproxime-se, ainda mais perto,
Sou abençoado quando perto estás.

C. H. Spurgeon

"Mas o S*ENHOR ali nos será grandioso, fará as vezes de rios e correntes largas..."* ISAÍAS 33:21

Rios e correntes largas produzem fertilidade e abundância na terra. Lugares próximos a rios largos são notáveis pela variedade de suas plantas e por suas colheitas abundantes. Deus é tudo isto para a Sua Igreja. Por ter Deus ela tem *abundância*. O que ela poderia pedir que Ele não lhe concederia? Que necessidade ela poderia mencionar que Ele não supriria? "O SENHOR dos Exércitos dará neste monte a todos os povos um banquete de coisas gordurosas." Você quer o pão da vida? Ele cai como maná do céu. Você quer mananciais refrescantes? A rocha acompanha você, e essa Rocha é Cristo. Se você tem qualquer necessidade a culpa é sua. Se você está em dificuldade, não é por causa dele, mas tem a ver com sua própria índole. Rios e correntes largas também apontam para *reciprocidade*. Nosso glorioso Senhor é para nós um lugar de relacionamento e troca celestial. Por meio de nosso Redentor temos acesso ao passado, à riqueza do Calvário, aos tesouros da aliança, às riquezas dos dias de outrora da eleição, às provisões da eternidade; tudo vem até nós descendo a larga corrente do nosso gracioso Senhor. Temos também acesso ao futuro. Quantos navios carregados até a margem do rio, vêm até nós do milênio! Que visões temos dos dias do céu sobre a Terra! Por meio do nosso glorioso Senhor nos relacionamos com anjos; comunhão com os santos luzentes lavados no sangue, que cantam diante do trono; e melhor ainda, temos comunhão com Aquele que é infinito. Rios e correntes largas são especialmente planejados para anunciar a ideia de *segurança*. Rios, já, há muito tempo, funcionavam como defesa. Ó! Amado, que defesa Deus deu à Sua Igreja! O demônio não pode cruzar este largo rio de Deus. Como ele deseja poder mudar a corrente; contudo, não tema, pois Deus permanece imutavelmente o mesmo! Satanás pode nos atormentar, mas não nos destruir; nenhum barco a remo invadirá nosso rio, nem navios nobres passarão nas adjacências.

C.H. Spurgeon

"Um pouco para dormir, um pouco para tosquenejar, um pouco para encruzar os braços em repouso, assim sobrevirá a tua pobreza como um ladrão, e a tua necessidade, como um homem armado." PROVÉRBIOS 24:33,34

Os piores preguiçosos pedem apenas por uma soneca; e se indignam se são acusados de completo ócio. Um pequeno cruzar de braços para dormir é tudo o que anelam e têm uma imensidão de razões para demonstrar que esse tipo de indulgência é muito apropriado. Entretanto, nessas pequenas atitudes o dia se esgota, a hora de trabalho se vai e o campo fica repleto de espinhos. É com pequenas procrastinações que os homens arruínam sua alma. Eles não têm intenção de protelar por anos — alguns meses e a época mais adequada chegará — amanhã tratarão das coisas mais sérias; mas o momento atual está tão repleto de tarefas e é tão completamente inadequado, que pedem para ser aliviados. Como a areia de uma ampulheta, o tempo escoa, a vida é desperdiçada em pequenas porções e épocas de graça são perdidas por pequenas sonecas. Ó, ser sábio, apoderar-se da hora passageira, fazer uso de momentos rápidos! Que o Senhor nos ensine esta sabedoria sagrada, pois, caso contrário, a pobreza da pior espécie espera por nós; pobreza eterna que desejará até mesmo uma gota de água e por isso implorará em vão. Como um viajante seguindo sua jornada firmemente, a pobreza toma o preguiçoso e a ruína derrota o indeciso. A cada hora o terrível perseguidor se aproxima; ele não para pelo caminho, pois está cuidando dos negócios de seu mestre e não deve se demorar. Como um homem armado entra com autoridade e poder, assim a necessidade virá ao preguiçoso e a morte ao impenitente, e não haverá escape. Ah! Se os homens fossem sábios de tempos em tempos e buscassem diligentemente ao Senhor Jesus, ou em breve amanhecerá o dia solene em que será tarde demais para arar e semear, tarde demais para arrepender-se e crer. Na colheita é vão lamentar que o tempo de semear foi negligenciado. Mas a fé e a decisão santa são convenientes. Que possamos obtê-las nesta noite.

"*...para proclamar libertação aos cativos...*"
LUCAS 4:18

Ninguém, além de Jesus, pode libertar cativos. A liberdade real vem somente dele. É uma liberdade *concedida de modo justo*; pois o Filho, que é Herdeiro de todas as coisas, tem o direito de libertar os homens. Os santos honram a justiça de Deus que agora garante sua salvação. É uma liberdade que foi *comprada por alto preço*. Cristo a declara por Seu poder, mas Ele a comprou com Seu sangue. Ele o torna livre, mas por Seus próprios grilhões. Você anda livre porque Ele carregou seus fardos, é liberto porque Ele sofreu em seu lugar. Mas, ainda que comprada por alto preço, Ele a *concede* gratuitamente. Jesus não nos pede nada como preparação para esta liberdade. Ele nos encontra sentados em pano de saco e cinzas e nos oferece o belo vestuário da liberdade; Ele nos salva como somos e tudo sem nossa ajuda ou nosso mérito. Quando Jesus liberta, a liberdade é *legado perpétuo*; nenhuma corrente pode amarrar novamente. Que o Mestre me diga: "Cativo, eu o libertei", e assim o será para sempre. Satanás pode tramar nos escravizar, mas se o Senhor estiver do nosso lado, a quem temeremos? O mundo, com suas tentações, pode procurar nos seduzir, mas maior é Ele, que é por nós, do que todos os que são contra nós. As maquinações de nosso próprio coração enganoso podem nos atormentar e incomodar, mas Ele que começou a boa obra em nós, a completará até o fim. Os inimigos de Deus e os inimigos do homem podem unir seus exércitos e marchar contra nós com furor generalizado, mas se Deus nos absolve, quem pode nos condenar? A águia que sobe até seu ninho, na rocha, e depois voa acima das nuvens não é mais livre do que a alma liberta por Cristo. Se já não estamos mais sob a lei, mas livres de sua maldição, que nossa liberdade seja *exibida de modo prático* em nosso serviço a Deus, com gratidão e deleite. "SENHOR, deveras sou teu servo, teu servo, filho da tua serva; quebraste as minhas cadeias" "Senhor, que queres que eu faça?" [N.E.: Atos 9:6 ARC].

C.H. Spurgeon

"Pois ele diz a Moisés: Terei misericórdia de quem me aprouver ter misericórdia e compadecer-me-ei de quem me aprouver ter compaixão." ROMANOS 9:15

Nestas palavras o Senhor, do modo mais claro, alega o direito de dar e reter Sua misericórdia, de acordo com Sua soberana vontade. Assim como a prerrogativa da vida e da morte é conferida ao monarca, também o Juiz de toda a Terra tem o direito de poupar ou condenar o culpado, como melhor possa parecer aos Seus olhos. Os homens, por seus pecados, foram privados do direito de reivindicação diante de Deus; merecem perecer por seus pecados — e se todos perecerem, eles não terão fundamento para queixas. Se o Senhor agir para salvar alguém, assim o fará, se os meios da justiça não forem obstruídos; porém, se Ele julgar ser melhor deixar o condenado sofrer a sentença justa, ninguém se oporá a Ele na corte. Tolos e imprudentes são todos esses discursos sobre os direitos dos homens serem todos colocados em condições iguais; ignorantes, se não algo pior, são essas contendas contra a graça distintiva, pois não passam de rebeliões da orgulhosa natureza humana, contra a coroa e o cetro de Jeová. Quando somos levados a ver nossa completa ruína e solidão maléfica, além da justiça do veredito divino contra o pecado, nós não mais contestamos a verdade de que o Senhor não é obrigado a nos salvar; não murmuramos se Ele escolhe salvar outros, como se estivesse nos causando dano, pois sentimos que se Ele aceita olhar por nós, será em Seu ato gratuito de bondade imerecida, pelo qual bendiremos Seu nome para sempre.

Como devem adorar a graça de Deus, de modo competente, aqueles que são objeto da eleição divina? Eles não têm espaço para vangloriar-se, pois a soberania exclui a vanglória muito eficazmente. Somente a vontade de Deus é glorificada e a própria noção de mérito humano é lançada ao desprezo eterno. Não há na Escritura, doutrina que mais nos submeta à soberania de Deus do que essa da eleição, não há o que promova mais a gratidão e, consequentemente, nada que seja mais santificador. Os cristãos não devem temê-la, mas regozijar-se nela de modo venerável.

C. H. Spurgeon

"Tudo quanto te vier à mão para fazer, faze-o conforme as tuas forças..." ECLESIASTES 9:10

Tudo quanto te vier à mão para fazer" refere-se a obras que são *possíveis*. Há muitas coisas que nosso coração encontra para fazer e que nunca faremos. É algo bom, está em nosso coração; mas se desejamos ser altamente úteis, não devemos nos contentar em formar esquemas em nosso coração e deles falar; devemos levar adiante, à prática, "*tudo o que te vier à mão para fazer*". Uma boa obra é mais válida que mil teorias brilhantes. Não esperemos por grandes oportunidades ou por um tipo de trabalho diferente, mas façamos simplesmente aquilo que "vier à mão para fazer" diariamente. Não temos outro momento em que viveremos. O passado se foi; o futuro não chegou; nunca teremos outro momento se não o presente. Então não espere até que sua experiência tenha atingido a maturidade para, então, tentar servir a Deus. Empenhe-se agora para dar fruto. Sirva a Deus agora, mas tenha cuidado com a maneira de fazer o que vier à mão para fazer — "*faze-o conforme as tuas forças*". Faça *prontamente*; não dissipe sua vida pensando no que você planeja fazer amanhã como se isso fosse uma compensação pelo ócio de hoje. Nenhum homem jamais serviu a Deus fazendo coisas no dia seguinte. Se honramos Cristo e somos abençoados, é por aquilo que fazemos *hoje*. O que você fizer para Cristo, faça-o com toda a sua alma. Não oferte a Cristo um trabalho leviano, executado aleatoriamente; mas quando servi-lo faça-o com o coração, a alma e com suas forças.

Mas onde está a força do cristão? Não está em si mesmo, pois ele é a perfeita fraqueza. Sua força está no Senhor dos Exércitos. Busquemos, então, Sua ajuda; continuemos com oração e fé, e quando tivermos feito "o que nos vier à mão para fazer", esperemos no Senhor por Sua bênção. Então, o que fizermos será bem feito e não fracassará em seus resultados.

C.H. Spurgeon

"...*esse alegrar-se-á vendo o prumo na mão de Zorobabel...*"
ZACARIAS 4:10

Pequenas coisas marcaram o começo da obra na mão de Zorobabel, mas ninguém podia desprezar essa obra, pois o Senhor havia levantado alguém que perseveraria até que a pedra de remate fosse colocada com aclamações. O prumo estava em boas mãos. Aqui está o consolo de todo aquele que crê no Senhor Jesus Cristo; deixe que a obra de graça seja pequena em seu início; *o prumo está em boas mãos*, um mestre construtor maior que Salomão encarregou-se da construção do templo celestial, e Ele não falhará nem será desencorajado até que o pináculo mais alto seja erguido. Se o prumo estivesse nas mãos de qualquer ser humano, poderíamos temer pela construção, mas o prazer do Senhor prosperará nas mãos de Jesus. As obras não prosseguiram irregularmente e sem cuidado, *pois a mão do mestre manejava uma boa ferramenta.* Se os muros tivessem sido erguidos sem a supervisão adequada, poderiam estar fora da perpendicular; mas o prumo foi usado pelo supervisor escolhido. Jesus está sempre observando a construção de Seu templo espiritual, para que seja construído com segurança e de modo satisfatório. Somos a favor da rapidez, mas Jesus é a favor da apreciação. Ele utilizará o prumo e o que estiver fora da linha deve ser derrubado até a última pedra. Consequentemente, muitas obras bajuladoras falham, a ruína de uma profissão de fé que só brilha e nada mais. Não nos cabe julgar a Igreja do Senhor, considerando que Jesus tem mão firme e olhos constantes e pode utilizar o prumo satisfatoriamente. Nós nos alegramos ao ver que o julgamento está em Suas mãos?

O prumo estava sendo utilizado ativamente — estava na mão do construtor; uma indicação certa de que Ele pretendia levar o trabalho até o fim. "Ó Senhor Jesus, como ficaríamos, de fato, felizes se pudéssemos ver-te e as Tuas grandes obras. Ó Sião, a bela, seus muros ainda estão em ruínas! Levanta-te, glorioso Construtor, e transforma sua desolação em gozo na Tua vinda."

C. H. Spurgeon

"...o sumo sacerdote Josué, o qual estava diante do Anjo do SENHOR*..."* ZACARIAS 3:1

Em Josué, o *sumo sacerdote*, vemos uma imagem de todos os filhos de Deus que se aproximam dele, pelo sangue de Cristo, e que foram ensinados a ministrar o que é santo e entrar naquilo que está atrás do véu. Jesus nos fez reis e sacerdotes para Deus, e mesmo aqui, no mundo, exercitamos o sacerdócio de vida consagrada e serviço santo. Mas está escrito que este sumo sacerdote está "*diante* do Anjo do Senhor", ou seja, para ministrar. Essa deveria ser a condição perpétua de todo cristão verdadeiro. Qualquer lugar agora é templo de Deus e Seu povo pode servi-lo tão verdadeiramente em seus empregos como em Sua casa. Eles devem estar sempre "ministrando", oferecendo o sacrifício espiritual de oração e louvor e apresentando-se como "sacrifícios vivos". Mas note onde é que Josué está para ministrar: *diante do Anjo* de Jeová. Apenas por meio de um mediador é que nós, pobres maculados, podemos nos tornar sacerdotes para Deus. Eu apresento o que tenho diante do mensageiro, o anjo da aliança, o Senhor Jesus; e por meio dele minhas orações encontram aceitação envoltas em Suas orações; meus louvores tornam-se doces ao serem envoltos em feixes de mirra, aloés e cássia do jardim de Cristo. Se não puder levar nada a Ele, exceto minhas lágrimas, Ele as colocará com as Suas próprias lágrimas em seu próprio jarro, pois Ele um dia chorou. Se não posso entregar-lhe nada, exceto meus gemidos e suspiros, Ele os receberá como sacrifício aceitável, pois Ele já teve Seu coração ferido e suspirou profundamente em espírito. Eu, diante dele, sou aceito no Amado; e todas as minhas obras corrompidas, ainda que em si mesmas sejam apenas objetos de aversão divina, são recebidas de tal forma que Deus sente nelas um aroma suave. Ele fica satisfeito e eu sou abençoado. Veja, então, a posição do cristão — "um sumo sacerdote — diante do Anjo do Senhor".

C.H. Spurgeon

"...a remissão dos pecados, segundo a riqueza da sua graça."
EFÉSIOS 1:7

Poderia haver palavra mais doce em qualquer língua do que a palavra "perdão" quando soa nos ouvidos de um pecador culpado, como as notas prateadas da canção do jubileu, para o Israel cativo? Bendita, para sempre, bendita seja essa preciosa estrela de perdão que brilha na cela do condenado e dá, àquele que perece, um vislumbre de esperança em meio ao desespero da meia-noite! Pode ser possível que o pecado, tal pecado como o meu, possa ser perdoado por completo e para sempre? O inferno é a minha porção como pecador — não há possibilidade de que eu escape disso enquanto o pecado permanecer sobre mim — a carga de culpa pode ser removida, a mancha carmesim retirada? As pedras impenetráveis de minha prisão podem ser soltas da argamassa ou as portas retiradas de suas dobradiças? Jesus me diz que ainda posso ser purificado. Para sempre seja bendita a revelação do amor expiatório que não apenas me diz que o perdão é possível, mas que é garantia a todos que descansam em Jesus. Eu cri na propiciação estabelecida, Jesus crucificado, e portanto, meus pecados estão neste momento e para sempre perdoados pela virtude de Sua morte e dor substitutivas. Que alegria é esta! Que felicidade ser uma alma perfeitamente perdoada! Minha alma dedica toda a sua capacidade a Ele, que em Seu amor gratuito se tornou minha segurança e forjou para mim a redenção com o Seu sangue. Que riquezas da graça o perdão gratuito apresenta! Perdoar tudo, perdoar plenamente, perdoar gratuitamente, perdoar para sempre! Aqui vemos uma constelação de maravilhas, e quando penso em quão grandes eram meus pecados, em quão estimadas foram as preciosas gotas que me lavaram deles e quão graciosa foi a maneira como o perdão me foi trazido, fico em estado de perplexidade, amor, adoração e maravilhamento. Curvo-me diante do trono que me absolve, abraço a cruz que me liberta, sirvo, doravante, todos os meus dias, ao Deus Encarnado por meio de quem sou, nesta noite, uma alma perdoada.

C.H. Spurgeon

"Pois fiquei sobremodo alegre pela vinda de irmãos e pelo seu testemunho da tua verdade, como tu andas na verdade." 3 JOÃO 3

A verdade estava em Gaio e Gaio andava na verdade. Se a primeira afirmativa não fosse verdadeira, a segunda jamais teria ocorrido; e se não se pudesse afirmar a segunda sentença sobre ele, a primeira seria uma mera aspiração. A verdade deve entrar na alma, penetrá-la e saturá-la, do contrário não tem valor algum. Doutrinas mantidas como credo são como pão que fica nas mãos e não fornecem nutrição alguma para o físico; mas a doutrina aceita pelo coração, é alimento digerido que, por assimilação, sustenta e forma o corpo. Em nós a verdade deve ser uma força viva, um vigor ativo, uma realidade residente, uma parte da urdidura e da trama de nosso ser. Se estiver *em nós*, não podemos, doravante, desistir dela. Um homem pode perder suas vestes ou seus membros, mas suas partes internas são vitais e não podem ser arrancadas sem que haja perda total da vida. Um cristão pode morrer, mas não pode negar a verdade. Contudo, uma regra da natureza é que o interior afeta o exterior, como a luz brilha do centro da lanterna através do vidro. Quando, portanto, a verdade é incitada interiormente, sua claridade logo é irradiada para a vida exterior e os relacionamentos. Diz-se que o alimento de certas larvas dá a cor aos casulos de seda que fiam; é exatamente assim o alimento do qual a natureza interior de um homem vive, dá coloração a todas as suas palavras e ações. Caminhar na verdade significa uma vida de integridade, santidade, fidelidade e simplicidade — que é o produto natural desses princípios de verdade que o evangelho ensina e que o Espírito de Deus nos capacita a receber. Podemos ponderar sobre os segredos da alma por sua manifestação nos relacionamentos do homem. "Que hoje, gracioso Espírito, sejamos dominados e governados por Tua autoridade divina, de modo que nada falso ou pecaminoso reine em nosso coração, a fim de que não amplie sua influência maligna em nossa caminhada diária entre os homens."

C.H. Spurgeon

"...tendo procurado o bem-estar do seu povo..."
ESTER 10:3

Mordecai era um verdadeiro patriota e, portanto, tendo sido exaltado à posição mais alta sob Assuero, ele usou sua eminência para promover a prosperidade de Israel. Nisto ele foi um tipo de Jesus, que, em Seu trono de glória, busca não para si, mas investe Seu poder em Seu povo. E seria bom se todo cristão fosse um Mordecai para a Igreja, lutando conforme sua habilidade para a prosperidade dela. Alguns são colocados em postos de riqueza, em influência, que esses honrem seu Senhor nos altos lugares da Terra e testemunhem de Jesus diante de grandes homens. Outros têm o que é muito melhor, a saber, a comunhão íntima com o Rei dos reis. Que eles supliquem diariamente pelos fracos do povo do Senhor, pelos que duvidam, que são tentados e pelos desconsolados. Resultará em honra para si se muito intercederem por aqueles que estão em trevas e não ousam aproximar-se do trono de misericórdia. Cristãos instruídos podem servir seu Mestre grandemente se entregarem seus talentos para o bem maior e transmitir a outros a riqueza do aprendizado celestial, ensinando-lhes as coisas de Deus. No mínimo nosso Israel pode, pelo menos, buscar o bem-estar do povo de Deus. E se não puder oferecer nada além de seu desejo, isso será aceitável. Deixar de viver para si mesmo é, para o cristão, o caminho que mais o assemelha a Cristo e também o mais feliz. Aquele que abençoa outros não deixará de ser abençoado. Por outro lado, buscar nossa grandeza pessoal é um plano de vida perverso e infeliz; seu caminho será penoso e seu fim fatal.

Agora é a hora de lhe perguntar, meu amigo, se está se esforçando ao máximo para buscar o bem-estar da igreja em sua vizinhança. Espero que você não esteja causando danos à Igreja por amargura e escândalo, nem enfraquecendo-a por sua negligência. Amigo, una-se aos pobres do Senhor, carregue a cruz de cada um, faça-lhes todo o bem que puder e você não perderá sua recompensa.

C. H. Spurgeon

"Não andarás como mexeriqueiro entre o teu povo... repreenderás o teu próximo e, por causa dele, não levarás sobre ti pecado." LEVÍTICO 19:16,17

O mexerico coloca em circulação um veneno triplo, pois prejudica aquele que conta a história, aquele que a ouve e a pessoa sobre quem é a história. Seja o relato verdadeiro ou falso, somos proibidos de espalhá-lo por este preceito da Palavra de Deus. A reputação do povo do Senhor deveria ser muito preciosa aos nossos olhos e deveríamos nos envergonhar de ajudar o demônio a desonrar a Igreja e o nome do Senhor. Algumas línguas precisam de um freio em vez de aguilhão. Muitos se gloriam em arrasar seus irmãos, como se nisso se promovessem. Os sábios filhos de Noé lançaram um manto sobre seu pai e aquele que o expôs recebeu uma terrível maldição. Nós talvez precisemos, em algum dia de trevas, do silêncio e da contenção de nossos irmãos, portanto, que os concedamos agora com alegria àqueles que precisam. Seja esta a regra de nossa família e nosso elo pessoal — Não difamem ninguém.

O Espírito Santo, entretanto, nos permite censurar o pecado e determina o modo como devemos fazê-lo. Devemos repreender nosso irmão diretamente, não insultá-lo sem que ele saiba. Essa direção é destemida, fraternal, tem o espírito de Cristo e debaixo da bênção de Deus será útil. A carne evita esse procedimento? Devemos, então, lidar com nossa mente e nos manter no trabalho, a fim de não nos tornarmos participantes do pecado agonizante em que se encontra nosso amigo. Centenas de pessoas foram salvas de pecados repulsivos por alertas oportunos, sábios e carinhosos de ministros e irmãos fiéis. Nosso Senhor Jesus, com Seu alerta a Pedro, estabelece um gracioso exemplo de como lidar com amigos que transgridem: a oração que antecedeu o alerta e a forma gentil como conduziu a negação orgulhosa de Pedro a respeito do fato de precisar de tal advertência.

C. H. Spurgeon

"...especiarias para o óleo da unção..."
ÊXODO 35:8

Muito uso se fazia deste óleo da unção quando sob a lei, e o que ele representa é de importância primária no evangelho. O Espírito Santo, que nos unge para todo o serviço santo, é indispensável a nós, se desejamos servir ao Senhor de modo aceitável. Sem Sua ajuda nossos serviços de fé não passam de oblação vã e nossa experiência interior é morta. Sempre que nosso ministério está sem unção torna-se algo miserável! Orações, louvores e esforços do cristão não são minimamente superiores se não houver unção. Uma unção santa é a alma da vida de piedade, sua ausência, a mais atroz das calamidades. Colocar-se diante do Senhor sem unção é como se um levita comum se lançasse ao serviço do sacerdote — suas ministrações são, na verdade, pecado e não serviço. Que nunca nos aventuremos em exercícios consagrados sem unções sagradas. Elas caem sobre nós vindas do nosso glorioso Cabeça; de Sua unção nós, que somos como as abas de Suas vestes, partilhamos de uma unção abundante. Especiarias seletas eram misturadas com o tipo mais raro de ingredientes para produzir o óleo da unção, para nos mostrar o quão ricos são os poderes do Espírito Santo. Tudo o que é bom é encontrado no Consolador divino. Consolação incomparável, instrução infalível, vivificação imortal, vigor espiritual e santificação divina; tudo está misturado com outras excelências nesse unguento sagrado, o óleo celestial da unção do Espírito Santo. Esse óleo transmite uma encantadora fragrância ao caráter e à pessoa sobre quem é derramado. Nada semelhante pode ser encontrado nos tesouros dos ricos ou nos segredos dos sábios. Não pode copiá-lo. Vem somente de Deus e é dado gratuitamente, por meio de Jesus Cristo, a toda alma que espera. Busquemos esse óleo pois se o buscarmos, receberemos, e podemos recebê-lo nesta noite. "Ó Senhor, unge Teus servos."

C.H. Spurgeon

"Disse Amazias ao homem de Deus: Que se fará, pois, dos cem talentos de prata que dei às tropas de Israel? Respondeu-lhe o homem de Deus: Muito mais do que isso pode dar-te o Senhor."
2 CRÔNICAS 25:9

Esta parecia ser uma pergunta muito importante para o rei de Judá e, possivelmente, tem ainda mais peso para o cristão provado e tentado. Perder dinheiro não é, em momento algum, agradável e quando há um princípio envolvendo a perda, a carne nem sempre está pronta para fazer o sacrifício. "Por que perder o que pode ser empregado tão proveitosamente? A verdade realmente precisa de sustento? O que faremos sem nossa renda? Lembra-se dos nossos filhos e nossa pequena renda?" Todas estas coisas e outras milhares tentariam o cristão a fazer uso de suas mãos para o ganho iníquo ou impedir-lhe de exercitar suas convicções honestas, quando envolvem perdas sérias. Não são todos os homens que enxergam estas questões à luz da fé e, mesmo para os seguidores de Jesus, a doutrina do "precisamos viver" tem um certo peso.

Muito mais do que isso pode dar-te o Senhor é uma resposta muito satisfatória à uma pergunta ansiosa. Nosso Pai maneja o dinheiro e o que perdemos por amor a Ele, o Senhor pode nos devolver mil vezes mais. Nosso dever é obedecer a Sua vontade e podemos ter certeza de que Ele proverá aquilo de que precisamos. O Senhor não ficará devendo nada a homem algum. Os santos sabem que um grão de tranquilidade de coração vale mais do que uma tonelada de ouro. Aquele que embrulha uma consciência tranquila num casaco surrado possui riqueza espiritual muito mais desejável do que qualquer riqueza que tenha perdido. O sorriso de Deus e um calabouço são suficientes para um coração verdadeiro; a reprovação de Deus e um palácio seriam o inferno para um espírito gracioso. Deixe que a situação ruim fique ainda pior, que todos os talentos se vão, pois não perdemos nosso tesouro que está nas alturas, onde Cristo se assenta à destra de Deus. Enquanto isso, ainda hoje, o Senhor faz o manso herdar a Terra e não retém nada do que é bom, daqueles que andam honestamente.

C.H. Spurgeon

"...Miguel e os seus anjos pelejaram contra o dragão. Também pelejaram o dragão e seus anjos." APOCALIPSE 12:7

A guerra sempre assolará duas grandes soberanias até que uma ou outra seja subjugada. A paz entre o bem e o mal é uma impossibilidade; essa aspiração seria, de fato, o triunfo dos poderes das trevas. *Miguel sempre lutará*; sua alma santa se atormenta com o pecado e não o suportará. Jesus sempre será inimigo do dragão, e não de forma pacífica, mas ativa e vigorosamente, com determinação plena de exterminar o mal. Todos os Seus servos, sejam anjos ou mensageiros no mundo, devem e irão lutar; nasceram para ser guerreiros — na cruz, entram na aliança para nunca dar trégua para o mal; são um regimento militar, firme na defesa e feroz no ataque. O dever de todo soldado no exército do Senhor é, diariamente, com todo o seu coração, sua alma e sua força, lutar contra o dragão.

O dragão e seus anjos não se afastarão da luta; são constantes em seus ataques violentos, não poupam armas, nem o justo ou o infame. Somos tolos por esperar servir a Deus sem oposição. Quanto mais zelosos formos, certamente seremos mais atacados pelos seguidores do inferno. A Igreja pode se tornar preguiçosa, mas seu grande opositor jamais; seu espírito incansável nunca permitirá que a guerra cesse. Ele odeia a semente da mulher e com satisfação devoraria a Igreja, se pudesse. Os servos de Satanás partilham grandemente da força do antigo dragão e estão sempre ativos. A guerra assola por todos os lados e sonhar com a paz é perigoso e fútil.

Glória a Deus por sabermos qual é o fim da guerra. O grande dragão será banido e destruído para sempre, enquanto Jesus e aqueles que com Ele estão, receberão a coroa. Afiemos nossas espadas nesta noite e oremos ao Espírito Santo para que fortaleça nossos braços para o conflito. Não houve batalha tão importante, não haverá coroa tão gloriosa. Todos em seus postos, guerreiros da cruz, e que o Senhor, em pouco tempo, esmague Satanás sob os Seus pés!

C.H. Spurgeon

"...verão e inverno, tu os fizeste."
SALMO 74:17

Minh'alma, comece este mês com o seu Deus. A chegada de uma nova estação faz-lhe relembrar que Ele mantém Sua aliança com o dia e com a noite, e garante que Ele também manterá essa gloriosa aliança que fez com você na pessoa de Cristo Jesus. Ele, que é fiel à Sua Palavra nas revoluções das estações deste pobre mundo poluído pelo pecado, não será infiel no Seu proceder com Seu Filho amado.

O inverno da alma não é, de forma alguma, uma estação confortável, e se sua alma estiver entrando no inverno agora será muito doloroso para você. Mas há este consolo, a saber, que foi o *Senhor* quem fez o inverno. Ele envia as rajadas cortantes de adversidade para congelar os botões de expectativa, Ele espalha a geada como cinzas sobre as campinas verdejantes da nossa alegria, Ele lança Seu gelo como pequenas porções que congelam nosso deleite. Ele faz tudo, Ele é o grande Rei do inverno e governa os reinos da geada e, portanto, você não pode murmurar. Perdas, aflições, opressões, doença, pobreza e outras milhares de calamidades são enviadas pelo Senhor e vêm até nós com um plano sábio. Geadas matam insetos nocivos e limitam doenças graves; elas quebram o solo e o suavizam. Ó, que tais bons resultados sempre sigam nossos invernos de aflição!

Como estimamos o fogo agora! Quão confortável é sua incandescência! Que da mesma forma apreciemos nosso Senhor, que é a fonte constante de calor e conforto em todos os momentos de luta. Aproximemo-nos dele, e encontremos nele alegria e paz no crer. Que nos envolvamos nas vestes aquecidas de Suas promessas e nos coloquemos nas tarefas adequadas à estação, visto que seria mal ser como o preguiçoso que não ara por causa do frio; pois no verão implorará e nada terá.

"Rendam graças ao SENHOR *por sua bondade e por suas maravilhas para com os filhos dos homens!"* SALMO 107:8

Se reclamássemos menos e louvássemos mais, seríamos mais felizes e Deus seria mais glorificado. Louvemos a Deus diariamente por *misericórdias triviais* — triviais, como nós geralmente as chamamos, e, ainda assim tão inestimáveis, que, quando privados delas, rapidamente perecemos. Bendigamos a Deus pelos olhos com os quais observamos o sol, pela saúde e força para caminharmos, pelo pão que comemos, pelo vestuário que usamos. Que possamos louvá-lo por estarmos entre os desanimados ou confinados entre os culpados; vamos agradecê-lo pela liberdade, pelos amigos, pela união e os consolos da família; vamos louvá-lo, de fato, por tudo o que recebemos de Sua mão generosa, pois merecemos pouco e, no entanto, somos dotados tão abundantemente. Mas, amado, a nota mais doce e mais sonora em nossas canções de louvor deveria ser por Seu *amor redentor*. Os atos redentores de Deus para com Seus escolhidos serão sempre os melhores temas para louvor. Se sabemos o que a redenção significa, não retenhamos nossos sonetos de ação de graças. Fomos redimidos do poder de nossas corrupções, erguidos das profundezas do pecado em que naturalmente fomos imersos. Fomos levados à cruz de Cristo — nossas algemas de culpa foram quebradas; já não somos mais escravos, mas filhos do Deus vivo e podemos esperar pelo período em que seremos apresentados diante do trono, sem mancha ou mácula. Mesmo agora, pela fé, acenamos com a folha de palmeira e nos envolvemos com o fino linho que será nossa vestimenta eterna. Não daremos, então, graças incessantemente ao Senhor, nosso Redentor? Filho de Deus, você consegue se manter em silêncio? Acordem! Acordem vocês, herdeiros da glória, e levem ao cativeiro a sua escravidão ao clamar como Davi: "Bendize, ó minha alma, ao SENHOR, e tudo o que há em mim bendiga ao seu santo nome." Que este novo mês comece com novas canções.

C. H. Spurgeon

"Tu és toda formosa, querida minha..."
CÂNTICO DOS CÂNTICOS 4:7

A admiração que o Senhor tem por Sua Igreja é maravilhosa e Sua descrição da beleza que ela tem é muito intensa. Ela não é simplesmente *formosa*, mas "*toda* formosa". Ele a vê, em Si mesmo, lavada em Seu sangue que expia o pecado, vestida em Sua justiça meritória e a considera repleta de graça e beleza. Não é surpresa que assim o seja, considerando que Ele está admirando Sua própria excelência perfeita; pois a santidade, a glória e a perfeição de Sua Igreja são as Suas vestes gloriosas sobre as costas de Sua amada noiva. Ela não é simplesmente pura ou com proporções adequadas; ela é, de fato, querida e formosa! Ela tem mérito efetivo! Suas deformidades de pecado foram removidas; mais ainda, ela obteve, por meio de seu Senhor, uma justiça meritória pela qual uma beleza verdadeira lhe foi conferida. Os cristãos têm uma justiça factual que lhes é concedida quando se tornam "aceitos no Amado" (Efésios 1:6). A Igreja também não é apenas querida, mas *insuperavelmente* querida. Seu Senhor a intitula a "mais formosa entre as mulheres". Ela tem um valor real de excelência que não pode ser antagonizado por toda a nobreza e realeza do mundo. Se Jesus pudesse trocar Sua noiva eleita por todas as rainhas e imperatrizes do mundo ou até mesmo pelos anjos no céu, Ele não o faria, pois ela está em primeiro lugar, é a mais notável — "mais formosa entre as mulheres". Assim como a lua, ela brilha muito mais do que as estrelas. E isto não é uma opinião da qual Ele se envergonhe, pois convida todos os homens para ouvi-la. Ele coloca um "como" antes, um tom especial de exclamação, convidando e capturando a atenção de todos. "*Como* és formosa, querida minha, como és formosa!" (Cântico dos Cânticos 4:1). Sua opinião Ele divulga amplamente agora e, um dia, do trono de Sua glória, Ele reconhecerá a verdade que nela há, diante do universo reunido. "Vinde, benditos de meu Pai!" (Mateus 25:34), será Sua solene afirmação sobre quão amados são Seus eleitos.

C. H. Spurgeon

"...eis que tudo era vaidade..."
ECLESIASTES 1:14

Nada pode satisfazer o homem por completo a não ser o Senhor e Seu amor. Santos tentaram ancorar-se em outros ancoradouros, mas, no fim das contas, foram livres de refúgios fatais. Salomão, o homem mais sábio, teve permissão para viver experiências por todos nós e para fazer tudo o que não devemos ousar fazer por nós mesmos. Aqui está seu testemunho: "Engrandeci-me e sobrepujei a todos os que viveram antes de mim em Jerusalém; perseverou também comigo a minha sabedoria. Tudo quanto desejaram os meus olhos não lhes neguei, nem privei o coração de alegria alguma, pois eu me alegrava com todas as minhas fadigas, e isso era a recompensa de todas elas. Considerei todas as obras que fizeram as minhas mãos, como também o trabalho que eu, com fadigas, havia feito; e eis que tudo era vaidade e correr atrás do vento, e nenhum proveito havia debaixo do sol." "Vaidade das vaidades, tudo é vaidade!" O quê? Tudo é vaidade? Ó rei favorecido, não há nada em toda a sua riqueza? Nada neste vasto domínio que vai do rio até o mar? Nada nos gloriosos palácios de Tadmor? Nada na casa da floresta do Líbano? Em toda a sua música e dança, vinho e luxo, não há nada? "Nada", ele diz, nada além de "aflição de espírito". Este foi o seu veredito quando ele caminhou por todo o curso do prazer. Seguir nosso Senhor Jesus, habitar em Seu amor e ter garantia completa de união com Ele — isto é a essência. Caro leitor, você não precisa tentar outros estilos de vida para saber se são ou não melhores que o estilo do cristão. Se você vaguear pelo mundo não vislumbrará nada como a face do Salvador; se você tivesse todos os confortos da vida e perdesse seu Salvador, estaria desgraçado; mas se ganhar Cristo e então apodrecer em um calabouço, encontrará um paraíso. Vivendo na escuridão ou morrendo de inanição você ainda estará satisfeito com o favor e a plenitude da bondade do Senhor.

C.H. Spurgeon

"...em ti não há defeito."

CÂNTICO DOS CÂNTICOS 4:7

Tendo pronunciado que Sua Igreja certamente é repleta de beleza, nosso Senhor confirma Seu elogio com uma alegação preciosa: "Em ti não há defeito." Como se o Noivo pensasse que o mundo maligno estivesse insinuando que Ele só havia mencionado as partes atraentes da noiva e, propositadamente, omitido as características que foram deformadas ou corrompidas, Ele resume tudo declarando-a universal e completamente formosa e totalmente destituída de mancha. Uma mancha pode ser rapidamente removida e é a última coisa que pode deformar a beleza, mas mesmo deste pequeno defeito o cristão é liberto aos olhos do seu Senhor. Se Ele tivesse declarado não haver cicatriz terrível, nem deformidade horrível, nenhuma chaga mortal, ainda assim poderíamos nos maravilhar; mas quando Ele testifica que ela está livre de toda mácula, todas estas outras formas de corrupção estão inclusas e a surpresa se torna ainda maior. Se Ele tivesse prometido remover as manchas uma por uma, teríamos motivo para alegria eterna; mas Ele diz que está feito! Quem pode conter as emoções mais intensas de satisfação e deleite? Ó minh'alma, aqui estão tutano e gordura para você, coma e fique satisfeita com as iguarias reais.

Cristo Jesus não tem questões para resolver com Sua noiva. Ela frequentemente se afasta dele e entristece Seu Santo Espírito, mas Ele não permite que as falhas da noiva afetem Seu amor por ela. Ele, algumas vezes, a repreende, mas sempre da forma mais afável, com as intenções mais bondosas. Mesmo nessa hora ela continua sendo chamada de "meu amor". Não há lembrança de nossas loucuras, Ele não cultiva pensamentos maus sobre nós, mas perdoa e ama depois da ofensa, como amava antes. Como é bom para nós que assim seja, pois se Jesus fosse tão sensível a insultos como nós somos, como Ele teria comunhão conosco? Muitas vezes um cristão perderá a razão com o Senhor por alguma virada insignificante nos acontecimentos, mas nosso precioso Esposo conhece muito bem nosso coração tolo para se ofender com nosso mau comportamento.

"...o Senhor, poderoso nas batalhas."
SALMO 24:8

Nosso Deus deveria ser visto como glorioso por Seu povo, devido às maravilhas que Ele operou para eles, neles e por eles. Em favor deles, no Calvário, o Senhor Jesus expulsou todos os inimigos, despedaçando todas as suas armas por meio da obra consumada de obediência perfeita. Por Sua triunfante ressurreição e ascensão Ele aniquilou as esperanças do inferno, enviando a escravidão para o cativeiro, e fez de nossos inimigos um espetáculo público, triunfando sobre eles por Sua cruz. Toda flecha de culpa que Satanás pode ter lançado em nós foi quebrada, pois quem intentará acusação contra os eleitos de Deus? Vãs são as afiadas espadas da malícia infernal e as perpétuas batalhas da semente da serpente, pois na igreja os coxos capturam sua presa e os guerreiros mais fracos são coroados.

Os salvos devem adorar seu Senhor por Suas conquistas nele, considerando que as flechas de seu ódio natural estão quebradas e as armas de sua rebelião destruídas. Que vitórias a graça acumulou em nosso coração mau! Quão glorioso é Jesus quando a vontade é subjugada e o pecado destronado! E com relação às nossas corrupções restantes, elas experimentarão, da mesma forma, derrota certa; e toda tentação, dúvida e medo serão totalmente destruídos. Na Salém de nosso coração sereno, o nome de Jesus é grande, além de qualquer comparação possível. Ele conquistou nosso amor e se vestirá dele. Com a mesma certeza podemos contemplar vitórias conquistadas *por nós*. "Somos mais que vencedores por meio daquele que nos amou." Derrubaremos os poderes das trevas que estão no mundo, por nossa fé, nosso zelo e nossa santidade; ganharemos pecadores para Jesus, aniquilaremos falsos sistemas, converteremos nações, pois Deus está conosco e ninguém prevalecerá diante de nós. Nesta noite, que o cristão guerreiro entoe a canção de guerra e prepare-se para a luta de amanhã. "Maior é aquele que está em nós do que aquele que está no mundo."

C.H. Spurgeon

"...tenho muito povo nesta cidade."
ATOS 18:10

Isto deveria ser um grande encorajamento para tentar fazer o bem, considerando que Deus tem entre os mais vis dos vis, os mais libertinos e bêbados, um povo eleito que precisa ser salvo. Quando leva a Palavra a eles, você o faz porque Deus ordenou que fosse o mensageiro da vida para suas almas e *eles precisam* receber essa mensagem, para que assim o decreto da predestinação se cumpra. Eles são tão redimidos pelo sangue quanto os santos diante do trono eterno. São propriedade de Cristo e, talvez, sejam amantes da boemia e odeiem a santidade; mas, se Jesus Cristo os comprou, Ele os terá. Deus não é infiel para esquecer o preço que Seu Filho pagou. Ele não sofreu efetuando a substituição para que ela se torne, em qualquer caso, algo ineficaz ou morto. Dezenas de milhares de redimidos ainda não foram regenerados, mas precisam ser; e este é nosso consolo quando vamos até eles com a Palavra vivificadora de Deus.

Não somente isso, esses incrédulos são mencionados por Cristo em Suas orações diante do trono. "Não rogo somente por estes", disse o grande Intercessor, "mas também por *aqueles que vierem a crer em mim*, por intermédio da sua palavra." Pobres almas ignorantes, nada sabem sobre orar por si mesmas, mas Jesus ora por elas. Seus nomes estão em Seu peitoral e, em breve, curvarão seus joelhos obstinados, suspirando a penitência diante do trono da graça. "Não era tempo de figos." O momento predestinado ainda não chegou, mas quando chegar, *eles obedecerão*, pois Deus terá os Seus; *eles terão que obedecer*, pois ao Espírito não se deve resistir quando Ele vem com plenitude de poder — *eles precisam* tornar-se servos dispostos do Deus vivo. "Apresentar-se-á voluntariamente o teu povo, no dia do teu poder." "...o meu Servo justificará a muitos." "Ele verá o fruto do penoso trabalho de sua alma." "Eu lhe darei muitos como a sua parte, e com os poderosos repartirá ele o despojo."

C.H. Spurgeon

"*...igualmente gememos em nosso íntimo, aguardando a adoção de filhos, a redenção do nosso corpo.*" ROMANOS 8:23

Esse gemido é universal entre os santos; em maior ou menor grau todos o sentimos. Não é o gemido de murmuração ou reclamação, é o sinal de desejo e não de pesar. Tendo recebido uma determinação, desejamos agora a plenitude de nossa porção; estamos gemendo para que toda a nossa humanidade, em sua trindade de espírito, alma e corpo, possa ser livre do último vestígio da queda. Ansiamos por acabar com a corrupção, a fraqueza e a desonra e nos envolver em integridade, imortalidade, glória, no corpo espiritual que o Senhor Jesus concederá ao Seu povo. Anelamos pela manifestação de nossa adoção como filhos de Deus. "Gememos", mas é "*em nosso íntimo*". Não é o gemido do hipócrita, que faria os homens acreditarem que é um santo por estar desgraçado. Nossos suspiros são sagrados, sagrados demais para falarmos largamente sobre eles. Guardamos nossos anseios somente para o Senhor. Então, o apóstolo diz que estamos "*aguardando*", pelo que aprendemos que não devemos ser petulantes, como Jonas ou Elias quando disseram: "Tira-me a vida"; não devemos lamuriar ou suspirar pelo fim da vida porque estamos cansados do trabalho, nem desejar escapar de nossos sofrimentos atuais até que a vontade do Senhor se cumpra. Devemos gemer por glorificação, mas devemos esperar com paciência por ela, sabendo que o que o Senhor designa é o melhor. Esperar significa estar pronto. Devemos nos colocar à porta esperando que o Amado abra e nos leve com Ele. Esse "gemido" é um teste. Você pode julgar um homem por aquilo por que ele geme. Alguns homens gemem por riqueza — adoram a Mamon; alguns gemem continuamente devido aos problemas da vida — são meramente impacientes; mas o homem que suspira por Deus, que não descansa até se tornar semelhante a Cristo, esse é um homem abençoado. Que Deus nos ajude a gemer pela vinda do Senhor e pela ressurreição que Ele nos trará.

C.H. Spurgeon

"Pedi, e dar-se-vos-á..."

MATEUS 7:7

Conheço um lugar na Inglaterra onde uma porção de pão é servida a todo transeunte que peça por ele. Quem quer que seja o viajante, ele só precisa bater à porta do hospital St. Cross [N.E.: Fundado entre 1132–36. É a instituição de caridade mais antiga da Inglaterra] e ali receberá sua porção de pão. Jesus Cristo amou tanto os pecadores que construiu um hospital St. Cross para que sempre que um pecador tivesse fome, só precisasse bater e ter suas necessidades supridas. Ele fez ainda mais, anexou a Seu Hospital da Cruz uma área de banho e sempre que uma alma está suja, imunda, só precisa ir até lá e ser limpa. A fonte está sempre cheia, sempre eficaz. Nenhum pecador jamais foi até lá e não conseguiu tirar suas manchas. Pecados que eram escarlate e carmesim desapareceram todos e o pecador tornou-se mais branco do que a neve. Como se isso não fosse suficiente, há junto a Seu Hospital da Cruz um guarda-roupas e um pecador em tratamento, simplesmente como pecador, pode ser vestido da cabeça aos pés; e se ele deseja ser soldado, ele não terá simplesmente uma vestimenta comum, mas uma armadura que o cobrirá da sola dos pés até a cabeça. Se ele pedir uma espada, receberá a espada e junto um escudo. Nada que seja bom para ele lhe será negado. Terá dinheiro para despesas enquanto viver e terá uma herança eterna de tesouro glorioso quando entrar na alegria do seu Senhor.

Se tudo isso é recebido simplesmente ao batermos à porta da misericórdia, ó minh'alma, bata com força nesta manhã e peça grandes coisas para o seu Senhor generoso. Não deixe o trono da graça até que suas necessidades tenham sido estendidas diante do Senhor e até que, por fé, você tenha a perspectiva animadora de que elas serão supridas. A timidez não precisa protelar quando Jesus convida. A incredulidade não deveria ser empecilho quando Jesus promete. A insensibilidade não deveria refrear a obtenção de tais bênçãos.

C.H. Spurgeon

"O Senhor me mostrou quatro ferreiros."

ZACARIAS 1:20

Na visão descrita neste capítulo, o profeta viu quatro terríveis chifres. Eles empurravam para lados diferentes, derrubando o mais forte e mais poderoso; e o profeta perguntou: "Que é isto?" A resposta foi: "São os chifres que dispersaram a Israel." Ele viu uma representação dos poderes que oprimiram a Igreja do Senhor. Havia quatro chifres, pois a Igreja é atacada por todos os lados. O profeta, provavelmente, assombrou-se com esta visão, porém, repentinamente aparecem diante dele *quatro ferreiros*. Ele perguntou: "Que vêm fazer estes?" Estes são os homens que Deus encontrou para despedaçar estes chifres. *Deus sempre encontrará homens para Sua obra*, e os encontrará no momento certo. O profeta não viu os ferreiros *primeiro*, quando não havia nada para se fazer, mas viu primeiro os "chifres", e então os "ferreiros". O Senhor encontrou *homens em quantidade suficiente*. Ele não encontrou três ferreiros, mas *quatro*; havia quatro chifres e deveria haver quatro trabalhadores. Deus encontra os *homens certos*; não quatro homens com canetas prontas para escrever, não quatro arquitetos para esboçar projetos; mas quatro ferreiros para executar o trabalho pesado. Tenha certeza, você que teme pela arca de Deus, que quando os "chifres" causarem problemas, os "ferreiros" serão encontrados. Você não precisa se aborrecer com a fraqueza da Igreja do Senhor em momento algum, pois nas sombras pode estar sendo formado o valente reformador que sacudirá as nações. Outro Crisóstomo pode surgir ou, quem sabe, até outros Agostinhos. O Senhor sabe onde encontrar Seus servos. Ele tem uma multidão de homens poderosos à espreita e à Sua palavra eles partirão para a batalha, "pois a peleja é de Deus" e Ele conquistará a vitória para si. Permaneçamos fiéis a Cristo, e Ele, no momento certo, nos trará defesa, seja no dia de nossa necessidade pessoal ou no momento de perigo para Sua Igreja.

C.H. Spurgeon

"...como é o homem celestial, tais também os celestiais."

1 CORÍNTIOS 15:48

A cabeça e os membros têm uma mesma natureza e não é a natureza monstruosa que Nabucodonosor viu em seu sonho. A cabeça era de ouro, mas o peito era de prata, as pernas de ferro e os pés, parte de ferro e parte de barro. O corpo místico de Cristo não é uma combinação absurda de opostos; os membros eram mortais e, portanto, Jesus morreu; a cabeça glorificada é imortal e, portanto, o corpo é imortal também, pois assim está registrado: "Porque eu vivo, vós também vivereis." Como é com nosso amado Cabeça, também o é com o corpo e todos os membros. Um Cabeça escolhido e membros escolhidos; um Cabeça aceitável e membros aceitáveis; um Cabeça vivo e membros vivos. Se a cabeça é de ouro puro, todas as partes do corpo também são de ouro puro. Há então uma união dupla de natureza como fundamento para a comunhão mais íntima possível. Devoto leitor, pare aqui e veja se consegue, sem estupefação enlevada, contemplar a infinita condescendência do Filho de Deus ao elevar a sua miséria à união bendita com Sua glória. Você é tão vil que, ao lembrar-se de sua mortalidade, pode dizer à corrupção: "És minha mãe" e ao remorso: "És meu irmão"; e, ainda assim, em Cristo você é tão honrado que pode dizer ao Todo-Poderoso: "Aba Pai" e ao Deus Encarnado: "És meu irmão e meu esposo." Certamente, se relacionamentos com famílias tradicionais e nobres fazem os homens se considerarem mais elevados, nós temos alguém de quem nos gloriar, alguém muito mais nobre. Que o cristão mais pobre e mais desprezado tome posse desse privilégio; que a indolência irracional não o torne negligente para investigar sua linhagem e que não sofra de uma ligação insensata com as vaidades vigentes, ocupando seus pensamentos e excluindo esta gloriosa e celestial honra, da união com Cristo.

"...cingido, à altura do peito, com uma cinta de ouro."
APOCALIPSE 1:13

Um semelhante a filho de homem" apareceu a João em Patmos e o discípulo amado observou que Ele usava uma cinta de ouro. Uma *cinta*, pois Jesus nunca esteve sem cinta enquanto na Terra, mas estava sempre pronto para o serviço e, agora, diante do trono eterno não cessa Seu santo ministério, mas como sacerdote está cingido com o cinto de obra esmerada que fica sobre a estola sacerdotal. É para nós uma graça que Ele não tenha deixado de cumprir Sua obra de amor para conosco, considerando que esta é uma de nossas grandes proteções: que Ele vive para sempre para interceder por nós. Jesus jamais esteve no ócio; Suas vestes nunca estão soltas como se Seu trabalho tivesse acabado; Ele continua diligentemente trabalhando pela causa de Seu povo. Uma *cinta de ouro* para manifestar a superioridade de Seu serviço, a realeza de Sua pessoa, a dignidade de Sua condição, a glória de Sua recompensa. Ele já não clama do pó, mas advoga com autoridade, como Rei e Sacerdote. Nossa causa está segura nas mãos de nosso Melquisedeque entronizado.

Nosso Senhor apresenta um exemplo a todo o Seu povo. Não devemos jamais desatar nossas cintas. Este não é o momento para descansar, é momento de serviço e combate. Precisamos atar a cinta da verdade mais e mais em nossos lombos. É uma cinta de ouro e será, portanto, nosso ornamento mais rico; e nós realmente dele precisamos, pois um coração que não está bem cingido com a verdade, como está em Jesus e com a fidelidade que vem do Espírito, será facilmente enredado pelas coisas desta vida e derrubado pelas armadilhas da tentação. É inútil possuirmos as Escrituras a menos que nos cinjamos com elas como com uma cinta, envolvendo toda a nossa natureza, mantendo cada parte de nosso caráter em ordem e dando solidez à totalidade de nosso ser. Se no céu Jesus não desata Sua cinta, muito menos o faremos nós no mundo. Levante-se, portanto, com os lombos cingidos com a verdade.

"Deus escolheu as coisas humildes do mundo..."
1 CORÍNTIOS 1:28

Ande pelas ruas durante a madrugada, se tiver coragem, e encontrará pecadores. Vigie na escuridão da noite, quando o vento uiva e as fechaduras das portas são arrombadas, e verá pecadores. Vá às prisões distantes, caminhe pelas guaritas e observe os homens com sobrancelhas suspensas, homens a quem você não gostaria de encontrar durante a noite, e aí também estarão pecadores. Vá aos reformatórios e observe aqueles que foram seduzidos pela desmedida depravação dos jovens, e ali verá pecadores. Atravesse os mares até o lugar onde um homem rói ossos que cheiram a carne humana, e ali haverá um pecador. Vá para onde quiser, você não precisa esquadrinhar a Terra para encontrar pecadores, pois são suficientemente comuns; você os encontrará em todas as travessas e ruas de todas as cidades, vilas e aldeias. Por tais pessoas Jesus morreu. Se você me eleger como o espécime mais vulgar da humanidade, dentre qualquer um que seja nascido de mulher, ainda assim terei esperança, porque Jesus Cristo veio para buscar e salvar *pecadores*. O amor da eleição selecionou alguns dos piores para se tornarem os melhores. Seixos do riacho da graça transformados em joias da coroa real. Sedimento imprestável Ele transforma em ouro puro. O amor redentor separou muitos dos piores da humanidade para serem a recompensa da paixão do Salvador. A graça efetiva chama muitos, dos mais vis, para sentarem-se à mesa da misericórdia e, portanto, não permite que nenhum deles se desespere.

Leitor, pelo olhar dos olhos chorosos de Jesus, pelo amor que flui das chagas sangrando, por esse amor fiel, esse amor forte, puro, altruísta e tolerante e pelo coração e pelas entranhas da compaixão de nosso Salvador, imploramos a você que não se afaste dessa verdade como se ela nada representasse para você; mas creia nele e será salvo. Confie a Ele sua alma e Ele o levará à destra de Seu Pai em glória perpétua.

C.H. Spurgeon

"*...Fiz-me tudo para com todos, com o fim de, por todos os modos, salvar alguns.*" 1 CORÍNTIOS 9:22

O grande propósito de Paulo não era meramente instruir e aperfeiçoar, mas salvar. Qualquer resultado diferente deste o decepcionaria; ele desejava ver homens de coração renovado, perdoados, santificados, de fato, salvos. Nossos serviços cristãos têm tido um alvo menor do que este? Então, retifiquemos nossos caminhos, pois, no último grande dia, que benefício terá sido ensinar e moralizar os homens se estiverem diante de Deus sem a salvação? Nossas vestes estarão manchadas de vermelho-sangue se durante a vida tivermos buscado propósitos inferiores e esquecido que os homens precisavam ser salvos. Paulo conhecia a ruína do estado natural do homem e não tentou educá-lo, mas salvá-lo; ele via homens afundando no inferno e não falava em purificá-los, mas em salvá-los da ira que está por vir. Para atingir seu objetivo de salvação, Paulo entregou-se com zelo incansável a falar em todos os cantos sobre o evangelho, a alertar e a suplicar aos homens que se reconciliassem com Deus. Suas orações eram insistentes e seu trabalho incessante. Salvar almas era sua paixão profunda, sua ambição, seu chamado. Ele se tornou um servo para todos os homens, labutando por sua raça, sentindo aflição dentro de si caso não pregasse o evangelho. Ele abriu mão de suas preferências para evitar o preconceito; sujeitou sua vontade em questões de menor importância e, se os homens simplesmente recebessem o evangelho, ele não levantava questões sobre formatos ou cerimônias. O evangelho era a única questão importante para ele. Se alguns fossem salvos ele se contentava. Essa era a coroa pela qual ele trabalhava, a única e suficiente recompensa de todos os seus esforços e autonegações. Caro leitor, você e eu vivemos para ganhar almas de modo tão nobre? Temos o mesmo desejo completamente consumidor? Se não, por quê? Jesus morreu pelos pecadores, não podemos nós viver por eles? Onde está nossa ternura? Onde está nosso amor por Cristo, se não buscamos Sua honra na salvação das pessoas? Ah! Que o Senhor nos sature mais e mais com um zelo imperecível pelas almas dos homens.

C.H. Spurgeon

"Tens, contudo, em Sardes, umas poucas pessoas que não contaminaram as suas vestiduras e andarão de branco junto comigo, pois são dignas." APOCALIPSE 3:4

Podemos entender isto como referência à *justificação*. "Andarão de branco"; ou seja, desfrutarão de um constante senso de sua justificação pela fé; entenderão que a justiça de Cristo é imputada a eles, que foram todos lavados e se tornaram mais brancos do que a neve.

Novamente, é uma referência à *alegria e ao contentamento*, pois mantos brancos eram roupas de comemoração para os judeus. Aqueles que não macularam suas vestimentas terão suas faces sempre radiantes; entenderão o que Salomão quis dizer: "Vai, pois, come com alegria o teu pão e bebe gostosamente o teu vinho, pois Deus já de antemão se agrada das tuas obras. Em todo tempo sejam alvas as tuas vestes." Aquele que é aceito por Deus obterá vestes brancas de alegria e contentamento enquanto caminha em doce comunhão com o Senhor Jesus. Por que, então, tantas dúvidas, tanta penúria e lamentação? Porque muitos cristãos maculam suas vestes com o pecado e a culpa e, consequentemente, perdem a alegria de sua salvação e a confortável comunhão com o Senhor Jesus. Aqui no mundo não andam de branco.

A promessa também se refere a *andar de branco diante do trono de Deus*. Aqueles que aqui não macularam suas vestes, muito certamente andarão com alvas vestes nas alturas, onde os exércitos de branco cantam aleluia perpetuamente ao Altíssimo. Possuirão inconcebíveis alegrias, felicidade além daquela com que se pode sonhar, bem-aventurança que a imaginação desconhece, ventura que mesmo o desejo mais ousado não alcançaria. Os "irrepreensíveis no seu caminho" terão tudo isto — não por mérito, nem por obras, mas pela graça. Andarão de branco com Cristo, pois Ele os tornou "dignos". Em Sua doce companhia eles beberão das vivas fontes de águas.

C.H. Spurgeon

"...em tua bondade, ó Deus, fizeste provisão para os necessitados."

SALMO 68:10

Todos os dons de Deus são preparados e armazenados para as necessidades previstas. Ele antevê nossas necessidades e, da plenitude que acumulou em Cristo Jesus, Ele provê Sua bondade para os pobres. Você pode confiar a Ele todas as necessidades que possam surgir, pois Ele tem previsto com infalibilidade cada uma delas. Ele pode afirmar sobre nós, em qualquer situação: "Eu sabia que você estaria assim." Um homem sai em uma jornada pelo deserto e, após um dia de viagem, monta sua tenda; então descobre que precisa de muitos confortos e itens essenciais que não levou em sua bagagem. "Ah!", ele diz: "Não previ isto. Se tivesse que fazer esta viagem novamente, traria tais itens comigo, pois são tão necessários para meu conforto." Mas Deus percebe com olhos prescientes todas as necessidades de Seus pobres filhos viajantes; e quando essas necessidades surgem, as provisões estão prontas. É a bondade que provê para o pobre de coração; a bondade e somente a bondade. "A minha graça te basta." "Como os teus dias, durará a tua paz."

Leitor, seu coração pesa nesta noite? Deus sabia que assim seria; o consolo de que seu coração precisa está armazenado na doce certeza do texto. Você é pobre e necessitado, mas Ele pensa em você e tem armazenada a bênção exata de que você necessita. Pleiteie a promessa, creia nela e receba seu cumprimento. Você sente que nunca teve tanta consciência de sua mesquinhez como agora? Veja! A fonte carmesim ainda está aberta, com toda sua eficácia de outrora para lavá-lo de seus pecados. Jamais você estará em uma situação em que Cristo não poderá socorrê-lo. Não haverá adversidade que atinja sua vida espiritual e que seja maior que Jesus Cristo, pois sua história já foi toda prevista e para ela há provisão em Jesus.

"Por isso, o Senhor espera, para ter misericórdia de vós..."
ISAÍAS 30:18

Deus geralmente demora para responder orações. Temos vários exemplos nas Escrituras Sagradas. Jacó não recebeu a bênção até que se aproximasse a alvorada do dia — ele precisou lutar a noite toda por ela. A pobre mulher de origem siro-fenícia não obteve uma palavra sequer como resposta por muito tempo. Paulo suplicou ao Senhor *três vezes* para que o "espinho na carne" fosse tirado dele e não recebeu garantia de que esse espinho seria retirado, mas, em lugar disso, uma promessa de que a graça de Deus seria suficiente para ele. Se você tem batido ao portão da misericórdia e não está recebendo resposta alguma, deveria eu lhe dizer o porquê o poderoso Criador não abriu o portão e deixou você entrar? Nosso Pai tem razões próprias para nos manter esperando. Algumas vezes é para demonstrar Seu poder e Sua soberania, de modo que os homens saibam que Jeová tem o direto de conceder dádivas ou de retê-las. Mais frequentemente o atraso é para nosso benefício. Talvez você seja mantido em espera para que seus desejos sejam mais fervorosos. Deus sabe que a demora avivará e reforçará o desejo e que se Ele o mantiver esperando, você perceberá sua necessidade mais claramente e buscará mais determinadamente, além de valorizar muito mais a misericórdia por sua longa demora. Também pode haver algo errado em você que precise ser removido antes que a alegria do Senhor seja concedida. Talvez seu modo de ver o plano do Evangelho esteja confuso ou você pode estar colocando uma pequena parte de sua confiança em si mesmo, em vez de confiar simples e completamente no Senhor Jesus. Deus também pode fazê-lo esperar por algum tempo para que possa, finalmente, exibir mais plenamente as riquezas de Sua graça a você. Suas orações estão todas arquivadas no céu e se não foram respondidas imediatamente, certamente não foram esquecidas, mas em pouco tempo serão respondidas para o seu deleite e satisfação. Não deixe que o desespero o silencie, mas continue suplicando urgente e fervorosamente.

C.H. Spurgeon

"O meu povo habitará em moradas de paz..."
ISAÍAS 32:18

Paz e descanso não pertencem àquele que não é regenerado, são posses exclusivas do povo do Senhor e dele somente. O Deus de Paz concede perfeita paz àqueles cujo coração está firme nele. Quando o homem ainda não havia caído, seu Deus lhe deu os caramanchões floridos do Éden para servirem de tranquilos refúgios; mas quão rapidamente o pecado enferrujou a formosa residência da inocência! No dia da ira universal, quando o dilúvio varreu a raça criminosa, a família escolhida ficou tranquilamente segura no refúgio da arca que os fez flutuar, partindo do antigo mundo condenado para a nova terra do arco-íris e da aliança, tipificando Jesus, a arca de nossa salvação. Israel descansou em segurança dentro das casas marcadas com o sangue, no Egito, quando o anjo destruidor atingiu os primogênitos; e no deserto, a sombra da coluna de nuvem e a rocha de onde fluiu água, deram aos cansados peregrinos doce repouso. Nesta hora descansamos nas promessas de nosso Deus fiel, sabendo que Suas palavras são repletas de verdade e poder; descansamos nas doutrinas de Sua palavra, que em si são consolação; descansamos na aliança de Sua graça, que é uma enseada de deleite. Muito mais altamente favorecidos somos nós do que Davi em Adulão ou Jonas debaixo da planta, pois ninguém pode invadir ou destruir nosso abrigo. A pessoa de Jesus é o sereno refúgio de Seu povo; e quando nos aproximamos dele no partir do pão, no ouvir da palavra, no sondar das Escrituras, na oração ou no louvor, qualquer forma de abordá-lo, é o retorno da paz ao nosso espírito.

Ouço as palavras de amor, olho para o sangue,
Vejo o poderoso sacrifício e tenho paz com Deus.
Esta paz eterna, certa como o nome de Jeová,
É estável como Seu trono firme, para sempre o mesmo:
As nuvens vêm e vão e tempestades varrem os céus,
Esta amizade selada com sangue é imutável,
a cruz sempre próxima.

C.H. Spurgeon

"...estaremos para sempre com o Senhor."
1 TESSALONICENSES 4:17

As visitas mais doces de Cristo, ó quão breves são — e quão passageiras! Em um momento nossos olhos o veem e nos regozijamos com alegria indizível e glória plena, mas em pouco tempo já não o vemos, pois nosso amado retira-se como uma corsa ou uma jovem gazela, Ele salta pelas montanhas da separação; Ele se vai para a terra das delícias e já não mais se alimenta dos lírios.

Se hoje Ele planeja nos abençoar
Com senso do pecado perdoado,
Ele amanhã pode nos atormentar,
Fazendo-nos sentir por essa praga condenados.

Ó, quão doce a perspectiva da época em que não o observaremos à distância, mas o veremos face a face: quando Ele não será mais como um visitante, não permanecendo por mais de uma noite, mas nos envolverá eternamente na Sua glória. Não o veremos por curto tempo, mas

Milhões de anos com olhos admirados,
Percorrerão a beleza de nosso Salvador;
E por incontáveis eras adoraremos,
As maravilhas de Seu amor.

No céu não haverá interrupções de preocupação ou pecado; o choro não ofuscará nossos olhos; nenhum assunto terreno distrairá nossos pensamentos de alegria; nada nos impedirá de fitar para sempre o Filho da Justiça com olhos incansáveis. Ó como seria doce vê-lo também agora, quão doce fitar essa bendita face para sempre e nunca ter uma nuvem à frente, jamais ter que voltar os olhos para olhar para um mundo de cansaço e aflição! Dia bendito! Quando alvorecerá? Levante-se, ó sol! As alegrias da percepção podem nos abandonar o quanto antes, pois este encontro será gloriosamente compensador. Se morrer é entrar em comunhão ininterrupta com Jesus, então a morte é, de fato, ganho, e esta inimiga é engolida em um mar de vitória.

C.H. Spurgeon

"...o Senhor lhe abriu o coração..."
ATOS 16:14

Na conversão de Lídia há muitos pontos interessantes. Vemos que ela ocorreu por *circunstâncias providenciais*. Ela era uma vendedora de púrpura, da cidade de Tiatira, mas no momento certo para ouvir Paulo ela estava na cidade de Filipos; a providência, que é criada da graça, guiou Lídia ao local certo. Novamente, *a graça estava preparando a alma dessa mulher para a bênção* — a graça preparando para a graça. Ela não conhecia o Salvador mas, como judia, conhecia muitas verdades que eram excelentes marcadores para um conhecimento de Jesus. Sua conversão ocorreu no uso de recursos disponíveis. No *Sabbath* ela foi até o local onde era costume fazer orações e ali as orações eram ouvidas. Nunca negligencie os meios da graça; Deus *pode* nos abençoar quando não estamos em Sua casa, mas temos razão maior para esperar que Ele nos *abençoe* quando estivermos em comunhão com Seus santos. Observe as palavras: "*O Senhor* lhe abriu o coração." Ela não abriu seu próprio coração. Suas orações não o fizeram, Paulo não o fez. O próprio Senhor deve nos abrir o coração para receber as coisas que nos dão paz. Somente Ele pode colocar a chave na fechadura e abrir a porta, concedendo a Si mesmo permissão para entrar. Ele é o mestre do coração, assim como é o criador dele. O primeiro indício do coração aberto foi *obediência*. Assim que Lídia creu em Jesus, ela foi batizada. É um doce sinal de um coração humilde e quebrantado quando o filho de Deus está disposto a obedecer um comando que não é essencial à sua salvação, que não lhe é forçado por um medo egoísta da condenação, mas um simples ato de obediência e de comunhão com seu Mestre. O indício seguinte foi o *amor*, manifestando-se em atos de bondade, com gratidão para com os apóstolos. O amor aos santos foi sempre uma marca do verdadeiro convertido. Aqueles que não fazem nada por Cristo ou Sua Igreja, fornecem apenas um indício lamentável de um coração "aberto". "Senhor, dá-me para sempre um coração aberto."

C.H. Spurgeon

"Fiel é o que vos chama, o qual também o fará."

1 TESSALONICENSES 5:24

O céu é um lugar onde jamais pecaremos; onde cessaremos nossa vigilância constante contra o inimigo incansável, porque não haverá tentador para enganar nossos pés. Lá os perversos já não mais transtornam e o cansado tem descanso. O céu é a "herança incorruptível"; é a terra de perfeita santidade e, portanto, de segurança completa. Mas os santos, mesmo no mundo, algumas vezes não experimentam as alegrias da segurança bem-aventurada? A doutrina da Palavra de Deus é que todos os que estão em união com o Cordeiro estão seguros; que todos os justos permanecerão no caminho; que aqueles que comprometeram sua alma a guardar-se em Cristo perceberão que Ele as preservará por ser fiel e imutável. Sustentados por tal doutrina podemos desfrutar de segurança mesmo aqui na Terra; não essa elevada e gloriosa segurança que confere liberdade de todo deslize, mas a segurança santa que resulta da promessa de Jesus de que ninguém que nele crê perecerá, mas estará com Ele onde Ele está. Cristão, reflitamos com alegria na doutrina da perseverança dos santos e honremos a fidelidade de nosso Deus com santa confiança nele.

Que nosso Deus traga a você o senso de segurança em Cristo Jesus! Que Ele possa garantir-lhe que seu nome está gravado em Sua mão e sussurre em seu ouvido a promessa: "Não temas, porque eu sou contigo." Olhe para Ele, a grande Garantia da aliança, como fiel e verdadeiro e, portanto, determinado e comprometido a apresentar você, o mais fraco da família, com toda a raça escolhida, diante do trono de Deus; e em tão doce contemplação você beberá o suco do vinho com condimentos da romã do Senhor e experimentará as delicadas frutas do Paraíso. Você terá um antepasto de deleites que cativam as almas dos santos perfeitos nas alturas, se conseguir crer, com fé que não titubeia, que "fiel é o que vos chama, o qual também o fará."

C. H. Spurgeon

"...A Cristo, o Senhor, é que estais servindo."
COLOSSENSES 3:24

A quem estas palavras foram ditas? A reis que se vangloriavam de um direto divino? Ah, não! Eles servem a si mesmos ou a Satanás e esquecem o Deus cujo sofrimento lhes permite trajar sua majestade mímica por pouco tempo. O apóstolo está falando então àqueles chamados "reverendos padres em Deus, aos bispos" ou aos "veneráveis arciprestes"? [N.E.: Decano entre os padres de uma região eclesiástica na Igreja Anglicana.] Não, de fato, Paulo nada sabia sobre estas meras invenções de homens. Nem mesmo a pastores ou mestres ou a ricos e estimados entre os cristãos, essa palavra foi declarada a servos e a escravos. Entre as multidões cansadas, os artesãos, os operários, os criados, os servos da cozinha, entre todos esses o apóstolo encontrou, como nós ainda encontramos, alguns dos escolhidos do Senhor e a eles diz: "Tudo quanto fizerdes, fazei-o de todo o coração, como para o Senhor e não para homens, cientes de que recebereis do Senhor a recompensa da herança. A Cristo, o Senhor, é que estais servindo." Esta declaração enobrece a rotina do trabalho no mundo e lança luz sobre as mais humildes ocupações. O lava-pés pode ser servil, mas lavar os pés do *Senhor* é trabalho de realeza. Desprender as tiras das sandálias é serviço inferior, mas desatar as sandálias do grande Mestre é um privilégio magnífico. Uma oficina, um celeiro, uma área de serviço e uma ferraria se tornam templos quando homens e mulheres fazem tudo para a glória de Deus! O "serviço divino", não é algo de algumas horas e em alguns lugares, mas toda a vida se torna santidade ao Senhor, e todos os lugares e coisas tão consagrados como o tabernáculo e seu candelabro de ouro.

Ensina-me, meu Deus e Rei, a ver-te em todas as coisas;
E o que fizer, que faça como para o Senhor.
Todos compartilharão de ti. Nada pode ser tão vil,
Que com este matiz, por Teu amor, não se torne radiante e puro.
Um servo com esta sentença faz do trabalho penoso algo divino;
Quem varre um cômodo, quanto às Tuas leis,
faz disso uma atividade excelente.

C.H. Spurgeon

"...Os caminhos de Deus são eternos."
HABACUQUE 3:6

O que Ele fez uma vez, fará novamente. Os caminhos do homem são variáveis, mas os caminhos de Deus são eternos. Há muitas razões para esta verdade tão consoladora: entre elas está a seguinte — os caminhos do Senhor são *o resultado de deliberação sábia*; Ele ordena todas as coisas conforme a recomendação de Sua vontade. A ação humana é frequentemente o resultado precipitado da paixão, do medo e é seguida de arrependimento e mudança; mas nada pode surpreender o Todo-Poderoso ou acontecer de forma diferente do que Ele havia previsto. Seus caminhos são *o resultado de um caráter imutável*, e neles os atributos fixos e estabelecidos de Deus são vistos claramente. A menos que o próprio Deus Eterno possa suportar mudança, Seus caminhos, que são Ele próprio em ação, devem permanecer os mesmos para sempre. Ele é eternamente justo, gracioso, fiel, sábio e afável? — Então Seus caminhos devem sempre ser distintos pelas mesmas excelências. Os seres agem de acordo com sua natureza e quando esta natureza muda, sua conduta também muda; mas como Deus não conhece sombra de variação, Seus caminhos permanecerão para sempre os mesmos. Além disso, não há razão exterior que possa reverter os caminhos divinos, considerando que são a *personificação do poder irresistível.* A Terra, segundo o profeta, é fendida pelos rios, as montanhas tremem, as profundezas levantam suas mãos e o sol e a lua param, quando Jeová marcha para a salvação do Seu povo. Quem pode deter Sua mão ou dizer a Ele: O que fazes? Contudo, não é apenas o poder que concede estabilidade. Os caminhos de Deus são *a manifestação dos princípios eternos de justiça*, e, portanto, nunca passarão. A instrução errada deteriora e envolve a ruína, mas o bem e a verdade têm uma vitalidade em si mesmos que as eras não podem diminuir.

Nesta manhã, vamos ao nosso Pai celestial com confiança, lembrando-nos de que "Jesus Cristo é o mesmo ontem, hoje, e o será para sempre". E nele o Senhor é para sempre gracioso para com o Seu povo.

"Aleivosamente se houveram contra o Senhor*..."*
OSEIAS 5:7

Cristão, aqui está uma triste verdade! Você é o amado do Senhor, redimido pelo sangue, chamado pela graça, preservado em Cristo Jesus, aceito no Amado, a caminho do céu e, no entanto, "você agiu aleivosamente" contra Deus, seu melhor amigo. Agiu aleivosamente contra Jesus, a quem você pertence, e agiu aleivosamente contra o Espírito Santo, por quem você foi vivificado para a vida eterna! Quão desleal você foi em termos de votos e promessas! Você se lembra do amor do seu Noivo, daquela época feliz, a primavera de sua vida espiritual? Ó, como você se apegou tão intimamente a seu Mestre naquela época! E dizia: "Ele nunca me acusará de indiferença; meus pés nunca ficarão lentos no caminho de Seu serviço; não permitirei que meu coração vagueie atrás de outros amores; nele está todo suprimento de doçura inefável. Abro mão de tudo por amor ao meu Senhor Jesus." Foi assim? Ai de mim! Se a consciência falasse, diria: "Ele que tanto prometeu nada executou. A oração foi muitas vezes desprezada — foi curta, e não foi doce; foi breve e não foi fervorosa. A comunhão com Cristo foi esquecida. Em vez de uma mente celestial, houve preocupações carnais, vaidades mundanas e pensamentos de mal. Em vez de serviço, houve desobediência; em vez de fervor, mornidão; em vez de paciência, petulância; em vez de fé, confiança em um braço humano; e como soldado da cruz houve covardia, desobediência e deserção." "Você agiu aleivosamente." Traiu Jesus! Que palavras serão usadas para denunciá-lo? Palavras pouco beneficiam: deixe que nossos pensamentos penitentes abominem o pecado que tão certamente está em nós. "Pecado pérfido para Tuas chagas, ó Jesus! Perdoa-nos e não nos permita pecar novamente!" Que vergonhoso agir aleivosamente com Ele que nunca se esquece de nós, mas que neste dia se coloca diante do trono eterno com nossos nomes gravados em Seu peito.

C.H. Spurgeon

"...sal à vontade."
ESDRAS 7:22

O sal era usado em toda oferta queimada ao Senhor; e por suas propriedades de conservação e de purificação era o símbolo aceitável da graça divina na alma. Com respeito a isso é importante prestarmos atenção que quando Artaxerxes deu sal a Esdras, o sacerdote, ele não estabeleceu limite de quantidade; e podemos ter certeza que quando o Rei dos reis distribui graça entre Seu sacerdócio real, *Seu* estoque não fica diminuído. Geralmente somos limitados por nós mesmos, mas nunca pelo Senhor. Aquele que escolhe ajuntar muito maná descobrirá, no fim das contas, que tem exatamente a quantidade que desejava. Não há fome em Jerusalém para que os cidadãos pesem o pão antes de comê-lo ou calculem o quanto de água bebem. Algumas coisas na economia da graça são mensuradas, por exemplo: nosso vinagre e nosso fel nos são concedidos com tanta exatidão que nunca temos uma gota a mais, contudo para o sal da graça não há limitação: "Pedi, e dar-se-vos-á." Os pais precisam fechar o armário de frutas e jarros de doces, mas não há necessidade de guardar a embalagem de sal trancada a chave, pois poucas crianças comerão sal com avidez. Um homem pode ter dinheiro ou honra demais, mas nunca graça demais. Quando Jesurum engordou [N.E.: Deuteronômio 32:15 ARC], ele abandonou a Deus, mas não há como temer que o homem fique cheio demais da graça. Uma *superabundância* de graça é impossível. Mais riqueza traz mais preocupação, porém mais graça traz mais alegria. Sabedoria ampliada é sinônimo de tristeza ampliada, mas abundância do Espírito é plenitude de alegria. Cristão, vá ao trono para receber grande estoque do sal celestial. Ele irá condimentar suas aflições, que são insípidas sem o sal; preservará seu coração que se corrompe se não houver sal, e exterminará seus pecados como o sal mata lesmas. Você precisa de muito, então busque muito e obtenha muito.

C.H. Spurgeon

"Farei os teus baluartes de rubis..."
ISAÍAS 54:12

A Igreja é simbolizada de modo mais instrutivo por um edifício construído pelo poder celestial e projetado pela habilidade divina. Tal casa espiritual não deve ser escura, pois os israelitas tinham luz em suas moradas; deve, portanto, haver janelas para que a luz entre e permita que os moradores olhem para fora. Essas janelas são *preciosas* como rubis; o modo como a Igreja observa seu Senhor e o céu, assim como a verdade espiritual em geral, deve ser altamente estimado. Rubis *não são as mais transparentes* das gemas, são, no máximo, semi-translúcidas:

Nosso conhecimento da vida é pequeno,
Nossos olhos da fé são turvos.

A fé é uma dessas preciosas janelas de rubi, porém, muito frequentemente, é tão indistinta e anuviada que enxergamos obscuramente e confundimos muito do que vemos. Entretanto, se não podemos olhar por janelas de diamante e conhecer como somos conhecidos, é glorioso poder observar Aquele que é completamente amável, ainda que o vidro seja obscuro como o rubi. A *experiência* é outra dessas janelas turvas, mas preciosas, concedendo-nos uma suave luz espiritual, na qual vemos os sofrimentos do Homem de Dores, por meio de nossas próprias aflições. Nossos olhos fracos não poderiam suportar janelas de vidro transparente que deixariam a glória do Mestre entrar, mas quando elas ficam turvas com o choro, os raios do Filho da Justiça são moderados e brilham pelas janelas de rubi com suave esplendor, inexprimivelmente calmantes para almas que enfrentam a tentação. A *santificação*, que nos conforma ao nosso Senhor, é outra janela de rubi. Somente quando nos tornamos espirituais podemos compreender coisas celestiais. O puro de coração vê um Deus puro. Aqueles que são como Jesus, o veem como Ele é. E porque somos tão pouco parecidos com Ele, a janela é de rubi. E porque somos, de alguma forma, semelhantes a Ele, a janela é de rubi. Nós agradecemos a Deus pelo que temos e ansiamos por mais. Quando veremos Deus e Jesus, o céu e a verdade, face a face?

C.H. Spurgeon

"Vão indo de força em força..."
SALMO 84:7

Vão indo de *força* em *força*. Há várias interpretações para estas palavras, mas todas elas contêm a ideia de progresso.

Nossa tradução já é o suficiente para nós nesta manhã. "Vão indo de força em força." Ou seja, ficam mais e mais fortes. Geralmente, se estamos caminhando, vamos da força para a fraqueza; começamos com vigor e com boa disposição para nossa jornada, mas o tempo passa, a estrada é cansativa e o sol é quente, sentamo-nos à beira da estrada e então, mais uma vez, buscamos arduamente nosso caminho fatigante. Mas o peregrino cristão obtém provisão fresca da graça e, por isso, permanece tão vigoroso, como no início, após anos de viagem penosa. Ele pode não estar tão jubiloso e animado, nem, talvez, tão veemente e impetuoso em seu zelo como antes estava, mas está muito mais forte em tudo o que compreende o poder real e viaja, embora mais lentamente, com muito mais segurança. Alguns veteranos grisalhos são tão firmes em sua compreensão da verdade e tão zelosos em difundi-la, como eram em sua juventude; porém, devemos confessar que frequentemente a realidade é outra, pois o amor de muitos esfria e a iniquidade abunda, mas este é o pecado de cada um, e não é culpa da promessa que ainda permanece válida: "Os jovens se cansam e se fatigam, e os moços de exaustos caem, mas os que esperam no SENHOR renovam as suas forças, sobem com asas como águias, correm e não se cansam, caminham e não se fatigam." Espíritos rabugentos sentam-se e se preocupam com o futuro. "Ah! Que tristeza!", eles dizem, "vamos de aflição em aflição". Muito verdadeiro, homem de pequena fé, mas você também vai de força em força. Você nunca encontra um feixe de aflição que não venha acompanhado de suficiente graça. Deus concederá a força da coragem amadurecida junto com o fardo destinado a ombros completamente desenvolvidos.

"...logo, já não sou eu quem vive..."
GÁLATAS 2:20

O Senhor Jesus Cristo agiu da forma como age um grande representante público e Sua morte na cruz foi a morte virtual de todo o Seu povo. Então, todos os Seus santos conferiram à justiça o que lhe era devido e fizeram expiação à vingança divina por todos os seus pecados. O apóstolo dos gentios se deleitava em pensar que, como um dentre o povo escolhido de Cristo, ele também havia morrido na cruz de Jesus. Ele fez mais do que acreditar nisto doutrinalmente, ele aceitou confiadamente, colocando sua esperança nisto. Ele cria que pela virtude da morte de Cristo, havia satisfeito a justiça divina e encontrado reconciliação com Deus. Amado, que bênção é quando a alma pode se lançar na cruz de Jesus, e sentir: "Estou morta; a lei me assassinou e, portanto, estou livre de seu poder, porque em meu Fiador carreguei a maldição e na pessoa de meu Substituto tudo o que a lei poderia fazer, como condenação, foi executado em mim, pois estou crucificado com Cristo."

Mas Paulo quis dizer muito mais que isso. Ele não apenas cria na morte de Jesus e nela confiava, mas ele verdadeiramente sentia seu poder em si mesmo causando a crucificação de sua velha natureza corrompida. Quando viu os prazeres do pecado, ele disse: "Não posso desfrutar disso, estou morto para este prazer." Tal é a experiência de todo cristão verdadeiro. Por ter recebido o Senhor, ele é para este mundo como alguém que está completamente morto. Entretanto, ainda que consciente da morte para o mundo, ele pode, ao mesmo tempo, exclamar com o apóstolo: "Contudo, vivo." Ele está plenamente vivo em Deus. A vida do cristão é um enigma incomparável. Nenhum mundano pode compreendê-lo; nem mesmo o próprio cristão o compreende. Morto, entretanto vivo! Crucificado com Cristo e ao mesmo tempo ressuscitado com Ele para novidade de vida! União com o Salvador sofredor e ensanguentado, e morte para o mundo e para o pecado são coisas que alegram a alma. Ah! Que desfrutemos mais dessas coisas!

C.H. Spurgeon

"...*Orfa, com um beijo, se despediu de sua sogra, porém Rute se apegou a ela.*" RUTE 1:14

Ambas tinham afeição por Noemi e decidiram retornar com ela para a terra de Judá. Mas a hora do teste chegou; Noemi, com muito altruísmo, esclareceu para cada uma as provas que as aguardavam e lhes disse que, caso se importassem com bem-estar e conforto, deveriam retornar aos amigos moabitas. Em princípio ambas declararam que lançariam suas sortes com o povo do Senhor; contudo, após consideração posterior, Orfa, com muita tristeza e com um beijo de respeito, deixou Noemi, seu povo e seu Deus e voltou para seus amigos idólatras, enquanto Rute entregou-se de todo o coração ao Deus de sua sogra. Uma coisa é amar os caminhos do Senhor quando tudo é satisfatório e outra coisa bem diferente é apegar-se a eles mesmo com todos os desencorajamentos e dificuldades. O beijo como manifestação exterior tem um valor pequeno além de ser fácil, mas o apegar-se ao Senhor de modo prático, que deve se manifestar em decisão santa pela verdade e pela santidade, não é uma questão tão simples. Qual é o nosso caso? Nosso coração está apegado a Jesus? O sacrifício está atado com cordas aos chifres do altar? Calculamos o custo e estamos solenemente prontos para sofrer toda a perda deste mundo por amor ao Mestre? O ganho posterior será recompensa abundante e os tesouros do Egito não se comparam com a glória a ser revelada. De Orfa não se ouve mais; no bem-estar glorioso e prazer idólatra sua vida dissolve-se na escuridão da morte; mas Rute vive na história e no céu, pois a graça a colocou na nobre linhagem de onde surgiu o Rei dos reis. Benditas entre as mulheres serão aquelas que por amor a Cristo renunciarem a tudo; mas esquecidas serão aquelas que na hora da tentação violentarem a consciência e voltarem-se para o mundo. Ah! Que nesta manhã não nos contentemos com a forma de devoção que se assemelhe ao beijo de Orfa, mas que o Espírito Santo trabalhe em nosso coração o apego ao nosso Senhor Jesus.

C.H. Spurgeon

"...te fundarei sobre safiras."
ISAÍAS 54:11

Não apenas o que é visto da Igreja do Senhor é formoso e precioso. As fundações não estão ao alcance da vista, e, contanto que sejam firmes, não se espera que sejam valiosas; mas na obra de Jeová tudo tem valor, nada é maculado ou inferior. As profundas fundações da obra da graça são como safiras em termos de preciosidade, nenhuma mente humana é capaz de mensurar sua glória. Construímos sobre a *aliança da graça*, que é mais sólida do que o mineral mais duro, o diamante, e tão duradoura quanto joias, que o tempo tenta, em vão, corroer. Fundações de safira são eternas e a aliança permanece por toda a vida do Todo-Poderoso. Outra fundação é a *pessoa do Senhor Jesus*, que é clara e imaculada, eterna e bela como a safira; misturando-se em um profundo azul do oceano ressonante da Terra e o azul celeste do céu que tudo cobre. Nosso Senhor pode ter sido semelhante ao rubi ao estar coberto com Seu sangue, mas agora o vemos radiante como o suave azul do amor — amor copioso, profundo, eterno. Nossas esperanças eternas estão edificadas na *justiça e na fidelidade de Deus*, que são claras, serenas e transparentes como a safira. Não somos salvos por um acordo, pela misericórdia que derrotou a justiça ou pela lei sendo suspendida; não! Desafiamos olhos de águia a detectar uma falha na fundação de nossa confiança — nossa fundação é de safira e resistirá ao fogo.

O próprio Senhor lançou os alicerces da esperança do Seu povo. Devemos pensar nesta questão gravemente importante: *nossa* esperança está edificada sobre essa fundação. Boas obras e cerimônias não são alicerces de safira, mas de madeira, feno, e palha; também não são lançadas por Deus, mas por nossa própria presunção. Todos os fundamentos serão testados em breve. Ai daquele cuja torre elevada vier abaixo com um estrondo por estar fundamentada na areia. Aquele que constrói sobre as safiras pode esperar a tempestade ou o fogo com serenidade, pois subsistirá ao teste.

C.H. Spurgeon

"Vinde a mim..."
MATEUS 11:28

O clamor da fé cristã é a dócil palavra "Vinde." A lei judaica dizia: "Vá e tenha cautela com seus passos e com o caminho em que andará. Quebre os mandamentos e você perecerá; guarde-os e viverá." A lei foi uma dispensação de terror que guiava o homem à sua frente, chicoteando-o; o evangelho atrai com cordas de amor. Jesus é o Bom Pastor que vai adiante de Suas ovelhas, convidando-as a segui-lo e sempre guiando-as avante com a doce palavra: "Vinde." A lei repele, o evangelho atrai. A lei mostra a distância que há entre Deus e o homem; o evangelho constrói uma ponte sobre esse terrível abismo e faz o pecador atravessá-la.

Do primeiro momento de nossa vida espiritual até sermos anunciados na glória, a linguagem de Cristo conosco será: "*Vinde, vinde* a mim." Como a mãe estica os braços para seu filhinho pedindo-lhe que ande, dizendo: "*Venha*", assim o faz Jesus. Ele sempre estará adiante de você, convidando-o a segui-lo, como o soldado que segue seu capitão. Ele sempre irá adiante de você para pavimentar seus caminhos, abrir suas veredas; e você ouvirá Sua voz encorajadora chamando-o para segui-lo durante toda a vida; também na solene hora da morte, Suas doces palavras, aquelas que nos acompanharão até o mundo celestial, serão — "Vinde, benditos de meu Pai!"

Além disso, este não é apenas o clamor de Cristo, mas, se você é cristão, este é o seu clamor para Cristo — "Vem! Vem!" Você esperará por Sua segunda vinda e dirá: "Vem depressa, vem Senhor Jesus." Você almejará comunhão mais próxima com Ele. Como a voz dele para você é "Vinde," sua resposta para Ele será: "Vem, Senhor e fica comigo. Vem e ocupa o trono do meu coração com exclusividade; reina sem rivais e consagra-me inteiramente ao Teu serviço."

C. H. Spurgeon

"Tu nem as ouviste, nem as conheceste, nem tampouco antecipadamente se te abriram os ouvidos..." ISAÍAS 48:8

É doloroso lembrar que, em certo grau, esta acusação pode ser atribuída a *cristãos*, que muito frequentemente são, em certa medida, *espiritualmente insensíveis*. Podemos lamentar o fato de que nós não ouvimos a voz de Deus como deveríamos: "Tu nem a ouviste." Há, na alma, movimentos suaves do Espírito Santo que são ignorados por nós, há sussurros de comando divino e de amor celestial que são igualmente negligenciados por nosso inerte intelecto. Ai de nós! Temos sido *desatentamente ignorantes* — "nem as conheceste". Há questões que deveríamos ter notado, perversões que podem ter progredido sem percebermos; doces paixões que secam como flores na geada, abandonadas por nós; vislumbres da face divina que poderiam ser percebidos se não bloqueássemos as janelas da nossa alma. Mas nós "não tivemos conhecimento". Ao pensarmos nisso ficamos humilhados e em abatimento. Devemos adorar a graça de Deus ao entendermos o contexto de que toda essa insensatez e ignorância de nossa parte *foram previstas pelo Senhor*, e apesar desse conhecimento prévio, Ele ainda se agrada de lidar conosco de modo misericordioso. Admire a maravilhosa graça soberana que nos escolheu apesar de tudo isso! Maravilhemo-nos com o preço que foi pago por nós ainda que Cristo soubesse o que enfrentaria! Ele, que foi pendurado na cruz, nos viu de antemão como incrédulos, apóstatas, frios de coração, indiferentes, negligentes, relaxados em oração e ainda assim disse: "Porque eu sou o SENHOR, teu Deus, o Santo de Israel, o teu Salvador [...] Visto que foste precioso aos meus olhos, digno de honra, eu te amei, darei homens por ti e os povos, pela tua vida." Ó redenção, quão maravilhosamente resplandecente é seu brilho ao pensarmos em quão sombrios somos! "Ó Espírito Santo, dá-nos, daqui em diante, ouvidos que ouçam e coração que compreenda!"

"...Lembro-me de ti..."
JEREMIAS 2:2

Notemos que Cristo se deleita em pensar em Sua Igreja e em contemplar sua beleza. Como o pássaro retorna com frequência a seu ninho, e como o caminhante apressa-se em direção a sua casa, a mente busca de forma contínua o alvo de sua escolha. Olhar constantemente para a face que amamos nunca é demais; desejamos sempre ter aquilo que nos é precioso ao alcance de nossa vista. Assim é com o Senhor Jesus. Durante toda a eternidade estiveram Suas "delícias com os filhos dos homens"; Seus pensamentos estiveram sempre além para o momento em que Seus eleitos nasceriam neste mundo; Ele os via no espelho de Seu conhecimento prévio. "No teu livro", ele diz, "foram escritos todos os meus dias, cada um deles escrito e determinado, quando nem um deles havia ainda" (Salmo 139:16). Quando o mundo foi colocado sobre seus pilares, Ele estava lá e estabeleceu os limites do povo de acordo com o número dos filhos de Israel. Muito tempo antes de Sua encarnação, Ele desceu a este mundo decaído à semelhança de homem; nos carvalhais de Manre (Gênesis 18), no vau de Jaboque (Gênesis 32:24-30), sob as muralhas de Jericó (Josué 5:13) e na fornalha ardente da Babilônia (Daniel 3:19,25), o Filho do Homem visitou Seu povo. Porque Sua alma deleitava-se neles, Ele não conseguia descansar estando longe, pois Seu coração ansiava por eles. Estiveram sempre presentes em Seu coração, pois Ele havia escrito seus nomes em Suas mãos e gravado-os em Seu lado. Assim como o peitoral que continha os nomes das tribos de Israel era o ornamento mais brilhante que o sumo sacerdote usava, assim são os nomes dos eleitos de Cristo, Suas joias mais preciosas que brilham em Seu coração. Podemos frequentemente esquecer de meditar nas perfeições de nosso Senhor, mas Ele nunca deixa de lembrar-se de nós. Sejamos severos com nós mesmos pelo esquecimento passado e oremos por graça para sempre tê-lo em terna lembrança. "Senhor, grava nos olhos de minha alma a imagem de Teu Filho."

C.H. Spurgeon

"Eu sou a porta. Se alguém entrar por mim, será salvo; entrará, e sairá, e achará pastagem." JOÃO 10:9

Jesus, o grande Eu Sou, é a entrada para a Igreja verdadeira e o caminho para acessar o próprio Deus. Ele concede ao homem que vai a Deus por meio dele, quatro privilégios seletos.

1. *Ele será salvo.* O assassino fugitivo atravessava os portões da cidade de refúgio e ali estava salvo. Noé passou pela porta da arca e ficou seguro. Aquele que recebe Jesus como a porta da fé para sua alma não pode se perder. Adentrar a paz por meio de Jesus é garantia de entrada no céu, pela mesma porta. Jesus é a única porta — uma porta aberta, ampla e segura. Abençoado é aquele que coloca toda sua esperança no Redentor crucificado para entrar na glória.

2. *Ele será recebido.* Terá o privilégio de entrar na família divina, compartilhando do pão dos filhos e participando de todas as suas honras e prazeres. Ele entrará nos aposentos da comunhão, nos banquetes de amor, nos tesouros da aliança, nos depósitos das promessas. Ele irá até o Rei dos reis no poder do Espírito Santo e o segredo do Senhor estará com ele.

3. *Ele irá adiante.* Essa bênção é muito esquecida. Nós andamos pelo mundo para trabalhar e sofrer, mas que misericórdia poder andar no nome e no poder de Jesus! Somos chamados para testemunhar a verdade, para animar os desencorajados, para alertar os negligentes, para ganhar almas e para glorificar a Deus; e como o anjo disse a Gideão: "Vai nessa tua força", assim o Senhor deseja que procedamos como Seus mensageiros: ir em Seu nome e em Sua força.

4. *Ele encontrará pastagem.* Aquele que conhece Jesus não deve jamais ter necessidades. Ir ou vir será igualmente útil para ele. Em comunhão com Deus ele crescerá e ao dar de beber a outros será saciado. Por ter se entregado por completo a Jesus, encontrará nele sua completude. Sua alma será como jardim regado e como poço cujas águas jamais secam.

C.H. Spurgeon

"Rasgai o vosso coração, e não as vossas vestes..."
JOEL 2:13

Rasgar as vestes e outros sinais exteriores de comoção religiosa são facilmente manifestos e são *frequentemente hipócritas*; mas sentir arrependimento verdadeiro é muito mais difícil e, consequentemente, muito menos comum. As pessoas respeitam as regras cerimoniais múltiplas e detalhadas — pois tais coisas agradam à carne — mas a humilde religião verdadeira sonda profundamente o coração e é radical para os gostos de homens carnais; eles desejam algo mais pomposo, frívolo e mundano. Hábitos exteriores são *temporariamente confortáveis*; os olhos e os ouvidos são satisfeitos; a presunção é alimentada e a autojustiça se infla, mas são *basicamente ilusórios*, pois na questão da morte e no dia do julgamento, a alma precisa de algo mais substancial do que cerimônias e rituais em que se apoiar. À parte da piedade vital toda religião é completamente vã. Oferecida sem coração sincero, toda forma de adoração é uma fraude solene e um escárnio insolente à majestade do céu.

A rendição de coração é *divinamente lavrada e solenemente percebida*. É um pesar secreto que é *experimentado pessoalmente*, não meramente em forma, mas como uma profunda obra do Espírito Santo que move a alma. Obra executada no mais íntimo do coração de cada cristão. Não é uma questão do que meramente se fala ou em que simplesmente se acredita, mas deve ser sentida aguda e sensitivamente em todo filho vivo, do Deus vivo. É *poderosamente humilhante*, e purifica do pecado por completo; e, então, *prepara de modo doce* para as graciosas consolações que o espírito soberbo é incapaz de receber; e é *distintamente característica*, pois pertence aos eleitos de Deus, e somente a eles.

O texto nos ordena render nosso coração, mas ele é naturalmente duro como mármore. Como, então, faremos isso? Devemos levar nosso coração ao Calvário. A voz do Salvador moribundo lacerou a rocha uma vez, e tem o mesmo poder agora. "Ó bendito Espírito, permite-nos ouvir os clamores de morte de Jesus e nosso coração se rasgará, como homens rasgam suas vestes em dia de lamento."

C.H. Spurgeon

"Procura conhecer o estado das tuas ovelhas e cuida dos teus rebanhos." PROVÉRBIOS 27:23

Todo mercador sábio, ocasionalmente, faz um inventário de seu estoque quando vai fazer suas contas para verificar o que tem à disposição e determinar definitivamente se seu negócio é próspero ou não. Todo homem que é sábio no reino dos céus, clamará: "Sonda-me, ó Deus, e prova-me"; e separará frequentemente momentos especiais de autoexame para descobrir se tudo está correto entre Deus e sua alma. O Deus a quem adoramos é um grande examinador de corações e há muito seus servos o conhecem como "o Senhor que esquadrinha o coração e prova os pensamentos". Permita-me incitá-lo, em Seu nome, a sondar e provar diligentemente sua condição, a fim de que não tenha falta do descanso prometido. Aquilo que todo sábio faz, o que o próprio Deus faz com todos nós, nesta noite, eu o exorto a fazer consigo mesmo. Que os santos mais maduros sondem os fundamentos de sua piedade, pois cabelos grisalhos podem cobrir corações obscurecidos, e que o jovem não despreze a palavra de alerta, pois o verdor da juventude pode se unir à podridão da hipocrisia. De vez em quando um cedro cai em nosso meio. O inimigo continua a semear pragas entre o trigo. Não é meu alvo colocar dúvidas e medos em sua mente; na verdade, espero que o poderoso vento do autoexame possa ajudar e expulsar essas dúvidas e esses medos. O que deve ser destruído não é a segurança, mas sim a segurança carnal; devemos derrotar não a confiança, mas sim a confiança na natureza humana; precisamos destruir não a paz, mas a falsa paz. Pelo precioso sangue de Cristo, que não foi derramado para torná-lo um hipócrita, mas para que a alma sincera possa demonstrar seu louvor, imploro a você, sonde e procure, a fim de que não seja dito a seu respeito: "MENE, MENE, TEQUEL: Pesado foste na balança e achado em falta."

"A sorte se lança no regaço, mas do Senhor *procede toda decisão."*
PROVÉRBIOS 16:33

Considerando que o lançar da sorte vem do Senhor, a quem pertence o ajuste de toda a nossa existência? Se o simples lançar da sorte é guiado por Ele, quanto mais não seriam os acontecimentos de toda nossa vida? — especialmente quando nosso bendito Salvador nos diz: "Até os cabelos das vossas cabeças estão contados. E nenhum pardal cairá em terra sem o consentimento de vosso Pai." Sua mente seria envolvida por uma serenidade santa, caro amigo, se você sempre se lembrasse disso. Sua mente se aliviaria da ansiedade de tal forma que você seria mais capaz de caminhar em paciência, sossego e alegria como um cristão deveria. Quando um homem está ansioso, não consegue orar com fé; quando está perturbado com o mundo, não consegue servir Seu mestre; Seus pensamentos servem a ele mesmo. Se você buscar "em primeiro lugar, o seu reino e sua justiça", todas as coisas serão acrescentadas a você. Afligir-se com sua sorte e suas circunstâncias é intrometer-se nos assuntos de Cristo e negligenciar os seus. Você tem procurado executar o trabalho de "provisão" e esqueceu que seu trabalho é obedecer. Seja sábio, dedique-se a obedecer e deixe que Cristo administre o prover. Venha e inspecione o armazém de seu Pai e pergunte se Ele o deixaria passar fome, tendo tanto em Seu depósito? Olhe para o Seu coração de misericórdia e veja se isso pode, de alguma forma, provar insensibilidade! Olhe para Sua sabedoria inescrutável e veja se em algum momento poderá falhar. Acima de tudo, olhe para Jesus Cristo, seu Intercessor e pergunte, enquanto Ele clama por você: pode seu Pai tratá-lo sem a graça? Se Ele se lembra até dos pardais, Ele se esquecerá de um de Seus filhos mais pobres? "Confia os teus cuidados ao Senhor, e ele te susterá; jamais permitirá que o justo seja abalado."

Minh'alma descanse feliz em seu estado vil,
Não espere nem deseje ser apreciada ou grandiosa;
Mas comover a vontade divina,
Seja a sua glória e riqueza.

C.H. Spurgeon

"...e o mar já não existe."
APOCALIPSE 21:1

Dificilmente poderíamos nos alegrar por perdermos o glorioso oceano. Os novos céus e a nova Terra não serão os mais belos em nossa imaginação se, de fato, não houver um grande e amplo oceano, com suas ondas cintilantes e costas cobertas de conchas. O texto não deve ser lido como metáfora, matizado com a ideia preconcebida com a qual a mente oriental considerava o mar universalmente, nos tempos antigos? Um mundo físico real sem um oceano é pesaroso de se imaginar; seria como um anel de ferro sem a safira que o faz precioso. Deve haver um significado espiritual aqui. Na nova dispensação não haverá *divisão* — o mar divide nações e separa pessoas umas das outras. Para João, em Patmos, as profundas águas eram como muralhas de prisão, confinando-o longe de seus irmãos e seu trabalho. Não haverá tais barreiras no mundo que virá. Quilômetros de vagalhões estão entre nós e muitos familiares de quem hoje nos lembramos em oração, mas no mundo reluzente ao qual iremos haverá comunhão ininterrupta para toda a família redimida. Neste sentido não mais haverá mar. O mar é o emblema de mudança; com seus fluxos e refluxos, sua lisura vítrea e seus enormes vagalhões, seus murmúrios gentis e uivos violentos, ele nunca é o mesmo por muito tempo. Escravo dos ventos volúveis e da lua variável, sua instabilidade é proverbial. Neste estado mortal temos muito disso; a Terra só é constante em sua inconstância, mas no estado celestial toda mudança pesarosa será desconhecida e com ela todo medo de *tempestade* que arruína nossas esperanças e submerge nossas alegrias. O mar de vidro brilha com uma glória intocada por onda. Nenhuma tempestade brame nas pacíficas costas do paraíso. Em breve alcançaremos essa terra feliz em que partidas, mudanças e tempestades terão fim! Jesus nos levará até lá. Estamos nele ou não? Esta é a grande questão.

C. H. Spurgeon

"...Com amor eterno eu te amei..."
JEREMIAS 31:3

Algumas vezes o Senhor Jesus diz à Sua Igreja quais são Seus pensamentos de amor. "Ele não pensa nisso o suficiente quando não está diante dela, mas em sua presença Ele diz: 'Tu és toda formosa, querida minha.' Realmente, este não é Seu método comum; Ele ama de forma sábia e sabe quando guardar a insinuação de amor e quando exprimi-la; mas há momentos em que Ele não guardará segredo; momentos em que Ele a expressará sem possibilidade de contestação na alma de Seu povo" (N.E.: Extraído do livro *Sermões de R. Erskine*). O Espírito Santo se agrada, de forma muito graciosa, de testificar com nosso espírito sobre o amor de Jesus. Ele toma o que vem de Cristo e revela a nós. Não se ouve uma voz das nuvens, não se vê visões no meio da noite, mas temos um testemunho mais certo que qualquer uma destas manifestações. Se um anjo voasse do céu e notificasse o santo, pessoalmente, do amor do Salvador, o indício não seria mais satisfatório do que aquele que nasce no coração, por meio do Espírito Santo. Pergunte àqueles que pertencem ao povo de Deus, àqueles que viveram próximos aos portões do céu, e eles lhe dirão que houve momentos em que o amor de Cristo por eles, foi fato tão claro e certo que não há como questioná-lo, assim como não se pode questionar sua própria existência. Sim, amado cristão, você e eu tivemos momentos da presença restauradora do Senhor e, então, nossa fé elevou-se aos mais altos cumes de confiança. Tivemos confiança para apoiar nossa cabeça no peito de nosso Senhor e não mais questionamos a afeição de nosso Mestre por nós, assim como João não o fez quando estava naquela situação bendita; nem mesmo a ponto de fazer a pergunta sombria: "Senhor, serei eu que te trairei?", pois esta pergunta foi separada de nós. Ele nos beijou com os beijos de Sua boca e acabou com nossas dúvidas com a proximidade de Seu abraço. Seu amor é mais doce para nossa alma do que o vinho.

"...*Chama os trabalhadores e paga-lhes o salário...*"
MATEUS 20:8

Deus é um bom pagador; Ele paga Seus servos enquanto trabalham e também quando terminam o serviço; e um de Seus pagamentos é este: *uma consciência tranquila*. Se você falou de Jesus fielmente a alguém, quando for dormir à noite se alegrará ao pensar: "No dia de hoje liberei minha consciência do sangue deste homem." Há grande *alívio em fazer algo por Jesus*. Ah! Que felicidade colocar joias em Sua coroa e permitir-lhe ver o fruto do trabalho de Sua alma! Há também grande recompensa em *presenciar os primeiros germinares de convicção na alma*! Poder dizer daquela moça da turma: "Ela tem o coração amável, espero que o Senhor Jesus esteja agindo em seu interior." Ir para casa e orar por aquele rapaz que disse algo durante a tarde que o fez pensar que ele deve conhecer mais da verdade divina do que você imaginava! Ah! A alegria da esperança! Porém, mais ainda a *alegria do sucesso*! É algo inexprimível. Esta alegria impressionante é algo como fome — você anseia por mais. Ser alguém que ganha almas é o que há de mais feliz no mundo. A cada alma que você traz a Cristo, você ganha um novo céu na Terra. Mas pode conceber a alegria que nos espera nas alturas? Ah! Quão doce é essa sentença: "Entra no *gozo do teu Senhor*!" Você sabe o quanto Cristo se alegra com um pecador salvo? É a mesma alegria que teremos no céu. Sim, quando Ele assentar-se no trono, você se assentará com Ele. Quando os céus soarem com: "Muito bem, muito bem", você partilhará da recompensa; você labutou com Ele, sofreu com Ele, e agora reinará com Ele. Você semeou com Ele e colherá com Ele; seu rosto ficou coberto de suor como o do Senhor e sua alma se entristeceu com os pecados dos homens como aconteceu com Sua alma. Seu rosto reluzirá com o esplendor do céu como é o Seu semblante, e sua alma será cheia de alegrias abençoadas exatamente como a alma de Jesus.

C.H. Spurgeon

"*...Pois estabeleceu comigo uma aliança eterna...*"

2 SAMUEL 23:5

Esta aliança é *divina em sua origem*. "Pois estabeleceu comigo uma aliança eterna." Ah! Foi Ele! Pare, minh'alma! Deus, o Pai eterno, fez, de fato, uma aliança com você; sim, esse Deus que trouxe o mundo à existência pela palavra; Ele, curvando-se de Sua majestade, toma sua mão e faz uma aliança com você. Não é realmente uma façanha esta estupenda condescendência, que arrebataria nosso coração para sempre, se realmente a pudéssemos compreender? "ELE estabeleceu uma aliança." Um rei não estabeleceu uma aliança comigo — isso já seria algo; mas o Príncipe dos reis da Terra, El *Shaddai*, o Senhor Todo-Poderoso, o Jeová das eras, o *Elohim* eterno, "Ele estabeleceu comigo uma aliança eterna". Mas note, ela é *específica em sua aplicação*. "Pois estabeleceu comigo uma aliança eterna." Aqui está a doçura dessa aliança para cada cristão. Para mim nada importa Ele ter tido paz com o mundo; quero saber se Ele tem paz *comigo*! Pouco é Ele ter estabelecido uma aliança, quero saber se Ele estabeleceu uma aliança *comigo*. Bendita é a certeza de que Ele estabeleceu uma aliança comigo! Se Deus, o Espírito Santo, me dá esta certeza, então esta salvação é minha, Seu coração é meu, Ele próprio é meu — *Ele é meu Deus*.

Esta aliança é *eterna em sua duração*. Uma aliança eterna significa uma aliança que não tem começo e que nunca, nunca acabará. Quão doce, em meio a todas as incertezas da vida é saber que "o firme fundamento do Senhor permanece" e ter a promessa do próprio Deus: "Não violarei a minha aliança, nem modificarei o que os meus lábios proferiram." Como Davi em seu leito de morte, cantarei esta promessa ainda que minha casa não esteja reta diante de Deus, como meu coração deseja.

C.H. Spurgeon

"Também te vesti de roupas bordadas, e te calcei com couro da melhor qualidade, e te cingi de linho fino, e te cobri de seda."
EZEQUIEL 16:10

Veja com que generosidade incomparável o Senhor provê trajes para o Seu povo. São tão pomposos que se percebe a habilidade divina no *trabalho bordado*, em que todos os atributos participam e toda beleza divina é revelada. Não há destreza como a demonstrada em nossa salvação, nem manufatura tão astuta como a que se observa na justiça dos santos. A justificação tem sido o tema das canetas doutas em todas as eras da Igreja, e será o tema de admiração na eternidade. De fato, "no oculto fui formado" por Deus. Com toda esta elaboração há combinação de utilidade e durabilidade, como se fôssemos calçados com *sandálias de couro de texugo*. O animal aqui não é especificamente conhecido, mas sua pele cobria o tabernáculo e era um dos couros mais refinados. A justiça que é de Deus, por fé, dura para sempre e aquele que é calçado com esta preparação divina caminhará pelo deserto com segurança e pode, inclusive, colocar seu pé sobre o leão e a víbora. A pureza e a dignidade de nossas vestes são exibidas no *linho fino*. Quando o Senhor santifica o Seu povo, eles são cobertos, como sacerdotes, de branco puro; nem a neve é tão branca; aos olhos dos homens e dos anjos são formosos, e até mesmo aos olhos do Senhor, não têm mácula. O traje real é delicado e suntuoso como *seda*. Nenhuma despesa é poupada, nem a beleza é contida, nem a delicadeza é negada.

O que fazer então? De que modo reagimos a isso? Certamente devemos ser gratos e expressar alegria. Venha, meu coração, não se recuse ao seu aleluia desta noite! Afine seu canto! Toque seus acordes!

Estranhamente, minh'alma, foste trajada
Pela grande e sagrada Trindade!
Na mais doce harmonia de louvor
Que todos os seus poderes concordem entre si.

C.H. Spurgeon

"...eu te fortaleço..."
ISAÍAS 41:10

Deus tem um grande estoque do qual liberar esta promessa, pois Ele é capaz de fazer todas as coisas. Cristão, até que você consiga secar todo o oceano da onipotência, até que você consiga despedaçar as altas montanhas de força grandiosa, não há motivos para temer. Não pense que a força do homem, algum dia, será capaz de superar o poder de Deus. Enquanto os grandes pilares da Terra permanecerem de pé, você tem razão suficiente para permanecer firme em sua fé. O mesmo Deus que direciona a órbita da Terra, que alimenta a fornalha ardente do sol e distribui as estrelas do céu, prometeu abastecer você com força diária. Ele é capaz de sustentar o universo, então não cogite a hipótese de que Ele não será capaz de cumprir Suas próprias promessas. Lembre-se do que Ele fez antigamente, nas gerações anteriores. Lembre-se de como Ele falou e assim foi feito; de como Ele comandou e assim permaneceu. Deveria Ele, que criou o universo, esgotar-se? Ele sustenta o mundo sem suporte algum. Aquele que assim age seria incapaz de sustentar Seus filhos? Ele seria infiel à Sua palavra pela necessidade de poder? Quem refreia a tempestade? Ele não voa nas asas do vento e faz das nuvens suas carruagens e segura o oceano em Suas mãos? Como poderia falhar com você? Ele registrou uma promessa tão fiel como essa! Você conseguiria, por algum momento, ceder ao pensamento de que Ele prometeu algo que não poderá cumprir, e que foi além do que o Seu poder poderia fazer? Ah, não! Você já não pode mais duvidar.

"Ó, tu que és meu Deus e minha força, eu creio que essa promessa será cumprida, pois o reservatório ilimitado de Tua graça jamais se esgota e o depósito transbordante de Tua força não pode jamais ser esvaziado por Teus amigos ou saqueado por Teus inimigos."

Agora, seja o fraco forte,
E faça do braço de Jeová sua canção.

C.H. Spurgeon

"Mas, a todos quantos o receberam, deu-lhes o poder de serem feitos filhos de Deus..." JOÃO 1:12

Qual é a marca secreta que infalivelmente define o filho de Deus? Seria vã presunção decidir com base em nosso próprio julgamento; mas a palavra de Deus nos revela e podemos caminhar seguros onde temos a revelação como nosso guia. O que nos é dito com relação ao nosso Senhor é o seguinte: "A todos quantos o *receberam*, deu-lhes o poder de serem feitos filhos de Deus, a saber, aos que creem no seu nome." Então, se recebi Cristo Jesus em meu coração, sou filho de Deus. Este receber é descrito no mesmo versículo como *crer no nome de Jesus Cristo*. Se, então, creio no nome de Jesus Cristo — ou seja, pelo simples fato de meu coração entregar-se em confiança ao Redentor crucificado, mas agora exaltado, passo a ser membro da família do Altíssimo. Se nada mais eu tiver além disto, tenho o privilégio de me tornar um filho de Deus. Nosso Senhor Jesus coloca a situação de outra forma: "As minhas ovelhas ouvem a minha voz; eu as conheço, e elas me seguem." O ponto fica aqui definido sumariamente. Cristo aparece como pastor para Suas ovelhas, não para outros. Assim que Ele surge, Suas ovelhas o percebem — elas confiam nele, estão preparadas para segui-lo; Ele as conhece e elas o conhecem — há um conhecimento mútuo — há uma constante ligação entre eles. Portanto, a única marca, a marca certa, a marca infalível de regeneração e adoção é uma fé genuína no Redentor a nós enviado. Leitor, você tem dúvidas, incertezas sobre ter ou não a marca secreta dos filhos de Deus? Então, não deixe que uma hora sequer passe, sem que você diga: "Sonda-me ó Deus, e conhece o meu coração." Imploro a você que não brinque com isso! Se você for agir levianamente com algo, que seja algo secundário: sua saúde, se quiser, ou as escrituras de seus imóveis; mas com relação à sua alma imortal e seu destino eterno, suplico a você que seja zeloso. Trabalhe confiante pela eternidade.

"...Amigo, senta-te mais para cima..."
LUCAS 14:10

Quando a vida de graça começa a existir na alma, nós, de fato, nos aproximamos de Deus, mas é com grande temor e tremor. A alma, consciente da culpa, e por isso humilhada, está sujeita pela solenidade de sua posição; é lançada à Terra por um senso da magnificência de Jeová, em cuja presença permanece. Com acanhamento sincero, ela escolhe o cômodo mais humilde.

Mas, após a vida, conforme o cristão cresce na graça, ainda que jamais se esqueça da solenidade de sua posição e nunca perca a santa admiração que deve cingir um homem gracioso quando está na presença do Deus que pode criar ou destruir; ainda assim, seu temor já não terá medo algum; se tornará uma reverência santa e não mais um pavor ofuscante. Após a vida, o cristão é chamado para o alto, para o maior acesso a Deus em Cristo Jesus. Então o homem de Deus, caminhando entre os esplendores da deidade e cobrindo sua face, como o glorioso querubim o faz com as duas asas, com o sangue e com a justiça de Jesus Cristo, aproxima-se do trono reverente e curvando-se em espírito, para ali ver um Deus de amor, de bondade e de misericórdia, e então percebe o caráter de comprometimento de Deus antes de Sua completa deidade. Ele verá em Deus Sua bondade antes de Sua grandeza, e mais de Seu amor do que de Sua majestade. A alma, então, ainda se curvando tão humilde quanto antes, desfrutará de uma liberdade mais sagrada de intercessão, pois enquanto prostrada diante da glória do Deus Infinito, será mantida pela percepção reanimadora de estar na presença da misericórdia ilimitada e do amor eterno e pela percepção de aceitação "no Amado". Portanto, o cristão é convidado a subir às alturas e é capacitado a exercer o privilégio de regozijar-se em Deus e aproximar-se dele em confiança santa, dizendo: "Aba, Pai."

Vamos de força em força,
E diariamente cresçamos em graça,
Até que, ressurretos por completo à Sua semelhança,
Vejamos o Senhor face a face.

C.H. Spurgeon

"...tua, também, a noite..."
SALMO 74:16

Não, tu não abdicas do Teu trono quando o sol se põe, nem abandonas o mundo durante as longas noites de inverno, deixando-nos como presas do mal; Teus olhos nos observam como vigiam as estrelas e Teus braços nos envolvem como o zodíaco circunda o céu. Os orvalhos do sono agradável e todas as influências da lua estão em Tua mão e os sobressaltos e solenidades da noite estão igualmente contigo. Para mim, isto é doce demais, quando fico acordado na madrugada, indo de um lado para o outro angustiado. Há frutos preciosos que se desenvolvem pela ação da lua e do sol, que meu Senhor me permita, por Teu favor, participar deles."

A noite de aflição está dentro do ajuste e debaixo do controle do Senhor de Amor, assim como os reluzentes dias de verão, quando tudo é alegria. Jesus está na tempestade. Seu amor envolve a noite como um manto, mas para os olhos da fé o manto escuro dificilmente é considerado disfarce. Da primeira vigília da noite até o alvorecer do dia, o eterno Vigia observa Seus santos, e domina as sombras e orvalhos da meia-noite para o bem maior de Seu povo. Não cremos em divindades do bem e do mal, rivais entre si, que lutam pelo domínio, mas ouvimos a voz de Jeová dizendo: "Eu formo a luz e crio as trevas; eu, o Senhor, faço todas estas coisas."

Momentos sombrios de indiferença religiosa e de pecado social não estão eximidos de propósito divino. Quando os altares da verdade são corrompidos e os caminhos de Deus abandonados, os servos do Senhor choram com amarga tristeza, mas não precisam se desesperar, pois as eras mais sombrias são governadas pelo Senhor e, ao Seu comando, terão seu fim. O que para nós pode parecer derrota, para Ele será vitória.

Ainda que envolto na noite escura,
Não percebemos um raio de luz sequer;
Mas o próprio Senhor está aqui,
E por isso não há motivo para temer.

C.H. Spurgeon

"...se fez pobre por amor de vós..."
2 CORÍNTIOS 8:9

O Senhor Jesus era eternamente *rico*, glorioso e exaltado; mas "*sendo rico*, se fez pobre por amor de vós". Assim como o rico não pode ter comunhão verdadeira com seus irmãos pobres, a menos que ministre de seus recursos às necessidades deles, também é impossível que nosso divino Senhor (a mesma regra aplicada ao Cabeça e aos membros) tivesse comunhão conosco, a menos que nos transmitisse Sua prosperidade abundante e se tornasse pobre para que nos tornássemos ricos. Tivesse Ele permanecido em Seu trono de glória e tivéssemos nós continuado nas ruínas da queda, sem receber Sua salvação, a comunhão teria sido impossível de ambos os lados. Nossa posição na queda, isolados da aliança da graça, tornava impossível que homens caídos se comunicassem com Deus, pois era impossível que Belial estivesse de acordo com Cristo. Portanto, para que a comunhão pudesse ser alcançada, era necessário que o parente rico conferisse Sua condição a Seus parentes pobres, para que a justiça do Salvador desse a Seus irmãos pecadores Sua própria perfeição, e para que nós, pobres e culpados, recebêssemos de Sua completa graça por graça. E para que em dar e em receber, Ele descenda das alturas e os outros ascendam das profundezas, e sejam, então, capazes de abraçar-se em comunhão verdadeira e sincera. A pobreza deve ser enriquecida por Ele, em quem estão tesouros infinitos, antes que ela se aventure a comungar; e a culpa deve se perder na justiça imputada e transmitida, antes que a alma possa caminhar em comunhão com a pureza. Jesus deve vestir Seu povo com Suas vestes ou não poderá admiti-los em Seu palácio de glória e deve lavá-los em Seu sangue ou ficarão corrompidos demais para envolver-se em comunhão com Ele.

Ó cristão! Isso é amor! Por *amor a você* o Senhor Jesus "se fez pobre", para que pudesse exaltá-lo à comunhão com Ele.

"A glória do Senhor *se manifestará, e toda a carne a verá..."*
ISAÍAS 40:5

Esperamos pelo feliz dia em que todo o mundo se converterá a Cristo; quando os deuses dos pagãos serão lançados às toupeiras e aos morcegos; quando o papismo será demolido e o crescimento do islamismo desvanecerá para nunca mais lançar seus raios perniciosos às nações; quando reis se curvarão diante do Príncipe da Paz e todas as nações chamarão seu Redentor de bendito. Alguns se desesperam com isso. Olham para o mundo como uma embarcação se despedaçando que nunca mais flutuará. Sabemos que o mundo e tudo o que nele há será um dia queimado e, depois disso, esperaremos por novos céus e nova Terra; mas não podemos ler nossas Bíblias sem a convicção de que —

Jesus reinará onde quer que o sol
Passe durante suas trajetórias.

Não nos desencorajamos pela extensão de Sua demora; não desanimamos com o longo período que Ele outorga à Igreja, em que há luta com poucos sucessos e muitas derrotas. Cremos que Deus nunca permitirá que este mundo, que já viu o sangue de Jesus sobre si derramado, seja sempre a fortaleza do demônio. Cristo veio até aqui para libertar este mundo do abominável domínio dos poderes das trevas. Que clamor será quando homens e anjos se unirem para exclamar: "Aleluia! Pois reina o Senhor." Que satisfação será nesse dia, ter tido participação na luta, ter auxiliado a quebrar as flechas do arco e ter ajudado a conquistar a vitória para o nosso Senhor! Felizes são aqueles que se entregam e confiam neste Senhor conquistador e que lutam ao Seu lado fazendo sua pequena parte, em Seu nome e em Sua força! Como são infelizes aqueles que estão do lado do mal! É um lado perdedor e é uma questão em que perder é perder e estar perdido para sempre. De que lado você está?

C.H. Spurgeon

"*...eis que a virgem conceberá e dará à luz um filho e lhe chamará Emanuel.*" ISAÍAS 7:14

Vamos hoje a Belém e, na companhia de pastores viajantes e reis magos adoradores, vejamos aquele que nasceu Rei dos judeus, pois nós, por fé, podemos reivindicar nossa participação e cantar: "Um menino *nos nasceu*, um filho se nos deu." Jesus é Jeová encarnado, nosso Senhor e nosso Deus e, contudo, nosso irmão e amigo; adoremos e admiremos. Notemos já no primeiro olhar *Sua concepção miraculosa.* Foi algo de que não se ouvira antes, incomparável até então: uma virgem conceber e gestar um Filho. A primeira promessa prosseguiu da seguinte maneira: "*A semente da mulher*", não a descendência do homem. Considerando que a mulher temerária abriu o caminho para o pecado que desencadeou a perda do Paraíso, ela, e somente ela, anuncia o Recuperador do Paraíso. Nosso Salvador, ainda que verdadeiramente homem, era, em Sua natureza humana, o Santo de Deus. Curvemo-nos com reverência diante do santo Filho cuja inocência restaura à humanidade sua glória antiga, e oremos para que Ele seja formado em nós, a esperança da glória. Perceba *sua ancestralidade humilde.* Sua mãe descrita simplesmente como "uma virgem", não uma princesa ou profetisa, nem uma matrona de condição abastada. É verdade que o sangue de reis corria em suas veias e sua mente não era fraca nem inculta, pois cantou a mais doce canção de louvor, mas, ainda assim, que posição humilde, quão pobre o homem com quem noivou e quão miserável a acomodação proporcionada ao Rei recém-nascido!

Emanuel, Deus conosco em nossa natureza, em nossa tristeza, em nossa obra de vida, em nossa punição, em nossa sepultura e agora conosco ou, antes, nós com Ele, em ressurreição, ascensão, triunfo e esplendor da segunda vinda.

C. H. Spurgeon

"Decorrido o turno de dias de seus banquetes, chamava Jó a seus filhos e os santificava; levantava-se de madrugada e oferecia holocaustos segundo o número de todos eles, pois dizia: Talvez tenham pecado os meus filhos e blasfemado contra Deus em seu coração. Assim o fazia Jó continuamente." JÓ 1:5

O que o patriarca fazia cedo de manhã, após as festividades da família é o que o cristão deveria fazer por si, antes que descanse nesta noite. Em meio à alegria das reuniões de família é fácil escorregar em frivolidades pecaminosas e esquecer nosso caráter declarado de cristãos. Não deveria ser assim, mas assim o é: nossos dias de festividade muito raramente são dias de deleite santificado, mas muito frequentemente declinam para alegria profana. Há um modo de alegrar-se tão puro e santificador como se fosse um banho nos rios do Éden. A gratidão santa deveria ser um elemento tão purificador quanto o pesar. Ai de nosso pobre coração! Pois isto prova que a casa do luto é melhor que a casa da festa. Venha, cristão e confesse em que você pecou hoje. Esqueceu-se de seu elevado chamado? Assemelhou-se a outros em palavras inúteis e fala frouxa? Então confesse o pecado e voe para o sacrifício. O sacrifício santifica. O precioso sangue do Cordeiro que foi morto remove a culpa e expia a profanação de nossos pecados de ignorância e negligência. Este é o melhor fim para um dia de Natal — lavar-se na fonte purificadora. Cristão, vá continuamente a este sacrifício; se valer a pena hoje à noite, valerá a pena todas as noites. Viver no altar é o privilégio do sacerdócio real; para eles o pecado, grande como é, não é motivo para desespero, pois sempre se aproximam da vítima que expia pecado, e suas consciências são purificadas das obras mortas.

Com prazer fecho este dia festivo,
Observando o sagrado chifre do altar;
Sou lavado de meus deslizes e erros,
O Cordeiro levou todas as minhas transgressões.

C.H. Spurgeon

"...O último Adão..."
1 CORÍNTIOS 15:45

Jesus é o Cabeça máximo de Seus eleitos. Como em Adão, todo herdeiro de carne e sangue tem participação pessoal, porque Ele é o Cabeça da aliança e o representante da raça que era considerada sob a lei das obras; da mesma forma sob a lei da graça, toda alma redimida é uma com o Senhor do céu, visto que Ele é o Segundo Adão, o Fiador e Substituto dos eleitos na nova aliança de amor. O apóstolo Paulo declara que Levi estava nos lombos de Abraão quando Melquisedeque o encontrou; é uma verdade certa que o cristão estava nos lombos de Jesus Cristo, o Mediador, quando antes da fundação do mundo os arranjos da aliança da graça foram decretados, ratificados e garantidos para sempre. Portanto, o que quer que Cristo tenha feito, Ele lavrou para todo o corpo de Sua Igreja. Fomos crucificados nele e sepultados com Ele (leia Colossenses 2:10-13) e para que seja ainda mais maravilhoso, ressuscitamos com Ele e, inclusive, ascendemos com Ele para assentarmos nos lugares celestiais (Efésios 2:6). Assim, então, a Igreja cumpriu a lei e foi "aceita *no amado*". É assim, portanto, que ela é estimada com complacência por Jeová, pois Ele a vê em Jesus e não a considera separada daquele que é o Cabeça da aliança. Como o Redentor Ungido de Israel, Cristo Jesus não possui nada distinto de Sua Igreja, mas tudo o que tem Ele mantém para ela. A justiça de Adão era nossa enquanto ele a manteve; e seu pecado passou a ser nosso no momento em que ele o cometeu; e da mesma forma, tudo o que o Segundo Adão é ou faz, é nosso assim como é dele, visto que Ele é nosso representante. Aqui está o fundamento da aliança da graça. Este sistema de representação e substituição, foi o que levou Justino, o mártir, [N.E.: Nasceu em Samaria por volta do ano 100 d.C., foi decapitado em 165 d.C.] a clamar: "Ó bendita mudança, ó doce permuta!" Este é o princípio fundamental do evangelho de nossa salvação e deve ser recebido com forte fé e alegria extasiante.

C.H. Spurgeon

"...E eis que estou convosco todos os dias..."
MATEUS 28:20

O Senhor Jesus está no meio de Sua Igreja; Ele caminha entre os candelabros de ouro, Sua promessa é: "E eis que estou convosco todos os dias." Ele certamente está conosco agora como esteve com os discípulos no lago, quando viram brasas, peixe e pão. Jesus está conosco, não carnalmente, mas, ainda assim, em verdade real. E que verdade bendita é esta, pois onde Jesus está, *o amor é inflamado*. De todas as coisas no mundo que podem incendiar um coração, não há nada como a presença de Jesus! Um vislumbre dele nos conquista de tal forma, que prontamente dizemos: "Desvia de mim os teus olhos, porque eles me perturbam." Mesmo o aroma do aloés, da mirra e da cássia que pingam de Seu vestuário perfumado, fazem o doente e o covarde se fortalecerem. Que tenhamos um momento para reclinar a cabeça nesse gracioso peito e receber Seu amor divino em nosso pobre coração frio; e já não seremos frios, mas brilharemos como serafins, semelhantes a Ele em todo trabalho, e capazes de tudo sofrer. Se sabemos que Jesus está conosco, *todo poder será adquirido* e toda graça será fortalecida e nos lançaremos ao serviço do Senhor com coração, alma e força. Portanto, a presença de Cristo deve ser desejada acima de todas as coisas. *Sua presença será mais notada por aqueles que são mais semelhantes a Ele*. Se você deseja ver Cristo, deve ter mais conformidade com Ele. Entregue-se, pelo poder do Espírito, à união com os desejos, motivos e planos de ação de Cristo e você será favorecido por Sua companhia. Lembre-se de que *devemos ter Sua presença*. Sua promessa é tão verdadeira quanto antes. Ele se deleita em estar conosco. Se Ele não vier, é porque o retardamos com nossa indiferença. Ele se revelará às nossas orações mais fervorosas e graciosamente se permitirá deter por nossas súplicas e lágrimas, pois essas são as correntes de ouro que ligam Jesus ao Seu povo.

"Porventura, sobe o junco sem lodo?..."
JÓ 8:11 ARC

O junco é esponjoso e oco, sendo assim é como um hipócrita, não há essência ou estabilidade nele. É balançado de um lado para outro em qualquer vento, assim como formalistas se rendem a qualquer influência. Por essa razão, o junco não se quebra com a tempestade, nem os hipócritas se perturbam com a perseguição. Eu não seria enganado deliberadamente nem seria um enganador; talvez o texto de hoje me ajude a testar-me para saber se sou ou não um hipócrita. O junco, por natureza, vive na água e deve sua existência ao lodo e à umidade onde criou raiz; caso o lodo seque, o junco rapidamente definha. Seu verdor é totalmente dependente das circunstâncias; a presença abundante de água o faz florescer, e uma seca o destrói imediatamente. Este é o meu caso? Sirvo a Deus apenas quando estou em boa companhia ou quando a crença é vantajosa e respeitável? Amo o Senhor apenas quando confortos temporais vêm até minhas mãos? Se sim, sou fundamentalmente um hipócrita e, como o junco que definha, perecerei quando a morte me privar de alegrias exteriores. Mas posso declarar honestamente que quando os confortos do corpo foram poucos e meus arredores foram mais adversos à graça do que com ela colaboraram, ainda assim mantive minha integridade? Então tenho esperança de que haja piedade genuína e vital em mim. O junco não cresce sem lodo, mas plantas semeadas pela destra do Senhor podem e realmente florescem mesmo no ano de seca. Um homem piedoso geralmente cresce melhor quando suas circunstâncias mundanas decaem. Aquele que segue a Cristo por dinheiro é como Judas; aqueles que seguem por pães e peixes são filhos do diabo; mas aqueles que, por amor, o escutam são os Seus amados. "Senhor, ajuda-me a encontrar minha vida em ti, e não no lodo do favor ou do ganho deste mundo."

C.H. Spurgeon

"O Senhor te guiará continuamente..."
ISAÍAS 58:11

"O Senhor te guiará." Não um anjo, mas Jeová te guiará. Ele disse que não iria diante do Seu povo no deserto, um anjo iria diante deles para guiá-los no caminho, mas Moisés disse: "Se a *tua* presença não vai comigo, não nos faças subir deste lugar." Cristão, Deus não o abandonou em sua peregrinação terrena para que um anjo o guie, Ele próprio lidera. Você pode não ver as colunas de nuvem e fogo, mas Jeová nunca o abandonará. Note a palavra *guiará*: "O Senhor te guiará." Isto nos dá certeza plena! Definitivamente, Deus não nos abandonará! Seus preciosos verbos no futuro são melhores que os juramentos dos homens. "Não vos deixará, nem vos desamparará." Observe então o advérbio *continuamente*. Não somos guiados simplesmente algumas vezes, mas teremos um monitor perpétuo; não seremos abandonados ocasionalmente ao nosso próprio entendimento e assim vaguearemos, mas ouviremos continuamente a voz direcionadora do Grande Pastor; e se seguirmos de perto Seus passos, não erraremos, mas seremos guiados pelo caminho certo até a cidade em que habitaremos. Se você precisa mudar seu posicionamento na vida, se precisa emigrar para costas distantes; se você for lançado na pobreza ou repentinamente elevado a uma posição de mais responsabilidade do que a que você ocupa agora; se for jogado entre desconhecidos ou inimigos, não tema, pois "o Senhor te guiará continuamente." Não há dilemas do qual você não será liberto, se viver próximo a Deus e se seu coração se mantiver aquecido com o amor santo. Aquele que vive na companhia do Senhor não se perde. Como Enoque, ande com Deus e jamais tomará a estrada errada. Você tem a sabedoria infalível para guiá-lo, o amor imutável para o consolar e o poder eterno para defendê-lo. "Jeová" — observe a palavra — "Jeová te guiará continuamente".

"...esse viver que, agora, tenho na carne, vivo pela fé no Filho de Deus..." GÁLATAS 2:20

Quando o Senhor, em misericórdia, passou por nós e nos viu em nosso sangue, antes de tudo Ele disse: "Viva"; e isto Ele fez *primeiro*, porque a vida é uma das coisas plenamente essenciais nas questões espirituais e até que nos seja concedida, somos incapazes de partilhar das coisas do reino. Contudo a vida, que a graça confere aos santos no momento de sua vivificação, não é outra senão a vida de Cristo, que, como a seiva do tronco, corre por dentro de nós, os galhos, e estabelece uma conexão viva entre nossa alma e Jesus. A fé é a graça que persegue esta união, tendo nascido dessa mesma união como o primeiro fruto. É o pescoço que liga o corpo da Igreja à sua Cabeça repleta de glória.

Ó Fé! A fronteira da união com o Senhor,
Este não é o seu ofício? E seu nome adequado,
Na organização das categorias do evangelho,
E nos símbolos convenientes é: o pescoço da Igreja;
Identificando-a em propósito e obra
Com aquele que ascendeu?

A fé se apega ao Senhor Jesus com firmeza e determinação. Ela conhece Sua excelência e valor e nenhuma tentação pode persuadi-la a repousar sua confiança em outro lugar; e Cristo Jesus se deleita tanto com essa graça celestial que nunca deixa de fortalecê-la e sustentá-la com o amoroso abraço e o suporte plenamente suficiente de Seus braços eternos. Aqui, então, fica estabelecida uma união viva, sensível e aprazível que lança fontes de amor, confiança, harmonia, complacência e alegria das quais tanto noiva quanto noivo amam beber. Quando a alma pode perceber claramente esta unidade entre si e Cristo, a pulsação de ambos é a mesma e um mesmo sangue flui nas veias de ambos. E o coração fica tão próximo do céu quanto está da Terra e fica preparado para usufruir da comunhão mais sublime e espiritual.

"Não penseis que vim trazer paz à terra; não vim trazer paz, mas espada." MATEUS 10:34

O cristão certamente terá inimigos. Um de seus alvos será não fazer inimigo algum, mas se agir corretamente e crer na verdade o levar a perder todos os amigos terrenos, ele considerará a perda como pequena visto que seu grande Amigo no céu será mais amigável e se revelará ainda mais gracioso. Ó vocês que têm tomado a cruz de Cristo, não sabem o que seu Mestre disse? "Pois vim causar divisão entre o homem e seu pai; entre a filha e sua mãe e entre a nora e sua sogra." Cristo é o grande Pacificador, porém, antes da paz, Ele traz guerra. Onde a luz chega, as trevas precisam se retirar. Onde há verdade, a mentira deve fugir; ou, se ali permanecer, haverá conflito severo, pois a verdade não pode diminuir seu padrão e não o fará, e a mentira deve ser pisoteada. Se você segue a Cristo, todos os cães do mundo o perseguirão latindo. Se você deseja viver e resistir ao teste do último tribunal, saiba que o mundo não falará bem de você. Aquele que tem amizade com o mundo é inimigo de Deus; mas se você for sincero com o Altíssimo, os homens se ressentirão de sua fidelidade inabalável, visto que ela testemunha contra as próprias iniquidades deles. Sem temer nenhuma consequência, você deve fazer o que é certo. Você precisará da coragem de um leão para percorrer, sem hesitar, uma trajetória que tornará seu melhor amigo em seu inimigo mais feroz; mas pelo amor de Jesus você precisa ser corajoso. Arriscar a reputação e a amizade por amor à verdade é um feito tão grandioso que, para executá-lo constantemente, você precisará de um grau de princípio moral que apenas o Espírito de Deus pode operar em você; entretanto, não vire suas costas como um covarde, mas seja homem. Siga varonilmente os passos de seu Mestre, pois Ele atravessou esse caminho acidentado antes de você. Melhor é uma breve guerra e o descanso eterno do que a falsa paz e o tormento eterno.

C. H. Spurgeon

"...Até aqui nos ajudou o Senhor."
1 SAMUEL 7:12

As palavras "até aqui" são como a mão que aponta em direção ao *passado*. Seja por vinte ou setenta anos, ainda assim, "até aqui nos ajudou o Senhor"! Na pobreza, na riqueza, na doença, na saúde, em casa, em outro país, na costa, no mar, na honra, na desonra, na perplexidade, na alegria, nas lutas, no triunfo, na oração, na tentação, "até aqui nos ajudou o Senhor"! Nós nos deleitamos ao olhar adiante, para uma longa alameda de árvores. É encantador olhar de ponta a ponta do longo panorama, algo como um templo verdejante, com pilares de ramos e seus arcos de folhas; da mesma forma, olhe para os longos corredores de seus anos, para os verdes galhos de misericórdia sobre sua cabeça e os fortes pilares de bondade e fidelidade que sustentaram nossas alegrias. Não há pássaros cantando nos galhos mais distantes? Certamente deve haver muitos e todos cantam a misericórdia recebida "*até aqui*".

Mas as palavras também apontam *adiante*. Pois quando um homem chega a certo ponto e escreve "até aqui", ele não está no fim, ainda há uma distância a ser percorrida. Mais provas, mais alegrias, mais tentações, mais triunfos, mais orações, mais respostas, mais labuta, mais força, mais lutas, mais vitórias e, então, vem a doença, a idade avançada, a enfermidade, a morte. Chegou ao fim? Não! Ainda há mais que surge conforme nos aproximamos da similitude a Jesus: tronos, harpas, canções, salmos, vestes brancas, a face de Jesus, a comunidade dos santos, a glória de Deus, a plenitude da eternidade, a infinitude da felicidade. Ó tenha bom ânimo, cristão, e com confiança grata engrandeça seu "Ebenézer", pois:

Ele que o ajudou até aqui
Ajuda-lo-á em toda a jornada.

Quando lidas à luz do céu, como será maravilhosa e gloriosa a perspectiva do seu "até aqui" aos seus olhos gratos!

"Que pensais vós do Cristo?..."
MATEUS 22:42

O maior teste para a saúde de sua alma é: *O que você pensa do Cristo*? Ele é para você "mais formoso do que os filhos dos homens" — "o mais distinto entre dez mil" — o "totalmente desejável"? Sempre que Cristo é estimado desta forma, todas as faculdades do homem espiritual são exercitadas com vigor. Sua piedade pode ser julgada por este barômetro: Cristo é altamente estimado por você? Se você o considera insignificante, se tem-se contentado em viver sem Sua presença, se concedeu pouca importância à Sua honra, se negligenciou Suas leis, então sei que sua alma está doente — Deus queira que você não permaneça doente até a morte! Mas se o primeiro pensamento de seu espírito tem sido: como posso honrar Jesus? Se o desejo diário de sua alma tem sido: "Ah! Se eu soubesse onde o poderia achar!" Digo-lhe: mesmo que tenha milhares de enfermidades e nem saiba se é mesmo filho de Deus, estou convencido, sem dúvida alguma, de que você é salvo, visto que Jesus é grandemente estimado por você. Seus trapos não importam; o que você pensa sobre *Suas* vestes reais? Suas feridas não importam ainda que sangrem em torrentes; olhe para as chagas *dele*! São para você como rubis brilhantes? Não tenho menos consideração por você, ainda que seja como Lázaro jogado em um lugar imundo, cujas feridas os cachorros lambem — não julgo você por sua pobreza; olhe para o Rei em Sua beleza! Ele tem um glorioso trono em seu coração? Você o exaltaria ainda mais, se pudesse? Estaria disposto a morrer se pudesse acrescentar uma trombeta ao coro que proclama Seu louvor? Ah! Se sim, tudo vai bem com você. O que quer que pense de si mesmo, se Cristo for grandioso para você, em breve estará com Ele.

Ainda que todo o mundo zombe de minha escolha,
Jesus será minha porção;
Pois não me agrado de mais ninguém,
O mais formoso entre os formosos é Ele.

C. H. Spurgeon

"Melhor é o fim das coisas do que o seu princípio..."
ECLESIASTES 7:8

Olhe para o Senhor e Mestre de Davi; veja Seu começo. "Era desprezado e o mais rejeitado entre os homens; homem de dores e que sabe o que é padecer." Você preveria o fim? Ele se assenta à destra de Seu pai, esperando o momento em que Seus inimigos serão Seu escabelo. "Segundo Ele é, também nós somos neste mundo." Você deve carregar a cruz ou jamais usará a coroa; você deve vadear o lodo ou nunca andará nas ruas de ouro. Alegre-se, pobre cristão. "Melhor é o fim das coisas do que o seu princípio." Veja o verme rastejante, quão desprezível é sua aparência! É o começo de algo. Observe o inseto com asas suntuosas, brincando nos raios de sol, repleto de alegria e vida, este é o fim do verme rastejante. Essa lagarta é você, até que seja envolto no casulo da morte; mas quando Cristo surgir você será como Ele, pois o verá como Ele é. Contente-se em ser como essa lagarta, pois você se alegrará quando acordar já semelhante a Jesus. Esse diamante bruto é colocado na roda de lapidação. Ele o corta em todos os lados. Muito se perde — muito do que parecia ter alto custo para o diamante. O rei é coroado, o diadema é colocado na cabeça do monarca ao alegre som da trombeta. Um raio brilhante cintila da pequena coroa e é emitido exatamente daquele diamante que há pouco fora tão dolorosamente fustigado pela lapidação. Você pode se aventurar a comparar-se com tal diamante, pois você faz parte do povo de Deus; e este é o momento do processo de corte. Deixe que a fé e a paciência façam seu trabalho perfeito, pois no dia em que a coroa for colocada na cabeça do Rei, Eterno, Imortal, Invisível, um raio de glória emanará de você. "Eles serão para mim particular tesouro", diz o Senhor, "naquele dia que prepararei". "Melhor é o fim das coisas do que o seu princípio."

C.H. Spurgeon

"...Não sabes que serão amargas as suas consequências?..."
2 SAMUEL 2:26

Se você, meu leitor, for um mero professo e não possuir a fé em Cristo Jesus, as linhas a seguir são um sumário fiel de seu fim.

Você é frequentador respeitável de um lugar de adoração, você vai porque outros vão, não porque seu coração está reto diante de Deus. Este é o seu começo. Suponho que, caso você seja poupado e viva os próximos vinte ou trinta anos, viverá dessa mesma forma, professando religião exteriormente pela frequência à igreja e apoiando-se nos termos da graça, mas interiormente sem genuinidade alguma. Caminhe suavemente aqui, pois preciso mostrar a você o leito de morte de alguém que assim procede. Observemos essa pessoa moderadamente. Vemos suor viscoso em sua testa e ela acorda clamando: "Ó Deus! Como é difícil morrer! Preciso de meu pastor!" "Ele está a caminho." O pastor chega. "Senhor, acho que estou morrendo!" "Você tem alguma esperança?" "Não posso dizer que tenho. Temo me colocar diante de Deus; ore por mim!" A oração por ela é feita com dedicação sincera e o caminho da salvação é colocado diante dela pela décima milésima vez, mas antes que ela segure a corda, nós a vemos afundar. Posso fechar suas pálpebras frias, pois nada mais elas verão. Mas onde está essa pessoa agora? E o que seus verdadeiros olhos veem? Está escrito: "No inferno, estando em tormentos, levantou os olhos e viu." Ah! Por que não levantou seus olhos antes? Porque estava tão acostumada a ouvir o evangelho que sua alma adormeceu anestesiada. Infelizmente, se você esperar até esse ponto para levantar seus olhos, como serão amargos os seus lamentos. Deixe que as palavras do Salvador revelem a angústia: "Pai Abraão, tem misericórdia de mim! E manda a Lázaro que molhe em água a ponta do dedo e me refresque a língua, porque estou atormentado nesta chama." Há significado assustador nessas palavras. Que você nunca precise pronunciá-las diante da ardente ira de Jeová!

C.H. Spurgeon

"No último dia, o grande dia da festa, levantou-se Jesus e exclamou: Se alguém tem sede, venha a mim e beba." JOÃO 7:37

A *paciência tinha sua obra perfeita* no Senhor Jesus, e até no último dia de festa ele apelou aos judeus; e neste último dia do ano Ele apela a nós e espera para ser gracioso conosco. Admirável, de fato, é a paciência do Salvador em lidar com alguns de nós, ano após ano, não obstante nossas provocações, rebeliões e resistência ao Seu Santo Espírito. Maravilha das maravilhas é ainda estarmos no solo da misericórdia!

A compaixão expressou-se muito claramente, pois Jesus *chorou*, o que infere não apenas na sonoridade de Sua voz, mas a brandura de Seu timbre. Ele nos roga que sejamos reconciliados. "Rogamos", diz o apóstolo, "como se Deus exortasse por nosso intermédio." Que termos fervorosos e tocantes! Quão profundo deve ser o amor que faz o Senhor chorar pelos pecadores e, como a mãe, persuadir Seus filhos para que se aproximem de Seu peito! Certamente ao chamado de tal clamor nosso coração disposto virá.

A provisão é mais abundante; tudo é provido para que o homem possa extinguir a sede de sua alma. A expiação traz paz à sua consciência; o evangelho traz a instrução mais rica ao seu entendimento; a pessoa de Jesus é o objeto mais nobre de amor para o seu coração; a verdade, como é em Jesus, fornece ao homem, como um todo, o alimento mais puro. A sede é terrível, mas Jesus pode removê-la. Ainda que a alma esteja completamente faminta, Jesus pode restaurá-la.

A proclamação é aberta, todo aquele que tem sede é bem-vindo. Não há outra distinção a não ser a sede. Seja sede de avareza, ambição, prazer ou descanso, aquele que dela sofre é convidado. A sede pode ser ruim em si mesma, e não ser sinal de graça, mas antes uma marca de pecado excessivo que anseia por ser gratificado com correntes mais profundas de luxúria; mas não é a bondade na criatura que traz o convite. O Senhor Jesus o envia gratuitamente e sem consideração por alguém especificamente.

C.H. Spurgeon

A personalidade é declarada mais plenamente. O pecador deve vir a Jesus, não para a obra ou ordenanças ou doutrinas, mas para um Redentor pessoal que carrega em si mesmo nossos pecados, em Seu corpo no madeiro. O Salvador ensanguentado, moribundo e ressurreto é a única estrela de esperança para um pecador. Ah! Venha à graça, venha e beba, antes que o sol se ponha no último dia do ano!

Nunca será demais esperar ou se preparar. Beber representa uma recepção para a qual não há necessidade de aptidão. Um tolo, um ladrão, uma meretriz, todos conseguem beber; então, a pecaminosidade de caráter não é obstrução para o convite à fé em Jesus. Não é necessário um cálice de ouro para transportar a água ao sedento; a boca da pobreza é bem-vinda a inclinar-se e beber em grandes goles da fonte que flui. Lábios com pústulas, leprosos e imundos podem tocar a corrente de amor divino; não há como a poluírem, antes, serão eles mesmos purificados. Jesus é o manancial de esperança. Caro leitor, ouça a voz do amado Redentor clamando a cada um de nós:

SE ALGUÉM TEM SEDE,
VENHA A MIM
E BEBA.

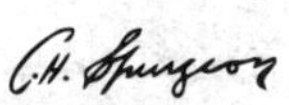

"Passou a sega, findou o verão, e nós não estamos salvos."
JEREMIAS 8:20

Não estamos *salvos*! Caro leitor, esta é sua condição pesarosa? Alertado sobre o julgamento que virá, ordenado a fugir para preservar sua vida e, entretanto, neste momento *não está salvo*! Você conhece o caminho de salvação, lê sobre ele na Bíblia, você ouve do púlpito, é-lhe explicado por amigos e ainda assim o negligencia e, portanto, *não está salvo*. Você não terá desculpa quando o Senhor julgar os vivos e os mortos. O Espírito Santo concedeu mais ou menos bênçãos conforme a palavra que foi pregada a você, e momentos de restauração vieram da presença divina, contudo você não tem Cristo. Todas estas épocas esperançosas vieram e se foram — seu verão e sua colheita passaram — e, ainda assim, você *não está salvo*. Os anos passaram, caminhando para a eternidade e seu último ano em breve chegará. A juventude se foi, a virilidade está desparecendo, porém você *não está salvo*. Deixe-me perguntar — *você algum dia estará salvo*? Há alguma probabilidade de que isso aconteça? As épocas mais propícias passaram e você permaneceu sem salvação. Outras ocasiões alterarão sua condição? Os recursos falharam com você — o melhor dos recursos, utilizados perseverantemente e com a máxima afeição — o que mais pode ser feito por você? A aflição e a prosperidade não o impressionaram; lágrimas, orações e sermões foram desperdiçados em seu estéril coração. As probabilidades de você algum dia ser salvo não estão mortas? Não é muito provável que você permaneça como está, até que a morte obstrua para sempre a porta de esperança? Você se assusta com essa hipótese? Contudo ela é muito razoável. Aquele que, em tantas águas, não é lavado, muito provavelmente irá imundo até o seu fim. O momento conveniente nunca chegou, por que chegaria no futuro? Faz sentido temer que nunca chegue e que, assim como Félix [N.E.: Atos 24:25], você não encontre momento adequado até que realmente esteja no inferno. Ó, reflita no que é o inferno e na terrível probabilidade de que, em breve, você ali seja lançado!

C.H. Spurgeon

Leitor, suponhamos que você morra sem salvação, não há palavras para retratar sua condenação. Sua situação pavorosa só pode ser escrita com lágrimas e sangue, mencionada com gemidos e ranger de dentes. Você será punido com destituição eterna da glória do Senhor e da glória de Seu poder. A voz de um irmão alegremente incitaria você ao zelo. Ó seja sábio, seja sábio em tempo e, antes que outro ano se inicie, creia em Jesus que é capaz de salvá-lo por completo. Consagre estas últimas horas ao pensamento solitário e se o profundo arrependimento for produzido em você, como será bom! E se o levar a uma fé humilde em Jesus, quão melhor será! Ó não deixe que este ano passe e você continue como um espírito sem perdão. Não deixe que a meia-noite do Ano Novo soe em um espírito triste! Creia, AGORA mesmo e viva!

ESCAPE PARA SALVAR SUA VIDA;
NÃO OLHE PARA TRÁS,
NEM FIQUE NA PLANÍCIE;
FUJA PARA A MONTANHA,
PARA QUE NÃO SEJA CONSUMIDO.

C.H. Spurgeon

Índice de assunto

(Nota: *m* e *n* servem como abreviações para *manhã* e *noite*)